나쁜 교육

The Coddling of the American Mind

덜 너그러운 세대와
편협한 사회는
어떻게 만들어지는가

**The Coddling
of the
American Mind**

조너선 하이트
그레그 루키아노프

왕수민 옮김

프시케의숲

아이들을 위해 길을 내줄 게 아니라,
길을 갈 수 있게 아이들을 준비시켜라.

_민간속담

제아무리 악랄한 적도 네가 무방비 상태로 품는 생각만큼
너를 심하게 해치지는 못한다. 하지만 그 생각들을
완전히 제압하고 나면 삶에 그만큼 큰 도움이 되는 것도 없을지니,
심지어 네 부모도 비할 바가 아니리라.

_부처, 《법구경》[1]

선과 악을 가르는 경계는 모든 인간의 마음에 생채기를 남긴다.

_알렉산드르 솔제니친, 《수용소 군도》[2]

> 차례 < The Coddling of the American Mind

제2부 나쁜 생각들이 현실에서 작동할 때

제3부 어쩌다 여기까지 오게 됐을까

제4부 지혜로워지기

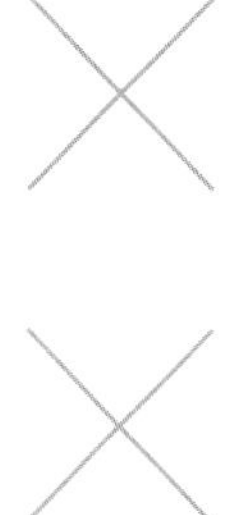

일러두기

1. 외래어 표기는 국립국어원의 표기법을 따랐다.
2. 단행본, 잡지, 신문은《 》로, 기사, 논문, 영상 등은〈 〉로 표기했다.
3. '—옮긴이'라고 표시된 것은 옮긴이 주다.
4. 인용 부분 중 이 책의 저자가 첨언한 부분은 대괄호 [ ]로 표시했다.
5. 미국 사회의 맥락을 감안하여 정치 성향 용어를 다음과 같이 옮겼다.
   - liberal/progressive: 진보적인, 진보주의자, 진보파
     (단, 서로 구분되어야 할 경우 'liberal'을 '리버럴'로 표기하거나 영문을 병기함)
   - libertarian: 자유주의의, 자유주의자

들어가는 글

지혜를 찾는 여정

이 책은 지혜와 그 정반대에 대한 이야기다. 2016년 8월 무렵, 우리 둘(그레그와 조너선)이 함께 그리스로 떠난 여행에서 이 책이 뻗어 나왔다. 당시 우리는 미국 대학들에 퍼져 나가는 어떤 생각들에 대해 줄곧 글을 써오고 있었다. 우리가 보기에 그 생각들은 학생들에게 해로운 것은 물론, 삶을 보람차게 꾸리고자 하는 그들의 포부까지 꺾어놓았다. 이들 생각은 본질적으로 학생들을 보다 덜 지혜로워지도록 이끌었다. 그래서 책을 써내서 사람들에게 이 끔찍한 생각들을 조심하라고 당부해야겠다고 마음먹었고, 우리 자신이 직접 진리를 탐구하러 가는 것으로 시작을 하리라고 생각했다. 우리는 둘 다 대학 캠퍼스에서 일하고 있는데, 최근 몇 년 동안 거듭해서 미소포노스라는 사람의 지혜가 언급되는 것을 들었다. 그 현대판 신탁사제는 올림포스산 북쪽 비탈의 동굴 안에 기거하면서, 아득히면 옛날 행해졌던 코알레모스의 제의를 이어가고 있다고 했다.

우리는 비행기를 타고 일단 아테네까지 날아간 뒤, 거기서 다시 다섯 시간 동안 기차를 타고 올림포스산 산자락의 리토코로라는 마을에 다다랐다. 그리고 다음 날 동틀 무렵, 수천 년의 세월 동안 그리스인들이 신을 만나기 위해 오르내렸을 그 산길로 첫 발을 내디뎠다. 우리는 구불구불 이어진 오르막길을 꼬박 여섯 시간이나 터벅터벅 걸어야 했다. 정오쯤 되었을까. 눈앞에 갈림길이 하나 나타났다. 거기 세워진 표지판대로라면, 오른쪽이 미소포노스의 동굴로 가는 길이었다. 왼쪽에 난 큰 길은 한눈에 봐도 오금이 저렸다. 좁다란 협곡으로 곧장 통하고 있어서, 바윗덩이들이 금방이라도 굴러 떨어질 것 같았다.

그와 반대로 미소포노스에게 가는 길은 매끄럽고, 평평하며, 수월했다. 반가운 변화가 아닐 수 없었다. 그 길을 따라가자 산뜻하게 우거진 소나무와 무화과나무 숲이 나타났고, 보행자용으로 만든 튼튼한 목재 다리를 따라 깊은 협곡을 건너니, 바로 앞에 커다란 동굴 입구가 눈에 들어왔다.

그런데 동굴 안 풍경이 희한했다. 미소포노스와 그 조수들이 샌드위치 가게에서나 볼 법한 순번 기계를 설치해놓았고, 먼저 도착한 구도자들이 줄을 서 있었다. 우리도 번호표를 하나 받아들고 그 대단한 인물과 개별 면담을 하기 위해 100유로를 지불했다. 그런 뒤 구도자의 필수 의무로 정해진 정화 의식까지 마치고는 우리 순서가 오기를 기다렸다.

마침내 순서가 되어 조명을 어슴푸레 밝힌 동굴 뒤편의 어느 방으로 안내되었다. 바위 벽 틈에서 조그만 샘이 방울져 올라와 새의 물통을 연상시키는 하얀색의 커다란 대리석 그릇으로 흘러내리고 있었다. 미소포노스는 1970년대에 제작된 바카로운저 안락의자로 보이는 편안한 의자에 앉아 있었다. 영어를 구사한다는 사실은 진작 들어 알고 있었지만, 그가 막상 롱아일랜드 풍의 완벽한 미국식 영어로 인사를 건네올 때는 우리 둘 다 움찔 놀라지 않을 수 없었다. "어서 들어오시오, 친구들. 당신들이 구하고자 하는 게 뭔지 말해봐요."

조너선이 먼저 입을 열었다. "오, 지혜로운 사제시여, 지혜를 구하고자 저희는 여기 왔습니다. 세상에서 가장 심오하고 위대한 진실이 있다면 무엇이겠습니까?"

질문이 좀 더 구체적이 되어야 한다고 느낀 그레그가 이렇게 덧붙였다. "사실 저희는 지금 책을 한 권 집필하려고 하는데요. 십대 청소년과 청년, 그리고 학부모와 교육자를 위한 책입니다. 사제께서 지니신 통찰을 간결하고 함축적인 격언으로 짤막하게 간추려주셨으면 합니다. 젊은이들이 가슴에 새기고 살면 전 생애에 걸쳐 지혜로워질 수 있는 그런 격언을 세 가지로 정리해주시면 더할 나위 없이 좋고요."

미소포노스는 2분가량 눈을 감고 가만히 앉아 있기만 했다. 그러고는 마침내 눈을 뜨더니 이렇게 말했다.

"이 물은 코알레모스의 샘이라 하오. 코알레모스는 오늘날 아테나만큼 잘 알려져 있는 신은 아니지만, 그도 역시 지혜의 신 중 하나라오. 내가 보기에는 아테나에게 쏟아진 조명은 좀 과한 데가 있어. 하지만 알려고만 하면, 코알레모스의 지혜 중에도 정말 훌륭한 것들이 있지. 방금 당신들이 그것을 내게 물었으니 알려드리겠소.

세 잔의 지혜를 당신들에게 드리리다."

그는 자그만 설화석고 잔으로 그 커다란 대리석 그릇에서 물을 떠 우리에게 건네주었다. 우리는 물을 마시고 잔을 돌려주었다.

"첫 번째 진실은 이것이오." 그가 운을 뗐다. "죽지 않을 만큼 고된 일은 우리를 더 약해지게 한다. 그러니 고통을 피하고, 불편을 피하며, 나쁜 경험이 될 만한 일들은 모조리 피하도록 하라."

조너선은 깜짝 놀랐다. 그는 일전에 《행복의 가설》이라는 책을 쓰며 현대 심리학의 관점에서 고대의 지혜를 면밀히 탐구한 적이 있는데, 그 책에서 한 장章을 통째로 할애해 이 사제의 주장과 정반대되는 내용을 검증했었기 때문이다. 해당 내용과 관련해 가장 유명한 말이 프리드리히 니체가 남긴 "죽지 않을 만큼 고된 일은 나를 더 강해지게 한다What doesn't kill me makes me stronger"라는 것이었다.[1] 조너선은 뭔가 착오가 있는 게 틀림없다고 생각했다. "실례지만, 신성한 사제시여, '더 약해지게 한다'라는 뜻으로 말씀하신 게 정말 맞습니까? 제가 수많은 지혜의 전통들로부터 접한 바로는 고통, 장애물, 심지어는 트라우마가 된 경험까지도 사람들을 '더 강해지게 한다'고 말하고 있어서 말입니다."

"내가 방금 '더 약해지게 한다'고 했소?" 미소포노스가 물었다. "가만 있어보자…. 그게 '더 약해지게 한다'였던가, '더 강해지게 한다'였던가?" 그는 눈을 질끈 감은 채 한동안 생각에 잠기더니 눈을 번쩍 뜨고 말했다. "그렇지, 내 말이 맞소. '더 약해지게 한다'라는 뜻으로 한 말이오. 나쁜 경험은 끔찍한 법인데 누가 그걸 바라겠소? 당신들만 해도, 나쁜 경험을 하려고 굳이 이 먼 데까지 찾아온 거요? 당연히 아니지. 그리고 고통? 이 산에는 하루에 꼬박 열두 시간을 한 자리에 꼼짝 않고 앉아 있는 신탁사제들이 수두룩한데, 그래서 그들이 얻는 게 뭐요? 혈액 순환이 잘 안 되고, 등 아랫부분이 아플 뿐이야. 당신이라면 항시 아픔이나 고통만을 생각하는 상태에서 사람들에게 과연 지혜를 얼마나 나눠줄 수 있겠소? 내가 20년 전에 이 의자를 산 것도 바로 그런 이유에서였소. 내가 편안하면 안 된다는 법이 어디 있소?" 목소리에 짜증난 기색을 역력히 드러내며 그가 덧붙였다. "이 이야기는 이쯤 끝내도 되겠소?"

"죄송합니다." 조너선이 온순하게 말했다.

미소포노스가 다시 잔을 물로 가득 채웠다. 우리가 그걸 들이키자 미소포노스가 말을 이었다. "둘째, 늘 너의 느낌을 믿어라. 이것에 대해선 절대 질문하지 마시오."

이번에는 그레그가 움찔할 수밖에 없었다. 최근 몇 년째 그는 인지행동치료를 실습 중인데, 인지행동치료에서는 정확히 정반대의 조언을 하기 때문이다. 즉 느낌은 우리를 엉뚱한 길로 이끌 때가 너무 많으므로, 느낌들에 질문을 던지는 법을 알아야, 나아가 흔히 일어나는 몇몇 종류의 현실 왜곡에서 벗어나는 법을 알아야만 비로소 정신을 건강하게 만들 수 있다고 말이다. 하지만 부정적인 반응이 욱하고 올라와도 일단은 통제하는 법을 배운 터라, 그레그는 어금니를 앙다문 채 아무 말도 하지 않았다.

미소포노스는 재차 잔에 물을 가득 따랐고, 우리는 또다시 그 물을 마셨다. "셋째, 삶은 선한 사람들과 악한 사람들 사이의 투쟁이다."

이 말에 우리는 도저히 믿기지 않아 서로를 빤히 쳐다만 보았다. 그래그도 더 이상은 조용히 있기가 힘들었다. "오, 위대하신 코알레모스의 사제시여"라고 그가 머뭇거리며 말을 꺼냈다. "그 말씀에 대해 저희에게 설명을 좀 해주실 수 있을까요?"

"세상에는 선한 사람들이 있소." 미소포노스가 도대체 자기 말을 듣기는 하느냐는 듯 천천히 그리고 큰 목소리로 말했다. "그리고 나쁜 사람들도 있지." 그는 노려보듯 우리를 바라본 뒤 숨을 한 번 크게 들이쉬었다. "이 세상에는 너무도 많은 악이 존재해. 그것들이 과연 어디에서 유래하겠소?" 잠시 그는 말을 멈췄다. 우리가 대답하기를 기다리는 눈치였다. 하지만 우리는 딱히 할 말이 없었다. "악한 사람들한테서 오는 것이잖소!" 그가 화난 기색이 역력한 채 말했다. "그들과 싸우는 것이 바로 당신들과 이 세상의 나머지 선한 사람들에게 달려 있소. 당신들은 덕과 선을 위해 싸우는 전사가 되어야 해. 당신들은 어떤 사람들이 얼마나 못되고 그릇되었는지를 알 수 있소. 그자들을 반드시 지목해내시오! 바른 사람들이 뭉쳐 악한 자들에게 망신을 줘야 해. 그자들이 결국 자신들의 방식을 바꿀 때까지."

조너선이 물었다. "그런데 그 사람들도 우리에 대해 똑같이 생각하지 않을까요? '우리'가 옳고 '그들'은 틀리다는 것을 대체 우리가 어떻게 알 수 있나요?"

미소포노스가 쏘아붙이듯 대꾸했다. "대체 오늘 나한테서 뭘 배운 거요? 당신 느낌을 믿으라니까. 당신이 옳다고 느끼시오, 아니면 틀리다고 느끼시오? 내가 느끼기에, 이 면담은 이제 끝난 것 같소. 그만 나가시오."

사실 미소포노스[2]는 실존인물이 아니며, 위에서 말한 세 가지의 끔찍한 생각들을 발견하겠다고 우리가 그리스까지 여행을 떠난 일도 없다. 굳이 그럴 필요가 없었다. 오늘날 이런 생각들은 대학교와 고등학교는 물론, 일반 가정집 안에서도 찾아볼 수 있기 때문이다. 이 세 가지 비진실이 명시적으로 설파되는 일은 좀처럼 없다. 그보다는 각자에게 부과되는 규칙, 관례, 규범들에 담겨 젊은이들에게 전달되곤 한다. 많은 경우, 최고의 선의를 담은 채 말이다.

이 책은 최근 몇 년 새 미국 사회에 두루 퍼져 나간 것처럼 보이는 세 가지 '대단한 비진실Great Untruth'에 대해 다룬다.

- 유약함의 비진실: 죽지 않을 만큼 고된 일은 우리를 더 약해지게 한다.
- 감정적 추론의 비진실: 늘 너의 느낌을 믿어라.
- '우리 대 그들'의 비진실: 삶은 선한 사람들과 악한 사람들 사이의 투쟁이다.

비진실한 명제들은 수없이 많지만, 그중에서도 '대단한 비진실'의 범주에 속하려면 다음의 세 가지 기준을 반드시 충족시켜야만 한다.

- 고대의 지혜와 모순될 것(즉, 수많은 문화의 지혜로운 문헌들 속에서 두루 발견되는 생각들과 모순될 것).
- 진정한 삶을 다루는 현대 심리학의 연구 결과와 모순될 것.
- 그 명제를 끌어안는 개인이나 공동체에 해를 입힐 것.

이 세 가지의 '대단한 비진실'(또 이것들을 토대로 생겨난 방침들이나 정치 운동들)이 젊은이와 대학, 나아가 보다 일반적으로 자유민주주의에 어떤 식으로 문제들을 일으키고 있는지 이 책에서 보여줄 생각이다. 그런 문제들을 간단히 몇 가지만 추려보면 이렇다. 우선 최근 몇 년 새에 십대들에게 불안증, 우울증, 자살 등의 비율이 훌쩍 늘었다. 수많은 대학의 문화가 이념적으로 더욱 획일화하면서, 학자들이 진리를 추구해나가는 능력이나 학생들이 다양한 사상가들로부터 폭넓게 배우는 능력이 위태롭게 되었다. 극우와 극좌 진영 모두에서 극단주의자들이 득세해, 서로에게 그 어느 때보다 깊은 적개심을 불러일으키고 있다. 소셜미디어가 사람들의 열정적인 당파심을 이용해 이른바 "가해자 지목 문화"를 양산해내고 있다. 가해자 지목 문화에서는 누군가가 좋은 의도로 한 말을 다른 누군가가 무자비하게 해석해 공개적으로 망신을 주는 것이 가능하다. 새로운 미디어 플랫폼 및 방송을 청취하는 시민들이 자기 확증의 거품에 매몰돼, 설마 하고 무서워했던 상대편의 악독한 면들이 다 사실이었다는 확신을 갖는다. 그리고 불화와 분열의 씨를 뿌리고 다니는 극단주의자들과 사이버 트롤들이 이러한 확신을 더욱 증폭시킨다.

세 가지의 '대단한 비진실'은 현재 수많은 대학 캠퍼스 안에 만개해 있지만 그 애초 뿌리는 어린 시절 교육과 아동기의 경험에까지 더듬어 내려갈 수 있으며, 이제 대학 캠퍼스의 담장을 벗어나 기업 세계와 공공 광장, 국가 정치에까지 넝쿨을 뻗어나가고 있다. 또한 그것들은 미국 대학들을 벗어나 영어권 세계 곳곳의 대학들에까지 두루 확산되는 추세다.[3] 이들 '대단한 비진실'은 누구에게도 좋지 않다. 젊은이, 교육, 혹은 민주주의에 마음을 쓰는 사람이라면 누구든 이런 추세들을 걱정스러워하지 않을 수 없을 것이다.

이 책을 쓰게 된 진짜 계기

2014년 5월, 우리(그레그와 조너선)는 뉴욕시 그리니치 빌리지의 한 식당에 앉아 함께 점심을 먹었다. 이날 자리를 마련하게 된 것은 그레그가 1~2년 전부터 붙들고 씨름하던 난제에 대해 이야기를 나누기 위해서였다. 그레그에 대해 소개하자면, 우선 그는 수정헌법 제1조 변호사다(미국 수정헌법 제1조는 표현의 자유를 보장한 것이 골자인데, 이러한 표현의 자유 영역을 넓히는 데 기여하는 이들을 '수정헌법 제1조 변호사'라고 부른다—옮긴이). 2001년 이후 '개인의 교육권을 위한 재단FIRE, Foundation for Individual Rights in Education'[4]에서 수장으로 활동하며, 캠퍼스 안에서 학문의 자유와 발언의 자유를 지키기 위해 싸움을 벌이고 있다. FIRE는 어떤 당파와도 얽히지 않은 비영리 단체로, 미국 대학 안에서 리버티liberty, 즉 모두에게 평등하게 주어지는 자유 일반을 비롯해 발언의 자유, 정당한 법 절차, 학문의 자유 등을 지키기 위해 헌신하고 있다.

그레그는 이런 이력을 쌓는 동안 줄곧, 캠퍼스를 감시해야 한다는 요구를 대체로 관리자들 쪽에서 들어왔었다. 그와는 대조적으로 학생들 집단은 자유 발언을 줄곧 지지해온 편이었고 말이다. 아니, 외려 발언의 자유를 적극적으로 요구하고 나섰었다. 그런데 이제는 뭔가 변화가 일어나고 있었다. 일부 대학 캠퍼스들에서 말言 자체가 위험을 일으킨다는 인식이 점차 강해지기 시작한 것이다. 2013년 가을 무렵, 교과 과정에서 "감정을 격발시키는triggering" 내용들을 빼 달라고 요구하는 학생들의 목소리가 하나둘 그레그의 귀에 들려오기 시작했다. 2014년 봄에 이르러서는 《뉴 리퍼블릭》[5]과 《뉴욕 타임스》[6]에 이 같은 추세를 다루는 기사들이 실렸다. 그레그가 감지한 현상은 이뿐만이 아니었다. 학생들은 학교에 초청받은 연사들이 자신들에게 공격적인 생각을 품은 인물이라고 여겨질 경우, 학교 관리자들을 상대로 초청을 취소하라고 강하게 압박을 넣기 시작했다. 연사들의 초청 취소가 불발로 끝날 시, 학생들이 이른바 "훼방꾼의 거부권"(다른 학우들이 강연에 참석하는 것을 막거나 연사의 말을 듣지 못하도록 방해하는 식으로 시위를 벌이는 것)을 행사하는 일도 점점 늘었다. 그러나 그레그가 가장 염려했던 부분이자 조너선을 꼭 만나고자 했던 이유는 따로 있었다. 교과 과정과 연사들에 대한 이런 낯선 반응을 정당화하는 근거가 이전과 달라졌다는 것이었다.

몇 년 전만 해도 학교에서 관리자들이 언어규범을 만드는 동기는 인종차별이나 성차별로 여겨지는 발언을 줄이자는 것이었다. 하지만 요새는 언어규범을 마련하거나 연사의 강연을 취소하면서 건강상의 이유를 내거는 일이 점차 늘어나고 있다. 학생들의 주장을 들어보면, 특정 종류의 발언은 물론 심지어 각종 책이나 교과 과정의 내용들이 자신들의 원활한 기능에 방해가 된다는 것이었다. 학생들은 "감정을 격발시키거나" "안전하지 못하다는 느낌을 주어" 자신들의 정신건강을 위험에 빠뜨릴 수 있다고 여겨지는 내용들로부터 학교가 자신들을 보호해주기를 바랐다.

그런 예를 하나 들어보자. 컬럼비아대학교의 "핵심 교과 과정"

(컬럼비아대 학부생은 누구나 반드시 이수해야 하는 일반교양 수업의 일부)에는 '서양 문학 및 철학 명저'라는 강좌가 있다.[7] 한때 이 강좌에는 오비디우스, 호메로스, 단테, 아우구스티누스, 몽테뉴, 울프 같은 작가의 작품들이 두루 망라되어 있었다. 대학 측에 따르면 "인간이 겪는 경험과 관련해 가장 난해한 질문들"을 붙잡고 씨름해보는 것이 이 강좌에서 기대되었다. 그런데 2015년 대학 신문에 컬럼비아대 재학생 네 명이 글을 한 편 실었다. "강의실 안에서는 학생들이 안전하다고 느껴야만 하는데, 서양 고전의 많은 텍스트들에는 소외당하고 억압당한 사람들의 역사와 이야기가 즐비하며," "그 내용이 감정을 격발시키고 공격적으로 느껴져, 강의실에 앉아 있는 학생들의 정체성을 하찮게 만들어버린다"라는 주장이었다. 일부 학생들은 이런 텍스트들은 독서를 하거나 토론을 벌이기가 감정적인 면에서 너무 벅차기 때문에, 교수들이 학생들에게 "트리거 워닝trigger warning"(트리거 워닝이란, 조만간 진행될 수업 내용이 학생들에게 꽤 고역일 수 있음을 교수가 학생들에게 말이나 글로 미리 고지하는 것을 말한다)을 해줘야 하며, 아울러 감정이 동요된 학생들에게도 지원을 해줘야 한다고 말했다.[8] 그 행간을 읽자면, 이 글은 문학 고전이 다양해져야 한다는 중요한 지적을 하는 셈이다. 하지만 문학에 대한 반응을 논할 때 '안전 대 위험'이라는 틀을 적용하는 것이 과연 도움이 될까? 혹시 이런 틀 자체가 고전 텍스트에 대한 학생들의 반응을 달라지게 하는 것은 아닐까? 만약 그 틀을 적용하지 않았다면 그저 불편함이나 비호감만 느끼고 말았을 내용에 대해, 학생들은 괜히 위협이나 스트레스 반응까지 느끼는 것이 아닐까?

물론 학생운동 자체는 전혀 새로운 것이 아니다. 학생들이 학업 환경을 조성하기 위해 적극적 노력을 펼쳐온 지는 이미 수십 년에 이른다. 학생들이 교수들과 함께한 1990년대의 이른바 "고전 전쟁"만 해도 그렇다(당시 "세상을 떠난 백인 남성" 작가들이 점령하다시피 한 추천도서 목록에 여성과 유색인종 작가들의 작품을 더 집어넣으려는 노력이 이루어졌다).[9] 또한 1960년대와 1970년대에도 학생들이 주도해 연사들이 캠퍼스에 오지 못하도록 하거나, 연사의 말이 들리지 않게 방해하는 일이 많았다. 예컨대 하버드대 생물학자인 E. O. 윌슨의 경우 미국 몇몇의 대학 강연에서 반대시위에 휘말렸는데, 진화가 어떤 식으로 인간 행동을 형성하는지에 관해 글을 쓴 것이 갈등의 빌미가 됐다. 그 글의 내용이 기존의 성역할과 불평등을 정당화하는 논거로 활용될 수 있다며 일부 학생들이 문제 삼았기 때문이다. (한 시위 홍보 팻말은 학우들에게 "시끄러운 소리를 내는 물건들을 가져오도록" 촉구하기도 했다.[10]) 하지만 당시 학생들은 건강이 염려된다는 이유로 이런 일들을 한 것은 아니었다. 그때도 (지금과 마찬가지로) 사악한 사상을 퍼뜨린다고 여겨지는 사람들을 막아내길 바라기는 했지만, 특정 연사가 학교에 방문하거나 학생들이 어떤 생각들에 노출된다고 해서 학교 공동체 성원들이 '해를 입을 것'이라고 말하는 학생은 없었다. 그리고 교수나 관리자들에게 특정 인물의 학교 진입을 차단해달라고, 그래서 자신들에 대한 보호를 더 강화해달라고 요구하는 일도 분명 없었다.

오늘날 새로운 것은 바로 '학생들이 유약하다fragile'는 전제다. 심지어 자신은 유약하지 않은 학생들까지도, '다른' 학생들이 위태한 지경에 빠져 있기 때문에 그를 보호해주어야 한다고 여기는 일이 많다. 이른바 "감정 격발"이라는 딱지를 붙인 발언이나 텍스트들과 맞부딪히며 학생들이 더 강하게 성장할 거라고는 어느 누구도 기대하지 않는다. (바로 이것이 유약함의 비진실이다. '죽지 않을 만큼 고된 일은 우리를 더 약해지게 한다.')

그레그는 여태껏 살면서 숱하게 우울증 발작에 시달렸는데, 그런 그에게는 이런 접근법이 끔찍하게만 여겨졌다. 우울증 치료를 위해 갖은 노력을 하는 과정에서 그가 알게 된 게 있다면, 인지행동치료CBT, cognitive behavioral therapy가 가장 효과적인 치료법이라는 점이었다(전 세계 수백만 명의 생각도 그렇다). 인지행동치료를 배우면 자신이 언제 다양한 인지왜곡에 휘말리는지를 감지해낼 수 있게 된다. 예를 들면 재앙화("이번 시험을 망치면 수업에서 낙제할 거고, 그럼 학교에서 쫓겨나 평생 일자리도 못 구하겠지…")나 부정적 필터링(칭찬은 무시하고 부정적인 피드백에만 신경 쓰는 것)을 알아차릴 수 있게 되는 것이다. 이런 식의 뒤틀리고 비합리적인 사고 패턴은 우울증과 불안장애의 특징이다. 물론 그렇다고 학생들에게 실제적인 신변 위협이 전혀 없다든가, 혹은 부정의를 질타하는 학생들의 주장이 대부분 인지왜곡 현상이라는 얘기는 아니다. 다만 지금 학생들은 실제의 문제를 대할 때 과거 세대보다 더 해당 문제를 위협적으로 보도록 하는 사고 패턴에 휘말리는 것 같고, 그래서 문제 해결이 더 버거워진다는 얘기를 하는 것일 뿐이다. 그런데 초창기 인지행동치료 연구자들이 알아낸 중요한 사실이 있다. 바로 이런 식의 인지왜곡을 멈추는 법을 익히면 우울증과 불안증이 대체로 줄어든다는 점이다. 그레그가 캠퍼스 연설에 대한 일부 학생들의 반응을 보고 무척 난감할 수밖에 없었던 게 이 때문이었다. 자신이 치료를 받을 때 물리쳐야 한다고 배웠던 바로 그 똑같은 인지왜곡을 학생들이 범하고 있었으니까 말이다. 그렇다면 이 나쁜 정신 습관을 학생들은 대체 어디서 배운 것일까? 이들 인지왜곡이 학생들을 더욱 불안하고 우울하게 만드는 것은 아닐까?

물론 1970년대 이후로 대학 캠퍼스에는 여러 가지 변화가 있었다. 오늘날 대학생들은 확실히 예전에 비해 훨씬 다양해졌다. 학생들은 편협함, 빈곤, 트라우마, 정신질환 같은 어려움들을 저마다 다양한 강도로 겪은 상태에서 대학에 들어온다. 따라서 교육자들은 오늘날 학생들이 가진 이런 차이를 반드시 염두에 둬야 하고, 과거에 세워놓았던 가정假定들을 재점검해야 하며, 포용력 있는 공동체를 꾸릴 수 있도록 무던 애를 써야 할 것이다. 그런데 과연 무엇이 그것을 위한 최선의 방법일까? 가장 심각한 장애물을 마주했던 그런 학생들을 특별히 배려한다는 차원에서, 혹시라도 공격적으로 느껴질 수 있는 연사, 책, 생각 따위로부터 그들을 보호하는 것을 최우선으로 삼아야 할까? 아니면 그런 방책들이 제아무리 좋은 의도를 가지고 있다 해도 역효과를 불러 일으켜, 되레 우리가 배려하고자 하는 그 학생들에게 혹시 해를 입히지는 않을까?

학생이라면 누구나 대학 졸업 이후에 마주할 세상에 대해 반드시 준비를 해야만 한다. 그중에서도 가장 높이 도약하려고 하는 학생들, 즉 낯선 땅의 이방인처럼 느낄 위험성이 가장 큰 사람들은 누구보다 빠른 속도로 배워야만 하고, 또 누구보다 열심히 준비해야만 한다. 사회라는 경기장은 절대 평평하지 않고, 삶도 공평하지 않은 게 현실이다. 그나마 사람들이나 생각들이 맞부딪힐 수 있는 최상의 환경이 있다면 아마도 대학이 아닐까. 설령 서로에게 공격적이 되거나 대놓고 적대감을 드러내는 일이 있더라도 말이다. 대학

이야말로 정신력을 기르기 위한 궁극의 체육관이다. 그곳에는 최신식 장비가 가득 갖춰져 있고, 능숙한 트레이너들이 있으며, 만약을 대비해서 치료사들까지 대기하고 있다.

학생들이 스스로를 유약하다고 인식하는 상황에서는 이런 체육관을 기피해버리고 말 것이라는 게 그레그의 걱정이었다. 만약 학생들이 실력을 다지기는커녕 연습 링에 선뜻 올라 스파링에 응하지도 않는다면, 더구나 자신을 위한다는 사람들 말만 듣고 그런 훈련은 상처만 입힌다고 생각해 이런 기회들을 피해버린다면, 음, 그것은 관련된 모든 사람들에게 비극일 것이다. 그리 내키지 않는 생각들을 만날 때마다 '나는 약하니까, 다른 이들은 약하니까' 하고 믿어버리면, 그 믿음은 결국 자기 충족적 예언이 되어버릴 것이다. 학생들이 자신은 그런 일들을 감당 못한다고 믿을 뿐만 아니라, 만약 그런 믿음을 바탕으로 행동하는 것은 물론 어려움에 노출되는 것마저 꺼리다면, 종국에는 그런 난관을 감당하는 능력이 정말 줄어들게 될 것이다. 학생들이 대학 안에 지적인 "안전"이라는 거품을 만드는 데 성공한다? 그것은 훨씬 커다란 불안과 갈등을 스스로 불러들이는 꼴이나 다름없다. 학교를 졸업한 뒤에는 훨씬 극단적인 견해를 가진 사람들을 더 수두룩하게 만날 게 뻔하기 때문이다.

그레그는 개인 경험과 전문가로서의 경험을 토대로 다음과 같은 이론을 세웠다. 지금 학생들은 다른 사람의 발언으로부터 보호를 해달라고 요구하기 시작했는데, 그 이유는 자기도 모르는 사이에 인지왜곡을 익혀 사용하고 있기 때문이다. 인지행동치료에서 그토록 바로잡고자 하는 바로 그 인지왜곡 말이다. 이상을 간단히 말하면 이렇다. '수많은 대학생들이 왜곡된 방식으로 생각하는 법을

익히고 있으며, 이에 따라 학생들은 유약하고 불안하고 쉽게 상처받는 사람이 될 공산이 커진다.'

그레그가 자신의 이론을 가지고 조너선과 논의하길 바란 것에는 이유가 있었다. 조너선이 사회심리학자로서 인지행동치료의 힘은 강력하며 그것이 고대의 지혜와도 잘 들어맞는다는 사실을 광범위하게 논의한 글을 썼기 때문이다.[11] 조너선도 그레그의 생각에 담긴 잠재력을 대번에 알아봤다. 뉴욕대학교의 스턴 경영대학원에서 교수로 재직 중인 조너선도, 그런 새로운 "유약한 학생 모델"의 첫 번째 징후들을 막 알아보기 시작한 참이었기 때문이다. 조너선의 경우 도덕심리학을 주된 연구 분야로 삼고 있고, 두 번째 저작《바른 마음》에서는 사람들이 서로 다른 도덕 문화들을 이해할 수 있도록 돕고자 노력을 기울였다. 이때 도덕 문화란, 다른 말로 도덕 "매트릭스"라고도 하며, 특히 정치적 좌파와 정치적 우파의 도덕 문화들을 말한다.

이 책에서 조너선이 쓴 "매트릭스"라는 용어는 사실 윌리엄 깁슨이 1984년에 발표한 SF소설《뉴로맨서》에 나오는 말이다(영화〈매트릭스〉에 훗날 영감을 준 것도 바로 이 소설이었다). 깁슨은 세상 모든 사람들이 오늘날의 인터넷과 비슷한 망에 하나로 연결돼 살아가는 미래의 모습을 상상해 소설 속에 그려냈다. 그 네트워크를 가리켜 "매트릭스"라 했고, 이 용어는 "합의된 환각"이라는 뜻을 담고 있었다. 조너선은 이 말이 곧 도덕 문화에 관해 생각하는 획기적인 방법이겠다 싶었다. 사람들은 집단 내에서 상호작용을 하며 서로 합의된 도덕 매트릭스를 형성하기 마련인데, 그러고 나서 그들은 어쩌면 외부인들에게는 전혀 이해되지 않는 방식으로 행동하곤 한다.

그런데 그 당시에 우리 둘 모두에게는 뭔가 새로운 도덕 매트릭스가 미국의 몇몇 대학에서 형성되고 있는 것은 물론 그것이 커질 수밖에 없는 것처럼 보였다. (더구나 소셜미디어는 서로 연결된 공동체 안에서 "합의된 환각"이 초고속으로 전파되기에 더없이 좋은 환경을 제공한다. 캠퍼스 안과 밖, 좌파와 우파, 그 어디든 가리지 않고 말이다.)

조너선은 이 미스터리를 풀고자 하는 그레그의 시도에 적극 동참하기로 했다. 우리 둘은 함께 글을 쓰면서, 그레그의 아이디어를 분석하는 한편 그것을 활용해 1~2년 전부터 대학 캠퍼스에서 일어난 수많은 사태와 추세들을 설명했다. 그리고 글의 제목을 "참화로 치닫는 논쟁: 대학 캠퍼스는 어떻게 인지왜곡을 가르치는가 Arguing Towards Misery: How Campuses Teach Cognitive Distortions"라고 붙여 《애틀랜틱》지에 보냈다. 편집자 돈 펙은 그 글을 마음에 들어 했고, 논지를 더 강화하도록 우리를 도와주었다. 그리고 더 간결하고 도발적인 제목도 하나 제시했다. "미국인들의 유난스런 지극정성 The Coddling of the American Mind"이었다.

그 기사에서 우리가 펼친 주장은 이랬다. 즉, 수많은 학부모, 초·중등 교사, 교수, 대학 관리자들이 특정 세대의 학생들을 가르치면서, 자기들도 모르는 사이에 아이들을 불안증과 우울증에서 흔히 나타나는 정신 습관에 적극 휘말리도록 하고 있다는 것이었다. 우리는 학생들이 말이나 책, 초청 연사들에 대해 두려움과 분노로 반응하기 시작했다고 지적하고, 이는 학생들이 위험을 과장하고 이분법적 혹은 이항적 사고를 활용하도록 배웠기 때문이라고 했다. 또한 학생들은 첫 번째의 감정 반응들을 증폭시키는 한편, 갖가지 인지왜곡들을 적극 범하도록 가르침을 받기도 한다(여기에 대해서는 이 책 전반에서 더 다룰 것이다). 그런 사고 패턴은 학생들의 정신건강에 직접적으로 해를 끼쳤을 뿐 아니라, 학생들은 물론 주변 사람들의 지적 능력 발달에도 장애가 되었다. 아울러 몇몇 학교에서 방어적인 자기검열 문화가 부상하기 시작한 것 같은데, 이는 누군가가 (가해자 지목을 하는 당사자에게든, 혹은 그 학생이 옹호하는 집단 성원에게든) 몰지각하게 여겨지는 행동을 하면, 그게 아무리 사소해도 극구 "가해자로 지목해" 망신을 주는 학생들에게 일부 원인이 있었다. 일부 우리는 글에서 이러한 패턴을 '극성스러운 보호주의'라고 이름 붙이고, 이런 행동들 때문에 모든 학생들이 열린 토론을 벌이기가 더 어려워졌다고 주장했다. 그런 열린 토론을 통해 삶에 꼭 필요한 비판적 사고 및 정중한 의견 충돌 기술을 연마할 수 있어야 하는데 말이다.

이 글이《애틀랜틱》지의 웹사이트에 올라간 것이 2015년 8월 11일이었고, 잡지에 실려 신문 가판대에 놓이게 된 것은 그로부터 약 일주일 뒤였다. 우리는 비판의 물결이 쇄도할 거라며 각오하고 있었지만, 대학 캠퍼스 안팎은 물론 정치권 전반에서도 우리가 이야기한 추세들을 이미 주목하고 있었고, 그래서 이 글에 대한 첫 반응은 어마어마하게 긍정적이었다. 우리가 쓴 글이《애틀랜틱》웹사이트에서 역대 최고 조회수 5위 안에 드는가 하면, 몇 주 후에는 오바마 대통령까지 담화에서 이 글을 언급했다. 그는 관점의 다양성이 얼마나 소중한지 역설하며, 학생들을 "서로 다른 관점들로부터 지나치게 돌봐주거나 보호해주지" 말아야 한다고 말했다.[12]

그해 10월경 이 글과 관련된 각종 미디어 출연을 마무리 짓고, 우리 둘은 흐뭇한 마음으로 각자의 일로 돌아갔다. 하지만 그때만 해도 우리는 거의 몰랐다. 불과 몇 달, 몇 년 사이에 학계는 물론 나라 전체가 그렇게 발칵 뒤집힐 줄은. 거기다 2016년에 접어들자 영국,[13] 캐나다, 호주[14]의 대학들에까지 '대단한 비진실' 및 그와 관련된 실천들이 퍼져 나가고 있다는 사실이 분명해졌다. 2016년 가을, 우리는 결국 일전에 제기했던 문제들을 다시 한 번 더 치열하게 들여다보자고 마음먹었고, 그렇게 해서 이 책을 쓰게 되었다.

격동기: 2015~2017년

2018년 초반에 돌이켜보면, 《애틀랜틱》지에 글이 실린 2015년 8월 이후 미국에 얼마나 많은 변화들이 있었는지 그저 놀라울 뿐이다. 우선 인종 간의 정의를 외치는 운동이 거세게 일기 시작하더니, 경찰이 무장도 하지 않은 흑인을 죽이는 소름끼치는 동영상까지 휴대전화를 통해 퍼져 나가면서 해당 운동이 나날이 그 기세를 더해갔다.[15] 2015년 가을에는 인종 간의 정의 문제로 시위가 폭발해, 미주리대와 예일대를 시작으로 미국 전역의 수십 개 대학 캠퍼스로 시위가 번져 나갔다. 최근 수십 년 동안 본 적이 없을 만큼의 그런 운동 수준이었다.

다른 한편에서는 대량학살이 뉴스 지면을 빼곡히 채웠다. 테러리스트들이 유럽과 중동 전역을 무대로 대규모 공격을 자행했다.[16] 미국 본토에서도 ISIS에 고무된 총격 사건이 터져 캘리포니아주 샌버너디노에서 14명이 사망하고 20명 이상이 부상을 당했다.[17] ISIS에 고무되어 일어난 공격은 또다시 일어나, 이번에는 플로리다주

올랜도의 한 게이 클럽에서 49명이 사망했다. 미국 역사상 가장 많은 사망자를 낸 총격 사건으로 기록되는 순간이었다.[18] 하지만 이 기록도 얼마 안 가 깨지고 만다. 불과 16개월 뒤 라스베이거스에서 말 그대로 기관총 난사 사건이 일어나 58명이 사망하고 야외 콘서트장에 앉아 있던 851명의 사람들이 부상을 당했기 때문이다.[19]

거기다 2016년은 미국 대통령 선거 역사상 가장 기이한 한 해였다. 도널드 트럼프라는 정치 이력이 전무한 후보가, 그것도 수많은 집단을 공격해대 당선은 어림도 없다는 인식이 지배적이었던 인물이, 공화당 후보 경선에서 승리하더니 미국 대통령에까지 당선된 것이다. 미국 전역에서 수백만 명의 시민들이 그의 취임에 항의하기 위해 모습을 드러냈고, 상대 당파에 대한 적개심이 치솟았으며, 뉴스 매체들은 핵전쟁에 대한 대통령의 최근 트윗이나 코멘트를 보도하기에 여념이 없었다.

그러다 다시 대학가의 시위로 사람들의 이목이 쏠린 것은 2017년 봄, 미들베리대학교와 UC버클리에서 폭력 사태가 불거지면서였다. 특히 UC버클리의 폭력 사태는 몇 십 년 동안 본 적이 없을 정도의 규모였으며, 자칭 "안티파시스트anti-fascist"들이 학교와 도시에 수십만 달러의 손해를 입히고 학생과 여타 시민들까지 다치게 했다. 그로부터 6개월 뒤에는 신나치neo-Nazis와 쿠 클럭스 클랜KKK, Ku Klux Klan 단원들이 버지니아대학교에 운집해 횃불을 들고 하루 동안 가두행진을 벌였는데, 이튿날 백인 민족주의자 하나가 반대 시위대를 향해 차량을 몰고 돌진해 한 명이 사망하고 여러 명이 부상을 당했다. 2017년 말미에는 미투 운동이 줄을 이었다. 수많은 여성이 자신이 당한 성추행과 성폭력 경험을 공개적으로 알리기 시작한 것인데, 남자들이 막강한 실세로 군림하는 전문 직종에서는 그런 일들이 다반사인 것으로 드러났다.

미국이 이런 환경에 놓여 있다 보니, 나이나 정치적 스펙트럼을 막론하고 누구나 자신이 불안하고 우울하고 화가 치밀어 오른다고 호소할 만하다. 대학 캠퍼스의 분위기가 왜 불안해졌는지, 또 학생들이 왜 새삼 "안전"을 요구하는지, 이 정도면 충분히 설명되지 않는가? 그런데도 우리는 굳이 왜 애초《애틀랜틱》지에서 제기했던 그 문제들로 다시 돌아가려 하는 것일까?

'지극정성'이란 곧 '과보호'를 뜻한다

이 책에 "coddling(유난히 지극정성으로 돌봄)"이라는 말을 쓰면서 우리는 늘 양면적인 감정을 느껴야 했다. 우리는 그 말이 넌지시 나타내는 바, 지금 아이들이 응석받이에 제멋대로이고 게으르다고 하는 것이 탐탁지 않았다. 사실이 아니기 때문이다. 오늘날 젊은이들, 적어도 명문 대학에 진학하려고 경쟁하는 젊은이들은 학업 수행은 물론 방과 후 스펙 쌓기로 엄청난 압박에 시달린다. 그런 한편, 모든 십대가 소셜미디어 안에서 새로운 형태의 괴롭힘과 모욕, 사회적 경쟁에 직면한다. 그들의 경제적 전망도 불확실한데, 경제가 세계화, 자동화, 인공지능에 의해 재편되고 있으며, 그에 따라 대다수 근로자의 봉급이 제자리를 맴돌 것이기 때문이다. 따라서 오늘날 아이들이 맘껏 응석을 부리며 속 편하게 아동기를 보낸다고 할 수는 없다. 그런데 이 책에도 곧 나오겠지만, 요즘에는 어른들이 아이들을 보호한다는 명목으로 예전에 비해 훨씬 많은 일들을 벌이는 게 사실이며, 어른들의 과한 욕심에서 몇몇 부정적 결과가 일어날 우려가 있다. 그런 과잉보호는 "coddle"의 사전적 정의에서 분명히 강조되고 있다. 이를테면 "극단적이거나 지나친 배려 혹은 친절로 상대를 대하는 것"이라는 뜻풀이를 보라.[20] 그러니까 잘못은 어른들과 제도적인 관습에 있다는 얘기인데, 그래서 부제를 "좋은 의도와 나쁜 생각이 만나 어떻게 한 세대를 망치고 있는가How Good Intentions and Bad Ideas Are Setting Up a Generation for Failure"라고 붙였다(한국어판에서는 이런 취지를 제목에 부각시키고, 부제를 달리 변경했다—편집자). 우리가 이 책에서 다루려는 것도 바로 그것이다. 우리는 선의에서 비롯된 과보호(땅콩을 금지한 초등학교의 학칙에서부터 대학 내 언어규범에 이르기까지)가 어떻게 득보다는 해가 되는 것으로 끝날 수 있는지를 보여줄 것이다.

그런데 이런 과보호는 이른바 '진보의 폐해'라는 더 커다란 추세의 일부에 불과하다. 진보의 폐해란, 좋은 사회적 변화로 인해 생성되는 나쁜 결과들을 말한다. 예를 들어 우리의 경제 체제가 저렴한 가격에 음식물을 풍성하게 생산해내는 것은 대단한 일이지만, 그 이면에는 전염병처럼 퍼져 나가는 비만이 있다. 또 사람들과 즉시 연결되어 공짜로 소통할 수 있는 것도 대단한 일이지만, 이런 고도의 연결성이 젊은이들의 정신건강에는 도리어 해를 끼치고 있을 수 있다. 우리가 냉장고, 항우울제, 에어컨, 수돗물의 온수와 냉수 등을 가지게 된 것도 대단한 일이며, 우리 종의 태곳적 선조들이 몸으로 뼈 빠지게 고생하며 해냈던 일상의 자질구레한 일들에서 벗어나게 된 것도 정말 대단한 일이다. 이렇듯 각종 편의를 누리며 안전하게 살게 된 것은 인류에겐 커다란 선물이지만, 거기엔 몇 가지 대가도 함께 따른다. 새로워지고 더 나아진 환경에 적응할수록, 불편함과 리스크를 견뎌내는 우리의 한계도 함께 낮아지기 때문이다. 증조부모들의 기준에서는, 우리 거의 모두가 지나치게 보살핌을 받고 있는 셈이다. 물론 어느 세대든 자기 다음 세대에 대해서는 늘 나약하다느니, 징징댄다느니, 회복력이 부족하다느니 하고 보는 경향이 있다. 하지만 더 나이 든 세대들의 말에는 분명 일리가 있으리라. 한 세대에서 다른 세대로 넘어가면서 생긴 변화로 인해 아무리 실제적이고 긍정적인 진보가 이루어진다고 하더라도 말이다.

거듭 강조하지만, 우리는 오늘날 학생들이(보다 일반적으로는 젊은이들이) 맞닥뜨린 문제가 하찮은 것이라거나 "사서 하는 걱정"일 뿐이라고 말하려는 게 아니다. 그보다는 사람들이 머릿속으로 무엇을 '하겠다'고 선택하느냐에 따라, 그런 실질적인 문제들이 사람들에게 끼치는 영향도 달라지리라는 사실을 말하려 한다. 우리의 주장은 군자연하는 도덕주의적인 것이 아니라, 지극히 실용적인 것이다. 즉, 정체성, 배경, 정치 이념을 막론하고, 미소포노스의 조언과는 '정반대로' 살아야만 더 행복할 것이고, 더 건강할 것이며, 더 강하게 될 것이다. 나아가 자신이 추구하는 목표를 성취하는 데 성공할 가능성도 더 커진다. 다시 말해 ("안전하지 않다고 느껴지는" 것은 모조리 치우거나 피하기보다는) 도전적인 것들을 찾아나서야 하고, (항상 첫 느낌을 믿기보다는) 갖가지 인지왜곡에서 자유로워져야 하며, ('우리 대 그들'이라는 단순무지한 도덕관 속에서 사람들이 더없이 악랄하다고 가정하기보다는) 타인에게 관대한 시각을 갖고 미묘한 차이를 찾아야 한다.

우리가 이 책에서 하려는 것

우리가 하려는 이야기는 사실 그리 간단치 않으며, 이 책에 영웅이라 할 만한 이들은 몇몇 있어도 딱 짚어 악당이라 한 인물은 등장하지 않는다. 그보다 우리의 이야기는 비유컨대 사회학 탐정 소설로, 이 이야기 속에서 우리는 각종 사회적 추세와 동력이 맞물리며 일어난 "범죄"를 파헤친다. 미국의 대학가에서 놀라운 사태들이 불거지기 시작한 것은 2013년과 2014년 무렵이었고, 그러한 사태들이 더 기이한 형태로 빈발하기 시작한 것은 2015년에서 2017년 사이였다. 이 책 제1부에서 우리는 무대를 마련할 것이다. 독자 여러분은 2013년부터 수많은 대학 캠퍼스를 휩쓴 "안전"이라는 새로운 문화를 이해하는 데에 필요한 지적 도구를 제1부에서 제공받게 될 것이다. 그런 지적 도구에는 세 가지의 '대단한 비진실'이 무엇인지 아는 것도 포함된다. 아울러 우리는 인지행동치료의 핵심 개념 일부에 대해 설명하는 한편, 인지행동치료가 어떻게 비판적 사고를 향상시켜주는지, 그리고 어떻게 '대단한 비진실'의 영향을 막아주는지 보여주려고 한다.

제2부에서는 세 가지의 '대단한 비진실'이 현실에서 어떻게 작동하는지를 보여주려 한다. 고성을 질러 발언을 방해하고, 협박하고, 이따금 폭력을 행사하는 등의 행동으로 인해 대학들이 교육과 연구라는 핵심 임무를 수행하기 더 어려워진 상황에 대해 자세히 검토할 것이다. 아울러 말이 곧 폭력이라는, 최근 인기를 끄는 생각에 대해서도 살펴볼 것이며, 이런 식의 사고방식이 왜 학생들의 정신건강에 해로운지도 보여주려 한다. 또 마녀사냥과 도덕적 공황

상태의 사회학은 물론, 대학을 혼란 속으로 몰아넣는 여러 조건들에 대해서도 살펴볼 것이다.

제3부에서는 미스터리를 푸는 노력을 하려고 한다. 2013년에서 2017년 사이에 미국의 수많은 대학의 분위기가 그렇게 순식간에 변한 것은 어떤 이유에서였을까? 이와 관련해 우리는 여섯 가지 설명의 실마리들을 하나하나 확인할 것이다. 첫째, '정치적 양극화와 정당 간 적개심의 심화'. 이것은 혐오범죄와 캠퍼스 내의 괴롭힘의 증가로 이어졌다. 둘째, '십대의 불안증과 우울증 수준의 증가'. 이 때문에 많은 학생들이 더 많은 보호를 바라는 한편 대단한 비진실들은 더 쉽사리 받아들이는 경향을 보이고 있다. 셋째, '양육방식의 변화'. 이는 오늘날 아동기 환경이 점점 더 안전해지는데도 불구하고, 아이들의 두려움을 증폭시켜왔다. 넷째, '자유 놀이와 어른의 감시 없는 리스크 감수 행동의 감소'. 이 두 가지는 아이들이 자율적인 성인으로 자라나는 데에 꼭 필요하다. 다섯째, '캠퍼스 관료주의의 성장과 학생 보호 임무의 확대'. 여섯째, '정의에 대한 고조된 열정'(여기에는 정의의 요건에 대한 생각의 변화가 결합되어 있다). 물론 이 여섯 가지 추세가 모두에게 똑같이 영향을 미치는 것은 아니다. 하지만 최근 몇 년 전부터 미국의 대학 캠퍼스에 이들 여섯 가지 추세가 나타나 서로 교차하며 상호작용하기 시작한 것은 분명하다.

이 책의 마지막인 제4부에 이르러서는 몇 가지 조언을 내놓을 것이다. 우선은 부모와 교사들이 어떻게 하면 아이들을 더 지혜롭고, 더 강하고, 더 독립적인 사람으로 키워낼 수 있을지 그 구체적 실행 방침을 제안할 생각이다. 아울러 교수, 관리자, 학생들이 어떻게 하면 대학을 더 발전시킬 수 있을지, 그리고 어떻게 하면 기술을 등에 업은 분노의 시대에 무사히 적응해 살아남을지 그 방법들을 제시하려고 한다.

2014년에 우리는 미국의 대학 캠퍼스들에서 불거진 사태들을 이해하기 위해 이 작업을 시작했다. 하지만 이 책은 결국 그보다 훨씬 더 많은 내용들을 담게 되었다. 이 책은 뭔가 이상하고 불안한 우리 시대의 이야기다. 지금은 수많은 기관이 제구실을 하지 못하고, 서로 간의 신뢰는 떨어지고, 새로운 세대(밀레니얼 세대를 뒤잇는 세대)가 대학을 졸업해 막 사회에 발을 들이려는 참이다. 그러나 우리의 이야기는 결국 희망 섞인 분위기로 끝나게 될 것이다. 이 책에 등장하는 문제들은 아마 한시적인 문제들일 것이다. 우리는 그것들이 충분히 해결이 가능하다고 믿는다. 건강, 풍요, 자유 같은 대부분의 척도를 놓고 봤을 때, 인류 역사의 아치는 확실히 진보 쪽을 향해 굽어지고 있는 게 맞다.[21] 하지만 이 책에서 말하는 여섯 가지 설명의 실마리를 이해한다면, 나아가 세 가지 '대단한 비진실'에서 우리가 자유롭게 벗어날 수 있다면, 역사가 진보를 향해 굽어지는 속도도 좀 더 빨라지지 않을까.

제1부

대단한 비진실

제1장

유약함의 비진실

: 죽지 않을 만큼 고된 일은 우리를 더 약해지게 한다

> 하늘은 누구에게든 큰일을 맡기려 할 때는 반드시 마음고생을 시키고, 고된 일로 근골을 단련시키며, 굶주리게 하고, 빈곤에 찌들게 하며, 그 행하는 바를 어그러뜨린다. 그렇게 해서 그의 마음을 분발시키고 성질을 참게 하여, 그 능력의 모자란 부분들을 향상시키려는 것이다.
>
> _맹자, 기원전 4세기[1]

2009년 8월, 세 살 나이의 맥스 하이트는 버지니아주 샬러츠빌의 한 유치원에서 첫날을 보냈다. 그런데 대학 학위를 향한 장장 18년에 걸친 맥스의 이 여정이 첫발을 떼려면, 먼저 맥스의 부모인 조너선과 제인부터 유치원 오리엔테이션에 필히 참석해 맥스의 담임선생님이 일러주는 다양한 규칙과 절차에 관해 설명을 들어야 했다. 할애된 시간으로 판단하건대, 이 오리엔테이션에서 가장 중요했던 규칙은 다름 아닌 '견과류 금지'였다. 땅콩 알레르기 증상이 있는 아이들이 자칫 위험해질 수 있기 때문에, 무엇이든 견과류가 포함된 것은 절대 유치원에 가져오면 안 된다는 규칙이었다. 물론 엄밀히 따지면 땅콩은 견과류가 아닌 콩류지만, 견과류에도 알레르기 반응을 보이는 아이들이 있기 때문에 유치원에서는 땅콩과 땅콩버터를 비롯해 견과류 및 견과류 제품 일체를 금하고 있었다. 거기다 안전에 더욱 만전을 기한다는 차원에서 견과류를 가공하는 공장에서 생산되는 제품들까지 모두 금지하고 있었고, 따라서 그 외에도 수없이 많은 종류의 말린 과일이나 과자도 유치원에 들고 올 수 없었다.

유치원에서 금하는 먹거리 성분 목록이 줄줄 이어지며 하염없이 시간이 흐르자, 조너선이 나서서 모여 앉은 부모들을 향해 마침 맞다 싶은 질문을 하나 던졌다. "이 자리에 혹시 견과류 알레르기가 있는 자녀를 두신 분이 있나요? 그런 아이가 있다면 그 알레르기를 다 같이 숙지하고 아이가 위험해지는 일이 없게 가능한 모든 수를 동원하도록 해야겠습니다. 하지만 그런 알레르기를 가진 아이가 이 반에 없다면, 굳이 번거롭게 모든 먹거리를 금지할 게 아니라 간단히 땅콩 하나만 금지하면 되지 않을까요?"

조너선의 질문에 선생님은 만면에 불편한 심기를 드러내며 부모들에게 질문에 답할 것 없다고 당장 잘라 말했다. "아버님, 그런 말씀을 하시면 다른 부모님들이 난처하실 수 있어요. 여기 계신 분들 마음을 불편하게 하시면 안 되죠. 이 반에 알레르기를 가진 아이가 있건 없건 간에, 지금 말씀드리는 내용이 이 유치원의 규칙입니다."

사실 유치원에서 이렇게까지 조심스럽게 나오는 것도 무리는 아니다. 1990년대 중반까지만 해도 땅콩 알레르기는 미국 어린이들 사이에서 좀처럼 찾아보기 힘들었다. 한 연구에 따르면, 8세 미만의 아동 중 땅콩 알레르기가 있는 아이들은 1,000명당 4명에 불과했다(이 정도 수치면, 100명 남짓한 맥스의 유치원에는 단 한 명도 없을 가능성이 크다는 얘기가 된다).[2] 그런데 동일한 조사에 따르면, 2008년에 접어들자 똑같은 측정방법을 썼는데도 아동의 알레르기가 세 배 이상 급증해 1,000명당 14명에 이르렀다고 한다(이 정도 수치라면, 맥스의 유치원에도 알레르기를 가진 아이가 한두 명은 있을 수 있다는 얘기가 된다). 왜 갑자기 미국 아이들이 땅콩에 더 심한 알레르기를 보이게 됐는지 누구도 그 영문을 알 수 없었지만, 사람들이 측은한 마음에 이렇게 생각하는 건 어쩌면 당연한 일이었다. '역시 아이들은 연약해서 언제 어떻게 될지 몰라. 땅콩과 땅콩 제품도 그렇고, 견과류에 닿은 모든 것들로부터 아이들을 안전하게 보호해야 해. 못할 게 뭐 있어? 도시락 쌀 때 약간 신경은 쓰이겠지만, 그렇게 한다고 해서 잘못될 게 뭐 있겠어?'

그런데 지금 와서 얘기지만, 그 폐해는 자못 심각했다.[3] 땅콩 알레르기가 급증한 원인이 다름 아닌 과거 1990년대에 부모와 교사들이 아이들을 어떻게든 땅콩에 노출시키지 않으려 보호한 데서 비롯되었다는 사실이 나중에 밝혀졌기 때문이다.[4] 이와 관련한 권위적인 연구가 발표된 것은 2015년 2월의 일이었다.[5] 이른바 'LEAP'(땅콩 알레르기 초기습득Learning Early About Peanut Allergy)라는 제목의 이 연구는 "땅콩 함유 제품을 유아기부터 정기적으로 먹이기 시작하면, 알레르기성 면역 반응 대신 보호성 면역 반응을 끌어낼 것이다"[6]라는 전제를 가설로 삼고 연구를 진행했다. 연구자들은 연구를 위해 습진이 심한, 혹은 다른 알레르기에 고도의 양성 반응을 보이므로 차후 땅콩 알레르기를 일으킬 위험이 높은 유아 640명(생후 4~11개월 사이의 아기)의 부모들을 모집했다. 연구자들은 이들 부모 절반에게는 병원에서 고위험군 아기들이 으레 받는 통상적 조언들을 따르도록 했다. 땅콩을 비롯해 땅콩이 함유된 제품을 일절 피하도록 한 것이다. 그리고 나머지 절반에게는 땅콩버터맛 콘스낵을 얼마쯤 제공해주고, 일주일에 최소 세 번은 아기에게 일정량씩 먹이도록 했다. 그러고 난 후 연구자들은 이들 가족들의 동태를 빠짐없이 추적하고 있다가, 아기가 자라 다섯 살이 되었을 때 땅콩 알레르기 반응을 테스트해보았다.

결과는 자못 놀라웠다. 땅콩을 먹지 못하게끔 '보호받은' 아이들 중에서는 땅콩 알레르기 반응이 일어난 비율이 17퍼센트에 달했다. 한편 땅콩 제품에 고의로 노출시켰던 집단에서 알레르기 반응이 일어난 비율은 단 3퍼센트에 그쳤다. 이 연구를 진행시킨 한 연구자가 인터뷰에서 한 말마따나, "수십 년 동안 알레르기 연구자들은 아기들에게 땅콩과 같은 알레르기 유발 음식을 먹이지 않아야만 식품 알레르기를 피할 수 있다고 권장해왔습니다. 우리의 연구 결과 이런 조언들이 틀렸다는 사실, 나아가 그런 조언이 도리어 땅콩을 비롯한 여타 식품 알레르기 증가에 일조했을 수 있다는 사실이 밝혀진 셈입니다."[7]

생각해보면 이는 더없이 당연한 이야기다. 면역 체계는 진화상의 정밀한 설계 작품이다. 아이들이 세상에 태어나 앞으로 어떤 병원균과 기생충을 만날지 면역 체계가 낱낱이 예상한다는 것은 불가능한 일이므로(더구나 우리 인간처럼 잘 쏘다니고, 음식을 가리지 않고 먹어치우는 잡식성 동물의 경우에는 특히 그렇다), 면역 체계는 (자연선택의 기제에 따라) 생애 초반의 경험에서 단기간에 재빨리 학습을 하도록 '고안되어' 있다. 수시로 변화하는 환경 속에서 끝없이 적응하면서 동시에 발전을 해나가는 잠재력을 지녔다는 점에서 면역 체계는 복잡한 방식의 적응 체제로 정의될 수 있다.[8] 따라서 면역 반응이 (땅콩 단백질 같은) 하찮은 위협은 무시하고 (급성인후염을 유발하는 박테리아처럼) 실질적 위협에 대처할 능력을 발달시킬 수 있으려면 다양한 종류의 음식, 박테리아, 심지어는 기생충에 노출되는 일이 반드시 필요하다. 백신 접종을 하는 것도 이와 똑같은 원리에서다. 아동용 백신이 우리를 더 건강하게 만들어주는 것은 이 세상에 존재하는 위험요소를 하나둘씩 줄여서가 아니라(즉, "학교 안에서 세균을 싹 몰아내자!"는 식으로가 아니라), 그런 위험요소를 아이들에게 소량 노출시켜 아이들의 면역 체계가 향후 유사한 위험을 만났을 때 거기에 맞서는 법을 배우게끔 기회를 마련해주는 방식을 통해서다.

이것이 이른바 '위생 가설hygiene hypothesis'[9]의 밑바탕에 깔린 논리로, 어떤 나라가 더 윤택하고 더 청결한 삶을 살수록 도리어 알레르기 비율은 일반적으로 높아지는 주된 까닭도 여기에 있다. 진보된 삶이 끌어안은 또 하나의 골칫거리랄까. 발달심리학자 앨리슨 고프닉은 이 위생 가설을 다음과 같이 명쾌하게 설명하는데, 감사하게도 그 내용이 이 책에서 우리가 추구하는 사명과도 잘 연결된다.

> 위생과 항생제, 그리고 지극히 적은 바깥 놀이로 인해 오늘날 아이들은 예전만큼 세균에 잘 노출되지 않는다. 이렇게 되면 아이들 몸에는 실제로는 그다지 위협적이지 않은 물질들에까지 과도하게 반응하는 면역 체계가 발달할 수 있다. 이것이 알레르기를 일으킨다.

이와 마찬가지로, 아이들을 모든 가능할 법한 위험에서 보호하겠다고 방어막을 치게 되면, 아이들은 전혀 위험하지 않은 상황에도 지레 겁부터 먹을 수 있고, 나아가 그 안에 혼자 갇혀 언젠가는 반드시 온전히 자신의 것으로 만들어야 할 성인의 기술들을 전혀 배우지 못하게 될 수 있다.[10]

서론에 등장한 예언자가 우리에게 해주었던 첫 번째의 '대단한 비진실'이 떠오르는 대목이다. 그는 우리가 잘 부서지는 유약한 존재라고, 즉 "죽지 않을 만큼 고된 일은 우리를 더 약해지게 한다"고 말했다. 물론 니체가 생전에 남긴 격언인 "죽지 않을 만큼 고된 일은 나를 더 강해지게 한다" 역시 문자 그대로만 봐서는 전적으로 옳다고 하기 어렵다. 실제 우리 삶에서는 죽일 정도는 아니더라도 끝까지 상처를 주고 끝까지 주눅 들게 하는 일들이 있기 때문이다. 하지만 그렇다고 해서 아이들에게 실패, 모욕, 고통스러운 경험이 삶에 두고두고 상처를 남긴다고 가르치는 것은 어느 모로 보나 해로울 뿐이다. 인간이라는 존재는 반드시 신체적, 정신적 도전과 스트레스를 필요로 하며, 그런 요소들이 없으면 퇴화하게 마련이다. 예를 들어 우리 몸의 근육과 관절들만 해도 알맞게 발달하기 위해서는 반드시 이런저런 스트레스 요인들을 필요로 한다. 몸뚱이를 너무 쉬게 하면 근육이 무기력해지고, 관절은 가동 범위가 줄어들며, 심장과 폐는 점차 제기능을 잃고, 몸 안에 응혈이 쌓인다. 우주인들도 중력이 가하는 압박을 받지 못하다 보니, 도리어 근육이 약해지고 관절은 퇴화하지 않던가.

부서지지 않는 단단함

이런저런 스트레스 요인과 리스크, 나아가 얼마 안 되는 고통을 가급적 피하려고 하는 게 얼마나 해로운 일인지를 나심 니콜라스 탈레브만큼 잘 설명해주는 이도 없을 것이다. 레바논 태생의 통계학자이자 주식거래인, 나아가 다방면에 두루 학식을 갖춘 지식인인 그는 현재 뉴욕대에서 리스크 공학을 가르치는 교수로 재직 중이다. 2007년 베스트셀러 《블랙 스완》에서 탈레브는 사람들이 대체로 리스크를 잘못된 방식으로 생각한다고 주장했다. 복잡한 체계 속에서는 우리가 미처 예상치 못한 문제들이 언젠가는 필연코 발생할 것이 거의 분명한데도, 우리는 처음부터 끝까지 그저 과거의 경험을 토대로만 리스크를 계산하려 고집한다. 지내다 보면 전혀 예상 밖의 일들이 일어나는 것이 우리 삶인데도 말이다. 탈레브는 이런 예상치 못한 사건들을 빗댄 것이 이른바 "블랙 스완의 출현"으로, 과거의 경험에 근거해 고니는 전부 하얗다고 믿는 사람의 눈앞에 검은 고니가 나타난 것을 이른다. (탈레브는 금융 체제가 이런 "블랙 스완" 사건들에 유독 취약하다는 사실에 근거하여, 대다수가 예측하지 못한 2008년 세계금융 위기를 드물게 예측해냈다.)

탈레브는 더 나중의 책인 《안티프래질》에서 각종 체제와 사람들이 이런 블랙 스완을 피치 못하게 만나도 어떻게 생존할 수 있는지, 나아가 우리 몸의 면역 체계가 그러듯 어떤 식의 반응을 통해 스스로를 더욱 강하게 다져나가는지 설명한다. 이 책에서 탈레브는 우리에게 다음의 셋을 잘 구별하라고 이른다. 먼저 우리 주변에는 도자기 찻잔처럼 유약한 것들이 있다. 이런 것들은 자칫 잘못 손대면 쉽게 깨지는 것은 물론, 알아서 원상태로 돌아오는 것도 아니다. 그렇기 때문에 되도록 조심스레 다루고 아기들에게서도 멀찍이 떨어뜨려놓는 게 상책이다. 다른 한편 이른바 회복탄력성resilience을 갖춘 물건들은 웬만한 충격 정도는 잘 견뎌낸다. 부모들이 아기들에게 보통 플라스틱 컵을 쥐어주는 것도 플라스틱은 바닥에 연거푸 떨어뜨려도 아무렇지 않기 때문이다. 물론 이런 식으로 떨어진다고 컵의 기능이 더 향상된다거나 하는 것은 아니지만 말이다. 그런데 사람들이 흔히 말하는 이 회복탄력성을 뛰어넘어, 우리 주변에는 깨지지 않는 단단함antifragile을 지닌 것들도 있다는 사실을 알아차려야 한다고 탈레브는 이야기한다. 우리의 경제나 정치 생활 속에서 작동하는 중요한 체제 중에는 우리의 면역 체제와 비슷하게 돌아가는 것들이 많다. 이들 체제 역시 배우고, 적응하고, 성장하기 위해서는 반드시 이런저런 스트레스 요인과 도전을 반드시 받을 필요가 있다. 그런 단단함을 지닌 체제들은 어떤 식으로든 도전이 가해져 거기에 열심히 반응하도록 압박을 받지 않으면, 나중에는 오히려 경직되고, 힘이 빠지고, 효율성마저 잃는다. 탈레브는 이런 단단함을 지닌 것들의 예로 인체의 근육과 뼈, 그리고 아이들을 든다.

> 한 달 동안 가만히 침대에 드러누워 있기만 해도 그새 근육이 무기력해지는 것에서 알 수 있듯, 복잡한 시스템은 스트레스 요인을 싹 제거해버리면 외려 허약해지고 심지어 죽기까지 한다. 오늘날의 꽉 짜인 세계는 포괄적인 정책들과 갖가지의 기발한 편의시설로 오히려 우리를 해치고 있으니 (…) 그것들이 하는 일이란 결국, 시스템이 가진 본연의 단단함을 모욕하는 것에 지나지 않는다. 이것

이야말로 오늘날 삶의 비극이다. 부모들이 아이들을 신경증적으로 과잉보호하듯, 원래는 우리 삶에 보탬이 되기 위해 만들어진 것들이 도리어 우리에게 가장 심각한 폐해를 입힐 때가 많다.[11]

탈레브는 아이를 둔 부모라면 모두 눈여겨보라는 듯, 책 서두에 시적인 이미지를 하나 실어놓았다. 그 이미지에는 훅 불어오는 바람은 촛불을 꺼뜨리기도 하지만, 불꽃을 더욱 세차게 일으키는 힘이기도 하다는 말이 달려 있다. 결국 우리 자신이 촛불처럼 되지 말아야 하고, 아울러 우리 아이들도 촛불로 만들어서는 안 된다는 것이 탈레브의 조언이다. "여러분은 불이 되고 싶은 것이며, 따라서 어서 바람이 불어오기만을 바라고 있다."[12]

이 단단함의 개념만 머리에 확실히 잡혀도 부모의 과잉보호가 얼마나 어리석인 일인지 곧장 드러난다. 리스크와 스트레스 요인들이 삶의 자연스럽고 피치 못할 일부라면, 부모와 교사들은 아이들이 그런 경험 속에서 더욱 성장하고 배워나갈 수 있게 아이들 본연의 능력을 키워주어야만 한다. 예부터 이런 속담도 있지 않은가. "아이들을 위해 길을 내줄 게 아니라, 길을 갈 수 있게 아이들을 준비시켜라." 하지만 요즘 양태들을 보면 그와는 도리어 정반대인 듯하다. 지금 우리는 무엇이든 아이들을 속상하게 만드는 것이 있다 싶으면 그것부터 얼른 치워주려고 하니까. 그렇게 하는 것이 과거의 땅콩 알레르기 실수를 똑같이 되풀이하는 꼴임을 미처 깨닫지 못한 채로 말이다. 아이들이 속상해할 수 있는 다양한 차원의 경험을 하지 못하게 사전에 막으면, 우리의 안전한 우산 밑을 떠날 때가 왔을 때 막상 아이들은 그런 사건들에 대처하지 못할 가능성이 훨씬 커진다. 그렇게 '안전하지 않다고 느끼는 상태'에서 오늘날 젊은이들을 무조건 보호하려는 요즘의 강박이 오늘날 사춘기 청소년들의 우울증과 불안증, 자살 등의 비율을 급격히 늘려놓았다는 게(물론 그 원인은 여러 가지겠지만) 이 글을 쓴 필자들의 믿음이다. 이와 관련해서는 제7장에서 본격적으로 논의하게 될 것이다.

안전주의의 대두

20세기만 해도 미국에서 '안전'이라고 하면 대개 신변 안전으로 통했다. 그 20세기 후반 동안 미국이 아이들에게 보다 안전한 환경으로 변모한 것은 확실히 대단한 성취였다. 집단소송, 언론인들의 탐사보도, 소비자 보호 운동가들의 노력과 더불어(일례로 랠프 네이더는《어떤 속도에서도 안전하지 않다》라는 책을 펴내 자동차 산업의 병폐를 고발했다) 일반인들의 건전한 상식까지 더해지면서 위험한 제품이나 관행을 좀처럼 찾아보기 힘들게 되었다. 1978년에서 1985년 사이에는 미국의 50개 주에서 하나도 빠짐없이 아동의 카시트 장착을 의무화하는 법령을 통과시키기도 했다. 가정과 어린이집에서도 아이들에게 안전한 환경을 조성했다. 질식의 위험이 있는 요소를 비롯해 예리하게 날이 선 물건들은 모조리 아이들 곁에서 치웠다. 그 결과 아동사망률은 전에 비해 급감했다.[13] 이것이 잘된 일임은 두말할 나위도 없지만, 시각을 달리해보면 이때 미국이 신변 안전에만 지나치게 초점을 맞춘 게 화를 불러온 면이 있었다(앞에 인용했던 앨리슨 고프닉의 에세이에는 "아기들이 톱과 칼을 가지고 놀도록 해야 할까?Should We Let Toddlers Play With Saws and Knives?"라는 제목이 달려 있다.[14] 앨리슨의 대답은 그 편이 낫다는 것이다).

그런데 21세기에 들어서면서 대학가 일부에서 이른바 "은밀한 개념 확장concept creep"이 진행되면서 '안전safety'이라는 말의 의미가 '감정의 안전'까지 포함하도록 그 의미가 넓어졌다. 예를 들어 2014년 오벌린대학교에서는 교내 교수진이 준수해야 할 수칙에 "트리거 워닝"을 넣어 "교수들이 학생들의 안전에 만전을 기하고 있다는 사실을 몸소 보여줄 것"을 요구했다.[15] 이 교수진 수칙을 마저 다 살펴보면 대학에서 교수진에게 당부하는 것이 무엇인지가 명확하게 드러난다. 한마디로, 학생들의 감정이 상하는 일이 없도록 교수진이 각별히 신경 쓰고 있다는 사실을 실질적으로 보여주라는 것이다. 이렇게 안전과 감정을 하나로 뭉뚱그려 보기는 이 수칙의 다른 부분들도 마찬가지인데, 교수들에게 학생들 각자의 선호에 맞게 성姓 대명사를 일일이 가려 쓸 것을 요구하고 있다(이를테면 'he'나 'she'라는 대명사로 지목받기 싫어하는 학생들에게는 'zhe'나 'they'를 쓸 것). 상대방을 존중하고 세심하게 배려해서가 아니라, 교수가 잘못된 대명사를 사용함으로써 "교실 안 학생들의 안전을 지키지 못하거나 해치는 일이 없도록 하기 위해서였다". 학교가 학생들에게는 성 중립 대명사를 쓰라고 하면서, 정작 교수들은 수업에서 그러지 않는다면 학생들이 허탈해 하거나 짜증이 날 수 있다는 것이었다. 하지만 설령 그렇다고 해도 그런 상황에서 학생들은 정말 안전하지 못하다고 해야 할까? 교수가 잘못된 대명사를 사용하는 것이 교실 안 학생들을 정말 위험에 처하게 하는 것일까? 교수들이 학생들의 감정에 각별히 신경 써야 하는 것은 맞지만, 만일 오벌린대에서 안전과 위험만을 기준으로 타인의 말을 판단하는 원칙을 계속 천명할 경우 오벌린대 학생들은, 나아가 교실의 토론 성격 자체는, 과연 어떤 식으로 변화할까?

오벌린대의 관리자가 과연 어떤 의미로 '안전'이라는 말을 썼는지 그 진의를 헤아리기 위해, 2016년 호주의 심리학자 닉 헤이즐럼이 쓴 "은밀한 개념 확장: 상해와 병리징후의 심리학 개념, 점차 그 뜻을 넓혀가다Concept Creep: Psychology's Expanding Concepts of Harm and Pathology"라는 제하의 글을 들여다보도록 하자.[16] 이 글에서 헤이즐럼은 임상심리학과 사회심리학에서 통용되는 핵심 개념들, 예를 들면 학대, 겁박, 트라우마, 편견을 다양하게 두루 살핀 뒤, 1980년 이래로 이 말들의 용법이 어떤 식으로 변화했는지 확정지었다. 그가 밝혀낸 바에 따르면, 근래 이 말들은 두 가지 방향으로 범위가 확장되었다. 우선은 "아래쪽"으로 확장이 이루어져 보다 덜 심각한 상황들에도 이들 개념이 적용되기에 이르렀고, 동시에 "바깥쪽"으로도 확장이 이루어져 새롭긴 하나 개념상 연관이 있는 현상까지도 포괄하게 되었다.

'트라우마'라는 말을 일례로 살펴보자. 정신의학계에서 제일의 기본지침서로 통하는《정신질환 진단 및 통계 편람》(이하 DSM)[17]의 초창기 판본들을 보면, 정신과 의사들은 애초 몸에 직접적 손상을 일으키는 동인들(이를테면 오늘날 이른바 '외상성 뇌손상traumatic brain injury'이라 불리는 것들)에만 '트라우마'라는 말을 썼었다. 그러나 이 책이 1980년 개정을 거치면서(DSM 3판) 처음으로 '외상 후 스트레스 장애post-traumatic stress disorder'(이하 PTSD)가 정신질환으로 인정되기에 이른다. 신체를 직접적으로 손상시키지 않는 외상 후 장애가 처음 정신질환으로 인정된 것이다. PTSD는 일상에서는 좀처럼 일어나지 않는 극단적으로 겁나는 경험을 했을 때 발생하는 것으로, 이때만 해도(지금도 그렇다) 확실히 PTSD라고 진단받을 수 있는 트라우마성 사건의 기준은 매우 엄격했다. "누구든 겪게 되면 거의 모두에게 현저히 고통의 징후가 나타나며", "사람의 통상적인 경험 범위를 벗어나는 것들"이라야만 트라우마성 사건의 요건을 충족시켰다.[18] 아울러 DSM 3판에서는 무엇보다 그러한 사건들은 주관적 기준을 근거로 해서는 안 된다는 점을 강조했다. 트라우마성 사건이라면 사람들 대부분에게 심각한 반응을 불러일으켜야 한다는 것이었다. 전쟁, 강간, 고문이 그런 트라우마성 사건의 범주에 속했다. 반면 이혼이나 단순한 사별(배우자가 자연사하는 경우)은, 설령 당사자가 예기치 않게 당한 일이더라도, 트라우마성 사건의 범주에 속하지 않았다. 그런 일들은 사람이라면 으레 겪는 삶의 일부이기 때문이다. 물론 이런 경험들도 슬프고 고통스럽기는 매한가지지만, 고통과 트라우마는 분명 엄연히 다르다. 이렇듯 '트라우마'의 범주에 들어가지 않는 상황을 겪은 사람들은 정신과 상담을 받는다고 크게 나아질 것이 없으며, 굳이 정신과 의사가 끼어들어 치료해주지 않더라도 상실감에서 회복되는 것이 보통이다.[19] 사실 알고 보면 실제 트라우마성 경험을 하는 사람들도 대부분은 의사의 개입 없이 트라우마 경험을 완전히 털어내고 정상으로 회복되곤 한다.[20]

그런데 2000년대 초반에 이르자 일부 치료 공동체 안에서 이 트라우마의 개념이 슬금슬금 확장되기 시작하더니, "한 개인이 신체적 혹은 감정적 차원에서 경험하는 해로운 것들로서 (…) 해당 개인의 정상적인 기능 수행, 그리고 정신적, 신체적, 사회적, 감정적, 영적 건강에 지속적으로 부정적 영향을 끼치는" 모든 것이 곧 트라우마를 뜻하게 되었다.[21] 당사자가 당한 손상의 '주관적 경험'이 트라우마를 판별하는 결정적 기준이 된 것이다. 그 결과 트라우마라는 말은 전에 비해 훨씬 광범위하게 사용되기 시작해, 단순히 정신건강을 다루는 전문가들만이 아니라 그들을 찾는 내담자와 환자들까지도 입에 올리는 말이 되었다. 이와 함께 그런 말을 사용하는 대학생들의 숫자도 점차 늘어갔다.

이 트라우마라는 말도 그렇지만, '주관적인 기준'의 비중이 급격히 커지기는 헤이즐럼이 연구한 다른 개념들 대부분도 마찬가지였다.[22] 한마디로 이제 무엇을 트라우마, 겁박, 혹은 학대로 볼지는 다른 누군가가 결정할 문제가 아니었다. 당시의 일들이 내게 그런 것들로 느껴진다면, 그저 내 느낌을 믿으면 된다. 어떤 사람이 자신이 겪은 사건이 트라우마로 남았다고 하면(혹은 겁박이나 학대로 느껴졌다고 하면), 이제는 그 사람의 주관적인 평가가 충분한 증거로 간주되는 일이 점차 많아졌다. 거기다 최근 들어 정신질환을 진단받는 학생들이 급격히 늘어나는 추세인 만큼(이 문제는 제7장에서 본격적으로 살펴볼 것이다), 대학가의 공동체가 나서서 그들을 지켜주어야 할 필요성도 급격히 늘었다고 할 수 있었다.

안전공간

얼마 전까지만 해도 대다수 미국인들에게 학교 안에도 '안전공간 safe space'이 존재한다는 이야기는 그야말로 금시초문이었다. 2015

년 3월, 주디스 슐레비츠가 《뉴욕 타임스》의 기사로 브라운대학교 학생들이 교내에 안전공간을 만든 사연을 전해주기 전까지는 말이다.[23] 당시 학생들은 '강간 문화'를 주제로 두 페미니스트 작가 웬디 매컬로이와 제시카 밸런티 사이에 벌어질 토론회를 준비 중이었다. 강간 문화란 "사회에 팽배한 태도로 인해 성적 공격이나 학대가 일상적이고 하찮은 일로 여겨지는 현상"을 말한다.[24] 이런 강간 문화 개념을 옹호하는 사람들은(밸런티가 여기 속한다) 미국 문화 안에는 여성혐오가 만연해 있으며, 그런 세계에서는 성적 공격이 그다지 중대한 범죄로 여겨지지 않게 된다고 주장한다. 미투 운동에서 특히 잘 드러났듯, 성적 학대는 그보다 훨씬 더 일상적으로 치부됨은 두말할 나위도 없고 말이다. 그런데 이를 정말 강간 문화로 볼 수 있을까? 과연 그런가는 확실히 논쟁의 여지가 있는 문제로 보인다.

매컬로이는 미국을 강간 문화로 보는 것은 어불성설이라며, 강간이 고질병처럼 퍼져 있어 쉽게 용인되는 나라들을 미국과 대조하며 자신의 논지를 드러낸다. (예를 들면 아프가니스탄 일부 지역들에선 "여자들이 자신의 뜻과 상관없이 억지로 결혼을 하고, 남자들의 명예를 위해 살해를 당하며, 또 강간을 당한다. 더구나 강간을 당했을 때는 강간을 당했다는 이유로 체포당하는 것은 물론, 나중엔 가족들에게까지 버림받는다"라고 매컬로이는 말한다. "바로 이런 게 강간 문화입니다."[25]) 매컬로이는 그녀 자신이 직접 성폭력을 경험한 당사자다. 브라운대에 모여 앉은 청중을 향해 그녀는 자신이 십대 시절에 짐승처럼 잔혹하게 강간당한 이야기며, 어른이 되어서는 남자친구에게 처참하게 구타당해서 한쪽 눈이 실명되기까지 한 이야기를 털어놓았다. 매컬로이는 미국 여자들이 강간 문화 속에서 살아간다고 말하는 건 사실도 아닐 뿐더러 그렇게 말해봐야 별 도움도 되지 않는 일이라고 믿는다.

그런데 브라운대에 미국을 강간 문화라고 믿는 학생들이 있다면 어떻게 해야 할까? 그들의 믿음도 매컬로이가 부수려 해야 옳을까, 아니면 그런 식으로 믿음을 무너뜨렸다간 학생들이 위험에 빠지고 말까? 브라운대의 한 학생은 이와 관련해 다음과 같이 설명했다. "그런 사람을 연사로 들였다간 사람들이 겪은 일이 아무것도 아닌 게 될 수 있어요." 그건 분명 사람들에게 "해를 끼치는 일"이라고 그 학생은 말했다.[26] 아마도 이 학생은 브라운대에 미국을 강간 문화로 보는 학생들이 있고, 일부는 자신이 직접 겪은 뼈아픈 성적 공격을 근거로 그런 믿음을 가지게 되었다는 논리에서 그런 말을 한 듯하다. 이런 상황에서 매컬로이가 토론회에 참석해 미국은 강간 문화가 '아니다'라고 발언하면, 미국이 강간 문화임을 철석같이 믿는 학생들로서는 그들 개개인의 경험이 "아무것도 아닌 게" 돼버릴 것이다. 그런 말은 듣는 사람에게는 분명 고통스러울 것이다. 그런데 그렇다 해도 대학생들이 과연 이런 감정적 고통을 자신들이 위험에 처했다는 신호로 해석해야만 하는 것일까?

대학가에서 은밀한 개념 확장이 일어나 실제로 '안전'이 감정적 안도감까지 포함하게 되었음을 입증이라도 하듯, 위에 언급된 그 학생은 (브라운대의 다른 학생들과 의기투합해) 학우들이 그 같은 "해"를 당하는 일이 없게끔 매컬로이가 토론회에 참석하지 못하게 하려고 이런저런 노력을 기울였다.[27] 매컬로이가 학교에 오는 것 자체를 막으려는 이 노력은 비록 무위에 그쳤지만, 학생들 사이에 이 같은 움직임이 일자 브라운대 총장 크리스티나 팩슨은 자신은 매컬로이에게 동의하지 않으며, 따라서 토론회 동안에 대학 측에서 따로 토론회에 뒤지지 않는 강간 문화 관련 강의를 (토론이 없는 방식으로) 열어 다양한 견해에 휘둘리는 일 없이 미국에 얼마나 많은 강간 문화의 요소가 자리하고 있는지를 학생들에게 전하겠다고 발표했다.[28]

하지만 토론회에 맞먹는 강의를 마련하는 것만으로는 문제가 완전히 해결되지 않았다. 주요 행사인 토론회에 참석할 의향이 있는 학생이면 누구나 캠퍼스 안에서 매컬로이를 보는 것만으로도 "감정 격발이 일어날" 수 있었고, (학생들이 단단하기보다는 유약하다는 가정하에) 거기서 재차 트라우마를 입을 수 있었다. 그래서 위에 언급된 그 학생은 브라운대의 다른 학생들과 힘을 모아 학교 안에 '안전공간'을 만들고, 감정 격발이 일어난 사람은 누구든 거기서 마음의 평정을 되찾고 사람들로부터 도움을 받을 수 있게 했다. 그렇게 해서 마련된 방에는 갖가지 쿠키, 컬러링북, 비눗방울, 놀이용 점토, 차분한 음악, 베개, 담요, 발랄하게 뛰노는 강아지 동영상이 갖추어져 있었고, 트라우마 대처 전문 훈련을 받은 학생과 교직원들이 자리했다. 하지만 당시 학생들이 받은 위협은 단순히 개인의 고통스러운 기억을 다시 환기시키는 차원에 그치지 않았다. 학생들은 자신의 믿음이 송두리째 흔들리는 느낌을 받았다. 행사 중간 결국이 안전공간을 찾아온 한 학생은 당시 심정을 이렇게 표현했다. "제가 소중하게 꽉 붙들고 있던 믿음들이, 상충하는 수많은 견해에 거침없이 폭격당하는 기분이었어요."[29]

슐레비츠의 이 기사에 대한 사람들의 반응은 대체로 믿을 수 없다는 것이었다. 왜 대학생씩이나 되어서 다양한 생각들에서 스스로를 "안전하게" 지켜야 한다고 말하는 것인지 이해하지 못하겠다는 미국인들이 많았다(그러기는 브라운대 학생들 상당수도 분명 마찬가지였을 것이다). 그저 토론회에 안 가면 끝나는 문제 아닌가? 하지만 유약한 학생 모델—탈레브가 이야기한, 오늘날 대학생 상당수가 부서지기 쉬운 유약함을 지니고 있다는 믿음—을 일단 이해하고 나면, 왜 한 공동체의 구성원들이 다 같이 나서서 과거의 트라우마가 도로 떠오르지 않게 학생들을 보호하려고 했는지 이해가 간다. 브라운대의 공동체 성원이라면 총장을 상대로(혹은 다른 누군가에게라도) 학생들의 안전을 위협하는 그 연사가 캠퍼스에 발을 붙이지 못하게 요구해야 옳았다. 우리가 우리 자신을, 혹은 내 학우들을 촛불로 여긴다면, 학교 안을 바람 한 점 불지 않는 안전공간으로 만들고 싶다는 생각을 가질 것이다. 이런 상황에서 만일 총장이 학생들을 지켜주지 않으려 한다면, 학생들이라도 발을 벗고 나서서 서로를 돌봐주지 않으면 안 되었다. 이것이 아마도 학교 내에 안전공간을 만들게 된 학생들 나름의 긍정적 동기였으리라.

그러나 어엿한 성년에 이른 젊은이들을 힘없이 깜박이는 촛불의 불꽃으로 볼 수는 없는 노릇이다. 그들은 분명 본연의 단단함을 지니고 있으며, 그 같은 사실은 폭력에 희생당했거나 PTSD를 앓는 사람이라고 해서 달라지지 않는다. '후後 트라우마 성장'을 다룬 연구에 따르면, 사람들 대부분은 고통스러운 트라우마의 경험을 겪은 후 외려 더 강해지거나 어떤 면에서는 더 나은 삶을 살게 된다는 사실이 밝혀졌다.[30] 그렇다고 향후 젊은이들이 겪게 될 수도 있는 트라우마에서 더 이상 그들을 보호하지 말아야 한다는 뜻은 아니다. 다만 안전주의의 문화가 인간의 천성, 나아가 트라우마와 그 회복과 관련해 근본적인 오해를 안고 있다는 점만은 분명하다. 폭력을 견디고 살아남은 사람들에게는 일상의 삶 곳곳에 얽혀 들어가 있는 폭력의 신호, 그리고 폭력을 환기시키는 요인들에 익숙해지는 일이 반드시 필요하다.[31] 이때 감정 격발을 피하는 것은 오히려 PTSD를 앓고 있다는 징후로 여겨져야 하지, 절대 그에 대한 치료가 될 수 없다. 하버드대학교 심리학과에서 임상 훈련을 지도하는 리처드 맥낼리는 다음과 같이 말한다.

> 트리거 워닝은 반反치료적 행위다. 그것은 트라우마 환기를 회피하도록 돕는데, 그런 회피는 PTSD를 계속 유지시킨다. 학생들이 수업 내용을 듣고 도중에 격한 감정적 반응을 일으켰다는 것은 그 학생이 당장 자신의 정신건강 문제를 최우선시하여, 정확한 증거에 근거한 인지행동치료를 받고 PTSD를 이겨내야 한다는 뜻이다. 이러한 치료들에서는 환자를 서서히 그리고 체계적으로 트라우마 기억들에 노출시키는 과정이 요구되며, 그 같은 치료는 고통 유발 요인이 약화될 때까지 계속되어야 한다.[32]

인지행동 치료사들은 트라우마 환자들을 다루는 나름의 방식이 있다. 우선 환자들이 질색하는 것들에 일부러 환자들을 노출시켜(초반에는 머릿속으로만 상상을 하거나, 사진을 보게 하는 등의 경미한 방법을 쓴다) 환자들의 두려움을 활성화한 뒤, 나중에는 환자들이 그러한 자극들에 완전히 습관화되도록 한다(쉽게 말해 그런 자극들에 익숙해지도록 하는 것이다). 실제로 불안 활성화의 이 과정은 환자의 회복에 너무도 중대한 부분이라, 노출 요법이 진행되는 동안에는

불안증 약물을 아예 끊으라고 환자에게 권하는 치료사까지 있을 정도다.[33]

PTSD로 진정 고생하는 학생에게는 당연히 적절한 치료가 필요하다. 그러나 친구들과 교수들이 그 학우를 위한답시고 그에게 고통스러운 경험을 떠오르게 할 법한 것들을 숨긴다거나, 혹은 그런 것들을 혹시나 마주칠 수도 있다며 거듭 그 학우에게 경고해주는 일 따위는 병의 회복을 오히려 더디게 할 수 있다. 안전의 개념이 은근슬쩍 확장돼버린 문화, 그래서 감정적 불편함이 곧 신변상의 위험과 동일시되는 문화에서는, 사람들이 일상에서 맞닥뜨려야만 하는 경험들을 서로 하지 않을 수 있게 주도면밀하게 보호해주는 분위기가 조성된다. 강하고 건강해지기 위해서는 바로 그런 경험들이 필요한데도 말이다.

우리가 이 책에서 '안전주의'라는 말을 쓰는 것도 바로 이런 의미에서다. 안전이 좋은 것임은 두말할 나위가 없고, 타인을 해로운 일에서 안전하게 지키는 것도 분명 선한 일에 속한다. 그러나 제아무리 선한 일이라도 극단으로 치달으면 악덕이 되기 일쑤다.[34] '안전주의'란 안전이 신성한 가치로 군림하는 믿음 체계를 말한다. 이런 믿음 체계에서는 사람들이 중요한 다른 현실적 문제나 도덕적 현안이 있어도 그에 아랑곳없이 오로지 안전만 챙기려 든다. 앞으로 위험이 닥칠 가능성이 아무리 적고 그 위험이 아무리 하찮다 해도 다른 모든 것을 제치고 오로지 안전의 문제를 최우선으로 하는 것이다. 이런 안전주의 문화 속에서 아이들을 키우게 되면, 즉 교사들이 상상 가능한 모든 위험에서 아이들을 지켜주면서 아이들에게 '감정적으로 안전한' 상태에 계속 머물러야 한다고 가르치면, 일종의 되먹임 고리가 형성될 수밖에 없다. 이런 분위기에서 아이들은 더 유약해지고 원상복구 능력은 더 떨어지게 마련인데, 어른들은 이를 아이들이 더 많은 보호를 필요로 한다는 신호로 받아들이고 아이들을 더욱 싸고돌게 된다. 그러면 아이들은 전보다 훨씬 더 유약하고 원상복구 능력이 더 떨어지는 상태가 된다. 이 되먹임 고리의 최종 결과는 아마 우리가 아이들을 안전하게 지키겠다며 땅콩에 전혀 노출시키지 않았던 그때와 유사할 것이다. 결국 광범위한 역효과가 발생해, 애초 '치료' 차원에서 시작되었던 일이 병을 부르는 주원인이 돼버리고 마는 것이다.

i세대와 안전주의

안전주의에 대한 집착을 가장 극명하게 보이는 세대가 바로 2013년 즈음 대학에 갓 입학한 학생들이다. 근래 수년 동안만 해도 사회학자들과 마케팅 전문가들은 얼추 1982년에서 1998년(혹은 2000년) 사이에 출생한 이들을 전부 '밀레니얼 세대'로 보는 경향이 있었다. 그런데 샌디에이고주립대학교의 심리학자이자, 세대 간 차이 연구의 권위자인 진 트웬지가 최근 그 안에서도 출생연도가 1995년인 사람들 부근에서 세대가 또 한 번 뚝 끊긴다는 사실을 알아냈다. 트웬지는 1995년 이후 출생한 이 세대에게 '인터넷 세대Internet Generation'를 간략히 줄여 'i세대iGen'라는 이름을 붙여주었다(일각에서는 'Z세대'라는 용어를 쓰기도 한다). 트웬지가 밝힌 바에 따르면, 이 i세대들은 똑같은 나이라도 밀레니얼 세대에 비해 불안증과 우울증에 시달리는 비율이 훨씬 높은 것으로 나타났다. 뿐만 아니라 자살률도 더 높았다. 뭔가 심상치 않은 일이 벌어진 것이다. 그리고 그 사건은 1990년대 말에 출생한 아이들의 유년시절 경험을 뒤바꾸어 놓은 것이 분명했다. 이와 관련해 트웬지는 2007년 아이폰이 세상에 나오고 몇 년 새 소셜미디어 사용이 급증한 사실에 초점을 맞춘다. 2011년쯤에는 십대 대부분이 몇 분마다 소셜미디어 상태창에 로그인할 수 있게 되었고, 실제로 많은 아이들이 그렇게 했다.

트웬지의 자료와 논지는 제7장에서 자세히 다룰 것이다. 지금으로서는 다음의 두 가지 사실만 짚고 넘어가도 충분할 것이다. 첫째, 트웬지의 표현대로라면 이 i세대 구성원들은 "안전에 심한 강박이 있으며", 이 안전의 개념에 "감정적 안전"까지 포함시키는 것이 특징이다.[35] 트웬지의 설명에 따르면, 이들은 "감정적 안전"을 워낙 중시하는 까닭에, 자신들이 "자동차 사고나 성적 공격은 물론이고, 자신과 다른 의견을 가진 사람들로부터도 안전하게 보호받아야 한다"는 믿음을 갖고 있는 경우가 많다고 한다.[36]

i세대와 관련해 짚고 넘어가고 싶은 두 번째는, 애초에 《애틀랜틱》지에 우리가 글을 싣는 계기가 된 대학가의 추세들(특히 안전공간과 트리거 워닝에 대한 요구들)이 퍼져 나가기 시작한 때가 다름 아닌 i세대가 대학에 막 발을 들이고 있던 2013년경이라는 점이다. 그 후 4년에 걸쳐, 그러니까 마지막 밀레니얼 세대가 학교를 졸업해[37] 캠퍼스가 i세대로 대신 들어차게 된 그 시기에, 안전과 검열에 대한 요구가 급격히 빗발쳤다. 이 책은 밀레니얼 세대에 관한 책이 아니다. 최근 캠퍼스의 추세들을 밀레니얼 세대 탓으로 돌리는 이들이 많지만, 알고 보면 밀레니얼 세대는 엉뚱한 죄를 뒤집어쓴 꼴이다.

이 책에서는 밀레니얼 세대가 학교를 떠나갈 즈음, 발언 및 안전과 관련해 대학가에 전혀 다른 태도가 번지기 시작했다는 점을 논하고 있다. 그렇다고 우리가 i세대를 비난하는 것은 아니다. 그보다 우리가 논하고자 하는 대상은 오늘의 대학생들을 길러낸 그들의 부모, 그리고 교사들이다. 그들은 누구보다 아이들을 잘 키우겠다고 간절히 바랐지만, 정작 아이들에게 단단함을 키워 나갈 자유를 주지 않았다.

여타의 복잡한 적응 체계들과 마찬가지로, 아이들은 본연의 단단함을 지니고 있다. 아이들의 두뇌는 반드시 주변 환경으로부터 광범한 양의 정보를 입력받을 필요가 있는데, 그래야만 그 환경에 맞는 나름의 틀을 형성시킬 수 있다. 면역 체계와 마찬가지로, 아이들도 갖가지 도전과 스트레스 요소들에 반드시 노출되어야만 하며(단, 일정한 한계치가 있고, 각 연령별로 적합한 방식에 따라야 할 것이다), 그렇지 않으면 아이들은 강인하고 유능한 어른으로 성숙하지 못한다. 자신의 믿음 체계 및 도덕적 신념에 도전하는 사람 혹은 생각들과 생산적으로 관계를 맺을 수 없게 되는 것이다.

개념들은 때로 은근슬쩍 확장된다. '트라우마'와 '안전' 같은 개념의 경우, 1980년대 이후 그 뜻이 매우 넓어져 더 이상 타당한 심리학적 연구에 근거하지 않은 채로 쓰일 때가 많다. 해당 개념들은 그 범위가 엄청나게 확장되어, 현재 모든 연령대의 아이들에 대한 과잉보호를 정당화하는 데 이용되곤 한다. 심지어는 대학생들까지도 어떤 말이나 생각들이 자신들을 위험에 빠뜨리지 않도록 안전공간과 트리거 워닝 등의 조치를 요구한다고 한다.

안전주의란 무조건적으로 안전을 신봉하는 태도다. (실제건 상상이건) 위협을 강박적으로 없애려고 하며, 현실적이고 도덕적인 면에서 다른 중요한 문제들이 있어도 그것들과의 합리적 절충을 모색하지 않는 지경에까지 그 강박이 이르게 된다. 이런 안전주의 속에서 젊은이들은 단단한 마음을 기르는 데 필요한 경험들을 박탈당하게 되고, 그 때문에 더욱 유약하고 불안한 존재가 된다. 또한 자기 스스로를 걸핏하면 희생자로 보는 경향이 생긴다.

제2장

감정적 추론의 비진실

: 늘 너의 느낌을 믿어라

> 우리를 겁에 질리게 하고 경악케 하는 것은 외부의 사건 그 자체가 아니라, 우리가 그것들을 생각하는 방식에 있다. 우리를 심란케 하는 것은 세상의 사물들이 아니라, 그 의미를 헤아리는 우리 자신의 해석이다.
>
> _에픽테토스, 1~2세기[1]

이런 상상을 해보자. 당신은 지금 대학교 2학년생이다. 때는 한겨울, 당신은 우울하고 불안한 심경에 젖어 있다. 원래부터 심리치료사에게 진료받는 데 그다지 스스럼이 없던 터라, 당신은 학교에 마련되어 있는 상담 서비스를 이용해보기로 한다. 마음에 품고 있는 고민들을 속 시원히 다 털어놓으면 그래도 도움이 되지 않을까 하는 생각에서였다.

당신은 새로운 치료사와 마주앉아 당신의 최근 기분이 어땠는지 이야기한다. 그러자 치료사는 이런 반응을 보인다. "오, 세상에. 사람들은 큰 위험에 빠지면 심한 불안을 느끼는 법인데. 혹시 심한 불안이 느껴질 때가 있나요?"

불안을 느끼는 게 곧 큰 위험에 빠졌다는 뜻이라니, 당신은 그 이야기를 듣는 바로 그 순간 심한 불안을 느낀다. 당신은 "그렇다"고 답한다. 치료사는 이렇게 대답한다. "오, 안 돼요! 그렇다는 건 당신은 지금 매우 커다란 위험에 빠진 게 틀림없다는 뜻인데."

당신은 입을 다물고, 잠자코 자리에 앉아 있다. 머리가 혼란스럽다. 과거 경험을 돌이켜보건대, 예전에 만났던 치료사들은 당신의 두려움이 과연 온당한지 의문을 던졌지, 그것을 증폭시키지는 않았었다. 치료사는 이렇게 덧붙인다. "삶에서 정말로 찝찝하거나 혹은 힘겨운 어떤 일을 경험한 적이 있습니까? 왜 이런 이야기를 하느냐면, 트라우마를 겪으면 당신의 일부가 얼마큼은 망가질 수 있고, 살면서 그 상태가 지속될 수 있다는 사실을 미리 알려줘야 하기 때문입니다."

그는 노트북에서 눈을 떼고 고개를 들어 당신을 바라본다. "이제 당신이 심각한 위험에 처해 있다는 것을 알았으니까, 어떻게 해야 잘 숨을 수 있을지 함께 이야기해보도록 하죠." 시간이 갈수록 외려 마음이 더욱 불안해지는 것을 느끼며, 당신은 이 치료사를 찾아온 것이 끔찍한 실수였음을 깨닫는다.

~

"늘 당신의 느낌을 믿어라"라고 했던 미소포노스의 말은, 우리 귀에 지혜롭고 또 익숙하게 들린다. 그도 그럴 것이, 형태만 조금씩 다를 뿐 감성팔이 소설이나 대중심리학계 구루들의 이야기 속에서 흔히들 들어봤을 법한 말이기 때문이다. 하지만 두 번째의 '대단한 비진실', 즉 감정적 추론의 비진실은 고대의 지혜 상당 부분과 직접적으로 모순된다. 우리는 제2장을 열며 그 서두에 그리스 시대의 스토아 철학자 에픽테토스의 말을 인용했지만, 사실 이 비슷한 말은 부처("우리의 생은 우리의 마음이 만들어낸 것이다"[2])나 셰익스피어("좋은 것도 나쁜 것도 없나니, 그저 생각이 그렇게 만든다네"[3]), 혹은 밀턴("존재하는 것은 마음이니, 그 안에서 지옥으로 천국을 만들 수도 있고, 천국으로 지옥을 만들 수도 있다"[4])으로부터도 얼마든지 인용할 수 있다.

혹은 우리는 보에티우스라는 인물이 524년 옥에 갇힌 채 자신이 처형될 날만 기다리던 때의 이야기를 꺼낼 수도 있었다. 보에티우스는 로마 시대 말엽 출세가도의 절정을 달렸으나(그는 원로원 의원에다 학자로서 높은 관직을 여러 개 꿰차고 있었다), 어느 순간 동東고트족의 왕 테오도리크의 눈 밖에 나고 만다. 이때 옥에서 집필한 것이 《철학의 위안》이라는 책으로, (상상 속에서) '철학 부인Lady Philosophy'이라는 여인을 만난 이야기를 담고 있다. 내용인즉 철학 부인이 어느 날 밤 보에티우스를 찾아와 그와 함께 대화를 나누었다는 것인데, 오늘날로 치면 인지행동치료 과정과 다를 게 없는 것이었다. 행운이 자신에게 등을 돌렸다며 보에티우스가 침울해하고 두려움에 떨고 비통해하자, 그녀는 그를 부드럽게 나무라며 생각을 고쳐먹게 하고 부정적인 감정을 차단시킨다. 행운은 변덕이 심한 법인데 그는 그렇게 오랫동안 행운을 누렸으니 감사해야 한다는 사실도 알아차리게 해준다. 그의 아내, 자식, 부친이 모두 몸 성히 살아 있다는 사실, 나아가 그들 하나하나가 그에게는 자기 목숨보다 소중하다는 사실을 새로이 일깨운 것이다. 철학 부인과 대화를 나누며 보에티우스는 자신의 상황을 전혀 다른 각도에서 비춰보게 된다. 그리고 대화를 나눌 때마다 자신을 옭아매고 있던 감정의 응어리를 하나씩 풀어내고, 결국 철학 부인이 전하려는 궁극의 가르침을 받아들일 마음가짐을 갖게 된다. 바로 "나 스스로가 그렇게 생각하지 않는 한, 그 어떤 일도 불행하지 않다. 반대로, 나 스스로가 만족하지 못하는 한, 그 어떤 것도 내게 행복을 가져다주지 않는다"라는 것이었다.[5]

숱한 사회의 현인들이 똑같이 다다른 통찰이 하나 있다. 느낌은 늘 강렬하지만, 항상 신뢰할 수는 없다는 것. 느낌은 종종 현실을 왜곡하고, 우리에게서 통찰을 앗아가며, 우리의 인간관계를 쓸데없이 손상시킨다. 우리가 행복, 성숙, 심지어 깨달음에 이르기 위해서는, 감정적 추론이라는 비진실은 거부하고, 그 대신 우리의 느낌들에 의문을 던지는 것을 배울 필요가 있다. 느낌 그 자체가 아무리 실제적으로 다가온다 해도, 또 어쩔 때는 그것이 우리의 의식적인 마음이 미처 눈치 채지 못하는 진실을 일깨운다 하더라도, 확실한 건 느낌이 때로 우리를 애먼 길로 이끌 수 있다는 점이다.

필자 조너선은 책《행복의 가설》에서 부처와 여타 현인들의 말을 빌려와, 우리 마음이 여러 부분으로 나뉘어 있고 때로는 그 사이에 갈등이 벌어지기도 한다면서, 그 양상을 커다란 코끼리 등 위에 덩치 작은 탑승자가 올라타 있는 모습에 비유한 바 있다. 여기서 탑승자는 의식적인 프로세스, 혹은 '통제가 되는' 프로세스를 나타낸다. 언어에 근거한 사고 과정인 이 부분은 우리의 의식적 마음을 가득 메우고 있으며, 어느 정도 통제가 가능하다. 한편 코끼리는 이 의식적인 프로세스 외에 우리 마음에서 일어나는 모든 것을 나타내는데, 따라서 거개가 우리의 의식적 인지를 벗어나 있다. 이러한 프로세스들은 직관적, 무의식적 혹은 '자동적' 과정으로 불리기도 하며, 그 말은 곧 우리 마음에서 일어나는 거의 모든 일들이 우리의 직접적 통제를 벗어나 있다는 뜻이기도 하다. 물론 자동적 과정의 결과가 때로 의식 안으로 길을 내고 들어오는 경우도 있기는 하다.[6] 탑승자-코끼리의 비유가 포착하고 있는 사실은 결국, 탑승자는 통제권을 자신이 쥐고 있다고 믿을 때가 많으나 사실 훨씬 더 강력한 힘을 지닌 쪽은 코끼리이고 따라서 알력 다툼에서 승리를 거두는 것도 거의 코끼리라는 것이다. 조너선은 심리학 연구 결과물들을 검토한 끝에, 일반적으로 탑승자는 코끼리의 주인이기보다는 오히려 코끼리의 종복 노릇을 한다는 사실을 보여줄 수 있었다. 그리고 그러한 구도 속에서 탑승자는 코끼리가 어떤 행동을 하고 어떤 것을 믿든, 그것을 사후에 정당화하는 구실을 만들어내는 솜씨가 지극히 뛰어났다.

감정적 추론은 인지왜곡에 속한다. 감정적 추론은, 탑승자가 눈앞에서 벌어진 일들을 발끈하는 코끼리의 감정적 반응 상태와 일치하는 방식으로 해석할 때 일어나는 것으로, 무엇이 진실인지 규명하려는 노력 같은 건 없다. 이때 탑승자가 맡은 직무는 변호사나 공보관과 비슷하여, 코끼리가 미리 내린 결론을 그럴싸하게 합리화하거나 정당화하는 구실을 만들면 그만이다. 무엇이 진정 진실인지 파고드는 것은, 혹은 무엇이 진실인지 호기심을 갖는 것조차, 탑승자가 해야 할 일이 아니다.

그래도 탑승자는 별 이의 없이 자기 직분을 수행하는 게 보통이지만, 이 탑승자도 어느 정도는 자기 쪽에서 코끼리에게 먼저 말을 걸어 코끼리의 마음을 되돌릴 수 있는 능력이 있다. 탑승자가 코끼리의 언어, 즉 논리가 아닌 직관의 언어로 말할 줄 알게 되었을 때 특히 그렇다. 탑승자가 그 언어를 이용해 새로운 각도에서 어떤 상황을 볼 수 있게 얼개를 다시 짜주면, 코끼리도 거기서 사뭇 새로운 느낌을 받기에 이르고, 그것이 동기부여가 되어 종국에는 전혀 새로운 방향으로 몸을 틀게 되는 것이다. 보에티우스가 "철학 부인"이라는 가공의 인물을 창조해 그녀에게 갖가지 질문들(인지행동치료에서 자신에게 묻는 법을 배울 때 하는 그런 질문들)을 던지게 한 것이 바로 이런 식의 "되받아 말하기talking back"의 생생한 실례라 할 수 있다. 철학 부인이 던지는 질문에 하나둘 답을 해나가는 동안 보에티우스는 자신의 삶을 새로운 방식으로 바라보게 된다. 문득 가족에 대한 사랑이 가슴에 차오르며, 그들이 몸 성히 잘 지낸다는 사실에 감사함을 느낀다. 그렇게 해서 세상사를 해석하는 방식에 변화가 오고, 이는 다시 그의 감정에 변화를 일으키며, 감정 변화는 또다시 그의 생각에 더욱 큰 변화를 불러일으킨다.

독자 여러분도 이 "되받아 말하기" 과정을 정기적으로 시행해보면, 그것을 하면 할수록 이 과정이 수월하게 느껴질 것이다. 시간이 흐를수록 탑승자는 보다 노련한 훈육사가 되는 한편, 코끼리는 길들이기가 한결 나아지기 때문이다. 그러면 어느덧 코끼리와 탑승자가 원만하게 협력하기 시작한다. 바로 이것이 인지행동치료의 힘이자 약속이다.

인지행동치료란 무엇인가

인지행동치료는 1960년대에 펜실베이니아대학교에서 정신의학자로 일하던 에런 벡이라는 사람이 개발했다. 이때만 해도 프로이트의 학설이 정신의학계를 지배하고 있었다. 임상의들은 우울증과 그것이 일으키는 왜곡된 사고란 그저 환자의 심층적 문제들이 표면으로 떠오른 것에 불과하다고 가정했는데, 그 심층적 문제들은 보통 풀리지 못하고 응어리진 유년시절의 갈등에 가닿게 마련이었다. 그래서 우울증을 치료하려면 그 기저의 문제부터 해결하는 것이 필수였고, 그러다 보니 치료에 몇 년씩 걸리기 일쑤였다. 하지만 벡은 어떤 사람이 품는 생각과 거기 딸려오는 느낌 사이에 밀접한 연관이 있음을 알아챘다. 무엇보다 그는 자신의 환자들이 일종의 되먹임 고리에 스스로 사로잡히는 경향이 있다는 사실에 주목했다. 이 고리에 사로잡히면 비합리적이고 부정적인 믿음들이 강력한 부정적 느낌들을 불러일으키고, 그것이 환자의 추론을 이끄는 추동력이 된다. 그리고 여기서 동기부여가 된 환자들은 주변에서 자신의 부정적 믿음을 뒷받침할 만한 증거들을 찾아나서는 것처럼 보였다. 벡은 환자들의 믿음에 공통된 패턴이 나타나는 것도 발견했는데, 그는 이것을 이른바 우울증의 "인지삼제認知三題, cognitive triad"라고 불렀다. 인지삼제란, "나는 아무짝에도 쓸모없어" "내가 사는 세상은 암울하기만 해" "내 미래에는 아무 희망도 없어"라는 것이다.

이런 생각 한두 가지는 많은 사람들도 살면서 종종 스치듯 머릿속에 떠올린다. 하지만 우울증에 걸린 사람들은 이 세 믿음 모두를 안정되고 지속적인 심리 구조 안에서 줄기차게 고수하는 경향이 있다. 이런 구조를 심리학자들의 용어로 '스키마schema'라고 한다. 스키마란 오랜 세월에 걸쳐 차곡차곡 쌓인 일종의 사고 및 행동 패턴으로, 사람들은 세상과 상호작용을 할 때 별 생각 없이 단박에 스키마를 가져다 정보를 처리하곤 한다. 스키마는 코끼리의 깊숙한 어딘가에 자리 잡고 있는 틀이다. 즉, 스키마는 코끼리가 탑승자를 인도하는 여러 방법 중의 하나인 것이다. 그런데 우울증에 걸린 사람들이 갖고 있는 스키마는 그들 자신은 물론 그들의 인생행로를 철저하게 무력화해버리는 특징이 있다.

벡의 발견을 대단하다고 하는 것은, 그의 연구 덕에 부정적 믿음과 부정적 감정 사이에 형성된 이 무력화 되먹임 사이클을 허무는 것이 얼마든지 가능해졌기 때문이다. 사람들에게 우울증의 인지삼제 같은 믿음들을 잘 헤아려보고 그에 대한 반증을 고민하게 할 수 있다면, 사람들은 일순간이라도 부정적 감정에서 벗어날 틈을 갖게 되고, 그렇게 부정적 감정에서 벗어나게 해주면 사람들은 자신의 부정적 믿음에 의문을 던지는 것을 보다 열린 자세로 받아들이게 된다. 이 같은 과정을 진행하는 데에 어느 정도의 숙련된 기술이 필요한 건 사실이다. 우울증에 걸린 사람들은 인지삼제의 믿음을 뒷받침할 증거를 찾는 데 있어 누구보다 명수이기 때문이다. 더구나 이 과정을 진행하기까지는 얼마간 시간도 걸린다. 사람들을 무력화하는 스키마는 위대한 통찰이 번뜩 찾아온 순간 단번에 허물어지지 않는다(깨달음의 순간에 얻었다 싶었던 통찰이 어느 틈엔가 곧장 사라져버리는 까닭도 바로 여기에 있다). 그래도 벡이 제시한 방법을 습득하도록 사람들을 훈련시켜, 그들이 매일 혼자 자신의 자동적 사고에 의문을 던지게 하는 것이 가능하다. 수 주일 혹은 수 개월에 걸쳐 이것이 반복되면, 사람들은 자신의 스키마를 변화시켜 종전과는 다른 건전한 습관적 믿음들을 형성시킬 수 있다(이를테면 "웬만한 도전들은 나도 감당할 수 있어"라거나 "내 곁엔 믿을 만한 친구들이 있지" 하는 믿음들). 인지행동치료와 함께라면, 굳이 몇 년씩이나 자기 유년시절의 이야기를 들먹이지 않아도 되는 것이다.

인지행동치료가 효과를 발휘한다는 증거는 차고 넘친다.[7] 불안장애 징후를 비롯해 경미 단계에서 중간 단계까지의 우울증 해소에 인지행동치료는 항우울제인 프로작이나 여타 유사 약품들만큼 효과가 좋으며,[8] 더구나 그러면서도 혜택은 더 오래 지속되고 부정적 역효과가 없다는 것이 공통된 연구 결과다. 더구나 인지행동치료는 단순히 불안증이나 우울증에만 효과가 있는 게 아니라, 거식증, 폭식증, 강박신경증 장애, 분노장애, 부부 간 불화, 스트레스 관련 장애에도 효과가 있다.[9] 인지행동치료는 시행이 쉬우며, 그간 널리 활용되어왔고, 효과적이라는 것이 입증되었으며, 심리치료 중에서도 연구가 가장 활발히 이루어져 있다.[10] 안전과 효과의 양면에서 가장 탄탄하게 입증된 치료법인 것이다.

다음은 사람들이 인지행동치료에서 인지를 배우는 동안 깨닫게 되는 가장 흔한 형태의 인지왜곡 아홉 가지를 나열한 것이다. 그레그가 대학 캠퍼스에서 주목하기 시작한 것은 바로 이들 인지왜곡 패턴들이었다. 그레그가 조너선을 초대해 함께 점심을 먹게 된 것도, 두 사람이 《애틀랜틱》지에 글을 싣게 된 것도, 그리고 결국 이 책까지 쓰게 된 것도, 전부 그것들이 이끈 셈이다. (인지행동치료 전문가 및 의사들마다 서로 다른 인지왜곡 목록들을 사용한다. 우리가 뽑은 아홉 가지 인지왜곡은 로버트 레이히, 스티븐 홀랜드, 라타 맥긴이 공저한 책《우울증과 불안장애 개선을 위한 치료계획 및 개입》에 나온 더 긴 목록을 근거로 했다. 인지행동치료에 관해 더 알고 싶은 독자들, 즉 그것이 어떻게 작동하며 그것을 어떻게 연습해야 하는지 알고 싶은 독자들은 이 책의 부록 1을 참고하길 바란다.)

감정적 추론 감정이 현실 해석을 이끌도록 내맡기는 것. "나는 기분이 우울해. 그건 내 결혼생활이 순탄치 못하다는 뜻이야."

재앙화 일어날 법한 최악의 결과에만 초점을 맞추고, 그렇게 될 공산이 가장 크다고 보는 것. "내가 실패하면 그야말로 끔찍할 거야."

과도한 일반화 단 한 번의 일을 근거로, 전반적 패턴을 부정적으로 인식하는 것. "난 툭하면 이런 일을 당하지. 아마 숱한 일들에서도 번번이 실패할 거야."

이분법적 사고 '흑백 사고' 또는 '이분법적 사고'는 세상사나 사람들을 '모 아니면 도' 식으로 바라보는 것이다. "나는 모든 사람에게 거절당하는 애야." "그건 완전 시간 낭비야."

마음 읽기 충분한 증거도 없으면서 다른 사람들이 어떤 생각을 품고 있는지 안다고 가정하는 것. "그 사람은 날 패배자라고 생각해."

딱지 붙이기 자신이나 혹은 타인에게 (종종 이분법적 사고를 동원해) 전반적으로 부정적 특성을 부여하는 것. "나 같은 애는 누구도 좋아하지 않아"라거나 "그 자식은 형편없는 놈이야."

부정적 필터링 부정적 사실들에만 거의 전적으로 초점을 맞추고, 웬만해선 긍정적 면을 보지 않으려는 것. "저 사람들을 좀 봐. 모두 나를 마음에 안 들어 하잖아."

긍정적인 면 깎아내리기 자신이나 타인이 하는 긍정적인 일들을 별것 아닌 것으로 치부하는 것. 그럼으로써 자신의 부정적 판단을 계속 유지할 수 있다. "그건 그냥 아내의 도리일 뿐이야. 그러니 그녀가 내게 잘해주는 건 별 의미 없어"라거나 "그 정도 성공은 식은 죽 먹기야. 그러니까 그다지 의미는 없어."

남 탓하기 자신에게 부정적인 느낌이 드는 '원인'으로 다른 사람을 지목하는 것. 자기 자신에 대해 책임을 지고 변화시키지 않으려 한다. "내가 지금 이런 기분인 건 다 그녀 탓이야" 혹은 "내가 이렇게 힘들어진 건 부모님 때문이야."[11]

위의 인지왜곡 목록을 꼼꼼히 읽어보면, 그런 식의 사고가 습관화된 사람들이 어떻게 부적응적인 핵심 믿음들을 중심축으로 스키마를 형성하는지 쉽게 알 수 있다. 그것은 사회적 상황들을 현실적으로, 그리고 적응적으로 해석하는 것을 방해한다.

이런 인지왜곡은 사람이면 이따금 겪기 마련이니까, 인지행동치료는 누구에게나 쓸모 있다고 말할 수 있다. 생각해보라. 우리가 남 탓이나 이분법적 사고를 덜 한다면, 그리고 우리 자신에게도 대개 갈등에 대한 책임이 있다는 사실을 인정한다면, 우리의 대인관계도 한결 좋아지지 않겠는가? 또 과도한 일반화나 딱지 붙이기가 일어나면 타협은 물 건너가기 십상인 만큼, 그것이 줄어든다면 정치적 토론도 더욱 생산적이 되지 않겠는가? 그렇다고 모든 사람이 다 심리치료사를 찾아가 인지행동치료를 시작하라는 이야기는 아니다. 그저 인지왜곡을 인식하고 그것을 단단히 제어하는 법만 배워도, 그것이 누구에게나 좋은 지적 습관이 될 수 있다는 게 필자 그레그가 인지왜곡과 관련해 애초 깨달았던 사실이었다.

인지왜곡이 무엇인지 아는 것은 대학가에서 특히나 중요한 일이다. 당신이 어떤 세미나 수업을 듣는데, 그 수업을 듣는 학생 몇몇이 습관적으로 감정적 추론, 과도한 일반화, 이분법적 사고, 단순무지한 딱지 붙이기에 빠진다고 상상해보자. 이런 상황에서 교수가 해야 할 일은 그런 왜곡을 부드럽게 바로잡아주는 것이다. 이 같은 사고는 도움은커녕 공부에 하나같이 방해만 된다. 그런 왜곡에 빠지는 학생에게도 그렇고, 그 수업을 듣는 다른 학생 모두에게도 그렇다. 예를 들어 한 학생이 소설 속에서 어떤 구절을 읽는 순간 기분이 불쾌해져서, 그런 불쾌함을 유발한 작가와 동일한 계통의 작가들을 다 같이 악독한 저의를 품었다며 싸잡아 일반화했다고 해보자. 다른 학생들은 그런 주장에 동의하지는 않지만 이를 공개적으로 말하는 것은 주저하고 있다. 이런 상황이 생겼을 경우, 교수는 연거푸 질문을 던져 문맥 속에서 그 학생의 주장을 뒷받침할 만한 증거를 찾게 하는 한편, 해당 구절을 다른 식으로 해석할 수 없겠는지 고민해보게 할 수 있다. 훌륭한 대학이라면 모든 학생의 비판적 사고 기술을 시간이 흘러갈수록 향상시켜줄 수 있어야 한다.

이 '비판적 사고'와 관련해 어디서나 통용되는 정의가 따로 정해져 있는 것은 아니지만, 대체로 비판적 사고라는 개념을 다룰 때면[12] 자신의 주장을 신뢰성 있는 증거와 적절히 연결시키기 위해 무던히 애쓴다는 뜻이 포함된다. 이것이 바로 학문의 기본이며, 인지행동치료의 본질이기도 하다(비판적 사고는 '가짜 뉴스'를 가려내고 그것을 물리칠 때도 반드시 필요한 능력이다). 따라서 학자가 본분인 사람이 다음과 같이 말하는 것은 용납되지 않는다. "당신은 방금 제 주장이 틀렸음을 입증하는 매우 설득력 있는 증거를 제시했습니다. 그러나 나는 아직도 내 주장이 옳다고 느끼므로, 계속 그것을 밀고 나가겠습니다." 자신에게 제기된 반론 증거를 반박하지 못하거나 혹은 그것을 자신의 주장과 조화시키지 못한다면, 학자는 당연히 자신의 주장을 내려놓아야 옳다. 그러지 않았다간 차후 동료들로부터 신망을 얻기는 글렀다고 봐야 한다. 이렇듯 입증과 논증의 규범을 공유하며 훌륭한 추론에 대해 서로 책임을 져야 하는 공동체 속에서 학자들이 옥신각신 치고받는 동안, 그들의 주장은 한층 정제되고, 이론은 미묘한 차별성을 갖게 되며, 진리에 대한 우리의 이해는 한 걸음 더 나아가게 된다.

그런데 만약 몇몇 교수들이 학생들에게 위에 나열된 왜곡들을 외려 부추긴다면 과연 어떤 일들이 벌어질까?

미세공격: 의도보다 영향이 더 중요하다

일부 대학교수들이(아울러 대학의 일부 관리자들도 가세해) 학생들 사이에 인지왜곡과 흡사한 정신적 습관을 부추기는 사례 중에서도 단연 압권은 이른바 "미세공격microaggression" 개념의 전파다. 이 미세공격이라는 용어가 대중화한 것은 컬럼비아대 티처스칼리지에서 학생들을 가르치는 데럴드 윙 수 교수가 2007년 언론에 글을 기고하면서부터였다.[13] 그를 비롯해 동료 교수들 몇몇은 미세공격을 다음과 같이 정의한다. "매일의 일상에서 짧은 순간에 다반사로 일어나는 언어적, 행동적, 환경적 차원의 멸시. 의도적이건 비의도적이건 간에, 유색인종을 상대로 적의, 경멸감, 혹은 부정적인 뉘앙스의 인종적 폄하와 모욕을 전달하는 것." (애초에 이 용어는 유색인종에게만 적용되었으나, 현재는 훨씬 더 많은 사람들에게 광범위하게 적용되고 있다.)

물론 역사적으로 소외된 집단에 속한 수많은 사람들이 걸핏하면 편향과 편견이 담긴 대우를 지속적으로 받아온 게 사실이다. 때로 사람들은 얇은 막 뒤에 숨어 편견에 찌든 막말을 내뱉는다. 누군가의 말이 분명 적의나 경멸감을 표현하고 있을 때는 그것을 공격이라 칭하는 것이 아마도 적절할 것이다. 거기다 그런 공격이 사소하고 미묘한 면이 있다면, 이 "미세공격"이라는 용어만큼 그 상황에 잘 어울리는 말도 없으리라. 그러나 의도치 않은 일, 혹은 그저 우연히 일어난 일까지 무조건 공격이라 할 수는 없는 노릇이다. 이를테면 길을 걷다 누군가와 우연히 몸이 부딪혔다고 해보자. 이때 어떤 식으로든 해를 끼칠 생각이 당신에게 없었다면, 그것은 공격 행위가 아니다. 비록 상대방이 그것을 공격으로 오인할 수는 있어도 말이다.

하지만 '비의도적인' 무례까지 미세공격에 포함시키고, 아울러 전적으로 듣는 사람 입장에서만 무례를 정의내리면서, 안타깝게도 수 교수는 사람들 사이에 오해를 더욱 부추기는 결과를 불러왔다. 그렇게 되면 사람들이 감정적 추론에 더욱 빠져들게 되기 때문이다. 그의 논지대로라면 사람들은 애초부터 자신들의 느낌을 믿어야 할 뿐 아니라, 나중에는 자신의 그 느낌을 정당화하기 위해 어떤 이가 자신을 상대로 공격 행위를 저질렀다는 결론을 도출해내야 한다. 물론 간혹 그런 느낌이 올바른 추론에 가닿는 경우도 있고, 나와 안면이 있는 사람이 혹시 내게 적의나 경멸감을 느끼고 있지는 않은지 아는 것도 중요한 문제이기는 하다. 하지만 이럴 때 애초부터 사람들을 최악으로 가정하고 그들의 행위를 최대한 몰인정하게 읽어내는 것은 그다지 좋은 생각이 아니다. 이른바 '마음 읽기'라고 하는 인지왜곡이 바로 이것이다. 이런 사고를 습관적이고 부정적으로 계속 행하게 되면, 사람은 절망과 불안에 빠져들어 대인관계가 손상될 가능성이 높아진다.

수 교수가 애초 신문에 실었던 에세이는 미세공격의 실제 사례도 상당수 나열하고 있는데, 개중에는 누군가가 정말 다양한 집단 사람들에게 부정적 편견을 가진 듯한 뉘앙스를 풍기는 것들도 있다. 예를 들어 흑인이 자기 곁을 스쳐지나가자 그 순간 손에 든 지갑을 꽉 움켜쥐는 백인 여성이나, 백인을 차에 태우려고 유색인종 승객은 그냥 지나치는 택시 운전기사, 그리고 흑인에게 "어떻게 그렇게 말을 잘하느냐"라며 추켜세우는 백인 등이 그렇다. 일상에서 이런 일을 반복적으로 당하는 사람의 경우에는, 그런 행동들이 꽉 막힌 편협함과 부정적 편견에서 나왔다고 의심해도 괜찮을지 모른다.[14]

그러나 수 교수가 제시한 사례 중에는 말하는 이가 어떤 집단에 반드시 적의나 부정적 편견을 품었다고 볼 수 없는 것들도 많다. 이를테면 다음과 같은 것들이 그렇다. 어떤 백인이 아시아계 미국인에게 자기 말을 그의 "모국어"로 알려달라고 부탁하는 경우, 백인이 "미국은 끓는 용광로야"라고 말하는 경우, 백인이 "그 직업은 제일 합당한 자격을 갖춘 사람에게 돌아가야 옳다고 믿어"라고 말하는 경우. 이들 발언에서 우리가 생각해야 할 무엇보다 중요한 사실은, 해당 진술이나 질문은 듣는 이의 선택에 따라 얼마든지 모욕이나 무시로 들릴 수도 있고, 그렇지 않을 수도 있다는 점이다. 수 교수의 설명대로라면, 첫 번째 사례에서 아시아계 미국인은 해당 질문을 "너는 우리나라 국민이 아닌 외국인이야"라는 뜻으로 받아들일 수 있고, 라틴계 학생이 듣기에 "끓는 용광로"라는 표현은 너희들은 "미국의 지배 문화에 융합되어서는" 안 된다는 말로 들릴 수 있으며, 아울러 흑인 학생들이 듣기에 "제일 합당한 자격을 갖춘 사람"이라는 어구는 "유색인종은 그들의 인종 덕에 불공평한 이득을 덤으로 누린다"는 뜻을 은연중 함축한 것으로 해석할 수 있다는 것이다.

물론 매일같이 일어나는 이들 질문과 언급을 이런 식으로, 즉 상대방을 미세하게 공격하고, 깎아내리고, 배제하는 행위로 해석하는 것도 분명 얼마든지 가능한 일이다. 더구나 사람들이 실제 그런 의도를 가지고 이런 말들을 하는 경우도 때로 있다. 그러나 이런 말들을 해석하는 방법이 반드시 한 가지인 것만은 아니다. 단도직입적으로 말해서, 이런 종류의 말을 학생들에게 일일이 공격 행위로 해석하라고 가르쳐야만 하는 걸까? 어떤 학생이 그런 말을 듣고 퍼뜩 자신이 공격당했다는 느낌을 받았다고 치자. 그럴 때 그 학생은 자신이 받은 느낌을 끌어안은 채 미세공격의 희생자라는 딱지를 스스로에게 붙이는 게 나을까, 아니면 정확한 사실들에 근거한 보다 너그러운 해석이 있지 않은지 스스로 자문해보는 편이 나을까? 물론 너그럽게 해석한다고 해서 반드시 잠자코 있어야 한다는 뜻은 아니다. 오히려 이는 다양한 종류의 건설적 반응이 나올 여지를 열어준다. 너그러운 태도란 아마 이렇게 말하는 것이리라. "내게 상처를 주겠다는 생각으로 그 말을 한 건 아니겠지만, 그 말을 이러저러하다는 뜻으로 받아들이는 사람도 있을 수 있다는 사실을 아셨으면 좋겠어요." 이런 식으로 상황에 접근하면 학생들은 상처를 받는다고 느낄 때 더 수월하게 대처할 수 있게 될 뿐 아니라, 희생자 스토리로 흐를 법한 이야기가 능동적 주체의식을 발휘한 이야기로 뒤바뀌게 된다. 이렇게 하면 사람들과의 상호교류에서 긍정적 결실이 맺어질 가능성도 훨씬 높아진다. 물론 사람들이 더 각별히 신경 써서 다 같이 입조심을 하는 것도 가능한 얘기지만, 흉중에 어떤 악의도 품지 않은 사람을 굳이 편협한 자로 모는 것은 사람을 대하는 온당한 방식이 아니다. 그런 식으로 사람을 몰면 외려 아무리 소중한 피드백을 해주어도 사람들이 수용하려 하지 않을 것이다. 아울러 자신과는 다른 저쪽 편 사람들과는 더 이상 얽히고 싶지 않다고 생각할 수 있다.[15]

수 교수의 논리대로라면, 인지행동치료는 그 자체가 미세공격이다. 왜냐하면 인지행동치료를 진행하다 보면 내담자에게 어떤 느낌들을 불러일으킨 이런저런 전제와 가정들에 대해 질문을 할 수밖에 없기 때문이다. 수 교수는 이를테면 치료사가 내담자에게 "당신의 문제가 정말 인종차별에서 비롯됐다고 생각합니까?"라고 묻는 것을 예시로 제시한다. 이런 질문은 치료사의 의도에 따라 부적절할 경우 내담자에게 자신을 무시하는 언사로도 들릴 수도 있다. 하지만 치료사가 내담자를 진정 도우려는 의도였다면, 즉 내담자로 하여금 그의 감정을 반추해보게 하고, 자신의 해석을 정당화할 증거를 적극적으로 찾게 하고, 나아가 현실적인 눈으로 사태를 바라보게 해 애매함투성이인 이 세상에서 누구보다 효과적으로 제구실을 하게 하려는 것이 치료사의 의도였다면, 그때 그 질문은 지극히 합당하고 건설적인 것일 수도 있다. 애매하기 마련인 사람들과의 상호작용 속에서 더 많은 공격을 찾아내도록, 더욱더 노여워하도록, 더 많은 부정적 감정을 느끼도록, 나아가 애초의 해석에 웬만해선 질문을 던지지 않도록 가르친다고 해보자. 그것은 아무리 줄잡아 말해도, 지혜롭지 못한 것으로 보인다. 더구나 그것은 훌륭한 심리치료가 통상 가지는 목표에 배치되는 것이기도 하다.

브루킹스연구소에서 연구 중인 샤디 하미드가 《애틀랜틱》지에 기고한 글에는, 그가 미세공격으로 여겨질 만한 일을 당할 때 어떤 식으로 대처하는지가 이렇게 설명되어 있다. "나는 아랍인이자 동시에 무슬림이기 때문에 '어느 나라에서 오셨나요?'(이런 질문은 대개 '진짜로, 어느 나라에서 오셨나요?'를 뜻한다), 그리고 '이곳 태생입니까?' 하는 질문을 상당히 자주 받는다. 그렇다고 해서 그것이 나에 대한 공격이라고는 잘 생각되지 않는다."[16] 하미드는 이런 말도 덧붙였다. "사회적 정체성을 중요시하는 우리 시대에는, 뭔가를 공격으로 간주하는 기준이 상당히 낮아져버려 민주적 토론이 무척 힘들어진 상황이 되었다. 시민들이 만약 '편협하다' 혹은 '배려가 없다' 따위의 딱지가 붙을까 두려워한다면, 그들은 자신의 진솔한 의견을 드러내지 않을 가능성이 더욱 크기 때문이다."

하미드의 이런 지적은 대학 캠퍼스에 괜찮은 공동체를 건설하는 만만찮은 과업과 관련해 중대한 함의를 지닌다(우리가 바라는 괜찮은 공동체는, 학생들이 서로의 생각을 숨기기보다는 서로 자유롭게 뒤얽히는 곳이다). 예를 들어 당신이 미국의 한 대학에서 신입생 오리엔테이션 진행을 맡았다고 가정해보자. 이 학교에는 인종, 민족, 종교, 사회경제적 배경 면에서 매우 다양한 학생들이 입학한다. 아시아, 아프리카, 유럽, 라틴아메리카 등에서 온 국제적인 학생들도 섞여 있는데, 개중에는 영어를 유창하게 구사하지 못하는 학생들이 더러 있다. 영어의 미묘한 뉘앙스며 미국의 관습을 잘 이해하지 못하는 학생들도 수두룩하다. 따라서 학생들이 자신의 생각을 표현하는 데 있어 잘못된 어휘를 선택하는 경우가 흔하다. 뿐만 아니라 자폐증으로 인해 미묘한 사회적 신호를 잘 포착하지 못하는 학생들까지 끼어 있는 형편이다.[17]

이 모든 다양성 때문에 당신이 일하는 캠퍼스에서는 날마다 수백 가지 오해가 빚어질 것이다. 학생들이 어떤 행동을 공격으로 받아들일 가능성은 거의 무제한이라고 해도 좋을 정도다. 이런 상황에서 가장 생산적이고 또 유익한 방식으로 학생들이 서로 뒤얽히게 하려면 당신은 어떤 식으로 학생들을 준비시켜야 할까? 하루 날을 잡아 미세공격 훈련을 시키고, 이후 미세공격이 눈에 띄면 그 즉시 신고하도록 해야 할까? 아울러 그런 훈련과 함께, 편향태도 대응팀 Bias Response Team(미세공격 등의 편향태도가 신고될 때 심층조사를 진행할 관리자 집단)이라도 꾸려두는 것이 좋을까?[18] 아니면 다음과 같은 방식은 어떨까? 학생들 전원에게 예의 바르게 행동하는 방법은 물론, 다양성이 존재하는 공동체 내에서 우발적이거나 사려 없는 공격을 방지하는 방법에 대해 조언하는 것이다. 그러면서 하루 날을 잡아, 서로에게 무죄추정의 원칙을 적용하도록, 그리고 상대방의 행동을 해석할 때는 감정적인 반응을 최소한으로 억제하도록 훈련시킨다.

보다 일반적 차원으로 논의를 넓혀보면, 우리는 이 미세공격 개념[19]을 통해 근래 대학 캠퍼스에서 일어나고 있는 중대한 윤리적 변화를 감지할 수 있다. 즉, '의도intent'보다는 '영향impact'을 중시하는 분위기로 변하고 있는 것이다. 심리학자들의 오랜 연구에서도 나타나듯, 유무죄를 따질 때는 '의도'가 극히 중요하다.[20] 우리는 통상적으로, 저지를 의도가 있었던 행위에 대해 사람들에게 도덕적으로 책임을 묻는다. 만일 밥이라는 남자가 마리아에게 독을 먹이려다 실패했다면, 밥은 매우 위중한 범죄를 저지른 것이 된다. 설령 그의 행위가 결과적으로 마리아에게 아무 영향을 끼치지 않았다 해도 말이다(밥에게는 여전히 살인미수죄가 적용된다). 반면, 마리아가 땅콩버터 샌드위치를 먹은 뒤 밥과 (합의하에) 키스를 나누다가 그만 그가 죽었다면, 그리고 당시 마리아는 밥에게 치명적인 땅콩 알레르기가 있는 줄 미처 몰랐다면, 마리아는 전혀 범죄를 저지른 것이 아니다.

인종차별주의, 성차별, 동성애 혐오를 비롯해 여타 다양한 형태의 편협성과 관련된 개념들을 이해할 때, 사람들 대부분이 적용하는 원칙도 이것이다. 즉, 의도에 초점을 맞춘다. 만일 어떤 이들이 특정 집단에 속해 있다는 이유만으로 당신이 그들을 싫어하거나 그들이 잘못되기를 바란다면, 혹은 아예 작정하고 그들에게 위해를 가하려 한다면, 당신은 편견이 심한 사람이라고 할 수 있다. 당신이 설령 그 집단 구성원들을 돕는 말이나 행동을 무심코 혹은 비의도적으로 하게 된다고 해도 말이다. 반대로, 당신이 우연히 어떤 말이나 행동을 했는데 그것이 어떤 집단의 구성원에게 공격으로 가닿은 상황이 있다고 하자. 만약 그들이 어떤 집단에 속했다는 사실 때문에 당신이 그들을 미워하거나 악의를 품은 게 아니라면, 당신은 편견이 심한 사람이라고 할 수 없다. 설령 당신 입에서 사과해야 마땅할 정도의 칠칠치 못하고 배려 없는 말이 흘러나왔다 해도 말이다. 사람은 뜻하지 않은 무례를 범했다고 해서 악한이나 무뢰한이 되지는 않는다.

하지만 일부 운동가들은 편협함과 관련해 중요한 것은 오로지 '영향'뿐이라고 일축한다('영향'에 대한 정의는 그들이 정의한 바를 따른다). 여기서 '의도'는 심지어 필요성조차 갖지 못한다. 예를 들어 어떤 정체성 집단의 구성원 하나가 누군가의 행동에 의해 공격이나 억압을 당했다고 느끼면, 이 영향 대 의도의 패러다임에 따라 그 타인은 편협한 행동을 했다는 죄목을 뒤집어쓰게 된다. 웹사이트 '에브리데이 페미니즘EverydayFeminism.com'에 올라와 있는 한 글의 설명을 보면 이렇다. "결국 우리의 행동에 있어 '의도'가 뭐 그리 중요한가? 만약 우리의 행동이 주변 사람들을 더욱 소외시키고 억압하는 '영향'을 준다면 말이다."[21]

물론 각양각색의 정체성 집단에 속한 일부 성원들의 경우, 단순히 그 집단에 속했다는 이유만으로 타인에게 거듭 업신여김을 당하기도 하는 게 사실이다. 설령 위반자 쪽에서 아무 악의 없이 그런 말을 했다 해도, 그렇게 별 생각 없이 무심코 던진 질문이 듣는 이에게는 무척 버겁고 견디기 힘든 말로 여겨지기도 한다. 코미디언이자 다양성 교육가인 카리스 포스터는 백인 남성을 남편으로 둔 흑인 여성으로, 최근 남편이 오토바이 사고로 응급실에 실려가 사경을 헤매던 그 힘든 순간에 유난히 난감한 경험을 해야 했다. 병원 직원들이 남편에게 병력을 물었지만, 그때 남편은 정신이 오락가락하는 중이었다. 그래서 포스터가 남편을 대신해 대답을 해주었지만, 아무도 그녀의 말을 듣지 않는 눈치였다. "그렇게 대놓고 없는 사람 취급을 받기는 난생 처음이었어요." 그녀는 말했다. 그녀가 들려준 바에 따르면, 의사 하나가 그녀를 흘끔 쳐다보더니, 다소 냉담한 어조로 환자와 무슨 관계냐고 마침내 물었다. 그런 뒤에도 병원에서 남편이 치료받는 동안, 하나같이 백인인 병원 직원들이 몇 사람 더 다가와 그녀에게 비슷한 어조로 똑같은 질문을 던졌고, 포스터는 급기야 눈물이 쏟아지려는 것을 간신히 참았다. "그런 질문을 했다는 것 자체는 문제가 아니었어요." 그녀는 우리에게 말했다. "그런 질문을 해야 하는 것이 법이고, 병원 규정이라는 걸 저도 잘 알았으니까요. 제가 너무 당황스러웠던 건 제가 느낀 병원 사람들의 목소리 톤이었어요." 그녀는 당시 떠올랐던 생각을 똑똑히 기억한다. "내가 '바로 지금' 순간에도 빌어먹을 인종차별 문제까지 심각하게 걸고 넘어져야 하는 거야? 내 남편의 생사가 왔다 갔다 하는 이 마당에?" 그다음 일어난 일들을 포스터는 이렇게 설명했다.

> 전 그런 생각들을 끔찍이 떨쳐내고 싶었어요. 병원 직원들에게 이렇게 소리라도 지르고 싶었죠. "지금 우리가 사는 이 시대는 21세기라고요! 저희는 이른바 인종 간 결혼이라는 걸 한 사람들이고

요!" 하지만 그 순간의 스트레스가 워낙 지독했던 만큼, 저는 제가 감정에 짓눌려 있다는 사실을 잘 알았어요. 제가 의사와 간호사들에게 인종차별주의자 딱지를 붙이고 있다는 사실이나, 저들의 속마음을 내가 다 안다는 식의 가정을 하고 있다는 사실도요. 그건 심한 스트레스를 받지 않을 때 제가 하는 평상시의 사고방식이 아니었어요. 전 온몸의 진이 다 빠지는 것 같았지만, 일단 심호흡부터 하고 제가 가르치는 C.A.R.E. 모델[22]을 그 자리에서 시행했어요. 모두들 내 남편의 목숨을 구하기 위해 최선을 다하는 중이고, 상황에서 오는 스트레스가 지금 내 해석에 영향을 미치고 있다고, 그러니 계속 소통 창구를 열어놓지 않으면 안 된다고, 그렇게 저 자신을 계속 다그쳤어요. 그러자 상황이 전혀 다른 식으로 돌아가는 것처럼 보이기 시작하더군요. 제 쪽에서 별달리 어떤 행동을 취한 것도 아닌데, 의사들이 돌연 제게 다가와 엑스레이 찍은 것을 보여주며 응급조치를 어떤 식으로 진행하고 있는지 이것저것 설명해주는 것처럼 보였어요. 심지어 간병인 한 명은 밖에까지 나가 커피를 한 잔 사다주며, 제게 커피값은 받지 않겠다고 했어요. 바로 그때, '내가 겪었던 일들은 인종차별이 아니었구나' 하는 깨달음이 불현듯 찾아왔죠. 당시 병원 사람들은 누구도 제가 흑인이고 남편은 백인이라는 사실에 악감정을 품고 있지 않았어요. 그저 그들 머릿속에 미리 박혀 있던, 결혼한 부부는 어떤 모습이어야 한다는 생각이 얼마쯤 바뀐 뒤에야 비로소 우리의 관계를 온전히 이해할 수 있었던 거죠.[23]

포스터는 병원 직원들의 둔감한 태도에 어떻게 대응했는지도 이야기해주었다. "당시 제가 한 발 물러섰기에 망정이지, 안 그랬다면 훨씬 끔찍한 상황이 벌어졌을지도 몰라요." 응급 상황이 마무리된 뒤(그녀 남편은 현재 건강히 잘 지내고 있다), 포스터는 병원 측의 둔감함과 부주의로 인해 남편과 자신이 어떤 일을 겪어야 했는지 원무과에 당시 상황을 확실히 설명했고, 원무과 직원들은 그녀의 말을 받아들이며 사과했다.

새내기 학생들에게 상대방과 상호작용을 할 때 사려 깊게 행동하라고 가르치는 일은 대단히 중요하다. 때로 '정치적 올바름political correctness'으로 간주되어 조롱당하기도 하지만, 적정한 정도의 이런 태도는 타인의 귀에 충분히 비하로 들릴 만한 말을 삼감으로써 예의와 존중이 담긴 상호작용을 도모하려는 노력일 뿐이다.[24] 그런데 만일 당신이 의도 같은 것은 중요치 않다고 학생들에게 가르친다면, 또한 더 많은 것을 공격으로 여기라고 독려한다면(그렇게 되면 학생들은 부정적인 영향을 더 많이 겪게 될 것이다), 나아가 공격적인 말이나 행동을 한다고 여겨지는 사람은 누구든 간에 편협하기 짝이 없는 무뢰한이라고 학생들에게 말한다면, 당신은 아마 학생들 사이에 피해의식, 분노, 절망감 따위의 느낌을 조성하고 있는 중일 것이다. 그렇게 되면 학생들은 이 세상을(심지어 자신이 다니는 대학조차도) 도무지 더 나아질 것 같지 않은 적대적인 곳으로 바라보게 된다.

누군가 분노와 집단갈등이 수그러들지 않는 그런 환경을 조성하고 싶어 한다면, 아마 위에서 말한 방법이 효과적일 것이다. 학생들에게 최대한 너그러움을 배제한 해석을 하라고 가르치면, 거의 모든 사람들이 근절시키길 바라는 소외와 억압의 감정들이 싹트기 마련이다. 아울러 상처에 소금을 뿌리는 격으로, 이런 환경은 '통제 위치locus of control의 외부화' 현상을 더욱 심화할 소지도 있다. '통제 위치'란 행동주의학파 시절에 등장한 개념인데, 당시 심리학자들은 동물(사람 포함)을 훈련시켜 자신이 원하는 바를 스스로의 행동을 통해 얻을 수 있다는 생각을 갖게끔 할 수 있었다(다시 말해 통제력 일부가 자신의 '내부'에 있다고 믿게 했다). 이와 반대로, 동물들을 훈련시켜 그 자신이 한 일은 전혀 중요하지 않다는 식으로 생각하도록 하는 것도 가능했다(다시 말해 통제력이 모두 그들 '외부'에 있다고 믿게 했다).[25] 방대한 양의 연구에 따르면, 이 통제 위치가 내부에 있을 경우 사람들은 훨씬 더 건강하고 행복한 삶을 살며, 매사에 더 노력하고, 학업과 직장에서 더 성공적인 것으로 드러났다.[26] 심지어 통제 위치 내부화는 갖가지 역경을 덜 고통스럽게 느끼도록 하는 것으로도 밝혀졌다.[27]

초청 취소

대학 캠퍼스에서 감정적 추론이 뚜렷이 모습을 드러내는 또 하나의 방식은 바로 연사들의 '초청 취소'를 통해서다. 전형적으로 사용되는 논리는 이렇다. 만일 어떤 연사가 학생 일부에게 불편함, 황당함, 분노를 유발하는 사람이라면, 그 연사가 학생들에게 제기하는 "위험"을 근거로 하여 그를 캠퍼스에 아예 들어오지 못하게 막는 것이 충분히 정당화된다. 학생들은 그 초청장을 발부한 조직을 압박하거나 총장이나 관련 학과장들에게 청원을 넣어, 초청을 철회해달라고 요구하는 것이 보통이다.[28] 그러면서 만약 그 연사가 학교에 올 경우, 조직적 차원에서 소란스러운 방해 시위를 벌여 연사의 강연이 이루어지지 못하게 막겠다고 엄포를 놓는다(이 같은 위협은 암묵적일 때도 있고 명시적일 때도 있다). 학생들의 대응 전략은 건물 진입 봉쇄는 물론, 강연에 참석하려는 학생들에게 욕설을 퍼붓거나 "창피하다! 창피해! 창피해!" 하는 식으로 고함을 질러대는 것,[29] 강당 바깥에서 문이나 창문들을 소란스럽게 쾅쾅 두드리는 것, 강당을 시위대로 가득 메우고 급기야는 아우성을 치거나 구호를 외쳐 연사가 입을 열지 못하게 막는 것 등이 있다.

연사가 대학 캠퍼스에 발을 들이는 것 자체가 '위험'할 수 있다는 생각이 더욱 널리 퍼져감에 따라, 연사 초청 취소를 추진하는 사례도 점차 비일비재해지고 있다. 필자 그레그가 속한 조직인 FIRE에서는 2000년을 기점으로 잡아 그간 이런 초청 취소 시도가 얼마나 있었는지 추적해오고 있다. 현재 FIRE의 관련 데이터베이스에는 그러한 사례가 총 379건 기록되어 있다. 초청 취소를 시도해 성공한 경우가 약 46퍼센트에 달하는데, 이 경우 연사의 초청이 취소되었거나 아니면 아예 행사 자체가 취소되었다. 행사가 예정대로 진행된 경우에도 그중 3분의 1은 도중에 시위대에게 얼마간 방해를 받았다. 이 같은 초청 취소 노력은 대부분, 정치 스펙트럼의 이쪽 진영 혹은 저쪽 진영 식으로 그 주체가 뚜렷이 구분된다. 도표 2.1에서 보듯, 2000년에서 2009년까지는 좌파 쪽의 건수만큼 우파 쪽에서도 강연 취소를 추진했다.[30] 하지만 2009년 이후로는 둘 사이에 차이가 벌어지기 시작해 2013년부터는 그 폭이 더 넓어졌다. 그레그가 캠퍼스에서 상황의 변화를 감지하기 시작한 것도 바로 이즈음

연도별 초청 취소 시도 건수 및 비판의 근원지

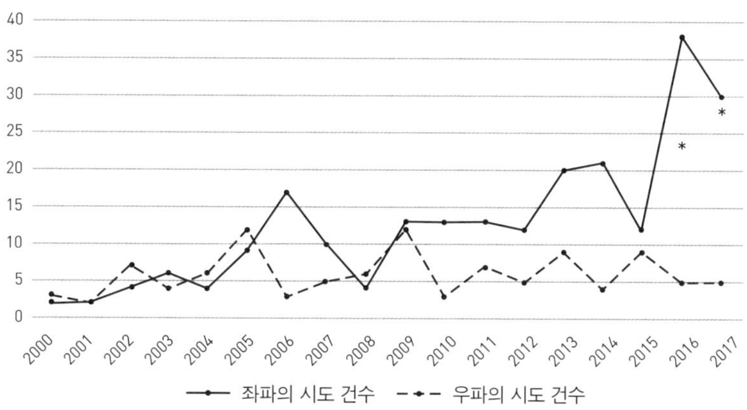

도표 2.1. 2000년 이후 연도별 초청 취소 시도 건수. 실선은 정치적 좌파 쪽의 사람 혹은 집단이 시도한 초청 취소 건수를 나타내고, 점선은 우파 쪽의 취소 시도 건수를 나타낸다. 별표*는 밀로 야노풀로스와 관련된 건수를 데이터에서 제했을 경우 위치하게 될 실선의 지점이다. (자료 출처: FIRE)

이었다.

이 같은 변화가 일어난 이유는 몇몇 캠퍼스에서 보수 집단들이 보다 선동적인 연사들을 초청하기 시작했기 때문이다. 특히 밀로 야노풀로스가 대표적인데, 그는 자신이 말하는 이른바 "가벼운 분노"를 불러일으키는 데 달인이다. "트롤"(인터넷 공간에서 고의로 상대를 불편하게 만드는 사람—옮긴이)을 자처하는 그는, 심지어 2017년도에는 "밀로의 트롤 아카데미 투어"라는 이름으로 연설 투어를 벌이기도 했다.[31] 물론 트롤들은 오랫동안 주변에 존재해왔지만, '트롤 대 시위대'의 역학이 보다 흔해진 것은 2016년부터이며, 도표

2.1의 별표는 총 17회에 달하는 야노풀로스의 초청 취소를 제할 경우 좌파 쪽의 수치가 어느 정도일지 보여준다.[32] 한편 2013년에서 2014년 사이에 좌파로부터 초청 취소 시도를 당한 연사 중에는 진지한 사상가와 정치인들도 많이 포함되어 있었다. 보수 성향의 정치저널리스트 조지 윌, IMF 총재인 크리스틴 라가르드 같은 경우가 그렇다. 심지어는 좌파 성향이 뚜렷한 전임 국무장관 매들린 올브라이트, 코미디언 빌 마, 전임 법무장관 에릭 홀더까지도 그 대상이 되었다.

상당수 대학에 뭔가 변화가 일기 시작한 것은 2013년 즈음부터였고,[33] 지금은 대학생들이 이른바 "공격적인" 생각들에 노출되면 안 된다는 견해가 캠퍼스에서 대세를 이루고 있다. 2017년의 설문조사 결과, "자신이 속한 대학 공동체가 견디기 힘든 생각이나 공격적인 생각에 노출되지 않는 것이 중요하다"고 응답한 대학생이 전체의 58퍼센트에 이르는 것으로 나타났다.[34] 아주 진보적인 학생의 63퍼센트가 이 의견을 지지했지만, 좌파만 유독 이런 생각을 하는 건 아니었다. 무척 보수적인 학생의 절반 가까이(45퍼센트)도 역시 이 의견을 지지했다.

그런데 과연 대학 측이 나서서 일부 학생들이 공격적이라 여기는 생각으로부터 학생들 전원을 보호해야 할까? 그렇게 하는 것은 소크라테스의 유산을 내팽개치는 것과 다름없다. 소크라테스는 자기 스스로를 아테네 시민들의 "쇠파리"라 칭하지 않았던가. 사람들을 따끔하게 쏘고, 귀찮게 굴고, 질문을 해대는 것이 자기의 일이라 믿었던 소크라테스는, 그런 식으로 동료 아테네 시민들이 현재 자신의 믿음을 철저히 따져보게 했고, 그들이 방어해내지 못하는 믿

음을 변화시켰다.[35]

재커리 우드가 "불편한 배움Uncomfortable Learning" 시리즈를 이끈 것도 바로 이러한 정신에서였다. 우드는 좌파 성향의 아프리카계 미국인으로서 매사추세츠주 윌리엄스대학교에 재학 중인 학생이었는데, 소크라테스가 그랬듯 우드도 학생들에게 그들이 굳이 접하고 싶지 않아 하는 생각들을 제시하길 바랐다. 더 나은 생각을 하도록 학생들을 자극하기 위해서였다. 그 일환으로 우드는 2015년 10월에 수잰 벤커[36]를 연사로 초청했는데, 그녀는 보수적 성향의 페미니즘 비판자인 동시에 전통적인 성역할 옹호자였다. 우드와 이 시리즈를 공동 기획한 매슈 헤네시는 이렇게 설명했다.

> 우리가 [벤커를] 선택한 까닭은, 수백만 명의 미국인이 그녀의 관점에 설득력이 있다고 생각하거나, 심지어 그녀에게 동의하기 때문이다. 왜 그토록 많은 미국인이 이런 정말 흥미로우면서도 난감한 생각들을 하는 걸까? 우리는 이것을 이해하는 것이 중요하다고 생각한다. 그리하여 그들에게 이의를 제기할 수 있음은 물론, 우리 자신의 행동과 우리 자신의 생각을 더 잘 이해할 수 있게 된다.[37]

하지만 윌리엄스대 학생들이 얼마나 격렬하게 들고 일어났던지, 결국 우드와 헤네시는 행사를 취소하는 수밖에 없었다. 한 학생은 페이스북에 이런 글을 올리기도 했다.

> 너는 "대화"와 "다른 진영"을 명분으로, 여성혐오적인 백인우월주의 남성인권 운동가 작자를 캠퍼스로 불러들일 모양인데, 그랬다

간 단순히 우리 학교 학생들만 정신적, 사회적, 심리적, 신체적 피해를 당하는 게 아니라는 걸 잘 알아둬. 너희들은 폭력적인 이데올로기들, 검은 피부와 갈색 피부의 우리 여성 (성전환) 자매들을 죽음으로 몰아넣는 그 이데올로기들을 돈 들여가며 지속적으로 퍼뜨리는 셈이 되는 거야. (…) 알아둬, 재크 우드. 지금 너는 그녀들의 피에 손을 담그고 있다는 걸.[38]

그야말로 재앙화, 딱지 붙이기, 과도한 일반화, 이분법적 사고 같은 인지왜곡들을 여실히 보여주는 반응이다. 감정적 추론이 무엇인가를 보여주는 교과서적 실례이기도 하다. 우드 자신도 강연을 취소하기로 결정한 이유를 해명하며 그 점을 다음과 같이 지적했다.

논쟁의 여지가 많은 연사를 윌리엄스대에 불러보자고 찬성한 것에 대해 구태여 '핏물에 손을 담근다'는 표현까지 쓴 것은, 결국 그 사람은 자기 기분을 불쾌하게 만드는 것은 절대 이 캠퍼스에 허용돼선 안 된다고 믿는다는 이야기나 다름없다. 그저 자기와 자기 동조자들을 불쾌하게 만든다는 바로 그 이유로 말이다.[39]

학생 하나가 '불쾌함'을 느낀다고 할 때, 그것이 과연 강연을 취소할 충분한 이유일까? 학생들 상당수가 그렇다고 말할 경우에는 어떨까? 거기다 교수진까지 가세해 불쾌함을 느낀다고 말하는 상황이라면?

그 답은 우리가 교육의 목적을 무엇으로 여기느냐에 따라 달라진다. 1978년부터 1993년까지 시카고대학교 총장을 지낸 해나 홀본 그레이는 언젠가 이런 원칙을 제안했다. "교육의 목적은 사람들을 편안하게 해주는 데 있지 않다. 교육이란 모름지기 사람들을 생각하게 만드는 데 뜻을 두어야 한다."[40] 물론 재커리 우드가 믿은 것도 이런 신념이었고, 그레이의 이 원칙을 통해 우리는 우드와 소크라테스의 도발이 야노풀로스의 도발과 어떻게 다른지 구별할 수 있다. 그러나 안타깝게도 윌리엄스대 총장의 철학은 이와는 달랐고, 그래서 논쟁의 여지가 많은 다른 연사가 나중에 초청되었을 때 이번에는 그가 몸소 개입해 해당 초청을 취소시켜버렸다.[41] 총장의 이 같은 행보는 "불편한 배움"은 허튼소리라던 미소포노스의 금언에 은연중 동의한다는 뜻이나 다름없었다. 그럴 거라면 학교 정문에 이런 현판이라도 내거는 편이 좋지 않았을까. "교육의 목적은 사람들을 생각하게 만드는 데 있지 않다. 교육이란 모름지기 사람들을 편안하게 해주는 데 뜻을 두어야 한다."

이 세상의 지혜 중 가장 널리 통하는 심리학적 통찰을 하나 꼽으라면, 에픽테토스가 말한 것처럼, "우리를 겁에 질리게 하고 경악케 하는 것은 외부의 사건 그 자체가 아니라, 우리가 그것들을 생각하는 방식에 있다"는 것이다.

인지행동치료는 누구든 배울 수 있는 방법으로, 그것을 통해 흔한 인지왜곡들을 식별하는 것은 물론 습관적 사고 패턴까지 변화시킬 수 있다. 인지행동치료는 탑승자(제어를 받는 사고 프로세스)가 코끼리(자동적 사고 프로세스)를 잘 길들이도록 도움을 주는데, 비판적 사고와 정신건강을 더욱 향상시키는 결과를 가져온다.

모든 종류의 인지왜곡들 중에서 가장 흔한 것이 '감정적 추론'이다. 만약 감정적 추론을 덜할 수 있다면, 사람들은 대부분 보다 행복하고 효율적인 삶을 살게 될 것이다.

유색인종(그리고 여타 타인)에 대해 순간순간 일상적으로 업신여김이나 모욕을 가하는 사고방식을 가리켜 '미세공격'이라 칭한다. 이런 소소한 공격 행위가 분명히 실재하는 만큼 용어 자체는 유용할 수 있으나, 우연적이거나 비의도적인 위반까지 해당 용어의 정의에 포함되어 있는 탓에, '공격'이라는 말은 오해의 소지가 있다. 미세공격이라는 렌즈를 끼게 되면, 거기 수반되는 고통이나 갈등이 더욱 증폭될 수 있다. (다른 한편, 의도적인 공격 행위나 편협한 행동에는 '미세'란 것이 있을 수 없다.)

- 학교가 학생들을 상대로 미세공격에 대해 가르치면 타인의 행동을 가급적 무관용으로 해석하라고 부추기는 꼴이 되어, 학생들은 감정적 추론을 비롯한 갖가지 인지왜곡에 휘말릴 가능성이 커진다. 그렇게 되면 학생들 사이에는 불신과 갈등의 골만 더욱 깊어질 뿐이다.

- 카리스 포스터의 경험담은 미세공격으로 해석될 만한 행동들을 공감을 통해 다시 바라본 좋은 예시다. 병원 직원들의 행동을 순수한(비록 둔감한 면은 있었지만) 오해로 해석하자, 모두에게 한결 좋은 결과를 이끌어낼 수 있었다.

- 최근 몇 년 사이 대학 캠퍼스에서 연사들이 강연하지 못하도록 '초청 취소'를 추진하는 사례가 늘고 있다. 사람들은 문제의 연사가 학생들에게 해를 끼친다고 주장하며 초청 취소를 정당화하려 할 때가 많다. 하지만 불편discomfort과 위험danger은 같지 않다. 학생, 교수, 관리자는 단단함이라는 개념을 숙지하는 한편, 해나 홀본 그레이의 다음과 같은 원칙을 늘 마음에 새겨야 할 것이다. "교육의 목적은 사람들을 편안하게 해주는 데 있지 않다. 교육이란 모름지기 사람들을 생각하게 만드는 데 뜻을 두어야 한다."

제3장

'우리 대 그들'의 비진실

: 삶은 선한 사람들과 악한 사람들 사이의 투쟁이다

윤리적 이원론에서는 우리 안에 선과 악이 본능처럼 도사리고 있고, 둘 사이에서 반드시 어느 하나를 우리가 선택해야 하는 것처럼 이야기한다. 하지만 내가 병적인 이원론이라고 부르는 것도 있는데, 이것은 인간성 자체를 극단적으로 갈라 (…) 더할 수 없이 선한 인간과 지독히 악한 인간, 두 부류로 나눈다. 당신은 그 둘 중 하나다.

_랍비 조너선 색스 경, 《신의 이름을 내걸지 않고》1

시위가 벌어질 때면 어디선가 불의를 행하고 있다는 주장이 어김없이 나온다. 사람들은 한데 모여 시위를 벌이면서, 무엇이 잘못됐고, 누가 비난받아 마땅하며, 해당 사태를 바로잡기 위해 어떤 조치를 취해야 하는지 하나로 의기투합해 나름의 내러티브를 구축해낸다. 하지만 현실이라는 것은 매양 이렇게 짜낸 내러티브보다 훨씬 복잡한 법이고, 그래서 결과적으로 종종 억울하게 악한으로 몰리거나 혹은 괜스레 영웅으로 추앙받는 사람들이 생겨나곤 한다. 2015년 10월, 로스앤젤레스 인근에 자리한 클레어몬트매케나대학교에서도 바로 그런 일이 벌어졌다.

이 사건이 불거진 것은 올리비아라는 한 학생이 학교에서 소외당하고 배척당한 심정을 에세이로 풀어쓴 것이 학보에 실리면서부터였다.[2] 그녀 부모는 멕시코에서 캘리포니아로 이주해 들어와 살면서 올리비아를 낳았다. 막상 학교에 입학하고 보니 올리비아의 눈에는 라틴계 미국인들이 관리자나 교수보다는 경비원이나 정원사 같은 블루칼라 노동자와 더 잘 연계된다는 사실이 보였고, 그것이 뼈아프게 다가왔다. 에세이에서 올리비아는 자신이 이 학교에 입학한 것도 라틴계에게 할당된 특별전형 인원을 메우기 위해서가 아니었나 하는 생각이 든다고 썼다. 클레어몬트매케나대에는 이 학교에 맞는 표준적이고 정형화된 인간상이 따로 있는 것 같은데, 아무래도 자신은 거기 해당하지 않는다면서 말이다. "우리 학교 분위기나 제도적 문화는 서양 백인들 위주로, 시스헤테로cishetero를 당연한 규범으로 삼는 상류층에서 중상류층까지의 가치 체계에 기반을 두고 있다('시스헤테로 규범'이란, 딱히 별다른 정보가 없는 한, 누군가가 트랜스젠더나 게이일 리 없다고 가정하는 사회를 말한다)."[3]

이 에세이를 읽고 메리 스펠먼이 이틀 뒤 올리비아에게 개인적으로 답신을 보내왔다. 올리비아는 이 학교 교직원의 대표 격인 학생처장 스펠먼에게 에세이를 첨부한 이메일을 따로 보내둔 참이었다. 스펠먼이 쓴 이메일 전문은 이런 것이었다.

올리비아에게,

이 글을 써서 보내주어 고맙습니다. 대학이자 공동체로서 우리가 해야 할 일이 많다고 느껴지네요. 언제 한 번 이런 문제들을 가지고 나와 이야기할 시간을 갖지 않겠어요? 저나 직원들에게는 이런 문제들이 중요하고, 우리 학생처장실에서는 학생들을 위해, 특히 우리 학교의 틀에 잘 안 맞는 학생들을 위해, 어떻게 하면 더 나은 도움을 줄 수 있을까 늘 애쓰고 있으니까요.

올리비아 당신과 이야기를 더 나눌 수 있기를 진심으로 바랍니다.

잘 지내기를,

학생처장 스펠먼[4]

스펠먼 처장의 이 이메일을 읽고 독자 여러분은 어떤 생각이 드는가? 잔인하다? 아니면 친절하다? 일반적인 독자라면 대체로 그녀의 편지에 염려하는 마음이 담겨 있다고, 아울러 따로 올리비아의 말을 듣고 도움을 주겠다는 제안을 하고 있다고 생각할 것이다. 하지만 올리비아는 학생처장이 "틀mold"이라는 말을 쓴 데에 대번 심기가 상했다. 아마도 올리비아는 그 편지를 각박하게 해석했던 듯한데, 그래서 그 편지가 올리비아나 다른 유색인종 학생들은 클레어몬트매케나대의 틀에는 맞지 않으며, 나아가 이 대학에 그들이 속하지도 않는다고 말하는 것처럼 들렸다. 하지만 스펠먼은 분명 편지에서 그런 말을 하려던 게 아니었다. 이곳에 걸맞은 전형적 정체성이 따로 있고, 거기에 자신은 해당하지 않는다고 말한 것은 오히려 올리비아 자신이었다.[5] 아울러 나중에 스펠먼은 해명하기를, 그녀가 "틀"이라는 말을 쓴 것도 자신이 올리비아의 처지에 공감한다는 것을 표현하려는 의도에서였다고 한다. 다른 학생들이 스펠먼을 찾아와 자신이 학교와 잘 안 맞는다는 고충을 토로할 때 종종 그 "틀"이라는 말을 썼기 때문이었다.

학교에서 이미 열외라고 느끼는 학생은 아마 누가 되었든 이 "틀"이라는 단어에서 순간 충분히 부정적인 느낌을 받을 수 있다. 하지만 그런 생각이 머리를 스치는 찰나, 우리는 어떻게 해야 옳을까? 철학과 수사학의 원칙 중에 '자비의 원칙Principle of Charity'이라는 것이 있다. 상대방의 발언을 가능한 한 가장 좋은 방향으로, 가장 이치에 맞는 형태로 해석해야 한다는 원칙이다. 즉, 가장 악랄하거나 혹은 가장 공격적인 방식으로 해석하지 말아야 한다. 만일 올리비아가 사람들을 판단할 때 상대방의 의도를 헤아리는 데 가장 주안점을 둬야 한다고 배웠다면, 그래서 앞서 제2장에서 카리스 포스터가 했듯이 자신이 처한 상황에서 자비의 원칙을 이용할 수 있었다면 어땠을까? 만일 올리비아와 똑같은 처지의 학생이 있는데, 그는 습관상 올리비아와 달리 자신의 애초 반응에 질문을 던지고, 그에 대한 증거를 찾으며, 남에 대해 미심쩍은 점을 선의로 해석한다면, 그리하여 자신의 머릿속에 떠올랐던 애초의 감정들은 그러려니 하고 넘겼다면 어땠을까? 나아가 자신의 걱정거리를 풀어주기 위해 고민하는 학생처장의 초청에 응해 이를 활용했다면 어땠을까?

하지만 사태는 그렇게 흘러가지 않았다. 도리어 올리비아는 스펠먼의 편지에 이런 코멘트를 달아 대략 2주 후에 자신의 페이스북에 올렸다. "내가 그 대단한 클레어몬트매케나대의 틀에 안 맞는 사람이라는데! 맘껏 퍼나르길." 올리비아의 친구들은 스펠먼의 메일을 여기저기 공유했고, 그리하여 캠퍼스에서 시위가 폭발했다.[6] 학생들은 행진하며 가두시위를 벌였으며, 총장에게 의무적으로 다양성 교육을 들으라고 요구하는 한편, 스펠먼에게는 사임을 요구했다. 스펠먼이 물러날 때까지 식음을 전폐하겠다며 단식 농성에 들어간 학생도 둘 있었다.[7] 유튜브 동영상을 보면 알겠지만, 한번은 학생들이 시위 현장에 나와서 둥그렇게 원을 이루고는 자신들의 복받치는 설움을 휴대용 확성기에 대고 토로하기도 했는데, 스펠먼을 위시한 다른 관리자들이 그 원 안에서 학생들의 이야기를 경청했다.[8] 이 자리에서 스펠먼은 메일을 보낼 때 "단어 선택에 신중치 못했음"을 사과하면서, 자신은 그저 "올리비아가 말한 감정과 경험이 어떤 것인지 명확히 확인해 그녀에게 도움을 주려던 것일 뿐"이라고 했다.[9] 그러나 학생들은 스펠먼의 사과를 받아들이지 않았다. 외려 한 여성은 자신들을 존중한다면 그럴 수 없다며, 학생처장이 시위 도중 "졸았다"[10]고 언성을 높여 그녀를 성토했다(여기서 학생들의 환호가 나왔다). 하지만 당시의 대치 동영상에서 분명히 확인할 수 있듯, 이때 스펠먼은 졸았던 게 아니었다. 눈물이 흘러내리려는 것을 애써 참으려 했던 것뿐이었다.

대학 측에서는 스펠먼을 해고 조치하지는 않았지만, 그녀를 공개적으로 지지한다는 뜻을 학교 지도부를 통해 밝히지도 않았다.[11] 시간이 흐를수록 학생들의 분노가 더욱 거세게 불붙는 것을 보고(소셜미디어, 나중에는 전국 뉴스기사가 학생들의 분노를 더욱 부채질했다) 스펠먼은 결국 사임했다.[12]

이런 일들이 벌어지던 시기, 예일대학교에서도 마침 이메일을 빌미로 갈등이 한 차례 불거지고 있었다.[13] 이번에는 예일아동학습센터Yale Child Study Center의 강사이자 실리먼칼리지(예일대의 기숙학교 중 하나)의 부사감이었던 에리카 크리스태키스가 예일대 관리자들에게 메일을 보낸 것이 계기였다. 얼마 전 학생들의 적절한 핼러윈 복장과 관련해 실리먼칼리지 학생처장실이 이런저런 지침을 내렸는데, 예일대의 관리자가 그렇게 학생들에게 일일이 지침을 내리는 게 과연 온당한 일인지 의문을 제기하는 내용이었다.[14] 크리스태키스는 "학생들이 상처받고 공격받을까 봐 사전에 미리 예방한 정신"은 높이 사지만, "학생들의 취약성을 조장하는 경향이 점점 늘어나 미처 헤아리지 못한 비용을 치를까 봐" 우려스럽다고 했다.[15] 그녀는 학교가 제도상으로 "학생들에게 은연중 통제력을 행사하는 것"에 걱정을 표하면서, 학생들도 어엿한 성인이니 자신들의 규준은 각자 알아서 세우고 혹여 의견 불일치가 있더라도 서로 직접 부딪쳐 갈등을 해결하게 할 방법을 찾는 것이 공동체가 고민해야 할 문제가 아니겠느냐고 했다. "우리는 서로 이야기를 해야 합니다"라고 그녀는 메일에 썼다. "자유롭게 발언하고 상대방의 공격을 관대히 다루는 능력이야말로 자유롭고 열린 사회의 징표입니다."

그런데 여기에 일부 학생들이 발끈했다. 개중에 메일 내용을 크리스태키스가 인종차별주의자 복장을 찬성한다는 뜻으로 해석한 학생들이 있었던 것이다.[16] 그로부터 며칠이 지났을까. 크리스태키스가 사는 실리먼칼리지 내의 자택 바깥쪽 교정에 얼추 150명은 돼 보이는 학생들이 우중우중 들어섰다. 분필로 "우리는 당신이 어디 사는지 알고 있다" 따위의 문구가 적힌 표지판을 손에 든 채 말이다. 마침 에리카의 남편 니콜라스 크리스태키스가 실리먼칼리지의 사감으로 일하던 중이었다. 심상치 않은 상황에 니콜라스가 교정으로 나가자, 학생들은 그에게 아내의 메일에 대해 사과하라고, 나아가 그 메일을 무효화하라고 요구했다.[17] 니콜라스는 학생들의 이야기를 귀담아 듣고 그들 사이에 뒤섞여 대화도 나누면서, 아내의 메일이 학생들을 힘들게 했다면 미안하다고 거듭 사과했지만 그렇다고 아내의 메일이나 거기 담긴 의견을 철회할 수는 없는 노릇이라고 했다.[18] 그러자 학생들은 그와 에리카를 몰아세우기 시작했다. 그들이 "인종차별주의자"에 "공격적"이며, "사람들의 인격을 짓밟고" "안전하지 못한 환경을 조성하며" "폭력"을 조장한다며 말이다. 니콜라스에게 욕설을 하는 학생이 있는가 하면, 자신들의 이야기를 "귀담아 듣지 않고" 자기들을 엉뚱한 이름으로 부른다며 비난을 퍼붓는 이도 있었다. 학생들은 니콜라스에게 웃지도 말고, 몸도 숙이지 말고, 손짓 발짓도 하지 말라고 했다. 니콜라스가 일자리에서 쫓겨나길 원한다는 말도 서슴지 않았다. 급기야 세간을 시끄럽게 만들었던 그 장면에서[19] 한 학생이 니콜라스를 향해 이렇게 소리 질렀다. "대체 어떤 빌어먹을 인간이 당신 따위를 고용했어? 당장 자리에서 내려와야 할 사람을! 학구적인 장소를 만드는 게 중요한 게 아니야! 아니라고! 이곳도 집처럼 편안한 데가 돼야 해. (…) 이래 놓고 밤에 두 다리 쭉 뻗고 주무시겠다? 이 역겨운 인간아!"[20]

이튿날 대학 총장이 메일을 한 통 발송했다. 학생들의 고통을 십분 이해하며, 앞으로 "우리가 보다 나아지도록 갖가지 조치를 취하겠다"라는 내용이었다.[21] 그 서한에서 어떤 식으로든 크리스태키스 부부에게 지지를 표하는 듯한 언급은 없었고, 교정에서의 대치 이후 수주일이 지나도록 크리스태키스 부부에 대한 비난 여론은 더욱 완고해져갔다. 이들 부부를 해고해야 한다는 요구가 끊임없이 빗발치는 통에,[22] 결국 에리카는 강사직에서 물러나야 했고[23] 니콜라스도 그해 나머지 기간의 강의를 접은 채 안식년에 들어갔으며, 학년 말에는 부부가 함께 기숙학교의 직위를 내려놓고 물러나야 했다. 에리카가 나중에 밝힌 얘기지만, 당시 개인적으로 지지를 보내온 교수들은 많았지만, 공개적으로는 감히 크리스태키스 부부를 변호하거나 지지하지 못했다고 한다. 그것이 그들에게는 응징을 당할지도 모를 "너무 위험천만한" 일로 여겨졌던 것이다.[24]

그런데 왜 학생들은 스펠먼 처장과 크리스태키스가 쓴 메일에 그렇게까지 격하게 반응했던 것일까? 두 통의 메일 모두 학생들에게 도움을 주고자 쓴 의도가 역력한데 말이다. 물론 두 학교 모두에 나름의 배경이 있었다. 인종차별 사례를 비롯한 기타 이유들로 인해 학생들이 학교 관리자들에게 등 돌릴 만한 일이 여러 번 벌어졌었다.[25] 두 학교에서 시위가 벌어진 것이 단순히 메일 때문만은 아니었던 것이다. 하지만 적어도 우리가 아는 한, 스펠먼과 크리스태키스는 당시 일들에 전혀 연루된 바가 없었다. 그렇다면 학생들은 왜 메일들을 그렇게까지 심한 공격으로 해석했던 것일까? 메일을 쓴 당사자를 해고해달라는 자신들의 요구가 충분히 정당하다고 느낄 만큼이나 말이다. 그 모습을 보면 일부 학생들의 머릿속에는 그들만의 어떤 정형화된 틀, 그러니까 '희생자와 압제자'라는 상자가 든 스키마가 자리 잡고 있는 건 아닌가 하는 생각이 든다. 모든 사람이 이쪽 상자, 아니면 저쪽 상자에 들어가게 되는 것이다.

집단과 부족

사회심리학에는 이른바 '최소 집단 패러다임minimal group paradigm'이라 불리는 일련의 유명한 실험들이 있다. 이들 실험을 선도한 이는 헨리 타지펠이라는 폴란드 태생 심리학자로, 제2차 세계대전 당시 프랑스 육군에 들어가 싸우다 독일 땅에서 전쟁포로가 되었다. 그 시절 폴란드에서 그의 가족 전부가 나치에게 몰살당하는 등 유대인이라는 이유로 참혹한 경험을 했던 그는, 과연 사람들이 어떤 조건에 놓이면 그렇게 외부집단 구성원들을 차별하게 되는지 이해하고 싶었다.

그래서 1960년대 들어 일련의 실험을 행하게 되는데, 매 실험이 시작될 때마다 가장 먼저 한 일이 동전 던지기와 같은 매우 사소하고 임의적인 기준에 따라 사람들을 두 집단으로 나누는 것이었다. 예를 들어 한 연구에서는 모든 피험자에게 각자 지면 위에 찍힌 점의 개수를 헤아리게 했다. 그러고는 피험자가 점의 개수를 정확하게 헤아렸는지 여부와 상관없이, 피험자 절반은 점의 개수가 초과됐다며 "과대평가자" 집단으로 분류하고, 나머지 절반은 "과소평가자" 집단으로 분류했다. 그런 다음에는 피험자들에게 포인트나 돈을 쥐어주고, 나머지 피험자 전원을 상대로 그것을 나눠주도록 했다. 이때 해당 피험자가 나머지 사람들에 대해 알 수 있는 정보라곤 점 세기 테스트에서 어떤 집단에 속했는가가 전부였다. 타지펠이 이 실험을 통해 알아낸 것은, 그가 아무리 하찮은 혹은 아무리 최소라고 여겨지는 기준으로 집단을 갈라놓아도, 사람들은 자기에게 주어진 것은 뭐든 그와 동일한 집단의 성원들에게 나누어주려는 경향

을 보인다는 것이었다.[26]

이후 행해진 연구들도 이런저런 다양한 기법들을 동원해봤지만 똑같은 결론에 이르기는 마찬가지였다.[27] 신경과학자 데이비드 이글먼의 경우, 피험자들에게 다른 사람의 손을 바늘로 찌르거나 면봉으로 건드리는 영상을 보여주고 기능적 뇌자기공명영상fMIR을 이용해 그들의 두뇌를 면밀히 살펴보았다. 사람들은 자신과 다른 신앙을 가졌다는 딱지가 붙은 사람의 손이 바늘에 찔릴 때보다, 자기와 같은 신앙을 가진 사람의 손이 바늘에 찔릴 때 두뇌 활성화가 확연히 증가하는 것으로 나타났다. 피험자들을 MRI 기계에 들어가기 바로 직전에 임의적인 기준으로 나눈 뒤 실험을 해봐도 마찬가지였다. 참가자는 자신과 동일한 임의집단이라는 딱지가 붙은 손이 바늘에 찔릴 때 여전히 더 큰 폭의 활성화 반응을 보였다.[28] 불과 몇 분 전만 해도 그 집단은 아예 존재조차 하지 않았는데도 말이다. 우리는 일단 '남'이라고 여기는 사람들에게는 공감을 잘하지 못한다는 이야기다.

결국 이 실험의 요지는, 인간의 마음은 언제든 부족주의tribalism를 따를 채비가 돼 있다는 것이다. 인류의 진화는 단순히 각 집단 내의 개개인이 다른 개인과 경쟁을 벌인 이야기에 그치지 않는다. 이는 이런저런 집단들이 다른 집단과 때로는 폭력을 불사하면서까지 경쟁을 벌인 이야기이기도 하다. 우리는 그 경쟁에서 늘 더 나은 성과를 거둬왔던 집단 성원들의 후손이고 말이다. 집단 간 갈등이 불거졌을 때 하나로 의기투합해 대비할 수 있도록 진화가 우리에게 부여해준 자질이 바로 부족주의다.[29] 이 "부족 스위치"[30]가 켜지는 순간, 우리는 스스로를 집단에 더욱 단단히 동여매게 되고, 집단의 도덕 매트릭스를 품에 끌어안고 그것을 지키고자 하며, 그러는 동안 자기 자신에 대한 생각은 잠시 접어둔다. 도덕심리학에서는 "도덕성은 사람을 뭉치게도 하고 눈멀게도 한다binds and blinds"[31]가 기본 원리인데, 이는 사람들이 '우리'와 '그들'을 나누고 전투에 돌입하는 순간 아주 쓸모 있는 트릭으로 작동한다. 부족 모드가 가동되면 우리는 팀의 서사를 문제 삼는 주장이나 정보는 거들떠보지도 않으려는 것처럼 보인다. 이런 식으로 집단과 혼연일체를 이루는 것은 무엇보다 즐거운 경험이기도 하다. 이 사실은 대학 미식축구 경기 같은 데서 사람들이 마치 한 부족처럼 뭉쳐 갖가지 익살스런 광경을 연출하는 것만 봐도 분명히 알 수 있다.

그러나 우리가 부족주의를 지향할 채비가 되어 있다고 해서 반드시 부족적인 방식에 따라 살아가야 하는 것은 아니다. 인간의 마음속에는 진화를 통해 발달한 갖가지 인지 '도구'들도 함께 담겨 있기 때문이다. 이들 도구를 우리는 한꺼번에 손에 들고 늘 사용하는 게 아니라, 필요할 때마다 연장통에서 꺼내 쓴다. 부족주의 역시 우리가 처한 그때그때의 상황에 따라 때로는 심해지기도 하고, 때로는 약해지기도 하며, 혹은 아주 사라지기도 한다. 집단 간의 갈등은 그 종류가 무엇이건 간에(실제든 가상이든 상관없이) 부족주의의 수위를 대번에 높여놓는다. 그러면 사람들은 상대가 어느 팀인지 알려주는 신호에 눈에 쌍심지를 켜고 촉각을 곤두세운다. 배신자들은 가차 없이 처벌당하고, 적과 내통하는 자들도 처벌을 면하지 못한다. 반면 평화와 번영이 이어지는 동안에는 일반적으로 부족주의의 수위가 낮아진다.[32] 그러면 사람들은 상대가 어느 집단인지 철두철미하게 따질 필요가 없다. 집단의 기대에 부응해야 한다는 압박감도 느끼지 않는다. 어떤 공동체가 구성원 전체의 부족 회로를 끌 수 있으면, 그곳에는 개인이 자기의 삶을 스스로의 선택에 따라 꾸려갈 여지가 더욱 늘어나게 된다. 다양한 사람들과 아이디어가 창조적으로 뒤섞일 수 있는 자유도 더 늘어난다.

그런데 집단 사이의 구별 짓기가 사소하지도 임의적이지도 않다면, 나아가 그것들이 경시되기는커녕 중시된다면, 대학 같은 공동체는 과연 어떤 식으로 돌아가게 될까(고등학교도 점점 그렇게 되어가고 있다[33])? 인종과 젠더처럼 사회적으로 중요한 요소들을 기준으로 어떤 특별한 집단을 정의하고 이에 따라 학생들이 그 집단의 구성원으로서 타인이나 자기 자신을 이해하도록 훈련시킨다면, 나아가 그들에게 그런 집단과 너희들은 한정된 사회적 지위와 자원을 놓고 서로 영원히 제로섬 쟁탈전을 벌일 수밖에 없다고 가르친다면, 이 사회는 과연 어떻게 돌아갈까?

정체성 정치의 두 종류

'정체성 정치identity politics'라는 용어 자체에는 논쟁의 여지가 다분하지만, 그 안에 담긴 기본적인 뜻은 단순하다. 브루킹스연구소의 조너선 라우치 연구원의 정의에 따르면, 정체성 정치란 "당적黨籍이나 이데올로기 혹은 금전적 이해를 따지지 않고, 인종, 젠더, 성별 같은 집단적 특성에 따라 사람들을 결집해 정치적으로 동원하는 것"을 말한다. "미국에서 이 같은 동원은 전혀 새로울 것도, 유별난 일도, 비非미국적인 일도, 범법도, 범죄도 아니며, 특별히 좌파적이

지도 않다."[34] 집단들이 목적 달성을 위해 연합을 형성하는 게 정치의 전부다. 소 축산업자, 와인 애호가, 혹은 자유주의자들이 함께 뭉쳐 자신의 이해를 관철시키려 하는 것이 정상적인 정치라면, 여성, 아프리카계 미국인, 혹은 동성애자들이 함께 뭉치는 것 역시 정상적인 정치다.

그러나 어떤 정체성이 동원되느냐에 따라 엄청난 차이가 생긴다. 해당 집단의 성공 가능성은 물론이고, 운동에 동참하는 이들의 삶의 질 향상, 그리고 나라 전체에 있어 차이가 생기는 것이다. 정체성을 동원하는 방식으로는 먼저, 사람들을 두루 끌어안으며 보편적 인간성을 강조하는 방식이 있다. 이 방식은 우리가 하나의 인류임에도 특정 집단에 속한다는 이유로 존엄성과 권리를 무시당하는 사람들이 있다고 주장한다. 다음으로, 우리의 태곳적 부족주의를 증폭시켜 정체성을 동원하는 방식이 있다. 이 방식은 집단 내에서 함께 공유되고 있는 적의로 사람들을 뭉치게 하는데, 이때 적의는 공공의 적을 단일화하는 역할을 한다.

'보편적 인간성' 정체성 정치

이른바 '보편적 인간성' 정체성 정치의 가장 훌륭한 본보기가 바로 마틴 루서 킹 주니어 목사다. 그는 미국의 움푹 팬 상처를 치료하기 위해 애썼다. 그 상처란 바로 수 세기 동안의 인종차별주의로, 남부 주들에서는 법령으로 자리 잡고 미국 전역에서도 갖가지 관습, 습관, 제도로 자리 잡은 상황이었다. 인내심을 가지고 차분히 점진적인 변화를 기다리는 것만으로는 충분치 않았다. 그래서 아프리카계 미국인들을 주축으로 민권운동이 전개되기에 이르렀고, 여기에 여타 세력들이 동참했다. 그들은 함께 뭉쳐, 비폭력 시위, 시민 불복종 운동, 보이콧, 정교한 대언론 전략 등을 구사하며 완강한 입법자들을 상대로 정치적 압력을 행사하는 한편, 미국 사회에서 국민 대다수의 생각과 마음을 움직이기 위해서도 노력했다.

킹 목사가 지닌 천재성의 일면은, 그가 종교와 애국심처럼 사람들을 하나로 통합시키는 언어를 구사해 미국인들이 공유한 도덕심과 정체성에 호소했다는 점이다. 그는 거듭 가족의 비유를 들면서, 다양한 종교와 인종을 따질 것 없이 모두를 "형제"와 "자매"라고 불렀다. 그는 수시로 사랑과 용서의 필요성을 이야기했고, 예수가 들려주었던 이야기에 다시금 귀를 기울였으며, 수많은 문화에서 이어져온 먼 옛날의 지혜에도 공명했다. "적을 친구로 돌릴 만한 힘을 가진 것은 오로지 사랑뿐입니다."[35] "어둠은 어둠을 몰아낼 수 없어요. 오로지 빛만이 그렇게 할 수 있습니다. 미움은 미움을 물리칠 수 없습니다. 오로지 사랑만이 그렇게 할 수 있습니다."[36] (킹 목사의 말은 부처의 다음과 같은 금언과 비슷한 데가 있다. "미움은 미움에 정복당하지 않노니, 미움을 정복하는 것은 사랑이다. 이는 영고불변의 법일지니.")[37]

킹 목사가 행한 가장 유명한 연설에도 사회학자들이 이른바 "미국 시민 종교American civil religion"라고 부르는 것에서 빌려온 언어와 상징이 곳곳에 들어 있다.[38] 미국인 중에는 건국의 시금석이 된 문서나 건국 시조들에 대해 말할 때 종교에 가까운 언어, 틀, 서사를 구사하는 사람들이 있는데, 킹 목사도 그런 이들 가운데 하나였다.

"우리 미국을 세운 건축가들이 헌법과 독립선언서에 그 가슴 벅찬 말들을 써넣었을 때, 그들은 일종의 약속어음을 발행한 것이었습니다."[39] 킹 목사가 링컨기념관 계단을 딛고 서서 외친 말이다. 킹 목사는 미국 시민 종교에 내재한 도덕적인 힘을 모조리 끌어다 민권 운동의 목적들을 이루는 데 쏟아부었다.

> 오늘도 내일도 갖가지 곤경이 우리 앞을 가로막겠지만, 저에겐 아직 꿈이 있습니다. 그 꿈은 미국이 간직해온 꿈에 깊숙이 뿌리내리고 있지요. 언젠가는 이 나라가 분연히 떨치고 일어나 자신의 참된 믿음에 따라 살아가리라는 꿈 말입니다. "세상에는 굳이 따질 필요가 없는 진실들이 있고, 우리는 그것을 믿습니다. 모든 사람은 평등하게 창조되었습니다."[40]

킹 목사의 이런 접근법은 그의 운동이 미국 사회를 무너뜨리려는 게 아니라, 미국을 바로잡고 다시금 통합시키겠다는 뜻을 분명히 담고 있다.[41] '보편적 인간성'을 지향하는 이런 포용적인 접근법은 파울리 머리에게서도 분명히 드러난다. 그녀는 흑인 동성애자로 영국성공회의 목사이자 시민권 운동가였으며, 마흔다섯이 되던 1965년에 예일대 법학대학원에서 당당히 학위를 취득했다. 예일대에는 현재 그녀의 이름을 따서 지은 기숙학교도 자리하고 있다.[42] 1945년 그녀는 이렇게 썼다.

> 인종차별을 타파하기 위해 내가 사용하고자 하는 방식은 긍정적이고 포용적이다. (…) 나의 형제들이 날 따돌리고 자신들만 들어가

는 둥그런 원을 그리면, 나는 더 커다랗게 원을 그려 그들을 감싸 안을 것이다. 또 그들이 어떤 하찮은 집단의 특권을 지키기 위해 목소리를 크게 높이면, 나는 인류 전체의 권리를 위해 더 큰 함성을 내지를 것이다.[43]

'보편적 인간성'을 내세우는 이런 품위 있는 접근법은 다소 변형되긴 했지만 2012년 미국의 선거 때에도 동성애자들이 결혼 평등권 쟁취 운동을 벌이는 데 제법 큰 역할을 했으며, 이 움직임을 포석으로 차후 미연방 대법원에서는 동성 결혼이 합법임을 인정하는 판결을 내놓기에 이른다. 2012년의 그런 선거 광고 중 가장 막강했던 것들은 킹 목사가 그랬듯, 사랑과 함께 미국 시민이 다 같이 공유하는 도덕적 가치에 호소하는 기법을 구사했다. 도덕심이 고양되는 순간의 그 짜릿한 전율을 직접 느껴보고 싶은 독자는 유튜브에 접속해서 "결혼을 위해 메인주 시민들이 뭉치다Mainers United for Marriage"라는 제목을 한번 검색해봐도 좋을 것이다. 그러면 소방관, 공화당원, 기독교인들이 등장하는 짤막한 영상이 여러 개 뜰 텐데, 그 영상에서 왜 그들이 자신들의 아들, 딸, 동료가 사랑하는 사람과 결혼할 수 있길 바라는지 설명한다. 이때 그들은 하나같이 종교나 애국심 같은 강력한 도덕적 원칙에 호소한다. 다음은 그런 광고 중 하나에 삽입된 대사인데, 성공회 목사와 그의 아내가 대화를 나눈다는 설정이다.[44]

남편 우리 아들 할, 개는 이라크에 파견돼 소대까지 이끌었어.

아내 그런 할이 전쟁에서 돌아와 우리를 앉혀 놓고 말했지. "엄마,

아빠. 저 게이예요"라고.

남편 그래서 한동안 얼떨떨했어. 하지만 우린 그 애를 사랑하고, 또 자랑스러워하잖아.

아내 우리가 46년을 함께 살 수 있었던 건 결혼을 했기 때문이었어.

남편 우리는 동성 커플들에겐 꼭 결혼이 아니라 동성 결합만으로도 충분하다고 여기곤 했지.

아내 하지만 결혼은 가슴이 느껴서 하는 거야. 동성 결합은 절대 결혼을 대신할 수 없어.

남편 아들은 우리의 자유를 위해 전쟁터까지 나갔어. 그런 할에게도 결혼할 자유가 있어야만 해.

이것이 바로 사람들의 마음, 생각, 그리고 표를 얻는 방법이다. 코끼리 등에 탄 탑승자(추론)는 물론, 반드시 코끼리 자신(직관적이고 감정적인 프로세스)에게까지도 호소를 해야만 한다.[45] 이 원리를 킹과 머리는 잘 알고 있었다. 그랬기에 상대방을 모욕하거나 그들을 악한으로 몰아붙이는 대신, 그들을 똑같은 사람으로 여기고 시종일관 그들의 인간성에 호소했던 것이다.

'공공의 적' 정체성 정치

보편적 인간성 형태의 정체성 정치가 행해지는 대학은 지금도 찾아보면 많지만, 최근 들어서는 이와는 매우 다른 형태, 즉 다양한 집단을 하나로 결집시켜 공공의 적에 맞서 싸우도록 동원하는 정체성 정치가 급격히 늘어나는 추세다. 이 같은 정체성 정치에서는 매우 강력한 사회-심리적 기제가 발동하게 되는데, 이런 기제를 잘 나타낸 베두인족의 옛 속담이 있다. "나는 내 형제들과 적이 되어 싸운다. 나와 내 형제들은 내 사촌들과 적이 되어 싸운다. 나와 내 형제들과 내 사촌들은 세상과 적이 되어 싸운다."[46] 누군가를 공공의 적으로 규정짓는 것은 자기 부족의 세를 키우는 동시에 부족 성원들에게 동기를 부여하는 효과적인 방법이다.

제3장의 나머지 부분에서는 오늘날 대학 교정 안에서 벌어지고 있는 상황들을 이해하려 애쓰게 될 것이기 때문에, 주로 캠퍼스 내 좌파 진영의 정체성 정치에 초점이 맞춰질 것이다. 그런데 6장에서 본격적으로 논의하게 될 테지만, 오늘날 대학 교정에서 벌어지고 있는 상황들은 우파 진영이 일으키는 도발에 영향을 받는 경우도 많다는 사실을 분명히 말해두고자 한다. 그러한 우파 진영의 도발은 대체로 대학 캠퍼스 바깥에서 이뤄진다(교정 밖에서는 우파 진영도 좌파 진영 못지않게 정체성 정치에 열심이라는 이야기다).

'공공의 적' 정체성 정치의 끔찍함이 가장 극적으로 드러난 예로는 아돌프 히틀러가 독일 제3제국을 통일하고 확장시키기 위해 유대인을 이용했던 일을 꼽을 수 있지 않을까. 그런데 정말로 충격적인 사실은 그로부터 한참이나 시간이 흐른 오늘날에도 미국(그리고 유럽)의 대체로 백인 청년층 사이에서, 신나치 사상과 상징을 공공연히 끌어안으려 하는 사람들이 생겨났다는 점이다. 이들을 비롯한 백인 민족주의 집단은 단순히 유대인만이 아니라 흑인, 페미니스트, '사회정의의 전사SJW, social justice warrior'(사회 진보적 관점을 도

모하는 개인들을 경멸적으로 이르는 말—옮긴이)에 대한 공통된 적의로 뭉친다. 이들 우파 극단주의 집단은 2016년 이전까지만 해도 미국의 캠퍼스 정치에 별다른 역할을 하지 못했으나, 2017년에 이르자 상당수가 다양한 트롤링 기법과 온라인 괴롭힘 기법을 개발하더니 차차 교정 안에서 벌어지는 사건들에까지 영향을 끼치기 시작했다(이에 대해서는 제6장에서 좀 더 논의할 것이다).

한편 애초에는 좌파 성향의 교정에서 일어났던 정체성 정치가 최근 학교 담장 너머까지 대단한 이목을 끈 사례가 있었다. 2017년 12월 텍사스주립대학교의 한 라틴계 학생이 교내 학우들이 운영하는 독립신문에 "당신들의 DNA는 혐오YOUR DNA IS AN ABOMINATION"[47]라는 제목의 사설을 실은 것이 계기였다. 사설은 이렇게 서두를 연다.

> 내가 이제껏 살면서 만난 백인들을 머릿속에 죄다 떠올려봐도, 교수건, 동료건, 애인이건, 친구건, 경찰이건 간에, 그중 '괜찮은 사람'이라고 여겨지는 이들은 열 명 남짓에 불과하지 싶다.

그러고 나서 이 학생은 "백인다움"이라는 것은 "인종차별주의의 권력 체계를 영속시키기 위해 사용되는 구조물"에 지나지 않는 바, "끊임없는 이데올로기 투쟁을 통해서 '백인다움'과 거기에 딸린 모든 것을 타파할 수 있을 때 우리는 비로소 승리할 것"이라고 주장했다. 글은 이렇게 끝맺는다.

> 존재론적으로 말하자면, 백인이 죽어야 모두가 해방될 것이다.

(…) 그때까지 당신네들은 기억해두도록 하라. 내가 당신들을 미워하는 건 당신들은 존재해서는 안 되기 때문이라는 사실을. 당신들은 이 행성의 지배적인 장치이며, 만나는 순간 다른 모든 문화를 집어삼켜 죽게 만드는 진공과도 같다.

그런데 우파 진영 사이트들에서 이 글을 가져다 백인을 실제로 멸절시켜야 한다는 주장으로 해석하는 일이 벌어졌다. 해당 학생은 그보다는 '문화적' 제노사이드, 즉 미국에서 백인의 지배와 '백인다움'의 문화가 종식되어야 한다는 주장을 한 것처럼 보이는데 말이다. 어쨌건 간에 교내는 물론 학교 바깥까지 대번에 발칵 뒤집혔다.[48] 학교 밖에서부터 교내 신문사로 혐오 메일이 날아들었고, 기사 철회 요구가 빗발쳤으며, 심지어 살인 협박까지 나왔다. 이 학생신문에 더 이상 재정지원을 하지 말아야 한다는 청원에 서명한 사람 수도 2,000명을 넘어섰다.[49] (FIRE가 나서서 이 신문이 가진 수정헌법 제1조의 권리[표현의 자유를 말한다—옮긴이]를 방어해주었다.) 편집진 학생들은 신속하게 사과한 뒤,[50] 기사를 삭제하고 글쓴이를 해고했다. 대학 총장도 이 글을 "인종차별주의자 사설"이라고 일컬으며 편집진 학생들이 "자신들이 찍어내는 신문 내용을 결정함에 있어 보다 건전한 판단력을 행사해주길 바란다"고 밝혔다.[51]

해당 글을 쓴 학생은 권력 구조를 타파해야 한다고 주장하며 일련의 용어와 개념들을 가져다 썼는데, 그것들은 일부 학문 분과에서 흔히 통용되는 말들이다. 다시 말해 이 학생이 펼친 논지의 주된 맥락은 마르크스주의 계열의 사회 및 정치 분석방식과 정확히 일치한다. 마르크스주의 계열 접근법에서는 세상사를 분석할 때 권력

구도를 가장 중점에 둔다. 다수의 집단이 권력을 손에 넣기 위해 서로 투쟁을 벌인다는 식으로 말이다. 이 패러다임 안에서는 어느 한쪽이 권력을 쥐고 다른 한쪽에 그것을 행사한다고 여겨지며, 거기서 도덕적 양극단이 형성된다. 권력을 쥐었다고 인식되는 집단은 악하고, 그들에게 억압당하는 집단은 선하다. 이는 제3장 서두에 인용한 랍비 색스의 병리적 이원론을 달리 표현한 것이라 해도 좋을 것이다.

카를 마르크스는 산업혁명이 한창이던 19세기를 살았던 만큼 글을 쓸 때 프롤레타리아(노동계층)와 자본가(생산수단을 소유한 이들) 같은 경제계층 사이의 갈등에 초점을 맞추었다. 그런데 마르크스의 이 방식은 여하한 집단 간 투쟁을 해석하는 데에도 두루 사용될 수 있는 접근법이다. 일례로 오늘날 교정에서 벌어지는 상황들을 이해하고자 할 때 제일 비중 있게 다뤄지는 마르크스주의 사상가가 허버트 마르쿠제인데, 독일 태생의 철학자이자 사회학자였던 그는 나치를 피해 미국으로 건너간 뒤 교수가 되어 여러 대학을 돌며 학생들을 가르쳤다. 그의 저작들은 1960~1970년대에 미국의 좌파에게 상당한 영향력을 미치게 되는바, 이즈음 좌파는 노동자 대 자본의 대결구도 초점을 맞추던 것에서 탈피해 점차 '신新좌파'로 탈바꿈하는 중이었고, 그렇게 해서 나타난 신좌파는 시민권, 여성인권 운동을 비롯해 평등과 정의 구현을 위한 여타의 사회운동에 초점을 맞추었다. 그런데 이들 운동이 좌파에게는 좌-우의 대결 구도로 비칠 때가 많았다. 진보파에서는 사회를 변화시키는 진보를 원한 반면, 보수파에서는 기존 질서 수호를 원했기 때문이다. 마르쿠제가 좌파와 우파 사이의 갈등을 마르크스의 용어로 분석한 것도 이런 맥락에서였다.

1965년 마르쿠제는 "억압적 관용Repressive Tolerance"이라는 제목의 글을 통해, '관용'과 '발언의 자유'라는 덕목이 사회에 득을 가져다줄 수 있으려면 거의 존재가 불가능한 매우 특별한 조건이 성립되어야만 한다고 주장했다. 즉 사회적으로 절대적 평등이 이루어져야만 한다는 것이다. 사회 안의 여러 집단 사이에 권력 격차가 존재하는 한, 관용은 기득권자들에게 더욱 힘을 실어주어, 교육, 언론을 위시한 대부분의 의사소통 매체를 더욱 손쉽게 장악하게 해줄 뿐이다. 무차별적 관용은 외려 "억압적"이라는 것이 그의 주장이었다. 무차별적 관용은 정치적 의제 설정을 막고, 힘이 약한 자들의 목소리를 억누른다.

무차별적 관용이 이렇듯 불공평한 것이라고 한다면, 우리에게 필요한 것은 차별적 관용일 것이다. 진정한 의미에서 "해방적인 관용"이란 약자를 편들고 강자를 규제하는 관용이라고 마르쿠제는 주장했다. 그렇다면 누가 약자이고 누가 강자일까? 1965년 글을 쓸 당시 마르쿠제에게 있어 약자는 정치적 좌파였고, 강자는 정치적 우파였다. 당시는 민주당이 워싱턴 정가를 장악한 시절이기는 했지만, 마르쿠제는 재계 공동체, 군부를 비롯해 권력 전횡을 일삼고, 부를 사재기하며, 사회적 변화를 저지하려 애쓰는 여타 이해집단들을 모두 우파와 연계시켰다.[52] 반면 좌파는 학생과 지식인을 비롯해 모든 종류의 비주류 세력을 지칭하는 말이었다. 마르쿠제에게 있어 둘 사이에는 어떠한 도덕적 등가도 성립되지 않았다. 그가 보기에 우파는 전쟁을 밀어붙이는 사람들이었고, 좌파는 평화의 편에 선 사람들이었다. 우파가 "혐오"로 뭉친 당파였다면, 좌파는 "인류애"로

뭉친 당파였다.[53]

이러한 프레임, 즉 우파는 막강한 힘을 가졌고(그래서 억압을 일삼는다) 좌파는 힘이 약하다(그래서 억압당한다)는 인식을 받아들이는 사람이라면 아마 무차별적 관용이 나쁘다는 주장에도 쉽게 수긍할 것이다. 마르쿠제는 설명하길, 우리가 무차별적 관용 대신 해방적 관용을 보인다는 것은 곧 "우파에서 전개하는 운동은 용납하지 않고 좌파에서 전개하는 운동만을 용인한다는 뜻"이라고 했다.[54]

자신이 옹호하는 바가 민주주의 정신과 비차별이라는 진보파의 전통에 위배되는 것처럼 보인다는 것은 마르쿠제도 인정하는 사실이었지만, 사회 대다수가 현실에서 억압을 받고 있는 상황이라면 "탄압과 세뇌"를 불사해서라도 "체제 전복적인 다수"가 자신들이 마땅히 쥐어야 할 권력을 끝내 손에 넣을 수 있어야 한다는 것이 그의 주장이었다. 오늘날 일부 교정에서 벌어질 일들을 미리 들여다보기라도 한 듯해 몸서리가 쳐지는 한 단락에서 마르쿠제는, 참된 민주주의를 이루기 위해서라면 보수적 대의를 옹호하는 사람들, 혹은 마르쿠제 자신이 보기에 공격적이고 차별적으로 보이는 정책들을 옹호하는 사람들에게는 기본적 시민권을 인정해주지 말아야 할지 모른다고 주장했다. 아울러 참된 의미의 사상의 자유를 위해서라면 교수들도 부득이하게 자신의 학생들을 세뇌시키는 일이 필요할지 모른다고 했다.

> 체제 전복적인 다수가 발전해나갈 수 있음에도 그것이 저지당해선 안 된다. 만일 조직적 탄압과 세뇌를 통해서 저지당하게 된다면, 일견 비민주적으로 비치는 방법들을 동원해서라도 재차 발전의 길

을 열어야 하리라. 그런 비민주적인 방법들에는 우선 언론의 자유와 집회의 자유를 빼앗는 것이 있다. 나아가 공격적 정책, 군비 확장, 쇼비니즘, 인종차별, 종교차별 등을 조장하는 운동을 억누를 수도 있다. 혹은 공공 서비스, 사회 안전망, 의료 보호 확대에 반대하는 운동을 봉쇄한다. 뿐만 아니라 사상의 자유를 되찾기 위해서는, 교육기관이란 곳이 갖가지 방법과 개념들을 통해 사람들의 지성을 기존에 확립된 담론과 행동의 장 안에 가두는바, 그 교과 내용이나 관행에 새로이 엄격한 제한을 가할 필요가 있을 수 있다.[55]

마르쿠제식 혁명의 최종 목표는 평등이 아니라 권력 전복이었다. 이런 비전을 마르쿠제 자신은 1965년에 이렇게 피력했다.

민권을 갖지 못한 자들이 그것을 행사할 수 있으려면, 민권 행사를 가로막는 사람들로부터 민권을 빼앗아오는 일부터 해내야 한다는 사실이 이제는 자명해졌다. 아울러 지구상의 그 더러운 족속들로부터 해방될 수 있으려면, 옛 주인만이 아니라 새로운 주인까지도 함께 억눌러야만 한다.[56]

텍사스주립대의 학생신문에 글을 써서 소란을 일으켰던 그 학생은 마르쿠제의 저작을 직접 읽지 않았을 수는 있지만, 어쨌거나 종국에는 이런 마르쿠제식 세계관에 도달한 셈이었다. 마르쿠제는 이른바 신좌파의 "아버지"로 통하는 인물이다. 그의 사상은 1960년대와 1970년대에 대학을 다닌 학생 세대를 사로잡았고, 세월이 흐른 지금은 그들이 나이 지긋한 교수가 되었다. 마르쿠제의 관점이 오늘날까지 널리 통용되고 있는 까닭이 여기에 있다. 하지만 〈억압적 관용〉이 발표된 지 벌써 50년이나 지났는데도 마르쿠제의 관점이 여전히 득세하고 있는 것은 도대체 무슨 이유에서일까? 1965년만 해도 민권이 없던 집단에까지 널리 민권이 확대될 정도로 미국이 엄청난 사회적 진보를 이루고, 아울러 오늘날 미국의 교육체제도 우파가 장악하고 있다고 말하기는 어려운 상황인데 말이다. 마르쿠제의 주장이 1965년에는 수많은 사람들의 귀에 설득력 있게 들렸을지 모르나, 그렇다고 과연 오늘날의 교정에서까지 그의 사상이 정당화될 수 있는 것일까?

현대판 마르쿠제주의

마르쿠제의 〈억압적 관용〉이 발표되고 수십 년 사이, 대학의 인문학 및 사회학 분과에서는 다양한 이론과 접근법이 속속 등장해, 집단 간 권력 관계라는 렌즈를 눈에 끼고 사회를 분석하는 갖가지 방법들이 제시되기에 이른다. 그 구체적 사례로는 탈구조주의, 후기구조주의, 포스트모더니즘, 비판이론 등을 들 수 있다. 그런 이론 중에서도 한 가지는 이 대목에서 특별히 언급하지 않을 수 없는데, 거기 담긴 사상과 용어들이 오늘날 대학 교정에서 활동하는 운동가들의 담론 안에서 폭넓게 사용되고 있기 때문이다. 이른바 '교차성intersectionality'으로 통하는 이 접근법은, UCLA 법학과 교수였던 킴벌레이 윌리엄스 크렌쇼가 내놓은 이론으로 알려져 있다(그녀는 현재 컬럼비아대에서 교차성 및 사회정책 연구센터Center on Intersectionality and Social Policy Studies 소장으로 재직하고 있다).[57] 1989년의 에세이에서 크렌쇼는 흑인 여성들의 경험을 온전히 파악하려면 단순히 흑인의 경험에 여성의 경험을 더하는 것으로는 부족하다는 사실을 지적했다.[58] 그리고 이 같은 사실을 사람들이 생생히 느낄 수 있도록 제너럴모터스General Motors사(이하 GM)가 흑인 여성들을 차별의 희생양으로 삼았던 법적 사례를 분석했다. 당시 GM에서는 자사가 흑인을 상당수 고용하고 있다는 사실과 함께(하지만 생산직 대부분은 남자들이 장악하고 있었다), 여성도 상당수 고용하고 있다는 사실을 법정에서 입증해 보였다(하지만 사무직 대부분은 백인들이 장악하고 있었다).[59] 따라서 GM이 흑인이나 여성을 상대로 직접 차별을 행했다는 사실이 적발되지 않았더라도, 결과적으로 GM은 흑인 여성을 거의 고용하지 않는 식으로 차별을 행한 셈이었다. 단순히 차별과 관련된 몇몇의 큼직한 "주된 결과"만 봐서는 안 된다는 것이 크렌쇼의 중요한 통찰이다. 상호작용, 다시 말해 "교차성"을 살피는 일이 반드시 필요한 것이다. 퍼트리샤 힐 콜린스와 서마 빌지는 최근 펴낸 책에서 이를 보다 일반적으로 풀어 이렇게 설명한다.

> 교차성은 일종의 분석 도구로서, 권력 관계가 어떤 식으로 뒤엉켜 있고, 서로가 서로를 어떤 식으로 구조물처럼 떠받치고 있는지 면밀히 들여다보게 한다. 인종, 계급, 젠더, 성별, 장애/비장애, 민족, 국가, 종교, 연령 등은 같은 말들은 중요한 사회적 구분을 지칭하는 분석 범주이자 용어다. 그러나 그와 동시에 이 말들은 인종차별, 성차별, 이성애주의, 계급착취 등의 수많은 권력 관계 안에서 의미를 부여받는 범주이기도 하다.[60]

교차성의 근간을 이루는 몇몇 통찰들은 우리가 평소 타당하고 쓸모 있다고 믿는 것들이기도 하다.[61] 이를테면 권력이 중요하다는 점, 때로 집단 성원들은 자신의 권력을 지키기 위해 잔인하고 정의롭지 못한 행위도 불사한다는 점, 이러저러한 정체성 집단에 속한 사람들은 타인은 미처 눈치 채지 못하는 방식으로 다양한 불리한 상황들에 놓이곤 한다는 점 등이다. 크렌쇼가 2016년 TED 강연에서 밝혔듯이, '교차성'이라는 용어를 사용함에 있어서 핵심은 이것이다. "문제가 어떤 것이라고 이름 짓지 못하면, 그 문제들은 우리 눈에는 안 보이는 법이죠. 문제가 안 보이면, 그 문제를 해결할 수 있을 리도 없습니다."[62]

이 책에서 교차성을 논하는 목적은 이론 자체를 비판하는 데 있지 않다. 그보다 교차성에 대한 특정 해석들이 오늘날 대학 교정에 미치고 있는 영향들에 대해 살펴보고자 한다. 인간의 마음은 늘 부족주의로 돌입할 채비를 갖추고 있는데, 교차성에 대한 그런 해석들은 우리의 부족주의를 한층 끌어올릴 가능성을 안고 있다.

교차성에 대한 그런 설명들에서는 사람들의 상호작용 안에서는 어디나 특권과 억압이라는 양극단의 구도가 존재하게 마련이라고 가르친다. 이는 단지 취업 같은 갖가지 사회적 기회, 혹은 단순히 인종과 젠더를 논할 때에만 나오는 이야기가 아니다. 도표 3.1을 보면 교차성을 설명할 때 이따금 사용되는 도해를 확인할 수 있을 것이다. 이 책에서 필자들이 사용한 도식은 토론토대학교 교수인 캐스린 폴리 모건에게서 빌려왔음을 밝힌다(모건은 총 14개의 축을 이용해 구획을 나눴지만, 우리는 그중 7개 축만을 사용해 도식을 보다 단순화했다). 모건은 한 글에서 자신의 접근법에 대해 논하며, 우리 삶에

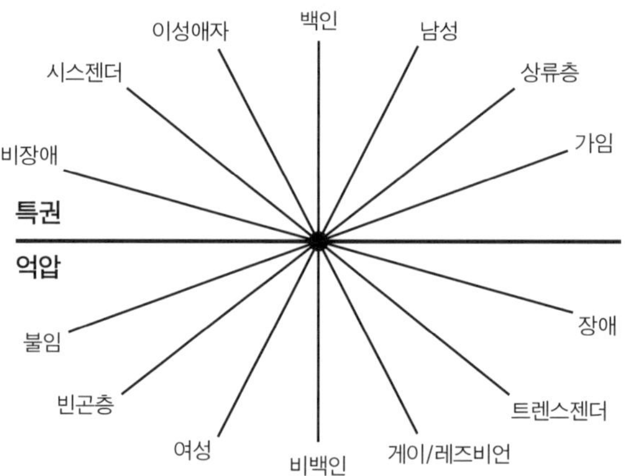

도표 3.1. 특권과 억압의 구도를 구성하는 교차성 이론의 7개 축. 교차성 이론에서는 위에 나타난 것과 같은(그리고 그 외의 여타 수많은) 국면 안에서 각 개인이 어떤 위치를 점하고 있느냐에 따라 각자가 삶의 경험을 형성하게 된다고 이야기한다. (이 도해는 모건의 1996년 저작 107쪽에 실린 것을 단순하게 간추린 것이다. 원문에는 이 외에도 전형적 젠더 대 변종 젠더, 청년 대 노인, 유럽인 대 비유럽인, 자격자 대 문맹자, 영어 사용자 대 제2외국어로서 영어 사용자, 밝은 피부색 대 어두운 피부색, 그리스도교도 대 유대교도의 범주가 추가로 들어 있었다.)

는 수많은 권력과 특권 구도가 존재하며 도식의 정중앙에 있는 점은 그런 구도의 "교차지점" 위에서 살아가는 특정 개인을 나타낸다고 설명한다. 해당 개인은 각각의 축에서 높은 위치를 점하기도 하고 낮은 위치를 점하기도 한다. 아울러 모건은 자신이 사용하는 용어를 이런 식으로 정의한다. "특권이라는 것은 권력을 체계적인 방식으로 주도면밀하게 장악할 때 생겨나는 것들을 말한다. (…) 반면 억압은 해당 개인이 다양한 축에서 점하고 있는 위치로 말미암아 자신의 삶 안에서 체계적으로 지배당하는 경험을 하는 것을 말한다."[63]

모건은 프랑스 철학자 미셸 푸코의 저술을 끌어와 설명하길, 우리 모두는 "이들 각 축에서 (최소한) 한 점을 점유하고 있으며, 그 지점이 우리의 힘, 권력, 무력화, 억압, 그리고 저항의 좌표가 된다"고 주장한다. "축의 말단에 위치한다는 것은 그 사람이 해당 축에서 제일 큰 특권을 누리고 있거나, 혹은 제일 심하게 억압당하고 있다는 뜻이다."[64] 모건은 이들 다양한 축 가운데서도 인종과 젠더를 골라 두 요소가 어떤 식으로 상호작용하여 학교의 구조를 형성하고, 나아가 백인 남성들의 생각과 관점에 어떻게 특권을 부여하는지 분석한다. 모건의 주장에 따르면, 이들 축에서 여자아이들과 성인 여자들은 "식민지 주민"이나 다름없다. 전체 학생의 태반을 여자아이들과 성인 여자들이 구성하고 있음에도, 그들은 백인 남자들이 구축한 사상과 제도에 강제로 편입되어 그 안에서 생활하고 공부해야만 하는 처지에 있다.

미국에 교육체제를 처음 마련하고 미국 내 거의 모든 대학을 설립한 이들이 대체로 백인 남자라는 모건의 주장은 분명히 옳다. 한때는 이들 학교 대부분에서 여자와 유색인종을 배척하기도 했었고 말이다. 하지만 그렇다고 해서 여자와 유색인종이 자신들의 오늘날 처지를 꼭 "식민지 주민"이라는 식으로 생각해야만 하는 것일까? 그런 식의 사고를 가지면 당사자들은 더욱 힘을 내게 될까, 아니면 통제 위치 외부화만 더 강하게 느끼게 될까? 그런 식으로 사고하면 과연 학생들은 선생님이나 책과 적극적으로 씨름하고, 열심히 공부하고, 학교에 있는 동안 많은 것을 얻게 될까?

보다 일반적으로 말해, 교차성 이론에 내재한 양극단의 틀, 즉 한쪽은 "특권" 다른 한쪽은 "억압"으로 표시된 축을 가지고 만사를 바라보게끔 학생들을 훈련시킨다면, 학생들의 사고는 과연 어떤 식으로 돌아가게 될까? "특권"이라는 말 자체가 "사람들을 지배하는 힘"으로서 "억압"을 일으킨다고 정의되는 만큼, 이들 축에는 '도덕적 측면이 내재할 수밖에 없다. 축 위쪽에 자리한 사람들은 악하고, 축 아래쪽에 자리한 사람들은 선하다는 인식이 성립한다. 그런데 이런 식의 가르침을 따르다 보면 학생들의 인지 스키마에는 "우리 대 그들을 가르는 비진실"이 곧장 부호화될 공산이 크지 않을까. '삶은 선한 사람들과 악한 사람들 사이의 투쟁이다'라는 도식이 뚜렷이 새겨지는 것이다. 뿐만 아니라, 이런 도식을 사용하다 보면 악한 사람이 구체적으로 누구인지 결론을 내리려고 하기 마련이다. 억압에 관련된 주요 축들은 보통 교차성의 어느 한 지점을 가리키게 되는데, 그것은 다름 아닌 이성애자 백인 남성이다.

2015년 11월 브라운대에서 이런 사고방식을 똑똑히 보여주는 사건이 터졌다. 학생들이 성난 기세로 총장실을 향해 물밀듯 몰려가 자신들의 요구사항이 적힌 목록을 총장과 교무처장(대학 행정을 돌보는 최고 책임자로, 일반적으로 대학에서는 총장 다음으로 높은 직위로 여겨진다) 앞에 들이미는 사태가 벌어진 것이다.[65] 당시의 대치상황이 담긴 동영상을 보면 어디쯤엔가 백인 남성인 교무처장이 이렇게 말하는 대목이 나온다. "일단 우리 대화를 좀 할 수 있을까요?" 학생들은 다같이 "싫어!"라며 함성을 지르고, 손가락을 탁탁 튕기며 그의 말을 끊는다. 한 시위 참가자는 그의 말을 자른 까닭을 이렇게 설명한다. "저들이 안고 있는 문제가 뭐냐면, 늘 이성애자 백인 남성들이 버젓이 공간을 차지하고 있다는 거야." 이에 교무처장이 자신은 사실 게이라고 밝힌다. 학생은 잠시 쭈뼛거리지만, 이내 여성과 게이가 브라운대를 수장 자리에서 이끌고 있다는 사실에는 아랑곳없이 이렇게 말을 잇는다. "음, 동성애자…. 그건 중요한 문제가 아니야…. 백인 남성들이 위계질서의 맨 꼭대기에 있다는 사실이 중요하지."

지금까지의 논의를 간추리면, 인간의 마음은 부족 단위 경쟁에 용이하도록 오랜 세월 진화를 거친 결과, 사람들을 '우리 대 그들'로 나누는 이분법적 사고에 무척 쉽게 빠지곤 한다. 우리가 이룩한 공동체가 서로를 더 반기고 더 포용하는 곳이 되려면, 우리는 이 부족주의를 잠재우기 위해 가능한 모든 수를 총동원해야 할 뿐 아니라, 동시에 보편적 인간성이라는 인식을 더욱 키우기 위해 노력해야 한다. 그런데 오늘날 대학에서 활용되는 이론적 접근법 중 일부는, 설령 이론을 주창한 교수들 자신에겐 그런 의도가 없었다 해도, 우리의 태곳적 부족주의를 오히려 극도로 활성화하는 것처럼 보인다. 물론 어떤 사람들은 정말로 인종차별주의자이고, 성차별주의자이며, 동성애를 혐오한다. 일부 기관들 역시 마찬가지인데, 심지어 선의를 밑바탕으로 운영하는 기관이라도 결과적으로는 특정 집단의 성원을 다소 냉대하는 사태가 벌어지기도 한다. 이 책의 필자들은 학생들이 다양한 종류의 편협함과 편견을 깨우치도록 가르치는 것에 지지를 보낸다. 그것은 앞서의 태도들을 줄이기 위한 필수 단계일 것이다. 교차성 이론은 크렌쇼가 TED 강연에서 보여주었듯이, 잘 가르치면 매우 좋은 내용이 될 수 있다.[66] 이 이론은 공감을 장려하고, 미처 눈에 띄지 않았던 불의를 명백히 드러내기도 한다. 하지만 문제는 오늘날 수많은 대학생들은 이와는 다른 방식으로 교차성 이론의 사고방식을 채택하고 있으며, 거기 입각해 '우리 대 그들'이라는 비진실을 끌어안으려 한다는 점이다.

가해자 지목 문화

이런 상황을 한번 상상해보자. 어느 대학에 갓 입학한 1학년 학생 전원을 대상으로 한 오리엔테이션 프로그램에 앞에 설명한 것과 같은 교차성 이론의 사고방식과 함께, 미세공격을 찾아내는 훈련이 포함되었다고 말이다. 그런 상황에서라면 아마 교정에 발을 들이고 첫 주가 다 흘렀을 즈음, 학생들은 자신을 비롯한 다른 학생들의 특권에 점수를 매기는 법을 터득하고, 보다 두드러진 정체성 집단을 식별할 줄 알게 되었을 뿐 아니라, 사람들과의 사이에서 차이를 더 많이 인식하는 법도 배웠을 것이다.[67] 아울러 더 많은 말과 행동을 공격 행위로 해석하는 법도 배웠을 것이다. 공격, 지배, 억압이라는 특성을 특권 집단과 연계시키는 방법도 알게 되었을 테고 말이다. 이제 학생들은 어떤 행위가 있을 때 그것이 자신에게 미친다고 느껴지는 영향에만 초점을 맞추지, 거기 담긴 의도는 무시하는 법을 안다. 이런 학교에 다니는 학생들이 만일 스펠먼 처장과 에리카 크리스태키스가 보낸 메일들을 보게 된다면 과연 어떤 반응을 보일까?[68]

공공의 적 정체성 정치와 미세공격 훈련이 결합되면 이른바 "가해자 지목 문화call-out culture"가 발달하기 딱 알맞은 환경이 조성된다.[69] 가해자 지목 문화란, 학생들이 공동체 성원 누군가가 자신에게 가한 사소한 공격을 찾아낸 뒤, 그것을 내세워 가해자를 공개적으로 "지목"하는 것을 말한다. 이 게임에서는 당사자가 가해자를 개인적으로 만나 좋은 말로 달래서는 점수를 딸 수도, 인정을 받을 수도 없다. 오히려 그런 행위는 적과의 공모로 비칠 우려가 있다. 그런데 이러한 가해자 지목 문화의 형성에는 꼭 필요한 요건이 있다. 바로, 주변에 쉽게 군중이 모여들 수 있어야 하고, 가해 혐의자에게 망신을 주거나 그를 벌한 사람을 이들 군중이 추켜세울 수 있어야 한다는 것이다. 이것이 바로 소셜미디어가 사회를 변화시킬 만큼 막강한 위력이 있는 까닭 중 하나다(사람들이 망신당하는 꼴을 지켜보려 안달인 사람들이 늘 있게 마련이고, 특히 구경꾼들이 하나둘 모이고 불어나기가 쉬운 환경에서 그러하다).

가해자 지목 문화 안에서 살아가려면, 경계심, 두려움, 자기검열이 요구된다. 설령 대중 앞에서 망신당하는 사람에게 측은함을 느끼는 이들이 군중 안에 상당수 존재하더라도 그들은 속내를 입 밖으로 발설하기 두려워하고, 그래서 군중도 하나같이 가해자를 싸잡아 비난하는 듯한 잘못된 인상이 생겨난다. 다음은 스미스대학교의 한 학생이 2014년 가을 학기에 자신이 어떻게 가해자 지목 문화에 이끌려 들어갔는지 묘사한 글이다.

> 스미스대에 갓 입학하고 얼마 동안, 나는 친구들의 대화 속에서 어느 한쪽이 다른 한쪽에게 네 의견은 틀렸다고 말하는 걸 수도 없이 목격할 수 있었다. 그런 대화가 오갈 때면 거의 어김없이 "공격적"이라는 단어가 논리 전개에 이용되곤 했다. 그런데 단 몇 주 안

에 학생들은 숙고하지 않는 이 새로운 방식에 빠르게 동화되었다. 그들은 정치적으로 올바르지 못한 견해를 대번에 찾아내고, 그 "실수"를 들먹이며 해당 학생을 공공연히 지목했다. 나는 점점 더 속내 의견을 입 밖에 내지 못하게 되었다. 대학은 사상 표현의 자유를 내거는 공동체인데도, 거기서 나를 이래저래 질책하고 판단하는 일이 없기를 바랐던 것이다. 다른 모든 학생들도 그랬지만, 나는 내가 뭔가 "공격적"인 말을 할까 두려워 조심조심 살얼음판을 걷는 법을 배워야 했다. 여기서는 그게 사회적인 규범이다.[70]

미국 각지에서 들려오는 보고들도 이 학생의 이야기와 놀라울 만큼 비슷하다. 오늘날 수많은 대학생들은 자신이 혹여 잘못된 말을 하지나 않을까, 잘못된 게시물에 '좋아요'를 누르지는 않을까 걱정하고, 혹은 자신이 무고하다고 여기는 사람을 섣불리 방어하고 나서는 건 아닌가 주저한다. 자칫 잘못했다가 소셜미디어상의 군중에게 자신까지 함께 가해자로 몰리지는 않을까 두려워해서다.[71] 코너 프리더스도프는《애틀랜틱》지에 고등교육과 관련해 글을 싣는 기고가로, 이 책이 나오기에 앞서 2015년 필자들이 쓴 "미국인들의 유난스런 지극정성" 기사가 실렸을 때 그에 대한 반응으로 이 문제를 심도 있게 파헤친 적이 있다. 당시 학생들은 그에게 이런 말들을 했다고 한다. "학생들이 아주 조그만 이슈에도 쉽게 흥분해요. (…) 그것이 학교의 정신을 망가뜨리고 캠퍼스를 분열시키죠." 또 다른 학생은 이렇게 말하기도 했다.

저는 제가 하고 싶은 말의 90퍼센트는 도로 삼키는 것 같아요. 가해자로 지목당할까 두려워서요. (…) 사람들은 잘못된 견해를 가졌다는 이유로 누군가를 가해자로 지목하는 게 아니에요. 말 그대로 어떤 것으로든 지목을 해내죠. 오늘 트위터를 하다가 우연히 한 여자애가 어떤 사람에게 놀림당하는 걸 봤어요. 그 여자애가 찍어 올린 동영상에는 자기가 하느님을 정말 사랑하고, 모두를 위해 늘 기도한다는 이야기가 들어 있었죠. 동영상 아래로 댓글이 수백 개가 달렸어요. 하나같이 무례한 댓글이었어요. 중요한 건, 심지어 사람들은 그 여자애가 하는 얘기를 가지고 놀리는 게 아니었다는 거예요. 모든 걸 샅샅이 헤집어 놀려댔죠. 눈썹이 어떻다느니, 말할 때 입술이 어떻게 움직인다느니, 목소리가 어떻다느니, 머리 모양이 어떻다느니 하면서요. 정말 어이없는 일이었어요.[72]

이 진술을 보면, 가해자 지목 문화에서 끊임없이 나타나는 잔혹성이나 이른바 "미덕 티내기"가 소셜미디어를 통해 어떤 식으로 증폭되는지 비로소 감이 잡히기 시작할 것이다. (미덕 티내기란, 본인이 착한 사람임을 남에게 홍보하기 위해 이런저런 말이나 행동을 하는 것을 일컫는다. 이를 통해, 소속되어 있는 팀 안에서 선한 사람들 사이에 끼어 있기가 더 수월해진다.) 착한 사람에게서 양심을 빼앗을 수 있는 것이 군중이다. 특히 얼굴에 마스크를 착용했을 때(실제 군중), 혹은 별명이나 아바타 뒤에 숨어 있을 때(온라인 군중) 그러한 위력을 발휘한다. 익명성은 탈개인화(개별 자아감의 상실)를 부채질하는바, 탈개인화가 심화되면 사람들은 점차 자제력을 잃고 무작정 군중이 움직이는 대로 따르려는 성향이 더욱 강해진다.[73]

이런 사고방식에 물들 경우 어떤 식의 지적 대참사가 벌어지는

지는 트렌트 이디의 기사를 통해 엿볼 수 있다. 캐나다의 동성애 운동가인 그는 2014년에 이런 사고방식에서 간신히 빠져나왔다. 당시 그는 "'모든 게 문제적이다': 암흑의 정치세계 한복판에 발을 디뎠다 빠져나오기까지'Everything Is Problematic': My Journey Into the Centre of a Dark Political World, and How I Escaped"라는 제목의 글을 썼다. 이디는 그곳에 형성된 문화 속에는 독단주의, 집단사고, 십자군식 사고방식, 반지성주의, 이렇게 네 가지가 팽배하다고 이야기한다. 그중에서도 다음 대목은 '우리 대 그들'을 가르는 비진실과 관련해 그 무엇보다 의미심장하게 다가온다.

> 이런 식의 사고에서는 세상을 순식간에 내부 집단과 외부 집단으로 가른다. 신자와 이교도, 올바른 자와 그릇된 자 (…) 하는 식으로. 누군가가 요만큼이라도 이단의 기미를 보이면 그는 집단 내에서 차츰 뒤로 밀려난다. 내가 그런 집단의 한 성원이었을 때, 사람들은 믿기지 않을 만큼 광범한 이슈를 놓고도 다들 한 치의 오차도 없이 똑같은 페이지의 책을 펴서 읽듯 똑같은 생각을 말했다. 내부에서 의견이 나뉘는 일은 좀처럼 일어나지 않았다.[74]

대학이 내거는 사명을 이보다 더 심하게 거스르는 문화가 또 있을까 싶다.[75]

보편적 인간성의 힘

미셸 알렉산더의 베스트셀러 《새로운 짐크로법: 색맹 시대의 대량 투옥》이라는 책을 보면,[76] (대개 마리화나를 소량 소지하고 있었거나 혹은 그것을 피웠다는 이유로) 미국의 형사 사법체계로 끌려들어간 수백만 명의 흑인들에게 어떤 일들이 일어나는지 그려져 있다. 이들 흑인들은 교도소에서 나와 사회로 복귀해도 일자리를 못 구해 갖은 고생을 하고, 수급자 자격을 잃어 국가의 각종 복지 혜택도 제공받지 못하며, 때로는 투표권마저 박탈당한다. 이들 흑인은 미국 사회의 이른바 "하층 카스트"로 이어지는데, 이는 여러 가지 점에서 짐크로법Jim Crow laws(1876년에 제정된 미국의 인종차별법—옮긴이)을 연상시킨다.

이 책은 이제껏 미국의 정치적 좌파에 막강한 영향력을 미쳐왔지만, 사실 이 책이 제기하는 이슈는 정치적 스펙트럼과는 상관없이 반향을 불러일으킨다. 래들리 발코의 《전사 경찰의 대두: 미국 경찰의 군대화》[77]나 FIRE의 공동창립자인 하비 실버글레이트가 쓴 《하루에 중범죄 세 건: FBI가 결백한 자들을 죄인으로 모는 법》[78]만 봐도, 자유주의자들이 경찰권 남용과 과도한 마약 전쟁에 대해 반대 의사를 표하고 있음을 알 수 있다. 라이트 온 크라임Right on Crime 같은 보수 집단 역시 과도한 범죄자 양산, 대량 투옥, 마약 전쟁에 반대한다.[79] 심각한 사회 문제라고 해도 해결의 실마리가 있는 이슈에 대해서는, 진정한 협력의 기회가 존재하는 것이다.[80]

그것이 개혁을 추구하는 운동가들에게 주는 교훈은 바로 공통 기반을 찾으라는 것이다. 가두시위나 집회를 벌여 '팀'에 에너지를 불어넣는 것도 좋지만, 컬럼비아대 인문학부 교수 마크 릴라가 《더 나은 진보를 상상하라: 정체성 정치를 넘어》에서 지적하듯, 지속적 변화를 일으키기 위해서는 그런 것들로는 충분하지 않다. 지속적 변화를 이루려면 일단 선거에서 반드시 승리해야 하고, 선거에서 반드시 승리하려면 다양한 집단으로부터 매우 많은 사람들을 끌어들여야 하기 때문이다. 이와 관련해 릴라는 프랭클린 루스벨트가 대통령으로 집권했던 1960년대의 위대한 사회 시대Great Society era에는 좌파가 그것을 성공적으로 수행했지만, 이후로는 방향을 잘못 틀어 새롭긴 하지만 분열을 더 조장하고 덜 성공적인 정치 노선을 취했다고 주장한다.

> 대신 그들은 정체성 정치 운동에 뛰어들어, 시민으로서 다 같이 공유하던 의식은 물론 한 나라 국민으로서 함께 결속하던 의식을 잃고 말았다. 루스벨트 대통령 시절에는 '진보'와 그 뒷받침이 된 '노조' 하면 으레 두 개의 손이 악수하는 장면이 연상되곤 했다. 오늘날 정체성 정치를 내거는 진보와 관련해 거듭 떠오르는 이미지는, 한 줄기 빛이 프리즘을 통과해 수많은 색깔로 나뉘며 무지개를 만드는 모습이다. 이것만 봐도 말 다했지 않은가.[81]

그러나 '보편적 인간성' 전략은 킹 박사의 생전 못지않게 오늘날에도 충분히 그 힘을 발휘할 수 있다. 2017년 9월 16일, 워싱턴 DC의 내셔널 몰에 일군의 트럼프 지지자들이 모여 이른바 "애국심 통일모임 전국연대 어머니Mother of All Rallies Patriot Unification Gathering"라는 집회를 열었다.[82] 그러자 "흑인의 생명도 소중하다Black Lives

Matter"(이하 BLM)에서 반대 시위자들이 나타나 트럼프 지지자들을 향해 고함을 질렀다. 트럼프 지지자들도 질세라 맞고함을 쳤다. 그러자 무대 위로 누군가가 오르더니 트럼프 지지자들에게 반대 시위자 따위에는 신경도 쓰지 말자고 말했다. "저 사람들은 그냥 없는 걸로 칩시다"라며 말이다. BLM의 반대 시위를 이끈 호크 뉴섬은 나중에 말하길, 자신도 "당장이라도 싸울 듯 공중으로 주먹을 치켜들고 그들이 욕을 하면 같이 맞받아쳐줄" 작정이었다. 둘 사이의 분위기는 점차 험악해졌고, 언제 일촉즉발의 위기가 터질지 모른다는 생각에서 그 광경을 동영상으로 찍는 사람들이 생겨났다. 당시 트럼프 지지 집회의 기획자였던, 세칭 토미 건이 연단으로 올라선 게 바로 이때였다. "자, 발언의 자유 시간입니다"라며 그가 입을 열었다. 그는 돌출 행동으로, 뉴섬과 여타 BLM 지지자들을 연단 위로 초대했다. "우리 연단을 2분 동안 빌려드릴 테니까, 와서 당신들 메시지를 말씀해보세요." 건이 뉴섬에게 말했다. "사람들이 당신 메시지에 동의하건 안 하건, 지금 이 자리에서 중요한 건 그게 아닙니다. 중요한 건 메시지를 전할 권리를 당신이 가졌다는 거죠."

뉴섬이 무대 위로 올라섰다. "저는 한 사람의 미국인입니다"라며 그가 운을 떼자, 군중들이 박수로 화답했다. "미국의 아름다움은, 조국의 어딘가가 흉하게 망가지면 미국 국민인 여러분이 결집해 거길 어떻게든 고치려 한다는 데 있습니다." 여기까지 말한 후 뉴섬이 최근 경찰에게 목숨을 잃은 한 흑인 남자의 이야기를 꺼내자, 순간 군중들이 반감을 드러내기 시작했다. 야유가 터져 나왔다. "입 다물어요! 그 사람은 범죄자였다고!" 한 여자가 소리쳤다. 뉴섬이 설명했다. "경찰이 잘못됐다는 게 아닙니다!" "그 얘기잖아요!" 사람들이 소리쳤다. "'나쁜' 경찰들이 잘못됐다는 거예요." 뉴섬도 그냥 물러설 태세가 아니었다. "우리는 공짜로 무언가를 받고 싶은 게 아닙니다." 그가 군중을 향해 말했다. "당신들이 소유하고 있는 걸 달라는 게 아닙니다. 우리가 원하는 건 하느님께서 우리에게 주신 자유, 해방, 그리고 행복 추구의 권리입니다." 순간 사람들 사이에서 다시 수긍하는 분위기가 일었다. 갈채도 터져 나왔다. 그때 군중 안의 누군가가 이렇게 소리쳤다. "생명은 다 소중하다!" 이 말은 "흑인의 생명은 소중하다"라는 구호가 등장할 때면 으레 반박 구호로 등장하는 말이었다. 하지만 뉴섬은 여기서 파울리 머리의 전통을 계승하듯, 이런 말로 더 커다란 원을 그려 군중 안의 모든 이를 끌어안았다. "우리 형제여, 당신 말이 맞습니다. 당신 말이 백번 옳아요. 모든 생명이 소중하지요, 당연하지 않습니까? 그래서 흑인 하나가 목숨을 잃을 때, 우리 모두가 정의를 잃는 것입니다. 우리가 '흑인의 생명도 소중하다'라고 말하는 것도 바로 그 때문입니다. (…) 미국을 진정 위대하게 만들고자 염원한다면 우리 함께합시다."

사람들은 박수를 치고 "USA, USA"를 연호했다. 짧은 순간이나마 둘 사이에는 더 이상 '우리'도 '그들'도 존재하지 않았다. 이데올로기의 차이는 아직 남아 있었지만, 자신들을 에워싼 더 커다란 원 안에서 서로에 대한 적의는 눈 녹듯 사라져 있었다. 적어도 잠시나마 서로가 같은 인간이자 같은 미국인으로서 친구가 되어 어울렸다. "믿음이 얼마간 회복되는 순간이었습니다"라고 뉴섬은 추후의 인터뷰에서 말했다. "서로의 말에 조금도 귀 기울이지 않던 사람들이 오늘만큼은 진전을 보여주었어요."[83] 인터뷰 후, 트럼프 지지 바이크 부대 쪽에서 어떤 남자가 걸어와 뉴섬에게 악수를 청했다. 둘은 잠시 이런저런 이야기를 나누는가 싶더니 함께 사진까지 찍었다. 뉴섬이 상대방 남자의 어린 아들을 건네받아 두 팔로 폭 감싸 안은 채로.

제3장 갈무리

인간의 마음은 수시로 갈등이 벌어지는(그리고 종종 폭력도 불사하는) 부족들 안에서 살기 알맞도록 진화했다. 그래서 오늘날 우리의 마음은, 헨리 타지펠의 심리 실험에서 볼 수 있듯, 아주 사소하고 임의적인 기준만 가지고도 세상을 '우리'와 '그들'로 나누려는 경향을 쉽사리 보인다.

정체성 정치에는 다양한 형태가 있다. 마틴 루서 킹 주니어 목사와 파울리 머리가 구사한 형태는 이른바 '보편적 인간성 정체성 정치'로, 그 실천가들은 상대편을 하나의 똑같은 인류로 만들고 그들의 인간성에 호소하되, 그 외 갖가지 방식으로 정치적 압력을 함께 가한다.

반면 '공공의 적 정체성 정치'는 "나는 내 형제들과 적이 되어 싸운다. 나와 내 형제들은 내 사촌들과 적이 되어 싸운다. 나와 내 형제들과 내 사촌들은 세상과 적이 되어 싸운다"라는 베두인족 속담에 내포된 심리를 이용해 단결을 꾀하는 방식이다. 이런 전략은 극좌파도 잘 쓰지만, 극우파도 그에 못지않게 많이 쓴다.

교차성 이론은 오늘날 대학 교정에서 큰 인기를 누리고 있는 지적 틀이다. 이 이론의 일부 갈래에서는, 특권과 억압의 상호교차하는 다양한 축을 살펴봐야 한다고 학생들에게 가르친다. 이 이론은 분명 나름의 장점이 있지만, 교정에서 이 이론을 해석하고 실천하는 방식은 때로 부족주의적인 사고를 증폭할 수 있다. 또한 학생들이 '우리 대 그들'이라는 비진실, 즉 '삶은 선한 사람들과 악한 사람들 사이의 투쟁이다'라는 명제를 지지하도록 부추길 수도 있다.

공공의 적 정체성 정치가 미세공격 이론과 결합될 경우 가해자 지목 문화를 낳는데, 이러한 문화에서는 어떤 말과 행동이 됐든 그것을 빌미로 공개 망신을 당할 수 있다. 이는 이른바 "살얼음판 걷기"의 분위기를 조성할 수 있고, 더불어 학생들에게는 자기검열의 습관을 기르도록 가르친다. 가해자 지목 문화는 학생들의 교육에 해로울 뿐만 아니라, 학생들의 정신건강에도 악영향을 미친다. 가해자 지목 문화와 '우리 대 그들'을 가르는 사고방식은 대학이 지향하는 교육 및 연구 사명과도 양립할 수 없다. 대학이 고유의 사명을 이루기 위해서는 자유로운 탐구, 반론, 증거에 근거한 논증, 지적 정직성이라는 덕목들이 필요하기 때문이다.

이것으로 제1부를 끝맺고자 한다. 제1부에서는 세 장을 할애해 정말로 나쁜 생각 세 가지가 무엇인지, 그것들이 각각 어떤 식으로 세 가지 기준을 충족시켜 '대단한 비진실'로 불리는지에 대해 이야기했다. 이는 서론에서 간략하게 소개했던 내용이기도 하다. 우선 이들 생각은 고대의 지혜에 모순되고, 개인의 번영에 대한 현대 심리학의 연구와도 모순되며, 자신들을 끌어안는 개인과 공동체에 도리어 해만 끼친다. 제2부에서는 최근 대학 교정에서 벌어진 몇몇 극적인 사태들을 면밀히 살펴보게 될 텐데, 이 상황들은 학교 바깥에서 구경하듯 들여다봐서는 언뜻 이해가 가지 않을 것이다. 대단한 비진실 세 가지와 그것들이 개인과 집단에게 끼치는 영향을 일단 이해하고 난 후에야, 비로소 이런 사태들이 훨씬 더 잘 이해된다는 사실을 제2부를 통해 보여주고자 한다.

제2부

나쁜 생각들이 현실에서 작동할 때

제4장

협박과 폭력

나와 다른 편에 선 이를 비인간화하고 악마로 모는 순간, 우리는 서로의 차이를 평화롭게 해소할 가능성은 던져버리고 상대편에 대한 폭력을 정당화하려 애쓸 뿐이다.

_넬슨 만델라[1]

2017년 2월 1일 밤, 캘리포니아대학교 버클리 캠퍼스(이하 UC버클리—옮긴이)에 폭력 사태가 터졌다. 1,500명가량으로 추산되는 시위대가 건물 한 동을 빙 둘러싸고 있었는데, 이곳에서 젊은 영국인 게이이며 트럼프 지지자이기도 한 밀로 야노풀로스가 연설을 할 예정이었다. 야노풀로스는 한때《브레이트바트 뉴스》의 편집위원이기도 했는데, 이 매체는 작년 미 대선에서 전국적인 활약을 펼친 "대안 우파alt-right" 운동의 주된 발산 창구였다. 야노풀로스는 지난여름 트위터에서 계정 정지를 당했는데, 그가 "특정 의도를 품고 타인을 학대하고 괴롭히는 행위를 선동했거나 혹은 그에 가담했다"는 사실이 자사의 이용정책에 위배된다고 트위터는 결론 내렸다.[2] 야노폴로스는 선동에 아주 능한 사람이다. 상대방의 화를 돋우고 그들이 분통 터져 하는 사이 허를 찔러 자신의 목적을 밀고나가는 기술에 있어 그야말로 도가 텄다 할까.[3]

당시 시위대가 내건 목표는 그의 연설을 막자는 것이었다. 시위대 중에는 자칭 "안티파시스트"로서, 약칭 "안티파Antifa"로 통하는 인근 지역의 과격파 무정부주의 단체 회원들이 많았다.[4] UC버클리의 주장에 따르면,[5] 이들 시위대 중 당시 사태 때 벌어진 기물파손과 폭력에 직접 가담한 사람들은 150명 정도에 불과했다고 한다. 이들은 광 발전기를 넘어뜨리고,[6] 상업용 화약을[7] 군데군데 건물과[8] 경찰을 향해[9] 쏘는가 하면, 현금지급기를 때려 부수고,[10] 방화를 하고,[11] 바리케이드를 허물고,[12] 그 잔해로(거기에 방망이까지 가져와)[13] 유리창을 깨뜨리고, 경찰관들에게 돌멩이를 던지고,[14] 심지어 화염병까지 투척했다.[15] 재산 피해도 컸지만(대학과 해당 지역을 합쳐 총 50만 달러가 넘었다) 그보다 더 섬뜩했던 것은 야노폴로스의 연설을 들으러 온 학생과 여타 사람들을 향한 물리적인 공격이었다.

한 예로 "수정헌법 제1조는 모두를 위한 것이다"라는 팻말을 들고 있던 한 남자는 시위대로부터 안면을 가격당해 피범벅이 되었다.[16] 그 밖에도 피를 흘린 사람들이 한둘이 아니었다.[17] 시위대가 맨주먹, 파이프, 막대기, 장대 따위로[18] 사람들의 얼굴과 머리를 공격했기 때문이다. '비트코인을 다시 위대하게MAKE BITCOIN GREAT AGAIN'라는 어구가 새겨진 빨간 야구 모자를 머리에 자랑스레 눌러 쓰고 동영상에 등장하는 한 여성은 기자에게 이렇게 말했다. "전 여기 오는 것만으로도 나름의 의사표현이 된다고 생각했고, 시위대도

저와 똑같은 식으로 행동할 거라고 믿어요. 무얼 하든 비폭력적으로 하는 사람들을 지지합니다. 현실적으로 무척 힘든 일이라는 생각은 들지만요." 그녀가 말을 마치고 몸을 돌리는 순간, 검은 장갑을 낀 손이 그녀의 얼굴에 후추 스프레이를 뿌리는 장면이 카메라에 잡혔다.[19]

시꺼먼 옷을 껴입고 얼굴에는 복면을 덮어쓴 안티파 시위대는 한 여성과 그녀 남편을 철제 난간에 붙들어 매고는 깃대로 두들겨 패기도 했다. 카트리나 레델샤이머라는 이 여성은 곤봉으로 머리를 얻어맞았고, 남편 존 제닝스도 관자놀이를 맞아 피가 줄줄 흐르기 시작했다. 그러고는 곧바로 다른 시위대들이 이 부부와 그들 친구 셋의 눈에 메이스 스프레이(최루가스 스프레이 상품 중 하나—옮긴이)를 마구 분사해 눈을 못 뜨게 했다. 부부의 친구들이 도와달라며 목청껏 소리를 지르자 시위대는 그들에게 주먹을 날리고 막대기로 머리를 가격했다. 결국 보다 못한 구경꾼들이 바리케이드를 넘어 들어와 이들을 끌어내야 했다. 그 와중에 시위대 대여섯 명은 제닝스를 몇 미터 떨어진 데로 끌고 가 두들겨 팼고, 그가 의식을 잃자 구경꾼들이 시위대를 뜯어 말렸다.[20] 레델샤이머의 말에 따르면, 경찰은 이때쯤 건물 안에서 바리케이드를 친 채 사람들의 건물 진입을 제지했다고 한다. 어떤 이가 눈을 씻어주겠다며 그녀를 데리고 건물 안으로 들어가려는데 경찰이 그들을 건물 밖으로 돌려보내더라는 것이다.[21] 그사이 UC버클리의 학생 저널리스트로 "온건한 진보"를 자처하는 프라나브 잔디얄라도 시위대에게 공격을 당했다. 그는 아수라장이 된 캠퍼스를 휴대전화에 기록하려 했는데, 시위대들이 그의 전화기를 빼앗으려 달려든 것이었다.[22] 잔디얄라가 도망치자

시위대가 냅다 뒤쫓아와 그의 머리를 가격하고 막대기로 두들겨 패며 그를 "신나치"라고 불렀다.[23]

결국 폭도들은 목표 달성에 성공했다. 예정됐던 연설은 취소되었다. 경찰은 "대피소shelter-in-place"라는 캠퍼스 제재 명령을 선포한 후,[24] 야노풀로스를 엄호해 신변 노출이 되지 않는 장소로 데려갔다.[25]

이 모든 사태는 도널드 트럼프가 대통령으로 취임하고 불과 열흘 뒤에 불거진 일이었다. 미 전역에는 긴장감이 감돌고 있었고, 대통령 취임 연설과 첫 번째 행정 명령들(그중의 하나는, 무슬림 7개 국가에서 온 사람들의 미국 입국을 금한다는 내용이다)[26]은 이런 분위기를 전혀 누그러뜨리지 못했다. 물론 버클리대 재학생을 비롯한 주민 몇몇이 친親트럼프 선동가의 연설은 듣지 못하겠다며 격한 반응을 보였다고 해서 그들을 무작정 폐쇄적인 마인드를 가졌거나 혹은 자신들 성미에 안 맞는 생각은 무조건 두려워하는 이들로 단정할 수는 없다. 그럼에도 2월 1일 UC버클리의 난동 사태는 자세히 살펴볼 만한 중대한 일이다. 이 사태가 전환점이 되어, 이후 대학에서 연사 초청을 둘러싼 갈등이 점증했기 때문이다. 버클리대 사태와 그 이후 일들이 서막이 되어 미국 사회는 종전엔 경험 못한 더 위험한 시대로 접어들었다. 버클리대 사태 이후 좌파 진영에는 자신에게 "혐오스럽게" 여겨지는 발언들에는 때로 폭력으로 응수해도 충분히 정당하다고 생각하는 학생들이 많아졌다. 그와 동시에 우파 진영에는 어떻게든 좌파를 동요시키기 좋은 연사를 초빙하는 데 더욱 열을 올리는 학생들이 많아졌고 말이다.

사건 초반에 일부 신문 기사들에서는 얼굴에 복면을 덮어쓴 이 폭력적인 "흑색 동맹black bloc" 시위대는 사실 UC버클리 학생들이 아니라 외부 선동가들이라고 주장하기도 했다.[27] 당시에 버클리대 학생들이 얼마나 많이 가담했는지는 알 길이 없다. 대학 측이 공개 조사를 벌여 이 흑색 동맹 시위대가 정확히 어떤 자들이었는지 그 진상을 밝히지 않았기 때문이다. 그런데 한 UC버클리 직원은 소셜 미디어에 제닝스를 구타했다며 자랑스레 떠벌렸고(심지어 그는 실신한 채 바닥에 쓰러져 있는 제닝스의 사진까지 함께 게시했다), 자신이 시위에 가담했다고 인정한 버클리대 학생도 여럿이었다.[28] 한 학생은 자신이 안티파와 함께했다며 기명 논평란에 이렇게 밝히기도 했다. 그날 밤 시위대가 "블랙 블록black bloc 전술"(검은 옷을 입고, 검은 장갑을 끼고, 얼굴을 복면으로 가린 것)을 구사한 것은 "블록에 속한 개개인의 정체성을 지켜주기 위해서였으나", 사실 "복면과 검은 티셔츠 뒤에 숨어 있었던 것은 바로 UC버클리 학우들의 얼굴이었다."

하지만 UC버클리가 그 아수라장 속에서 기물파손과 폭력에 가담한 학생들을 단 한 명도 공개적으로 징계하지 못했다는 점(심지어 가담 사실을 공공연하게 인정한 학생들도 전혀 징계받지 않았다),[29] 아울러 그날 밤 경찰이 체포한 사람이 단 한 명에 그쳤다는 점(그것도 시위대를 해산시키지 못했다는 명목으로 체포한 것이었다)[30]은 시위대에게 한 가지 중요한 사실을 일깨워준 듯했다. 폭력이 통한다는 사실 말이다. 당연한 얘기지만, 이후 안티파 활동가들은 데이비드 호로비츠, 앤 콜터, 벤 셔피로 같은 보수인사들을 캠퍼스로 초청하는 것에 반대해 더 격렬한 폭력으로 위협을 가했고 그런 식으로 성공 사례를 하나씩 착착 쌓아나갔다.[31]

UC버클리에서 벌어진 "밀로 난동"은 미국의 주요 언론 매체뿐 아니라 해외 언론에서도 주목을 끌었는데, 단순히 난동이 대대적으로 벌어져서가 아니라 거기 담긴 상징적 의미 때문이었다. 무엇보다 과거 캠퍼스 자유언론운동의 시발점이 되었던 곳이 바로 UC버클리 아니었던가. 1964년 좌경 학생들이 나름의 정치적 대의를 주창할 권리와 함께 논란의 여지가 많은 정치적 연사의 발언을 청취할 권리를 달라고 요구했을 당시, 해당 운동의 리더였던 버클리대학생 마리오 사비오는 다음과 같은 유명한 말을 남겼다. 즉, 발언의 자유란 "본연의 인간 존재로서 가지는 바로 그 존엄성을 대표하는 무언가"라는 것이다.[32] 사비오는 그전 여름에 미시시피의 시민권 운동에 참여해 가두행진을 벌였고, 이때 이용된 평화적인 전술의 힘에 영감을 받아 캠퍼스로 돌아온 뒤 학생비폭력조정위원회에서 일하기 시작했다. 그가 대학 당국자들과 처음 갈등을 빚은 것이 바로 이 활동 때문이었고, 그 일을 계기로 자유 발언을 위해 열정적인 운동을 벌이게 되었다.[33] 그랬던 버클리대가 2017년에는 학생들이 연설을 '취소'시키겠다며 시위를 벌이는 곳이 되었으니, 그것도 목적 달성을 위해 기물파손과 폭력까지 불사하는 곳이 되었으니, 이는 많은 이들에게 참 아이러니하게 느껴졌다. 특히 당황스러웠던 점은 일부 버클리대 학생들이 폭력을 정당화하는 방식이었다.

말도 폭력이 될 수 있다?

난동이 터지고 며칠 뒤, 버클리대의 주요 학보로 꼽히는 《데일리 캘리포니안》이 "자기방어로서의 폭력VIOLENCE AS SELF-DEFENSE"[34]이라는 표제로 특집기사 다섯 편을 실었다. 이 글들은 하나같이 대단한 비진실의 본보기일 뿐 아니라 제2장에서 설명한 인지왜곡들도 여실히 보여주는 내용들이었다.

그중에서 "시위대를 힐난하는 것은 혐오 발언을 용인하는 것과 같다Condemning Protesters Same as Condoning Hate Speech"라는 제목의 글을 일부 발췌한다.

> 만약 야노풀로스의 '혐오 발언'(말 그대로의 의미다)을 중지시키려고 한 행동들을 여러분이 힐난한다면, 그것은 야노풀로스의 존재뿐 아니라 그의 행동거지, 그의 생각까지 용인하는 것이다. 그것은 야노풀로스 때문에 사람들 몸이 부서지는 건 괜찮아도, 학교 유리창이 부서져선 안 된다며 걱정하는 것이나 다름없다. 나는 트럼프를 탄핵할 수도, 대안 우파가 전국에서 세를 규합하는 걸 막을 수도 없다. 단지 나는 고향에서 존재할 권리를 지키기 위해, 그저 이를 악물고 손톱을 세워 싸울 수 있을 뿐이다. 그러니 이제 중간에 서 있는 사람들이 어느 한쪽을 선택할 때다.[35]

표면적 의미만 훑어봐도, 글쓴이가 숱한 인지왜곡에 빠져 있다는 인상이 드는 글이다. 그중에서도 제일 선명하게 드러나 있는 것이 '재앙화'다. 여건이 허락돼 야노풀로스가 연설을 하게 되면 우리 편 사람들은 "몸이 부서질" 것이며, 혹여 내가 "존재할 권리"를 잃을지도 모른다. 그러므로 폭력이 자기방어 차원에서 정당화된다는 것이다. 또한 글쓴이는 다음과 같은 이분법적 사고에도 빠져 있다. 만일 여러분이 우리 편에서 행한 폭력을 비난한다면, 그것은 야노풀로스의 생각들을 용인하는 것과 다름없다. 당신은 "어느 한쪽을 선택"해야만 한다. 우리와 함께하든지, 아니면 우리에게 반대하든지 말이다. 삶은 선한 사람들과 악한 사람들 사이의 투쟁이며, 만일 당신이 우리에게 동의하지 않는다면 당신은 악한 사람들과 한통속인 것이다.

다른 글들도 이와 비슷하게, 갖가지 인지왜곡을 범하면서 물리적 폭력이 연설을 막을 합리적 방법으로 정당하다는 논지를 편다. 일부 글은 평범한 말들을 오웰적으로 꼬아놓기도 한다(영국 작가 조지 오웰의 《1984》에 나온 전체주의 국가의 이중화법을 염두에 둔 표현. 사실을 호도하기 위해 말을 둘러대거나 일부러 모호한 표현을 쓴다—옮긴이). 이를테면 이런 식이다. "그자들은 그들의 삶이 중요하다고 정당하게 생각하지 않는다. 그런 자들과 평화롭게 대화를 이어가자고 사람들에게 요청하는 것은 폭력 행위와 다를 바 없다."[36]

이 대목에서 배경 설명을 약간 할 필요가 있다. 몇 주 전 야노풀로스는 다른 대학에서 어떤 트랜스젠더 여성의 이름과 사진을 들먹이며 그녀를 조롱한 일이 있었다.[37] 이 때문에 버클리대 사태가 일어나기 전부터, 야노풀로스가 버클리대 재학생 중에 '등록증이 없는 이민자'를 찾아내려 벼르고 있다는 소문이 돌았다. 야노풀로스는 그런 의혹을 부인했고, 시위대에서도 전혀 증거를 대지 못했다. 설령 야노풀로스가 그런 의도를 가졌었다 해도, 과연 그의 캠퍼스 연설을 취소시키는 것이 신원 공개를 막을 수 있었을까 하는 의문도 든다(그런 정보쯤이야 인터넷에서도 얼마든지 손쉽게 퍼뜨릴 수 있었을 테니까). 그렇긴 해도 사람들이 왜 야노풀로스와의 평화로운 대화를 허튼 짓이자 비생산적인 일로 여기는지도 이해는 간다. 우리의 끔찍한 정치적 분위기를 감안했을 때, 야노풀로스가 발언할 그 어떤 것에 대해 걱정이 드는 것도 무리는 아니다. 그의 말이 자칫 무고한 사람들에 대해 온라인 괴롭힘이나 심지어 물리적인 위해로 이어질 수 있기 때문이다.

그러나 그저 평화로운 대화를 '요청'하는 것에 '폭력적'이라는 말을 쓰는 것을 보면, 일부 학생들에게는 '폭력'이라는 말이 새로운 의미를 갖게 된 것으로 보인다. '은밀한 개념 확장'이 이루어진 또 다른 사례인 것이다. 불과 몇 년 사이, 대학 캠퍼스는 물론이고 대학 너머의 일부 과격한 정치 공동체 안에서 이 '폭력'이라는 단어의 의미가 크게 넓어져 갖가지 비폭력적인 행동들까지 포함하게 돼버렸다. 그런 식의 정파적인 주장이 오히려 보호가 필요한 정체성 집단의 성원들에게 부정적인 영향을 미칠 것이라는 발언 역시 폭력적이라고 규정되기는 마찬가지였다.

안전주의 문화 바깥에서는 '폭력violence'이라고 하면 곧 '물리적 폭력'을 지칭한다. 물론 이 단어가 비유적 의미로 쓰일 때도 있기는 하다(예컨대 "I violently disagree"[나는 네 의견에 완강히 반대해—옮긴이]). 하지만 거의 모든 사람들은 다음과 같은 진술, "'비폭력적인' 위법 행위를 이유로 사람을 투옥하는 걸 줄여나가야만 한다"라는 진술을 별 어려움 없이 이해한다(이 점에서는 발언도 폭력이 될 수 있다고 주장하는 사람들도 마찬가지다). 그런데 일각의 학생, 교수, 운동가들이 자신의 반대편 사람들 말에는 폭력이라는 딱지를 붙여놓고, 정작 자신들에게는 이데올로기를 구실 삼아 물리적 폭력을 행사하도록 허용하는 일들이 벌어지고 있다. 버클리대 신문의 특집기사 시리즈의 글에서도 볼 수 있듯, 이들이 내거는 논리는 이렇다. 아무리 물리적인 폭력 행위라도 그것이 혐오스럽다고 여겨지는 연설을 중지시키는 데 이용된다면, 그것은 "폭력 행위가 아니라" 엄연한 "자기 방어 행위"에 해당한다.[38]

상당수 대학에서 이는 그렇게 유별난 생각이 아니다. 2017년 브루킹스연구소에서 진행한 한 연구에 따르면, 연사의 연설을 막기 위해 때로는 폭력을 사용해도 "무방하다"고 응답한 학생이 다섯 명에 거의 한 명꼴이었다.[39] 이와 관련해 표본 작업에 문제가 있다며 일각에서 비판이 제기됐지만, 매클로플린 앤드 어소시에이츠에서 진행한 두 번째 연구에서도 결과는 비슷했다. 조사에 응한 대학생 중 30퍼센트가 다음과 같은 내용에 동의하는 것으로 나타났다. "만일 어떤 사람이 혐오 발언을 하거나 인종주의가 농후한 언급을 일삼는다면, 그 사람들이 자신들의 혐오스러운 견해를 내세우는 것을 막기 위해 물리적 폭력을 사용하는 것이 정당화될 수 있다."[40]

만일 이 문장이 그럴듯하게 들린다면, "혐오 발언"이나 "인종차별주의가 농후한"과 같은 말들이 은밀한 개념 확장과 감정적 추론을 거쳐 그 뜻이 확대되었다는 전제하에 다시 한 번 문장의 의미를 헤아려보도록 하자. 가해자 지목 문화만 해도, 공동체 안의 힘없는 성원들에게 부정적 영향을 끼친다고 누구든 해석하기만 하면, 그 의도와는 상관없이 거의 죄다 혐오 발언으로 규정될 수 있다. 컬럼비아대의 언어학자 존 맥호터는 "백인우월주의자"라는 말이 오늘날 "얼마나 활발하고 재미난 방식으로 쓰이고 있는지" 설명하면서, 요새는 누구든 파당의 노선에서 벗어나기만 하면 백인우월주의자라는 "공성 망치"로 공격을 당한다고 이야기한다.[41] 맥호터 자신도(그는 아프리카계 미국인이다) 인종 관련 문제를 두고 세간의 통념에 의

문을 제기했다가 한동안 백인우월주의자 소리를 들어야 했다.[42] 그런데 이렇게 파시스트나 백인우월주의자는 두들겨 맞아도 괜찮다고 생각하는 학생들이 학교에 더러 있다면,[43] 더구나 그들이 자신과 의견이 다른 사람에게는 누구든 파시스트나 백인우월주의자라는 딱지를 붙일 수 있다고 생각한다면, 이렇게 수사를 붙이는 행동이 사람들로 하여금 남들과 다른 생각을 캠퍼스 내에서 입 밖에 내길 얼마나 꺼리게 만드는지 다들 잘 알 것이다.[44]

버클리대 사태 이후의 폭력과 협박

버클리대 사태가 그 이후 미국 대학에서 일어난 폭력 사태들의 원인 역할을 했는지 여부는 알기 어렵지만, 2017년 봄 학기에 정치적인 동기의 갖가지 폭력, 기물파손, 협박 등이 늘어난 것은 사실이다. 이 모두는 폭력과 안전에 관한 도덕적 논변들로 정당화되었고, 하나같이 캠퍼스 안에서 연사들이 강연을 못하도록 취소시키려는 목적을 갖고 있었다. 가장 대표적인 사건 하나가 2017년 3월 2일 버몬트주의 미들베리대에서 일어났다. 이 대학의 한 학생 동아리에서는 자유주의 학자 찰스 머리를 초청해 그의 2012년 저작 《와해》에 대해 강연을 들으려 했다(그는 미국의 보수파 싱크탱크인 미국기업연구소에도 가입되어 있었다). 미들베리대의 정치학부에서도 이 강연을 공동 후원하겠다고 나섰다. 이 책은 2017년에 널리 논의된 매우 중요한 주제를 다루고 있었는데, 바로 미국 백인 노동계층의 사회적, 경제적 역기능 문제였다. 수많은 논평가들에 따르면, 백인 노동계층

유권자들이 도널드 트럼프의 반反이민과 보호주의의 메시지에 그토록 열렬히 호응한 것도 그런 역기능 때문이었다.[45] 그런데 문제가 된 것은 1994년 출간된《벨 커브》라는 책이었다. 여기서 머리는 공저자인 리처드 헌스타인과 함께, 인종 집단들 사이에 평균 IQ가 차이 나는 것이 순전히 환경적 요인 때문만은 아니라고 주장했다. 그 말은 곧 유전적인 차이 역시 어떤 역할을 했을지도 모른다는 이야기였다.[46] 미들베리대의 일부 학생들과 교수들은 이런 주장을 펴는 사람은 백인우월주의자라며 완강한 태도로 나왔고, 결국 이들은 세를 규합해 최근작을 주제로 한 머리의 강연을 취소시켜달라고 요구했다.[47]

이러한 노력이 실패로 돌아가자, 제법 많은 학생들이 머리의 강연에 참석해 강연을 중단시키려 갖가지로 훼방을 놓았다. 한목소리로 일정 구호를 연호하기도 하고, 머리가 입을 열 때마다 목청껏 소리를 지르기도 했다. 대학 행정처에서는 이런 일이 있으리라 미리 짐작했던 터라, 머리와 앨리슨 스탠저(미들베리대의 정치학부 교수로 머리의 강연이 끝나고 질의응답 시간을 가지기로 되어 있었다)는 다른 강의실로 옮겨 아예 문을 걸어 잠그고 생방송으로 강연을 하기 시작했다. 하지만 그러기 무섭게 학생들은 방송이 흘러나오는 방을 찾아내더니, 벽을 쾅쾅 두드리고 건물 안의 화재경보기를 울리며 계속 머리의 강연을 중단시키려 했다. 생방송으로 강연을 마치고 건물을 막 벗어나려는 찰나, 머리와 스탠저 교수 주위로 시위대가 떼 지어 몰려들었다. 그 틈에서 한 학생이 스탠저 교수를 거칠게 떠미는가 싶더니, 다른 학생이 그녀의 머리채를 낚아채 확 잡아당겼다. 그 힘이 얼마나 우악스러웠던지 스탠저 교수는 뇌진탕과 목

뼈 손상을 입고 말았다.[48] 머리와 스탠저 교수는 차에 올라타 캠퍼스를 빠져나가려 했지만, 시위대는 차량을 주먹으로 쾅쾅 내리치고 차체를 앞뒤로 흔드는가 하면, 차량의 후드 위로 올라타기도 했다(시위대 중에는 복면으로 얼굴을 가린 학생도 더러 있었다).[49] 심지어 차량이 출발을 못하도록 큼지막한 교통 표지판을 차량 앞쪽에 집어던지기까지 했지만, 공공안전요원들이 나서서 길을 치워주면서 차량은 결국 교정을 떠나 따로 만나기로 예정된 학생들과 교수들이 모인 저녁 식사 자리에 도착할 수 있었다.[50] 하지만 이들이 모여 있는 장소까지 시위대가 알아내게 되면서, 미들베리대의 직원들은 부랴부랴 다른 장소를 물색해 이번에는 교정에서 몇 킬로미터나 떨어진 먼 곳으로 인원들을 재차 이동시켜야 했다.[51]

저녁 식사를 마친 후 스탠저 교수는 일단 병원부터 찾아 아픈 데를 진찰받았다. 앞으로 6개월간 물리 치료를 받아야 한다는 진단이 나왔다.[52] 당시 겪었던 일을 스탠저 교수는《뉴욕 타임스》에 이렇게 술회했다. "그날 나를 가장 가슴 철렁하게 했던 것은 모여든 군중의 눈 속에서 내가 목격한 광경이었다. 강연이 열리길 바랐던 학생들은 나와 눈을 맞추었다. 하지만 강연을 방해할 작정이었던 학생들은 눈을 맞추려 들지 않았다. 그들은 나를 똑바로 쳐다볼 수 없었다. 그렇게 하면 그저 또 다른 인간 존재를 보게 될 것이기에."[53]

그로부터 딱 한 달 후, 이번에는 로스앤젤레스 근방의 클레어몬트매케나대에서 250여 명의 학생들이[54] 모여 저널리스트이자 변호사, 사회평론가로 활동 중인 헤더 맥도널드[55]의 강연을 다른 학우들이 듣지 못하게 막았다. 맥도널드는 2016년에《경찰과의 전쟁》이라는 책을 펴내 이른바 '흑인의 생명도 소중하다' 시위의 역효과를 주장한 인물이었다. 그녀의 주장에 따르면, 이 시위로 인해 미국 경찰들은 소수 집단들이 사는 지역에 진입하거나 그곳에서 적극적으로 나서기를 더욱 주저하게 되었고, 그래서 인근 주민들에 대한 방범이 소홀해져 종국에는 범죄에 더욱 속수무책이 되었다는 것이다. 이 이론은 미 전역에 열띤 논쟁을 불러일으켰다. 이와 관련해 좌파 사회학자인 닐 그로스는《뉴욕 타임스》에 이렇게 썼다. "모든 사람들의 시선이 오로지 경찰의 직권 남용 문제에만 쏠리면, 범죄가 소리 소문 없이 증가할 수 있다. 진보주의자들은 저자의 생각이 그렇게 터무니없지만은 않다는 사실을 인정해야 할 것이다."[56] 하지만 일부 학생들에게는 맥도널드가 캠퍼스에서 자신의 이론을 펴는 것 자체가 곧 '폭력'을 허용하는 것이나 다름없는 일로 비쳤고, 그래서 필사적으로 그녀를 막아야 한다고 여겼다. 그런 학생들이 페이스북 알림으로 사람들을 끌어 모았다. "현장에 검은색 복장을 입고 나오도록" 하고, "뜻이 맞는 동료들도 함께 데려오세요. 우리는 이 강연을 막을 거니까요."[57] 시위 학생들은 사람들이 강연을 들으러 가지 못하도록 일일이 막아섰고, 그 바람에 맥도널드가 생방송 형식으로 강연을 진행하자 이번에는 거의 텅 비다시피 한 강의실로 몰려와 투명한 유리벽을 쾅쾅 두드리며 방해했다. 맥도널드는 이후 주방에 딸린 문을 통해 간신히 건물을 빠져나와 대기 중인 경찰차에 올라타야 했다.

이 사건이 터지고 난 후, 포모나대학교[58](포모나대는 다섯 개 대학으로 이루어진 클레어몬트 컨소시엄의 일부다)에서는 총장이 나서서 학문의 자유와 맥도널드의 발언권을 옹호하는 성명서를 썼다. 총장의 이 서한이 발표되자 포모나대 학생 세 명도 편지를 써서(다른 학생 스물네 명의 서명도 함께 들어 있었다) 왜 학교에서 맥도널드의 강연을 허용하면 안 되는지 그 이유를 밝혔다. 버클리대 사태 때도 그랬지만, 강연 자체가 일종의 폭력이라는 것이 이 학생들의 주장이었다. "경찰국가를 지지하는 그런 백인우월주의자 파시스트와 얽히는 것 자체가 일종의 폭력입니다."

학생들의 편지는 이분법적인 사고, 즉 '우리 대 그들'을 가르는 비진실을 전형적으로 드러내고 있다.

> 소외받는 정체성을 가진 학생들, 그중에서도 특히 흑인 학생들을 지지해주십시오. 그렇게 하지 않을 것이라면, 우리가 공동체들을 보호하고 조직하도록 그냥 내버려두십시오. 거들먹거리는 태도도, 양면적인 '체면의 정치'도, 그리고 시위와 조직 활동에 대한 획일적 사고도 전혀 없이 말입니다.[59]

학생들의 편지는 이렇게 이어진다. "헤더 맥도널드는 단순히 의견 차이에 대해 논쟁을 벌이는 데 그치지 않을 것입니다. 그녀는 흑인이 존재할 권리까지 문제 삼을 것입니다." 이 문장은 '예언자적 사고'를 담고 있는데, 학생들은 맥도널드가 무슨 말을 할지 지레 짐작하고 있다. 아울러 이 문장은 2017년에 도처에서 볼 수 있었던 '수사학적 과장'의 우도 범하고 있다. 연사가 특정 정체성 집단이 "존재할 권리"를 "부정"할 것이라고 주장한 게 그렇다.[60] '재앙화'의 일종인 이 같은 사고방식에서는, 연사가 실제 할 법한 말을 훨씬 넘어서 그 끔찍함을 과도하게 부풀린다. 뿐만 아니라 학생들은 맥도널드를 "파시스트, 백인우월주의자, 전쟁광, 트랜스젠더 혐오자, 동성애 혐오자, 계급주의자"라 칭하기도 했다. 이런 식이어서는 제멋대로 마구 딱지 붙이기를 했다고밖에 할 수 없다. 주장을 뒷받침할 명백한 증거도 없이, 심각한 비난의 목록을 만든 것이니까.[61]

대학생들인 이들은 어디서 이렇게 사고하는 법을 배운 것일까? 학생들이 당시 포모나대를 다니며 어떤 과목을 수강했는지, 혹은 이들이 대학에 들어오기 전부터 이미 이런 식으로 사고했는지 여부는 알 수 없다. 하지만 우리는 편지 전반에 걸쳐 앞서 제3장에서 설명한 공공의 적 정체성 정치의 영향력을 두루 발견할 수 있고, 아울러 학생들이 교차성 이론의 언어를 광범위하게 사용하고 있는 것도 알 수 있다. 한 예로, 학생들은 편지를 끝맺으며 총장에게 이런 식으로 메일을 보내라고 요구했다.

> 2017년 4월 20일 목요일까지 학생과 교수, 그리고 교직원 전체에게 요전의 그 잘난 성명[학문의 자유를 옹호한 내용]에 대해 사과하는 한편, 앞으로 포모나대에서는 혐오 발언은 물론이고, 소외된 학생들과 억압받는 사람들, 특히 소외된 정체성의 교차점에 걸쳐 있는 흑인 학생들에게 폭력으로 비쳐질 만한 발언은 일절 용납되지 않도록 단속해주십시오.

제3장에서 이미 살펴봤지만, 이런 식의 정체성 정치는 '우리 대 그들'을 나누는 이분법적 사고의 기질을 인간 안에 증폭시킬 뿐이다. 그것은 학생들에게 배움이 아닌, 전투를 준비하도록 한다.

샬러츠빌의 폭력 사태

버클리대, 미들베리대, 클레어몬트매케나대에서 벌어진 이들 사건은 어떻게 보면 좌파 쪽에서 일으킨 충격이었으며, 좌파의 이런 행태는 학교 안팎에서 일부 보수주의자들의 화를 부추겨 그들을 과격하게 만드는 결과를 초래했다. 하지만 이런 충격적인 사태를 끊임없이 일으키기는 우파 쪽도 마찬가지였으니, 여기에 좌파 역시 분을 못 이기고 과격해지면서 결국 이후 1년 동안 서로 격분하는 일이 빠르게 증대되었다. 그중에서도 가장 충격적인 사건이 버지니아주 샬러츠빌에서 일어났다. 2017년 8월 11일 밤, 자칭 대안 우파(신나치와 KKK 단원들도 상당수 포함되어 있었다)라고 하는 집단의 성원들이, 버지니아대의 유서 깊은 땅들을 가로질러 행진했다. 이들은 티키 횃불을 손에 들고, "유대인은 우리를 밀어낼 수 없다Jews will not replace us" 같은 신나치와 백인우월주의자의 슬로건을 연호했다. 공공의 적 정체성 정치의 예시로서 이보다 더 선명한 광경은 없을 것이다.

다음 날 이 인종차별주의자 무리는 샬러츠빌 시내를 가로지르며 가두행진을 벌였다. 나치식 만卍자 깃발을 치켜드는 한편, 남북전쟁 당시 남부군을 이끈 로버트 리 장군의 동상에 참배하는 것도 잊지 않았다. 행진이 벌어지는 동안, 대안 우파 여섯 명이 흑인 한 명을 철제 파이프와 장대로 두들겨 팼다. 그 흑인은 뼈가 골절되고, 살이 찢겨나가고, 내장이 파열되고, 뇌진탕이 일어났다.[62] 또한 행진 일행은 반대 시위자들인 안티파와도 충돌해 격렬한 마찰을 빚었다.[63] 급기야 아돌프 히틀러를 영웅시하는 한 백인우월주의자가[64]

어느 반대 시위자들 앞쪽에 차를 세운 다음 잠시 차를 뒤로 빼는가 싶더니, 돌연 앞으로 속도를 높여 사람들에게 쾅 부딪혔다. 이 차량에 치어 여러 사람이 공중으로 날아가면서, 평화롭게 시위를 벌이던 반대 시위대 가운데 최소 열아홉 명이 심각한 부상을 입었으며, 헤더 헤이어라는 서른두 살의 한 젊은이는 목숨을 잃었다. 친구들은 준법률가였던 그녀를 "박탈당한 사람들의 열정적인 대변인으로, 세상의 불의에 눈물 흘리는 일이 잦았다"라고 기억했다.[65] 딸이 죽은 후 헤이어의 어머니는 갖은 위협에 시달리기 시작했고, 결국 신나치가 묘소를 훼손하는 것을 막기 위해 비밀 장소에 헤이어를 묻었다.[66]

그러잖아도 분열돼 있던 나라는 나치 깃발과 헤이어의 죽음 앞에서 뿌리부터 뒤흔들렸다. 그러자 지도적인 위치에 있는 수많은 공화당원과 민주당원이 하나로 의기투합해, 백인우월주의자와 신나치를 강력하게 성토하고 나섰다. 하지만 그런 가운데서도 유독 한 사람의 목소리가 들리지 않았다. 트럼프 대통령은 여전히 잠잠했다. 얼마 전까지만 해도 숱한 사람들을 상대로 즉각 독설을 쏟아내던 대통령이었으나, 샬러츠빌의 백인우월주의 시위대에 대해서는 어쩐지 비난을 아끼고 미루었다. 헤이어가 세상을 떠나던 날, 대부분의 미국인들이 대통령을 바라보며 그가 신나치와 KKK를 분명하고 애매모호함 없이 비난해주길 바랐지만, 정작 그는 "이런저런 다양한 편"에 선 사람들이 품은 적의, 편견, 폭력을 싸잡아 비난했을 뿐이었다. 그러고 이틀이 지나서야 비로소 정식 담화문을 써서 비난 의사를 표했지만, 그다음 날 또다시 즉흥 발언을 내놓아 샬러츠빌 충돌 당시 "양쪽 편 모두에 아주 훌륭한 사람들"이 있었다고 말했다.[67] 샬러츠빌 행군은 근 수십 년간 미국에서 유례를 찾아볼 수 없을 만큼 인종차별주의와 반유대주의를 공공연히 표출한 사건이었음에도, 그 세 단어, "아주 훌륭한 사람들"[68]은 대통령이 행사를 주최한 이들에게 내심 동조하고 있음을 말해주었다.

2017년 가을

샬러츠빌 사태는 비극이었지만 동시에 기회이기도 했다. 대통령 및 그의 발언에 거리를 두는 수많은 공화당원, 보수주의자, 재계 및 군부 지도자들과 함께[69] 더 커다랗게 원을 그려 미국의 정치 지형을 변화시킬 수 있는 좋은 기회였던 것이다.[70] 그러나 어쩌면 당연한 얘기지만 샬러츠빌 사태의 여파로 대학 교정 안에서 두려움과 분노의 수위가 한층 높아졌고, 더 보통의 반응으로 '우리 대 그들'을 가르는 사고방식이 늘어나는 것 같았다. 학생들은 그런 사고방식이 아니었다면 어쩌면 동지가 되었을지 모르는 사람과 집단들(좌파 진영의 수많은 이들도 포함된다)에게까지 적의를 드러냈다. 2017년 가을 학기에 접어들자, 학생들이 교내 난동을 일으켜 강연이나 연설을 중단시키는 사례가 그 어느 학기보다 기록적으로 늘었다.[71] 예를 들어, 윌리엄앤드메리대학교에서는 미국시민자유연맹American Civil Liberties Union(이하 ACLU)의 버지니아 지부 소장인 클레어 거스리 가스타냐가가 연설하려던 것을 학생들이 중단시키는 사태가 발생했다. ACLU가 그간 샬러츠빌의 대안 우파 행진을 주최한 사람들의 헌법상 권리를 옹호해왔다는 것이 이유였다.[72] 하지만 ACLU는 줄곧 가난한 사람과 비주류 계층은 물론 LGBTQ(레즈비언, 게이, 양성애자, 트랜스젠더, 퀴어의 줄임말—옮긴이) 개인, 그리고 진보 진영이 확실하게 지키려는 여타의 사람들을 도와온 단체였다. 예를 들어 ACLU는 임산부의 권리 보호를 위해 애썼고, 의료 기관에 등록되지 않은 십대들의 낙태 수술을 도왔으며,[73] 성전을 외치는 과격파 이슬람의 텍스트를 영어 번역자들이 자유롭게 번역할 수 있는 권리를 옹호했으며,[74] 흑표당(미국의 급진적인 흑인운동 단체—옮긴이)의 권익을 지키기 위해서도 애썼다.[75] 이렇듯 ACLU는 이데올로기가 아닌, '권리' 자체를 지키기 위해 노력한다. 하지만 윌리엄앤드메리대 학생들은 하필이면 다른 많은 것들 중에서도 "혁명에 헌법 수호가 웬 말이냐!" "자유주의는 백인우월주의일 뿐이다" 등을 연호했다.[76]

그로부터 수 주일 후, 이번에는 오리건대학교 총장이 진행하려던 "대학의 상태State of the University"라는 연설이 무대를 장악한 학생 50여 명에게 막혀 중단되는 사태가 일어났다. 학생들은 "우리 없이는 우리에 대한 그 어떤 이야기도 없다"라는 구호를 연호했다. 한 학생은 메가폰을 잡고 이렇게 외쳤다. "우리는 무시당하지 않을 것이다." "우리 반대편에 서는 자들은 누구나 저항을 각오하라." 시위에 참가한 한 학생은 소수자 학생들에 대한 억압, 수업료 인상, 그리고 원주민의 권리가 문제라고 불평하면서, "파시즘과 신나치"를 시위의 이유로 밝혔다.[77] (오리건대 총장 마이클 쉴의 대가족 성원 일부는 실제로 제2차 세계대전 때 파시스트들에게 살해당했다. 쉴 총장은 이번 사태를 겪은 후 "학생 십자군, '파시즘'에 대항해 그릇된 길을 가다The Misguided Student Crusade Against 'Facism'"라는 제목으로 《뉴욕 타임스》에 특별 기고문을 실었다.[78]) 그 바로 다음 주에는 "시민 담론이란 무엇인가?

자유 사회에서 혐오 발언에 이의를 제기하다"라는 행사가 UCLA에서 열렸으나(미국홀로코스트기념관에서 후원했다), 질의응답 시간에 "파시즘을 거부한다Refuse Fascism"라는 시위대가 행사를 방해했다.[79]

그 뒤를 이어 오리건주 포틀랜드의 리드대학교에서 문제가 생겼다. 2016년 9월을 기점으로 장장 13개월 동안, 교내 활동가들은 신입생 인문학 강좌를 폐지시키려 했다. 이 강좌가 (오늘날 백인으로 여겨지는) 고대 그리스와 동부 지중해 세계의 사상가들에게 초점을 맞춘다는 것이 그 이유였다.[80] 하지만 이런 전술은 시위대의 애초 목표에 반하여 작동할 때가 자주 있는데, 해당 전술을 쓰지 않았더라면 오히려 시위대를 지지했을 숱한 사람들까지 적으로 돌려버리곤 한다. 신입생 강좌를 맡은 강사 가운데 한 명이었던 루시아 마르티네스 발디비아도 그런 사례였다. 그녀는 수업에서 레스보스섬 태생의 고대 그리스 시인으로서 페미니즘과 레즈비언 해방의 상징적 인물인 사포의 작품을 다룰 예정이었다.[81] 하지만 학생들이 교실 앞줄에 진을 친 채 그녀 옆에 바싹 붙어 공격적이고 상스러운 말들과 함께 몸짓으로 신호를 해대는 통에 수업 진행이 여간 곤혹스러운 게 아니었다. 발디비아는 학생들에게 자신이 PTSD를 겪고 있다고 털어놓은 뒤, 건강상의 이유도 있고 하니 자신의 수업 시간에는 시위를 삼가달라고 요청했다. 하지만 학생들은 공개서한을 작성해[82] 그녀의 요구가 "강사의 트라우마가 더 중요시되는 일종의 [트라우마] 위계질서를 만들어냈다"라고 불평하면서, 그녀를 "흑인 적대자"에 "장애인 차별주의자"는 물론 "가스라이팅"(피해자를 교묘하게 조종해 피해자 자신의 인식능력이나 정신 상태를 의심하게 만드는 것—옮긴이) 가해자로 몰아세웠다. 이런 위협적인 시위가 강의실 안에서 계속되는데도 대학 측이 수수방관하자 충격을 받은 발디비아는 결국 이를 공개적으로 알리기로 마음먹었다. 2017년 10월, 그녀는 《워싱턴 포스트》지에 "캠퍼스 안의 이 극단주의 양태에 대해 나 같은 교수들은 결코 잠자코 있을 수 없다Professors Like Me Can't Stay Silent About This Extremist Moment on Campuses"라는 제목의 영향력 있는 에세이를 실었다. 여기에 그 일부를 발췌한다.

> 그 누구도 자신의 발언이 허용되도록, 다른 누군가로부터 이데올로기 순수성 테스트를 받는 일 따위는 절대 없어야 한다. 생각이 자유로이 오가지 못하면, 대학 생활도(그와 함께 시민 생활도) 죽음을 고하기 마련이다. 눈앞에서 누가 겁박을 해오더라도, 교육자는 입을 다물기는커녕 도리어 목소리를 높여야 한다. 우리는 특별한 책임을 짊어진 사람들이기 때문이다. 우리는 사람들에게 무엇을 생각할지가 아니라, 어떻게 생각할지를 가르친다. 이 사실을 깨닫고 받아들이기에 내 상황이 아무리 불안정하더라도(나는 언제든 일자리를 잃을 수 있고, 종신 재직권도 없으며, 동성애자이고, PTSD를 앓는 혼혈 여성이다), 나는 책임을 통감한다. 차이를 인정하는 것이 무엇인지 그 본보기를 세우고, 학생들에게 길러주고자 하는 사상을 보살필 책임 말이다. 미국 전역의 그렇게나 많은 동료들과 마찬가지로, 만일 나도 내가 생각하는 바를 말하기 두려워한다면, 나도 이 문제에 공모하는 것 아니겠는가?[83]

샬러츠빌 사태는 국가적인 비극이었던 만큼 미국의 숱한 기관들, 그중에서도 특히 대학들에 충격파를 주었다. 이 사태가 터진 것은 도널드 트럼프가 대통령에 취임한 첫 해의 중반 즈음으로 한창 떠들썩하던 때였다. 그 후 수개월 동안, 학교 바깥의 백인우월주의자 단체가 인종차별주의를 내세운 포스터, 전단지, 스티커를 대학 캠퍼스 수백 군데에 뿌리는 등 학생들을 선동하고 회원들을 모집하려는 노력이 급격하게 증가했다.[84] 왜 그렇게 많은 학생들이 더 적극적이고 대결적인 형태의 시위를 끌어안았는지 우리도 이해하는 바다. 하지만 기본적으로 요즘 학생들의 활동이 흔히 '대단한 비진실'을 수용하고 자신들의 잠재적인 협력자들을 공격하는 경향이 있기 때문에, 더구나 대개 그런 공격적인 시위는 정확히 우파 진영의 선동가들이 상대편으로부터 유발하길 바라는 것이기 때문에, 수많은 학생 활동가들이 지금 명분은 물론 그들 자신까지 해치고 있다고 우리는 믿는다.

발언과 폭력의 차이

학생들도 대부분 폭력 사용에는 반대한다. FIRE에서 시행한 한 설문조사에 따르면, 누군가의 발언을 막기 위해 응답자가 직접 폭력을 행사할 의향이 있는가 하는 질문에 그렇다고 답한 학생은 단 1퍼센트에 그쳤다.[85] 그러나 나 말고 '다른' 학생들이 행사하는 폭력을 지지할 의향이 있는가 물었을 때는 훨씬 많은 수의 학생들이 그렇다고 답했는데(앞에서 언급한 두 번의 설문조사의 경우, 전체 학생의 대략 20~30퍼센트 정도), 버클리대 학생들이 제시한 것과 비슷한 유의 이유들을 정당화의 근거로 삼았다. 그중에서도 가장 흔한 정당화의 논거는 다름 아닌, 혐오 발언은 폭력이며, 따라서 혐오 발언을 중지시키기 위해 폭력을 쓰는 것은 정당하다고 일부 학생들은 믿는다는 것이었다. 폭력 사용이 윤리적으로나 법적으로 과연 정당한가 하는 질문은 일단 제쳐두고라도, 자꾸 이런 식으로 사고할 경우 심리적인 면에는 어떤 영향이 뒤따를까?

일부 정체성 집단에 속한 사람들의 경우, 확실히 이성애자 백인 남성에 비해 모욕을 당하는 일이 더 빈번한 게 사실이다. 그러므로 난상토론식의 자유 발언, 즉 뒤탈을 염려하지 않고 말하고 싶은 모든 것을 다 터놓는 방식은 저마다의 정체성을 가진 사람들에게 서로 다른 영향을 미칠 수 있다. 제2장에서도 이미 지적했지만, 이른바 정치적 올바름이라는 것은 일정 부분 '배려심'이나 '공손함'을 뜻한다. 다시 말해 타인을 배려하는 방식으로 말을 구사하는 것을 의미한다.[86] 그런데 학생들이 말을 폭력으로까지 해석하게 되면 커다란 실수를 범하는 셈이 된다. 심지어 그 말에 적의가 담겨 있는 경우라도 그렇다.

2017년 7월《뉴욕 타임스》에 말도 폭력이 될 수 있다는 주장이 제기되어 널리 퍼졌다. 글을 쓴 사람은 리사 펠드먼 배럿으로, 그녀는 노스이스턴대학교의 저명한 심리학 교수이자 감정 연구자다.[87] 배럿이 제시한 삼단 논법은 이런 식이었다. "만일 말이라는 것이 스트레스를 유발할 수 있고, 또한 장기간의 지속적인 스트레스가 신체적인 위해를 일으킬 수 있다면, 발언은(적어도 특정 종류의 발언은) 일종의 폭력이 될 수 있다."

그레그와 나는《애틀랜틱》지에 글을 실어, (설령 신체적인 위해라고 해도) 위해를 폭력과 동일한 것으로 보는 것은 명백한 논리적 오류임을 지적했다.[88] 배럿의 삼단논법을 잘 뜯어보면 A가 B의 원인이 될 수 있고, 아울러 B가 C의 원인이 될 수 있으면, A는 C를 일으킬 수 있다는 형식을 취하고 있다. 말이 스트레스를 일으킬 수 있고, 아울러 스트레스가 위해를 일으킬 수 있다면, 말도 '위해'를 일으킬 수 있다고 주장하는 것이다. 하지만 그렇다고 말이 곧 '폭력'이라는 논리가 성립하는 것은 아니다. 단지 말이 위해(심지어 신체적 위해)를 일으킬 수 있다는 논리만 성립할 뿐이며, 이 사실에는 우리도 의심의 여지가 없다고 본다. 그 둘이 어떻게 다른지 보려면, "말"을 빼고 그 자리에 "여자친구와의 결별" 혹은 "학생들에게 숙제 많이 내기" 같은 말을 넣어보기만 하면 된다. 이 둘은 모두 누군가에게 스트레스를 일으킬 수 있고(코르티솔 수치도 함께 상승시킨다), 스트레스는 위해를 일으킬 수 있으므로, 두 가지 모두 위해를 일으킬 수 있다. 하지만 그렇다고 해서 이 둘이 곧 폭력 행위인 것은 아니다.

캠퍼스 강연을 폭력으로 해석할 것인가는 선택에 달린 문제다. 강연을 폭력으로 해석하는 쪽을 택할 경우, 강연과 관련해 나의 고통은 늘어나는 한편, 내가 보일 수 있는 반응의 선택지는 도리어 줄어들게 된다. 가령 내가 야노풀로스의 강연을 학우들에 대한 폭력적인 공격으로 해석한다면, 그것에 관해 무엇인가 해야 한다는 도덕적 의무감이 들 것이다. 해야 할 그 무엇인가가 심지어 폭력적이더라도 말이다. 그것은 정확히 트롤이 그 희생자들을 다루는 방법과 똑같은 식의 대응이다.

하지만 만약 발언과 폭력의 차이를 머릿속에 똑똑히 유념하고 있으면, 더 많은 선택지가 놓이게 된다. 우선 첫째로, 스토아학파적인 태도를 취해 웬만한 일에 잘 동요하지 않는 능력을 키울 수 있다. 마르쿠스 아우렐리우스가 이렇게 조언한 것처럼 말이다. "상처받지 않기를 선택하라. 그러면 상처로 느껴지지 않을 것이다. 상처받았다고 느끼지 말라. 그러면 상처받지 않은 것이다."[89] 매일의 일상적인 상호작용 속에서 내 정체성을 위협받는 사례가 더욱 많아진 만큼, 스토아학파(와 불교와 인지행동치료)의 이 같은 능력을 키워나가는 것이 한층 값진 일이 돼가고 있다. 어떤 일에건 감정적으로 반응하지 않도록 해서, 내 마음과 코르티솔 수치를 남들이 마음대로 주무르지 못하게 하는 것이다. 스토아학파는 말이 직접적으로 스트레스를 일으키는 게 아니라는 사실을 알고 있었다. 그런 말들을 자신에게 위협이 된다고 해석하는 사람에게만, 말은 스트레스와 고통을 유발할 수 있다. 연사의 방문을 해롭다고 해석할지 말지는 내가 선택할 수 있는 문제다. 나는 내가 싸울 전장을 고를 수 있으며, 내게 중요한 정책들을 변화시키는 데 내 온 힘을 쏟아부을 수 있고, 그러면서도 트롤들의 수작에 놀아나지 않을 수 있다. 인터넷이라는 것은 앞으로도 늘 존재하고 있을 것이다. 극단주의자들은 이 인터넷을 통해 언제든 공격적 이미지와 말을 올릴 테고, 이때 다른 이들보다 쉽게 표적이 되는 집단이 있을 것이다. 물론 그것은 불공평한 일이다. 하지만 적의를 누그러뜨리고 분열의 상처를 잘 어루만지고자 한다면, 우리 모두는 눈앞에 얼쩡대는 어떤 것들은 그냥 무시하고 아무렇지 않게 우리의 일상을 밀고나갈 수 있어야 한다.

두 번째의 보다 급진적인 방식도 있다. 이 길은 "발언은 곧 폭력이다"라는 관점을 완전히 내던질 때에 비로소 열린다. 이 길에 들어서면 상대방의 생각과 주장이 나 자신을 더욱 강하게 만드는 수단이 될 수 있다. 이 같은 관점은 진보 진영의 활동가인 반 존스(버락 오바마 행정부에서 녹색일자리 정책 자문위원으로 일했다)가 2017년 2월 시카고대 정치학연구소의 대담에서 지지한 것이기도 하다. 이 자리에서 민주당의 전략가인 데이비드 액설로드는 존스에게, 이데올로기 면에서 공격적이라고 간주되는 연사가(이를테면 트럼프 행정부와 연계된 어떤 인물이) 캠퍼스로 초청되어 왔을 때 과연 진보 진영의 학생들이 어떤 반응을 보여야 좋을지 물었다. 그러자 존스는 우리가 제1장에서 설명한 "신체적 안전"과 "감정적 안전"이 어떻게 다른지 이야기하며 서두를 열었다.

> 안전공간과 관련해서는 크게 두 가지 생각이 있습니다. 하나는 정말 좋은 생각이지만, 다른 하나는 끔찍한 생각이죠. 캠퍼스 안에서 신변 안전이 보장돼야 한다는 생각에는 저도 완벽하게 동의합니다. 누구든 성추행이나 신체적 학대를 당하지 말아야 하며, 모종의 혐오 발언에서 특정하여 개별적으로 타깃이 되면 안 되지요("넌 깜둥이야" 등). 그런데 이것과는 또 다른 관점이 있어요. 요새는 이런 생각이 훨씬 득세하는 모양인데, 제 눈엔 그저 끔찍하게만 보이는 그 생각은 이렇습니다. "나는 이데올로기 면에서 안전해야 할 필요가 있어. 나는 항상 기분이 좋아야만 하지. 그러니 누군가 내 마음에 안 드는 말을 하면, [대학] 행정처를 비롯한 모든 사람이 그걸 문젯거리로 삼아야 해."[90]

이어서 존스가 대학생들에게 해준 조언은 이제껏 우리가 들은 그 어떤 것보다도 멋진 것이었다. 그는 다음과 같은 말로 유약함의 비진실을 거부하는 것은 물론 안전주의도 보란 듯이 뒤집었다.

> 저는 여러분들이 이데올로기 면에서 안전하기를 바라지 않아요. 감정적인 면에서 안전하길 바라지도 않습니다. 저는 여러분이 강인한 사람이기를 바랍니다. 그건 서로 달라요. 저라면 여러분이 정글에 있을 때 대신 길을 터주지 않을 겁니다. 부츠를 단단히 신고, 스스로 역경을 헤쳐 나가는 법을 배우세요. 또한 여러분이 운동을 할 때도 저는 역기를 대신 들어주지 않을 거예요. 역기를 스스로 드는 것이 바로 운동의 요점이고, 운동 그 자체이니까요.

깨지지 않는 단단함이 어떤 것인지 존스는 잘 알고 있다는 이야기다. 그는 진보적인 대학생들이 자신들을 위태롭게 흔들리는 촛불이 아닌, 활활 타오르는 불길로서 바라보기를 원한다. 그런 불길이라면 바람을 오히려 반기며, 이데올로기적으로 서로 다른 연사들과 생각들을 적극적으로 찾아 나설 테니까.

제4장
갈무리

2017년 2월 1일 UC버클리에서 일어난 이른바 "밀로 난동"은 캠퍼스 시위의 중요한 변화를 보여준다. 폭력이 연사의 발언을 막는 성공적인 수단이 된 것이다. 많은 사람들이 부상을 당했지만, (적어도 우리가 아는 한) 폭력을 행사한 그 누구도 상응하는 대가를 치르지 않았다. 오히려 일부 학생들은 해당 연설이야말로 폭력이나 다름없었으며, 자신들의 폭력은 그것을 막기 위해 행한 일종의 타당한 "자기방어"라고 정당성을 주장했다.

연설을 중단시키기 위해 직접 폭력을 행사할 의향이 있다고 말하는 학생은 극히 드물다. 하지만 2017년 말 행해진 두 차례의 설문조사에서 상당수의 비주류 학생들이(한 조사에서는 20퍼센트, 다른 조사에서는 30퍼센트) 연사들의 캠퍼스 내 연설을 막기 위해 '다른' 학생들이 폭력을 사용하는 것은 때로 "용납할 수 있다"고 말했다.

버지니아주 샬러츠빌에서 '유나이트 더 라이트Unite the Right'(우파 단합—옮긴이) 집회가 열렸는데, 여기서 한 백인 민족주의자가 반대편의 평화적인 시위자 한 사람을 죽이고 여럿을 부상 입히는 사태가 일어났다. 그 후 몇 달 동안 극우 진영의 도발이 더욱 늘어남에 따라, 캠퍼스 내에서 긴장이 고조되었다.

🙞_ 2017년 가을, 연설을 중단시키려는 시도가 횟수상 기록적인 수준에 달했다.

🙞_ 2017년 들어, (아무리 해당 발언이 위협, 괴롭힘, 폭력 선동과 관련 없더라도) 발언이 곧 폭력일 수 있다는 생각이 널리 퍼지게 된 것 같다. 말의 의도가 아닌 단지 그 감지된 영향에만 초점을 맞추는 사회 일각의 경향이 이를 부추겼다. 요새는 일부 집단의 성원에게 스트레스나 두려움을 일으키는 말들이 일종의 폭력으로 간주되는 경우가 자주 있다.

🙞_ 발언은 곧 폭력이 아니다. 그런 식으로 해석하는 것은 선택의 문제지만, 그런 선택을 하면 더 힘들고 괴롭기만 할 뿐이고, 보다 효과적으로 반응하는 것이 어려워진다. 우리는 스토아학파 식의 반응(무반응의 담담한 태도를 계발하는 것)도 할 수 없을 뿐더러, 반 존스의 단단함에 기초한 반응("부츠를 단단히 신고, 스스로 역경을 헤쳐 나가는 법을 배우세요")도 할 수 없다.

제4장의 서두를 열었던 인용문에서, 넬슨 만델라는 상대편을 악마로 몰아 그들에게 폭력을 행사하는 게 얼마나 위험한 일인지 경고했다. 마하트마 간디와 마틴 루서 킹 주니어를 비롯한 여러 비폭력 저항 운동의 옹호자들과 마찬가지로, 만델라도 폭력적이고 인간성을 말살하는 전술은 자멸을 초래할 뿐이며, 그렇게 되면 결국 평화롭게 문제를 해결할 가능성은 완전히 닫혀버린다고 지적했다. 그런데 어떤 운동의 목표가 단지 '평화로운 문제 해결'이 아니라, (적어도 부분적으로는) '집단 단결'에 있다면 어떻게 될까? 새로이 대두한 안전주의 문화를 사회학적 측면에서 들여다볼 경우, 우리 눈앞에 과연 어떤 광경이 펼쳐질까?

제5장

마녀사냥

> 대중운동이 일어나고 확산되는 데에 신에 대한 믿음은 없어도 상관없다. 하지만 악마에 대한 믿음이 없으면 절대 안 된다.
>
> _에릭 호퍼, 《맹신자들》[1]

마오쩌둥주의, 매카시즘(1950년대 미국의 극단적인 반공주의—옮긴이), 자코뱅주의(프랑스혁명의 과격 공화주의 당파사상—옮긴이), 그리고 특히 마녀사냥. 이 용어들은 우리가 앞서 제4장에서 논의한 종류의 사건들에 적용되어 쓰이는 말들이다. 이런 용어들을 쓰는 사람들의 주장에 따르면, 요새 우리가 미국 대학의 캠퍼스에서 목격하는 일들은 사실 오랜 시간 사회학자들이 연구해온 주제다. 이런 현상이 벌어지는 공동체에서는 사람들이 보통 종교적 혹은 이데올로기적 순수성에 집착하고, 자기들 무리 내부에서 어떻게든 적을 색출해 처벌할 필요가 있다고 믿는다고 한다.

15세기에서 17세기 사이에도 그런 마녀사냥의 물결이 유럽을 수차례 휩쓸었다. 주로 종교개혁에 뒤이은 전쟁과 갈등이 마녀사냥을 추동했으며, 툭하면 다시 창궐하는 역병에 대한 두려움 역시 마녀사냥의 한 원인이었다.[2] 수만 명, 어쩌면 수십만 명에 달하는 무고한 사람들이 죽임을 당했으며, 그렇게 죽는 것도 펄펄 끓는 기름, 시뻘겋게 달군 인두, 엄지나사(엄지손가락을 조여 고통을 주는 고문기구—옮긴이) 등으로 '심문', 다시 말해 고문을 당한 뒤인 경우가 많았다.[3]

미국 역사상 가장 유명한 마녀사냥은 매사추세츠주 세일럼에서 벌어졌다. 1692년 1월, 두 어린 소녀가 갑자기 간질 발작과 몸떨림 증상에 시달리기 시작했는데, 어른들은 이것을 흑마술 탓으로 돌렸다. 그러고 나서 몇 달 동안, 수십 명의 사람들은 자신이 마녀에게 고문을 당했다고 주장하거나, 혹은 자신이나 가축이 마녀의 마술에 걸렸다고 했다. 결국 흑마술을 부렸다는 죄목으로 최소 144명(그중 남성도 38명 끼어 있었다)이 소송을 당해 재판에 넘겨졌다. 이 중 19명이 교수대에 목이 매달려 목숨을 잃어야 했고, 한 사람은 무거운 돌덩이에 깔려 죽기도 했다.[4]

마녀재판은 보통 역사적, 사회적으로 다음과 같이 분석된다. 어떤 집단이 외부에서 위협이 가해진다고 느낄 경우, 아니면 집단 내부의 응집력이 허물어지거나 상실될 위험에 처했다고 느낄 경우, 그것에 대한 반응으로 마녀사냥이 일어난다는 것이다. 세일럼의 경우에는, 앞서 말한 마녀사냥이 있기 몇 년 전쯤 오늘날 메인주에 속하는 지역(하지만 당시에는 매사추세츠주의 일부였다)에서 마을 주민들이 프랑스인은 물론, 동맹이었던 토착 원주민을 상대로 살벌한 국경 전쟁을 치렀던 상황이었다. 당시 마을 주민들 사이에는 언제 또 있을지 모를 공격에 대한 불안감이 팽배했다.[5] 그런데 2015년 가을부터 미국의 주요 일간지 헤드라인을 차지해온 대학 캠퍼스의 사태들도, 과연 이런 사회학적 프레임에 맞춰 생각할 수 있을까?

필자 조너선이 고금을 통틀어 가장 애호하는 사상가는 에밀 뒤르켐으로, 그는 19세기에서 20세기 초에 활동한 프랑스의 사회학자다. 뒤르켐은 집단과 공동체가 여러 가지 면에서 유기체와 유사한 특성을 지닌다고 봤다. 이들 사회적 실체들도 마치 유기체처럼 자신들 내부의 결속력을 다지는 동시에 공통된 도덕의식을 향상시켜야 할 필요를 끊임없이 느낀다는 것이다. 뒤르켐은 인간 존재를 "호모 듀플렉스Homo duplex" 또는 "두 가지 차원을 지닌 사람"이라고 불렀다.[6] 우리는 한 사람의 개인으로서 각자의 일상에서 이런저런 목적을 추구하는 것에 능하다(뒤르켐이 "세속적" 혹은 평범한 차원이라고 표현한 부분이다). 또한 우리는 일시적으로나마 보다 상위의 집단적 차원에도 진입할 수 있는 능력을 가졌는데, 뒤르켐은 이를 "신성한" 차원이라 불렀다. 뒤르켐에 따르면 우리 인간에게는 반드시 집단의 일부가 되어야만 경험할 수 있는 일련의 감정들이 있는데("집단적 들썩임collective effervescence" 같은 느낌), 이를 뒤르켐은 집단이 한데 모여 오롯이 혼연일체가 되었을 때 발생하는 사회적 "전류" 같은 것이라 표현했다(여러분도 팀 스포츠 경기를 뛰거나, 합창단에서 노래를 부르거나, 함께 기도를 드릴 때 이런 기분을 느껴봤을 것이다). 사람들은 단 하루 동안에도 이 두 차원을 얼마든지 넘나들 수 있는데, 사람들을 보다 상위의 집단적 차원으로 끌어올려 그들을 집단에 한데 엮어주고, 그러고 난 뒤 사람들이 집단 정체성과 충성심이 강화된 채 다시 일상으로 돌아올 수 있도록 하는 것이 바로 종교적 의례의 기능이다. 사람들이 하나 되어 함께 노래 부르고, 춤추고, 구호를 연호하는 그런 의례는 유달리 막강한 힘을 가진다.

도덕적인 명분을 내건 갑작스러운 폭력 사태는 외부인이 보기에는 혼란스럽기만 한데, 이럴 때 특히 뒤르켐의 접근법을 적용하면 도움이 된다. 1978년에 사회학자 앨버트 버거슨은 "1966~1969년 중국 문화혁명의 사례로 본 뒤르켐의 '마녀사냥' 이론A Durkhemian Theory of 'Witch-Hunts' With the Chinese Cultural Revolution of 1966-1969"이라는 제목의 글을 한 편 썼다.[7] 뒤르켐의 이론을 가지고 1966년 5월 베이징에서 폭발한 광기를 조명한 글이었는데, 1966년 당시 마오쩌둥은 친자본주의자 적들이 침투해 나라를 위협하고 있다고 한창 경고하고 있었다. 그러자 열성파 대학생들은 홍위병을 조직해 혁명의 적들을 색출해 처벌하는 것으로 화답했다. 중국 전역의 대학들이 몇 년 동안 휴교하는 사태가 벌어졌다. 그 기간 동안 홍위병은 자본주의, 외세, 부르주아적 가치가 조금이라도 눈에 띈다 싶으면(혹은 의심된다 싶으면) 모조리 뿌리 뽑을 기세였다. 실상 이는 성공한 사람 혹은 기량이 뛰어난 사람을 모두 혐의의 대상으로 두겠다는 뜻이었고, 그렇게 해서 수많은 교수, 지식인들, 그리고 대학의 행정처 직원들이 옥에 갇히거나 목숨을 빼앗기는 신세가 되었다.[8]

문화혁명의 여러 잔혹성 중에서도, 이른바 "비판 투쟁"이라는 것이 있었다. 그 자리에서 고발자들은 이데올로기가 불순하다고 의심받는 사람들을 끌어다놓고 빙 둘러선 뒤, 심한 조롱과 멸시의 말을 퍼붓는 것은 물론 때로는 구타까지 했다. 혐의자는 죄를 자백하는 것은 물론, 비굴한 사과와 앞으로 더 잘하겠다는 다짐도 했다. 학생들은 때로 자신을 가르친 선생님까지도 잡아들였다. 그 후 몇 년 동안 이런 식의 박해를 당한 사람이 무려 수천만 명에 이르렀고, 목숨을 잃은 사람도 수십만 명에 달했다.[9]

자기 파괴나 다름없는 이 광란의 사태는 도대체 어떻게 일어날 수 있었던 것일까? 버거슨의 지적에 따르면, 정치적 마녀사냥은 대체로 다음의 세 가지 특징을 공통적으로 지닌다고 한다. 첫째, 급격하게 부상한다. 둘째, 집단에 해를 끼친 범죄 혐의를 보여준다. 셋째, 혐의를 받게 된 범죄 행위의 내용이 사소하거나 조작된 것일 때가 많다. 버거슨 자신의 표현을 빌리면 다음과 같다.

1. 급격하게 부상한다

"마녀사냥은 한순간에 극적으로 터지는 사태처럼 보인다. 다시 말해 사회생활에서 통상적으로 볼 수 있는 모습이 아니다. 공동체는 자신에게 득실대는 온갖 체제 전복적인 요소들을 갑작스레 알아차리게 되고, 집단 전체가 통째로 위협에 처한 것처럼 보인다. 프랑스 혁명 당시의 공포정치, 스탈린식 공개재판, 미국의 매카시즘만 떠올려봐도, 어디나 똑같은 현상이 나타났음을 알 수 있다. 이런 상황에 처하면 공동체는 내부의 적들을 쓸어내기 위해 격렬하게 세를 규합하게 된다."[10]

2. 집단에 해를 끼치는 범죄

"이런 마녀사냥 기간에는 다양한 죄목들이 등장하는데, 희생자들은 주로 국가라는 공동체 전체에 해를 끼쳤다는 혐의를 뒤집어쓰게 된다. 자칫 잘못했다간 집단 전체의 존망이 위태롭다. 누군가가 국가, 민족, 혁명, 혹은 그들의 정체政體를 해치고 전복하려는 중이기 때문이다."[11]

3. 혐의 내용이 사소하거나 조작된 것일 때가 많다

"이런 죄목과 탈선은 지극히 사소하고 하찮은 행동들이 애초 꼬투리로 잡혀 국가 전체에 해를 끼친 죄로 연결되는 듯하다. 아닌 게 아니라, 우리가 이들 사태에 '마녀사냥'이라는 용어를 붙이는 것도 거기에 무고한 사람들이 누명을 뒤집어쓰고 억울하게 뒤얽히는 경우가 많기 때문이다."[12]

버거슨이 제시한 이 목록에 우리는 다음의 네 번째를 추가하고자 하는데, 앞의 세 가지로부터 필연적으로 뒤따를 수밖에 없는 특징이다.

4. 혐의자를 옹호하길 두려워한다

누군가가 공개적으로 혐의를 뒤집어쓰게 되면, 곁에서 지켜보던 숱한 친구들과 구경꾼들은 그가 결백하다는 사실을 잘 알면서도 그 어떤 말도 입 밖에 내기를 두려한다. 혐의자를 선불리 두둔하고 나섰다간 집단의식儀式이 거행되지 못하게 막았다고 몰리기 때문이다. 이런 상황에서 혐의자 편에 서는 것은 집단을 공격하는 것과 진배없으며, 따라서 그도 비슷한 죄인 취급을 받게 될 것이다. 열성과 두려움이 극히 격렬할 경우, 사람들은 심지어 혐의자의 친구들과 그의 가족들까지 시험대에 세우려 들 것이다.

그런데 뒤르켐의 이론으로 문화혁명을 바라본 버거슨의 이런 분석이 이 책에서 무슨 소용이 있을까? 우리가 이 책의 앞부분에서 다룬 몇몇 사건들을 비롯해, 2015년 이후 미국의 대학가에서 벌어지고 있는 일련의 극적인 사태들을 설명할 때 이 분석이 과연 도움이 될까? 두 운동은 역사적 사건의 틀에서 보면 도무지 같은 점이라고는 없어 보인다. 무엇보다 홍위병은 폭력 사용을 부추긴 전체주의 독재자의 지지를 등에 업고 전개된 운동인 데 반해, 미국 대학생들의 경우 자발적으로 조직이 형성됐을 뿐 아니라 거의 전부 비폭력적이었다. 하지만 둘 사이에는 비슷한 점도 있다. 예를 들어 두 운동 모두 고결한 이상처럼 보이는 것, 즉 평등주의 원칙에 따라 사회의 틀을 다시 짜겠다는 이상주의자 학생들이 주축이 되어 일어났다. 또한 버거슨의 분석은 두 운동 모두 "극적으로 분출"하는 양상으로 시작되었다는 사실을 보여준다. 그런 뒤에야 전국 대학에서 격렬하고 급속한 동원이 이루어졌고 말이다.[13] 아울러 대대적인 시위가 일어났어도 그 발단은 사소한 행위였다는 점도 비슷하다. 크리스태키스가 예일대의 핼러윈 복장에 관해 이메일을 썼던 것이나[14] 스펠먼 처장이 클레어몬트매케나대의 학생과 연락을 취하다 그만 '틀'이라는 단어를 사용했던 사례가 그렇다.[15] 학교 바깥의 사람들이 보기에는 이 두 통의 이메일이 뭐 그리 대수라고 두 여성을 맹비난하며 해고까지 요구하는 대규모 시위가 일어난 것인지 잘 이해되지 않을 때가 많다.

버거슨의 접근 방식은 미들베리대에서 일어난 폭력 사태에도 잘 적용된다. 당시 시위의 주요 동영상들을 보면, 학생들은 찰스 머리가 입을 열지 못하도록 구호를 연호하고, 노래를 부르고, 가끔은 일제히 몸을 전후좌우로 흔들었다.[16] 뒤르켐이 말한 '집단적 들썩임'이 여지없이 드러난 모습으로, 사람들은 이 상태에서 집단행동에 돌입할 사회적 전류를 충전하게 된다. 연구 결과에 따르면, 사람들은 함께 노래를 부르거나 몸을 흔드는 등의 동일한 움직임에 들어가면 집단 성원끼리 더 잘 협력하게 될 뿐 아니라, 신체적으로도 더 강인한 힘이 생겨 눈앞에 놓인 난관을 잘 헤쳐 나갈 수 있다고 한다.[17] 스탠저 교수의 경우에도 만약 부리나케 그 자리를 빠져나왔다면, 그래서 학생들이 함께 몸을 흔들고 구호를 연호할 시간이 충분히 없었다면, 그런 폭력 사태에 휘말리지 않았을지도 모른다.

어떤 운동이 일어나 우리가 보기에는 아무 죄 없는 사람들을(크리스태키스와 스펠먼처럼) 공격 대상으로 삼을 때 우리는 그것을 마녀사냥이라 부른다. 그러나 우리가 아무리 옳다고 해도, 사냥에 나선 사람들이 아무런 정당한 근거도 없이 무조건 분노와 두려움을 표출하고 있는 것만은 아니다. 2015년 무렵, 무장하지 않은 흑인들을 총으로 쏘거나 그들을 목 조르는 경찰관들의 모습이 동영상을 통해 미국 대부분의 시민들에게 알려졌다. 수많은 흑인들은 그 광경에 신경이 곤두서 전반적인 위기감을 느끼고, 그래서 체계적인 인종차별주의(특히 형법 체계 안에서 벌어지는 인종차별주의)에 반대하는 운동을 점점 적극적으로 전개하게 되었다. 하지만 그렇다 해도 궁금한 점은 남는다. 왜 그토록 많은 대학생들이 자신의 그 대단한 열정과 노력을 다른 데가 아닌 자기들 대학을 바꾸는 데에, 그리고 자기들 공동체 내부의 적을 색출하는 데에 쏟아부었을까? 이와 관련해 의문이 하나 더 있다. 왜 이런 시위들이 미국에서 가장 진보적인 지역(뉴잉글랜드와 웨스트코스트), 그중에서도 진보 정치로 유명한 학교들에서 가장 무서운 기세로 가장 빈번하게 일어났는가 하는 점이다.[18] 이들 학교는 이미 진보적이고 포용적인 사회정책들을 시행하는 데 누구보다 많은 노력을 쏟아붓고 있지 않은가?

이런 의문점을 더 진전시키기 위해, 잠시 학생들에게서 눈을 돌려 딴 데 초점을 맞춰보기로 하자. 이어지는 글에서는 요즈음 교수들 사이의 경향 하나, 즉 공개서한을 통해 동료 교수를 매도하는 경향에 대해 살펴볼 것이다. 이는 뒤르켐이 말한 틀에 아주 잘 들어맞는다. 교수 수백 명이 결집해 동료 교수 한 명을 매도하거나 혹은 그가 쓴 학계 논문을 (단순히 반박하는 차원이 아니라) 철회하라고 요구하는 일이 빈번하다. 학생들뿐만 아니라 교수들 사이에서도 뭔가 심상찮은 변화가 있는 것이다. (우리는 다음 제6장에서 이러한 변화를 정치적 양극화의 부상이라는 더 광범위한 국가적 맥락에서 살펴볼 것이다. 대학 캠퍼스 바깥에서 이뤄지는 우파의 도발적 선동이 어떤 식으로 대학 내에 심상찮은 사태들을 일으키게 되는지 자세히 살피게 될 것이다.)

도발적인 생각

2017년 3월 29일 잡지 《히파티아: 페미니스트 철학 저널》은 자사가 운영하는 웹사이트에 〈인종전환을 옹호하며〉라는 글을 게시했다.[19] 글쓴이는 테네시주 멤피스에 소재한 로즈대학교에서 철학과 조교수로 재직 중인 리베카 투벨이었다. 그녀는 이 글에서 케이틀린 제너의 사례와 레이철 돌레잘의 사례를 나란히 제시했다. 제너가 (남성에서 여성으로) 성전환을 했을 때에는 세간에서 대체로 긍정적인 반응이 일었으나, 흑인인권단체인 NAACP(전미흑인지위향상협회)

의 전임 지부장이었던 돌레잘의 경우에는 달랐다. 돌레잘은 흑인이 아닌 백인 여성임에도 자신이 "흑인의 정체성을 가진다"고 주장했는데, 당시 사람들로부터 숱한 "조롱과 비난"을 받았던 것이다.[20] 이 글에서 투벨은 자신의 관심이 돌레잘의 특정 사례에 있기보다는, "인종전환에 대한 찬반 입장"에 있다고 밝혔다. 전반적으로 미국 사회는 인종전환에는 적대적이고 성전환에는 보다 개방적인 편인데, 알고 보면 이 두 종류의 정체성 전환이 여러 가지 면에서 비슷한 화두를 던진다는 것이 투벨의 주장이었다.

이 글에서 투벨은 힘주어 강조하길, 자신은 트렌스젠더의 권리를 강력하게 지지하는 입장이며, "인종과 성이 서로 평등해야 한다는 취지로 이 글을 쓴 것도 아니다"라고 했다. 투벨은 비슷한 논지의 주장을 예전에도 펼친 적이 있었지만, 그때는 별다른 논쟁 없이 넘어갔었다. 로즈대 웹페이지 상에는 그녀의 연구가 "'페미니스트 철학'과 '인종 및 동물 윤리의 철학'을 넘나든다"고 적혀 있다. "인간성에 대한 그릇되고 해로운 관념들"이 "동물, 여성, 하위 인종 집단"이 받는 억압과 어떤 면에서 서로 겹치는지 숙고하는 것이 그녀가 주로 연구하는 내용이다.[21] 한마디로 투벨은 당대의 논쟁거리들을 어떻게 풀어내야 할지 제대로 아는 학자로, 단언컨대 트렌스젠더에게 해를 끼치려는 의도는 추호도 없었다.

그러나 요즘 같은 안전주의 문화에서 의도는 더 이상 중요하지 않다. 오로지 당사자가 느끼는 영향만 중요할 뿐이다. 아울러 은밀한 개념 확장 탓에, 이제는 아무리 사소한 일도 약자 집단에 해로운(심지어는 폭력적인) 영향을 끼친 것으로 여겨질 수 있다. 버거슨의 말마따나, 집단에 대한 공격으로 여겨지는 것은 무엇이든 집단적

응징의 기회, 나아가 연대 강화의 기회로 쓰일 수 있다.

이 글이 게시되고 몇 주가 지났을까. 소란스럽다 싶더니 급기야 한 통의 공개서한이 발표되기에 이른다. 《히파티아》의 편집자를 비롯해 "보다 폭넓은 《히파티아》 공동체"[22]에게 보내는 것이었다. 서한에서는 투벨의 글을 철회하라고 요구했다. 글을 반박하는 게 아니라 철회를 요구한 것이다. 공개서한 서명자들은 투벨에게 대응할 기회, 나아가 그녀가 저질렀을지 모를 실수를 바로잡을 기회를 주라고 요청하고 있지 않았다(보통 학계에게서는 그렇게 하는 것이 관례이다). 그들은 투벨의 기사를 학계 기록에서 완전히 삭제해달라고 요구했다(이렇게까지 하는 경우는 저자가 사기를 치거나 표절을 하지 않는 한 좀처럼 보기 힘들다). 향후 이 글이 "지속적으로 열람되면" 유색인종 여성과 성전환자 공동체가 "해"를 입는다는 것이었다. 그러나 그들은 "[이 글의] 게재로 인해 숱한 피해가 발생했다"고 주장하면서도, 정작 그 "피해"가 무엇인지는 적시하지 않았다. 오히려 서한은 "그로 인한 숱한 피해를 소모적으로 요약하지 않겠다"라며, 투벨의 글이 해를 끼쳤다는(혹은 끼쳤을 가능성이 있다는) 사실을 증명할 증거는 대지 못한 채 발을 뺐다.[23]

개별적인 비판도 속속 끼어들었다. 이들은 투벨의 글이 "성전환자 혐오"를 보이는 데다, "폭력적"이며, "백인 페미니즘으로 무장한 온갖 그릇된" 표현들을 담고 있다고 했다. 테네시대학교 철학과 조교수인 노라 베렌스타인은 투벨의 글이 어떤 식으로 "성전환자 혐오라는 폭력을 두서없이" 담고 있는지 페이스북을 통해 자세히 설명했다. 그녀의 주장에 따르면, 투벨은 "글 도처에서 갖가지 방식으로 폭력을 행사하고 위해를 가한다." 우선 투벨은 "성전환자 여성이 개명 전에 쓰던 이름을 들추어냈을 뿐 아니라"(제너가 남성이었을 때의 본명, 즉 브루스라는 이름을 언급한 것을 이른다),[24] "'성전환transgenderism'이라는 말을 쓴 것"은 물론, "'생물학적 성'에 대해 이야기하고", "'남자 생식기' 따위의 표현까지 사용하고 있다". 그런데 놀라운 사실은, 이런 식으로 투벨의 글에 토를 다는 사람 중에는 그녀의 '주장'이 아니라 그녀가 택한 '어휘'를 문제 삼는 경우가 정말 많다는 점이다. 공개서한에서도 투벨이 "관련 하위 분야의 관행상 잘 인식되지 않고, 인정되지 않고, 채택되지 않는 어휘와 프레임을 사용하고 있기 때문에" 글이 철회되어야 한다는 주장이 있었다. 스펠먼 처장이 "틀"이라는 말을 메일에서 사용했을 때처럼, (버거슨의 표현을 빌리면) 이렇듯 "사소하고 하찮은 행동들"도 얼마든 "[집단] 전체에 해를 끼친 죄"로 여겨질 수 있는 것이다.[25]

제시 싱갈은 좌파 성향의 사회과학 저널리스트로, 공개서한에 열거된 투벨의 혐의 목록을 살펴본 다음, 투벨이 쓴 원래의 글도 찾아 읽어봤다. 그 후 《뉴욕》지에 기고한 온라인 기사에서 이렇게 말했다. "[그 공개서한에서] 오류라고 지적하는 점들은 하나같이 투벨의 글에 대한 밋밋한 독해에 바탕을 두고 있는데, 이는 아예 부정확하거나 판단을 그르치게 한다."

> 무엇보다 놀라운 사실은, 이 서한은 투벨의 글과 관련해 기본 사실조차 헛짚은 부분이 정말로 많다는 점이다. 공개서한 작성자들이 작심하고 글의 내용을 거짓으로 꾸며냈거나, 아니면 글은 읽어보지도 않고 서한을 썼다고 여겨질 정도다. 그 공개서한에 서명한 수백 명의 사람들은 자신들의 동료 중 한 명의 연구를 심각하게(그리

고 두말할 나위 없이 악의적으로) 폄훼하는 문서에 자기 이름을 올린 것이다. 이런 일은 학계에서는 웬만해서는 일어나지 않는다. 이건 정말 기이하고 말도 안 되는 대중적 집단사고의 사례로, 아마도 온라인 모욕과 급격한 군중 증가의 역학이 사태에 기름을 붓지 않았나 싶다.[26]

투벨의 글에 대한 이 같은 반응은 뒤르켐의 틀을 가지고도 잘 설명이 된다. "알 수 없는 어딘가에서" 난데없이 "대중적 집단사고"가 분출해, ("남자 생식기" 같은 말을 썼다는) 사소한 일들을 빌미로 약자 공동체가 중대한 공격을 받았다고 몰아붙였으니 말이다. 이런 공격들은 그 후에 확실히 집단적인 반응, 연대를 부추기는 반응을 이끌어낸다. 공개서한이 바로 그런 것이었다. 공개서한에서 사람들은 수백 명이 결집해 공개적으로 이름을 써넣고, 혐의를 받고 있는 마녀를 향해 집단적으로 손가락질을 했다. 이것을 보고 싱갈은 자신의 글에 이런 제목까지 붙였다. "바로 여기 현대판 마녀사냥이 연출되고 있다This is What a Modern-Day Witch Hunt Looks Like."

투벨 사태를 통해 우리는 마녀사냥의 네 번째 요건, 즉, 혐의자를 옹호하는 것에 대한 두려움도 확인할 수 있다.[27] 투벨의 박사학위 지도교수였던 켈리 올리버는 한때 자신이 가르친 제자를 옹호하며, 그렇게나 많은 동료들이 비겁하게 처신한 것에 대해 애석해했다.

[올리버에게, 그리고 투벨에게] 개인적으로 보낸 메시지 중에는, 함께 마음 아파하고, 지지를 표하고, 지금 사태가 정말 안타깝다고 하면

서도, 공개적인 지지를 표하지 못해 미안하다고 말하는 이들이 더 러 있었다. 어떤 학자가 사적으로 이런 메시지를 보냈던 것처럼 말이다. "이런 이야기를 공개적으로 하지 못해 안타까워요(저는 페이스북의 그 같잖은 여자들과 싸움을 붙고 싶은 생각이 추호도 없어서요). 이런 말을 해서 무슨 소용이 있겠냐 싶지만, 저는 당신이 비주류 학자들을 상대로 폭력적인 행동을 했다고는 전혀 생각하지 않아요.

올리버에 따르면 이렇게 단순히 겁쟁이 차원에서 끝나지 않는 학자들도 있었다. 그들은 사적으로는 투벨을 지지한다고 말해놓고 공적인 자리에서는 그녀를 공격했다.

이런 사람들은 개인적으로 보내는 메시지에서는 그녀가 분명 견디기 힘든 상황일 텐데 도움을 주지 못해 미안하다고 말해놓고는, 공적인 자리에서는 소셜미디어의 적의와 분노가 더욱 끓어오르게 부채질했다. 도무지 영문을 모르겠다. 그토록 많은 학자들, 특히 페미니스트들은 왜 문 뒤에서는 고상한 감정을 토로해놓고 문 밖에서는 다른 말을 하는 것일까? 공적인 자리에서 아무 말도 못하는 사람들은 또 왜 그렇게 많은가?[28]

뒤르켐과 버거슨은 이 질문에 바로 답을 해준다.[29] 바로 이것이 마녀사냥이 벌어지는 동안 사람들이 벌이는 행태인 것이다.

철회는 새로운 형태의 반박이다

공개서한을 통해 다른 교수들을 비난하고 그들의 연구를 철회해달라고 요구하는 이런 사태는 얼마 안 가 또 일어났다.[30] 2017년 8월, 펜실베이니아대학교의 에이미 왁스와 샌디에이고대학교의 래리 알렉산더, 두 법학과 교수가 필라델피아의 한 신문에 "미국의 부르주아 문화 붕괴로 우리가 치르고 있는 대가Paying the Price for Breakdown of the Country's Bourgeois Culture"라는 제목으로 짤막한 사설을 실었다.[31] 이 사설에서 두 교수는 실업, 범죄, 마약, 빈곤의 대물림 등 오늘날의 수많은 사회 문제는 일정 부분 "부르주아 문화 규범"이 퇴색한 데에 원인이 있다고 주장했다. 이전까지는 이런 규범이 일종의 강압으로 작용해 "사람들은 결혼한 후에야 아이를 갖고, 태어난 아이들을 바라보며 결혼생활을 지탱해나갔다. 아울러 교육을 받아 수입이 넉넉한 일자리를 얻고자 했으며, 열심히 업무에 임하면서 나태함을 피하려 노력했다"라는 논지였다. 그런데 사설 속의 특정 문장이 그만 풍파를 일으켰다. "문화라고 해서 모두가 다 동등한 것은 아니다. 적어도 선진적인 경제 안에서 사람들을 생산적인 존재로 준비시키는 면에 있어서는, 모든 문화가 다 동등하다고 할 수 없다." 이 문장이 물의를 일으킨 건 학계에 널리 자리 잡고 있는 금기를 어겼기 때문이다. 학계에서는 어떤 것이든 지배 문화가 비지배 문화보다 우월하다는 식의 표현은 삼가야 한다고 본다. 하지만 인류학자들이 대체로 동의하는바, 갖가지 문화나 하위문화들은 그 구성원들에게 저마다 다른 목표, 기술, 미덕 등을 주입한다.[32] 아울러 한 문화에서 아이가 성공적으로 살아갈 수 있게 준비시켰다고 해서, 그

방식이 다른 문화에서도 똑같이 통하리라고 보는 것은 사실상 무리다. 만약 미국 같은 자유시장, 서비스업 지향의 자본주의 경제에서 이민자와 빈자가 더 나은 삶의 결실을 맺기를 우리가 바란다면, 부르주아 문화에 대해 논의하는 것이 유익하리라는 게 왁스와 알렉산더의 주장이었다.

일주일 후, 펜실베이니아대의 대학원생과 졸업생 54명이 성명서를 내고 해당 사설과 저자들을 맹비난했다. 그들이 "이성애 중심의 가부장적 태도에 계급을 밑바탕에 깐 백인우월주의의 악독한 논리"를 전형적으로 보여준다는 것이었다. 뒤르켐의 틀이 딱 들어맞는 사태라는 것을 보여주기라도 하듯, 공개서한에서는 "펜실베이니아대 공동체의 성원들 중 체계적인 불평등에 맞서 싸우고자 하는 이는 누구 하나 빠짐없이" 하나로 연대해야 한다고 강력하게 외쳤다. 그뿐이 아니었다. 공개서한은 대학 총장이 왁스와 알렉산더의 차별주의에 제대로 맞서야 한다면서, "백인우월주의에 대한 왁스의 옹호 내용을 철저히 조사하도록 밀어붙여야 한다"고도 요구했다.[33] 이 비난 성명을 법대에 몸담은 왁스의 동료 33명이 지지하고 나섰으며(법대 교수진의 거의 절반에 해당하는 인원이었다), 그들은 각자 나름의 공개서한까지 별도로 작성하기도 했다. 하지만 학자라면 이렇게 해서는 안 되는 일이었다. 자신들 직분에 맞는 학자의 능력을 발휘해 왁스와 알렉산더가 어디에서 잘못을 범했는지 입증했어야 했다. 하지만 그들은 단지 왁스의 주장에 "비난을 퍼붓고", 그것을 "완강히 거부했을" 뿐이었다.[34]

연대냐, 다양성이냐

연대의식은 어떤 집단이 일치단결해 일을 하거나, 혹은 전투에 돌입해야 할 때에는 무척 훌륭한 것이 된다. 이런 연대의식 속에서 신뢰, 팀워크, 상호협력 같은 것들이 싹트기 때문이다. 하지만 집단사고와 교조주의를 조장하고, 동시에 집단에 대한 도전을 감히 엄두도 내지 못하게 만드는 것 역시 연대의식이다. 어떤 집단이 진실을 찾으려 노력할 때에는 연대의식이 방해가 될 수 있으며, 역으로 그러한 진실 추구도 집단의 연대의식에 방해가 될 수 있다. 그리스의 역사학자 투키디데스는 지금으로부터 2,000년도 더 전에 이 같은 원리가 실제 작동한다는 사실을 간파했다. 기원전 5세기, 전쟁과 혁명 시절에 글을 남긴 투키디데스는 "어떤 문제를 모든 편에 서서 이해할 능력을 가졌다는 것은, 뭔가를 직접 실행하기에는 지극히 부적합한 사람이라는 뜻이다"라고 지적했다.[35]

어떤 학자 집단에서든 관점의 다양성이 지극히 중요한 까닭이 바로 여기에 있다. 인간이란 존재가 다 그렇듯, 교수들도 제각기 자기 생각이 옳다고 믿는 쪽에 강하게 이끌리며 결함이 있는 사고를 한다. 학자들도 확증편향(자신이 이미 믿고 있는 사실을 확증해주는 증거를 열심히 찾는 경향)에 시달리기는 마찬가지라는 이야기다.[36] 대학의 기막히게 멋진 특징 하나가 바로 이 지점에서 나온다. 즉, 그 기능만 제대로 작동한다면, 대학은 학자들끼리 서로의 확증편향을 찾아 없애주는 공동체가 될 수 있다. 설령 어떤 교수가 자기 스스로 논의의 오점을 발견하지 못한다 해도, 다른 교수와 학생들이 선뜻 그런 오점을 찾아내준다. 그런 다음에는 어떤 생각이 그 논쟁에서 살아남을지 학자 공동체에서 판단한다. 우리는 이러한 과정을 '제도화된 부당성 증명institutionalized disconfirmation'이라고 부른다. 해당 제도(학계 전체일 수도 있고, 또는 정치학과 같은 하나의 학과일 수도 있다)를 통해, 연구 결과로 제시된 진술 하나하나가(그리고 동료들에게 검증된 모든 글들이) 수많은 이의제기와 심사를 통과해 살아남았다는 사실이 보장받는다. 물론 거기 담긴 말들이 곧장 진실로 보장받는 것은 아니지만, 적어도 당파적인 싱크탱크나 대기업 마케터, 혹은 고집불통인 삼촌이 하는 말보다야 거기 담긴 말들이 더 신빙성 있다고 생각할 만한 이유는 분명히 있다. 객관적 사실과 관련한 질문들, 이를테면 특정 백신이 자폐증 증가를 일으켰는가(그렇지 않았다),[37] 혹은 빈곤가정 아이들과 부유층 가구 자녀 사이의 성취도 격차 해소를 위해 고안된 일련의 사회복지 프로그램이 과연 실효성이 있었는가(더러는 실효성이 있었고, 더러는 없었다)[38] 하는 문제가 제기될 때, 대학이나 학자 집단이 자신들에게 어느 정도 답을 내릴 만한 권위가 있다고 주장하는 유일한 근거도 바로 이 '제도화된 부당성 증명'에 있다.

그런데 대학 혹은 학계에서 그 구성원들 전부가 한 팀이 되어 똑같은 확증편향을 공유하게 된다면 과연 어떤 일이 벌어지겠는가? 부당성 증명 과정은 허물어질 게 뻔하다. 관련 연구를 봐도, 논문이나 연구지원서 심사를 할 때 심사자들은 자신과 같은 정치적 팀을 지지할 때에는 너그럽게 봐주는 경향이 있지만, 자신들 팀의 가치나 믿음과 정반대되는 논문과 지원서를 심사할 때는 더 비판적이 되는 경향이 있다고 한다.[39] 바로 이런 일들이 1990년대 이래로 미국의 수많은 학계에서 얼마쯤 실제로 벌어졌고, 그것이 오늘날 대학 문화에 엄청난 여파를 미치고 있는 실정이다.

전반적으로 봤을 때, 미국 대학 교수들의 성향이 왼쪽으로 기우는 것은 절대 놀랄 일이 아니다. 그 점은 미국의 화가, 시인, 그리고 해외영화 애호가들의 경우에도 마찬가지다. 좌파 정치와 상호 관련성을 보이는 가장 강력한 성격상의 특질 하나가 바로 '경험에 대한 개방성'인데, 이런 특질을 가진 사람들은 새로운 생각과 경험에 열광하며, 전통적인 제도들을 변경하는 데 관심을 갖는 경향이 있다.[40] 이에 반해 군대나 경찰의 구성원, 혹은 빈틈없이 조직된 기숙사에서 생활하는 학생들은 대체로 오른쪽으로 기울어지는 경향이 있다. (진지하게 하는 얘기다. 책상 위에 놓인 사진만 봐도 그 사람의 정치적 성향을 감으로 때려 맞추는 것보다는 잘 맞출 수 있다.)[41] 사회적으로 보수적인 사람들은 '경험에 대한 개방성'이 비교적 낮고, '성실성'은 비교적 높은 편이다. 이들은 만사가 질서정연하고 예측 가능한 것을 선호하고, 모임에 늦지 않고 제때 도착하는 편이며, 전통적인 제도의 가치를 높이 살 가능성이 더 높다.

그런 만큼 자유 사회에서는 어떤 직업이든 사람들의 정치적 성향이 좌우로 균등하게 나뉘는 일은 결코 있을 수 없으며, 특히 교수들(특히 인문학 및 사회학과 교수)은 왼쪽으로 기울어져 있으리라 보는 게 일반적이다. 하지만 그렇다고 해서 크게 문제될 것은 없다. 정치색 짙은 주제를 다루는 학과에서, 왼쪽으로 기울지 않는 교수의 인원만 어느 정도로 충분히 유지된다면 말이다. 그들을 통해 '제도화된 부당성 증명'이 이루어지리라는 보장만 있으면 된다. 이것이 지속적으로 유지되기 위해 필요한 좌파 대 우파 교수의 비율은 2:1, 혹은 3:1 정도가 적당할 것이다. 그리고 20세기에는 대체로 이 정도 비율이 실제 유지되었다.

도표 5.1은 설문조사에서 교수들(학과 무관)이 스스로의 정치 성향을 좌파(맨 윗줄), 우파(맨 아랫줄), 중도(가운데 선)로 표현한 비율을 나타내고 있다. 1990년대 초반만 해도 좌-우 비율은 2:1 언저리인 것을 알 수 있다. 필자들이 겨우 찾아낸 20세기 중반으로 거슬러 올라가는 몇몇 연구에서도, 일반적으로 교수들은 좌파 성향이거나 민주당에 투표하는 것으로 나타났지만, 이때도 어느 한쪽으로 확 치우칠 만큼 차이가 크게 벌어지지는 않았다.[42] 하지만 1990년대 후반에 들어서면서 급속히 변화가 나타나기 시작한다. 바로 이때부터 이른바 '가장 위대한 세대'Greatest Generation가 교편을 놓고 은퇴하면서, 그 빈자리를 베이비붐 세대가 메우기 시작했다. 2011년에 이르면 좌-우 비율은 5:1까지 벌어지게 된다. 사실, 가장 위대한 세대의 교수들 안에서 주류를 이루었던 것은 제2차 세계대전에 참전했던 백인 남성들이었다. 이들은 정부가 마련한 전후 참전용사 지원 정책을 통해 고등교육을 받도록 많은 격려를 받았다. 그렇게 학계로 물밀듯 몰려든 학자들 중에는 공화당원과 보수파들이 상당수 포진해 있었다.

반면 베이비붐 세대 교수들은 인종과 젠더 면에서는 가장 위대한 세대보다 더 많은 다양성을 보였지만, 정치 성향 면에서는 다양성이 보다 줄어든 모습이었다. 이들 중 상당수가 1960년대의 거대한 사회운동 조류에 영향을 받았던 바, 많은 이들이 사회정의와 진보적인 사회 명분들을 위해 계속 투쟁해나가겠다며 사회과학과 교육학 분야를 택해 학자의 길로 들어섰던 것이다.

사회정의 문제를 다루는 학과일수록 좌-우 비율 변화가 훨씬

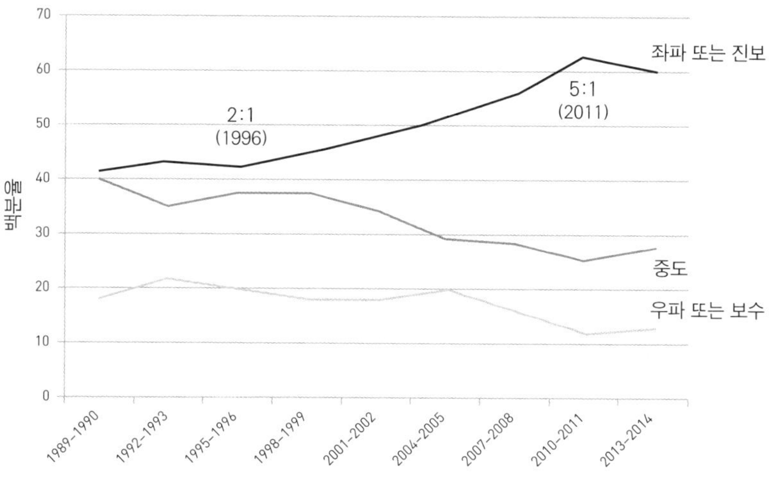

도표 5.1. 1990년대 중반 이후로 좌-우 비율이 급속히 상승해왔다. (자료 출처: 고등교육연구소.[43] 미국의 교수들을 대상으로 한 전국 단위 설문조사에 근거한 자료다. 그래프: 샘 에이브럼스)

더 극적인 양상을 띠는 이유도 여기에 있다. 필자 조너선이 속한 심리학과의 경우, 1930년대부터 1990년대 중반까지의 기간에는 이 비율이 2:1에서 4:1 사이를 오가다, 그 이후에는 돌연 수치가 치솟기 시작해 2016년에는 무려 17:1까지 이르렀다.[44] 인문학 및 사회과학 계열의 여타 핵심 학과들도 거의 전부 10:1의 비율을 넘어섰다. 이러한 불균형은 명문 대학일수록, 그리고 그 소재지가 뉴잉글랜드일 경우 더 커지는 것으로 나타났다.[45] 인문학 및 사회과학 계열이면서도 정치적 다양성이 충분히 유지되어 '제도화된 부당성 증명'

이 이루어지고 있다고 알려진 학과는 단 한 곳, 경제학과뿐이다. 교수들의 유권자 등록 현황을 연구한 결과, 좌-우 비율이 비교적 낮은 4:1 정도로 나타났다.[46]

교수들 사이에서 이렇게 정치적 다양성이 자취를 감추면, 특히 정치색 짙은 내용을 다루는 학과에서 그렇게 되면, 결국 학문 연구의 질과 엄정함이 떨어질 수 있다. 이와 관련해 2015년에 사회학자 여섯 명(필자 하이트 교수도 여기 끼었다)이 어떻게 그럴 수 있는지를 설명하는 논문을 썼다.[47] 예를 들어 어떤 학과가 정치적 다양성을 충분히 갖추지 못할 경우, 연구자들은 자신들이 공유한 서사에 대체적으로 힘을 실어주는 질문과 연구 방법들에만 몰리고, 그런 식의 뒷받침을 해주지 않는 질문과 방법들은 애써 외면하는 경향을 보이게 된다.

교수들 사이에서 정치적 다양성이 사라지면, 다음의 세 가지 점에서 학생들도 부정적인 결과를 떠안을 수밖에 없다. 첫째, 수많은 학생들이 정치 스펙트럼의 나머지 절반을 대변하는 교수들을 거의 혹은 전혀 접하지 못하는 문제가 생긴다.[48] 수많은 학생들이 보수주의자는 물론, 정치와 미국이라는 나라에 대해서까지 그릇된 이해를 가진 채 학교를 졸업하게 되는 것이다. 도널드 트럼프가 예상을 깨고 보란듯 미국 대통령에 당선되고 사흘 후, 하버드대 주요 학보의 편집진이 사설에서 요구하고 나선 것도 바로 이 점이었다. 그들은 하버드대의 모토인 '베리타스Veritas'('진리'를 뜻하는 라틴어)를 상기시키며, 학생들이 정치적 다양성을 더 보장받아야 한다고 학교 행정처에 호소했다.

우리의 지적인 삶을 기초에서부터 단단히 지탱해주는 이른바 '베리타스'를 추구해나가려면, 공동체 구성원이 저마다 정치에 대해 자유롭게 논쟁할 수 있는 것도 중요하지만, 아울러 미국에 존재하는 수많은 정치적 견해도 다양하게 살필 수 있어야 한다. 이런 논의가 일지 못하게 숨통을 조이는 것은 캠퍼스에서 정치적 비주류에 속하는 학우들에게 몹쓸 짓일 뿐 아니라, 우리 자신의 교육적 성장에도 해만 끼칠 뿐이다.[49]

둘째, 교수들 사이에서 관점의 다양성이 사라진다는 것은 곧 학생들이 정치적으로 논쟁적인 주제에 대해 배울 때 "왼쪽으로 치우치게" 되리라는 뜻이기도 하다. 아무리 사실에 기반한 질문이라도 그에 관련해서는 여러 가지 합리적 의견이 다양하게 존재하게 마련이다. (예를 들면, '최저임금이 오르면 그로 인해 고용주는 저숙련 노동자들을 얼마큼 덜 고용하게 될 것인가?' 혹은 '남아와 여아가 다른 종류의 장난감을 택하고 서로 다른 놀이를 선호하는 데에 태내胎內 호르몬이 미치는 영향은 얼마나 되는가?' 같은 것들이 그렇다.) 그런데 정치적 입장이 단일한 학과에서 공부하는 학생들은 결국 왼쪽으로 치우치는 절반의 책과 연구 결과물만을 읽게 될 것이고, 따라서 평균적으로 그들은 진실의 "왼쪽"에 도달할 가능성이 크다. (예를 들어, 그런 학생들은 노동 수요의 탄력성을 제대로 평가하지 못할 공산이 크며, 이는 뉴잉글랜드에 소재한 명문 대학에 다닐 경우 특히 그렇다.) 어떤 때는 좌파의 관점이 옳은 것으로 판명나기도 하고 어떤 때는 우파의 관점이 옳은 것으로 판명나기도 하겠지만, 평균적으로 학생들이 진실에 더 가까이 다가갈 수 있으려면 적절한 소양을 갖춘 학자들이 골치 아픈 문제를 서로 다른 다양한 관점에서 이리저리 접근하는 것을 지켜봐야 할 것이다.

이 두 번째 문제가 더욱 복잡해진 것은, 교수진이 정치적으로 점차 획일화되어 가던 바로 그 기간에 학생들 역시 마찬가지 경향을 보였기 때문이다. 고등교육연구소가 대학에 갓 입학한 신입생들을 상대로 실시한 설문조사에 따르면, 신입생 중 보수파를 자처한 학생은 대략 20퍼센트였고, 이 수치는 1980년대 초반 이후 별다른 변동 없이 유지되는 추세다. 온건파를 자처한 학생들의 경우에는 1980년대와 1990년대에는 전체 신입생의 절반가량에 이르렀으나, 2000년대 초반 이후로는 점차 수치가 떨어져 현재는 40퍼센트 초반 대이고, 대신 진보파(스스로를 "리버럴"이라고 일컫는 학생들)의 비율이 30퍼센트 후반 대로 치솟았다.[50] 이러한 변화는 2012년 이래 가속화하고 있다.[51]

물론 대학 캠퍼스에 좌파 성향의 학생들이 늘고 있다는 사실 자체에 뭔가 문제가 있다는 이야기는 아니다. 다만 비판적 사고가 발달하기 위해선 반드시 관점의 다양성이 필요하며, 관점이 획일화되면 (좌파이건 우파이건) 공동체가 집단사고와 교조주의에 취약해진다는 점을 말하려는 것뿐이다. 1990년대 이래 교수와 학생 양쪽 모두에서 온건파가 자취를 감추고 진보주의자들이 늘고 있다면, 더구나 학생들 사이에서 이런 변화가 2012년 이래로 가속화하고 있다면, 우리는 특히 2012년 이후로 미국 대학에서 문화적, 사회적 역학상 어떤 변화가 감지될 것임을 예상할 수 있다.[52]

이것이 바로 세 번째 문제다. 뒤르켐주의자들이 제기하는 문제이기도 하다. 현재 일부 학계 공동체, 특히 진보적 성향이 가장 강한 지역에 자리한 학계 공동체들은 정치적 획일성과 자신들만의 연대가 너무 강하다 못해 그 본모습마저 변해버릴 정도다. 집단적 실체로서 가지는 특질들만 중시하다가 대학 본연의 목적을 오히려 정반대로 거스르고 있는 것이다. 행동을 목표로 결집한 집단적 실체는 정치적 교조주의를 강제할 가능성이 크고, 자신의 핵심 이데올로기와 관련된 믿음이 도전을 받는 것을 잘 용납하지 못한다. 정치적으로 획일화된 공동체에서는 마녀사냥이 더 쉽게 용인되는 법이다. 외부로부터 위협을 받는다고 느낄 때 더더욱 그렇다.

에버그린대에 온 것을 환영합니다

에버그린주립대학교는 시애틀에서 차를 타고 남쪽으로 약 한 시간을 달리면 가닿는 소규모 대학으로, 오래전부터 유별난 진보주의를 표방해온 학교로 명성이 자자하다. 캠퍼스부터 자연보호구역 안에 터를 잡고 있고, 학교 소유의 유기농 농장도 있다. 학생들에게는 성적표가 아닌 서술식 평가서가 주어진다. 에버그린대는 미국에서 가장 진보적인 대학 순위 목록에서 꾸준히 10위 안에 들기도 했다.[53] 2011년, 대학은 학교의 사명 선언문에 이런 구절을 추가로 포함시켰다. "에버그린대는 사회정의, 다양성, 환경 관리, 공익 봉사 등을 위해 애쓰는 지역적, 지구적 차원의 노력에 지지를 보내며 그 혜택을 본교도 함께 누린다."[54] 그런데 이런 에버그린대가 2017년 5월 난데없이 무정부 상태의 대혼란에 빠져들었다. 뒤르켐의 틀을 빌리지 않고는 도저히 설명하기 힘든 사태들이 일어난 것이다.

캠퍼스의 긴장된 분위기는 3월 15일부터 벌써 감지되고 있었다. 진보적 정치 성향의 생물학과 교수 브렛 와인스타인이 리스트서브(메일링 리스트 프로그램의 하나—옮긴이)를 통해[55] 교수들에게 이메일을 보낸 것이 계기였다. 그는 이메일에서 다음 달로 예정된 '부재의 날Day of Absence'[56] 행사에 대해 우려를 표명했다. 이 행사는 더글러스 터너 워드의 동명의 극작품[57]에서 영감을 받아 1970년대에 처음 기획되었다. 해마다 특정 하루는 유색인종 교직원과 교수들이(나중에는 학생들도 동참했다) 학교에 나오지 않음으로써 사람들에게 그들의 부재를, 나아가 그들이 조직에 얼마나 큰 기여를 하는지를 느끼게 하자는 취지의 행사였다. 그런데 도널드 트럼프가 대통령으로 당선되자 2017년 행사 조직가들은 본래의 방식에 변화를 주기로 결정했다. 그날 유색인종에게 자발적으로 학교에 나오지 않을 기회를 주는 대신, 이번에는 백인 학생들과 교수들에게 캠퍼스에 나오지 말 것을 요청키로 한 것이다.[58]

와인스타인 교수가 보기에 그런 방식은 옳지 않았다.[59] "모두가 공유하는 공간에 어떤 집단이나 연합이 자신들의 자발적인 뜻에 따라 나오지 않는 것, 그리고 그런 식으로 그들의 더없이 중요하지만 제대로 인정받지 못하는 역할을 확실히 부각시키는 것"과 "모두가 공유하는 공간에 그 외의 다른 집단은 나오지 못하도록 분위기를 조성하는 것"에는 분명 엄청난 차이가 있다는 것이었다.[60] 와인스타인에 따르면, "말할 권리(혹은 존재할 권리)는 절대로 피부색을 그 근거로 삼아서는 안 된다." 그가 염려하는 것은 또 있었다. 백인 학생이나 교수 중에는 분명 그런 부재의 날 행사의 '구조'를 지지하지 않아 당일에 학교에 나오기로 한 이들도 있을 텐데, 그런 사람들이 괜히 부정적으로 비칠 수 있다는 것이었다. 학교에 나온 것 자체가 해당 행사의 '목적'을 지지하지 않는다는 의미로 해석될지도 모르니까 말이다.[61] 와인스타인은 1년 전 학교가 채택한 방침에도 우려를 표했다. 당시 에버그린대는 대학 총장, 관리자, 정예 교수진을 주축으로 캠퍼스 전반에 "공평성equity"을 화두로 내걸었고, 그에 따라 새로 고용된 직원 모두에게 공평성을 명분으로 삼을 것을 정책적으로 요구했다. 에버그린대의 총장인 조지 브리지스는 한 발 더 나아가 자신의 메모와 메일에 "교육-연대-포용"이라는 문구를 넣기 시작했다. 총장과 "공평성 위원회"는 다양한 연대성 구축 활동에 착수했는데, 그중 하나로 다음과 같은 이벤트도 있었다. 교수들은 자신의 이름이 호명되면 공개적인 압박 속에 상상의 카누에 승선하고, 그런 다음 부서지는 파도 소리와 아메리카 원주민의 북소리에 맞추어 교수들과 관리자들이 다 함께 공평성이라는 목적지를 향해 상징적인 여정을 떠났다.[62] 이런 의식들과 캠퍼스 전체의 "연대"라는 말은 뒤르켐주의의 관점에 설 때 비로소 이해가 된다. 어떤 공동체가 집단적인 행동을 준비할 때 바로 이런 방법들을 쓴다.

와인스타인에 따르면,[63] 부재의 날은 "별 탈 없이" 지나갔다. 당시 학교에 다니는 백인들이 전부 행사의 방침에 순순히 따른 것은 아니었지만 별일은 없었다. 그런데 그로부터 한 달도 더 지난 5월 23일, 캠퍼스가 다른 일로 잠시 소란을 빚는가 싶더니 화가 난 다인종 집단 학생들이 갑자기 와인스타인이 강의하던 교실 문으로 몰려와 그를 복도 쪽으로 몰아붙이고는 마구 질타하는 사태가 벌어졌다.[64] 그에게 욕설을 퍼붓는가 하면, "꼴통"이라느니 "나가 뒈져"라느니 하는 말들도 서슴지 않았다. 학생들은 와인스타인 교수가 메일에서 인종차별주의적인 발언을 입에 담았기 때문에[65] 그것에 대해 사과해야 할 뿐만 아니라 교수직에서 물러나야 한다고까지 주장했다. 그러나 와인스타인은 자신의 메일이 "해롭다"거나 "인종차별주의적"이라는 데 전혀 동의할 수 없었고, 그래서 사과할 마음도 없었다. 하지만 한편으로 와인스타인은 학생들과 적극적으로 논의하려고 노력했다. 그의 말에 따르면, "나는 변증법적 방식을 바랐다. 변증법적 방식이란, 나는 당신이 하는 말을 듣고 당신은 내가 하는 말을 듣는 걸 뜻한다." 하지만 학생들의 반응은 긍정적이지 않았다. "당신이 하려는 말 따위는 아무래도 상관없어. (…) 우리는 백인의 특권이 배어든 말로는 얘기하지 않을 거니까."[66]

학생들이 계속해서 와인스타인을 맹비난하면서 갈등도 고조되었다. 결국 와인스타인의 신변 안전을 염려한 그의 학생들이 경찰에 신고했다. 하지만 시위대는 이 경찰들마저 와인스타인에게 다가오지 못하도록 완력으로 저지했다.[67] 캠퍼스 경찰대는 다른 경찰서에 지원을 요청하는 수밖에 없었다.[68]

그러자 시위대는 자신들의 "삶이 걱정스럽다"면서 다 함께 행정본관으로 몰려갔고, 거기서 브리지스 총장을 찾아 총장실 밖에서 그와 대치했다. 당시 사태를 담은 동영상을 보면 시위대에서 이렇게 말하는 소리가 들린다. "닥쳐, 조지. 당신이 무슨 엿 같은 소리를 하든 우리는 듣고 싶지 않아. (…) 그 빌어먹을 입 닥쳐."[69] 그런데도 총장은 시위대는 물론이고 그들을 지지하는 직원과 관리자들까지 아울러 회의 자리를 갖겠다고 응낙했다. 그러고는 와인스타인 같은 과학 학부의 제멋대로인 교수들을 염두에 두고 다음과 같이 장담했다. "그분들은 앞으로도 뭔가 우리 귀에 거슬리는 말을 할 겁니다.

그러면 우리 편으로 끌어들이거나 아니면 아예 내쫓아버리는 게 우리 일이지요. 우리가 일을 진행시키고 있는 방향은 내가 듣기로 이렇습니다. 즉, 그분들을 끌어들여 교육을 시키되, 만약 이를 받아들이지 않을 경우에는 제재를 가하는 거죠."[70] (이것이 미국 공립대 총장이라는 사람 입에서 나온 말이었다. 공립대 수장이라면 수정헌법 제1조의 원칙에 따라 학문의 자유를 보장해주어야 마땅한데도, 정치 재교육 프로그램을 필수적으로 만들어놓고는 그 내용을 교수들이 받아들이지 않을 경우 그들을 해고하거나 징계하겠다고 공언하고 있다.)

시위대 일부는 캠퍼스 경찰대 대장인 스테이시 브라운도 무장을 푼 채 이 회의에 참석해야 한다고 주장했다. 브라운은 정복 상태에서는 보통 무장을 풀지 않으므로 사복으로 갈아입은 뒤 회의장에 도착했다. 그런데 학생들 입에서 욕설과 비방이 난무하고 있었고, 그중 일부는 그녀를 겨냥한 것이었다.[71] 시위대는 학생들을 브라운에게 붙여 그녀를 쫓아 그날 늦게 열린 다른 회의에도 따라가게 했다. 그 회의에는 수백 명의 사람들이 참석했다. 규모가 자못 컸던 이 모임에서 시위대는 브라운과 와인스타인을 비롯해 시위대의 주장에 동조하지 않는 다른 교수들과 학생들 곁을 찰싹 들러붙어 다녔다. 건물 출입구란 출입구는 모두 지키고 서 있는 것도 잊지 않았다.[72] 그러던 중 와인스타인 제자들의 귀에 시위대가 둔기를 가지고 있으며 와인스타인이 건물을 떠나지 못하게 막으려 한다는 정보가 흘러들었다. 학생들은 와인스타인에게 부디 조심하라고 문자 메시지를 보냈다. 와인스타인은 아내이자 동료 생물학 교수이기도 한 헤더 헤잉에게 이렇게 문자를 보냈다. "내가 여기서 벗어나지 못할 거라고 들었어." "어떻게 해야 할지 정말 막막하네."[73]

그날 회의 동영상을 보면 실로 놀랍기만 하다.[74] 와인스타인을 해고시켜야 한다고 주장하는 시위대의 소리가 들리는데, (나중에 어느 백인 시위자가 한 말마따나) 그렇게 해야 와인스타인이 "이 문제 많은 레토릭을 퍼뜨리는 것"을 막을 수 있다는 것이었다.[75] 유색인종인 학생들이 와인스타인을 지지하는 발언을 하거나, 심지어 어떤 학생이 시위대에 가담하지 않은 사람의 말도 들어봐야 하지 않겠느냐고 해도, 시위대는 고함을 질러 그들의 말을 막거나 "인종을 배신한 반역자"라는 칭호를 붙일 뿐이었다.[76] (시위에 참여하지 않는 백인 학생들은 회의장 뒤편에 우두커니 선 채 한 마디 말도 없이 입을 다물고 있어야 했다.[77])

학생들은 공개적으로 연거푸 총장을 조롱하는가 하면, 심지어 그가 미소만 지어도 강하게 질타했다. 한 학생이 (자꾸 이런저런 손짓을 해대는) 브리지스 총장에게 "그 손 좀 내려요!"라며 고함을 지르자, 또 다른 학생은 심술궂게 그의 손동작을 똑같이 흉내 내며 이렇게 덧붙였다. "총장님, 거슬린단 말이에요. 이렇게 자꾸 손을 조물조물 움직이시잖아요." 총장이 당장 등 뒤로 손을 가져가는 것을 보고 그 학생도 얼른 총장 뒤로 걸어갔다. 그러고는 자신이 "이곳을 비식민지화"하고 있다고 말하면서 비웃고 손뼉을 쳐댔다. 이에 브리지스 총장은 이렇게 답했다. "나 손 내렸는데."[78]

다음 날인 5월 24일, 시위대는 와인스타인을 찾겠다며 차량들을 이 잡듯 뒤졌다.[79] 또 교수회의 중간에 난입해 정년 퇴임식에 쓸 케이크를 가져가며 "이런 막돼먹은 짓을 하라고 가르친 게 바로 당신들이었잖아?"라고 되물었다.[80] 학생신문에 따르면, 그런 다음 시위대는 행정 건물의 현관을 차폐물로 가로막은 뒤,[81] 몇 시간 동안 건물을 점거한 채 브리지스 총장을 비롯한 대학의 운영진을 불러 모아[82] 사무실 한 군데에 가두었다. 이렇게 운영진을 격리시킨 뒤, 학생들은 자신들의 요구 사항을 정리해 학교 측에 제시했다. 학생들의 요구에는 앞으로 교수들이 의무적으로 편견 방지 프로그램에 참여해야 한다는 내용과 함께, 시위에 참가한 학생들은 정해진 기한 안에 꼭 과제를 제출하지 않아도 좋다는 내용이 포함되어 있었다.[83]

사무실 바깥에서는 학생들이 자신들의 모습을 동영상으로 찍고 있었다. 사무실에 탈출로가 전혀 없으며, 학생들이 시위에 충분히 "참석"한 덕에 학교 관리자들이 건물을 못 빠져나가게 막고 있다는 것을 확인한다는 취지였다. 이런 상황인데도 브리지스 총장은 캠퍼스 경찰대에 개입 금지 명령을 내린 상태였다. 한편 어느 시위 주최자는 어딘가에 "쉴" 공간을 따로 마련했다고 말하며 "이런 때일수록 자신을 더 잘 돌보라"고 일렀다. 그 학생은 이런 지시 사항을 전달하자마자 곧장 총장실 문을 열고 들어가 관리자들에게 필요한 것이 있느냐고 물었다. 영상에 잡힌 브리지스 총장은 이 대목에서 이렇게 말한다. "소변을 좀 봐야겠어요." 그러자 그 시위 주최자가 답한다. "참으세요." 좌중에서 웃음이 터져 나왔다. (시위대는 나중에야 사람을 붙여 브리지스 총장을 화장실로 데려갔다.)[84]

한편 총장실 안에서는 한 시위대 학생이 억류당한 관리자들에게 이렇게 묻고 있었다. "어떻게 생각해요? 학교 운영진이 오로지 백인뿐이면, 백인우월주의가 계속 득세할 수밖에 없지 않겠어요?" 이에 관리자 여럿이 고개를 주억거리며 그렇다고 답했다. 그럼으로써 시위대 학생들이 어이없이 넓게 확장시킨 백인우월주의의 정의定義가 나름 인정을 받게 되었다.[85] 그사이 총장실 바깥에서 학생들은 이렇게 연호했다. "헤이 헤이, 호 호, 이 인종차별주의자 교수들아 꺼져라." 그날 밤, 대학 커뮤니티를 수신인으로 하는 메일에서 에버그린대 미디어학부의 어느 교수는 "학생들이 우리가 가르친 내용을 현실 속에서 그대로 실행에 옮기고 있다"라며 동조했다.

다음 날인 5월 25일, 시위대가 캠퍼스 경찰대의 건물을 노리고 있다는 정보가 경찰에 접수되었다. 총장으로부터 한 발 물러나 있으라는 지시를 받은 터라,[86] 캠퍼스 경찰대는 일단 건물을 비운 뒤 캠퍼스 바깥에 임시로 근무지를 마련했다. 아울러 캠퍼스 내의 감시 카메라와 지역경찰의 정찰 헬기를 동원해 긴장감이 극에 달한 캠퍼스를 지켜보았다.[87] 그러는 사이 와인스타인을 방어하는 학생들은 시위대로부터 스토킹을 당하기도 하고, 수법이 뻔히 보이는 온라인 위협을 통해 공격 대상이 되기도 했다. 캠퍼스 경찰대 대장 브라운은 그의 신변 안전이 걱정되니 캠퍼스를 벗어나는 게 최선일 것 같다는 생각을 와인스타인에게 전했다.[88] 이후 와인스타인은 단 한 차례를 제외하고, 해당 학기 수업을 모조리 캠퍼스 밖에서 진행하지 않으면 안 되었다.[89]

이 와중에 아내 헤더 헤잉을 제외하고 와인스타인을 공개적으로 지지하고 나선 사람은 에버그린대의 전체 교수진 중[90] 딱 한 명, 수의학과 교수인 마이크 파로스뿐이었다.[91] 나중에 가서야 와인스타인은 그 외에도 자신을 지지한 교수가 여럿 있었지만, 다들 공개 석상에서 의견을 밝히기는 두려워했다는 사실을 알게 되었다.[92] 자신을 지지해주는 이는 도무지 찾아보기 힘들고, 경찰대에서는 신변 안전이 염려되니 캠퍼스에 얼씬도 말라고 하는 상황인데도, 순식간에 아비규환의 나락으로 떨어져 겁박이 횡행하는 에버그린대 이야기는 그 어떤 전국 매체에서도 나오지 않고 있었다. 그런 가운데 5월 26일, 와인스타인은 폭스 뉴스의 TV쇼 〈터커 칼슨 투나잇〉의 출연 제의를 수락했다.[93]

그렇게 해서 세간에 널리 알려진 에버그린대의 이야기는 당장 정치적 우파의 관심을 끄는 동시에 대안 우파의 괴롭힘 행위를 촉발시켰다(이에 관해서는 다음 장에서 보다 자세히 논의할 것이다). 6월 1일 목요일, 뉴저지에 사는 한 남성이 서스턴 카운티의 긴급 신고 번호로 전화를 걸어 구급대원에게 이렇게 말했다. 자신은 지금 에버그린대로 가는 길인데, "캠퍼스에서 내 손에 걸리는 놈들은 죄다 목을 날려버릴 생각"이라는 것이었다.[94] 경찰은 학교 측에 실질적인 위협 행위는 전혀 감지되지 않는다고 전했지만, 만에 하나 있을지 모를 사태에 대비해 결국 6월 3일 토요일까지 캠퍼스는 휴교에 들어갔다.[95] 6월 3일과 4일에는 야구방망이와 테이저건으로 무장한 학생들이 "백인우월주의자"들을 색출하겠다며 무리를 지어 캠퍼스 안을 배회하기 시작했다. 이들은 학교 건물을 여기저기 때려 부수는가 하면 몇몇 학생에게는 폭행까지 가했다.[96] 전화를 건 뉴저지의 그 남성은 한 달 후 경찰에 체포되었다.

이 소란은 어떤 식으로 마무리되었을까? 결국 사태의 책임을 떠안은 것은 누구였을까? 6월 2일, 에버그린대 전체 교수진의 4분의 1 정도가 와인스타인을 조사해야 한다는 서한에 서명했다. 학생들 사이에 "백인우월주의에 대한 반발"을 촉발시킨 장본인이 와인스타인이며, 그가 폭스 뉴스 TV에 나가 캠퍼스 안의 사태를 입에 올려 학생들을 "위험에 빠뜨리기까지 했다"는 것이다.[97] 물론 와인스타인은 자신이 비난받을 이유가 없다며 반발했다. 한편 에버그린대 직원들은 학교를 상대로 손해배상 소송에 들어갔다. 학생들이 지독할 정도로 학생 행동규범을 위반했음에도(범죄 행위도 있었다), 학교가 이를 그저 관용하거나 심지어는 두둔하고 나섰으며, 그 이후 인종적으로 적대적인 업무 환경이 조성되었다는 것이 소송의 이유였다. 2017년 9월, 와인스타인 부부와 에버그린대 사이에 합의가 이루어져 결국 부부는 교수직에서 물러났다.[98] 경찰대 대장 스테이시 브라운도 이후 대학을 상대로 학교 직원들과 비슷한 소송을 냈다. "학교 측이 적대적인 업무 환경을 조성하는 바람에 캠퍼스 경찰 업무를 관두고 나올 수밖에 없었다"는 주장이었다.[99]

브리지스 총장은 그해 학년이 시작될 당시부터 시카고대가 발언의 자유와 학문의 자유를 옹호하는 정책을 펼치는 것에 대해 비판해온 인물이었던 만큼,[100] 시위대가 내건 요구의 상당 부분을 선뜻 들어주었다.[101] 오히려 그는 공식 석상에서 시위대가 보여준 "열정과 용기"에 "감사하다"는 발언까지 했고,[102] 나중에는 시위를 이끈 학생 한 명을 총장 주재 공평성 자문단에 영입하기도 했다.[103] 이 자문단에서 제일 중점을 두고 진행한 일 중 하나는 다름 아닌 학생 행동규범의 내용을 다시 매만지는 것이었다.

위기의 대학들

에버그린대 사태는 지금까지 이 책에서 논의한 내용을 어느 것 하나 빠짐없이 골고루 다 보여준다. 우선 사태 초창기에는 버거슨이 말한 정치적 마녀사냥의 3단계가 고스란히 드러난다. 어딘가에서 난데없이 마녀사냥 움직임이 일어난 것처럼 보였고, 사소한 도발에서 초래되었으며(와인스타인이 교수들에게 리스트서브로 공손한 메일을 보낸 것), 이 도발이 하필 에버그린대라는 공동체 전체에 대한 공격으로 간주되었다. 그리고 사태가 극적으로 치닫는 가운데, 이 책의 필자들이 말한 네 번째 요건까지 그 모습을 분명히 드러냈다. 대학의 교수들과 관리자들은 속으로는 와인스타인을 옹호하고 싶었으나 두려운 마음에 실제로는 그런 행동을 취하지 못했다.

시위를 벌인 에버그린대 학생들(그리고 그들을 부추긴 교수와 관리자들)은 세 가지의 대단한 비진실을 거듭 시전했다. 예를 들어 시위대를 지지한 한 교수는 동료 교수 몇을 앞에 놓고 악에 받쳐 한참 혼잣말을 했는데, 거기에는 '유약함의 비진실'(죽지 않을 만큼 힘든 일은 우리를 더 약해지게 할 뿐이다)이라고 해도 좋을 이런 말이 끼어 있었다. "너무 피곤해. 이 망할 놈의 일 때문에 정말 내가 다 죽게 생겼어."[104]

한편 한 학생은 '감정적 추론의 비진실'(항상 너의 느낌을 믿어라)이 어떤 모습으로 드러나는지를 명확히 보여주기도 했다. 시청에서 열린 대규모 회의에 참석한 그녀는 에버그린대가 뭔가 크게 잘못되었다는 증거로 자신의 불안한 심경을 들었다. "울고 싶어요. 지금 제 심장이 얼마나 빨리 뛰는지 모르죠. 몸이 부들부들 떨리는 것 좀 보세요."[105]

아울러 에버그린대 사태 전체는 당연히 '우리 대 그들의 비진실'(삶은 선한 사람들과 악한 사람들 사이의 투쟁이다)을 여실히 보여준 사건이었다. 시위를 벌인 학생들과 그들을 지지한 교수들은 공공의 적 정체성 정치라는 거대한 게임판에 뛰어들어, 진보적 정치 성향의 대학과 운영진과 교수들을 모두 싸잡아 백인우월주의의 전형으로 간주하는 모습을 보였다. 시위 참가를 거부한 한 학생이 학교 이사들 앞에서 증언하며 이렇게 표현했듯이 말이다. "어떤 식이든 대안적인 관점을 제시하는 순간, 그들의 적이 되죠."[106]

물론 에버그린대 사태가 일반적인 경우라고 할 수는 없다. 버클리대의 이른바 '밀로 난동'이 예외적인 사건이었듯, 2017년 봄 에버그린대가 한순간에 무너져 아수라장이 된 사건은 (적어도 우리가 아는 한) 최근 몇 십 년 사이에 미국 대학가에서 벌어진 그 어떤 일보다도 극단적인 사례였다. 그럼에도 우리가 이 책에서 에버그린대 이야기를 세세하게 풀어놓은 까닭은, 그 사태가 학생과 대학을 걱정하는 모든 이들에게 경각심을 일깨우기 때문이다. 에버그린대 이야기는 정치적 다양성이 매우 낮은 수준으로까지 떨어지면 우리에게 어떤 일이 일어나는지를 보여준다. 학교 운영진이 허약하고 쉽사리 협박에 넘어갈 때, 그리고 교수와 관리자가 대단한 비진실 세 가지가 전파되는 것을 허용하고 심지어는 부추기기까지 할 때, 대체 무슨 일이 벌어질 수 있는지를 똑똑히 보여준다.

인간은 부족 성향의 생명체로, 기회만 생기면 언제든 집단을 이루어 다른 집단과 경쟁을 벌이려 한다(제3장에서 살펴본 내용이다). 사회학자 뒤르켐의 연구는 집단들이 어떤 식으로 함께 의식(그중에 이탈자를 집단적으로 응징하는 것도 있다)에 뛰어들어 화합과 연대를 도모하는지 잘 보여준다.

응집력이 강하고 윤리적으로 단일한 집단은 마녀사냥을 벌일 가능성이 높다. 외부나 내부에서 어떤 위협을 받을 경우 특히 그렇다.

마녀사냥은 일반적으로 다음의 네 가지 특징을 가진다. 어딘가에서 난데없이 시작되는 것으로 보인다는 점, 집단 전체에 해를 끼쳤다는 죄를 뒤집어씌운다는 점, 그런 죄목으로 이어지는 혐의는 사소하고 날조된 것일 때가 많다는 점, 혐의자가 결백하다는 사실을 아는 사람들은 입을 다물거나 극단적일 경우 아예 군중과 영합한다는 점이다.

2015년 이후로 대학가에서 일어나고 있는 제일 황당한 사태의 일부는 마녀사냥의 틀에 잘 들어맞는 면이 있다. 예일대, 클레어몬트매케나대, 에버그린대 모두 공손한 내용의 이메일이 폭력 사태의 시발점이었고, 이 사태들에서 학생들은 하나같이 이메일을 쓴 당사자들의 해고를 요구했다. (필자들이 거듭 밝힌 것처럼, 마녀사냥의 배경이 되는 그런 우려들 자체는 얼마든지 타당할 수도 있지만, 거기 수반되는 두려움을 사람들이 부정의하고 파괴적인 방식으로 쏟아낸다는 것이 문제다.)

2017년 학계의 새로운 추세, 즉 교수들이 공개서한에 함께 이름을 올려 동료들을 깎아내리고 그들의 연구 작업을 철회하거나 비난하라고 요구하는 일도 마녀사냥의 패턴에 잘 들어맞는 면이 있다(리베카 투벨, 에이미 왁스 등의 교수들이 이런 일을 당했다). 그런 일이 발생했을 때마다 혐의자의 동료들은 하나같이 두려운 마음에 그들을 공개적으로 지지하거나 옹호하지 못했다.

공동체가 걸핏하면 마녀사냥에 나서려는 경향을 그나마 줄여주는 것이 관점의 다양성이다. 그런데 이런 관점의 다양성이, 그중에서도 제일 중요하게 손꼽히는 정치적 사고의 다양성이, 1990년대 이래 미국 대학의 교수와 학생들 사이에서 현격히 줄어드는 추세를 보이고 있다. 이러한 다양성의 감소 추세는 미국의 빠르고 극심한 정치적 양극화(이것에 대해선 다음 장에서 다룰 것이다)와 맞물리게 되었는데, 이는 불과 2013년에 출현한 안전주의 문화가 사회에 급속히 확산된 일부 이유인 것으로 보인다.

이것으로 제2부를 끝맺으려 한다. 필자들은 당초《애틀랜틱》지에 미국 대학 캠퍼스에서 횡행하는 갖가지 인지왜곡에 대해 우려를 표명한 글을 실었던 바 있었다. 그 후 2년 동안 대학에서 발생한 몇몇 극적인 사태들을 제2부에서 모두 두 장에 걸쳐 다루었다. 대학의 이런 새로운 경향은 세 가지의 대단한 비진실, 그리고 그것이 현실에서 어떻게 작동하는지를 알면 훨씬 더 이해하기 쉽다. 제3부에서는 '왜, 그리고 왜 지금' 이런 일들이 일어나고 있는지를 물으려 한다. 세 가지의 대단한 비진실과 안전주의 문화가 처음 생겨난 곳은 도대체 어디일까? 그리고 그것들은 왜 최근 몇 년 사이에 그토록 빠르게 확산되었을까?

제3부

어쩌다 여기까지 오게 됐을까

제6장

양극화 사이클

모든 작용에는 그와 크기가 같고 방향이 반대인 반작용이 있다.

_뉴턴의 운동 제3법칙

이 책은 세 가지의 대단한 비진실을 소개하는 것으로 시작되었다. 그 비진실들은 인간을 번영하게 하기는커녕 그것을 받아들이고 살았다간 누구나 피해만 입게 된다. 제2부에서는 미국 전역, 때로는 전 세계의 이목을 집중시킨 대학 내의 다양한 사태들에 대해 이야기를 들려주고, 이들 사태에 가담했던 일부 학생들과 교수들이 실제 어떤 식으로 대단한 비진실을 받아들이고 있는지 그 실상을 보여주었다. 이제 제3부에 와서는 렌즈를 한 단계 키워 우리가 어떻게 여기까지 왔는지를 살펴보려 한다. 다시 말해 왜 상호 관련된 일련의 생각들(이를 우리는 '안전주의' 문화라고 부른다)이 유독 2013년부터 2017년 사이에 미국의 수많은 대학들을 휩쓸고 지나간 것일까? 사실 2012년에 대학을 졸업한 학생들만 해도, 대체로 자신들이 학교를 다닐 때에는 그런 추세의 기미가 전혀 없었다고 한다. 그런데 2013년이나 2014년에 일부 엘리트 대학에서 학기를 시작한 학생들 말로는, 자신이 대학을 다닌 4년 동안 뭔가 새로운 문화가 밀려드는 것을 확실히 목격했다는 것이다. 대체 지금 무슨 일이 벌어지고 있는 것일까?

이 질문에 간단히 대답하기는 어렵다. 제3부에서 우리는 상호작용하는 여섯 가지 설명의 실마리를 제시하려 한다. 정치적 양극화와 정당 간 적개심의 심화, 십대의 불안증과 우울증 수준의 증가, 양육방식의 변화, 자유 놀이의 감소, 캠퍼스 관료주의의 성장, 정의에 대한 고조된 열정(전국적인 주요 사건들에 반응하여 일어나며, 이러한 열정에는 정의의 요건에 대한 생각의 변화가 결합되어 있다) 등이다. 이 여섯 가지 실마리를 모두 이해해야만 오늘날 고등교육이 처한 현실을 제대로 이해할 수 있다는 것이 우리의 생각이다. 그런데 이 여섯 가지 실마리를 제시하기에 앞서 다음의 두 가지 사실부터 분명히 강조해두지 않으면 안 되겠다.

첫째, 사람들에게는 저마다 서로 다른 실마리들이 있다. 우리 이야기가 다소 복잡하게 들리는 것도 이들 실마리 모두가 동등하게 캠퍼스의 각 개인이나 집단에 영향을 미치는 것은 아니기 때문이다. 이를테면 미국 내에서 정치적 양극화가 심화되는 가운데 대학들이 점점 좌파의 보루로 여겨지면서, 이런 양극화는 결과적으로 캠퍼스 외부에 있는 일부 우파들의 적의와 괴롭힘 행태가 증가하는 것으로 이어졌다. 때로 혐오범죄까지 방불케 하는 이들 사건은 유독 유대인과 유색인종을 겨냥하는 것이 특징이다. 이에 대해서는 이번 장에서 곧 다루기로 한다. 한편 우울과 불안을 겪는 십대의 비율 증가는 남자아이와 여자아이 모두에게 해당되는 내용이지만, 유달리 심한 타격을 받는 것은 젊은 여성들이다(제7장). 과잉보호 혹은 "헬리콥터" 양육, 자유 놀이의 감소는 노동계층이나 빈곤가정 아이들보다는 유복한 상류층 가정 아이들(주로 백인 및 아시아계)[1]에게 부정적 영향을 미쳐왔다(제8~9장). 대학 캠퍼스 내의 관리자 증가와 업무 범위 확대는 미국 학교라면 어디나 영향을 미쳤을 테지만(제10장), 사회정의에 관한 새로운 생각과 거센 열망이야말로 대학 캠퍼스에서 가장 중요했을 것이다. 캠퍼스에서 학생들이 정치적으로 보다 참여적인 양상을 띠었기 때문이다(제11장).

둘째, 이 책은 좋은 의도가 예기치 않게 빗나가버린 사례들에 대해 이야기하고 있다. 제3부의 여섯 개 장 모두에서 여러분은 훌륭하고 고상한 동기를 품고 행동한 사람들을 만나게 될 것이다. 이런 사람들의 애초 동기는 대부분 아이들이나 상처받거나 희생당하기 쉬운 사람들을 돕고 지키겠다는 것이었다. 하지만 알다시피, 지옥으로 가는 길은 선의로 포장되어 있다. 우리는 누군가를 탓하기보다 그들을 이해하기 위해 제3부를 썼다. 이런 여섯 개의 실마리들 모두를 확인하고 분석한 뒤에야 비로소 우리는 어떤 해결책이 가능할지에 대해 논의를 시작할 수 있을 것이다. 그것이 제4부에서 다룰 내용이다.

끓는점

제4, 5장에서는 학생들과 교수들이 특정한 말을 빌미로 부적절하거나 과도한, 때로는 공격적이기까지 한 반응을 보인 것에 관한 여러 이야기들을 들려주었다. 그런데 메일에 발끈했든, 연사의 발언을 가로막았든, 혹은 청원을 통해 동료를 매도했든, 그 이야기들은 대체로 정치적 좌파가 대학 캠퍼스에서 일으킨 말썽들을 보여준다. 더러 우파 쪽 인물들을 겨냥한 경우도 있었지만(헤더 맥도널드와 에이미 왁스의 경우), 오히려 같은 편에 선 좌파 자신들을 겨냥할 때가 더 많았다(크리스태키스 부부, 리베카 투벨, 브렛 와인스타인, 리드대 인문학 강좌 교수들의 경우). 만약 우리가 이런 캠퍼스 사태들에만 한정해 분석을 하려 했다면, 이 책도 아마 여기서 이야기를 접었을 것이다. 최근 극좌파 진영에서 발언, 폭력, 안전과 관련해 일련의 새로운 생각들이 일어났는데 이를 둘러싼 캠퍼스 내 설전은 대체로 좌파 '내부'의 싸움이었다고, 즉 자유로운 발언을 폭넓은 틀에서 생각하는 '(대체로) 나이 든 진보주의자'와 포용을 내걸면서 발언에 어느 정도 제한을 둬야 한다고 생각하는 '(대체로) 젊은 진보주의자' 사이에 설전이 벌어졌다는 식으로 결론을 맺으면서 말이다.[2]

하지만 여기서 한 발짝 뒤로 물러나보자. 만약 미국 대학들을 보다 거대한 사회 안에 자리 잡고 있는 복잡한 기관들로서 바라본다면, 그리고 그 사회 안에서는 분열, 분노, 양극화가 점차 심해지고 있다면, 우리는 좌파와 우파가 서로 도발과 분노를 주고받는 게임에 꼼짝없이 갇혀 있음을 알게 될 것이다. 이 책에서 필자들이 풀어내고자 하는 퍼즐의 정말 중요한 조각이 바로 그 게임이다. 시위대의 손에 뇌진탕을 입었던 미들베리대 교수 앨리슨 스탠저는 한 글에서 이것을 정확히 짚었다. 《뉴욕 타임스》에 기고한 〈내게 뇌진탕을 입힌 미들베리대의 성난 폭도들을 이해하기〉[3]라는 글에서 그녀는 이렇게 썼다.

> 그 폭력 사태가 있고 나서 며칠이 지나는 동안, 일각에서는 엘리트 대학들, 애지중지 자란 우리 젊은이들, 또는 편협한 진보주의, 이런 것들의 어디가 잘못되어 문제가 터졌다는 식으로 구구절절 말을 풀었다. 하지만 그런 분석들만으로는 확실히 모자란 감이 있다. 현재 미국에서는 정치적 삶과 정치적 담론이 비등점에 있고, 그것들에 대한 반응이 대학 캠퍼스만큼 고조되어 있는 곳은 어디에도 없다.

이어서 스탠저는 트럼프 대통령이 그의 수많은 추종자 사이에 혐오 발언을 부추기면서 어떻게 소외된 집단의 성원들을 모욕하고 공격했는지 갖가지 방식을 열거한 후 이렇게 덧붙였다. "바로 이러한 맥락 속으로 머리 박사는 걸어 들어갔으며, [거기서] 그렇게나 엄청난 오해를 받게 된 것이다."

미국 전반의 정치적 맥락을 논하지 않고는 최근 몇 년 사이에 대학 캠퍼스에서 벌어지고 있는 일들을 제대로 이야기할 수 없다는 스탠저의 의견에 우리도 동의한다. 미국의 상황은 확실히 "끓는점" 상에 있다. 독자 여러분도 다음의 두 도표를 보면 온도가 후끈 달아올랐다는 것이 실감날 것이다.

도표 6.1은 퓨 리서치센터의 자료로, 해당 센터는 1994년부터 전국을 대표하는 표본 집단에게 열 가지 정책을 제시하고 거기에 얼마나 동의하는지를 묻기 시작했다. 조사는 몇 년마다 한 번씩 반복되었다. 설문에 들어가는 정책들로는 "비즈니스에 대한 정부 규

제는 이롭다기보다 해롭다" "오늘날 이민자들은 우리의 일자리, 주택, 의료 혜택을 빼앗으므로 짐이 될 뿐이다" "평화를 보장하는 최선의 길은 군사력 강화다" 같은 것들이 있었다.[4] 이 설문조사를 근거로 퓨 리서치센터는 다양한 집단의 성원들이 각 이슈에 얼마나 큰 입장 차를 보이는지 계산하고, 열 가지 정책 모두에 걸쳐 나타나는 그러한 입장 차들의 절댓값 평균을 내놓는다. 도표의 맨 아래쪽 근처의 선을 보면 "젠더"라고 표시되어 있는데, 남성과 여성은 1994년(9점)이나 2017년(7점)이나 각종 정책들에 대해 거의 같은 입장 차를 유지해온 것을 알 수 있다. 분명한 증가세를 보이는 선은 단 둘뿐이다. 정기적으로 종교 예배에 참석하는 이들은 전혀 나가지 않는 이들과 현재 11점의 입장 차를 보이지만, 1994년에는 둘 사이의 차이가 5점에 불과했다. 하지만 이 6점 증가는 동일한 기간 공화당원과 민주당원 사이의 '21점 증가'에 비하면 그야말로 새 발의 피다. 더구나 이런 격차는 거의 다 2004년 이후에 벌어졌다.

다양한 도덕적, 정치적 이슈를 두고 "상대편"과 나 사이의 간극이 더 크게 벌어져가고 있다면, 날이 갈수록 상대편에 대한 내 느낌이 더욱 부정적이 되는 것은 당연한 사실이다. 도표 6.2는 정말 이런 일이 벌어지고 있음을 우리에게 확인시켜준다. 2년에 한 번씩 미국전국선거연구에서는 다양한 주제에 대해 미국인들의 태도를 측정한다. 이 조사의 일환으로 연구자들은 이른바 "감정 온도계"라는 것을 이용하는데, 응답자들에게 일련의 질문을 하여 다양한 집단이나 기관의 점수를 매기게 한다. "무척 차갑고 호의적이지 않은" 곳에는 0점, "무척 따뜻하고 호의적인" 곳에는 100점을 매기는 식이다. 도표 6.2의 그래프에서 위쪽 선 두 개는 공화당원과 민주당원이

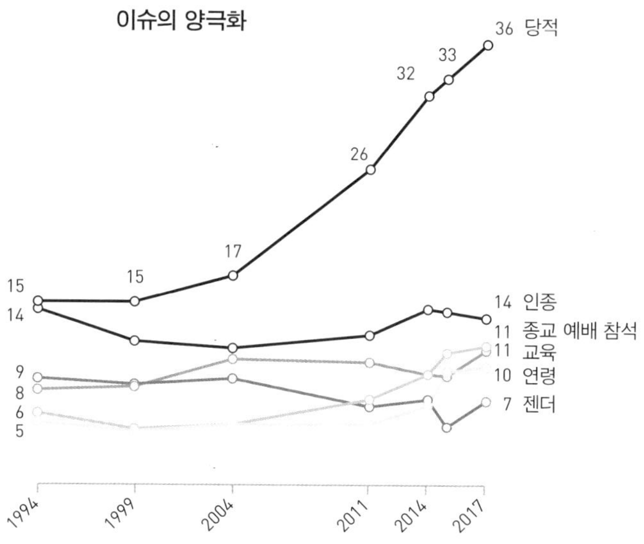

도표 6.1. 2004년 이후 공화당원과 민주당원 사이의 거리가 매우 크게 벌어진 것으로 나타난다. 인종, 젠더, 교육, 연령에 따른 차이는 1994년 이후 그렇게 많이 변하지 않았다. (자료출처: 퓨 리서치센터)

각자 자기 정당을 점수 매긴 것으로, 둘 다 긍정적인 영역에 머무른 것은 물론 1970년대 이후로 수치에 그다지 변화가 없는 것을 알 수 있다.[5] 한편 아래쪽 선 두 개는 미국인들이 상대방 정당을 어떻게 생각하는지를 나타낸다. 두 선 모두 시종일관 부정적인 영역에 머물렀던 것은 맞는데, 1970년대에서 1990년까지는 40점 언저리를 맴돌고 있어 정당 간 점수가 전적으로 부정적이지만은 않았다는 사실에 적잖은 이들이 놀랄 것이다. 1990년대에 들어서야 비로소 수치가 떨어지기 시작하고, 2008년에서 2012년 사이(티파티Tea Party 사

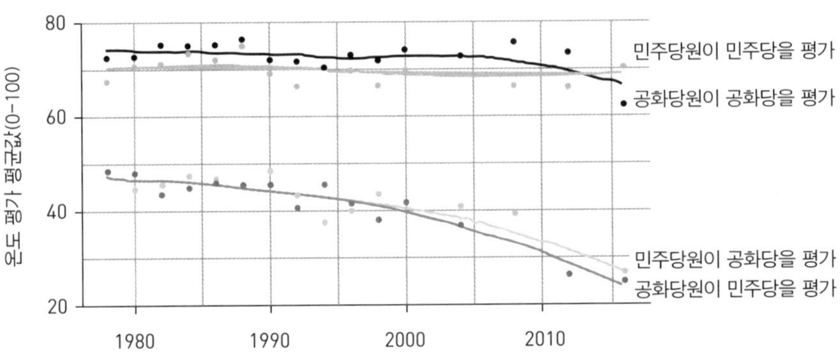

도표 6.2. 당파에 따른 정서적 양극화. 미국인들의 자기 정당에 대한 정서는 1970년대 이후 거의 변화가 없는 것으로 나타나지만, 상대편 정당에 대해서는 1990년대 이후 더 "냉랭해지고" 적대적이 된 것을 알 수 있다. (자료 출처: 미국전국선거연구,[6] 그래프 작성: 샨토 이옝거, 마샤 크루펜킨, 2018)

건과 월가점령시위Occupy Wall Street가 일어난 시기)에 급격히 곤두박질치는 양상을 보이고 있다.

왜 이런 일이 벌어지고 있는 것일까? 그 이유는 많겠지만, 미국이 현재 빠져 있는 난국을 이해하기 위해서는 20세기 중반이 역사적으로 매우 이례적인 시기였다는 점을 먼저 인정하지 않으면 안 된다. 이 시기에는 정치적 양극화나 당파간 적의가 여느 때와 달리 줄곧 낮은 수준을 유지했고,[7] 이와 맞물려 사회적 신뢰와 정부에 대한 신뢰는 대체로 높은 수준이었다.[8] 예전부터 그랬지만, 1940년대부터 1980년대까지 미국 정치는 중도적이고 초당적이었다. 그렇게 된 이유 하나는 이 시기 직전은 물론 이 시기 동안 미국이 공공의 위기, 공공의 적에 맞서야 했기 때문이다. 대공황, 제2차 세계대전의 추축국, 냉전기의 소련 등을 말한다. 제3장에서 논의한 부족주의 심리학의 틀에서 생각하면, 소련 붕괴 이후 공공의 적을 잃게 된 것이 부족 내 갈등으로 이어졌다고 예상해볼 수 있다.

이런 일이 벌어지는 두 번째 주된 이유는 1970년대 이후로 미국인들이 자기 자신을 점점 정치적으로 단일한 공동체로 분리시켜왔기 때문이다. 2008년 빌 비숍은 이를 그의 역작《거대한 분류: 왜 마음 맞는 미국인끼리 뭉치는 것이 우리를 분열시키는가》에서 잘 보여주었다. 후속 연구에 따르면, 미국인은 도시의 블록 단위에 이르기까지 경제적으로나 정치적으로 분리된 공동체에 살고 있다고 한다.[9] 양대 정당은 언제부터인가 그들 자신을 유사한 유형으로 분류하고 있다. 즉, 공화당은 노인, 백인, 시골, 남성, 기독교도이고, 민주당은 젊은이, 비非백인, 도시, 여성, 비종교인이라고 하는 식이다.[10] 정치학자 샨토 이옝거와 마샤 크루펜킨은 이를 다음과 같이 표현했다. "그 결과 오늘날에는 소속 정당의 차이가 세계관의 차이는 물론 각 개인들의 사회적, 문화적 정체감의 차이와 곧장 맞물려 돌아간다."[11]

세 번째 주된 이유는 미디어 환경으로, 그것은 분열을 조장하는 방식으로 변화해왔다. 전국 텔레비전 방송 셋 중 하나를 모두가 시청하던 시절은 이미 오래전에 지나갔다. 1990년대에 이르렀을 때 미국에는 이미 정치 스펙트럼 대부분의 영역에 그곳을 대변하는 뉴스 채널이 하나쯤은 생겼고, 2000대 초반에는 우리가 떠올릴 수 있는 온갖 종류의 이해집단과 고충들을 다루는 웹사이트 혹은 토론 그룹이 생겨났다. 2010년대에 접어들면서 미국인 대부분이 페이스북이나 트위터 같은 소셜미디어를 이용하고 있는데, 이것들은 스스로를 메아리치는 방 안에 쉽게 둘러싸이도록 한다. 그뿐만이 아니다. 이른바 '필터 버블filter bubble'이라는 것이 있어, 우리는 늘 검색엔진이나 유튜브 알고리즘을 통해 관심 이상의 정보까지 전달받는 실정이다. 이를 통해 생겨난 상호 충돌하는 정보 세계들은 각기 단절된 도덕 매트릭스들을 떠받치고, 보수주의자와 진보주의자는 그런 매트릭스들과 연결된다.[12] 자신과 의견이 다른 사람들과 이렇게 물리적으로나 전자적으로 고립되면, 확증편향, 집단사고, 부족주의가 거세지고, 그럴수록 사람들 사이의 거리는 더욱 멀어진다.

네 번째 이유는, 날이 갈수록 격렬해지는 미 의회 안의 적대감이다. 20세기 중후반 잠시 주춤했던 것을 제외하면, 민주당은 미국 하원을 대략 60년이나 장악했다. 그런데 1994년 뉴트 깅리치가 공화당을 이끌고 선거에서 압승을 거두고 하원의장에까지 오르면서 민주당의 지배가 끝나게 되었다. 그 후 깅리치는 일련의 개혁안을 밀어붙여, 새로 하원에 입성한 공화당의 수많은 의원들이 상대 정당 의원들과 개인적으로 유대관계를 맺지 못하도록 막았다. 그전 수십 년 동안에는 그런 교류가 그저 평범한 일이었는데 말이다.[13] 예를 들어 깅리치는 의원들이 모든 업무를 주중에 다 마칠 수 있도록 의회의 업무 일정을 조정한 다음, 의원의 가족들도 고향 지역구에서 이사시키지 말고, 의원들이 매주 비행기를 타고 워싱턴으로 날아와 며칠씩 머물다 갈 것을 권했다. 이런 식으로 깅리치는 공화당이 한 팀으로 똘똘 뭉쳐 더 저돌적이게 되길 바랐고, 끝내 그것에 성공했다. 그런 호전적인 규범들은 서서히 상원에도 스며들었다(비교적 약한 형태이기는 했지만). 1995년 이후로는 양당이 몇 차례 번갈아가며 의회를 장악했고, 그렇게 권력 이동이 일어날 때마다 양당 모두 엄청난 위기감을 느끼다 보니, 이제 미 의회에서 정중함이나 초당파주의의 가능성은 거의 사라지게 되었다. 정치학자 스티븐 레빗스키와 대니얼 지블랫은 이런 상황을 다음과 같이 표현했다. "지금 정당들은 서로를 정당한 경쟁 상대가 아닌, 위험한 적으로 볼 뿐이다. 의원들은 이제 패배를 정치적 과정의 일부로 받아들이지 못하고 큰 재앙이라도 당한 것처럼 생각한다."[14]

이 네 가지 추세에 여러 요소까지 추가로 맞물리면서,[15] 미국의 정치 역학 안에는 유감스러운 변화, 즉 정치학자들이 말하는 이른바 '부정적 동반자 관계negative partnership'가 생겨나기에 이르렀다. 이옝거와 크루펜킨은 최근 "정서적 양극화"(상대방 정당에 대해 각 정당의 당원들이 갖는 부정적 느낌의 정도)에 대한 자료를 검토한 글에서, 그 변화를 다음과 같이 정리했다.

> 양극화 시대에 접어들기 전에는, 내內집단에 대한 호의, 즉 자신의 정당이나 후보에 대한 열렬한 지지가 정치 참여의 주된 동력이었다. 하지만 보다 최근에 들어 사람들을 보다 정치에 참여하도록 하는 것은 다름 아닌 외外집단에 대한 적대감이다.[16]

다시 말해 지금 미국인들은 자기 정당 후보가 너무 마음에 들기보다는 상대 정당 후보가 못 견디게 밉기 때문에 소파를 박차고 일어나 정치에 참여한다는 것이다. 이런 부정적 동반자 관계가 자리잡았다는 것은 곧 미국 정치가 희망에 좌우되기보다, '우리 대 그들'의 비진실에 더 좌우되고 있다는 뜻이기도 하다. 무슨 일이 있어도

"그들"만은 반드시 막아야 한다는 마음가짐인 것이다.

바로 이것이 우리 이야기의 핵심이다. 미국인들은 지금 서로에 대한 적의가 쌓이고 쌓이다 못해, 이런 팻말이라도 들고 서 있을 사람들이 수두룩하다. "저쪽 사람들의 끔찍한 짓거리를 나한테 말해 줘요. 뭐든 다 믿을 테니까!" 지금 미국인들은 누군가에게 이용당하기 쉬운 상태다. 실제로도 이익에 눈먼 미디어 사이트와 정치색 짙은 기업들, 그리고 해외 첩보 기관이 거대한 네트워크를 이뤄, 미국인들의 이런 취약성을 이용해먹고 있다.

아울러 이것은 다음과 같은 당혹스러운 비대칭 상황과 함께 나타났다. 즉, 지난 장에서 살펴봤듯 1990년대 이래 대학의 교수들과 학생들은 좌파 쪽으로 이동해갔지만, 라디오 토크쇼, 케이블 뉴스 방송, 음모론 웹사이트 등의 이른바 "분노 산업"은 오히려 우파 쪽에서 더 발달되어 있고 효과적이기까지 한 상황 말이다.[17] (미국의 주류 매체가 전반적으로 좌파 성향인 것은 맞지만,[18] 확실히 좌파 쪽에는 러시 림보, 글렌 벡, 숀 해니티 같은 우파 논객들에 버금가는 영향력 있는 포맷이나 틀이 갖추어지지 않다.) 우파 진영의 매체는 툭하면 대학 교수들을 조롱거리로 삼고, 대학가에서 발견되는 "정치적으로 올바른" 관행에 대해 분노를 부추겨왔다. 그런데 2015년 들어 캠퍼스 내에 학생운동이 늘어나고, 휴대전화 전원만 켜면 볼 수 있는 자극적인 동영상이 끝없이 제공되자(학생들이 교수에게 욕설을 하거나 연사에게 소리를 쳐 방해하는 장면), 우파 진영 매체는 대학 캠퍼스 사태를 더욱 예의주시하기 시작했다. 캠퍼스 어디선가 사태가 불거졌다 싶으면 그들은 신이 나서 방송을 해댔는데, 대개 어떠한 설명적인 맥락도 없이 떠들었다. 좌파가 대학 캠퍼스 안에서 때로 보수 성향 연사들을 향해 분노의 표현을 쏟아내면, 우파 역시 캠퍼스 밖에서 때로 위협적인 방식을 불사하며 좌파 성향 교수들과 학생들을 향해 분노의 표현을 쏟아냈다. 그리고 이는 다시 캠퍼스 안에서 좌파가 더 큰 분노를 표출하도록 자극했다…. 이런 식으로 사이클이 되풀이된 것이다.

캠퍼스 밖 우파의 분노

앞서 제4, 5장에서는 주로 좌파가 일으킨 시위, 강연 훼방, 공개서한, 마녀사냥에 대해 살펴봤다. 이렇게 한 까닭은 오늘날 좌파가 대학 캠퍼스 대부분을 장악하고 있기 때문이다(종교학교와 사관학교는 예외지만). 그런데 캠퍼스에서 한 발 물러나보면, 상당한 우파 쪽 사람들과 집단들도 역시 도덕적 명분을 내걸고 대학을 겨냥해 갖가지 공격적이고 위협적인 행동들을 활발히 전개하고 있음을 알 수 있다.

책 전반부에서 잠깐 에버그린대 이야기를 했는데, 그 후일담은 이번 장을 위해 아껴두었다. 앞에서도 언급했지만, 와인스타인 교수의 강의실 앞에서 시작된 에버그린대의 내부 붕괴 사태는 전국 방송 어디에서도 보도되지 않았고, 사태 사흘 뒤에야 비로소 와인스타인 교수가 폭스 뉴스의 제의에 응해 〈터커 칼슨 투나잇〉에 출연하게 되었다. 우파의 역공이 시작된 것은 그 프로그램이 방송을 타고 나서였다. 와인스타인이 TV에 출연하고 사흘 뒤, 웹사이트인 미디엄Medium에 한 시위대 학생이 글을 게시했다. 대학 세미나동 벽면에 누군가가 스프레이로 나치식 만卍자를 그려놓았고, 자신을 포함한 시위대 학생들 다수가 대안 우파 세력에게 "신상털이"를 당했다는 내용이었다. "좌파와 유색인종을 괴롭히는 데 열을 올리는 온라인 게시판들에 시위 조직가들의 얼굴, 이름, 전화번호가 모조리 올라왔다."[19] 이 학생은 몇 주 후에 《뉴욕 타임스》에도 글을 실어 시위대 학생들이 "수백 통의 전화와 익명의 문자 메시지를 받은 것은 물론, 거주지와 일하는 곳을 다 알고 있으니 조심하라는 식의 끔찍한 위협에" 시달리고 있다고 털어놓았다. 그뿐 아니라 온라인 게시판에는 그녀를 지목하며 강간 위협까지 한 글도 올라와 있었다고 했다.[20] 에버그린대 대외협력처 부처장인 샌드라 카이저는 "감히 상상하기 힘들 정도의 엄청난 소셜미디어 괴롭힘이 학교로 밀물처럼 들이닥쳤다"고 했다.[21] 하지만 폭도들은 멀리서 전화를 거는 선에서 그치지 않았다. 앞서 뉴저지 남자가 건 협박전화는 허튼수작이었음이 곧 밝혀졌지만, 우파 극단주의 집단들이 실제로 에버그린대 캠퍼스를 찾아왔던 것이다. 일례로, 신나치 집단인 아톰와펜 디비전에서는 "흑인의 생명은 중요하지 않다. 인근 나치조직에 가입하라"라는 문구가 적힌 포스터를 학교 곳곳에 붙이고 다녔다. 그 후 그들은 자기 단원들의 모습을 동영상으로 찍어 올렸는데, 영상 속에서 단원들은 검정색 복장에 얼굴을 복면으로 가린 채, 야밤의 캠퍼스를 활보하며 포스터를 붙이고 있었다.[22]

뉴턴의 물리학 법칙대로라면, 모든 작용은 그와 크기가 같고 방향이 반대인 반작용을 낳는다. 하지만 양극화의 소용돌이에서는, 모든 작용에 어떤 '불균형'적인 반작용이 있다. 2015년만 해도 캠퍼스 시위대들이 (클레어몬트매케나대의 스펠먼 처장이 보낸 이메일 같은) 별것도 아닌 일에 과민반응을 보인다며 질책한 이들이 많았다. 하지만 2016년 후반에 접어들면서부터는 캠퍼스 바깥의 우파들이 좌파쪽 교수의 발언을 문제 삼으며 보다 더 빈번하게 과민반응을 보이기 시작했다.

2017년 봄, 리사 더든은 뉴저지주 뉴어크에 소재한 에식스카운티대학교의 겸임교수로 채용되어 '매스커뮤니케이션과 대중문화' 수업과 작문 수업을 맡게 되었다. 더든은 에식스대에서 교편을 잡기 전에는 동기부여 강사이자 토크쇼 진행자, 대중문화 전문가, TV 및 영화 프로듀서 등 다양한 활동을 해왔다. 그런데 대학교수로 영입되고 얼마 뒤인 2017년 6월 6일의 일이었다. 〈터커 칼슨 투나잇〉에 출연한 그녀는 '흑인의 생명도 소중하다'라는 단체가 전몰장병 추모일을 맞아 뉴욕 브루클린에서 개최한 "올블랙all-black" 파티를 언급하면서(그녀 자신은 참석하지 않았다) 이 단체를 옹호한다고 밝혔다. 한번은 진행자 칼슨이 토크 중에 저돌적인 질문을 던졌고 더든은 이렇게 맞받아쳤다. "이런, 이런. 우리 백인들께서 '백인 특권' 카드를 갖고도 파티에 초대받지 못하셔서 단단히 부아들이 나셨군요."[23]

그녀의 말에 다소 도발적인 데가 있었던 것은 부인할 수 없는 사실이다. 하지만 올블랙 행사는 학생이 아닌 일반 시민을 대상으로 개최된 것이었으므로, 더든은 행사에서 백인 학생들이 배제돼도 좋다는 뜻으로 말한 게 분명 아니었다. 실제로 더든은 학교에서 학생들을 차별했다는 이유로 시비에 휘말린 적이 단 한 번도 없었다. 그런데도 더든이 출연한 이 방송을 보고 우파가 분통을 터뜨리며 득달같이 들고 일어났다. 그녀에게 혐오 메일과 익명의 위협이 쏟아졌다. "기어코 너희 집을 찾아 멍청한 흑인 네년을 죽여놓겠다"라거나 "폭스 뉴스의 그 친구에게 했던 말을 어디 나한테도 똑같이 한 번 해보시지. 내가 널 묵사발로 만들어 인종차별주의자 악마의 아가리에 처넣어줄 테니까"라고 하는 식이었다. 더든이 일러준 협박들은 이것이 끝이 아니었지만, 그 내용들을 이 지면에 다 싣지는 않으려고 한다. 그저 간담이 서늘할 만큼 인종차별주의적이고, 성차별적이며, 위협적인 언사들이라고 말하는 것으로 충분하리라.

이때 얼마나 독설 세례와 폭력 위협에 시달렸던지 더든은 지금도 그 영향에 시달릴 정도다. "그때의 일에 대해 생각하거나 말을 하려고 하면, 아직도 명치 쪽이 꽉 막힌 것처럼 답답해요." 메일을 통해 더든이 우리에게 전해준 이야기다. "다들 괜찮아질 거라고 하지만, 어디 그런가요? 그런 얘기들은 그저 저 같은 처지에 있는 사람들에게 으레 해주는 '정치적으로 올바른 말'일 뿐이죠. 괜찮아지기는커녕 가끔씩 더 나빠질 뿐이에요. 그게 제 솔직한 심정이에요."[24] 엎친 데 덮친 격으로, 에식스대조차 더든을 교수직에서 유예하더니 곧 조사에 착수했다. 더든 때문에 학교에 불만 접수가 "폭주했다"는 것이 학교 측이 내세운 구실이었다.[25] 이에 FIRE가 불만 사항을 보여줄 것을 요청했으나, 이 요청을 대학 측은 끝까지 무시하다 FIRE가 소송을 걸자 그제야 내용을 공개했다. 거기서 드러난 사실은 놀랍게도, 더든이 교수직 유보를 당하기 전까지 학교에 접수된 불만 건수는 고작 이메일 단 한 통에 불과했다는 것이었다.[26] 이런 사실에도 아랑곳없이, 에식스대 총장은 6월 23일 더든을 교수직에서 해임한다고 공식 발표했다.[27] 더든은 이 모든 일에도 불구하고 자기 목소리를 낸 것만은 절대 후회하지 않는다고 우리에게 말한다.

더든 교수만 유별나게 이런 일을 겪은 것은 아니다. 2016년 크리스마스 이브, 필라델피아에 소재한 드렉셀대학교 교수 조지 치카리엘로-마허가 "크리스마스에 내가 바라는 건 단지 백인 집단학살뿐"이라는 도발적인 트윗을 올렸다. 이 트윗은 러시아와 연계된 트위터 계정(테네시가 근거지인 것처럼 위장했다)에 의해 증폭되며 마구 퍼져나갔다.[28] 액면 그대로 읽으면 무척 끔찍하게 들리는 이 문구는, 다음과 같은 사실을 알면 그 의미가 사뭇 다르게 다가온다. 즉, "백인 집단학살"이라는 용어를 주로 쓰는 이들은 다름 아닌 백인민족주의자 집단들이며, 이들은 대규모 이민이나 인종 간 결혼이 결국 백인을 멸절시키지 않을까 하는 두려움에서 해당 표현을 쓰곤 한다. 나중에 치카리엘로-마허 교수가 설명했듯, "애초 백인 집단학살이라는 말을 창안해낸 것은 백인우월주의자 자신이었고, 이들은 다양한 인종 간 관계를 비롯해 각종 다문화 정책을 비판할 때 어김없이 이 말을 들먹였다. (…) 한마디로 백인 집단학살은 인종차별주의자들의 상상이 빚어낸 허구인 셈이다. 이런 개념은 조롱받아 마땅하며, 나는 이 말을 조롱거리로 삼았기에 기쁜 마음이다."[29] 사건 초반만 해도 드렉셀대는 치카리엘로-마허에게 트위터 건으로 따로 징계를 내리지 않을 것이라 약속했으나, 2017년 2월 조용히 내사에 착수하더니 얼마 후에는 "신변 안전이 우려된다"는 핑계로 그의 학교 출입을 제지했다. 대학 측이 벌인 내사는 2017년 12월 말, 치카리엘로-마허가 사임하고 나서야 종료되었다. 그가 트윗을 올린 지 딱 1년 뒤의 일이었다.[30] 치카리엘로-마허에 따르면, 자신은 물론 가족들까지 "살해와 폭력 협박을 받았으며, 그 후 1년 가까이 우파와 백인우월주의 언론, 인터넷 폭도들로부터 괴롭힘을" 당

해야 했다.[31]

한편 2017년 5월 20일에는 프린스턴대 교수이자 《'흑인의 생명도 소중하다' 운동에서 흑인 해방까지》의 저자인 키앙가-야마타 테일러가 햄프셔대학교에서 졸업연설을 한 것이 비슷한 사태를 일으키는 빌미가 됐다. 그 자리에서 테일러는 트럼프 대통령이 "인종차별과 성차별을 일삼는 과대망상증 환자"라며 학생들의 미래에 위협을 가한다고 일갈했다. 그다음 주에 폭스 뉴스는 테일러가 행한 연설을 "대통령에 반대하는 장광설"이라며 짜깁기해 내보냈다.[32] 그로부터 며칠이 흐른 5월 31일, 테일러가 발표한 바에 따르면, "그녀에게 날아든 적의에 가득 찬 위협조의 이메일만 50통을 넘었고", 개중에는 "죽이겠다는 등의 구체적인 폭력 위협"을 담은 메일부터 심지어 "[그녀에게] 린치를 가한 뒤 대가리에 44매그넘 총탄을 박아넣겠다"고 하는 메일까지 있었다.[33] 자신은 물론 가족들의 안위까지 걱정된 테일러는 결국 추후 예정된 강연을 모두 취소했다.

보수파 독자들은, 방금 제시한 세 가지 경우야 교수들 자신이 작심하고 공격적인 혹은 도발적인 언사를 했으니 그런 반응이 나오는 게 당연하다며 하찮게 치부할 수 있다. 진보주의자들 입장에서야 "백인 인종학살"이라는 말이 유머로 들릴지 모르지만, 트위터에서 인종학살로 농담을 하려면, 그 말을 액면 그대로 받아들이는 사람이 있을 수 있다는 점도 반드시 예상해야 한다. 따라서 누군가는 앞의 세 사람이 교수라는 직분에 맞게 말을 신중하게 했다면 그렇게까지 골치 아플 일도 없지 않았겠느냐고 말할지 모른다. 하지만 학자답게 진지한 태도로 말한다고 해서 충분한 건 아닌 것 같다. 2017년 6월, 아이오와대학교의 조교수로 고전학을 가르치는 세라

본드가 온라인 예술 매거진《하이퍼앨러직》에〈우리가 고전시대를 색을 입혀 바라보기 시작해야 하는 이유〉[34]라는 글을 한 편 실었다. 이런 제목이 붙은 까닭은 세간에는 거의 알려지지 않은 어떤 사실 때문이었다. 고대 그리스와 로마 시대 조각상들은 피부색과 밝은 색조가 칠해져 있었는데, 땅속에 묻히고 변색된 이 조각상들이 르네상스 시대에 발굴될 때 칠이 다 벗겨져버렸다는 것이다. 하지만 르네상스 시대의 예술가들과 후원자들은 아무런 꾸밈이 없는 새하얀 대리석을 예술가가 의도한 미학의 일부라 여겼고, 그래서 오해로 빚어진 그 생각들을 그리스-로마 시대의 예술적 이상이라고 믿으며 새로운 조각상을 만들었다(미켈란젤로의 다비드상 같은 것들).[35] 그렇게 우리는 르네상스 시대의 새하얀 대리석 조각상에서 고대 세계는 이랬으리라(도처에 새하얀 대리석 조각상이 있었으리라)는 현재의 이미지를 품게 된 것이다.

본드의 주장에 따르면, 잘못된 생각은 이뿐만이 아니었다. 로마인이 새하얀 대리석 조각상을 이상적인 인간 형상의 묘사로 여겼다고 잘못 생각한 것도 모자라, 19세기 학자들의 경우 로마인은 "백인"이었다는 생각에까지 이르렀다(그런데 고대에는 "백인종"이라는 개념 자체가 없었다). 본드는 하얀 조각상에 대한 이러한 오해는 "오늘날 백인우월주의자들의 논리를 더 단단히 무장시켜주는 면이 있다. 예를 들어 아이덴티티 에브로파 같은 단체는 고전시대 조각상을 백인 남성의 우월성을 드러내는 상징으로 이용한다"[36]라고 글에서 지적했다. 이처럼 아주 기발하고 흥미진진한 생각들로 우리에게 지적 충격을 주면서, 본드는 설득력 있는 사진들을 제시하는 것은 물론 학술적인 글들과도 관련지어 논의한다. 하지만 본드가 사려 깊고

학구적인 방식으로 주장을 제시한 것과는 상관없이, 분노의 기계가 작동하기 시작했다.

다음의 헤드라인들을 보라. "한 대학교수의 주장: 조각상에 하얀 대리석을 쓰는 것은 인종차별이자 '백인 우월주의'를 낳는다."[37] "아이오와 대학 교수, '하얀 대리석'이 '백인 우월주의자' 사상에 실질적 영향을 끼친다고 말하다."[38] 트위터에서 사람들은 본드를 "SJW 충"이라 부르며 그녀가 교직에서 해임되거나 아예 죽었으면 좋겠다는 말들을 쏟아냈다.[39] 본드를 겨냥한 살해 위협, 해직 요청, 여타 온라인 모욕도 끝없이 빗발쳤다.[40] 양극화의 소용돌이가 우파의 입장에서 어떻게 비치는지를 포착한 다음과 같은 헤드라인도 있다. "진보파 교수들, 뜬금없는 말을 하다—그 후 그 내용을 보도했다며 보수 언론을 탓하다."[41] (좌파의 입장에서 쓴다면 아마 이런 식이 되지 않을까. "진보파 교수들, 발언을 하다—그 후 이들 교수가 마치 정신 나간 사람인 양 보수 언론이 보도하다.")

2017년 이후 대학에서 위세를 떨치게 된 양극화의 사이클은 보통 다음과 같은 순서로 진행된다.[42]

1. 좌파 쪽 교수가 소셜미디어, 주류 언론매체, 강의, 혹은 (드물게) 학술 출판을 통해 도발적이거나 화를 북돋우는 말을 하거나 글을 쓴다. 이들 교수들의 말이나 글은, 우파 단체나 캠퍼스 밖 정치인들의 정의롭지 못한 언행에 대한 반작용일 때가 많다. 그 후 소셜미디어에서 동영상이나 스크린샷이 공유된다.
2. 우파 언론매체가 이야기를 선별해 분노가 증폭되게끔 그것을 다시 전달한다. 본래의 맥락에서 벗어날 때가 많고 더러는 사실

을 왜곡하기도 한다.[43]

3. 우파 언론의 보도를 접한 수십 명, 심지어는 수백 명의 사람들이 소셜미디어에 성난 게시물과 댓글을 달거나 혹은 해당 교수에게 이메일을 보낸다. 이메일에는 인종차별주의적이거나 성차별적인 욕설이 다반사로 들어 있고, 강간 혹은 살해 위협이 담겨 있을 때도 있다. 심지어 해당 교수를 해고할 것을 학교 측에 공식 요청하는 이들도 있다.
4. 그 와중에 대학 행정처에서는 교수를 방어하는 데 실패한다. 오히려 학교가 교수를 상대로 내사에 돌입하거나, 때로는 교수가 학교를 떠나는 경우도 있다. 종신 재직권이 없는 교수들의 경우, 해고되거나 재계약을 하지 못할 위험성이 무척 커진다.
5. 보수당이든 진보당이든 이런 이야기를 일부라도 접한 당원들은, 자신이 지닌 상대편에 대한 가장 최악의 믿음을 더욱 공고히 하게 된다. 우파의 경우에는 해당 교수가 어떤 말을 하고 어떤 글을 썼는지에 초점을 맞추며, 좌파의 경우에는 이런 말이나 글에 가해지는 우파의 인종차별주의적/성차별적 반작용에 초점을 맞춘다. 분노가 커져감에 따라, 양편 사람들 모두 해당 사이클을 얼마든 되풀이하려는 태세를 보인다.

이러한 사이클은 대학 캠퍼스에서 교수들이 학생들에게 울분을 일으키는 패턴과는 확실히 다르다. 또한 누군가를 인종차별주의자라고 부르거나 그 사람을 초대하지 말라고 요구하는 것은 결코 강간 위협이나 살해 협박을 가하는 것과 동일하지 않다. 법도 이 차이를 인정한다. 수정헌법 제1조도 실제 실행 가능한 강간 혹은 살해 위협은 법으로 보호하지 않는다. 그것들은 엄연한 범죄 행위이기 때문이다. 하지만 캠퍼스 밖에서 우파가 난리를 치든 캠퍼스 안에서 좌파가 소동을 피우든, 대학 지도부의 대응은 보통 나약하기 짝이 없고 해당 교수를 지지하지 못할 때가 많다. 상황이 순식간에 고삐 풀린 듯 소용돌이치기 시작하면, 좌파건 우파건 사태의 추이를 지켜보는 이들이 끌어내는 결론은 어느 편이나 똑같다. 상대편은 악마라는 것이다.

지금은 많은 교수들이 수업하거나 말할 때 좀 더 신중을 기한다고들 이야기한다. 단 한 번의 실수나 단 한 번의 단순한 오해가 사방에서 비방과 협박을 불러올 수 있기 때문이다.[44] 거기다 서서히 퍼지고 있는 새로운 문제가 하나 더 있다. 바로 정치 성향을 이유로 교수들을 주도면밀하게 감시하는 문제다. 대학 캠퍼스 안에서 활동하는 보수 집단인 터닝포인트USA는 심지어 "교수 감시 목록"을 만들어 "보수파 학생들을 차별하거나, 반反미국적 가치를 장려하거나, 수업 중 좌파 선전을 일삼는" 교수들을 "공개적으로 드러내고 그 명부를 만드는 작업"을 하고 있다.[45] 자유 발언을 옹호하는 사람들 중에는 이 감시 목록이 공개되는 것을 우려스러운 마음으로 지켜보는 이들이 많다. 어쨌거나 미국도 불온사상 및 불온사상가들의 리스트를 만들었다가 흉한 상처를 남긴 역사적 선례가 있으니 말이다.[46] 이런 리스트가 뜻하는 것은, 명부에 오른 이들이 어떤 말을 하고 다니는지 예의주시하겠다는 일종의 경고다. 교수 본연의 역할은 다름 아닌 불편한 생각들을 일깨우는 것임에도, 지금 같아서는 교수들이 그런 도발적인 교육 훈련과 질문 방식을 썼다간 자신의 명성과 심지어 이력 자체에 종지부를 찍을지 모른다는 걱정을 해야 하는 형편이다.

대학가에 닥치는 위협

25년간 줄기차게 줄어오던 혐오범죄는 2015년 들어 증가세로 돌아섰다.[47] 거기다 FBI의 추적 결과에 따르면, 2016년 들어 이 수치는 5퍼센트 더 뛰었다고 한다.[48] 미국의 여러 대도시를 대상으로 행한 한 연구에서는 2017년 1월에서 8월의 기간에만 2016년도의 같은 기간보다 혐오범죄가 무려 20퍼센트나 늘어난 것으로 나타났다.[49] 물론 혐오범죄와 관련해서는 정확한 통계를 얻기가 지극히 힘든 데다, 공공에 널리 알려진 사건이 때로는 거짓으로 드러나는 경우도 있다.[50] 하지만 그런 점까지 감안하더라도 트럼프 대통령 시대에 혐오범죄가 증가세라는 인식이 현재 대학가에 널리 퍼져 있으며, 이 책의 필자들이 관련 연구물들을 두루 검토해봐도 이러한 인식은 상당한 진실을 담고 있다.

대학가에서 벌어지는 위협은 그 형태가 매우 구체적이고 때로는 섬뜩하기까지 하다. 2015년 미주리과학기술대학교에 다니는 한 백인 학생이 소셜미디어에 게시물을 올렸다가 경찰에 체포되었다. 그 학생이 해당 게시물에, 흑인 학생들이 시위를 벌이고 있는 미주 캠퍼스(미주리대학교의 본교)를 찾아가 그의 눈에 띄는 "흑인들을 모조리 총으로 쏘겠다"고 썼기 때문이다.[51] 이 일이 일어났던 당시는, 사우스캐롤라이나주 찰스턴의 한 교회에서 딜런 루프가 흑인 신도 9명을 살해한 지 불과 다섯 달밖에 지나지 않은 때였다. 2017년

10월에는 메릴랜드대학교에 재학 중이던 한 백인 학생이 살인과 혐오범죄로 기소를 당했다. 이 백인은 메릴랜드대에 방문학생으로 와 있던 리처드 콜린스 3세(보위주립대학교 재학생이었다)를 칼로 찔러 죽였는데, 콜린스는 단순히 흑인이라는 이유만으로 표적이 되었던 것 같다.[52]

대안 우파와 신나치가 가하는 물리적 위협이 점차 피부로 와닿기 시작한 것은, 백인우월주의자들이 샬러츠빌 가두시위에서 헤더 헤이어를 살해하고 폭력을 저지른 이후부터였다. 그전까지는 사태를 관찰한 사람들 대다수가 대안 우파라고 하면 인터넷 트롤이 전부라고 여겼는데, 이제는 그렇지 않게 된 것이다. 샬러츠빌 행진 이후 불과 두 달밖에 지나지 않은 2017년 10월, 백인 민족주의자를 자처하는 리처드 스펜서라는 이가 플로리다대학교에서 연설을 했다. 그런데 스펜서의 발언이 끝나고 한 시간 반쯤 지났을까. 역시 백인 민족주의자임을 선언한 남자 셋이 차를 몰고 버스 정류장 쪽으로 가더니, 그곳에 모여 있던 시위대에게 큰 소리로 신나치 구호를 내지르기 시작했다. 이에 시위대 쪽에서 누군가 차량의 뒷유리를 봉으로 가격하자, 세 남자는 차량 밖으로 뛰쳐나와 이렇게 소리를 질렀다고 한다. "제기랄, 너희들 다 내가 죽여버릴 거야." "저 새끼들 총으로 쏴버려!" 그런데 이들 백인 민족주의자 중에 타일러 텐브링크가 정말 총을 소지하고 있었다. 그는 기어이 한 발을 쐈다. 하지만 총알이 시위대를 빗나갔고, 그 길로 그들은 줄행랑을 쳤다. 얼마 뒤 셋은 모두 붙잡혀 살인미수로 기소되었다.[53] 한편 그로부터 또 몇 달 뒤에는 미시간주의 웨인주립대학교에서 한 학생이 이민자의 권리를 옹호하는 팸플릿을 돌리던 무리와 언쟁을 벌이던 중 칼을 뽑아드는 사태가 일어났다. 그는 "우리나라의 국민이 아닌 불법체류 자들을 모조리 다 죽여버리고" 싶었다고 말했다.[54]

미국의 유색인종 학생들이 일상생활에서 줄곧 안전을 위협받고, 어디선가 그런 위협이 있었다는 소식을 전해 듣는 것이 어제오늘 일은 아니다. 미국에서 인종의 역사는 차별과 협박의 역사라 해도 과언이 아니다(물론 진보의 역사도 간간이 찾아볼 수 있지만). 그렇다 해도 이런 인종 협박의 새로운 물결이 유달리 불편하게 느껴지는 것은, 최근 미국에서 얼마간 진보가 이루어졌었기 때문이다. 2008년 버락 오바마가 대통령에 당선되었을 때, 수많은 미국인들은 드디어 이 나라가 인종차별과의 지난한 싸움에서 한 고비를 넘기는구나 생각했다.[55] 2016년 말에 접어들었을 때에는, 미국 대학생들이 흑인 대통령과 지낸 기간이 이미 8년이었고, 대부분의 전문가와 권위자들은 이제 미국 최초의 여성 대통령 탄생이 기대된다고 말하고 있었다. 그러나 승자는 트럼프였고, 이는 특히 수많은 흑인 학생들과 좌파 성향 여성들에게 환상이 산산이 깨지는 충격이었을 게 틀림없다. 더욱이 대통령이 인종차별주의적 도발을 일삼고 신나치나 그 부류의 단체들이 점점 눈에 잘 띄는 상황이다 보니, "백인우월주의"를 (아무리 협의의 정의를 적용한다 해도) 그저 먼 옛날의 유물로만 치부하기가 예전보다 훨씬 어려워졌다고 해도 과언이 아니다.

이번 장은 앞서 앨리슨 스탠저가 했던 평을 되새기는 것으로 마무리하고자 한다. "현재 미국에서는 정치적 삶과 정치적 담론이 비등점에 있고, 그것들에 대한 반응이 대학 캠퍼스만큼 고조되어 있는 곳은 어디에도 없다." 바로 이런 맥락 속에서 오늘날 미국 대학생들은 전국적인 주요 사태들을 이해하려고 애를 쓰고 있으며,

바로 이런 맥락 속에서 언뜻 보기에 소소한 지역적인 사건들에 반응하고 있는 것이다. 이 책을 이끌어오는 내내 우리는 그런 사태들을 해석하는 더 건설적인 생각들이 있다고 말해왔지만, 이번 장에서는 무엇보다 학생들이 그렇게 행동하는 데에는 다 그만한 이유가 있다는 점을 말하고 싶었다. 저마다 배경 사정이 있고, 미국 사회가 처한 맥락이 있다. 지금은 양극화의 소용돌이와 부정적 동반자 관계의 심화가 미 전역의 정치 활동에 영향을 끼치고 있으며, 그것이 수많은 미국인들을 '우리 대 그들'의 비진실을 끌어안도록 몰아가고 있다.

이어지는 제7~9장에서는 변화가 나타나는 곳이 단지 대학 캠퍼스만은 아니라는 사실을 보여주려 한다. 즉, 대학에 입학하는 젊은이들 자신에게도 변화가 나타나고 있는 것이다. 오늘날 많은 학생들이 "끓고 있는" 분위기에(학생들은 일단 대학에 들어가면 이런 분위기를 자연스레 감지한다) 쉽게 불타오르는 것도 어쩌면 미국 청소년들의 정신건강 상태가 변화한 것에, 아울러 유년시절의 성격 자체가 변화한 것에 그 원인이 있을지 모른다.

1980년대 이래 미국에서는 적어도 한 가지 형태의 양극화가 꾸준히 심화되는 양상을 보이고 있다. 바로 정서적(혹은 감정적) 양극화인데, 주요 양당의 어느 한쪽에 속한 것을 자신의 정체성으로 여기는 사람들이 상대 정당 및 거기 속한 사람들에게 점차 더 많은 혐오감과 두려움을 품는 것을 말한다. 대학 캠퍼스에서 어떤 변화가 일어나고 있는지 이해하기 위해 우리가 제시하는 첫 번째 설명의 실마리가 바로 이것이다.

미국의 정서적 양극화는 대체로 양편이 대칭을 이루었다. 하지만 정당 간 적의가 증대되는 시기를 거치며 대학의 학생들 및 교수들이 좌파로 돌아선 것을 계기로 변화가 생겼다. 대학들이 과거에 비해 사람들로부터 신뢰는 못 받게 된 한편, 일부 보수 및 우파 조직으로부터는 더욱 큰 적의를 사게 된 것이다.[56]

인터뷰나 소셜미디어에 발설한 어떤 말을 빌미로, 우파가 끈덕지게 따라다니며 괴롭히는 교수들의 숫자가 2016년부터 늘기 시작했다.

우파가 캠퍼스 밖에서 캠퍼스 안을 겨냥해 인종차별주의적이고 정치적인 도발을 하는 사례가 늘어날수록 정치적 양극화도 심화된다. 그리고 이런 정치적 양극화의 심화야말로 왜 캠퍼스에서 학생들의 행동 양상이 변화하게 되었는지(특히 2016년 이후)를 설명해주는 아주 본질적인 부분이다.

제7장

불안증과 우울증

> 우울증에 걸린 사람들은 종종 자신의 구명보트에 핀을 찔러 넣곤 한다. 그나마 의식적인 마음이 개입할 여지가 있다. 그 사람은 무력하지 않은 것이다.
>
> _앤드루 솔로몬, 《한낮의 우울》1

우리가 여섯 가지 중 두 번째 설명의 실마리로 제시하고자 하는 사실은, 2010년대에 미국 청소년들 사이에 불안증과 우울증의 비율이 증가했다는 점이다. 이 기분장애는 여러 면에서 '대단한 비진실' 세 가지와도 밀접한 관련성을 갖는다.

아래 내용은 우울증을 1인칭 시점에서 묘사한 글이다. 사춘기에 썼던 글은 비록 아니지만, 위에 적힌 앤드루 솔로몬의 말, 즉 의식적인 마음이 개입할 여지가 있다는 말이 무엇인지를 보여준다.

그날 나는 자살할 방법을 찾기 위해 웹사이트란 웹사이트는 샅샅이 뒤졌다. 하지만 거의 모든 경우에 그와 관련된 실패담이 올라와 있었다. 죽지는 못하고 도리어 영원히 불구로 살아야 한다는 그런 이야기들 말이다. 심지어 총으로 자신을 쏠 경우에도 그렇게 될 수 있었다. 그런 리스크는 감당할 자신이 없었기 때문에, 나는 결국 길 건너편의 철물점에 가서 아주 질긴 비닐봉투와 철사를 샀다. 내가 가지고 있는 수면제, 안정제, 항우울제를 싹 모아 한꺼번에 입에 털어넣은 뒤 머리를 비닐봉투로 단단히 싸매, 설령 약 때문에 죽지 못하면 질식사라도 당할 생각이었다. 하지만 혹시 중간에 마음이 바뀌어 비닐을 손톱으로 뜯으려 할 수 있으니까, 그래도 찢기지 않을 만큼 비닐이 아주 질겨야 했다.

나는 바로 지금 이 순간 그것을 실행에 옮겨야 했다. 가능한 빨리. 왜냐하면… 왜냐고? 왜냐면 그렇게 하는 게 옳기 때문이다. 여기서 미적대면 난 그것을 실행에 옮기지 못할 테니, 의지가 있을 때 실행에 옮겨야 한다. 혹시 나중에 내 기분이 괜찮아진다고 해도 그것은 거짓말일 게 뻔하다. 내가 뭔가 어두침침하고 큼지막한 진실과 닿아 있다는 강렬한 느낌이 든다. 그건 바로 내가 죽어야 한다는 사실이다.

확실히는 모르겠지만, 그러다가 문득 정신이 들어 왜 이따위 생각을 하고 있지 하는 느낌에 911에 전화를 걸었던 것 같다. 처음에는 그냥 담담하게 지금 벌이려는 짓을 설명했는데, 이내 울음이 터져 나왔다. 전화기 너머 상담원은 내게 당장 병원으로 가라고 했다. 난 그 말을 들었다.

이후 2007년 12월의 사흘을 북필라델피아의 한 정신요양원에서 지냈다. 나는 필라델피아에서는 혼자 뚝 떨어진 느낌이 너무 지독해, 친구들과 가족이 있는 뉴욕으로 돌아갈 예정이었다. 그런데 그 요양원에서 몇 년 만에 처음으로 내가 먹어야 하는 약을 늘리기는 커녕 줄여주는 의사를 만나게 되었다. 그리고 뉴욕으로 이사하자마자 나는 당장 인지행동치료를 시작했다.

처음에는 이렇다 할 차이가 거의 느껴지지 않았다. 의사는 내가 그동안 어떻게 두뇌 구석구석에서 힘을 끌어 모아 스스로에 대한 관점(즉, 스키마)을 지탱해왔는지 몇 번이고 계속해서 보여주었다. 나는 나 자신을 아무 희망도 없는, 만신창이로 망가진 사람으로 보고 있었다. 그런데 하루에 두 번씩 인지행동치료를 시행해나가자, 나 자신에 대한 끔찍한 환상을 지켜내기 위해 분노, 동요, 자기방어 등의 내 마음이 얼마나 애를 쓰고 있는지가 차차 인식되기 시작했다.

"유레카"를 외친 그런 순간은 전혀 없었다. 내 합리적인 마음은 내 생각들이 왜곡돼 있다는 것을 이해할 수 있었지만, 그것만으로는 아무것도 바뀌지 않았다. 세상에서 제일 잔혹하고, 미쳐 날뛰는 듯한, 파괴적인 그 목소리가 내 머릿속에 들려와도 꼭 거기에 따라 행동할 필요는 없다고 스스로 믿는 습관이 들기 전까지는 말이다. 그 목소리들이 이기도록 내버려두지 않자 과연 목소리들은 이전보다 잠잠해졌다. 인지행동치료 덕분에, 이제 나는 내 마음속 가장 악랄한 목소리들을 우스개 만화에 나오는 말소리쯤으로 여기는 습관을 갖게 되었다. 지금도 나는 여전히 우울증에 시달리지만, 증세의 횟수나 정도는 예전에 비하면 턱없이 낮은 수준이다.

이 글을 쓴 사람은 다름 아닌 필자 그레그다. 지금도 그는 인지행동치료가 자기 생명을 구했다고 믿는다. 나아가 인지행동치료를 시작하고 불과 몇 개월 만에, 그레그는 자기 안에서 일어나는 인지왜곡을 포착해내는 방법을 알게 되었다. 일단 그것들을 감지할 수 있게 되자, 다른 사람으로부터도 그런 목소리들이 들려오기 시작했다. 사실 한번 익숙해지고 나면, 재앙화, 이분법적 사고, 딱지 붙이기 같은 갖가지 인지왜곡을 찾아내는 것은 그렇게 힘든 일이 아니다.

인지행동치료 훈련을 막 시작한 무렵인 2008년, FIRE의 회장으로 일하던 그레그는 대학 캠퍼스의 행정 관리자가 때로 학생들에게 인지왜곡의 본보기가 돼준다는 사실을 알아차렸다. 관리자들은 학생들이 당장 어떤 위험한 일을 당한 것처럼, 또 수많은 위험과 불편으로부터 학생들을 기필코 보호해야 하는 것처럼 행동할 때가 많았다(이에 대해서는 제10장에서 논의할 것이다). 하지만 그때만 해도 밀레니얼 세대 학생들 대부분은 왜 저렇게 관리자들이 과잉반응을 보이는지 눈을 굴리며 의아해할 뿐이었다. 그러다 2013년경 이른바 i 세대에 속하는 젊은이들이 대학에 들어오기 시작하면서, 학생들이 자신의 발언에 대해 전보다 더 두려워하는 태도가 두드러지기 시작했다. 안전공간, 트리거 워닝, 미세공격, 발언과 폭력의 동일시 등에 대한 논의가 새롭게 벌어질 때면, 학생들은 마치 인지행동치료 훈련 매뉴얼에서 갓 뽑아온 듯한 내용을 자신의 논변이나 정당화에 사용하는 경우가 많았다. 이것이 바로 2014년에 그레그가 조너선을 점심식사에 초대했던 이유이며, 아울러 두 필자가 2015년에 함께 《애틀랜틱》지에 글까지 썼던 이유다.

우리는 그 글에서 미국 아이들의 아동기가 어떤 식으로 변했는지에 대해 잠깐 언급하고 넘어갔을 뿐(예를 들면 감시를 받지 않고 지내는 시간은 줄고, 소셜미디어 활용 시간은 최근 부쩍 증가한 것), 주로 학생들이 대학에 입학하고 나서 무슨 일이 벌어지는지에 대해 논의의 초점을 맞추었다. 그 무렵은 대학에서 일하는 정신건강 담당 전문가들이 자신들을 찾아오는 학생들 수가 주체할 수 없을 만큼 많아지고 있다며 처음으로 일제히 경고음을 낸 시기이기도 했다.[2] 그 현상에 대해 우리는 아마 학교에서 학생들을 보호하기 위해 행하는 일부 조치들이 도리어 학생들의 인지왜곡을 부주의하게 부추겼고, 그래서 정신건강 치료를 받으려는 학생들 숫자가 더 늘어나는 결과로 이어졌으리라고 이야기했다.

하지만 2017년에 이르자, 당시 벌어지고 있던 일들에 대해 우리가 헛짚은 부분들이 있었다는 사실이 분명해졌다. 대학생들 사이에 정신질환이 물밀듯 퍼지게 된 주원인은 대학에 있지 않았다. 그보다는 도움을 호소한 대학생들이 사춘기 시절에 불안증과 우울증을 유례가 없을 만큼 많이 겪은 세대라는 것이 문제였다. 정신질환(주로 기분장애)으로 고생하는 학생들이 삽시간에 불어나자 학교에서도 이에 대처하느라 진땀을 뺐다.[3] 안전주의라는 새로운 문화 역시 일부 학생, 교수, 관리자들이 이 새로운 추세에 대응하겠다고 캠퍼스 환경을 다르게 만들면서 나타나게 된 것으로 이해할 수 있다. 특정 종류의 발언을 위협으로 느낀다고 말하는 학생들이 많다진다면, 이들을 그만큼 더 보호해주는 것이 맞는다는 논리에서 말이다. 하지만 바로 이런 식의 사고방식이 잘못일 수 있다는 게 우리가 이 책에서 전하고자 하는 기본 메시지다. 대학생들은 유약하지 않다. 그들은 단단하다. 좋은 의도가 오히려 역효과를 일으켜 우리가 돕고자 하는 바로 그 학생들의 장래를 장기적으로 그르칠 수 있다.

이번 제7장에서는 미국 사춘기 청소년들의 정신건강 악화를 논한 최근의 연구 결과들에 대해 살펴볼 것이다. 캐나다와[4] 영국에서도[5] 이와 비슷한 추세가 일어나고 있을지도 모른다는 상당한 증거가 있다. 물론 이들 나라의 추세는 미국만큼 그렇게 뚜렷하고 일관되지는 않지만 말이다.[6] 하지만 세 나라 모두 남자아이보다는 여자아이들이 이런 추세에 더 심한 타격을 받는 듯하다. 정신건강 상태는 캠퍼스 안팎에서 과연 어떻게 변화하고 있을까? 그리고 새로운 안전주의 문화가 2013년 이후에나 대두한 것은 도대체 무슨 이유에서일까?

i세대

2017년 샌디에이고주립대의 사회심리학자 진 트웬지가 펴낸《i세대》라는 책을 보면(이 책에 대해서는 제1장에서도 잠깐 논의한 적이 있다), 오늘날 미국의 십대와 대학생이 어떤 식으로 행동하고, 어떤 가치관을 지녔으며, 정신건강 상태는 어떤지가 지금까지의 그 어떤 책보다도 세세하게 묘사되어 있다. 그도 그럴 것이, 세대별 심리 차이와 그 차이의 원인을 밝히는 것이 트웬지의 전문 분야다. 트웬지는 밀레니얼 세대에 뒤이어 나타난 세대를 아이폰과 비슷하게 일명 i세대라 일컫는데, 이는 "인터넷 세대"의 줄임말이다. 그렇게 명명한 까닭은 그들이 호주머니 속에 인터넷을 넣고 자라난 첫 세대이기 때문이다(일각에서는 이들을 "Z세대"라고 부르기도 한다). 물론 1982년에 태어난 밀레니얼 세대의 맏이들도 1990년대 말 자기 집에 앉아 컴팩 컴퓨터를 두드리며 넷스케이프와 알타비스타 같은 프로그램으로 음악과 지도를 검색하곤 했다. 하지만 당시엔 검색엔진을 이용한다고 사회적 관계까지 뒤바뀌진 않았었다. 그러나 소셜미디어는 사회적 관계까지 뒤바꿔놓는다.

세대들 사이에 선을 그어 구분하는 것은 항시 어려운 문제지만, 트웬지는 여러 가지 뚜렷한 심리적 특징을 근거로 하여 밀레니얼 세대의 마지막 출생년도는 1994년이고, 1995년부터는 i세대가 태어난 것으로 볼 수 있다고 말한다. 응답자의 자가 보고에 따르면, 밀레니얼 세대와 i세대 간에는 성격 및 사고방식 상의 불연속성이 존재한다. 그 한 가지 이유로는 2006년, 즉 i세대의 맏이들이 열한 살 되던 해에 페이스북의 회원가입 약관이 변경된 사실을 들 수 있다. 그때부터는 더 이상 페이스북에 가입하겠다고 대학 입학 사실을 증명할 필요가 없게 되었다. 열세 살이기만 하면, 혹은 그보다 아직 어려도 열세 살이라고 주장할 의지만 있으면, 누구나 페이스북에 가입할 수 있었다.

그러나 그 후 얼마간은 페이스북을 비롯한 여타 소셜미디어 플랫폼들이 중학생들을 그다지 많이 끌어들이지 못했다. 그러다가 2007년에 아이폰이 세상에 나와 불과 몇 년 사이에 널리 이용되기 시작하면서 분위기가 크게 달라졌다. 따라서 2007년에서 2012년쯤을 관통하는 이 잠깐 동안에 미국의 평균적인 십대들의 사회생활 양상이 현격히 달라졌다고 보는 게 가장 합당할 것이다. 이 시기 들어 소셜미디어 플랫폼이 우후죽순 생겨났고, 그렇게 생겨난 트위터(2006), 텀블러(2007), 인스타그램(2010), 스냅챗(2011) 등의 다양한 소셜미디어를 사춘기 청소년들까지 이용하기 시작한 것이다. 그리고 날이 갈수록 이들 회사들은, 업계 표현을 그대로 빌리면, 사람들의 "눈알"을 사로잡고 붙잡는 데 점점 더 능숙해졌다. 그럴수록 소셜미디어의 중독성은 점점 더 강해졌고 말이다. 페이스북의 초대 회장인 숀 파커는 2017년 한 섬뜩한 인터뷰에서 당시 업계 초반의 분위기를 이렇게 설명했다.

> 이런 앱들을 구축하는 데 들어간 사고방식은, 페이스북이 최초였습니다만, (…) 그 핵심은 이것이었습니다. 어떻게 하면 사람들에게 자신의 시간, 그리고 의식적 관심을 여기에 가능한 많이 쏟아붓게 할 수 있을까?" (…) 그 말은 사람들에게 이따금 약간의 도파민이 분비되는 느낌을 받게 해야 한다는 것이었습니다. 그래서 사진이 됐든 게시물이 됐든, 누군가 와서 좋아요를 누르거나 댓글을 달게 만들어놓았죠. 그러면 사람들은 콘텐츠 올리기에 더 열중하고 (…) 그럴수록 더 많은 좋아요와 댓글을 받게 됩니다. (…) 말하자면 '사회적 확인social-validation'의 되먹임 고리 같은 것이지요. (…) 딱 저 같은 해커들이 떠올리기 좋은 발상입니다. 인간 심리의 취약한 부분을 이용해먹는 거니까요.[7]

이 인터뷰 초반에 파커는 이런 말도 했다. "그것이 우리 아이들의 뇌에 무슨 짓을 할지는 오로지 하느님만이 아시겠죠."

간단히 말해, i세대는 소셜미디어의 거대한 사회적·상업적 실험 속에 푹 담긴 채, 인격 형성에 중요한 십대 시절을 보냈던(지금도 보내는 중인) 첫 번째 세대다. 그렇다면 과연 무엇이 잘못됐을 수 있을까?

트웬지의 책은 수십 년에 걸쳐 진행된 네 건의 조사를 심도 있게 파헤친 연구들을 근거로 하고 있다. 조사들 중 하나는 대학생들에 초점을 맞추고 있고, 둘은 십대들을 보다 전반적으로 다루고 있으며, 나머지 하나는 미국의 전체 성인 중에서 표본 조사를 한 것이다. 트웬지의 책에는 이 네 가지 자료군을 토대로 작성한 그래프만 수십 개가 들어 있는데, 이를 통해 1980년대 혹은 1990년대 이후 미국 십대들의 행동 및 사고방식에 어떤 변화가 있었는지를 알 수 있다. 그래프들을 보면 대체로 선들이 완만하게 수평선을 그리다가 2005년과 2012년의 어느 지점부터 갑자기 위로 치솟거나 아래로 푹 꺼진다. 그런 추세들 중에는 아주 긍정적인 것들도 있다. 예를 들어 i세대에 속한 이들은 술을 덜 마시고, 담배도 덜 피운다. 운전할 때 안전을 더 중시하며, 섹스 경험도 서두르지 않고 기다리는 경향이 있다. 하지만 그다지 긍정적이지 않은 추세들도 있으며, 개중에는 아주 참담한 것들도 있다. 트웬지의 책 부제가 그녀의 연구 결과를 요약해준다. "왜 오늘날의 초연결되어 있는 아이들은 덜 반항적이고, 더 너그러우며, 덜 행복하게 자랄까. 아울러 왜 어른이 될 준비가 전혀 안 되어 있을까. 이는 우리 미국인들에게 무엇을 의미하는가."

트웬지의 분석에 따르면, 세대 차원의 두 가지 중요한 변화가 있다. 어쩌면 이 변화들로 인해 2013년 이후 캠퍼스에 안전주의 문화가 대두되었을지도 모른다. 그 변화는 첫째, 현재 아이들이 훨씬 느린 속도로 자란다는 것이다. 아동기에서 성인기로 넘어갈 때 나타난다고 으레 생각되던 활동들이 과거 세대에 비해 더 나중에 일어난다(이를테면 직업을 갖고, 차를 몰고, 술을 마시고, 데이트를 하고, 섹스를 하는 것). i세대 구성원들은 더 오랜 시간을 기다린 뒤에야 이런 활동들을 벌인다. 거기다 횟수도 더 적다. 오늘날 십대들은 이런 활동을 벌이는 대신(여기에는 타인과의 면대면 상호작용이 뒤따르는 게 보통이다), 혼자 훨씬 더 많은 시간을 보내면서 스크린과 상호작용한다.[8] 특히나 중요한 사실은, 이른바 헬리콥터 양육, 아이들의 안전에 대한 염려, 스크린의 유혹 등이 결합되어 i세대 구성원들은 어른의 감시 없이 친구들과 밖에서 노는 시간이 과거 세대에 비해 훨씬 줄어들었다는 점이다.

2013년 가을을 시작으로 i세대들이 대학 캠퍼스에 다다랐을 때, 그들에게는 어른의 감시 없이 보낸 시간과 오프라인 생활 경험이 과거의 그 어느 세대보다 적었다. 트웬지의 말마따나 "지금 18세 아이들은 과거 15세처럼 행동하며, 13세 아이들은 과거 10세처럼 행동한다. 오늘날 십대들은 과거 그 어느 때보다 물리적으로 안전한 환경에 있으나, 정신적으로는 더 나약하다."[9] 이 같은 추세 대부분이 사회 계급, 인종, 민족을 막론하고 미국 어디서나 두루 나타나고 있다.[10] 그렇다고 한다면 i세대 구성원들은 과거 세대의 18세에 비해 (평균적으로) 대학에서 공부할 준비가 덜 됐다는 이야기인지도 모른다. 대학생들이 자신에게 문제가 생기거나 대인관계에서 갈등이 불거졌을 때, 보호를 요청하거나 어른들의 개입을 요구하는 사례가 갑자기 많아진 것도, 어쩌면 이런 맥락에서 설명할 수 있다.

두 번째의 주된 변화는 불안증과 우울증 비율이 급격히 증가했다는 사실이다.[11] 이어서 등장하는 그래프들은 트웬지가 《i세대》에 실은 것과 동일한 자료를 바탕으로 우리가 그린 것들이다. 그래프의 모양새는 단순하지만 다소 충격적인 이야기를 전하고 있다.

여자아이들이 남자아이들에 비해 우울증 및 불안증을 겪는 비

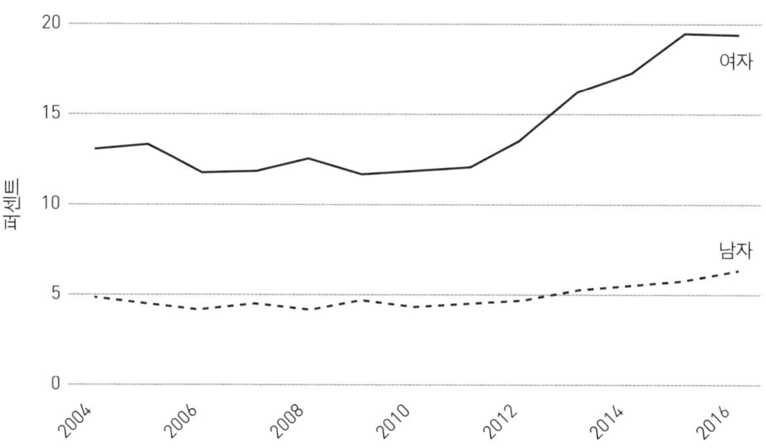

도표 7.1. 12~17세의 사춘기 청소년 중 작년에 주요 우울증 에피소드를 최소 한 번은 앓았던 사람의 비율. 2011년 이후 비율이 꾸준히 증가해왔으며, 여자아이들에게 특히 두드러진다. (자료 출처: 약물사용 및 건강에 관한 전국 설문조사National Survey on Drug Use and Health)

율이 높다는 사실은 정신질환 연구들을 통해 오랫동안 제시되어왔다.[12] 사춘기 전에는 둘 사이에 차이가 근소하거나 거의 없지만, 사춘기를 기점으로 차이가 벌어지기 시작한다. 사춘기 여자아이들과 남자아이들의 격차는 2000년대 초반만 해도 꽤 일정하게 유지되다가, 2011년 초반 무렵부터는 여자아이들의 비율이 급격히 올라가며 확연히 차이가 나기 시작한다. 그 결과 도표 7.1에서 볼 수 있듯, 2016년에는 그전 해에 주요 우울증 에피소드의 진단 기준을 충족시킨 여자아이들이 대략 5명 중에 1명이었다.[13] 남자아이들도 마찬가지로 비율이 상승하는 모습이지만, 비교적 속도가 더디다(2011년

4.5퍼센트이던 것이 2016년 6.4퍼센트로 상승했다).

그런데 불과 최근 7년 사이에 정말 십대들을 둘러싼 상황이 그렇게도 많이 변했을까? 도표 7.1은 그저 진단 기준 자체에 변화가 있었다는 사실을 반영하는 것은 아닐까? 어쩌면 우울증 진단을 확정하는 기준선이 낮아졌을 수도 있고, 그렇다면 더 많은 사람들이 도움을 받게 된 셈이니까 오히려 잘된 일 아닌가?

하지만 진단의 기준선을 낮춰 더 많은 이들이 정신질환 및 치료의 언어를 사용하게 하면, 아마 부정적인 효과도 역시 뒤따를 것 같다. 사람들에게 이런저런 딱지를 붙이는 일이 이른바 '루핑 효과 looping effect'를 일으킬 수 있기 때문이다. 그것은 딱지가 붙은 사람들의 행동을 변화시키고, 나아가 자기실현적 예언이 될 수도 있다.[14] 딱지 붙이기가 무척 강력한 인지왜곡인 까닭도 바로 여기에 있다. 우울증이 정체성의 일부가 되어버린다면, 시간이 갈수록 그에 걸맞게 자기 자신이나 미래에 관한 스키마를 발달시킬 것이다('나는 전혀 착하지 않고, 내 미래는 아무 희망도 없어.') 이런 스키마는 에너지를 끌어 모아 집중적으로 난관과 대결해나가는 것을 더 어렵게 할 것이다. 그런 난관들은, 우리가 대처에 완전히 숙달할 경우, 우울증의 지배를 약화시켜줄 수 있는데 말이다.

그렇다고 우리가 우울증의 현실을 부정하는 것은 아니다. 우울증에 걸린 사람들에게 "강해지라"느니 이겨낼 수 있다느니 하는 말은 우리도 절대 하지 않는다. 이런 말들이 전혀 도움이 안 된다는 사실은 우울증을 직접 겪어본 그레그 자신이 너무도 잘 안다. 다만 우리가 말하고자 하는 것은, 정신건강에 관련된 딱지를 붙일 때 그 기준선을 낮추면 공연히 고생하는 사람들의 숫자만 늘어나지 않을

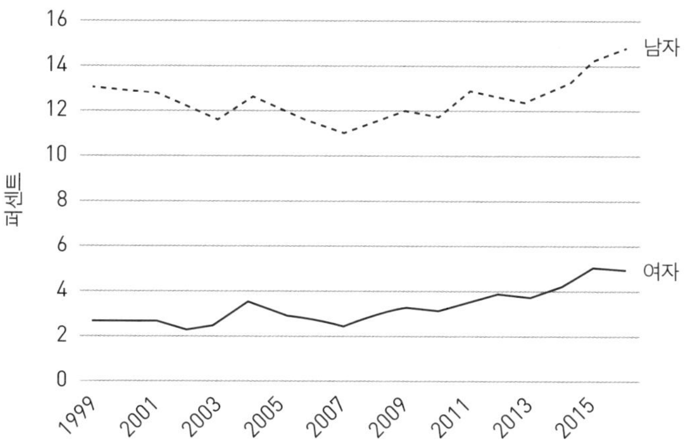

도표 7.2. 성별에 따른 15~19세 인구 10만 명당 자살률. (자료 출처: CDC, 〈치명적 상해 보고서〉, 1999~2016[15])

까 염려스럽다는 것이다.

씁쓸한 얘기지만, 도표 7.1에 보이는 십대 우울증의 확산 추세가 단순히 진단 기준의 변화에 따른 결과만은 아니라는 강력한 증거가 있다. 바로 우울증의 증가와 함께 십대 자살률도 덩달아 늘어났다는 것이다. 도표 7.2는 미국 십대(15세에서 19세 사이)의 인구 10만 명당 자살률을 매해 나타낸 그래프다. 더 세밀하게 보면, 실제 자살률과 자살 시도 비율은 성별에 따라 다르다. 자살 시도는 여자아이들이 더 많이 하는 데 반해, 실제 자기 손으로 목숨을 끊고 죽는 경우는 남자아이들이 더 많다. 이는 여자아이들에 비해 남자아이들이 (총을 쓰거나 고층건물에서 뛰어내리는 등의) 돌이킬 수 없는 방법을 쓸 때가 더 많기 때문이다. 남자아이들의 자살률은 최근 수십 년간 들쑥날쑥한 움직임을 보였는데, 어마어마한 범죄와 폭력의 물결이 미국을 휩쓴 1980년대에는 부쩍 치솟았다가 1990년대에 들어 돌연 잠잠해졌다. 남자아이들의 자살률이 최고점을 찍은 것은 1991년이었다. 2007년 이후의 오름세는 최고 수준에 육박하는 정도는 아니지만, 그럼에도 심란할 만큼 높다. 반면 여자아이들의 자살률은 자료 수집이 처음 시작된 1981년 이후 시종일관 꽤 일정한 수치를 유지하고 있다. 실제 자살률은 남자아이들에 비해 현저히 낮은 편이지만, 2010년 이후 꾸준히 증가해 현재는 1981년 처음 기록을 시작한 이래 최고 수준에 도달해 있다. 자기 손으로 목숨을 끊는 십대 소녀들의 숫자는 2000년대 초반에 비해 거의 두 배 가까이 불어난 상태다. 캐나다 역시 십대 여자아이들의 자살률이 올라가는 추세에 있고(가파른 오름세는 아니다), 그에 반해 십대 남자아이들의 자살률은 떨어지는 추세에 있다.[16] (영국에서는 최근 몇 년간 남녀 아이들 모두 그다지 뚜렷한 추세가 감지되지 않는다.[17])

십대 사이에 정신질환이 증가했다는 사실을 확증해주는 다른 자료도 있다. 바로 '비치명적 자해'를 살펴본 최근의 한 연구다.[18] 이 연구는 사춘기 청소년들이 신체 일부를 면도날로 긋거나, 벽을 머리로 들이받거나, 독극물을 마시는 등 물리적으로 자해를 하고 응급실로 실려 온 사례들을 다루고 있다. 연구자들은 미국에 있는 총 66개의 병원으로부터 자료를 확보해 검토하고, 전국 십대 청소년의 자해 비율을 가늠해볼 수 있었다. 이들이 발견한 바에 따르면, 15~19세의 연령대에서 인구 10만 명당 남자아이들의 자해 비율은 대략 200명 수준으로 일정한 수치를 유지하는 것으로 나타났다. 동일한 연령대에서 여자아이들의 자해 비율은 훨씬 높기는 했지만, 그래도 2001년에서 2009년까지 10만 명당 420명 수준으로 비교적 일정한 수치가 역시 유지됐다. 하지만 2010년을 기점으로 여자아이들의 자해 비율은 꾸준히 증가해, 2015년에는 630명에 달하기에 이른다. 더 어린 연령대(10~14세) 여아들의 자해 비율은 훨씬 더 빠르게 상승해, 2009년 인구 10만 명당 대략 110명이던 것이 2015년에는 무려 318명에 달하게 된다(같은 연령대 남아들의 자해 비율은 연구 대상 기간 내내 인구 10만 명당 40명 정도였다). 2010년 이후의 몇 해가 여자아이들에게 매우 혹독했다는 뜻이다.

반反사회적 미디어?

그렇다면 십대의 정신질환 및 자살이 이만큼이나 치솟도록 몰아간 원인은 무엇일까? 이와 관련해 트웬지는 2007년을 기점으로 십대 아이들의 삶 안에 스마트폰과 소셜미디어가 급속히 확산된 것이 2011년부터 십대의 정신건강에 위기가 오게 된 주된 원인이라 믿고 있다. 트웬지가 책 속에서 제시하는 여러 그래프만 봐도 디지털 미디어 사용이 정신건강 문제들과 연관성이 있다는 사실이 드러난다. 둘이 최근 몇 년 새에 동반하여 증가하고 있는 것이다. 다시 말해, 2008년 촉발된 경제 위기와 그에 뒤따른 경기 침체보다는 디지털 미디어가 정신질환을 일으킨 후보일 가능성이 더 높다. 미국의 경우 2011년까지는 경제나 고용시장의 상황이 꾸준히 나아지고 있었기 때문에, 이후 몇 년 동안 일어난 사춘기 청소년들의 정신건강

악화가 경제적 요인으로 인한 것이었다고 보기는 힘들다.[19]

그런데 단순한 상관관계가 나타나는 듯해도, 어느 하나가 다른 하나의 원인이었다고 섣불리 말할 수는 없다. 해당 기간 동안에 함께 변하고 있는 것이 많으므로, 이른바 '허위 상관관계spurious correlations'가 성립할 여지가 다분하기 때문이다. 예를 들어 미국의 연간 1인당 치즈 소비량과 매해 침대 시트에 엉켜 사망하는 사람들의 숫자 사이에는 거의 완벽한 상관관계가 성립하지만, 치즈를 먹는다고 해서 사람들이 다른 식으로 자게 되는 것은 분명 아니다.[20] 이 같은 상관관계를 "허위"라고 하는 것은, 동일한 기간에 두 수치가 나란히 꾸준하게 증가한 것은 그저 우연의 일치에 불과하기 때문이다.

이 같은 허위 상관관계의 우를 범하지 않으려면, 특정 인과관계가 참으로 성립한다고 가정할 경우 함께 변화할 수 있는 추가 변수들을 고려해야 한다. 이를 위해 트웬지는 그러한 조사방식이 포함된 두 개의 데이터 집합 속에서, 개별 학생들이 보고한 일상의 모든 활동들을 점검했다. 그리고 그 작업 속에서 우울증 및 여타 자살 관련 행동들(자살 고려, 자살 계획, 실제 자살 시도)과 유의미한 상관관계를 보이는 활동은 단 두 가지뿐이라는 사실을 알아냈다. 그 하나는 바로 (스마트폰, 태블릿, 혹은 컴퓨터 등의) 전자기기 사용이었고, 다른 하나는 TV 시청이었다. 반면 연구 결과 우울증과 역의 상관관계를 보이는 활동들도 다섯 가지가 있는 것으로 드러났다(즉, 이런 활동들에 매주 할애하는 시간이 '더 많은' 아이일수록 우울증 비율이 '더 낮았다'). 스포츠 및 운동, 종교 예배 참석, 책과 인쇄물 읽기, 직접 만나서 하는 사회적 상호작용, 숙제하기가 그런 활동들이었다.

두 목록에 어떤 차이가 있는지 눈치 챘는가? 바로 스크린 대 비非스크린이다. 아이들이 여가 시간에 스크린을 들여다보는 시간이 하루에 2시간 이하면, 우울증에 걸릴 위험성도 높아지지 않는다.[21] 하지만 스크린 이용 시간이 하루에 2시간을 초과하면, 각 추가 시간마다 우울증에 걸릴 리스크는 점점 더 커진다. 그와 반대로, 스크린과 떨어져 더 많은 시간을 보내는 아이들, 그중에서도 특히 스크린이 동반되지 않는 사회적 활동을 열심히 할 경우, 아이들이 우울증을 겪거나 자살을 생각할 가능성은 더욱 낮아진다.[22] (트웬지는 이러한 관계성이 다른 방식으로 작동할 가능성에 대해서도 언급한다. 즉, 우울증에 걸린 아이들이 우울증 때문에 스크린에 붙어 있는 시간이 더 많아지는가 하는 점이다. 하지만 트웬지는 그럴 개연성이 낮다고 말한다.[23])

오늘날과 같은 상황이 벌어지는 원인은 전자기기가 사람들을 서로에게서 떼어놓는 데에도 일부 있을 것이다. 인간은 이른바 "초사회적인ultrasocial" 생물종이다. 침팬지나 개들도 사회생활을 매우 적극적으로 하지만, 그런 사회성은 인간들이 지닌 초사회성에 비하면 아무것도 아니다.[24] 꿀벌과 마찬가지로, 인간도 대규모 집단 속에서 명확한 분업에 따라 함께 일할 수 있다. 인간은 팀은 물론 팀스포츠, 일사불란한 단체동작 등 이른바 "모두를 위한 하나, 하나를 위한 모두"의 감개에 젖게 하는 것이라면 어떤 것에든 열렬히 빠져든다. (초사회성은 앞서 제3장에서 이야기한 부족주의의 심리학과도 연관이 있다. 어딘가에 소속돼 상호작용을 하고픈 사람들의 욕구는 충족시키되, 부족주의의 지나치게 방어적이고 여차하면 폭력까지도 불사하는 경향은 잠재우는 것이 요령이라면 요령이다.) 물론 소셜미디어 덕에 사람들이 대규모 집단을 형성하기가 그 어느 때보다 수월해진 것도 사실이지만, 그런 "가상" 집단을 실제의 대인 관계와 똑같이 볼 수는 없다. 소속감에 대한 욕구를 충족시키는 방식이 다르기 때문이다. 트웬지를 비롯한 공저자들은 이렇게 표현한다.

> 우리가 유념해야 할 사실이 있다. 인간의 뉴런 설계는 특정 조건, 즉 타인과의 친근하고 대체로 지속적인 대면 접촉 속에서 진화해 왔다는 점이다(대면 접촉에는 이를테면 촉각이나 후각 같은 비시각적 및 비청각적 접촉이 포함된다). 시스템의 이런 핵심 입력 값들이 줄어들거나 혹은 제거되면 해당 시스템 불안정화라는 리스크가 발생할 수 있다.[25]

이 같은 생각은 트웬지의 연구를 통해서도 뒷받침되는바, 사회성이 높은 아이들의 경우에는(즉, 서로 얼굴을 마주하는 사회적 상호작용에 평균적인 아이들보다 더 많은 시간을 보내는 아이들의 경우에는), 전자기기를 사용하는 시간이 전반적으로 해롭지 않은 것으로 밝혀졌다.[26] 다시 말해, 스크린과 소셜미디어가 부정적인 영향을 미치는가 여부는 십대들이 얼마나 많은 시간을 다른 사람들과 함께 보내느냐에 달려 있다고 할 수 있다. 그런데 전자기기가 유해한 것은 그것이 단순히 아이들의 대면 교류를 막기 때문만은 아니다. 더 은밀한 영향이 있으며, 이는 여자아이들에게서 보다 강하게 감지된다.

왜 대체로 여자아이들이 괴로워할까?

앞의 그래프들만 봐도 그간 i세대 남자아이들보다 i세대 여자아이들의 정신건강이 훨씬 심하게 악화돼온 것을 알 수 있다. 더욱이 정신건강 악화가 일정 부분 소셜미디어 탓인 것 같다고 말할 때, 과연 그렇다고 할 수 있는 것도 여자아이들의 경우뿐인 것 같다. 트웬지가 밝혀낸 바에 따르면 남자아이들의 경우 스크린 총 이용 시간과 정신건강 수치 악화에 상관관계가 있는 것으로 나타났지만, 소셜미디어 이용 시간은 정신건강 수치 악화와 상관관계가 없는 것으로 나타났다.[27] 그렇다면 소셜미디어는 어째서 남자아이들보다 여자아이들에게 더 해로운 것일까?

이와 관련해서는 그럼직한 이유를 최소 두 가지 들 수 있다. 첫째, 소셜미디어는 "전시용"으로 만들어진 생활을 보여주는데, 그럴싸한 외관과 실제 현실 사이의 괴리에 더 악영향을 받는 것은 남자아이들보다는 여자아이들이다. 이미 많은 이들이 관찰해왔듯, 여자아이들의 경우 남자아이들에 비해, 어딘가에 끼고 못 끼고의 문제를 중심으로 사회생활이 돌아간다.[28] 이런 상황에서 소셜미디어가 생겨나자 주변 친구들이 어떤 식으로 놀고 뭔가를 함께 하는지(자기를 부르지 않은 자리까지 포함해) 엿볼 수 있는 기회가 십대에게 대폭 늘어났다. 그런 사진을 수백 장 스크롤하다 보면 고립공포감FOMO, fear of missing out이 커질 수 있고(여자아이들과 남자아이들 모두 영향을 받는다), 아울러 여자아이들의 경우에는 조지타운대학교의 언어학자인 데버라 태넌이 말한 이른바 "따돌림에 대한 두려움FOBLO, fear of being left out"으로 남자아이들보다 더 많은 괴로움을 느낄 수 있다.[29] 초대를 받았지만 사정이 있어 못 나간 자리에 친구들이 어울리고 있는 사진들을 봤을 때와, 고의로 자신을 부르지 않아서 그 자리에 못 꼈을 때, 이 두 경우에 발생되는 심리적인 영향은 전혀 다르다. 트웬지가 연구에서 밝혔듯, "소셜미디어는 여자아이들이 더 자주 이용하는 만큼, 친구나 급우들이 자신을 빼고 어울리는 것을 보면서 소외감과 외로움을 느낄 기회도 여자아이들이 더 많다." 트웬지에 따르면, 따돌림을 당하는 것 같다고 느끼는 아이들은 남자건 여자건 십대 각 연령 모두에서 늘었지만, 증가세가 유독 두드러지는 건 여자아이들이다. 2010년에서 2015년까지의 기간에, 자신이 종종 따돌림을 당하는 것 같다고 말한 비율이 남자아이들의 경우 21퍼센트에서 27퍼센트로 증가했다. 반면 여자아이들의 경우 이 수치가 27퍼센트에서 40퍼센트로 훌쩍 뛰었다.[30]

소셜미디어의 전시용 이미지가 불러일으킨 결과는 여기서 그치지 않는다. 인위적으로 보정을 해 실물보다 훨씬 예뻐 보이는 자기 또래나 성인 여성들의 이미지가 넘쳐나다 보니, 요 근래 여자아이들은 자기 외모에 어느 때보다 자신 없어 하는 경우가 많다. 최근에는 단순히 패션모델들만 이미지를 손볼 수 있는 게 아니다. 스냅챗이나 인스타그램 같은 플랫폼이 제공하는 "필터" 기능을 이용하면 여느 여자아이들도 한껏 포즈를 잡고 찍은 셀카를 더 근사하게 꾸미고 편집할 수 있기 때문에, 자기 주변의 평범한 친구도 얼마든 더 예뻐 보일 수 있게 되었다. 이런 필터들이 코는 더 앙증맞게, 입술은 더 도톰하게, 피부 결은 한결 매끄럽게 매만져주기 때문이다.[31] 이는 다른 새로운 현상으로까지 이어지고 있다. 그 보정된 셀카 이미지와 자기 실물이 비슷해지게끔 아예 성형수술을 받고 싶어 하는

젊은 여성들이 상당수 나타나고 있는 것이다.[32]

소셜미디어가 여자아이들에게 더 가혹한 두 번째 이유는, 공격성을 보이는 방식이 여자아이들과 남자아이들이 다르기 때문이다. 심리학자 니키 크릭의 연구가 보여주듯, 남자아이들은 신체적으로 더 강한 공격성을 보인다. 남자아이들은 서로 엉겨 붙어 치고받는 경향이 강하며, 그렇기 때문에 신체적인 공격에 관한 이야기나 영화에 지대한 관심을 보인다. 반면 여자아이들은 "관계성" 면에서 더 공격적이다. 여자아이들은 자기가 얄미워하는 경쟁 상대의 대인관계나 평판, 사회적 지위를 손상시키기 위해 무던 애를 쓴다. 예를 들면 소셜미디어를 통해 지금 아이들 사이에서 고의로 따돌림을 당하는 애가 누구인지 다른 아이들에게 공공연하게 알려주는 식으로 말이다.[33] 이상의 내용을 정리하면, 결국 공격성의 총량에서는 남자든 여자든 별반 차이가 없지만, 타인을 해치는 데 있어서 서로가 선호하는 '방식'이 성별에 따라 크고 일관되게 차이가 난다는 이야기다(적어도 이것이 소셜미디어가 아직 등장하기 전인 1990년대에 크릭이 연구를 통해 밝혀낸 사실이다). 이뿐만이 아니다. 만약 남자아이들이 일반적으로 개인에게 직접 공격을 가한다고 하면, 공격 대상이 되는 아이는 집에 가기만 하면 공격에서 벗어날 수 있다. 하지만 소셜미디어의 공간은 그렇지 않아서, 여자아이들은 결코 공격에서 벗어날 수 없다.

이처럼 선호하는 공격 방식이 각기 다르다는 사실을 감안하고 상상을 한 번 해보자. 못돼먹은 악마가 나타나 미국 사춘기 청소년의 호주머니에 권총을 한 자루씩 쑤셔 넣어주면 과연 어떤 일이 벌어질까? 그럴 경우 더 고통받는 쪽은 남자아이들일까, 아니면 여자아이들일까? 십중팔구 남자아이들일 것이다. 그들은 총싸움이 더 매력적이라는 사실을 알아차릴 것이므로, 갈등을 해결하기 위해 총을 사용하는 경우가 더 많을 것이기 때문이다. 그런데 그 못돼먹은 악마가 이번에는 총 대신 모든 사춘기 아이들의 호주머니에 소셜미디어 앱이 깔린 스마트폰을 한 대씩 넣어준다고 하면 어떨까? 굳이 못된 악마까지 들먹일 것도 없다. 2007년에서 2012년 사이에 그와 대동소이한 일이 실제 벌어졌고, 지금 그로 인해 여자아이들이 훨씬 더한 고통을 받고 있다는 사실이 드러났기 때문이다. 물론 소셜미디어는 수많은 십대들에게 여러 혜택을 가져다주기도 한다. 소셜미디어는 인간관계를 손상시키지만 그만큼 그것을 더 단단히 맺어주는 역할도 할 수 있으며, 어떤 면에서는 대인관계 기술을 익히는 데 확실히 소중한 실전 경험을 쌓아주기도 한다. 하지만 소셜미디어는 언어가 발명된 이래 가장 압도적으로 누군가의 인간관계를 공격하는 것을 가능하게 하기도 한다. 오늘날 이용할 수 있는 증거들만 봐도, 여자아이들이 결국 정신건강상의 고통을 겪고 있음을 알 수 있다.

i세대, 대학에 가다

i세대가 대학 캠퍼스에 발을 들이기 시작한 시기는 2013년 9월이다. 이후 2017년 5월에 이르러 i세대의 맏이들이 대학을 졸업한 즈음에는, 미국 대학의 학생 거의 전부가 i세대였다(적어도 4년제 명문 기숙 대학들은 그랬다). 그런데 이 시기는 대학 캠퍼스에 새로운 안전주의

문화가 어디선가 난데없이 나타났던 시기와 정확히 일치한다.

또 그 몇 년은 대학의 정신건강 클리닉들이 새로운 학생 진료 수요로 인해 갑작스레 아우성을 친 시기이기도 했다. 수많은 신문과 잡지 기사들에서도 미국 전역의 대학에서 심리상담 대기자 명부가 길어지는 현상을 개략적으로 다루었다.[34] 하지만 개별 대학들에 닥친 이러한 위기는 당시만 해도 일회성에 그칠 것처럼 보였다. 우리가 《애틀랜틱》지에 글을 기고할 때만 해도, 그런 추세를 입증해주는 전국적인 대표 설문조사가 하나도 없었다. 그러나 3년이 흐른 지금은 여러 건의 조사 결과가 있다.

그중 대학생정신건강센터가 2016년 총 139개 대학의 자료를 토대로 작성한 보고서에 따르면, 2015~2016년 학업 연도(미국 대학의 학기는 보통 가을에 시작된다—옮긴이)에 진행한 설문조사에서 정신건강상의 문제로 상담을 받은 적이 있다고 응답한 학생이 전체의 '절반'에 이르렀다고 한다.[35] 아울러 이 보고서는 다양한 정신건강 질환 중 최근 몇 년 새 증가세를 보이는 것은 불안증과 우울증뿐이라고도 지적했다. 이 같은 증가 추세를 확증해주는 또 다른 자료도 있는데,[36] 도표 7.3은 설문조사에서 스스로 정신장애가 있다고 대답한 대학생들의 비율을 나타내고 있다. 남자 대학생들의 경우 2012년에서 2016년 사이에 수치가 2.7퍼센트에서 6.1퍼센트로 늘어난 것을 알 수 있다(126퍼센트 더 늘어난 셈이다). 한편 여자 대학생들은 증가폭이 훨씬 커서, 5.8퍼센트에서 무려 14.5퍼센트로 수치가 뛰었다(150퍼센트 더 늘어났다). 과연 이 학생들이 전부 정신과의 엄격한 진단 기준을 충족할지는 알 수 없으나, 적어도 i세대 대학생들이 스스로에 대해 밀레니얼 세대와 매우 다른 생각을 가지고 있다는 점

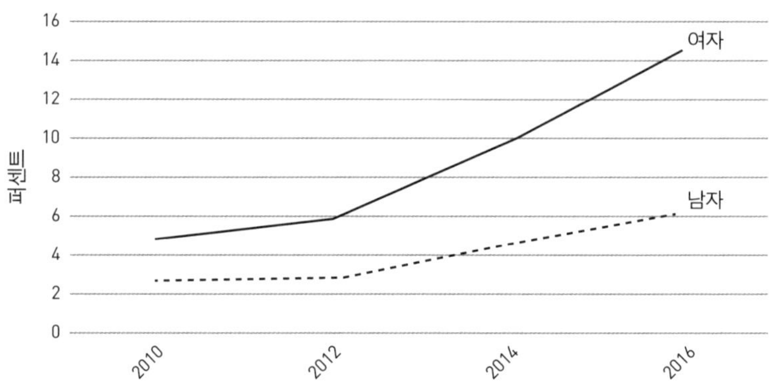

도표 7.3. "당신은 (우울증 등의) 심리적 장애를 앓고 있습니까?"라는 질문에 "네"라고 응답한 대학생들의 비율. (자료 출처: 고등교육연구소)

만은 분명하다. 그리고 이런 변화는 여자 대학생들에게서 가장 크게 두드러진다. 현재 미국 대학에 다니는 여학생 중 자신이 심리적 장애를 앓고 있다고 여기는 학생은 7명당 1명으로, 밀레니얼 세대의 맨 마지막 연도에는 고작 18명당 1명에 그쳤었다.

해당 시기는 불안증이 힘들어 어딘가에 도움을 요청해본 적이 있다고 응답한 학생들의 비율이 올라간 때이기도 했다. 대학의 상담센터를 대상으로 진행된 대규모 설문조사에 따르면, 2009년 이전에는 상담센터의 문을 두드린 학생 중에 37퍼센트만이 불안증 문제를 호소했다. 다른 두 가지 주요 우려, 즉 우울증과 대인관계 문제로 찾아오는 학생들과 거의 동일했다.[37] 하지만 2010년에 접어들며 불안증으로 고충을 토로하는 학생들의 비율이 늘기 시작했다. 2013년

46퍼센트에 이르더니 2016년에 접어들면서는 51퍼센트까지 뛰어올랐다. 현재는 대학생들이 정신 치료를 받는 가장 주된 이유가 바로 불안증이다. 아울러 이때는 대학생들의 자해 및 자살 비율이 현저히 증가한 시기이기도 했는데,[38] 학생들의 자가진단이 많아진 탓에 이런 증가세가 나타났을지 모른다는 사실을 감안한다 해도, 확실히 이 시기에 정신질환 비율이 근본적으로 오름세를 탄 것은 사실이다. 이 학생들은 대학에 입학하기 전인 사춘기 청소년 시절부터 삶과 마음 속에서 심상찮은 변화를 겪었고, 우울과 불안을 안은 점점 많은 수의 학생들이 2013년 무렵부터는 대학에 들어오기 시작한 것이다. 그 여파로 대학의 문화와 규범에 얼마간 영향이 있었던 것은 당연한 일이었다.

대학이 엉터리 사고방식을 가르치는 탓에 학생들이 더 불안하고 우울해지고 있다고 우리가 책 초반부에서 강력하게 주장하지 못한 까닭을 독자 여러분도 이제는 알 것이다. 모든 십대들이 이미 대학에 들어오기 전부터 우울증과 불안증의 비율이 높아지고 있었고, 이는 대학 근처에도 가본 적도 없는 이들의 경우에도 마찬가지였다. 미 전역으로 번져나간 정신건강의 위기는 분명 대학들이 일으키고 있는 게 아니었다. 대학들은 그저 위기에 대응하느라 여념이 없었고, 2013년 이후 캠퍼스 내에 안전주의를 신봉하는 관습과 가치관이 그토록 빨리 퍼진 것도 어쩌면 그 때문인지 모른다. 하지만 안전주의는 불안증과 우울증으로 고생하는 학생들에게 별 도움이 되지 않는다. 우리가 이 책에서 시종일관 주장했듯, 안전주의는 이미 기분장애와 힘겨운 싸움을 벌이고 있는 학생들을 더 심한 궁지에 몰아넣는 것 같다. 또한 안전주의는 자유로운 탐구에 매진해야 하는 대학 문화에까지 덩달아 해를 끼치는데, 학생들에게 말을 곧 폭력으로 보라고 가르치거나, 다양한 생각들이나 연사들을 '참이냐, 거짓이냐'가 아닌 '위험한가, 안전한가'의 틀로 해석하라고 가르치기 때문이다. 말을 그런 식으로 바라보는 사고방식에 젖으면 가해자 지목 문화가 한층 강렬하게 위세를 떨칠 공산이 커지고, 당연히 이는 학생들을 불안하게 하는 또 하나의 이유가 된다.

우울증과 불안증은 붙어 다니는 경향이 있다.[39] 두 상태 모두 사람들 안에 강력한 부정적 감정들을 낳으며, 그 부정적 감정들을 자양분 삼아 감정적 추론이 커나간다. 불안증은 두뇌 구석구석에 변화를 일으켜, 애매하거나 전혀 유해하지 않은 상황에서조차 갖은 위협이 그 사람을 향해 달려드는 것 같은 느낌을 갖게 한다.[40] 불안증에 걸리지 않은 다른 학우들과 비교할 때, 불안증에 걸린 학생들이 다음 상황에서 위험을 인지하는 경향이 높은 것도 그래서다. 그들은 악의 없는 질문이나(미세공격의 개념을 고수한다), 소설의 어떤 단락(트리거 워닝을 요청한다), 혹은 초청연사가 진행하는 강의(해당 강연을 취소시켜달라거나, 강연에 대한 대안으로 누군가 안전공간을 조성해주길 바란다) 등에서 위협을 느낀다. 우울증은 인지에도 왜곡을 일으켜, 자신, 타인, 세상, 미래를 정당한 수준을 넘어 지나치게 부정적으로 바라보게 만든다.[41] 이런 왜곡이 일어나면 문제들이 실제보다 더 크게 부풀려져 도처에 도사리고 있는 듯한 느낌이 든다. 그런데도 그런 문제들에 대처하기 위해 자신이 동원할 수 있는 자원은 더 빈약하게 느껴지고 통제 위치도 더 외부에 있다고 인식되니,[42] 이렇게 되면 당사자는 기가 꺾여 문제 해결을 위해 필사적으로 행동에 나서려고 하지 않게 된다. 이렇듯 궁지라고 인식하는 상황에서 잘 빠져나오지 못하고 실패를 거듭하면 심리학자 마틴 셀리그먼이 말한 "학습된 무기력learned helplessness"이 생겨날 소지가 있는데, 이 상태에서는 궁지를 벗어나기가 아예 불가능하다고 믿기 때문에, 노력하면 충분히 보상이 주어질 만한 새로운 상황이 와도 시도 자체를 포기한다.[43] 그뿐만이 아니다. 사람들은 우울증에 걸려 있거나 혹은 불안이 가중돼 위협-반응 시스템이 고도의 경계 태세에 돌입하면, "적대적 귀인 편향hostile attribution bias"에 굴복해버리게 된다. 이는 적의를 감지할 가능성이 커진다는 것을 뜻하는데, 아무리 사람이나 의사소통, 상황 등이 온화하거나 심지어 자비롭다고 해도 거기서 적의를 발견해낸다.[44] 그러면 금세 겹겹이 오해가 쌓이고, 그것이 순식간에 대규모 갈등으로 비화할 가능성도 커진다.

스크린 이용 시간: 경고에 대한 경고

사춘기 정신질환이 매우 큰 폭으로 증가하고 있고, 각종 자료도 이를 뒷받침한다. 하지만 그중 스마트폰과 스크린 이용 시간 탓이라고 할 만한 비율은 사실 얼마 되지 않으며, 그 증거 역시 간접적인 성격이 강하다. 아울러 트웬지는 세간에 이미 나와 있는 자료들을 토대로 책을 썼는데, 이 자료들은 오늘날 아이들의 활동들을 대강 측정한 면이 있다. 아이들이 다양한 활동들(각종 기기 사용 포함)을 일주일에 몇 시간이나 하는지 그 근사치를 측정한 자료가 대부분이다. 트웬지가 통계적으로 유의미한 관계들을 찾아낸 것은 맞지만, 대개는 양적인 면에서 그 크기가 작은 편이었다. 물론 그렇다고 스마트폰의 영향력이 미미하다는 이야기는 아니다. 그보다는 기존의 자료로는 우리가 당장 설명할 수 있는 정신질환의 변화량이 얼마 안 된다는 이야기다. 오늘날 아이들은 어떤 활동을 하고 있고 그들의 정신건강에는 어떤 일들이 벌어지고 있을까? 이를 측정하는 보다 나은 방법들이 있다면, 우리는 정신질환이 급격히 증가한 까닭을 훨씬 더 잘 설명해낼 수 있을 것이다. 이들 문제는 매우 새로운 것이기 때문에, 기분장애 비율이 2010년대에 왜 그토록 급속히 늘기 시작했는지 알기 위해서는 훨씬 더 많은 연구가 이루어져야 할 것으로 보인다.

향후 연구가 거의 확실하게 도달할 결론 하나는 바로 스마트폰과 소셜미디어가 미치는 영향력은 복합적이라는 것이다. 어떤 부류의 아이들이 어떤 종류의 오프라인 활동을 손에서 놓는 대신 어떤 종류의 온라인 활동을 하느냐, 이런 물음에 따라 스마트폰과 소셜미디어의 혜택 및 해악이 뒤엉켜 나타날 것이기 때문이다. 이 연구와 관련해 이미 핵심 변수로 등장한 한 요인은, 십대들의 대인관계 질質과 그것에 기술이 미치는 영향이다. 사회심리학자인 제나 클라크, 세라 알고에, 멜라니 그린은 소셜미디어의 영향력을 다룬 최근 연구에 대해 논평한 글에서 다음과 같은 원칙을 제시한다. "소셜네트워크 사이트는 이용자가 뜻 깊은 사회적 관계 형성에 익숙한 사람일 경우에는 혜택을 가져다주고, 이용자가 그렇지 않은 사람일 경우에는 고립과 사회적 비교라는 구렁텅이에 빠뜨려 해악을 입힌다."[45]

그런 만큼 스물한 살까지는 전자기기를 일절 못 쓰게 해야 한다고 부모들을 겁주거나 도덕적 패닉 상태를 불러오고 싶은 마음이 우리에게는 없다. 그건 확실히 복잡한 이슈이고, 따라서 훨씬 더 많은 연구가 필요하다. 현재까지의 증거로는 그저, 아이들의 전자기기 사용 시간을 제한하는 한편(사춘기 청소년은 하루 2시간, 더 어린 아이들은 그 이하), 사회적 유대를 다져주기보다 사회적 비교를 증폭시키는 플랫폼은 이용을 제한하거나 아예 금하는 게 좋다고 말할 수 있을 뿐이다. 아울러 전자기기 사용을 전반적 양육 철학의 맥락에서 다시 생각해봐야 한다는 주장도 무척 설득력이 있는데, 이는 대단히 중요한 아동의 놀이 필요성과 관련해 우리가 알고 있는 모든 것을 감안할 때 특히 그렇다. 이어지는 두 장에서는 이 주제들을 다룰 것이다.

사춘기 청소년의 불안증과 우울증이 2011년경부터 미 전역에서 증가하고 있다는 사실이 우리가 제시하는 두 번째 설명의 실마리다.

1995년에서 2012년 사이 출생한 이른바 i세대(때로 Z세대라 불리기도 한다)는 바로 이전 세대인 밀레니얼 세대와는 많이 다르다. 세대차 연구의 전문가인 진 트웬지에 따르면, 성장 속도가 더딘 것이 i세대가 가지는 특징 중 하나다. 평균적으로 오늘날 18세 아이들은 과거 세대의 18세에 비해 어른의 감시 없이 보낸 시간이 적을 뿐 아니라, 자주성으로 향하는 여러 발달적 이정표들(구직이나 면허 취득 등)에도 그전만큼 많이 다다르지 못하고 있다.

두 번째 차이는, i세대의 경우 불안증과 우울증을 겪는 비율이 과거 세대에 비해 높다는 점이다. 이 같은 증가세는 일반적으로 남자아이들과 젊은 성인 남자보다는 여자아이들과 젊은 성인 여자 사이에서 훨씬 큰 폭으로 나타나고 있다. 이는 단순히 해당 질환의 정의나 진단 기준이 바뀐 데 따른 것이 아니다. 자해로 인한 입원 비율 증가나 자살률 증가가 그런 사실을 뒷받침한다. 자살률은 사춘기 남자아이들이 여자아이들에 비해 훨씬 높다. 하지만 사춘기 여자아이들의 경우, 2007년 이후 자살률이 두 배가 되었다.

트웬지의 견해에 따르면, 정신질환 증가는 스마트폰 및 여타 전자기기를 자주 사용하는 데에 주된 원인이 있다. 하루 2시간 이하일 경우에는 어떠한 악영향도 끼치지 않는 것 같지만, 사춘기 청소년이 하루 몇 시간을 스크린과 접촉하며 보낼 경우, 특히 이런 습관이 십대 초반이나 그보다 더 어린 연령에서 형성될 경우, 전자기기를 덜 사용하며 얼굴을 직접 마주하는 사회적 상호작용에 더 많은 시간을 보내는 사춘기 청소년들에 비해 결과적으로 정신건강이 더 나쁜 것으로 나타났다.

여자아이들은 남자아이들보다 더 고통을 겪는 것 같다. 사회적 비교로 인해(특히 디지털로 예쁘게 보정된 이미지에 근거하여) 더 악영향을 받기 때문이다. 또한 따돌림을 당하고 있다는 신호나 이른바 관계적 공격relational aggression(누군가의 인간관계나 사회적 지위에 해를 끼치는 행위—옮긴이)에도 역시 더 악영향을 받는다. 사춘기 청소년들이 스마트폰이나 소셜미디어를 손에 넣는 순간 이 모든 일을 훨씬 실행하기 쉬워지는 반면 거기서 빠져나오기는 한결 어려워진다.

i세대가 대학에 들어온 시기는 2013년에서 2017년 사이 대학 내 안전주의 문화가 강하게 일어난 시기와 정확하게 겹친다. i세대는 불안증과 우울증의 수준이 높은 세대이다 보니, 아마도 미국의 수많은 대학이 안전주의 문화 아래 제공한 과잉보호에 특히 더 끌

렸을 것이다. 우울증과 불안증은 인지에 변화를 일으키는바, 그러한 변화 중에는 세상을 실제보다 더 위험하고 적의에 찬 곳으로 바라보는 경향도 포함된다.

제8장

편집증적 양육

십대 청소년 사이에 곤경과 불확실성을 견디지 못하는 아이들이 유달리 많아진 것은 우리가 아이들을 키우는 방식에서 비롯된 면이 크다.

_케빈 애시워스, 오리건주 포틀랜드 소재 NW 불안증연구소 임상 소장[1]

그레그 부부가 병원에서 첫째를 출산하고 집으로 돌아온 지 며칠 후, 우편함에 웬 특이한 선물 하나가 도착해 있는 게 눈에 띄었다. 광택이 좌르르 흐르는 빨간색 소화기였다. 장난감 소방차도 아니라, 진짜 소화기였다. 부부에게 이 선물이 유난히 뜻 깊었던 것은, 그걸 보낸 이가 작가 겸 저널리스트이자 뉴욕시에서 두 아이를 키우는 엄마인 리노어 스커네이지였기 때문이다. "미국 최악의 엄마"라고 하면 여러분도 아마 알 것이다.

스커네이지가 미국 최악의 엄마라는 악명을 걸머지게 된 애초 계기는 2008년 아홉 살 난 아들 이지더러 뉴욕시 지하철을 혼자 타도 좋다고 허락한 순간이었다. 몇 주 전부터 이지는 생판 모르는 곳에 자기를 데려다주고 거기서부터 혼자 집을 찾아오게 해달라고 엄마를 조르던 참이었다. 그래서 화창하게 갠 어느 일요일, 스커네이지는 오늘 한번 해보자고 마음을 먹었다. 그녀는 이지를 데리고 블루밍데일스 백화점에 갔다. 집에 오는 길을 이지가 충분히 찾을 수 있고, 혹시 필요하면 낯선 사람에게도 얼마든 도와달라고 부탁할 거라 믿었기 때문에, 그녀는 지하철 노선표, 뉴욕 교통카드, 20달러짜리 지폐, 그리고 만에 하나 전화를 걸어야 할 때를 대비해 25센트짜리 동전 몇 닢을 아들 손에 단단히 쥐어준 뒤 집을 찾아가게 했다. 이지는 (도착해야 할 시간에 정확히 맞춰) 45분 뒤 (아빠가 기다리고 있던) 집에 무사히 도착했고, 자기 혼자 집을 찾아갔다는 사실에 신이 나서 어쩔 줄 몰라 했다. 다음에도 꼭 다시 해보겠다고 단단히 벼르면서 말이다.

스커네이지는 아동의 독립성을 실험한 이 사소한 일상경험을 《뉴욕 선》지에 칼럼으로 실어,[2] 이지의 환호와 더불어 이지에게 혼자 뉴욕 지하철을 타게 했다고 전했을 때 다른 부모들이 어떤 식으로 경악하는 반응을 보였는지 이런저런 이야기를 들려주었다. 이틀 후 스커네이지는 〈투데이〉 쇼에 출연하는 한편 MSNBC, 폭스 뉴스, NPR에도 연달아 얼굴을 비쳤다. 온라인의 게시판에도 스커네이지 관련 게시물이 봇물을 이루었는데, 찬사를 보낸 이도 더러 있었지만 어떻게 부모로서 그럴 수 있느냐며 비난하는 내용이 대부분이었다. 얼마 안 가 스커네이지에게는 "미국 최악의 엄마"라는 헐뜯는 듯한 이름이 붙었다.[3]

이런 별명이 붙으면 대부분의 엄마들은 억울하다며 어쩔 줄 몰라 했겠지만, 스커네이지는 흔쾌히 그 별명을 받아들였다. 그녀는

(그리고 오늘날 미국 부모 세대 대부분은) 그녀가 아들에게 부여해준 그런 독립성을 1970년대에 맘껏 누렸었다. 그 시절엔 지금보다 범죄율도 훨씬 높았는데 말이다. 그렇다면 스커네이지가 엄마로서 내린 선택을 두고 그토록 많은 원성과 비난이 빗발친 이유는 무엇일까? 스커네이지는 오늘날의 양육이 어딘가 심각하게 잘못돼 있다는 점을 깨달았다. 이에 그녀는 블로그를 개설해, 자신의 철학을 설명하는 한편 오늘날 미국인의 양육에서 통상적으로 보이는 편집증과 과잉보호가 왜 잘못인지를 일깨웠다. 이 블로그에 붙인 이름은 아이들 놓아기르기Free-Range Kids. 이후 이 블로그는 오롯한 하나의 운동으로 발전해, 이름을 똑같이 딴 책이 출간되는가 하면, 〈세계 최악의 엄마〉라는 TV 리얼리티쇼가 방영되고, 렛그로우Let Grow('알아서 자라게 놔두어라'라는 의미—옮긴이)라는 비영리 단체(Letgrow.org 참조)가 창설되기에 이르렀다.

그런 스커네이지에게 소화기는 그야말로 부모들에게 안성맞춤인 선물이었다(그녀는 이 선물에 "거 봐요, 저도 안전을 중요하게 생각한다니까요!"라는 메모를 곁들이는 것도 잊지 않았다). 이 선물은 그녀가 부모들에게 전하고자 하는 메시지를 압축해 보여주고 있었다. 우리가 아이들의 신변 안전을 지키기 위해 합리적인 예방조치를 빠짐없이 강구해야 하는 것은 분명 맞지만(예를 들어 소화기를 구비해두는 식으로), 안전주의 문화(위험을 과대평가하고 안전만을 맹목적으로 숭배하며 그 어떤 리스크도 감수하지 않으려는 것)에 질질 끌려가는 것은 어리석은 일이다. 그렇게 되면 아이들은 아동기에 가질 수 있는 가장 소중한 경험 가운데 일부분을 빼앗기고 만다.

제1장에서 우리는 나심 탈레브가 제시한 단단함의 개념에 대해

이야기한 바 있다. 아울러 아이들을 땅콩으로부터 "안전하게" 지키려던 선의의 노력이 어떻게 역효과를 불러왔는지에 대해서도 이야기했다. 땅콩을 일절 접하지 못하게 하려던 계획으로 말미암아 오히려 수많은 아이들의 면역 체계는 땅콩 단백질이 몸에 해롭지 않다는 사실을 학습하지 못했고, 그래서 종국에는 땅콩에 알레르기 반응을 일으키거나 나아가 땅콩에 노출되었다가 실제로 목숨을 잃는 아이들만 늘어났다는 논지였다. 우리는 2013년부터 미국 대학의 캠퍼스에서 안전주의 문화가 득세한 것도 이와 똑같은 역학이 작용한 데에 일부 원인이 있다고 본다. 제7장에서는 i세대 구성원들(1995년 및 그 이후 출생한 아이들)이 이전 세대와는 사뭇 다른 아동기를 보냈고, 불안증과 우울증으로 고생하는 비율이 훨씬 높다는 진 트웬지의 연구 결과에 대해 이야기했다. 이 장에서는 최근 몇 십 년 사이에 미국 어린이의 아동기가 어떤 식으로 변화했는지 좀 더 자세히 살펴보고자 한다. 우리가 보기에 오늘날의 양육 관습은 아이들에게 알게 모르게 대단한 비진실들을 가르칠 수 있다. 아울러 부모와 초등학교가 부지불식간에 어떤 식으로 합세해 아이들을 안전주의 문화 속으로 밀어 넣고 있는지도 함께 살펴보도록 하자. 이처럼 부모들이 자녀들 일이라면 더 전전긍긍하며 과잉보호하게 됐다는 사실은 (1980년대에 시작된 이 현상은 1990년대에 절정에 이르렀으며, 특히 양질의 교육을 받은 부모들 사이에서 더욱 두드러진다) 오늘날 대학가의 사태를 설명하기 위해 우리가 제시하는 세 번째 실마리다.

양육 및 아동기에 관해 더 많은 것을 배우고자 우리는 세 명의 전문가를 찾아 그들의 조언을 들었다. 위에 언급한 리노어 스커네이지도 그렇지만, 《헬리콥터 부모가 자녀를 망친다》라는 부모용 베스트셀러 양육지침서를 써낸 줄리 리스콧-하임스, 영유아기 발달 분야 전문가이자 《작아지는 것의 중요성》이라는 책을 쓴 에리카 크리스태키스가 우리를 만나 함께 이야기를 나눠주었다. (예일대 교무과에서 핼러윈 복장을 규정하고 나섰을 때 크리스태키스가 메일을 보내 자신의 의견을 표명한 것도 그런 과잉감시의 영향을 연구하는 것이 그녀의 전문 분야였기 때문이다. 이에 대해서는 제3장에서 다룬 바 있다.) 오늘날 양육이 아이들이 강하고 독립적으로 자라나는 것을 되레 막고 있다는 결론에 도달하기는 세 전문가 모두 마찬가지이지만, 이 같은 결론에 도달하기까지 셋은 저마다 다른 길을 걸어왔다. 스커네이지는 우리가 위에서 이야기한 것과 같은 일상의 경험이, 크리스태키스는 유치원 교사로서의 이력과 유아 교육에 대한 자신의 연구가, 리스콧-하임스는 스탠퍼드대학교에서 10년 넘게 신입생 학과장을 맡아온 경험이 밑바탕이 되었다. 물론 셋 다 아이를 키우는 엄마이기도 하다.

부모의 가장 끔찍한 두려움

1979년 5월 25일, 뉴욕대 교정에서 남쪽으로 몇 블록 떨어진 한 아파트에서 에탄 파츠라는 여섯 살 난 소년이 부모를 졸라 학교 버스가 서는 정류장까지 두 블록 정도를 혼자 걸어가기로 했다. 그렇게 집을 나선 아이는 부모 품으로 영영 돌아오지 못했고, 그 어디서도 아이의 시신은 발견되지 않았다.[4] 그 무렵 뉴욕에 살았던 사람이면 아마 도시 전역에 각종 표지들이 나붙었던 광경과, 저녁 뉴스에 나와 누구든 정보를 아는 사람이 있으면 제발 알려달라고 간청하던 부모들의 참담한 표정이 떠오를 것이다.

하지만 미국의 아동기가 전환을 맞게 된 것은, 1981년 미국을 떠들썩하게 만든 두 번째 살인사건으로 인해서였다. 이때를 기점으로 낯선 이에게서 아동을 보호해야 한다는 운동이 일어나 지금까지 지속적으로 이어지고 있기 때문이다. 애덤 월시라는 소년의 나이는 당시 여섯 살. 어느 날 아이를 데리고 플로리다주 할리우드의 시어스 백화점에 간 엄마는, 새로 출시된 아타리 비디오 게임 홍보관이 마련돼 있는 것을 보고 거기서 아이를 놀게 했다. 애덤보다 몇 살 많은 형들이 이미 게임기에 달려들어 왁자지껄 놀고 있었기 때문에, 애덤의 엄마는 아이에게 형들 노는 것을 구경하라 이르고 자신은 잠시 전등이 진열돼 있는 곳으로 물건을 보러 갔다. 그사이 아이들이 서로 자기 차례라며 시끄럽게 시비를 벌였고, 그러자 시어스 백화점 경비원들이 달려와 아이들을 전부 백화점 건물 밖으로 쫓아버렸다. 그러고 나서 다른 아이들은 모두들 그 자리를 뜬 것 같지만, 숫기 없던 애덤은 엄마가 백화점 안에 있다고 차마 이야기하지 못했다. 그렇게 밖에 멀뚱히 서 있던 애덤에게 한 떠돌이 연쇄살인범이 차를 타고 다가와 장난감과 사탕을 사줄 테니 자기와 함께 가자고 꾀었다. 2주 뒤, 뉴욕에서 약 200킬로미터 떨어진 곳에서 몸뚱이에서 잘린 애덤의 머리가 발견됐다.

애덤의 아빠 존 월시는 아들과 같은 운명에 처한 아이들을 구해야겠다는 일념으로 평생 갖은 노력을 기울여왔다. 애덤 월시 아동지원센터를 설립해 관련법 개정을 주장하는가 하면, 미 행정부에 끈질기게 은근한 압박을 넣어 1984년에는 실종 및 착취 아동 보호센터를 설립하게 하는 데 기어이 성공했다. 또 TV프로그램 제작자들과 손을 잡고 〈애덤〉이라는 TV 방영용 영화를 제작하기도 했는데, 1회차의 시청자 수만 무려 3,800만 명에 이르렀다. 1988년에는 현실 범죄를 다루는 TV쇼 〈미국의 지명수배자〉를 제작해 첫 방송을 했는데, 아동 유괴를 비롯한 각종 미제 사건을 다루며 대중들에게 널리 도움을 요청하는 프로그램이다. 월시는 실종된 아이들의 사진을 널리 퍼뜨릴 기발한 방법을 창안해내는 데에도 일가견이 있었다. 우유팩에 'MISSING(실종아동을 찾습니다)'이라는 문구를 대문자로 큼지막하게 박아 넣고, 그 아래에 아이들 사진을 붙이는 것은 그의 머리에서 나온 발상이었다.[5] 실종아동의 사진이 붙은 우유팩은 1984년부터 나오기 시작했고, 우유팩에 처음 찍힌 실종아동 사진에는 에탄 파츠도 끼어 있었다. 1990년대 초에 이르자 이 프로그램은 미 전역으로 확산되어 실종아동의 사진이 식료품점 봉투, 대형 옥외게시판, 피자 상자, 심지어는 공공요금 고지서에까지 찍히기에 이른다. 사람들의 행동규범이 변화하면서, 두려움도 커져갔다. 많은 부모들은 어디든 공공장소에서는 잠깐이라도 한눈을 팔았다간 누군가가 아이를 채갈지도 모른다고 믿게 되었다. 어른의 감시 없이 집 주변을 아이들끼리 쏘다니게 하는 것도 더 이상 안전한 일로 여겨지지 않았다.

낯선 사람이 아이를 유괴해 살인하는 것은 사람의 머리로 상상할 수 있는 가장 끔찍한 범죄에 속한다. 그것은 또한 감사하게도, 실제로는 극히 드물게 일어나는 범죄다. FBI에 따르면, 실종되는 아동 중 자신이 어디 가려는지 잘못 일러줬거나, 엉뚱한 방향을 잡아 길을 헤맸거나, 혹은 친부모나 양부모의 집을 제 발로 뛰쳐나온 사례가 거의 90퍼센트에 달한다고 하며,[6] 실종아동 중 무사히 부모 품으로 돌아온 비율은 99.8퍼센트에 이른다.[7] 유괴당하는 아이들의 경우에도 양육권을 갖지 못한 생물학적 친부모가 아이를 데려간 사례가 태반을 이룬다. 낯선 사람이 아이를 유괴한 건수는 실종 신고를 받은 전체 아동 중 극소수인 고작 1퍼센트에 불과하다. 미성년자가 7,000만 명 이상인 나라에서 매해 유괴당하는 아동의 수는 대략 100명이다.[8] 거기다 1990년대 이후로 아동을 대상으로 한 범죄율은 전부 줄어드는 추세인 반면,[9] 유괴당한 아이들이 시련을 뚫고 용케 부모 품으로 돌아오는 경우는 점점 늘어나고 있다.[10]

실제 리스크 대 가상의 리스크

i세대의 부모들이 자라난 도시와 마을은 지금보다 훨씬 위험했다. 베이비붐 세대와 X세대는 범죄와 폭력이 점점 더 기승을 부리는 가운데 유년시절을 보냈다.[11] 도시에 살면 강도를 당하기 일쑤여서, 주민들은 어쩌다 강도를 만나면 진짜 지갑 대신 내밀기 위해 "노상 강도용 돈"을 따로 싸구려 지갑에 넣어갖고 다니곤 했다.[12] 헤로인 주사기와 코카인 병이 나뒹구는 모습은 도시에서 흔히 볼 수 있는 풍경이 되었다. 1960년대 들어 어마어마한 범죄의 물결이 미국을 덮친 데 이어 1980년대에는 케이블TV가 급속히 확산되고 24시간 내내 실종된 아이들 사건을 보도하는 뉴스 채널이 등장한 사실까지 종합해보면,[13] 1990년대 무렵에 미국 부모들이 왜 그렇게 지레 겁

을 먹고 방어적 태세를 보였는지 이해할 수 있다.

그 같은 범죄의 물결은 1990년대 초반에 접어들면서 순식간에 가라앉아, 미국 전역에 걸쳐 거의 모든 범죄율이 급격히 감소하는 추세를 띠기 시작했다.[14] 일례로, 2013년에는 살인율이 60년 전과 동일한 수준까지 떨어졌다.[15] 하지만 범죄율이 감소했다고 해서 범죄에 대한 '두려움'까지 함께 가라앉은 것은 아니었고, 오히려 전전긍긍 양육법의 새로운 습관들이 미 전역에 새로운 규범으로 자리 잡은 듯했다. 낯선 사람이 아이들에게 가하는 실질적 위협을 생각했을 때, 현재 행해지고 있는 미국 부모들의 양육방식은 생뚱맞다고 할 수밖에 없다.

미국의 일부 부모들이 안전주의에 얼마나 깊숙이 매몰돼버렸는지는, 2015년 미주리주의 한 가족이 여섯 살 난 아들을 유괴하는 자작극을 벌인 사례를 보면 잘 알 수 있다. 이 가족은 낯선 사람에게 유순하게 굴면 얼마나 위험한지를 "아이에게 직접 가르치고" 싶어 했다. 통학 버스에서 내린 아이에게 아이 이모의 동료가 픽업트럭을 몰고 다가가 좋은 말로 꾀어 차에 타게 했다. 아이가 차에 타자 남자는 그 어린아이에게 "이젠 두 번 다시 엄마는 못 볼 줄 알아"라고 했다고 당시 사건을 맡았던 보안관은 말한다. 이 보안관이 함께 밝힌 사실에 따르면, 남자는 아이 얼굴을 재킷으로 싸매 차가 자신의 지하실로 들어가는 걸 눈치 채지 못하게 했다고 한다. 그것도 모자라 아이를 꽁꽁 묶어놓은 채 총으로 위협을 가하는가 하면, 성 노예로 팔아버리겠다는 말도 서슴지 않았다.[16]

물론 이런 식으로까지 해서 자신의 아이를 공포에 질리게 할 부모는 극히 드물 테지만, 오늘날 미국 부모들은 그보다는 덜 극단적인 안전주의를 아이들에게 아주 미묘한 방식으로 가르치고 있다. 리스콧-하임스와 스커네이지로부터 우리가 전해들은 이야기에 따르면, 무슨 일이 있을까 걱정돼 십대인 아이들이 자전거를 타고 이웃집에 놀러가는 것조차 말리는 부모도 있다고 한다. HealthyChildren.org에 글을 쓰는 한 심리학자는 "실종 및 착취 아동 보호센터에서는 '모든 연령대를 막론하고' 아이들이 공중화장실을 혼자 이용하도록 허락하지 말아야 한다고 본다"라고 밝혔다.[17] 그러고는 자신이 키우고 있는 아홉 살 난 아들 이야기를 곁들여 다음과 같은 팁을 부모들에게 제시했다.

- 아이를 절대 공중화장실에 혼자 들여보내서는 안 된다.
- 아이들이 소변기보다는 칸막이 화장실을 사용하도록 가르쳐야 한다.
- 출입구가 하나 이상인 화장실은 피해야 한다.
- 아이가 화장실에 들어가 있는 동안 부모가 문가에 서서 아이와 계속 이야기를 나누어야 한다.

아이가 공중화장실에서 성도착증 환자라도 만나면 어쩌나 하는 엄마의 마음을 우리가 이해 못하는 것은 아니다. 하지만 그런 걱정 때문에 아이에게 평생 두려움을 품고 살면서, 공중화장실을 이용해야 할 때마다 부모와 계속 대화하라고 가르치는 것이 과연 좋은 방법일까? 그보다는 만에 하나 아이가 성도착증 환자를 만났을 때 그를 피해 달아날 수 있도록, 어떤 것이 화장실에서 보이는 성도착적이고 부적절한 행위인지 인지시키는 편이 더 낫지 않겠는가?

안전주의의 위험성

여러분도 페이스북에 들어가 시간을 때워봤다면 알겠지만, 간혹 이런 제목이 달린 게시물들이 눈에 들어올 때가 있다. "1970년대 아이들이 죽지 않고 용케 살아남았다고 하는 8가지 이유."[18] (이유 1: 그땐 뾰족한 다트가 마당 잔디밭에 수없이 널려 있었음, 이유 4: 그땐 피부에 선크림 대신 태닝오일을 바르고 다녔음.) 이런 게시물은 (우리처럼) 1970년대에 유년시절을 보낸 사람들이 서로 널리 공유하곤 하는데, 자식의 안전을 걱정하는 요즘 부모들 모습에 너털웃음을 터뜨리며 자신의 어릴 적 이야기를 꺼낼 수 있기 때문이다. 그땐 누구 하나 안전벨트를 매거나 자전거 안전모 따위는 쓰지 않았고, 어른들 대부분이 (심지어는 아이들 옆에서) 담배를 피웠으며, 페인트와 석유엔 납이 다량 함유되어 있었고, 어른들은 애들더러 얼른 너네끼리 공원이나 운동장에(누구든 마음만 먹으면 아이들을 유괴해 갈 수 있는 그런 곳에) 나가 놀라고 했었다.

비록 조롱하고 멸시하는 어투로 올라오는 적이 많지만, 이런 게시물은 그간 아이들의 안전을 지키기 위해 벌여온 노력들이 일부 중요한 성과를 맺었다는 사실을 보여주기도 한다. 안전벨트 사용이 증가하면서 수많은 이들이 목숨을 건졌고,[19] 자전거 안전모 덕에 뇌에 치명상을 입을 위험이 낮아졌으며,[20] 아이들 주변에서 흡연을 금함으로써 아이들이 많은 건강상 혜택을 입었고,[21] 페인트와 석유에서 납을 제거하면서 이루 말할 수 없이 많은 의학적 문제와 죽음을 사전에 막을 수 있었다.[22] 이 모든 이야기를 종합하면, 1960년에서 1990년의 기간 중 의도치 않은 부상이나 사고로 목숨을 잃은 5세에서 14세 사이의 아동은 48퍼센트가 줄었으며, 더 어린 연령대의 경우(1세에서 4세) 사망 사례가 57퍼센트나 줄었다.[23] 이렇듯 아동 안전 지키기 운동이 성공을 거둔 것은 오늘날 부모들이 아이들의 안전을 극단적인 안전주의 수준까지 걱정하는 빌미가 되기도 한다. 캠페인을 벌여 몇 가지 주요한 위협에만 집중해도 이렇게 큰 결실을 맺을 수 있는데, 더 모질게 노력해 아이들을 완벽하다 싶을 만큼 안전하게 지키면 안 될 이유가 어디 있는가?

이러한 사고가 문제인 것은 아무리 완벽하게 안전한 시스템을 구축하려 애쓴다 한들, 미처 헤아리지 못한 새로운 문제들이 불거지는 것을 거의 피할 수 없기 때문이다. 예를 들어, 금융 불안정성에서 벗어나겠다고 기업들에게 당장 공적자금을 쏟아부었다가는 나중에 가서 더 커다란 파국적 붕괴를 맞는 수가 있다.[24] 숲을 보호한다는 명목으로 자잘한 산불들을 보이는 족족 꺼버리면 메마른 고목들이 즐비해져 종국에는 미리 꺼버린 작은 산불을 다 합친 것보다 훨씬 큰 산불이 일어나 대재난으로 이어질 수 있다.[25] 안전 규칙 및 프로그램들은 복잡한 시스템을 변화시키려는 노력들이 으레 그렇듯 여러 예기치 못한 결과를 불러올 때가 많다. 더러는 거기서 너무 비참한 결과들이 빚어지기도 해서, 수혜자 입장에서는 이럴 바엔 차라리 아무것도 하지 않는 편이 더 나았을 거라고 여겨지기도 한다.

아이들을 주변 환경의 각종 위험 요소나 교통사고로부터 지키기 위해 펼쳐온 그간의 노력들이 아이들 자신에게 무척 유익했다는 것은 우리도 인정한다. 납과 담배연기에 노출돼서는 하등 좋을 게 없고, 안전벨트를 하지 않고 추돌사고를 당한다고 해서 나중에 다시 추돌사고를 당할 때 회복탄력성이 더 좋아지거나 하지는 않는다. 하지만 아이들에게 어떤 '경험'까지, 예를 들면 학교까지 걸어간다거나 나무를 기어오른다거나 날이 예리한 가위를 써보게 하는 것까지 못하게 해서 각종 위험으로부터 보호하는 것은 또 다른 문제이다. 그런 식으로 아이들을 보호하면, 기술, 독립성, 위험평가능력 같은 자질을 익힐 기회를 잃어버린다는 점에서 손실이 발생한다. (아이들을 집 안에만 두면 비만 위험이 높아지는 문제도 덩달아 생긴다.) 이 같은 주장을 스커네이지는 단도직입적으로 이렇게 표현한다. "'주변의 모든 것이 다 위험하다'는 이 관점의 문제는, 부모의 과잉보호 그 자체가 위험인 데다 갖가지 다른 위험들까지 함께 자초한다는 데 있다."[26]

리스콧-하임스도 그녀 말이 전적으로 옳다는 입장이다.

> 간혹 열일곱 살이나 먹은 아이들을 지하철에도 태우지 않으려 하는 부모들을 만날 때가 있다. 그런 부모들을 보면 난 이렇게 말한다. "도대체 딸아이를 위해 어떤 장기적 전략을 세워두신 건가요?" (…) 내 주변에는 사실 그런 사람들 천지다. 보도블록을 혼자 거닐기를 무서워하는 아이들도 보인다. 어딘가를 혼자 걸어 다니는 것 자체를 그 아이들은 좋아하지 않는다. 혼자 자전거를 타고 어딘가를 다니는 것도 마찬가지다. 아마도 그 이유는 어려서부터 언제라도 유괴를 당할 수 있다는 인식을 밑바탕에 깔고 자랐기 때문인 것 같다.[27]

탈레브가 《안티프래질》이란 책에서 잘 보여주었듯, 우리가 아이들을 지켜주겠다고 친 방패막이는 의도치 않게 아이들의 성장을 저해할 뿐더러 아이들이 훌륭한 성인으로 자라나 당당히 제구실을 하는 데 필요한 갖가지 경험들을 하지 못하게 막는다. 저널리스트인 하라 에스트로프 마라노는 이런 추세가 위험하다며 벌써 15년도 넘게 경계경보를 울려오고 있다. "부모들은 지금 자기가 꼴불견이 되더라도 자식들 삶에 놓인 장애물을 어떻게든 치워주려 한다"라고 그녀는 말한다. "하지만 부모의 지나친 걱정이 불러오는 순효과는 아이들을 더 유약하게 만든다는 것뿐이다."[28] 부모들 대부분도 이 점을 아주 모르지는 않지만, 그럼에도 어느덧 아이들 주변을 맴돌며 자식을 과잉보호하고 있는 걸 어쩌겠는가. 심지어는 리스콧-하임스도 그런 자신의 모습을 발견한 적이 있다.

> 대학생이 되도록 다 큰 애들을 품에서 놓지 못하는 부모들을 강도 높게 비판해온 나였지만, 나도 별반 다를 게 없는 엄마였다. 내 아들이 열 살이었을 때의 일인데, 저녁식사 자리에서 내가 테이블 건너편으로 팔을 뻗어 아들의 접시에 담긴 고기를 썰기 시작했다. 순간 이런 깨달음이 들었다. '어머, 이게 뭐하는 짓이야! 내가 열 살이나 된 아들의 고기를 썰고 있잖아! 나는 열 살에 남의 집 애를 봐줬는데, 정작 내 아들은 고기 하나 제 손으로 못 썬다니. 도대체 어쩌다 이 지경이 됐지?'[29]

안전주의 문화가 생겨난 원인을 전적으로 개별 부모들의 탓으로만 돌릴 수만은 없는 노릇이다. 근본적인 차원에서 보면 과잉양육overparenting과 안전주의는 우리가 서론에서 잠깐 언급한 바 있는,

이른바 "진보에 뒤따르는 문제들"이기도 하기 때문이다. 물론 한 가정에서 자녀를 대여섯 명씩 낳아 그중 한둘쯤 죽어도 그러려니 하던 시절이 지나갔다는 사실에는 감사해야 할 일이다. 세계 곳곳에 물질적 풍요를 누리는 나라들이 생겨나고, 여성들이 평등한 교육 기회와 온전한 참정권을 누리며 양질의 의료 혜택과 피임법을 이용하게 되면서 출생률이 뚝 떨어지자 이제는 대부분의 가정에서 부부들이 아이들을 한둘만 낳아 기르게 되었다. 보다 건강한 아이 한둘에게 부모가 쏟아붓는 시간도 더 많아졌다.[30] 아닌 게 아니라, 1965년과 비교했을 때 오늘날 엄마들은 자식 수도 적고 집 밖에서 일하며 보내는 시간이 훨씬 길지만, 아이들을 돌보는 데 들이는 총 시간은 외려 더 늘어났다.[31] 아빠가 아이들과 보내는 시간은 그보다 훨씬 더 많이 늘어났고 말이다.

부모들이 자식들과 함께 시간을 보내는 것이야 대체로 좋은 일이지만, 그러는 중에 아이들에게 찰싹 달라붙어 일일이 감시하며 보호하려 했다간 안전주의에 빠져드는 수가 있다. 우리 아이들이 본래 충분히 단단한데도, 그런 아이들을 데려다 설익은 어른으로 만들어 내는 것이 바로 안전주의다. 그 속에서 아이들은 더 유약하고 불안에 떠는 사람이 되어, '죽지 않을 만큼 고된 일은 우리를 더 약해지게 한다'라는 유약함의 비진실을 더 쉽사리 받아들이게 된다.

부모들에게 가해지는 과잉보호의 압박

부모들끼리 모여 자식 키우는 일로 말을 주고받다 보면, 헬리콥터 양육은 정말 몹쓸 짓이라는 소리를 흔히 하곤 한다. 많은 부모들이 애들 곁에서 좀 떨어져 더 많은 자유를 자식들에게 주고 싶어 하지만, 그게 쉽지 않다. 다른 부모들과 학교는 물론, 심지어는 법까지도 부모 자신이 원하는 수준을 넘어서 아이들을 더 보호하라고 닦달해 오기 때문이다. 스커네이지에 따르면, 부모들은 사회적 압박에 떠밀려서 자식에게 일어날 "가장 최악의 상황부터 제일 먼저 생각"해두어야 할 때가 많다.[32] 그렇게 현실에서 발생할 수 있는 최악의 결과에 부모가 미리 대비하고 있지 않으면, 다른 부모와 선생님들로부터 나쁜 부모(심지어는 "미국 최악의 엄마")라 불리며 멸시를 당한다. 좋은 부모라면 자신들이 미처 감시하지 못하는 순간에는 자식들이 항시 위험에 처해 있는 것으로 생각해야 옳다는 것이다.

이런 사고방식은 날이 갈수록 도를 더해가고 있다. 과잉양육에서 손을 떼고 아이들을 좀 더 자유롭게 키우는 부모들은 실제로 '체포'당할 수도 있다. 2015년 플로리다주에서 부모가 얼마간 귀가를 미루었다가 아동방치라는 중범죄로 기소를 당한 것이 그 일례다.[33] 이들 부부에겐 열한 살 난 아들이 있었는데, 소년은 사람이 없어 집 안으로 들어가지 못하자 자기 집 마당에서 농구를 하며 한 시간 반 정도 놀았다. 이웃주민이 그걸 보고 경찰에 신고를 했다. 아이의 부모는 수갑이 채워진 채 알몸수색을 받아야 했고 지문채취를 당한 뒤 밤새 유치장에 갇혀 있다 결국 아동방치죄로 체포되었으며, 마당에서 혼자 농구를 한 그 소년과 네 살배기 동생(당시 혼자 방치돼 있지도 않았다)은 위탁보호 시설에 들어가 한 달을 지내야 했다. 심지어 아이들은 부모 품으로 돌아온 뒤에도 "놀이" 치료에 참가해야 했다. 부모들 역시 자식을 방치한 전과가 없는데도 불구하고 법에 따라 의무적으로 치료는 물론 양육 수업까지 받아야 했다.

2014년에는 코네티컷주의 브리스톨에서 한 여성이 딸을 차 안에 혼자 두고 CVS 약국(약국과 편의점을 갖춘 미국의 대형 체인점—옮긴이)에 용무를 보러 갔다. 독자 여러분도 이건 애 엄마가 너무했다 싶을 것이다. 특히 당시는 무더운 여름철이었고 자동차 유리마저 모두 다 닫혀 있었으니 말이다. 그 광경을 보고 동작 빠른 행인 하나가 경찰에 얼른 신고해 닫힌 차문을 열어줄 수 있었다. 출동한 경찰은 아이가 "정상적으로 반응하며" 그렇게까지 스트레스에 시달리지는 않은 것 같다고 밝혔다. 그런데 여기서 한 가지 짚고 넘어가야 할 사실이 있다. 그 여자애는 열한 살이었다. 아이가 먼저 엄마가 차를 나서기 전에 자기는 차 안에 남아 있을 테니 엄마 혼자 약국에 다녀오라고 말했던 것이다.[34]

편집증적 양육방식이 대세를 이루기 전만 해도, 1970년대에 필자 조너선과 그의 누이들이 다 그렇게 자랐듯이, 아이 나이 열한 살이면 이웃집 아기를 봐주는 일로 용돈벌이를 하며 책임감이 뭔지 한창 익힐 수 있었다. 그런데 일부 경찰서와 참견하기 좋아하는 지역 사람들의 소견으로는, 지금 시대에 열한 살은 그 자신에게 보모가 필요한 나이라는 것이었다. 결국 아이 엄마는 경범죄자 소환 명령을 받고 강제로 법정에 출두해야 했다.

경찰이 안전주의를 편들고 나서면 부모들로서는 억지로라도 자식을 과잉보호하는 수밖에 없다. 오하이오주 뉴올버니New Albany 경찰서장은 별다른 감시가 없는 상태에서 아이들을 밖에 놔두는 일은 '16세 이전까지' 되도록 없어야 한다고 부모들에게 조언한다.[35] 자칫 잘못했다간 동료집단의 압박에, 망신당할 위험에, 체포의 위협까지 받을 판국이니, 그토록 많은 미국 부모들이 더 이상 자신의 눈에 띄지 않는 곳에 아이들을 두지 않으려는 것도 전혀 놀랄 일은 아닌 셈이다. 그런 부모들 중에는 그 누구에게도 감시받지 않고 친구들과 밖에서 자유롭게 뛰놀던 기억을 유년기의 가장 소중한 추억으로 간직하는 이들이 많은데도 말이다.

안전한 아이들을 위한 안전한 책

리노어 스커네이지의 말마따나 최고의 아동용 명작도서로 꼽히는 책들은 어른의 감시 없이 모험을 떠나는 아이들의 이야기가 어김없이 주된 줄거리를 이루곤 한다. 하지만 아이들의 머릿속을 굳이 그런 위험한 생각들로 채우고 싶지 않은 엄마들도 있으니, 그런 이들을 위해 스커네이지와 그녀를 지지하는 독자들은 다음과 같이 안전주의 시대에 맞게 제목을 바꾼 명작들을 추천한다.

- 《오, 아이야 거기엔 가면 안 돼!》Oh, the Places You Won't Go!
원제: 《오, 아이야 거기 한번 가보렴!》Oh, the Places You Will Go!(이하 원제는 모두 옮긴이)

- 《허클베리 핀의 놀이 약속》The Playdates of Huckleberry Finn
원제: 《허클베리 핀의 모험》The Adventure of Huckleberry Finn

- 《헤럴드와 보라색 소파》Harold and Purple Sofa
원제: 《헤럴드와 보라색 크레용》Harold and Purple Crayon

- 《과제해결 선수 백과사전 브라운》Encyclopedia Brown Solves the Worksheet
원제: 《만능해결사 백과사전 브라운》Encyclopedia Brown Solves Them All

- 《해리포터와 제자리 도전》Harry Potter and the Sit-Still Challenge
원제: 《해리포터》 시리즈

- 《포드 익스플로러를 탄 도라: 부모님 없이는 안 돼요》Dora in the Ford Explorer: But Not Without a Parent
원제: 《도라》 시리즈

계층이 중요하다

우리가 제시하는 설명의 실마리는 다양한 사람들에 따라 그 중요도가 달라진다고 이야기했는데, 오늘날 미국에서 사람들 삶의 경험을 가장 크게 구분 짓는 인자는 아무래도 사회 계층이 아닐까 한다. 그런 사회 계층이 부모들의 양육방식에 과연 어떤 영향을 미치는지 이해하고자, 이쯤에서 필자들은 미국 가구들의 내력에 대한 심층조사에 사회학 이론과 데이터를 접목한 책 두 권을 끌어와 논의를 전개하고자 한다. 한 권은 펜실베이니아대의 사회학자인 아네트 라루가 쓴《불평등한 어린 시절: 부모의 사회적 지위와 불평등의 대물림》이고, 다른 한 권은 하버드대 정치학과 교수인 로버트 퍼트넘이 펴낸《우리 아이들: 빈부격차는 어떻게 미래 세대를 파괴하는가》이다. 두 학자 모두 양육방식과 관련해서는 인종보다 사회 계층이 더 중요하다고 밝히고 있으므로, 우리도 지금 논의에서는 인종 이야기는 잠시 밀어두고 양육방식에 있어서의 계층 차이가 현재 대학 캠퍼스에서 벌어지는 사태들을 이해하는 데 중요할 수 있다는 사실에 초점을 맞추고자 한다. 아울러 논의를 간략히 정리하기 위해 여기서는 라루가 책에 썼던 "중산계층" 및 "노동계층"이라는 용어를 그대로 빌려오려 하는데, "중산계층"은 단순히 중간계층만이 아닌 그 위에 자리한 상류계층까지 포함하는 의미이다. 반면 "노동계층"은 빈곤가정을 비롯한 중간계층 이하의 모든 이를 가리키는 말로 사용하도록 하겠다.

미국의 양육방식이 크게 나뉘는 모습은 두 종류의 가정 사이에서 가장 확연히 대조를 이룬다. 한쪽 가정은 부모가 모두 4년제 대학을 나오고 아이가 유년시절을 보내는 동안 결혼생활을 계속 유지하는 경우이고, 다른 한쪽은 4년제 대학 학위가 없는 편모나 편부 혹은 이혼한 부모 (또는 다른 친척) 슬하에서 아이가 자라나는 경우이다. 첫 번째 종류의 가정은 미국 사회경제 스펙트럼의 상위 3분의 1에서 매우 흔하게 찾아볼 수 있으며, 결혼율이 높고 이혼율은 낮다는 특징이 있다. 이러한 가정에서는 대체로 라루가 "재능계발중점 양육concerted cultivation"이라 칭한 양육방식을 부모들이 채택해 활용하는 경향이 있다. 이 방식을 이용하는 부모들은 인지 및 사회성 기술이 발달하도록 계속 자극을 주면서 아이들의 재능을 계발시키는 것이 부모의 소임이라고 본다. 자녀들 달력의 하루하루를 어른이 지도하는 각종 활동, 수업, 경험들로 빼곡히 메우고, 학교에서 무슨 일이 있는지도 꼼꼼히 체크한다. 이런 부모들은 추론하고 설득하는 방식으로 아이들과 많은 이야기를 나누며, 아이들을 대하며 완력을 행사한다거나 체벌을 가하는 일은 좀처럼 없다. 반면 두 번째 종류의 가정은 미국 사회경제 스펙트럼의 하위 3분의 1에서 매우 흔하게 나타나며, 미혼모를 엄마로 둔 아이들이 대부분이다. 이런 가정에서는 보통 라루가 "자연스러운 성장 양육"이라 일컫는 양육방식을 채택한다. 노동계층의 부모들은 아이들이 어른들에게 많은 보호나 간섭을 반드시 받지 않더라도 때가 되면 자연스레 성숙기에 접어든다고 믿는 경향이 있다. 그래서 이런 가정의 아이들은 "일상에서 여유시간이 차지하는 비중이 길게 늘어지고, 아이들의 주도로 놀이가 이루어지며, 어른과 아이의 경계가 분명하며, 매일 친지를 접하는" 유년기를 보낸다.[36] 중산계층에 비해 노동계층 부모들은 아이들과 이야기를 나누는 시간이 적은 편이며, 논리를 따지며 대화하는 경우는 훨씬 적다. 이들 가정의 부모는 명령이나 지시를 내리는 일이 더 많으며 때로는 아이들에게 회초리를 들거나 벌을 세우기도 한다.

이런 특징들로 미루어 볼 때, 노동계층 아이들이 한 가지 점에서는 확실히 유리한 것처럼 보일 것이다. 바로 어떤 틀이나 어른의 감시에 얽매이지 않고 노는 시간이 더 많다는 사실인데, 이어지는 제9장에 가서 살펴보겠지만, 이 방식은 아이들이 대인 기술과 자율성을 키우는 데 매우 좋다. 사실 퍼트넘은 이런 계층 차이가 비교적 최근에 등장한 새로운 조짐으로서 사회적으로 매우 중요한 의미를 지닌다고 본다. 그의 지적에 따르면, 베이비붐 세대 때만 해도 부모들은 자녀 양육 전문가인 벤저민 스폭 박사의 글에서 많은 영향을 받았으니, 당시 그는 "아이들이 나름의 페이스에 맞게 커가도록 해주어야지, 어른의 일정표나 규칙에 억지로 끼워 맞추려고 해서는 안 된다"[37]고 가르쳤다. 스폭은 부모들에게 마음을 느긋하게 먹고 아이들을 본디 모습대로 내버려두고 키우기를 권했고, 실제로 베이비붐 세대와 X세대 아이들은 자기들끼리 집 주변을 쏘다니거나 어른의 감시 없이 놀 수 있는 자유가 있었다. 그런데 퍼트넘이 지적하는 바에 따르면, "스폭의 '관대한 양육'에서 '집중관리 양육'이라는 새로운 모델로 훌륭한 양육에 대한 지배적 인식과 사회규범이 급속히 뒤바뀌었으니"(이 현상은 1980년대에 처음 나타나 1990년대에 특히 과열되었다),[38] 이는 본질적인 면에서 라루가 말한 '재능계발중점 양육'과 거의 차이가 없다. 양육에 대한 이런 인식 변화는 주로 중산계층 부모들 사이에서 일어났다. 이들은 자녀에게 초창기의 자극(예를 들면 모차르트의 음악을 듣고 자란 아기들이 더 똑똑해진다는 잘못된 생각 같은 것들)이 중요하다는 뉴스 기사라면 눈에 불을 켜고 들여다보았고,[39] 좋은 대학에 들어가기 위해 거쳐야만 하는 나날이 치열해지는 경쟁 속에서 자기 아이가 가능한 한 가장 유리한 위치에 설 수 있기를 바랐다. 노동계층 부모들 사이에서는 양육방식에서 이런 급속한 변화가 일어나지 않았다. 중산계층의 양육방식 변화는 우리가 지금까지 끌어온 이야기에서 매우 중대한 부분을 차지한다. 퍼트넘은 양육방식이 급변하기 시작한 시점을 i세대가 태어나기 직전으로 잡는다. 따라서 왜 i세대 대학생들이 캠퍼스에서 이전 세대와 전혀 다른 행동양상을 보일까 생각할 때, 그런 상황에 이바지한 한 요인으로 중산계층 i세대(그리고 밀레니얼 세대의 맨 마지막에 속하는) 학생들은 이전 세대에 비해 어린 시절에 지나치게 많은 일정과 부모의 과잉양육에 시달렸다는 사실을 꼽을 수 있을 것이다.

그렇다고 해서 노동계층 아이들이 '전반적인 면에서' 유리한 입지에 서 있다고 생각하는 것은 분명 무리이다. 퍼트넘과 라루 모두 일반적으로 노동계층의 아이들이 사회에서, 특히 대학에 가서(설령 명문대학에 진학한다 하더라도) 성공적인 생활을 영위하기 어려운 갖가지 요인을 제시한다. 그중 하나로 꼽을 수 있는 것이 어린 시절에 겪은 그 꽉 짜인 모든 활동들 덕분에 중산계층의 아이들은 전문적인 환경에서 어른들의 방식과 어른 주도로 운영되는 기관들에 금세 익숙해진다. 이 아이들은 부모들의 본보기를 보았기 때문에 제때, 적절한 사람에게, 제대로 주장만 하면 이들 기관들이 자신을 충분히 대접해줄 수 있다는 사실을 알고 있다. 이와는 대조적으로 노동계층 아이들은 어른들이 운영하는 기관에 노출될 기회가 적은 것은 물론 자기 부모가 그들도 중산층과 똑같이 좋은 대우를 받아야 할 힘, 권리, 자격이 있다고 생각하고 이런 기관들의 활동에 참여하는 것을 본 적이 없다. 따라서 노동계층의 아이들은 대학에서 자신이 "물 밖의 물고기" 같다는 생각을 떨치지 못할 가능성이 높다. (제3장에 나왔던 클레어몬트매케나대 이야기에서 올리비아라는 학생이 대학에 소속감을 느끼지 못한다고 썼던 것도 어쩌면 이 같은 맥락일 수 있다.)

중산계층 아이들과 비교했을 때, 노동계층 아이들을 성가시게 괴롭히는 두 번째로 주된 불리한 점은 그들은 살아가는 내내 고질적이고 가혹한 역경에 시달려왔을 가능성이 높다는 점이다. 1990년대에 한 연구자 집단이 설문조사를 계발해 "아동기 불행 경험Adverse Childhood Experiences"(ACE) 평가를 표준화했다.[40] 사람들에게 열 가지 항목을 제시하고 그중 아동기에 노출된 적이 있는 경험이 무엇인지 밝히도록 한 설문조사였다. 설문 항목의 경험들로는 "부모님이 별거했다/이혼했다" "먹을 것과 입을 것이 부족했거나, 부모가 술이나 약에 심하게 취해 당신을 잘 돌보지 못했다" "가족 안에서 당신을 사랑하거나 혹은 지지하는 사람이 전혀 없다고 느꼈다" "성인으로부터 성적 학대를 당했다" 같은 것들이 포함되었다. 이 설문조사에서 '예'라고 답한 항목이 둘 이상을 넘어갈수록 성인기에 응답자의 건강 및 성공 지수는 낮아지는 경향을 띠는데, 그렇다면 단단함과 관련된 우리의 이야기도 다소 복잡해질 수밖에 없다. 가혹한 역경이 어릴 적부터 삶을 강타하면, 특히 어른들과의 애착관계가 안정과 사랑을 기초로 제대로 형성되지 못한 상태에서 그런 일을 당하면, 아이들은 더 강해지지 못한다. 이런 역경은 아이들을 더 약해지게 할 뿐이다. 고질적이고 가혹한 역경은 "독성 스트레스"를 일으킨다. 이런 역경은 아이들의 스트레스 반응을 재설정해 별것 아닌 일에도 쉽게 스트레스를 받게 하며, 나중에는 스트레스의 영향이 더 장기간 지속되도록 만든다. 퍼트넘은 연구 결과를 다음과 같이 정리한다.

> 자신을 지지하는 어른들이 든든히 버티고 있을 경우 적당한 수준의 스트레스는 아이들에게 꼭 해롭지만은 않다. 오히려 상황 극복능력을 키워준다는 점에서 그런 스트레스는 유익할 수 있다. 반대로 가혹하고 고질적인 스트레스, 특히 곁에 든든히 버텨주는 믿음직한 어른이 없는 상황에서 받는 그런 스트레스는 아이의 기본적 실행 능력에 말썽을 일으켜 두뇌의 다양한 각 부분이 합심해 삶의 도전에 응하거나 문제를 해결하는 것을 어렵게 한다. 그 결과 독성 스트레스를 받는 아이들은 어딘가에 잘 집중하지 못하고, 충동적 행동을 제어하지 못하며, 지시에 따르지 못하는 등의 문제를 겪게 된다.[41]

중산계층 아래에 속한 가정에서 자라난 아이들은 아동기 불행 경험 조사에서 평균적으로 훨씬 높은 점수가 나온다. 이런 아이들의 가정환경은 더 불안정한 경향이 있다. 경제적으로 궁지에 몰릴 때가 많으며, 아이들이 폭력을 목격하거나 그 자신이 폭력의 희생양이 될 가능성이 훨씬 높다. 그렇다고 하면 이들은 설령 대학 진학에 성공하더라도 여전히 상처와 불안한 기반을 고스란히 떠안고 있을 수 있다는 말인즉, 이런 학생들이 대학 생활을 다부지게 영위해나가도록 지원해주고자 한다면 재능계발중점 양육으로 두뇌가 형성된 부잣집 학우들에게 걸맞은 것과는 다른 방식이 되어야 할 것이다.

사회 계층과 양육에 관한 연구를 간략하게나마 살핀 지금 우리가 끌어낼 수 있는 교훈은 이렇다. 아이들은 원래부터 타고난 단단함을 지녔지만, 아이들이 제대로 발달해나가는 데 지장을 초래하는 두 가지의 매우 상이한 방식이 있다. 하나는 아이들을 방치하고 보호하지 않아 생의 초반부터 가혹하고 고질적인 역경에 노출시키는 것이다. 오늘날 대학생 중에도, 특히 노동계층이나 빈곤가정 출신 학생들이 이런 일을 겪는 경우가 더러 있다. 나머지 한 방식은 부모의 과잉감시와 과잉보호로 말미암아 아이들이 소소한 도전이나 위험, 혹은 역경을 짊어질 수많은 기회를 놓치는 것이다. 강인한 힘과 회복탄력성을 지닌 성인으로 성장해나가기 위해서는 그런 어려움들에 아이들 스스로 맞서볼 필요가 있는데 말이다.

미국의 명문대학들은 현재 상류층 및 중상류층 출신 아이들이 지배하고 있다. 최근의 한 분석에 따르면, 미국의 상위 38개 대학(아이비리그 대학 대부분이 여기 포함된다)에서 소득분포 상위 1퍼센트 가정 출신 학부생들의 수가 하위 60퍼센트 가정 출신보다 훨씬 많다고 한다.[42] 이 말은 곧 과소양육보다는 과잉양육이 아마도 현재 명문대학들에서 나타나는 학생들의 유약함에 훨씬 더 큰 영향을 미친 요인이라는 뜻일 것이다.

안전하지만 지혜롭지는 못한

편집증적인 양육과 안전주의에 대한 맹신은 우리가 제1장에서 논의했던 몇 가지 특정한 인지왜곡을 아이들에게 가르친다. 한번은 우리가 스커네이지더러 부모들과 일할 때 어떤 인지왜곡을 가장 자주 접하는지 물었다. 그녀는 "거의 전부 다요"라고 답했다.[43]

이를테면 과도한 감시를 하는 부모들에게서는 '긍정적인 면 깎아내리기'의 인지왜곡을 찾아볼 수 있다. "어른의 감시가 없는 자유로운 시간이 가진 좋은 면(즐거움, 독립성, 문제해결력, 회복탄력성)은 하찮게 취급하는 데 비해, 자신이 곁에 없는 동안 아이들이 받을지 모를 피해는 한도 끝도 없이 크게 생각해요. 오로지 안전 말고는 그 어떤 것도 긍정적으로 여기지 않죠." 부모들은 '부정적인 필터링'도 곧잘 이용한다고 스커네이지는 이야기한다. "부모들은 이렇게 말해요. '저 음식/활동/말/사람들 좀 봐. 전부 우리 아이들에게 해를 끼칠 수 있는 것들뿐이야!' 대신 이렇게 말할 수 있는데도 말이죠. '이젠 디프테리아, 소아마비, 기근 같은 것에 시달릴 일이 없으니 얼마나 다행인지 몰라요!'" 스커네이지는 부모들이 이런 식으로 '이분법적 사고'를 드러낸다는 점도 지적한다. "어떤 게 100퍼센트 안전하지 않다면, 그건 위험한 것이다."

편집증적 양육은 아이들에게 세 가지 대단한 비진실을 가르치는 강력한 방법이다. 아이들에게 세상은 온통 위험투성이라는 생각을 심어주기 때문이다. 저 어두컴컴한 그늘에도, 길거리 구석구석에도, 공원이나 공중 화장실에도 악마가 도사리고 있다는 식으로 말이다. 이런 식의 양육 속에서 어린 시절을 보낸 아이들은 '우리 대 그들'의 비진실('삶은 선한 사람들과 악한 사람들 사이의 투쟁이다')을 감정적으로 쉽사리 받아들이게 된다. 이 같은 세계관 속에서 아이들은 낯선 이에게 두려움과 의심을 품게 된다. 우리는 아이들에게 "안전하지 못하다고 느낄" 만큼 자기 주변을 쉴 새 없이 살피고 종국에는 어떤 부분에 대해 안전하지 못하다고 느끼는지 말하도록 가르친다. 이런 아이들은 "안전하지 못하다"는 느낌(불편하거나 혹은 불안한 느낌)을 자신이 '정말' 안전하지 못하다는 확증으로 삼을 수도 있다(감정적 추론의 비진실: '늘 너의 느낌을 믿어라'). 마지막으로 이런 감정이 유쾌할 리는 없기 때문에, 아이들은 그 느낌들이 자체로 위험할 뿐 아니라 또 다른 위험을 불러들인다고 결론 내릴 수 있다. 죽을 만큼은 아니지만 이런 스트레스는 결국 자신에게 해만 된다고 생각한다(유약함의 비진실: '죽지 않을 만큼 고된 일은 우리를 더 약해지게 한다').

이런 식의 사고 습관이 어릴 적부터 몸에 배면, 아이들은 그에 상응하는 스키마를 발달시켜 고등학교나 대학에 가서도 그 스키마가 이끄는 대로 새로운 상황들을 해석하게 된다. 이 아이들은 주변 환경에 더 많은 위험이 도사리고 있다 여기고, 타인의 행위 안에도 실제보다 더 많은 적의가 차 있는 것으로 간주한다. 이전 세대 아이들에 비해 무엇이든 사소한 위협이 있을 때마다 도망치거나 혹은 그것을 피해야 한다고 믿을 공산이 크다. 아이들이 어떤 말이나 책, 누군가의 생각을 '안전 대 위험' 혹은 '선 대 악'의 구도로 해석할 여지도 높아진다. 향학열을 불태우는 데 도움이 되는 '참 대 거짓' 혹은 '무척 흥미로운 대 그다지 흥미롭지 못한'의 도식으로 바라보지 못하고 말이다. 이런 사고방식을 지닌 학생들이 대학에 들어가서 안전공간, 트리거 워닝, 미세공격 훈련, 편향태도 대응팀 같은 것들을 요구하리라는 것은 불 보듯 훤한 일이지만, 과연 그 같은 사고방식이 담대함과 열린 마음을 함께 지닌, 잘 교육받은 대학 졸업생을 길러낼 수 있을까.

우리가 제시하는 세 번째 설명의 실마리는 편집증적 양육이다.

아이들을 과잉보호하는 것은 곧 아이들을 해치는 길이다. 아이들은 본래 단단함을 타고나므로, 과잉보호는 아이들을 더 약해지게 할 뿐 아니라 차후의 회복탄력성까지 떨어뜨린다.

오늘날 아이들은 평균적으로 부모가 누렸던 것에 비해 훨씬 제약이 많은 아동기를 보내고 있다. 아이들 부모는 지금보다 훨씬 위험한 환경에서 유년시절을 보냈으나, 타고난 단단함을 계발할 기회는 외려 훨씬 많았다. 이전 세대와 비교해보면, 밀레니얼 세대 후반부와 특히 다수의 i세대(1995년 이후 출생자들)는 누군가의 감시 없이 놀거나 탐험할 시간을 빼앗긴 채 유년시절을 보냈다. 갖가지 도전, 부정적 경험, 사소한 리스크들을 경험할 기회를 놓친 셈인데, 강인하고 유능하며 독립적인 성인으로 성장해나가는 데는 그런 경험들이 분명 도움이 된다(이에 대해서는 이어지는 제9장에서 논의할 것이다).

미국과 여타 부유한 나라의 아이들이 자라는 환경은 역사상 그 어느 때보다 안전하다. 하지만 여러 역사적인 사정들로 인해 아직도 미국 부모들 사이에는 아이가 유괴당할지 모른다는 두려움이 매우 팽배해 있고, 따라서 상당수 부모들이 어른의 감시 없이 아이들을 혼자 두어서는 안 된다고 믿게 되었다. 세상은 위험한 곳이며 혼자 힘으로는 세상에 맞설 수 없다는 인식을 아이들에게 자꾸 심어주면, 많은 아이들이 정말 그렇게 믿게 되었을 때 우리도 그러려니 할 수밖에 없을 것이다.

헬리콥터 양육, 각종 법률, 거기에 사회적 규범까지 맞물리면서 아이들을 감시하지 않고 혼자 두는 것이 오늘날 미국에서는 더 어렵게 되었는데, 그것이 현재 젊은이들의 정신건강과 회복탄력성을 해치는 부정적 요인으로 작용하고 있을 가능성이 있다.

양육방식은 사회 계층에 따라 큰 차이를 보인다. 중산계층(및 그 상위계층) 가정들은 사회학자 아네트 라루의 이른바 '재능계발중점 양육' 방식을 주로 이용하는 데 반해, 노동계층(및 그 하위계층) 가정에서는 '자연스러운 성장 양육' 방식을 주로 이용하는 경향이 있다. 부유한 가정 출신 대학생들은 과잉양육과 과잉보호로 말미암아 더 유약해지는 경우가 더러 있다. 빈곤한 가정 출신의 대학생들은 고질적이고 가혹한 역경에 처할 위험이 큰 것을 비롯해 매우 다양한 갖가지 위험에 노출된다. 스트레스를 중간에서 덜어주고 역경을 성장 기회로 바꿔줄 어른과의 유대 관계가 아이들에게 없다면, 이는 특히 회복탄력성을 손상시킨다.

편집증적인 양육방식 안에서 자란 오늘날 아이들은 세 가지 위험한 비진실을 끌어안을 준비가 되어 있으며, 그것은 심리적인 면에서 이 아이들은 대학에 들어가 안전주의 문화에 선뜻 동조할 가능성이 무척 높다는 뜻이기도 하다.

제9장

놀이의 쇠퇴

공부만 하고 놀지 않는 아이는 바보가 된다.

_17세기 속담

아이들이 "그것it"이 되길 안 좋아하는 이유는 무엇일까? 그러니까 아이들이 삼삼오오 모여 잡기 놀이를 시작할 때 왜 다들 "난 아니야!Not it!"를 얼른 외치고, 그 역할을 거부하지 못한 맨 마지막 아이를 술래로 세우는 것일까?(미국의 잡기 놀이game of tag 규칙을 설명한 것으로, 술래잡기나 얼음땡 놀이와 비슷하다—옮긴이)

다른 포유류들이 노는 모습을 구경하다 보면 이 질문과 관련해 과연 그럴 수도 있겠다 싶은 답이 떠오르는데, 대부분의 포유류들은 자기들 나름대로 잡기 놀이를 하는 방식이 있다. 늑대처럼 포식자에 속하는 종은 새끼들이 쫓는 쪽이 되어 노는 것을 더 선호한다. 반면 생쥐처럼 주로 피식자에 속하는 종은 새끼들이 쫓기는 쪽이 되어 노는 편을 선호한다.[1] 우리의 영장류 조상들은 피식자이기도 하고 동시에 포식자이기도 했지만, 피식자로 지낸 기간이 훨씬 길었다. 인간의 아이들이 재빨리 달아나고 숨는 재주를 익히며 유난히 즐거워하는 것도 어쩌면 그 때문인지 모른다.[2]

먼발치서 아이들 노는 모습을 구경하다 보면 뭔가 이상한 구석이 있음을 눈치 채게 된다. 메인대학교의 발달심리학자 피터 라프레니어에 따르면, 아이들의 놀이는 "엄청난 에너지 소비를 요하는 데다 누가 봐도 아무 의미 없는 리스크까지 지게 만드는 활동"이다.[3] 하지만 모든 포유류가 거의 빠짐없이 놀이를 하고, 어떤 동물은 놀다가 부상을 당하거나 혹은 잡아먹히기까지 한다면, 그런 위험을 상쇄시키는 아주 강력한 혜택을 놀이가 제공하는 게 분명하다.

실제로도 그렇다. 놀이는 포유류의 두뇌 회로를 발달시켜 제 구실을 하는 어른으로 만드는 데 반드시 필요하다. 어쩌다 놀이의 기회를 박탈당한 포유류는 제가 가진 능력을 오롯이 다 발전시키지 못하게 된다. 이 같은 놀이의 효과를 잘 보여주는 실험으로, 새끼 쥐 몇 마리를 다음의 세 가지 조건에 놓고 키워본 사례가 있었다. (1) 생쥐 한 마리는 시종일관 우리 안에 혼자 두었다. (2) 다른 생쥐 한 마리는 우리 안에 혼자 두되, 하루 딱 한 시간은 놀이를 좋아하는 다른 정상적인 어린 생쥐를 우리 안에 들여보내 둘이 있는 동안은 쥐들이 으레 그러듯 엎치락뒤치락하며 놀게 했다. (3) 2번과 모든 조건을 동일하게 설정하되, 우리에 들여보내는 어린 쥐에게 약을 먹여 축 늘어지게 했다. 약을 먹어 기운이 없는 생쥐는 엎치락뒤치락 놀이까지는 못했지만, 킁킁대며 냄새를 맡거나 코 비비기 등의 여타 사회적 행동은 할 수 있었다. 실험자들이 나중에 이 어린 쥐들을 데려다 새로운 상황 안에 집어넣었을 때, 엎치락뒤치락 놀이를

한 생쥐들이 확실히 두려운 기색을 덜 보이며 더 열심히 새로운 환경을 탐험하고 다녔다.[4]

발달생물학의 핵심 개념 중 "경험기대 발달experience-expectant development"이란 것이 있다.[5] 인간이 가진 유전자의 개수는 고작 2만 2,000개뿐인 데 반해, 인간의 뇌에는 대략 1,000억 개에 달하는 뉴런이 깔려 있으며 이 뉴런들을 서로 이어주는 시냅스 연결구조는 무려 수백조 개에 이른다. 인간의 유전자는 뭐가 됐든 이렇게까지 복잡한 구조를 가진 것에는 어떤 코드 일람표나 청사진을 제시하기에는 역부족이다. 만에 하나 그런 청사진이 우리 유전자 안에 담겨 전해질 가능성이 있다 해도, 우리 인간처럼 한 군데 못 붙어 있는 종種이 제 발로 만나기 마련인 그 광범한 환경과 수많은 골칫거리에 잘 적응할 아이를 만들어낼 만큼 그것이 충분한 융통성을 지녔으리라고 보기는 힘들다. 자연은 우리의 커다란 뇌의 회로를 잘 짤 수 있는 더 기막힌 방법을 찾아냈는데, 원리를 설명하면 이렇다. 유전자는 배아 단계에서 다양한 세포 계통이 형성되는 데 반드시 필요하고, 자궁 안에서 이른바 "초고草稿"가 완성될 때까지 뇌의 발달을 이끌어가는 것도 유전자다. 하지만 경험의 중요성도 무시할 수 없으니, 아기가 아직 엄마의 자궁 안에 있을 때조차 그렇다. 그리고 아이가 세상에 태어난 후에는 그야말로 경험의 중요성이 이루 말할 수 없이 커진다. 경험은 인간이 가진 커다란 두뇌의 회로가 잘 짜이게 하는 데 필수불가결한 요소여서, 유전자가 뇌에 쓴 그 "초고"에는 적당한 피드백이 주어질 만한 활동들을 몸에 익히려는 강력한 동기가 애초부터 들어 있다. 이런 기제에 따라 어쩌다 뜻하지 않은 상황을 만나도 그 안에서 나름 최선의 방책을 강구하게 되는 것이다. 갖가지 위험이 도사리고 있음에도 불구하고, 포유류들이 어린 시절 그토록 놀이에 목을 매는 이유도 바로 여기에 있다.

이 원리가 작동하는 모습은 인간의 언어를 통해 쉽게 확인할 수 있다. 언어 활용을 담당하는 두뇌 구조가 발달하는 데에도 마중물 역할을 하는 것은 유전자이지만, 그 과정이 온전히 마무리되기 위해서는 아이가 실생활에서 직접 언어를 만나고 익히는 일이 반드시 필요하다. 즉 언어 능력과 관련된 인간의 뇌는 특정 종류의 입력을 "기대하며", 따라서 아이들은 다른 이들과 주고받기 식의 쌍방 소통에 뛰어들어 그런 입력 값들을 얻게끔 동기부여를 받는다. 처음에는 소리로, 나중에 가서는 진짜 의미가 담긴 말들을 다른 이들과 주고받으며 아이들은 재미를 느낀다. 사춘기에 이르도록 이 같은 언어적 상호작용을 해보지 못한 아이들은 언어를 온전히 습득하지 못하거나 혹은 정상적으로 말하는 법을 배우지 못할 가능성이 있다. 정상적인 발달과정에서 반드시 거쳐야 할 언어 습득의 "결정적 시기"를 놓쳐버렸기 때문이다.[6]

이 논리는 (포식자로부터 도망치는 것과 같은) 신체적 기술이나 (협상을 통한 갈등 해결과 협동 같은) 사회적 기술에도 마찬가지로 적용된다. 뇌의 초안을 잡는 작업에서는 유전자가 마중물 역할을 하지만, 이윽고 뇌는 발달을 이루기 위해 아이가 헤아릴 수 없이 많은 시간을 놀이에 뛰어들기를, 수없이 엎어지고 살이 까지고, 다툼을 벌이고 모욕을 당하고, 누군가와 한 편이 되고 배신을 당하고, 지위 경쟁을 벌여보고 따돌림을 당하는 등의 경험을 하기를 "기대하게 된다". 놀이의 기회를 빼앗긴 아이들은 신체능력이나 사회성 면에서 유능한 십대 청소년이나 성인으로 발달할 가능성이 적다.[7]

놀이에 대한 연구는 1980년 이후 급속히 늘어난 추세다. 지금은 놀이가 가져다주는 여러 혜택을 입증하는 증거가 강력하며, 놀이 기회를 박탈하는 것이 나중에 불안증이나 우울증으로 이어질 수 있다는 학계 논문도 점점 늘어나고 있다(다만 가능성을 제시하는 것이며, 둘의 관련성을 단정적으로 결론 내린 것은 아니다).[8] 놀이 연구를 주제로 다룬 한 보고서에서는 이에 대해 다음과 같이 이야기하기도 했다.

> 최근의 연구 결과, 불안증이 있는 아이들은 부모나 돌보미 등의 타인에게서 과잉보호 행위를 이끌어낼 소지가 있으며 이것이 아이의 위협에 대한 인식은 강화시키고 위험을 자신의 힘으로 통제할 수 있다는 인식은 감소시키는 것으로 드러났다. 결국 과잉보호가 도를 넘는 불안증을 초래할 수 있는 것이다. 아이들이 뛰노는 운동장을 일일이 통제 감독하고 운동장에서 큰일이라도 벌어질까 벌벌 떨며 아이들을 과보호하는 것은 사회 전체의 불안증을 증가시키는 결과로 이어질 수 있다. 어쩌면 우리는 이런 식으로 아이들의 성장을 가로막기보다, 아이들에게 좀 더 자극적인 환경을 제공해야 하는 것인지 모른다.[9]

이 같은 연구 결과와, (제7장에서 이야기한) 현재 증가 추세를 보이고 있는 사춘기 청소년의 불안증, 우울증, 자살 등을 감안할 때, 미국의 교육체제와 양육방식은 마땅히 아이들에게 더 많은 자유 놀이 시간을 주어야 할 것으로 보인다. 하지만 정작 현실에서는 그와는 정반대의 일들이 벌어지고 있다.

이번 장에서는 혜택이 가장 큰 놀이 형태가 1970년대 이래 왜 급격히 감소하게 됐는지 그 까닭을 밝히고, 아동기의 이런 변화가 미국의 십대 청소년과 대학생들에게 어떤 영향을 미쳤을 수 있는지 따져보려 한다. 소소한 리스크를 짊어질 충분한 기회를 포함해, 감시가 없는 자유로운 놀이가 줄어든 것이 오늘날 미국 대학 캠퍼스의 사태를 설명해주는 네 번째 실마리라고 우리는 생각한다.

자유 놀이의 쇠퇴

놀이 분야의 선구적 연구자인 피터 그레이의 정의에 따르면, "자유 놀이"란 "행위 그 자체를 즐기기 위해 놀이 참가자들이 자유롭게 선택하고 이끌어나가는 활동"이며, 그 행위 자체와 확연히 구별되는 어떤 목적을 달성하기 위해 의식적으로 벌이는 활동은 자유 놀이가 아니다.[10] 피아노 교습을 받거나 축구를 연습하는 것은 자유 놀이가 아니지만, 피아노 앞에 앉아 하릴없이 건반을 만지작거리거나 즉석에서 축구 시합을 벌이는 것은 자유 놀이에 속한다. 그레이를 비롯한 다른 연구자들은 아이들의 놀이가 모두 동등한 가치를 갖지는 않는다는 점도 지적한다. 몸을 활발히 움직이며 하는 자유 놀이가, 즉 야외에서 다른 아이들과 뒤섞여 노는 것이 놀이 중에서도 제일 중요하며, 우리의 진화한 마음이 "기대하는" 놀이가 바로 이런 것들이다. 그리고 우연찮게도 아이들 자신도 일반적으로 그런 놀이들이 가장 신난다고 이야기한다.[11] (이런 놀이와 함께 상상놀이나 가장놀이가 아이들에게 중대하다는 의견도 매우 설득력이 있는데,[12] 이는 아이들이 실내에서 자유 놀이를 할 때만이 아니라, 야외에서 뒤엉켜 뛰노는 중에도 자주 발견된다.)

그레이의 지적에 따르면, 아이들은 벽이나 나무를 타고 기어오르거나, 스케이트보드를 타고 계단이나 경사진 난간을 미끄러져 내려오는 것처럼, 야외에서 자유 놀이를 할 때 어느 정도의 위험과 리스크를 스스로 불러들이는 경향이 있다고 한다.

> 아이들은 놀이에 적정 수준의 두려움을 뒤섞어 그 긴장감을 스스로 만끽하려는 것처럼 보인다. 마치 제 손으로 창조한 적당히 위험한 조건 속에서, 갖가지 신체적 및 감정적 난관들을 스스로 얼마나 잘 헤쳐 나갈 수 있는지 알아보겠다고 작정이라도 한 듯한 모습이다. (…) 이런 활동들은 위협이 적당히 유지되기만 하면 어느 것이건 아이들에게 재미나게 느껴진다. 거의 아무 두려움도 안 느껴질 때는 놀이가 시시해지고, 반대로 너무 과하게 두려움이 몰려올 땐 더 이상 놀이가 아니라 공포로 여겨지지만 말이다. 적당량의 두려움이 과연 얼마큼인지는 아이들 말고는 아무도 모른다.'[13]

안타까운 일은 최근 미국 아이들의 생활에서 가장 많이 줄어든 놀이가 바로 야외에서 벌이는 신체활동이라는 점이다. 그 추세를 가장 선명하게 드러낸 연구로 1981년에 미시간대학교의 사회학자들이 진행한 연구를 들 수 있는데, 13세 이하의 자녀를 둔 부모들에게 무작위로 며칠을 골라주고 해당 날짜에 아이들이 무엇을 하며 시간을 보냈는지 세세히 기록하게 했다. 그리고 이와 똑같은 방식의 연구를 1997년에 되풀이했다. 그 결과 모든 종류의 놀이에 할애된 시간이 전반적으로 16퍼센트 감소한 것으로 나타났으며, 놀이의 상당 부분도 곁에 다른 친구 없이 혼자 컴퓨터를 가지고 노는 경우가 많은 실내 활동으로 바뀐 것으로 드러났다.[14] 이런 실내 놀이는 아이들 몸을 튼튼하게 만들어주지 못할 뿐 아니라, 심리적 회복탄력성이나 사회적 유능함을 키워주는 데에도 야외 활동만큼 효과적이지 않다. 따라서 아이들에게 생동감과 건강을 주고, 사회성을 발달시켜주는 자유 놀이는 16퍼센트보다 훨씬 큰 폭으로 감소했다는 이야기가 된다. 이 연구에서는 시기상 (1981년에 아동이었던) X세대와 (1997년에 아동이었던) 밀레니얼 세대를 비교 대상으로 삼았다. 그런데 트웬지가 오늘날 아이들이 속한 i세대를 분석한 바에 따르면, 자유 놀이는 더욱 빠른 속도로 감소한 것으로 나타난다. 밀레니얼 세대와 비교했을 때, i세대는 친구들과 밖에서 노는 시간은 줄고 부모와 보내는 시간이 길어졌으며, 스크린을 붙들고 교류하는 시간은 그보다 훨씬 더 길어졌다. (제7장에서 이야기했듯 스크린 활동도 일종의 사회적 교류로 볼 수 있지만, 얼마간 부정적인 면을 안고 있다.)[15]

그레이가 가장 값어치 있다고 평가한, 아무 감시 없는 자유 놀이를 i세대 구성원들은 이전 세대들에 비해 훨씬 적게 하고 있다는 이야기다. i세대는 갖가지 리스크를 "스스로 만끽할" 기회를 체계적으로 박탈당해온 셈이다. 이 세대는 건전한 양의 리스크를 즐기기는커녕, 자신들 앞에 놓인 리스크를 회피하려는 경향이 이전 세대들에 비해 더 높다. 트웬지가 진행한 연구를 보면, "나는 약간 위험한 일들을 할 때 아주 짜릿한 기분이 든다"라는 설문 항목에 대한 아이들의 응답이 시기별로 어떻게 바뀌었는지 알 수 있다. 1994년에서 2000년에 이르기까지는 이 항목에 동의하는 청소년의 비율이 꾸준하게 유지돼 50퍼센트 초반을 벗어나지 않았다. 하지만 i세대의 자료가 포함되고부터는 항목에 동의하는 아이들의 비율이 떨어지기 시작해 2015년에는 43퍼센트까지 내려앉았다. i세대 구성원들이 리스크를 경험할 기회를 빼앗겨 리스크 회피 성향이 더 강해졌다면, 이들은 어떤 일이 버겁거나 무섭다고 느끼는 기준이 다른 이들에 비해 낮을 가능성이 있다. 즉 일상생활에서 으레 하는 일들도 어른의 도움이 있어야 할 수 있지, 혼자서 감당하기에는 역부족이라고 느낄 거라는 이야기다. 그렇게 보면 i세대가 캠퍼스에 발을 들인 시점부터 학생들의 불안증과 우울증 비율이 급작스레 올라가기 시작한 것은 그리 놀라운 일이 아닐 것이다.

1981년에서 1997년의 기간 사이에 아이들이 놀이를 하며 보낸 시간은 확실히 줄어든 데 반해, 미국 가정의 시간 활용에 관한 동일한 설문조사에서 아이들이 학교에서 보낸 시간은 18퍼센트 증가하고 숙제를 하는 데 들이는 시간은 무려 145퍼센트 증가한 것으로 나타났다.[16] 듀크대학교의 심리학자인 해리스 쿠퍼가 진행한 연구에 따르면, 중학교와 고등학교에서 내주는 숙제는 아이들에게 여러모로 득이 되지만(단, 그러려면 숙제와 학습 내용에 연관성이 있어야 하고 양도 적절해야 한다), 초등학교에서 내주는 숙제는 그런 혜택이 적은 편이며, 분량이나 난이도 면에서 현실성 없는 숙제는 오히려 아이들의 학업 성취도를 떨어뜨리는 것으로 나타났다.[17] 하지만 지난 20여 년 동안 초등학교 학생들의 숙제는 계속 증가하는 추세를 보인다.[18] 심지어 유치원에 다니는 아이들에게까지 숙제를 내주는 학교도 있다. (스커네이지가 우리에게 털어놓길, 한번은 왜 유치원에서부터 아이들에게 숙제를 내주는지 아들의 선생님에게 물은 적이 있다고 한다. 그때 그녀가 들은 대답은 이랬다. "아이가 1학년에 들어가서 할 숙제에 미리 대비하기 위해서입니다."[19])

왜 이런 일이 일어나는 걸까? 왜 우리는 아이들에게서 가장 건강한 놀이 방식을 빼앗고, 그 대신 더 많은 숙제를 내주고 더 많은 감시를 하는 걸까? 형태를 불문하고 어른의 감시를 받지 않는 아이들의 야외 활동이 하나같이 줄어든 가장 큰 이유는 물론, 앞서 제8장에서도 이미 이야기했듯, 아이들이 유괴당할 가능성을 언론에서 비현실적일 만큼 지나치게 부풀렸기 때문이다. 2004년 발표된 한 대규모 설문조사 결과에 따르면, 자신이 그 또래였을 때에 비해 자기 자녀들은 바깥에서 나가 노는 횟수가 더 적다고 응답한 엄마들이 전체의 85퍼센트에 달했다고 한다. 나아가 자녀들이 왜 바깥에서 더 오래 나가 놀지 못하게 되었는지 그 이유를 고르라고 했을 때, 범죄에 대한 두려움을 비롯해 "안전이 염려돼서"라고 응답한 엄마들이 전체의 82퍼센트를 차지했다.[20]

하지만 여기 아이들의 바깥 활동이 줄어든 두 번째 이유가 있다. 미국의 부모와 아이들 모두의 어깨를 무겁게 짓누르는 이 두 번째 두려움은 아이가 중학교에 입학해 학년이 올라갈수록 중간 이상의 상위 계층에서 특히 심해지는데, 20세기 후반보다 그 강도가 훨씬 세졌다. 바로 대학 입시 과정이다.

시험 준비기간이 된 아동기

밀레니얼 세대와 i세대의 부모들이 어렸을 적에는 조기교육이 지금과는 사뭇 달랐다. 1979년도의 체크리스트를 하나 살펴보도록 하자.[21] 만 6세인 자녀가 1학년에 들어가 공부할 준비가 되었는지 여부를 부모들이 판가름할 수 있게 도와주는 질문지다. 이 체크리스트의 문항은 총 12개뿐인데, 거의 전부 다 아이들의 신체적, 정서적 성숙도와 독립성에 대해 묻고 있다. 이 중 하나엔 오늘날 같으면 부모가 자칫 체포당할 수 있는 내용도 포함돼 있다(8번).

당신의 자녀는 1학년에 들어가 공부할 준비가 되었을까요? 1979년판

1. 당신의 자녀는 1학년에 들어가 읽기 훈련을 받기 시작할 때 만 6세 6개월 이상입니까?
2. 당신의 자녀는 2개에서 5개의 영구치가 났습니까?
3. 당신의 자녀는 학교 횡단보도 지킴이나 경찰에게 자신이 어디 사는지 이해시킬 만큼 말을 잘합니까?
4. 아이가 도형을 그리고 그 도형 밖으로 선이 빠져나가지 않게 색을 칠할 수 있습니까?
5. 아이가 양쪽 눈을 감고 한 발로 선 채 5초에서 10초를 버틸 수 있습니까?
6. 아이가 보조바퀴 없이 자전거를 탈 수 있습니까?
7. 아이가 오른손과 왼손을 구별할 수 있습니까?
8. 아이가 (4~8블록 정도 떨어진) 주변의 가게, 학교, 운동, 혹은 친구 집에 혼자 갈 수 있습니까?
9. 아이가 종일 부모와 떨어져 있어도 투정을 부리지 않습니까?
10. 당신이 "그 소년은 집에서 가게까지 쉬지 않고 죽 달렸다"와 같은 8~10단어 문장을 한번 읽어주면 아이가 그것을 그대로 따라할 수 있습니까?
11. 아이가 8개에서 10개의 동전을 올바로 셀 수 있습니까?
12. 아이가 글자나 숫자를 쓰거나 따라 읽으려 합니까?[22]

이 질문지를 오늘날 것과 한번 비교해보도록 하자. 다음 항목들은 텍사스주 오스틴에 소재한 한 학교의 체크리스트에서 뽑은 것들로, 원래는 총 30문항이 들어 있는데 보다시피 거의 다 공부에 관련된 것들이다.

- 1에서 100까지의 숫자를 헤아리고 쓴다.
- 10단위로 100까지, 2단위로 20까지, 5단위로 100까지 센다.
- 그래프의 자료를 해석하고 빈칸을 메운다.
- 유치원 단계의 필수어휘를 모두 읽는다.
- 페이지당 5개에서 10개의 단어가 들어 있는 책을 읽는다.
- 소리 철자를 이용해 종이에 완전한 문장을 적는다. (예를 들어 일기와 이야기 쓰기)[23]

1979년의 유치원 교실에서는 아이들이 서로 잘 어울리고 스스로 놀이를 주도하게 하는 데 주로 열성을 쏟고, 약간의 미술, 음악, 숫자, 알파벳 공부는 덤으로 해주는 식이었다. 에리카 크리스태키스도 그 시절에는 유치원 교실이 아이들의 대인관계 능력을 키워주고, (각종 블록이나 링컨 로그Lincoln Log[나무 재질의 블록 장난감—옮긴이]를 갖고 노는 것처럼) 자기 손으로 벌이는 탐험과 (소품이나 복장을 갖추고 가게 놀이나 소꿉놀이를 하는 것처럼) 상상력이 풍부하고 상징적인 놀이를 용이하게 하도록 구조가 짜여 있었다고 이야기한다. 그 시절 유치원은 한나절만 보내고 하원하는 아이들이 대부분이었으며, 아마도 오늘날 진보적 성향의 유치원으로 분류되는 곳들과 더 비슷했을 것으로 짐작되는데, 주로 "제약 없는 자유 놀이, 간식, 운 맞춘 노래를 따라 부르며 약간의 구두 언어 감 익히기, 이야기 듣기, 미술 공부, 그리고 수학적 인지능력 향상을 위해 얼마간의 분류 게임이나 블록 쌓기 놀이"를 하는 것으로 일과가 구성된다.[24] 그에 반해 오늘의 일반 유치원에서는 체계적으로 꽉 짜인 정적인 활동들이 주를 이룬다. 아이들이 책상에 붙어 앉아 선생님으로부터 학업 내용을 직접 배우는 시간이 더 늘어난 것이다. 유치원 아이들을 가르치는 이 방법은 일명 "반복연습을 통한 스킬 쌓기drill and skill"로 통하는데, 교사들 사이에서 "반복연습을 통한 애들 죽이기drill and kill"라 불리는 것을 보면 선생님들도 이 방법이 썩 마음에 들지는 않는 모양이다.[25] 더 높은 연령대의 아이들에게 학업 지식을 전달하는 데에는 이런 방법들이 효과적일 때도 있지만, 어린 아이들에게 쓰기에 적합한 방식은 아니다. 어린 아이들에게 이런 방식을 썼다간 사회성과 정서 발달은 물론 창의성 면에서도 오히려 역효과가 일어나 부정적 결과를 초래할 수 있다는 것이 최근 더 많은 연구들을 통해 밝혀지고 있다.[26]

버지니아대 연구진이 1998년도의 유치원 수업(밀레니얼 세대의 맨 마지막 아이들 일부는 이 수업을 들었다)과 2010년도의 유치원 수업을 비교해본 결과, 2010년 무렵에는 유치원 교실에서 정형화된 시험 방식을 활용하는 일이 훨씬 흔해졌다. 수업 방식과 교실의 구조에도 변화가 있었으며, 아이들이 상급 읽기 및 수학 내용을 배우는 데 할애하는 시간도 훨씬 길어졌다. 아울러 이 연구 결과에 따르면, 유치원생의 학업능력에 대한 교사들의 기대치 역시 1998년에 비해 훨씬 높아진 것으로 드러났으며,[27] 이 같은 추세가 이어지고 있는 것으로 보인다. 일례로, 오늘날 미국에서 공통핵심과정Common Core의 유치원 수학數學 표준능력에는 아이들이 "실용적인 논증을 구성해 타인의 추론을 비판할 수 있어야 한다"는 항목이 포함돼 있으며,[28] 읽기 기술에는 "초급 독자용 텍스트를 목표를 갖고 내용을 확실히 이해하면서 읽을 수 있어야 한다"는 내용이 포함돼 있다.[29]

2001년의 아동낙오방지법No Child Left Behind Act of 2001, 국가가 정한 유치원 표준능력, 사회 전반의 시험 중시 풍조, 거기다 공통핵심과정 표준의 도입으로 말미암아, 현재 유치원의 풍경은 예전과는 천지차이다.[30] 유치원에서부터 학업에 대한 기대에 부응하게 하려는 이런 분위기에 밀려 사회성을 키우는 시간이나 놀이가 완전히 뒷전이 된 현실에 대해 크리스태키스는 안타깝게 여긴다. 그녀가 책에서 밝히고 있듯, 그럼에도 유치원 교사들은 아직도 학업적인 것보다는 사회성과 정서적인 기술들(남의 말에 귀를 기울이고, 차례를 지킬 줄 아는 것 등)이 아이들이 유치원에서 배워야 할 가장 중요한 기술이라고 주장한다.[31]

요즘 아이들은 유치원에 입학하고부터 초등학교를 다니는 동안 줄곧 더 꽉 짜인 일정에 따라 하루하루를 보내고 있다. 핵심 교과를 주입식으로 배우는 일이 주가 되는 통에 아이들이 자기 주도적으로 일을 처리하고, 대인관계를 탐색하고, 과학적인 발견을 할 기회는 점차 사라지고 있다. 학교가 나라에서 정한 시험 요건에 맞출 수 있도록 학생들을 준비시키기는 일에만 열중하는 것이 이를 부추긴다. 하지만 학교에서 이렇게 바쁜 일정에 시달리고도, 특히 부유층 아이들은, 학교가 파하면 이 집 저 집을 돌면서 같이 놀자고 친구들을 부르러 다니는 대신, 음악 수업, 팀 스포츠, 과외같이 어른의 감시와 일정한 틀이 있는 또 다른 활동들을 하며 남은 하루를 보낸다.[32] 더 어린 연령대 아이들의 경우에는 부모끼리 놀이 약속을 잡는데,[33] 이런 식의 놀이는 부모가 곁에서 한시도 눈을 떼지 않고 아이들을 지커볼 가능성이 크다.

부모가 충분히 교육을 받고 재력까지 갖춘 상당수 가정에서는, 평일 오후나 주말에도 자녀들이 친구들과 여기저기 쏘다니거나 푹 쉬는 대신, 차후 대학 진학이라는 게임에서 더 돋보일 수 있게 비등교 시간에도 틈틈이 여러 기술들을 계발하는 일들이 점점 늘어나고 있다. 자녀가 언제 무얼 할지 시간표를 짜느라 부모가 대신 머리를 싸매고 끙끙대는 모습은 이제는 그리 놀랍지도 않다. 여덟 살짜리 꼬마가 무슨 선견지명이 있다고 튜바를 연주하고 유소년 골프클럽에 나가 골프를 치겠는가. 대학에 지원할 때 더 매력적으로 보일 만한 그런 활동들을 말이다.[34] 또 열세 살짜리 아이가 얼마나 조직생활에 능하고 또 한 발 앞서 생각할 줄 안다고 (교통편 이용 계획도 제대로 못 세우는데) 《프린스턴 리뷰》의 봉사활동에 대한 권고를 그대로 따를 수 있겠는가? 일찌감치 공동체 봉사활동을 하나 골라 몇 년 동안 끈질기게 하되, 대학 입학 직전의 마지막 학년에도 일주일에 2시간씩 자원봉사에 투자하면 대학 입시에서 장점으로 부각시킬 수 있다는 조언을 말이다.[35]

이력서 군비 경쟁

미국에서 최상위권 대학에 진학하는 일은 예전에 비해 훨씬 어려워졌다. 예를 들어 1980년대와 1990년대만 해도 예일대 응시생의 입학 비율은 20퍼센트 언저리를 맴돌았다. 그러던 것이 2003년에는 비율이 11퍼센트로 떨어졌고 2017년에는 7퍼센트까지 내려갔다.[36]

따라서 자녀의 이력서를 정규수업 이외 활동들로 빼곡히 메워주기 위해 부모들이 아이들과 한 팀이 되는 일이 점차 흔해지는 것도 그렇게 이해 못할 일만은 아니다. 이를 두고 예일대 영문과 교수로 재직했던 윌리엄 데레저위츠는 "이력서 군비 경쟁"이란 말을 붙였는데, 누가 됐건 이 게임에 뛰어들지 않은 채 뒷짐만 지고 있는 가정은 자녀가 입시 경쟁에서 불리해지도록 놔두는 셈이 된다. 이와 관련해 데레저위츠는 자신의 저서 《공부의 배신》에서 이렇게 설명한다. "더 많이 갖는 것의 핵심은 단 하나, 나 이외의 모든 이보다 늘 더 많이 갖는 것이다. 가령 다른 누군가가 핵탄두를 1만 9,000개 가지고 있지 않다면, 그 누구도 핵탄두를 2만 개까지 가질 필요가 없다. 정규수업 이외 활동을 10개 하는 친구가 없는 한, 굳이 11개까지 활동을 하려 할 아이도 없다. 그 많은 활동들을 하는 것이 다 무슨 소용인지는 모르겠지만."[37]

경쟁이 이렇게나 살벌하다 보니, 일부 사교 모임에서는 자녀들의 성적이 잘 안 나오면 겁에 잔뜩 질리는 부모들을 심지어 중학교 때부터 심심찮게 볼 수 있다. 성적이 A가 안 나오면 아이 인생이 전혀 엉뚱한 방향으로 흘러가기라도 할 것처럼 전전긍긍하는 것이다. 통상적인 상황에서 이는 분명 재앙화의 인지왜곡을 범하는 사례겠지만, 경쟁이 유난히 치열한 일부 학군에서는 부모들의 이런 생각이 아주 비현실적인 것만도 아니다. 리스콧-하임스는 그 상황을 이런 식으로 표현한다. "수학을 예로 들어보죠. 아이가 6학년에 다니고 있는데 성적이 A가 안 나오는 거예요. 그럼 고등학교에 가도 수학에서 무난히 최상위 레벨에 들기는 힘들 수 있다는 얘기가 되고, 그건 곧 스탠퍼드에 들어가기는 글렀다는 뜻이 되죠."[38] 따라서 많은 부모들이 단순히 안전이 염려돼서만이 아니라 숙제나 시험공부를 하는지 확인하기 위해 아이 곁을 떠나지 못하고 과잉감시를 하는 것도 그렇게 놀랄 일은 아니다.[39] 그중 어떤 부모들은 자녀를 상위권에 올리기 위해 하는 그 모든 일들이 하여간 자녀의 "패기grit"를 기르는 데 좋다고 여기기도 한다. 하지만 심리학 교수이자 《그릿》이라는 책을 써낸 앤절라 더크워스에 따르면, "패기를 아무 열정 없이 그저 끈질기게 버티기만 하는 것으로 잘못 이해하는 경우가 많은데, 그건 참 슬픈 일"이다. "열정이 없이 그저 버틴다는 마음으로 하는 일은 한낱 넌더리나는 고역일 뿐이다." 더크워스는 젊은이들이 "그 자체에서 마음 뿌듯함을 느낄 수 있는 것들에 목표를 두고 자신의 열의를 한껏 쏟아부어봤으면 좋겠다"고 이야기한다.[40]

요즘의 대학 입학 과정 같아서는 고등학생들이 학교생활을 즐기며 그 자체에서 뿌듯함을 느낄 만한 일을 찾기가 더 힘들어졌다. 대학 입시 과정은 "학생들을 오로지 광적인 경쟁에 뛰어드는 것을 잘하는 일인 것처럼 몰아가는" 것도 모자라, "학생들의 정신건강까지 위험에 빠뜨리고 있다"[41]라고 《뉴욕 타임스》의 칼럼니스트이자 《네가 어디를 가는지는 네가 어떤 사람이 될지 결정하지 않는다: 대학 입학 광신도를 치유할 해독제》의 저자 프랭크 브루니는 말한다. 이런 현실을 극명하게 보여주는 사례가 바로 경쟁이 치열한 고등학교들에서 툭하면 일어나는 학생들의 자살이다. 캘리포니아주 팰로앨토나 보스턴 교외지역들의 학교가 그런 경우에 속하는데, 《애틀랜틱》[42]과 《뉴욕 타임스》[43]에서도 이들 지역의 고교생 자살 현상을 개략적으로 다룬 바 있다. 2015년의 한 설문조사에 의하면, 매사추세츠주 렉싱턴고등학교에서는 학업 때문에 "상당한 스트레스" 혹은

"극심한 스트레스"에 시달린다고 답한 학생이 전체의 95퍼센트에 달했으며, 질병통제예방센터에서도 2016년의 연구 결과 캘리포니아주 팰로앨토의 십대 청소년 자살률이 미 전국 평균의 4배를 넘는 수준이라고 밝힌 바 있다.[44]

그런데 또 바로 이렇게 돈 많고 초경쟁적인 분위기로 돌아가는 명문 학군들이 미국의 최상위권 대학에 가장 많은 입학생을 배출하고 있다.[45] "이런 학생들은 학업적인 면에서는 만반의 준비를 갖추었을지 모르나, 일상을 제대로 살아갈 준비는 별로 안 돼 있다"라고 피터 그레이는 말한다.[46] "이는 학생들이 일상적인 문제들을 다룰 기회가 부족한 데서 비롯된다." 아이를 대학에 입학시키기 위해 부모와 학교가 시키는 이런저런 일들이 되레 아이들이 대학에 들어갔을 때 다부지게 살아가지 못하게 만들 수 있다는 것이 요즈음 미국 중상층 가정의 삶이 안고 있는 모순 중 하나다.

민주주의 준비 과정으로서의 아동기

아이에게서 놀이를 빼앗고 과잉감시를 한 결과는 단순히 대학교 차원에서 끝나지 않는다. 인디애나주 볼주립대학교의 경제학자인 스티븐 호로비츠는 우리가 이번 장에서 살펴본 것과 같이 놀이에 관한 연구를 진행했다. 그리고 장차 자유민주주의의 미래에 일어날 수 있는 몇 가지 결과를 도출했다.[47] 호로비츠가 활용한 연구는 정치학자인 엘리너 오스트롬[48]과 빈센트 오스트롬[49]가 펴낸 작업으로, 둘 모두 자율적인 공동체가 평화롭게 갈등을 풀어나가는 방식을 연구하는 학자다. 그들에 따르면 성공적인 민주주의에서 평화롭게 갈등을 해결하는 방식은 다양한 제도와 규범을 발달시키는 것이다. 경찰이나 국가의 힘에 호소해 동료 시민에게 강압을 행사하는 일은 되도록 삼가는 대신, 각종 제도와 규범을 통해 다양한 목표와 상충하는 욕구를 지닌 사람들 사이에서 각자가 지닌 문제를 해결할 수 있다. 1835년 알렉시 드 토크빌이 미 전역을 두루 여행할 당시 참으로 인상 깊었다며 감탄한 부분도 바로 이 "친교의 기술"이었다.

민주주의 시민들이 열여덟 살 생일이 되자마자 이 기술을 갑자기 터득하는 건 아니다. 이러한 기술들을 함양하기까지는 꽤 오랜 세월이 걸리며, 이는 그레이가 자유 놀이를 통해 얻을 수 있다고 한 것과도 일치하는 기술이다. 자유 놀이에서 가장 중요한 부분은 놀이가 항상 자발적으로 이루어진다는 점이다. 놀이에 낀 아이들은 언제든 관두고 빠지거나 아니면 아예 판을 뒤엎을 수 있기 때문에, 하던 놀이를 계속 하고 싶다면 아이들은 서로가 뭘 원하고 바라는지 늘 신경을 써야 한다. 공평성 문제 때문에 불거지는 여러 갈등들도 아이들 자신의 힘으로 해결해야 한다. 어른을 불러 어느 한 아이를 편들거나 혹은 몰아세우는 일은 있을 수 없다.

호로비츠는 어른들이 감시하는 활동들에 밀려 자유 놀이가 하나둘 사라지면 아이들이 친교의 기술을 계발할 여지는 더욱 줄어들 수밖에 없다고 지적한다.

> 제 발로 탐험에 나설 자유를 인정해주지 않으면, 결국 아이들은 중요한 배움의 기회마저 함께 빼앗기는 셈이 된다. 이런 배움의 기회 속에서 아이들은 단순히 독립성과 책임감만이 아니라, 자유로

운 사회 안에서 사람들과 함께 어울려 사는 데 꼭 필요한 온갖 다양한 사회적 기술까지 함께 익혀나가는 것인데 말이다. 만일 이 주장이 옳다고 하면, 아이들끼리 모여 자유롭게 노는 것을 더욱 어렵게 만드는 양육전략이나 법 제도는 자유민주적인 사회를 망치는 실로 심각한 위협이 아닐 수 없다. 그 방식에 길들면 애초 우리 머리에 박힌 기본 관념부터 "이런 갈등은 우리 스스로 해결하는 것이다"에서 "갈등이 발생하면 언제라도 공권력이나 제3자를 개입시켜야 한다"로 뒤바뀔 수 있기 때문이다. 빈센트 오스트롬이 "민주주의의 취약성" 중 하나로 꼽는 것도 바로 이것이다.[50]

그렇게 된다면 민주주의는 무척 참담한 지경에 처할 수 있다. 지금의 미국처럼 상대 당파에 대한 적의가 그 어느 때보다 뜨겁게 달아올라 있고,[51] 각종 제도와 기관들에 대한 신뢰가 떨어지고 있는 민주주의에서는 특히 그렇다.[52] 어쩌면 조만간 미국은 호로비츠가 걱정하는 이런 모습이 될지도 모른다.

이런 기술들을 배워나가는 아이들의 능력을 떨어뜨리는 사회는, 결국 아이들이 사회적 상호작용을 매끄럽게 유지해가기 위해 필요로 하는 것들을 하지 못하게 막아서는 셈이다. 사회적 상호작용이 성글어지면 이 세상은 더 많은 갈등과 폭력에 물드는 곳이 될 것이고, 그 속에서 사람들은 문제 해결을 위해 스스로 해결책을 찾기보다 다른 누군가의 강압에 의지하는 것을 본능적으로 가장 당연한 일로 여기게 될 것이다.[53]

2013년 무렵부터 미국의 대학 캠퍼스에서 그레그가 감지하기 시작한 분위기가 바로 이런 것이었다. 학생들은 학교의 관리자나 교수들을 찾아와, 사람들이 어떤 말을 입에 담아도 좋고, 캠퍼스에서 어떤 사람이 연설을 해야 하며, 심지어 (사적인 일에서조차) 학우들끼리의 관계에서도 서로를 어떻게 대해야 하는지 일일이 규제로 정해달라고 요구하기 시작했다. 이어지는 제10장에서는 더 많은 규제에 대한 이런 요구와, 그런 규제를 제공하려는 관료주의적 충동을 주제로 이야기를 하려고 한다.

이번 장의 이야기가 다소 어두운 면이 있지만 끝부분만은 밝은 톤으로 마무리하려고 한다. 오늘날 아이들이 세 가지의 대단한 비진실의 형태를 한 갖은 어리석음에 고스란히 노출돼 있어도, 다음에서 보다시피 아동기와 사춘기의 경험들을 틀 짓는 보다 나은 방식도 분명 존재한다. 2017년 6월, 미국의 대법원장 존 로버츠가 중학생 아들의 졸업식에 초청받아 학생들 앞에서 연설을 하게 됐다. (앞서 제4장에서 인용했던) 반 존스도 그랬지만 로버츠는 깨지지 않는 단단함이 뭔지 제대로 이해하는 사람이다. 그는 아들의 동창생들이 갖가지 고된 경험들을 해보기 바란다고 말한다. 그래야 더 나은 사람, 더 나은 시민이 될 수 있다면서 말이다.[54] 다음은 로버츠의 연설에서 일부를 뽑아 그대로 실은 것이다.

> 저는 오늘로 이 학교를 졸업하는 여러분이, 앞으로 살아나가며 때로는 부당한 일을 당해봤으면 좋겠다고 생각합니다. 그러면 정의가 얼마나 소중한 것인지 알게 될 테니까요. 나는 여러분이 쓰라린 배신의 경험을 겪고 아파해보기도 바랍니다. 그 속에서 충성심

이 중요하다는 걸 배울 수 있을 테니까요. 이런 말을 해서 미안하지만, 나는 여러분이 이따금 외로움도 느껴봤으면 좋겠습니다. 그러면 내 곁에 있어주는 친구들의 소중함을 새삼 깨닫게 되지요. 또 때로는 여러분에게 운도 지긋지긋하게 안 따라주기를 바랍니다. 그래야 기회라는 것이 삶에서 어떤 역할을 하는지 또렷이 인식하고, 내 성공도, 남의 실패도 다 당연한 일이거니 여기지 않게 됩니다. 뿐만 아니라 나는, 앞으로 시시때때로 그런 일이 있겠지만, 여러분이 승부에 나섰다 져서 상대방이 여러분을 깔보며 만면에 득의의 미소를 짓는 걸 봤으면 좋겠습니다. 그렇게 해야 진정한 스포츠정신이 무언지 깨달을 수 있거든요. 여러분이 무시도 당해봤으면 합니다. 그래야 남의 말에 귀 기울이는 게 중요하다는 걸 압니다. 자비가 무언지 확실히 배울 만큼의 고통도 겪어보기를 바랍니다. 사실 이런 것들은 내가 굳이 바라지 않아도 여러분들에게 분명 일어날 것입니다. 그리고 이런 일들에서 여러분이 무언가를 얻고 못 얻고는, 여러분에게 닥친 그 불행 속에서 여러분 자신이 의미 있는 메시지를 읽어낼 수 있느냐 없느냐에 달려 있겠지요.[55]

우리는 감시받지 않는 자유 놀이의 쇠퇴를 오늘날 미국의 상황을 설명해주는 네 번째 실마리로 제시한다. 다른 포유류도 그렇지만, 뉴런 발달과 관계된 복잡한 회로연결 과정이 온전히 마무리되기 위해서는 우리 아이들은 반드시 자유 놀이를 할 필요가 있다. 자유 놀이의 기회를 빼앗긴 아이들은 신체적 능력 및 사회성 면에서 온전한 능력을 갖추지 못한 성인으로 자라날 소지가 크다. 그런 아이들은 여러 리스크를 만났을 때 잘 버텨내지 못하고, 쉽사리 불안장애에 걸린다.

피터 그레이에 따르면, 자유 놀이는 "놀이 참가자들이 자유롭게 선택해 주도해나가는 활동으로, 놀이 행위 자체와 엄연히 구별되는 어떤 목적을 성취하기 위해서 의식적으로 하는 게 아니라, 놀이 행위 그 자체를 즐기기 위해 하는 일련의 활동들"을 말한다. 바로 이 같은 놀이가 놀이 전문가들 사이에서 아이들에게 가장 값어치 있다고 손꼽히는데, 이는 또한 최근 미국 아동들의 생활에서 가장 급격히 줄어들고 있는 추세다.

자유 놀이의 쇠퇴를 부추긴 요인으로는 여러 가지를 꼽을 수 있다. (1980년대 이후) 낯선 이와 유괴를 비현실적으로 두려워하게 된 점, 최상위권 대학에 입학하기 위한 경쟁이 (최근 수십 년에 걸쳐) 더욱 과열된 점, 시험, 시험 준비, 숙제 등의 공부를 전보다 더 강조하게 된 점, 그 결과 (2000년대 초반 이후) 신체 활동이나 사회성 기술은 상대적으로 경시하게 된 점이 그런 요인들에 속한다.

위에서 말한 여타 추세에 스마트폰 및 소셜미디어 이용 증가가 겹치면서 상호작용이 일어났고, 이 둘이 맞물린 결과 미국 아동들이 시간을 보내는 방식이 변화했다. 그와 함께 뉴런을 발달시키는 복잡한 회로가 잘 짜이게 길잡이 역할을 하는 각종 신체적 및 사회적 경험의 종류도 예전과 달라졌다.

자유 놀이는 민주주의를 좌우하는 "친교의 기술"과 밀접한 관련이 있는 협동 및 갈등 해결 기술을 아이들에게 발달시켜준다. 시민들이 이 기술에 숙달되지 못하면, 일상의 평범한 갈등도 제대로 해결하지 못하고 버거워한다. 그렇게 되면 결국 나중에는 누군가와 대치하게 됐을 때 공권력에 의지해 상대방에게 강압을 행사하려 하는 일이 더 잦아질 것이다. 아울러 안전주의를 지향하는 관료제를 더 환영하게 될 공산이 크다.

제10장

안전주의를 지향하는 관료제

주권적인 권력은 [달리 말하면 온화한 폭군은] 사회 구석구석 팔을 뻗지 않는 데가 없다. 작고 복잡하며 촘촘한 일률적인 통치의 그물망으로 사회의 겉면을 뒤덮는다. (…) 폭정을 휘두르지는 않으나, 사사건건 훼방을 놓고, 억누르고, 진을 빼고, 말문을 막히게 하고, 얼이 나가게 한다. 그리고 결국 각국의 국민은 소심하게 눈치 보며 부지런히 일만 하는 한 떼의 동물로 전락하고, 정부는 그런 그들을 양치기가 되어 몰고 다닌다.

_알렉시 드 토크빌, 《미국의 민주주의》[1]

제2장에서 했던 사고실험이 혹시 기억나는가? 어느 날 교내 심리상담소를 찾았는데 거기서 일하는 심리학자가 당신의 걱정을 덜어주기는커녕 불안만 가중시켰던 상황 말이다.

이번에는 이런 상상을 해보자. 심리상담소를 찾고 며칠이 지났을까, 당신은 학교 부학생처장에게서 "학칙 관련 주의사항입니다"라는 제목으로 이메일이 한 통 와 있는 것을 발견한다. 어쩐 일로 부학생처장이 메일을 보내 당신에게 학칙 운운하는지 당신은 가슴을 졸이며 열어본다. 학칙을 어긴 기억 같은 건 전혀 없는데 말이다. 이메일 안에 담긴 내용은 이런 것이었다.

저는 다른 사람들로부터 학생이 학교생활에 어려움을 겪고 있다는 보고를 들었습니다. 저와 한 번 만나 이야기하는 자리를 갖고, 학생이 어떤 지원을 받을 수 있는지 의논하고 제가 다른 도울 만한 일은 없는지 살펴봤으면 합니다. (…) 다른 학생을 붙들고 자살을 비롯한 여타 자멸적인 생각이나 행동을 입에 올리는 것은 학업과 공동체 생활에 매진하려는 학우에게 여러 가지로 폐를 끼칠 수 있습니다. 이런 문제들은 되도록 다른 학생들에게는 말하지 말고, 아래 제시해놓은 여러 적절한 대책들을 이용해야 한다는 점을 반드시 유념하십시오. 자살 충동을 일으키는 생각이나 행동을 하며 다른 학생들을 끌어들일 경우에는 징계를 면치 못하게 됩니다. 어떤 행동이 징계로 이어질지 명확히 인식해서, 부디 학생이 징계를 자초하는 일이 없기를 바랍니다.[2]

당신은 어안이 벙벙하다. 상담센터를 찾았을 때 "자살을 비롯한 여타 자멸적인 생각이나 행동"에 대해서는 입도 벙긋하지 않았을 뿐더러, 자해를 하겠다는 생각도 당신에겐 추호도 없기 때문이다. 별안간 오만 가지 생각이 당신 머리를 스치고 지나간다. 내가 상담센터를 찾아간 것을 부학생처장이 어떻게 알았지? 치료 내용은 원래 기밀이어야 하잖아? 왜 경고와 위협조로 내게 이메일을 보낸 걸까? 내가 친구들에게 어떤 말을 해도 되고 안 되는지가 부학생처장이 왈가왈부할 문제인가?

이 시나리오는 꾸며낸 이야기가 아니다. 2015년도에 노던미시간대학교에서 실제 일어났던 일로, 작년에 당한 성폭행의 후유증으로 힘들어하던 한 여학생이 심리치료라도 받으려 대학 내 상담센터를 찾은 것이 발단이었다. 이 여학생은 상담을 받는 동안 자해나 자살을 하고 싶다는 뜻은 조금도 내비치지 않았는데, 위에 실린 것과 토씨 하나 다르지 않은 이메일을 노던미시간대의 부학생처장으로부터 받았다. 게다가 그 여학생만 이런 일을 당한 것이 아니었다. 노던미시간대에서는 매 학기마다 이런 내용의 이메일을 받는 학생들이 25~30명에 이르는데, 이들이 자살이나 자해 충동을 표출했는가 여부와는 상관없다.[3] 학생들이 느끼는 자해나 자살 충동을 다른 학생들에게 발설할 경우 학교로부터 징계를(심지어 퇴학까지) 당할 수 있다는 내용이 노던미시간대에서는 버젓이 학칙으로 정해져 있다. 정신건강 전문가들은 이 잘못된 방향의 학칙에 대해서, 학생에게 낙인을 찍는 것은 물론 자살 충동을 느끼는 학생을 되레 더 큰 위험에 빠뜨릴 수 있는 만큼 전혀 바람직하지 못하다며 대대적으로 비판했다. 그럼에도 노던미시간대의 부학생처장은 한 지역지와의 인터뷰에서 그 학칙을 옹호하면서, "힘이 들 때 학우들에게 기대는 것은 친구들의 생활에 무척 큰 지장을 초래할 수 있다"라며 주장을 굽히지 않았다.[4] 위에 실어놓은 이메일을 다시 한 번 읽어봐주길 바란다. 부학생처장은 마치 친구들에게 고충을 털어놓는 것이 그들에게 피해라도 끼치는 일인 것처럼 생각하는 눈치다. 상식이나 기본적인 인성보다 유약함의 비진실(죽지 않을 만큼 고된 일은 우리를 더 약해지게 한다)을 더 중시하는 경우를 여실히 보여주는 사례라고 하겠다.

도대체 배후에 무슨 사정이 있기에 대학이(특히, 그곳의 부학생처장이) 이렇게까지 매몰차게 굴게 된 것일까? 대학이 갖가지 방식으로 학생들에게 인지왜곡을 가르치고 있구나라는 생각을 처음 했을 때, 필자 그레그의 눈에 가장 먼저 띈 것은 이런 식의 행정적 과잉대응이었다. 2008년도에 인지행동치료 공부를 시작할 무렵, 그는 대학 관리자들이 어떤 식으로 학생들에게 그들이 회복탄력성이 부족하다는 왜곡된 인식을 받아들이도록 부추기는지 살펴보았다. 관리자들은 학생들이 학우들과 불편한 대화를 잘 나누지도 못하고, 이따금 학우들이 범하는 비교적 대수롭지 않은 무례도 전혀 받아들이지 못하는 것처럼 행동했다. 세 가지 대단한 비진실이 대학 교정에서 맹위를 떨치게 된 경위를 온전하게 이해하기 위해서는, 최근 몇 년 사이 세를 불린 대학의 관료주의가 그런 나쁜 지적 습관들을 뜻하지 않게 어떤 식으로 부추겨왔고, 지금도 어떻게 그런 행태를 일삼고 있는지를 반드시 이해해야 한다. 이것이 우리가 제시하는 다섯 번째 설명의 실마리다.

대학의 기업화

1869년 미국의 연방교육청Office of Education이 자료 수집을 시작할 당시 고등교육기관에 등록된 학생 수는 미 전역에서 6만 3,000명뿐이었으며, 여기에는 18~24세 인구 중 고작 1퍼센트만이 포함되어 있었다.[5] 반면 오늘날 미국의 고등교육기관에 등록된 학생 수는 어림잡아 2,000만 명에 이르며, 여기에는 18~24세 인구 중 약 40퍼센트가 포함되어 있다.[6] 2015~2016학년도의 경우(보다 최근의 통계치는 아직 나와 있지 않다), 미국의 중등과정 이후 교육기관의 매출이 도합 약 5,480억 달러에 이른 것으로 나타났다.[7] (이를 국가의 GDP로 따져보면 그 규모가 실감난다. 이 정도 GDP면 전 세계 21위로, 아르헨티나와 사우디아라비아 사이에 낄 수 있다.)[8] 2018년의 회계 연도 말에는 기부금 규모 상위 120위 안에 드는 미국 대학들의 보유 자산만 총 5,470억 달러였다.[9] 미국의 일류 교육기관들에는 세계 각지에서 학생들이 몰려와 수업을 받고 있으며,[10] 세계 최고 25개 대학 중 미국에 자리 잡은 곳만 17개다.[11] 대학의 범위, 규모, 부가 엄청난 규모로 늘자, 대학에서도 전문화와 특성화, 그리고 상당수의 지원 인력을 갖추라는 요구를 받게 되었다.

그렇게 해서 탄생한 구조를 캘리포니아대 총장 클라크 커는 1963년 "멀티버시티multiversity"라 칭한 바 있다. 이런 멀티버시티에서는 하나의 대학 안에 다양한 학과와 권력구조가 형성되어 다양한 목표를 동시다발적으로 추진해나간다. 예를 들면, 대학 안에서 연구, 교육, 기금 모집, 브랜드 구축, 준법문제 관련 일들이 한꺼번에 진행되는 것이다.[12] 그런데 이렇게 대학의 교수진이 각자 몸담은 학과의 일에만 골몰하는 경향이 강해질수록, 대학이라는 기관을 도맡아 이끄는 일은 결국 교육 외의 업무를 맡은 교직원들 손으로 넘어갈 거라는 게 당시 커의 예측이었다. 아니나 다를까, 이후 대학 내 관리자 수는 꾸준히 오름세를 보이고 있다.[13] 그러는 동안 관리자들의 책임 범위는 어느 틈엔가 슬며시 넓어졌고 말이다.[14]

대학 내 관리자 수가 얼마쯤 증가하는 일은 꼭 필요하고 또 합당하지만, 관리자 증가 비율이 교수진 고용 비율을 몇 배나 앞지를 때에는[15] 확실히 부정적인 면들이 두드러지기 시작한다. 특히 학생들의 학사 취득 비용을 상승시킨다는 것이 가장 단적인 예다.[16] 학비만큼 곧장 와 닿지 않더라도, 대학이 대기업을 닮아갈수록 학문적 우수성 이외의 다른 요소가 대학의 우선순위를 차지하게 된다는 것도 무시 못할 문제다. 세간에서는 이런 추세를 종종 대학의 "기업화"라 일컬으며 무척 안타까워한다.[17] 2011년에 《교수진의 몰락: 행정중심주의 대학의 발달과 그것이 중요한 이유》라는 책을 펴낸 정치학자 벤저민 긴스버그는 주장하길, 최근 수십 년 사이 미국의 대학 내에 관리자층이 늘어나면서, 한때 대학의 경영관리에 막중한 역할을 담당했던 교수진은 이들 비교수진 관리자들에게 상당한 권력을 내주게 되었다고 한다.[18] 이런 관리 전문가들 계층이 일단 대학 안에서 확실히 입지를 다진 뒤 교수진 계층과 더 뚜렷한 차별성을 가지게 되면, 이들 세력이 커지는 것은 거의 정해진 수순이라는 게 긴스버그의 지적이다. 이들 관리자들은 캠퍼스 안에 새로운 문제가 불거졌을 때 부서를 새로 만들어 해당 문제를 해결해야 한다고 생각할 가능성이 교수들보다 높다.[19] (한편 교수들은 대학의 기업화에 대해 불평하면서도, 행정 업무에서 손을 떼게 된 데 대해서는 일반적으로 기뻐하는 눈치다.)

고객은 항상 옳다

2015년부터 미국 대학의 캠퍼스에서 항의시위가 일기 시작했을 때 나타난 가장 뚜렷한 특징은 다름 아닌 대학 운영진의 우유부단하고 어수룩한 대처였다. 학생들이 고성을 질러 연사의 강연을 막거나 난동을 피워 수업을 방해해도 어떤 식으로든 그들에게 징계를 내린 학교는 거의 찾아볼 수 없었다. 이런 행동은 분명 대학들 자신이 정한 학칙을 위반한 것이었는데도 말이다. 오히려 에버그린대의 조지 브리지스가 그랬듯, 학생들이 취한 전술에는 일언반구 비판도 없이 그저 학생들이 내건 최후통첩을 순순히 받아들이고 그들의 수다한 요구사항을 들어주기 위해 노력한 총장들이 많았다.[20] 대학 운영진의 이 같은 태도를 비판하는 사람들이 지적하듯, 이런 접근법은 "고객 서비스"를 운영 철학으로 생각하는 조직에서나 볼 수 있는 반응이다.

메릴랜드대의 서양고전학과 교수인 에릭 아들러가 2018년에 《워싱턴 포스트》에 기고한 글에 이 같은 주장이 잘 응축돼 있다. 그의 견해에 따르면, "[캠퍼스에 편협성이 판치는] 근본 원인은 학생들이 극단적 좌파 성향을 가졌거나 그 외의 다른 정치 이념이 맹위를 떨쳐서가 아니라, 수십 년 전부터 대학들이 학생들을 소비자로 대하는 시장지향적인 결정을 내리기 때문이다. 학생들을 1년에 6만 달러의 거금을 지불하고 수업과 각종 진미, 안락한 편의시설과 신나는 학교생활을 즐기는 고객으로 보는 것이다." 학생들이 특정 인물들을 캠퍼스에서 강연하지 못하게 막는 문제에 관해 그는 이렇게 설명한다.

> 국립대학에서조차 대학 생활은 18세 청소년이 명품을 구매하는 일과 진배없게 된 실정이다. 학생들이 학교생활의 경험을 자기들 뜻대로 통제할 권리가 있다고 여긴다 해서 뭐 그리 이상한 일이겠는가. (…) 대학 생활의 모든 면면을 자기 구미대로 맞추는 데 익숙한

학생들은, 이제 자신이 몸담은 대학이 자신의 관점도 그대로 반영해주기를 원한다. 학교의 커리큘럼을 정하거나 자신이 바라는 모든 편의시설을 고르는 일을 고객들 손으로 직접 할 수 있다면, 어떤 연사를 캠퍼스로 초청할지, 그들 사이에서 어떤 견해들이 분명히 표현될 수 있는지의 문제도 학생들이 결정해야 한다는 것은 일리 있게 들린다. 어쩌면 오늘날 학생들은 연사들을 자신들이 이용하는 편의시설쯤으로 여긴다고 해도 과언이 아닐지 모른다.[21]

소비화 이론은 생활 편의시설에 점점 막대한 돈을 쏟아붓는 추세에도 잘 들어맞는데, 이는 대학들이 최상위권 학생들을 유치하기 위해 다른 학교들과 경쟁할 때 주로 이용하는 수단이다. 2003년에서 2013년까지의 기간 사이, 미국의 공립 연구대학들이 학생 서비스에 들인 비용은 총 22.3퍼센트 늘었는데, 연구(9.5퍼센트)나 교육(9.4퍼센트) 부문에 비해 그 증가폭이 훨씬 크다.[22] 학구적인 수도원의 이미지에서 탈피해 호화판 '컨트리클럽'을 더 닮아가는 대학들이 점차 많아진 것이다.[23] 그 단적인 사례로, 루이지애나주립대학교가 학생들 등록금 8,500만 달러를 떼어 조성한 약 163미터 길이의 '느림보 강'을 들 수 있다. 학생들은 유유히 흐르는 물결에 몸을 맡기고 이 대학의 머리글자LSU 모양으로 만들어진 구불구불한 수영장을 여기저기 떠다닌다.[24] 이 대학의 총장은 느림보 강의 개장 행사에 참석해 자신의 교육 비전이 소비주의 및 안전주의와 어떤 식으로 맞물리는지 설명했다. "아주 솔직히 말해, 저는 여러분이 이 캠퍼스를 영영 떠나지 않았으면 좋겠습니다. 그래서 여러분을 이 학교에 붙잡아두기 위해 무슨 일을 해서라도, 가급적 안전하게 여러분을 여기 붙잡아둘 작정입니다. 우리가 여기 있는 것은 다 여러분들이 필요로 하는 모든 것을 제공하기 위해서예요."[25]

무엇이 왜곡된 사고를 부추기는가

이렇듯 학생을 소비자로 간주하는 추세로도 많은 것이 설명되지만, 그것만으로는 노던미시간대에서 왜 그런 일이 벌어졌는지, 또 대학 내 관리자들이 대체 무슨 생각으로 그들의 "고객"들의 발언을 규제하려 드는 것인지 잘 이해되지 않는다. 이 같은 상황의 전모를 파악하려면 관리자들이 나쁜 평판에 대한 우려와 소송의 위협을 포함해서 여러 가지 다른 문제에서도 압박을 느낀다는 사실을 알 필요가 있다. 즉 개인상해 소송에서 부당해고까지, 지적재산 문제부터 사망책임을 묻는 민사소송에 이르기까지 모든 문제에 있어 반드시 대학의 법적 책임을 제한하라는 지시가 (대학 내의 법률고문은 물론, 외부의 리스크 관리 전문가들, 학교 홍보팀, 관리계층 윗선 인사로부터) 관리자들을 향해 끊임없이 쏟아지는 것이다. 관리자들이 학생들의 언행을 규제하는 데 그렇게나 열심인 한 원인이 바로 여기에 있다.

21세기에 접어들고 첫 10년 동안, 대학 캠퍼스 내에서의 자유로운 발언, 학문의 자유, 정당한 절차 같은 가치를 지키기 위해 혼신의 노력을 기울여온 단체를 미국에서는 FIRE 말고는 찾아볼 수 없었다. 이 기간에 캠퍼스에서 자유로운 발언에 대해 대중이 별 관심을 두지 않은 데는 그만한 이유가 있는데, 논쟁의 도마 위에 오른 발언들이 일반 상식으로는 공감하기 어려운 것일 때가 많았기 때문이다. 예를 들어, 2001년 9월 11일(9·11테러가 일어난 날—옮긴이)에 한 교수는 "누가 됐든 펜타곤(미 국방부 건물—옮긴이)을 속 시원히 날려줄 사람에게 내 한 표를 던지겠다"는 말을 농담 삼아 입에 담았다. 이 교수는 끝내 교직에서 쫓겨났다. 하지만 이런 사례들에 대한 수정헌법 제1조의 판단은 더없이 명확하다. 공격성만을 유일한 근거로 어떤 발언을 금지하거나 제한하는 일은 절대 정당화될 수 없다는 것이 수정헌법의 철칙인 것이다. 캠퍼스 안에서 이 원칙을 특히 철저히 지켜야 함은 두말할 나위도 없다.[26]

그레그가 자유 발언 옹호자로 뛴 대부분의 시간 동안, 캠퍼스에서의 자유 발언을 지지하며 늘 누구보다 관용적인 태도를 보여준 것은 학생들이었다. 교수진보다도 되레 학생들이 그런 성향이 훨씬 강했다. 그런데 2013년부터 변화가 감지되기 시작했다. 어느덧 관리자들의 입장에 동조해서, '자신들의 신변이 안전하지 않고', 대학 생활의 여러 일들은 '어른들이 알아서 꼼꼼하게 규제해줄 필요가 있으며', '잠재적인 리스크와 위험에는' 과소반응을 하기보다 '과잉반응'을 하는 편이 훨씬 낫다고 생각하는 학생들이 많아진 것이다. 캠퍼스 관리자들은, 보통 누구보다 선의를 갖고, 이런 방식을 통해 왜곡된 사고의 본보기를 만들고 있다.[27]

수정헌법 제1조와 관련된 캠퍼스의 사례들 중에서 이런 식의 왜곡된 사고를 상당히 직접적으로 부추기는 것들의 범주로는 두 가지가 있는데, 하나는 과잉반응이고 다른 하나는 과잉규제다.

과잉반응 사례

과잉반응은 그 명칭에서 알 수 있는 그대로 이렇게 정의하기로 한다. 즉, 공격이라고 인식하는 것들에 도를 넘어선 반응을 보이는 것이 과잉반응이다. 이런 과잉반응의 사례들에는 거의 어김없이 재앙화 사고 습관의 본보기가 들어 있으며, 관리자가 개입하지 않으면 사태가 재앙으로 치닫기라도 할 것처럼 말이 오간다.[28] 과잉반응의 사례로 다음의 두 사건을 살펴보기로 하자.

- **베르겐커뮤니티칼리지**(뉴저지주, 2014)

한 미대 교수가 소셜미디어에 게시물을 올렸다가 무급 휴직에 처해져 심리상담을 받았다. 그 게시물에는 교수의 꼬맹이 딸 사진이 들어 있었는데, 사진 속 딸의 티셔츠에는 용 그림과 함께 "불을 토하고 피를 흘려서라도 내 것을 차지하겠다I WILL TAKE WHAT IS MINE WITH FIRE & BLOOD"라는 문구가 적혀 있었다. 학교 측은 딸아이의 이 티셔츠가 "위협적"이라며 문제 삼았다. 교수는 그 티셔츠가 인기 TV 시리즈물인 〈왕좌의 게임〉 내용에서 따온 것일 뿐이라고 해명했지만, 학교 관리자는 "불"이 AK-47 소총을 가리킬 수 있다고 끝내 고집했다.[29]

- **옥턴커뮤니티칼리지**(일리노이주, 2015)

한 교수가 몇몇 동료에게 단문 이메일을 보냈다가 학교로부터 행동정지명령 이메일을 받았다. 그가 이메일에 적은 내용인즉, 노동절은 "전 세계 노동자들이 각고의 노력 끝에 얻은 결사의 권리를 다 함께 기념하고, 시카고 헤이마켓 폭동Haymarket riot(1886년 5월 4일, 시카고 헤이마켓 광장에서 노동시위가 벌어지던 도중에 일어난 폭탄 투척 및 폭력 사태—옮긴이)의 의미를 다시 한 번 되새기는 뜻 깊은 날" 이라는 것이었다. 대학에서는 이메일의 수신인 목록에 총장이 들어 있었으므로, 1886년도 헤이마켓 폭동을 언급한 것은 총장에게 위협을 가한 것이나 다름없다며 문제 삼았다. 어째서 그렇다는 것일까? 그 집회에서 결국 "11명이 사망하고 70명 이상이 다쳤기" 때문이다.[30] 물론 미국의 주요 공휴일은 그보다 훨씬 많은 이들이 목숨을 잃은 사건들도 더러 기린다. 그러나 전몰장병추모일, 재향군인의 날, 7월 4일(미국독립기념일—옮긴이) 같은 날에는 그런 말을 한들 아무도 그것을 위협으로 간주하지 않는다.

과잉규제 사례

과잉규제는 실제 일어난 공격에 어떤 정책적 조치를 취하기보다, 장차 일어날 공격을 사전에 막겠다는 취지가 더 강하다. 말하자면 가정의 과잉보호식 헬리콥터 양육이 학교까지 연장된 게 과잉규제인 셈인데, 관리자들은 학생들을 "안전하게" 지킨다는 명목으로 옴짝달싹 못하게 규제한다. 이런 과잉규제에서 예나 지금이나 흔히 규제 대상이 되는 건 사람들 사이에 오가는 말이다. 1980년대 후반부터 이른바 "정치적 올바름을 위한" 언어규범speech codes(어떤 조직 내에서 차별이나 피해를 일으킬 만한 표현을 사용하지 못하게 언어 사용에 대한 규칙을 정해 강력하게 제지하는 강령을 말한다—옮긴이)이 하나

둘 얼굴을 비치기 시작한 이래로, 미국에서는 이 같은 강압적 언어규범에 반대하는 소송이 줄잡아 70차례가 넘게 발생했다. 법정에서 시비가 붙었던 이런 규범들은 거의 어김없이 개정되거나, 폐기되거나, 아니면 헌법불합치 판결을 받았다.

다음은 그 내용이 참으로 모호하기 짝이 없는데도, 미국의 대학 캠퍼스에 뻔질나게 얼굴을 들이미는 두 가지 발언 규제 유형이다.

1. 애매하고 지나치게 광범위한 언어규범

정치적 올바름을 위한 현대식 언어규범이 미국에 처음으로 봇물 터지듯 쏟아질 당시(대략 1980년대 후반에서 1990년대 중반) 모호하고 광범위한 강령의 전형적인 예로 꼽힌 것이 "적절치 못하게 터져 나오는 웃음"까지 금지한 코네티컷대학교의 언어규범이었다. 학교는 결국 소송을 당했다. 그래서 1990년의 합의 때 언어규범 시행을 중지했지만, 그로부터 15년 뒤 말 그대로 이를 빼다 박은 강령이 필라델피아의 드렉셀대에서 버젓이 시행되었다. 이 강령은 FIRE가 "이 달의 언어규범"으로 선정하면서 종국에는 폐지되었다.[31] 비슷한 맥락의 사례들로, 앨라배마주 잭슨빌주립대학교에서는 "대학 건물 안에서는 그 어떤 학생도 다른 누군가에게 불쾌한 언행을 행해서는 안 된다"라는 조항이 들어 있었으며, 웨스트앨라배마대학교의 강령에서는 "상스러운 내용의 문자 메시지나 이메일"을 보내지 못하도록 금지했다.[32] 이들 강령은 학생들이 무엇이 잘못된 언행인지 결정할 때, 지나치게 광범위하고 지극히 주관적인 기준을 사용하도록 가르친다. 그뿐만 아니라 '늘 너의 느낌을 믿어라'라는 감정적 추론의 비진실을 전형적으로 드러낸다. 내가 누군가의 언행에서 불쾌함을 느꼈다면, 징계받을 만한 공격적인 언행이 분명히 있었다는 것이다. 아울러 이런 언어규범들은 유약함의 비진실을 가르친다. 공격적인 언사나 시의적절치 못한 웃음은 타인에게 주는 피해가 막대한 만큼, 관리자들이 반드시 중간에 개입해 상처받기 쉽고 유약한 학생들을 필히 보호해줘야 한다는 인식이 깔려 있기 때문이다. 아울러 이런 언어규범들은 말에서 불거진 갈등을 "해결"하는 데 늘 권위를 가진 당국자가 낄 수 있다는 확신을 대학 관리자들에게 한층 강화시켜준다.

2. 자유발언구역Free Speech Zone, FSZ

학교 안에 일정한 공간(매우 협소하며, 캠퍼스 한 귀퉁이 구석진 데에 자리하고 있을 때가 많다)을 정해 특정 종류의 말과 표현은 반드시 그 안에서만 하게 하는 이른바 "자유발언구역"을 만드는 데 대학들은 지치지도 않는 모양이다. 자유발언구역은 1960년대와 70년대에 처음 등장했으며, 당시만 해도 런던 하이드파크의 발언자 코너Speaker's Corner처럼 학생들이 언제라도 자유 발언을 할 수 있는 영예로운 공간으로 여겨졌다. 하지만 1990년대에 들어 캠퍼스에서는 '오로지' 이 FSZ에서만 자유 발언을 할 수 있도록 규정을 마련한 대학들이 많아졌다. 일부 대학들은 공공기관의 감찰과 대중의 비난 여론에 떠밀려 FSZ 관련 규정을 고쳐야 했는데, 루이지애나의 맥니스주립대학교의 경우 학생단체가 FSZ를 이용할 권리를 매 학기당 1회로 제한한 것이 시정 명령을 받았다.[33] 법원의 선고에 따라 FSZ 운영정지 명령을 받은 곳도 있는데, 신시내티대학교의 경우 캠퍼스 부지의 0.1퍼센트만을 FSZ으로 정하고 업무일 10일 전에 반드시 사전 예약을 하고 발언구역을 이용하게 한 것이 문제가 되었다.[34] 하지만 학교들은 이런 실정에도 아랑곳없이 줄기차게 자유발언구역을 운영하고 있다.

오늘날 대학에서 사용하는 학생 요람의 내용을 보면, 이외에도 학생들의 학교생활 면면에 영향을 미치는 갖가지 정책들을 수두룩하게 찾아볼 수 있다. 학생들이 소셜미디어에 어떤 게시물을 올려도 되고, 기숙사에서 학우들끼리는 어떤 말을 할 수 있으며, 학교 바깥에서 무슨 활동을 할 수 있는지, 즉 학생들이 가입해도 무방한 단체가 어떤 것인지 등을 학교에서 일일이 정해주는 것이다.[35]

과잉반응과 과잉규제는 대체로 관료주의 구조 속에 몸담고서 이른바 '뒤탈만은 어떻게든 방지한다'Cover Your Ass, CYA라는 사고관이 몸에 밴 사람들에게서 나온 작품일 때가 많다. 사태의 추이를 지켜보던 일들에서 어떤 식이든 문제가 발생할 경우(사전 예방 조치를 할 수 있었는데 안 했을 경우 특히) 자신들이 책임을 져야 할 수도 있기 때문에, 학교 관리자들은 시종일관 방어적 태세를 취할 때가 많다. 그들의 머릿속에는, 과소반응보다는 과잉반응이, 과소규제보다는 과잉규제가, 용기보다는 신중이 더 낫다는 인식이 박혀 있다. 이런 태도가 수많은 학생들이 어린 시절 습득한 안전주의 사고관을 더욱 강화시키는 결과를 불러온다.

뭔가 눈에 띄면, 뭔가 말을 하라

2001년 9월 11월의 공격 이후 오늘날 대학생들이 어린 시절을 두려움에 떨며 보내야 했던 것이 확실히 도움이 되진 않았다. 그 참담한 날을 겪은 후로 미국 정부는 시민들에게 줄곧 이런 당부를 해왔다. "뭔가 눈에 띄면, 뭔가 말을 하라If you see something, say something." 도판 10.1에서 볼 수 있듯, 심지어 다 자란 성인들에게까지 마음속 가장 깊숙한 불안감을 그대로 따르라고 말하고 있다. 이 사진은 뉴저지주의 한 기차역에 설치된 동영상 게시판의 모습이다. 사진을 보면 알겠지만 뉴저지트랜싯사(뉴저지주를 중심으로 한 지역에서 노선버스 및 통근 철도 같은 대중교통을 운영하는 공영 회사—옮긴이)에서는 승객들에게 감정적 추론의 비진실을 끌어안으라고, 즉 '늘 너의 느낌을 믿어라'라고 부추기고 있다. 게시판의 문구는 "뭔가 이상하다는 느낌이 들면, 대체로 정말 이상한 것이다"라고 말한다. 하지만 이건 정말 말도 안 되는 이야기다. 생각해보자. 아마도 어떤 지역에서 어떤 미국인이 뭔가 "이상하다"는 느낌에 공격을 당하지 않을까 걱정할 순간은 일 년에 이루 헤아릴 수 없이 많다. 하지만 어떤 식이든 실제로 미국에서 테러리스트의 공격이 일어나는 경우는 일 년에 고작 몇 건이며,[36] 따라서 사람들의 그 느낌은 거의 백이면 백 틀린다고 봐야 옳다. 물론 뉴저지트랜싯사의 승객들로서는 버려진 배낭이나 서류가방을 보고 일단 조심하라고 일러주는 일쯤이야 당연히 해야 하는 일이지만, 그렇다고 이들이 거기서 받는 느낌을 "십중팔구" 옳다고 할 수는 없는 것이다.

이제 젊은이들은 어딜 가나 위험이 도처에 도사리고 있다는, 심

도판 10.1. 뉴저지주 시코커스 환승역의 동영상 게시판 (사진: 리노어 스커네이지)

지어는 강의실이나 사적인 대화 안에서도 그런 위험이 자리 잡고 있다고 믿게 되었다. 따라서 모두들 한시도 경계를 게을리하지 말고, 위협이 감지될 때는 당국자에게 반드시 신고해야 한다고 생각한다. 일례로 2016년 뉴욕대에서는 관리자들이 사람들의 말에서 "뭔가 느껴지면, 뭔가 말을 하라"고 종용하는 게시물들을 학교 화장실마다 붙였다. "편향태도 신고전화Bias Response Line" 이용법을 비롯해, 이른바 "편향적 태도, 차별, 혹은 괴롭힘"을 당했을 경우 뉴욕대 공동체 성원들이 서로를 익명으로 신고하는 방법을 안내하는 게시물이었다.[37] 뉴욕대만 유별나게 이러는 것도 아니다. FIRE의 2017년 보고서에 따르면, 'FIRE 선정 주목해야 할 언어규범' 데이터베이스에는 총 471개 기관이 이름을 올렸는데 그중 어떠한 형태로든 편향태도 신고체계를 갖춘 곳이 38.4퍼센트(181개 기관)에 이르렀다고 한다.[38]

물론 명백한 괴롭힘이나 고용 차별을 당했을 경우에 사람들이 손쉽게 신고할 방법은 있어야 할 것이다. 그런 행위는 비윤리적인 데다 엄연한 불법이기 때문이다. 하지만 편향태도 '하나만을' 갖고 괴롭힘이니 차별이니 할 수는 없는 노릇이다. 뉴욕대 편향태도 신고 웹사이트에는 편향태도가 무엇인지 명확히 정의돼 있지 않은 반면, 그간 수많은 심리학 실험에서는 인간이 편향을 갖기 마련이라는 사실을 일관되게 입증해왔다. 사람들은 자기 자신과 자기 내집단 사람들, 그리고 용모가 매력적인 사람들과 자신에게 한 번이라도 호의를 베푼 사람들, 심지어는 자기와 우연찮게 이름이나 생일이 같은 사람들에게도 편향적인 태도를 보인다.[39] 물론 편향태도 신고전화를 운영하는 관리자들은 이런 편향보다는 주로 인종, 젠더, 성적 지향 등의 정체성 문제와 얽힌 부정적 편향을 가장 중점적으로 살필 것이다. 하지만 대학 안에서 은밀한 개념 확장이 심하게 이루어지고 있고, 미세공격이 도처에서 횡행하며 위험하다는 인식마저 팽배한 상황을 감안할 때, 걸핏하면 타인의 편향적 태도를 꼬투리 잡고 애매한 말들은 무턱대고 편견으로 몰아갈 학생들이 더러 있을 것이 분명하다.

이런 환경에서 교수와 학생 사이에 신뢰감이 싹트기는 한층 어려워질 수밖에 없다. 편향태도 신고전화만 해도, 교수들이 강의 중 불미스러운 말을 하거나 그런 내용을 보여주었을 경우 강의가 다 끝나지 않았더라도 학생들이 신고할 수 있는 체제를 마련해놓고 있다. 지금은 무슨 일이 터질까 싶어 "갈고리에 아슬아슬 매달린 채", 혹은 "살얼음판 위를 걷듯" 조마조마한 심정으로 학생들을 가르친다고 말하는 교수들이 많다.[40] 이 말은 강의실에서는 뭐가 됐든 이

제 도발적인 내용, 다시 말하면 중요하지만 다루기 힘든 강의 소재로는 교수들이 수업을 잘 진행하지 않으려 한다는 뜻이기도 하다. 예를 들어, 하버드 법학대학원의 석지영 교수는 대학원에서 성폭행 관련법을 강의한 자신의 경험을 소개하며《뉴요커》지에 이렇게 썼다. "강간법을 주제로 학생들에게 가차 없이 설전을 벌이라고 권하기가 이제는 너무 어려워져 그 주제에 대한 논의 자체를 아예 포기하는 강사들이 줄을 잇기 시작했다. (…) 법학대학원 강의실에서 성폭행 주제가 자취를 감추면, 그야말로 엄청난 손실이 발생할 것이다. 그로 인해 가장 막대한 손실을 입을 사람들은 누구보다 성폭행 피해 당사자들이다."[41]

편향태도 신고체계가 어떤 식으로 교수들이 위험 부담을 지길 주저하게 만드는지는 다음의 한 가지 사례만 살펴봐도 잘 알 수 있다. 노던콜로라도대학교의 부교수 마이크 젠슨은 1학년 작문시간에 논쟁적 이슈를 토론 주제로 삼았다가 딱 한 명의 학생이 그를 "편향사례 신고센터"에 고발하면서 이후 걸핏하면 회의에 불려 다녀야 했다.[42] 학생들에게 내준 첫 번째 읽기 과제는 우리가《애틀랜틱》지에 기고한 〈미국인들의 유난스런 지극정성〉 기사였다. 젠슨은 그 기사를 읽힌 뒤, 학생들에게 스스로 논쟁적 주제를 하나 골라 난상토론을 벌이도록 했다. 학생들은 성전환 관련 이슈를 토론 주제로 택했다(케이틀린 제너[미국의 육상선수 출신 유명인—옮긴이]가 성전환을 하고 여성의 몸으로 세상에 모습을 드러낸 게 해당 학기에 단연 큰 화젯거리였기 때문이다). 이에 젠슨은 트랜스젠더 고등학생은 여학생 탈의실을 사용하지 말아야 한다는 학부모들에 관한 기사를 가져와 학생들에게 읽혔다. 학부모들의 이런 회의적 시각에 학생들 대부분이 동의하지 않을 게 뻔했지만, 학문의 세계에서는 난해하고 논쟁적인 관점들을 붙들고 한바탕 씨름하는 것이 기대되는 만큼 학부모들의 그런 관점들도 함께 논의해보는 것이 중요했다고 젠슨은 설명했다. 나중에 돌이켜봐도 당시 대화는 분명 "다른 사람의 관점을 이해해보는 아주 유익했던 시간"이었다.[43] 그랬으니 한 학생이 편향태도 신고센터에 전화를 걸어 그를 고발했다는 이야기를 들었을 때 젠슨은 깜짝 놀라지 않을 수 없었다.[44] 학교에서는 남은 학기 동안 되도록 성전환 이슈는 피하라고 그에게 권고했고, 종국에 젠슨은 교수 재임용에서 탈락했다.[45]

'편향태도 신고' 같은 도구를 만들며 관료주의적 혁신을 한 것은 학생들을 잘 챙기려는 선의에서 비롯된 일이었겠지만,[46] 그것은 캠퍼스 안에서 '우리 대 그들'을 가르는 분위기를 조성하는 부정적 영향을 일으킬 수 있으며, 종국에는 과도한 경계심을 부채질하고 서로 간의 신뢰를 떨어뜨리는 결과를 불러온다. 일부 대학교수들은 이제 관료주의적인 교육위원들 앞에 불려가는 수모는 가급적 안 당하는 게 좋다고 결론 내리고, 장차 불평거리가 될 만한 내용은 강의계획서나 수업에서 모조리 빼버리는 편이 낫다고 여기게 되었다. 그렇게 해서 도발적인 내용으로 흐를 만한 소재나 토론 주제를 슬며시 기피하는 교수들이 많아지면 많아질수록, 학생들은 지적 단단함을 키울 기회를 영영 놓치게 된다. 그 결과 학생들은 전보다 훨씬 많은 내용을 공격으로 치부하며 학교에 훨씬 더 많은 보호를 요구하게 될 테고 말이다.

괴롭힘 행위와 은밀한 개념 확장

학교 내에서 괴롭힘 행위가 일어나지 못하게 막는 것은 대학이 수행해야 할 중요한 도덕적, 법적 의무다. 그런데 최근 몇 년 사이, 과연 무엇이 괴롭힘 행위에 해당하는가와 관련해 제법 큰 인식 변화가 있었다. 오늘날 흔히 말하는 '차별 괴롭힘 행위discriminatory harassment'(인종, 젠더, 피부색, 국적, 종교, 연령 등에 근거해 언어적 및 신체적으로 적대감을 드러내는 행위를 일컫는다—옮긴이)의 개념은 1964년 민권법Civil Rights Act of 1964 제6장 및 제7장을 토대로 형성되었다. 1972년 수정교육법Education Amendments of 1972 제9장은 이 민권법의 범위를 한층 넓혀, 연방정부의 지원금을 받는 대학들이 여성들을 교육 기회 측면에서 차별하지 못하도록 법적 금지 조항을 마련했다. 뒤늦게나마 이뤄진 이 보호법에서는 '괴롭힘을 통한 차별discrimination via harassment'도 차별 괴롭힘 행위에 속한다고 보았다.[47]

이들 법령 안에는 괴롭힘 행위를 판가름하는 기준이 높게 설정돼 있다. "교육의 기회 혹은 혜택을 실질적 면에서 차단하는" 과도한 행동 패턴을 괴롭힘 행위로 보는 것이다.[48] 뿐만 아니라 괴롭힘 행위가 되려면 행동 패턴에 반드시 차별의 요소가 들어 있어야 한다. 다시 말해 젠더, 인종, 종교 등 해당 법령에서 보호를 명시한 계층의 사람들을 상대로 그런 행동들을 보여야 한다.[49] 하지만 현실에서는 차별 괴롭힘 행위를 판가름하는 기준이 외려 낮아지고 있는 추세다. 일례로, 공격으로는 여겨질지언정 절대 괴롭힘으로 볼 수 없는 일회성 발언에 대해서도 징계를 정당화하는 대학들이 많아졌다. 인종이나 젠더를 일언반구 언급하지 않은 발언들도 더러 징계를 당한다. 예를 하나 들면, 2005년 센트럴플로리다대학교의 한 학생이 페이스북 그룹을 만든 뒤 자기네 학교 학생회 간부 후보 하나를 집어 "쪼다에 멍청이"라 불렀다가 "인신공격"을 통한 괴롭힘을 가했다는 혐의로 기소당한 일이 있었다.[50] 그 발언이 분명 잘못되고 공격적이었던 것은 사실이지만, 그렇다고 관리자들이 항시 대기 태세로 있다가 누구든 불편한 심기를 느끼는 사람이 나타나면 얼른 개입하고 나서는 것이 과연 올바른 일일까?[51] 혹은 이런 사례도 한번 생각해보자. 대학에 다니며 학교 경비원으로 근로를 하던 한 학생은 어느 날 《노트르담 대 클랜: 패기 넘치는 아일랜드인, 쿠 클럭스 클랜KKK을 무찌르다》(1920년대에 있었던 노트르담 가두시위에서 KKK 단원이 패주당한 사건을 기린 책)를 읽는 모습이 눈에 띄었다는 이유로 학교로부터 제재를 당했다. (그 책의 표지 이미지가 그 학생을 신고한 두 사람의 눈에 거슬렸다.)[52] 괴롭힘 행위를 판가름하는 기준이 이 정도까지 낮게 떨어져버리면, 진정한 괴롭힘 행위가 실제 일어났을 때 학생들의 학업에 초래하는, 자주 발생하는 실질적인 폐해는 외려 하찮은 취급을 당하게 된다.[53] 이들 법령의 취지는 범법 행위로부터 학생들을 보호하자는 데 있지, 검열을 강화하자는 데 있는 것은 아니지 않은가.

이런 사실에도 아랑곳없이 미국 대학들은 1980년대에 접어들면서 학내의 초창기 언어규범들은 다 괴롭힘 행위 방지 차원에서 마련된 것이라며 옹호하고 나섰다. 하지만 대학 측의 이 같은 해명에 숨은 저의를 법원도 모를 리 없었기 때문에, 이 시대에 만들어진 언어규범들은 결국 법정에서 폐기되는 일이 다반사였다.[54] 그 첫 사례가 1989년 미시간대의 언어규범으로, "개인에게 낙인을 찍고 그를 희생양으로 삼는" 발언을 일삼아 학교의 "건실한 기풍을 흐리는 일"을 금지한다는 것이 주된 내용이었다.[55] 하지만 법정에서 이렇듯 줄줄이 패소를 당한 후에도 미국 대학들은 수정교육법 제9장 및 여타 민권 관련 법령 준수를 위해 교육부에서 반드시 언어규범을 마련하라고 요청했다는 주장을 굽히지 않았다.[56]

그러다 2013년 들어 미국 교육부와 법무부는 괴롭힘 행위와 관련해 포괄적이고도 새로운 정의를 내놓았다. "언어적, 비언어적 혹은 신체적 행위"를 포함해, "성적 측면에서 반감을 느끼게 하는 일체의 행동"을 괴롭힘 행위로 규정한 것이다.[57] 이 같은 정의에 따라 이제는 괴롭힘 행위가 이성적으로 사고하는 사람에게 공격적으로 들리는 발언에만 한정되지 않게 되었고, 피해를 입었다고 여겨지는 당사자에게 반드시 실질적인 공격이 가해져야만 성립되는 것도 아니게 되었다. 종래에는 이 두 요건이 모두 성립해야만 괴롭힘 행위가 있었다고 주장할 수 있었는데 말이다. 이성적으로 사고하는 사람의 기준을 삭제함으로써 이제는 대학 공동체 구성원 누구든 각자가 스스로 느끼는 주관적 경험을 토대로 어떤 행위가 괴롭힘인지 아닌지를 정의할 수 있게 되었다. 사실상 감정적 추론이 버젓이 연방정부 차원의 규제로까지 기능하게 된 셈이다.

수정교육법 제9장에서 괴롭힘의 개념을 이렇게 확장시켜놓은 결과, 학교 안에서의 자유로운 발언과 학문의 자유는 도리어 위협을 받는 꼴이 되었다. 노스웨스턴대학교의 로라 킵니스 교수가 겪은 일들을 보면 그것이 과연 어떤 식인지 여실히 드러난다. 2015년 5월 킵니스는 《크로니클 오브 하이어 에듀케이션》지에 글을 실어 그녀 눈에 이른바 "성별 피해망상증"으로밖에 비치지 않는 현상에 일침을 가했다. 최근 성별에 대한 태도가 바뀌고 페미니즘에 대한 새로운 생각들이 일어나면서 대두한 그 같은 현상은 킵니스가 보기에 전혀 고무적이지 않았다.

> 학창시절에 내가 알고 지낸 페미니즘은 독립성과 회복탄력성에 무엇보다 중점을 뒀었다. 그런데 어느덧 세월이 흐른 지금은, 학생들의 나약함을 신성시하는 분위기가 너무도 강해져 그것을 타파하기가 도저히 불가능할 지경이 되었다. 안티페미니스트라는 딱지를 붙일 각오를 하지 않으면, 그것에 의문을 던질 엄두조차 내기 힘들다.[58]

킵니스가 쓴 에세이의 주된 내용은 노스웨스턴대의 부적절한 성적 행위 학칙이 잘못됐다는 것이었다. 특히 어엿한 성인인 학생과 교수 혹은 교직원 사이의 연애를 금지한 것을 강하게 비판했다. 아울러 노스웨스턴대의 한 대학원생이 수정교육법 제9장을 근거로 교수를 고발한 사례에 대해서도 언급했다. 이 기사가 나가자 운동권 학생들이 그녀를 표적으로 삼아 시위를 벌이기 시작했다. 급기야 어떤 학생들은 어깨에 매트리스를 걸머지고 다니며(일명 매트리스 시위. 최근 미국 대학가에서 성폭행이나 성차별 가해자가 적절한 징계를 받지 않았다고 생각될 때 여학생들이 주로 이용하는 수단이다—옮긴이) 학교 당국에 킵니스의 기사를 공식적으로 비난하고 나설 것을 요구했다. 그런 뒤에는 대학원생 두 명이 그녀의 글로 말미암아 학교에 적대적인 분위기가 조성됐다며 수정교육법 제9장을 근거로 킵니스를 고발하는 사태가 벌어졌다. 그러자 학교에서는 이를 빌미

삼아 비밀리에 수정교육법 제9장 관련 내사에 돌입해 장장 72일 동안 킵니스를 상대로 조사를 벌였다.[59] (이 조사는 킵니스가《크로니클》지에 "나의 수정교육법 제9장 종교재판My Title IX Inqisiton"이라는 제목으로 또 다른 기사를 낸 뒤에야 비로소 종결되었다.) 그러고 얼마 후 킵니스가 자신의 경험담을 책으로 써내자 또 한 차례 그녀를 상대로 수정교육법 제9장 종교재판이 열렸다. 이번에는 노스웨스턴대 교수진 네 명과 대학원생 여섯이 그녀를 고발했다. 그들 주장으로는 킵니스가 책에서 수정교육법 제9장을 논한 것이나 대학의 부적절한 성적 행위 규정을 잘못 비판한 것 모두 노스웨스턴대의 보복 및 성적 괴롭힘에 관한 학칙을 위반했다는 것이었다.[60] 2차 조사가 진행된 기간은 약 한 달에 이르렀다. 조사 과정 중에 킵니스는 자신이 출간한 책과 관련해 서면 질문에만 총 80회 이상 답해야 했을 뿐 아니라, 집필 당시 이용했던 원자료까지 조사관들에게 넘겨주어야 했다.[61] 이들 조사는 결국 아무 성과 없이 중단되었고, 그렇게 해서 조사가 시작돼 종결되기까지 걸린 시간만 총 2년이 넘었다.[62]

한바탕 혹독한 시련을 겪은 후 킵니스는 이런 말을 남겼다.

> 이런 식의 보호가 사람들을 '덜' 나약하게 만들기는커녕, 오히려 '더' 나약하게 만들고 말았다는 생각이 내 뇌리를 떠나지 않았다. (…) 대학을 떠나 거친 세상 속으로 나가면 [학생들] 앞을 가로막는 장애물이 한둘이 아닐 텐데, 그땐 아무리 숱하게 상처 입고 업신여김을 당해도 곁에서 그들을 지켜줄 사람은 아무도 없다. 그리고 그런 일들은 우리가 자잘한 일상을 살아가면서 반드시 수없이 겪어야 하지 않던가.[63]

도덕적 의존성은 어떻게 키워지나

2014년 미국의 두 사회학자 브래들리 캠벨과 제이슨 매닝이 선견지명이 번뜩이는 에세이를 한 편 써냈다. 유례없던 이 나약함의 문화가 과연 어디서부터 유래했고, 학교 관리자들의 행태가 어떤 식으로 이런 문화를 키워내고 있는지 설명하는 내용이었다.[64] 그들은 나약함의 문화를 이른바 '피해자의식 문화'라 부르면서, 이 새로운 도덕 질서는 옛 시절 건재했던 이른바 '품격 문화'(미국 대부분 지역을 비롯한 여타 서구 민주주의 사회에서는 여전히 이런 품격 문화가 지배적이다)와 상충하는 면이 있다고 해석했다.

품격 문화가 제대로 기능하는 곳에서는 남들이 자신을 어떻게 생각하건 사람들에게 각자 나름의 품격과 가치가 있다고 여기기 때문에, 이따금 시시콜콜하게 무시를 당해도 거기에 일일이 격한 반응을 보일 필요가 없다고 여기는 게 보통이다. 물론 한때는 온전한 품격이란 성인 백인 남자나 갖는 것이라 여겨지던 시절도 있었다. 하지만 20세기와 21세기의 인권 혁명 속에서 중대한 숙원작업들이 이뤄지면서 품격도 누구나 다 가지는 것으로 확대되었다. 품격 문화는 더 고릿적에 한 시대를 풍미한 이른바 '명예 문화'와도 대조를 이루는데, 명예 문화에서는 남자들이 명예를 지키는 데 매우 집착해서 자신이나 혹은 자기 주변의 친한 이들이 사소한 모욕만 당해도 격렬하게 들고 일어나야 사내의 도리를 다하는 것으로 여겨졌다. 아마도 그러면서 일대일 대결도 벌였으리라. 하지만 품격 문화에서 그런 결투는 우스운 짓거리로 비칠 뿐이다. 사람들은 사소한 짜증이나 무례, 갈등은 툭툭 털어버릴 만큼 충분한 자기 통제력을 갖추고 있기 때문에, 누가 뭐라 하든 개의치 않고 자기 일을 묵묵히 밀고나간다. 다소 커다란 갈등이 빚어지거나 권리 침해가 일어났을 때는 신뢰성 있는 법적, 행정적 조치에 의지하겠지만, 소소한 일에 대해서까지 그런 도움을 요청하는 것은 자신의 품격을 떨어뜨리는 꼴이 된다. 그런 일쯤은 사람들 각자가 알아서 해결할 수 있다고 보기 때문이다. 관점은 품격 문화에서 무엇보다 핵심적인 요소다. 사람들은 의견 불일치, 고의적이지 않은 무례, 심지어는 직설적인 모욕마저 자신의 품격에 그렇게 큰 위협이 되지 않는다고 보며, 따라서 그런 것들에 일일이 대응할 필요도 없다고 여긴다.

예를 들어, 품격 문화에서 드러나는 한 가지 분명한 징후는 아이들이 "작대기나 돌덩이가 내 뼈를 부러뜨릴지언정, 말言은 결코 날 해치지 못한다" 같은 말들을 배운다는 것이다. 물론 어린 시절의 이런 말이 글자 그대로 참인 것은 아니다. 실제로 말이 사람들에게 고통을 안기는 경우가 있기 때문이다(그런 상처를 느끼는 사람이 없었다면, 애초 이런 말 자체가 생겨나지 않았을 것이다). 하지만 품격 문화에서 "작대기와 돌덩이"는 아이들에게 일종의 방패막이 구실을 하는 것이라서, 아이들은 그것을 받쳐 들고 얼마큼의 모욕쯤은 경멸하듯 대수롭지 않게 넘긴다. 상대에게 "어디 한번 날 모욕해보시지. 그래봤자 난 끄덕도 없어. 네 생각 따위 신경도 안 쓰니까"라고 말하는 것이나 똑같다고 할까.

그레그가 미국의 대학 캠퍼스에서 감지했던 변화들, 즉 미세공격, 트리거 워닝, 안전공간 등의 새로운 개념들이 한데 맞물려 등장한 것을 캠벨과 매닝도 눈치 채기 시작한 것은 2013년에 들어서면서였다. 이들은 차츰 두드러지기 시작하는 피해자의식 문화의 도덕

률이 종전의 품격 문화와는 근본적으로 다르다는 사실을 눈여겨보았다. 둘의 정의에 따르면 피해자의식 문화에서는 세 가지 뚜렷한 특징이 나타난다. 첫째, "개인이나 집단은 사람들이 범하는 무례에 대해 고도로 민감한 반응을 보인다." 둘째, "제3자에게 항의하는 식으로 갈등을 해결하려 하는 경향을 보인다." 셋째, "도움받을 자격이 있는 피해자라는 이미지를 구축하기 위해 애쓴다."[65]

그중 우리가 제10장에서 꺼낸 화두와 특히 관련된 것은 두 번째 특징이다. 캠벨과 매닝도 지적했지만, 피해자의식 문화가 등장하기 위해서는 관리자 혹은 법률 전문가가 존재해야 하는 것이 선결요건이다. 이들이 누군가의 설득에 넘어가 한쪽 편에 서서 개입할 수 있어야 하는 것이다. 캠벨과 매닝의 지적에 따르면, 행정적인 해결책을 쉽게 구할 수 있고, 그런 도움을 요청하는 데 일말의 거리낌도 없을 때, 이것은 이른바 "도덕적 의존" 상태로 이어질 수 있다. 사람들은 자기 자신의 문제를 점점 외부 권위자에게 맡겨 해결하게 되며, 시간이 지남에 따라 "다른 형태로 갈등을 관리해나가려는 의향이나 능력은 위축돼 그 기능이 퇴화해버릴 수 있다."[66]

미국 대학의 과잉보호 정책들이 학생들을 덜 나약하기는커녕 더 나약하게 만들고 있고, 더욱이 학교가 그런 나약함의 문화를 양산하고 있다고 지적했을 때, 킵니스가 우려했던 부분은 바로 이 점이다. 또 크리스태키스가 "학생들의 나약함을 키우는 경향이 심해질수록 예기치 못한 대가"를 치르게 될 것이라며, 학생들이 관리자들의 개입에 의존하기보다는 '서로 터놓고 이야기를 나누어야 한다'라고 권했을 때도 바로 이런 우려를 표명한 것이었다.[67] 스커네이지가 아이들 놓아기르기 운동을 시작하게 된 계기도 바로 과잉보호에 대한 이런 우려에서부터였고 말이다.

스티븐 호로비츠가 과잉감시가 친교의 기술 발달을 저해한다며 우려를 제기했던 것도(제9장 뒷부분에서 함께 논의한 내용이다) 바로 이런 맥락에서였다. 도덕적 의존성을 키우는 대학은 학교 안에서 갈등이 좀처럼 사그라지지 않을 가능성이 크며, 그렇게 되면 행정적인 해결책과 보호에 대한 요구가 더욱 빗발칠 것이다. 그리고 이는 다시 도덕적 의존성을 더 키우는 결과를 초래하고 말 것이다.

제10장 갈무리

대학 캠퍼스 내에서 관료주의가 성장하고 관리자들이 학생들을 보호해야 할 임무가 확대된 것이 우리가 제시하는 다섯 번째 설명의 실마리다.

관리자들은 대체로 선한 의도를 갖고 일한다. 다시 말해, 대학과 그곳에 다니는 학생들을 보호하기 위해 노력한다. 하지만 때로는 그런 선한 의도에서 학생들에게 나쁜 정책들이 만들어질 수도 있다. 노던미시간대의 경우, 대학을 책임에서부터 보호하려는 차원에서 고안됐다고 여겨지는 정책 때문에 상담치료가 간절했던 학생들이 비인간적인 대우를 당하는 일이 벌어지기도 했다.

최근 대학에서는 연방정부의 규정과 소송 위험 등의 다양한 요소들에 대비하고자 교수들보다 관리자의 숫자가 더 급격히 늘고 있는 추세이며, 그에 따라 대학 운영에서 교수들의 역할 비중은 서서히 줄어들고 있다. 그 결과는 대학의 "기업화"라는 추세다.

이와 동시에 시장의 압박으로 인해, 또한 고등교육을 소비주의 사고방식으로 바라보는 경향이 더욱 강해지면서, 대학에서는 편의

시설을 내세운 학생 유치 경쟁이 더욱 치열해졌다. 그로 말미암아 이제 대학들은 학생들을 반드시 만족시켜야 하는 소비자로 바라보기에 이르렀다.

대학의 캠퍼스 관리자들은 곡예라도 하듯 여러 일을 한꺼번에 책임져야 할 뿐 아니라 대학이 갖가지 법적 책임을 지지 않도록 보호해야 하기 때문에, 새로운 규제를 만들어 발표하는 것에 대해 "사고가 나서 송구해하느니 차라리 안전한 편이 낫다"라는 접근법을 취하는 경향이 있다. 하지만 각종 규제가 급증하면 시간이 흐른 뒤에는 경미한 위협만 발생해도, 혹은 실질적 위협이 전혀 없을 때에도 사람들이 당장 어떻게 될 것 같은 위기의식을 느끼게 될 수 있다. 바로 이런 방식을 통해 관리자들은 학교 안에서 숱한 인지왜곡의 본보기를 보이고, 유약함의 비진실을 조장하며, 안전주의 문화가 퍼지도록 일조하는 것이다.

관리자들이 제정해 발표하는 규제들은 더러 발언의 자유에 제약을 가하기도 하며, 규제의 핵심 개념들이 지극히 주관적으로 정의될 때도 많다. 이런 규칙들은 대학 캠퍼스에서 발언이 활발하게 이루어지지 못하게 찬물을 끼얹을 수 있다. 감정적 불편함을 느끼는 학생들이 일부 있으니 발언의 자유를 제한할 수 있다거나 혹은 제한해야 하지 않겠느냐는 뜻을 내비쳐 캠퍼스에서의 발언을 일정 부분 막는 것이다. 이는 학생들에게 (숱한 인지왜곡들 중에서도 특히) '재앙화'와 '마음 읽기'를 가르치는 것은 물론, 학교 안에서 '감정적 추론의 비진실'을 더 널리 퍼뜨린다.

최근 대학 관리자들은 혁신적인 대학 운영방안 중 하나로 '편향태도 신고전화'와 '편향태도 대응팀' 같은 것을 구상했는데, 이는 캠퍼스 공동체의 구성원들이 서로에게서 느낀 '편향태도'를 쉽게 익명으로 신고할 수 있도록 해놓은 체계다. 이러한 "뭔가 느껴지면, 뭔가 말하라"라는 식의 접근법은 공동체 내부의 신뢰를 차츰 갉아먹을 우려가 있다. 또한 교수들은 강의 중에 혁신적이거나 도발적인 교수법을 꺼리게 될 수 있으며, 이른바 "뒤탈만은 어떻게든 방지한다"는 식의 태도도 심해질 수 있다.

보다 일반적인 차원에서 이야기하면, 문제와 갈등을 해결하는 관료주의적인 수단을 만들어 학생들을 보호하려는 노력은 도리어 학생들의 도덕적 의존성만 키우는 뜻하지 않은 결과를 초래할 수 있다. 이는 재학 시절은 물론 졸업 후에도 학생들이 독립적으로 갈등을 풀어나갈 능력을 그만큼 떨어뜨릴 수 있다.

제11장

너무 정의로운 사람들

사고 체계에서는 진실이 으뜸의 덕이듯, 각종 사회제도에서는 정의가 으뜸의 덕이다.

_존 롤스, 《정의론》[1]

미국의 정치사를 가만 들여다보면 기이한 부분이 하나 눈에 띈다. 미국의 백인들은 대통령을 뽑을 때 대부분 공화당에 표를 던지는데, 유독 1981년 이후, 그리고 1950년에서 1954년 사이에 태어난 백인들만은 이 성향에서 예외라는 것이다. 1981년 이후 출생자들이 여타 세대와 다른 투표 양상을 보이는 이유는 이해하기 어렵지 않다. 이들은 이른바 밀레니얼 세대와 i세대로, (버니 샌더스도 간파한 바 있듯) 대부분의 사회적, 경제적 이슈에 대해 좌파 쪽으로 기우는 성향이 있다. 이전 세대에 비해 종교적 성향이 덜하고, 공화당에서 벌이는 일들에는 여러 모로 맥 빠져 할 때가 많다. 하지만 1950년에서 1954년생들은 도대체 어찌된 일일까? 이 시기 출생자들은 1980

년대에는 줄곧 강력하게 민주당을 선호하는 모습을 보였고, 이후 공화당과 민주당으로 얼추 반반씩 갈리긴 했으나 전반적으로는 민주당 쪽으로 약간 기우는 모양새다. (독자 여러분이 직접 미국 정치의 이런 양상을 확인해볼 수 있다. "출생년도는 정치적 관점에 어떤 영향을 미치는가"라는 키워드로 인터넷 검색을 해보는 것인데, 기막히게 잘 만든 정치 분야 인포그래픽 자료들을 뒤적이는 재미가 쏠쏠하다.)[2]

그렇다면 1950년대 초반에 태어난 미국의 백인들이 해당 세대 한가운데에 자그만 외딴 섬처럼 민주당 지지자 군집을 이루게 된 까닭은 무엇일까? 21세기에 이들은 왜, 똑같이 20세기 중반에 태어났어도 자신보다 몇 해 앞서거나 뒤선 형제자매와는 다른 투표 양상을 보이는 걸까?

그 답은 아마 1968년에서 찾을 수 있지 않을까 한다. 또는 엄밀히 말하면, 1968년 딱 한 해라기보다는 각종 정치적 사건들이 터져 미국 전역이 격렬한 감정에 휩싸였던 1968년과 그 언저리 몇 해(줄잡아 1965~1972년)의 기간에 답이 있다고 해야 할 것이다.[3] 이와 관련해 정치학자 야이르 기차와 앤드루 겔먼은 어린 시절에 겪은 정치적 사건이나 정치 풍토가 사람들의 정치 성향에 어떤 흔적을 남기는지 알아보기 위해 미국인의 투표 패턴을 조사했다.[4] 그 결과 약 14세에서 24세 사이 구간에서 더 인상적인 광경이 펼쳐지는 것을 목격할 수 있었고, 이는 18세 부근에서 절정을 이루었다. 다른 시절보다도 이 시기에 겪은 정치적 사건들, 혹은 당대 사람들이 전반적으로 시대정신이라 인식할 만한 것이 사람들을 평생 더 "끈덕지게 붙어 다닐" 소지가 큰 것이다.

1950년대 초반에 출생한 미국인으로서는, 마틴 루서 킹, 로버트 F. 케네디, 흑표당, 베트남 전쟁의 구정 대공세와 미라이학살, 민주당의 시카고전당대회, 리처드 닉슨 같은 말만 들어도 1968년이 생생히 떠올라 감정이 북받쳐오를 것이다. 이런 말을 들어도 별 감흥이 없는 사람이라면, 인터넷에서 "척 브레이버맨 1968 Chuck Braverman 1968"을 한번 찾아보기 바란다. 이 5분짜리 동영상 몽타주만 봐도[5] 순식간에 할말을 잃게 될 테니까. 그런 다음에는 더도 말고 이런 상상을 한번 해보자. 눈만 뜨면 도처에서 중대한 도덕적 투쟁과 비극, 승리들이 벌어지는 상황에서, 아마도 갓 대학에 입학해 한창 청년기를 보내며 정치적 정체성을 키워나가야 했다면 과연 어땠을까.

그런 시대에 우리는 지금 또 한 번 발을 들이고 있으며, 기차와 젤먼의 말이 옳다면, 최근의 몇 년 새 미국에서 벌어진 정치적 사건들과 정치 풍토는 오늘날 대학을 다니고 있는 학생들이 어떻게 투표할지에 평생 영향을 미치게 될 것이다. 가령 당신이 i세대가 태어나기 시작한 해인 1995년에 출생했다고 가정해보자. 당신은 열네 살이 되는 2009년, 버락 오바마가 미국 대통령으로 취임하면서 당신 생에서 정치적으로 그 어느 때보다 인상적인 시기에 들어선다. 그러고 일이 년 뒤에는 십대들이 너나없이 스마트폰을 이용하게 되면서 당신도 난생처음 아이폰을 손에 쥐게 된다. 이런 당신이 만일 대학에 간다면 열여덟 살이 되는 2013년이 캠퍼스에 발을 들이는 첫 해가 되었을 것이다. 대학에 간 당신이 새 친구들과 이야기를 나누고, 게시물을 올리고, 시위를 할 때 주된 화두로 삼을 정치적 이슈는 과연 어떤 것들이었을까? 당신은 트윗이나 게시물을 올리거나, 누군가의 게시물에 "좋아요"를 누를 때 과연 어떤 이슈들을 정면에 내세워 자신의 입장을 드러냈을까? 2013년 10월의 미 행정부 셧다운 사태? 아니면 미국 주식시장의 장기적 상승세?

당신이 이런 것들을 화제로 삼을 리 없다. 십대들의 관심사와 운동은 순전히 경제적이거나 정치적인 문제보다는 사회적인 이슈나 부정의와 훨씬 더 관련이 있으며, 더욱이 2010년대는 그런 이슈들이 유난히 풍성했던 시기였다. 아래 표를 보면 i세대의 첫 주자들이 열네 살에 다다른 이후, 이른바 '사회적 정의'와 관련된 주요 뉴스 기사들로 어떤 것이 있었는지 그 사례들을 간략하게 살필 수 있다. 2009년에서 2010년으로 넘어올 때만 해도 미국에서는 끝날 줄 모르는 금융위기, 건강보험 개혁, 티파티(보스턴 차 사건에서 이름을 딴 것으로, 최근 미국의 보수주의 운동의 주축으로 통하고 있다—옮긴이)의 득세 같은 일들이 사람들 사이의 최대 화두였다. 그러고 나서 몇 년 새에 세간의 이목을 끄는 사회적 정의에 관련된 사건들이 더 숱하게 일어났는데, 이때는 마침 i세대의 첫 주자들이 막 대학에 들어갈 채비를 하던 시기였다.

중요하고, 섬뜩하고, 충격적인 사건들은 해마다 어김없이 일어나지만, 2012년에서 2018년은 확실히 1968년에서 1972년의 그 치열했던 시절을 그 어느 때보다 빼다 박은 듯하다. 최근 몇 년의 분위기가 객관적인 지표로 보아도 무척 심상찮다는 점을 납득하기 어렵다면, 다른 건 제쳐두고라도 소셜미디어의 파급력만 한번 생각해 보기 바란다. 베트남 전쟁과 1960년대의 인권투쟁 이후로, 아무 죄 없는 사람들이(유색인종이 대부분이었다) 무장한 국가의 공복들에게 두들겨 맞고, 죽임을 당하고, 강제추방을 당하는 모습을 동영상을 통해 수많은 미국인들이 이렇게 다함께 지켜본 일은 또 없었다. 오

연도	사건
2009	버락 오바마 대통령 취임.
2010	타일러 클레멘티 자살사건(성소수자LGBT 청소년 괴롭힘에 대한 인식을 일깨움)
2011	월가점령시위(소득 불평등 실태에 대한 인식을 일깨움)
2012	트레이번 마틴 사망사건, 오바마 대통령 재선. 샌디 훅 초등학교 총기난사 사건(총기 규제에 대한 관심을 일깨움)
2013	트레이번 마틴 사망사건과 관련해 살인죄로 기소된 조지 짐머만이 무죄를 선고받음. 흑인인권단체인 '흑인의 생명도 소중하다' 창설.
2014	미주리주 퍼거슨에서 마이클 브라운이 경찰에게 피살됨. 뉴욕시에서 에릭 가너가 경찰에게 피살됨(동영상으로 촬영됨). 미 전역으로 '흑인의 생명도 소중하다' 운동이 확산. 미시간주 플린트시의 식수에서 납이 검출돼 '환경 정의environmental justice'에 대한 인식을 일깨움.
2015	미연방 대법원에서 동성 결혼을 합법화함. 케이틀린 제너가 자신의 성별을 공식적으로 여자로 규정함. 백인우월주의자 딜런 루프가 사우스캐롤라이나주 찰스턴에서 교회 안의 흑인 예배자 9명을 무차별 학살함. 사우스캐롤라이나주 주의회 의사당에서 아메리카 연합국 국기(남북전쟁 당시 남부군 동맹의 정신을 계승한 깃발—옮긴이)를 치움. 월터 스콧이 경찰에 피살(동영상으로 촬영됨). 미주리대와 예일대를 필두로 인종차별에 반대하는 시위가 대학가에서 걷잡을 수 없는 기세로 폭발해 이후 수십 곳의 여타 대학으로 확산됨.
2016	테러리스트 오마르 마틴이 플로리다주 올랜도의 게이 나이트클럽을 공격해 49명을 살해. 올턴 스털링이 경찰에 피살(동영상으로 촬영됨). 필란도 카스티야가 경찰에 피살(동영상으로 촬영됨). 댈러스에서 경관 5명 피살됨. 미식축구 쿼터백 선수 콜린 캐퍼닉이 미국 국가 제창 중 기립을 거부. 노스캐롤라이나주에서 트랜스젠더에게 출생증명서상의 성별에 따라 화장실을 사용할 것을 요구. 스탠딩록인디언보호구역에서 다코타 엑세스파이프라인Dakota Access Pipeline사의 건설작업에 반대하는 시위가 벌어짐. 도널드 트럼프가 대선후보로 지명돼 대통령으로 선출.
2017	트럼프 대통령 취임. 트럼프가 다양한 '무슬림 관련 금지령' 시행을 시도. 워싱턴에서 여성들의 대규모 가두시위. UC버클리와 미들버리대에서 캠퍼스 초청 연사들을 상대로 폭력시위 발생. 트럼프, 트랜스젠더의 군복무 금지. 한 신나치주의자가 차량을 몰고 군중 사이로 돌진해 헤더 헤이어가 사망하고 그 외 여러 명이 부상을 입은 샬러츠빌 가두시위에 대해 트럼프가 "아주 훌륭한 사람들"이 있었다고 칭찬함. 라스베이거스에서 미 역사상 최대의 대량학살 총격사건이 벌어져 58명 사망. 미투 운동이 시작되어 성희롱 및 성폭행 실태를 폭로하고 재발 방지를 위해 노력함.
2018 (3월까지)	감정 및 행동조절 장애 병력이 있는 퇴학생 니콜라스 크루즈가 플로리다주 파클랜드의 고등학교에서 17명을 살해. 미국 전역에서 학생들이 총기규제를 지지하며 조직적으로 수업을 거부하고 가두시위를 벌임.

늘날 대학생들은 확실히 평탄치 못한 시절을 살아왔고, 그렇기 때문에 사회정의에 쏟아붓는 열정도 그만큼 각별하다. 이 열정이 오늘날 대학 캠퍼스에서 나타나고 있는 일부 변화들을 부채질한 원인이라는 게 우리가 제시하는 여섯 번째 설명의 실마리다.

이번 장에서는 사회정의라는 화두를 다루려 한다. 사회정의가 과연 무엇인지 그 의미를 헤아린 뒤, 개중 우리가 끌어안을 사회정의가 있고 비판할 사회정의가 있다는 식으로 이번 장의 논의를 전개할 것이다. 좌파나 우파 모두 문화전쟁에서 사회정의를 전면에 내걸고 서로 포화를 주고받고 있는 만큼, 필자들도 이쯤에서 명함을 내밀어 각자의 정치적 입장을 명확히 밝히는 게 좋겠다. 그레그는 진보파이지만 보수적인 자유주의자의 관점에 어느 정도 동조하는 인권활동가다. FIRE에서 활동하기 전에는 환경 정의 단체에서 근무했고, 중유럽의 난민인권 및 난민보호 기구에서 일하기도 했다. 노던캘리포니아의 ACLU(미국시민자유연맹)에서 인턴으로 일한 경력도 있다. 조너선의 경우에는 중도파를 자처하되 웬만한 이슈들에서는 민주당 입장에 동조하는 편이지만, 에드먼드 버크에서 토머스 소웰에 이르기까지 수많은 보수파 지성인들의 저작에서도 많은 가르침을 얻어왔다. 우리 둘 다 국회의원 선거나 대통령 선거 때 공화당에 투표한 적은 한 번도 없다. 모두 사회정의 운동이 지향하는 목적들, 이를테면 완전한 인종 평등, 성희롱 및 성폭력의 종결, 광범위한 총기 규제와 책임 있는 환경 관리가 이루어져야 한다는 데 한뜻으로 지지한다. 그러나 오늘날 대학 캠퍼스에서 사회정의를 개념화하고 추구하는 방식은, 그 일부 옹호가들은 인지하지 못하는 듯한 이유로 인해 여러 가지로 문제를 불러일으키는 동시에, 사람들로부터 갖가지 저항과 원한을 사고 있다고도 두 필자는 생각하고 있다. 따라서 사회정의가 어떻게 개념화되는지 그 일부 과정을 살피는 것이 이번 장의 주된 내용이 될 것이다. 아울러 무엇이 사회정의를 이룰 보다 확실한 방법일지, 또 그것이 대학의 전통적 목표인 진리추구와는 어떻게 조화를 이룰 수 있을지 방법을 제시하려고 한다.

'사회정의'는 정확히 무엇을 뜻할까? 어디에서나 폭넓게 인정되는 사회정의의 의미는 사실 찾아보기 힘들다. 그래서 우리는 일단 '정의justice'가 무엇인지부터 시작해 사회정의의 의미를 끌어내려고 하며, '정의'와 '사회정의'가 개념적 차원에서 어떻게 다르고 또 어떤 면에서 일맥상통하는지 이야기하고자 한다.

직관적 정의

서양철학의 역사에서 가장 중요하게 다뤄져온 윤리 개념을 꼽으라면 누가 뭐래도 정의일 것이다. 플라톤의《국가》에서부터 존 롤스의《정의론》에 이르기까지, 철학자들은 어떻게 하면 공정한 혹은 '정의로운' 사회를 이룰 수 있을지 초석이 되는 규칙들과 원칙들을 제시하기 위해 늘 고심해왔다. 이 책에서는 그 역사를 장황하게 훑으며 정의에 대한 철학적 정의를 이끌어내기보다는 지름길을 택해보려고 한다. 즉 심리연구의 주요 두 분야에 대해 함께 이야기를 나누려고 하는데, 이 둘만 잘 접목시켜도 사람들의 매일의 일상에서 살아 움직이는 평범한 정의, 즉 '직관적' 정의를 만날 수 있다. 직관적 정의에는 '분배의 정의'(사람들이 응당 받아야 할 것을 받는다는 개념)와 '과정의 정의'(재화가 분배되는 과정과 거기에 적용되는 규칙이 공정하고 신뢰성 있어야 한다는 개념)가 한데 맞물려 있다. 우리는 사회정의가 주장하는 바가 이 직관적 정의와 어느 부분에서 잘 들어맞고, 또 어느 부분에서 잘 들어맞지 않는지를 함께 살펴보려고 한다.

분배의 정의

아이들의 윤리생활에서는 무언가를 나눠 가지는 일이 매우 막중한 역할을 하며, 그래서 아이들 사이에서는 물건을 똑같이 나누는 연습이 많이 이뤄지곤 한다. 예를 들어 네 명의 아이들에게 총 열두 개의 젤리가 주어졌다고 하면, 아이 하나당 젤리를 세 개씩 가져야 옳다. 이는 두말할 나위 없이 당연하다. 하지만 교실을 청소한 보상으로 젤리를 준다고 할 경우에는 어떨까? 이때 한 아이가 대부분의 청소를 도맡아 하고, 다른 아이는 빈둥거렸다면? '비례의 원칙'이 중요하다는 것은 이제 막 걸음마를 뗀 어린 아기들도 잘 안다. 이를테면 한 실험에서 두 사람에게 일을 시켜놓고 두 살배기 아이의 반응을 살핀 적이 있었다. 실제 일을 한 사람은 하나뿐이었는데 두 명에게 똑같은 보상이 돌아가자 아기의 얼굴에는 놀라는 기색이 역력했다.[6] 아이들은 여섯 살에 이르면, 똑같이 보상받는 것을 선택할 수 있는 상황에서조차 집단 안에서 열심히 일한 사람이 보상을 받아야 한다는 원칙을 확실히 더 선호한다.[7] 나이 어린 꼬마들은 막상 자기에게 돌아오는 보상이 적을 땐 이러한 직관을 따르길 힘들어하기도 하지만, 사춘기에 이르면 자기 자신에게도 그 같은 비례의 원칙을 훨씬 잘 적용하게 된다.[8] 발달심리학자 크리스티나 스타먼스, 마크 셰스킨, 그리고 폴 블룸이 아동기의 공평성 연구들을 토대로 내린 결론에 따르면, "인간은 획일적으로 균등한 분배보다는 공평성에 입각한 분배를 더 선호하는 것이 자연스러운 성향"이며, "공평성과 평등이 충돌할 때 사람들은 불공평한 평등보다 공평한 불평등을 더 선호하는 경향이 있다."[9]

논의를 명확히 하기 위해, 때에 따라서는 분배정의에도 획일적인 평등이 요구될 때도 있다는 점을 짚고 넘어가야 하겠다. 예를 들면, 부모님이 돌아가셨을 때 남은 재산을 형제자매 모두가 똑같이 나눠가져야 한다는 게 미국에서는 보편적인 상식으로 통한다. 생전에 부모에게 더 잘했다고 해서, 혹은 사정이 딱하다고 해서 더 많이 가지려 해서는 곤란하다. 그리고 분배정의를 이루기 위해 불평등이 요구될 때도 있다. 예를 들어 누군가가 어려운 처지일 때, 특히 어떤 가족이나 집단 내에서 충분한 공감대가 형성되어 가장 절실한 사람에게 필요한 것을 몰아주는 것이 공평하고 알맞은 도리라고 생각할 때가 그렇다. 하지만 스타먼스, 셰스킨, 블룸의 연구 결과에 나타난 바에 따르면, 가족 바깥에서 보상을 나눌 때는 아이든 어른이든 비례의 원칙 혹은 각자가 가진 실력에 따른 보상을 가장 상식적이며 좋은 원칙으로 보는 것이 보통이다.

비례의 원칙은 사회심리학에서 분배정의를 다루는 주된 이론인 '공정성 이론equity theory'의 핵심이기도 하다.[10] 비례의 원칙을 잘 뜯어보면 그 골자는 결국 투입한 노력에 대한 결과물의 비율이 모든 참여자에게 동일해야 한다는 것이며, 그래야 사람들은 일이 공정하

$$\frac{\text{나의 결과물}}{\text{내가 투입한 노력}} = \frac{\text{메리의 결과물}}{\text{메리가 투입한 노력}} = \frac{\text{밥의 결과물}}{\text{밥이 투입한 노력}} = \cdots$$

도표 11.1. 공정성 이론. 사람들은 어떤 사람이 투입한 노력에 비해 얼마큼의 결과물을 얻는지 늘 예의주시한다. 이 비율이 동일할 때 사람들은 일이 공정하게 돌아간다고 여긴다.

게, 다시 말해 공평하게 돌아간다고 여긴다.[11] 이 원칙을 간단한 방정식으로 표현하면 도표 11.1과 같다.

공정성 이론 연구를 통해 일관되게 입증된 사실에 따르면, 대부분의 관계에서 사람들은 각자가 노력을 쏟아부은 것(일한 시간, 보유 기술, 자격증과 같은 투입 노력)에 비례해 과연 얼마큼의 결실(봉급이나 상여금 등의 결과물)을 거두는가를 늘 촉각을 곤두세우고 따져보는 경향이 있다고 한다. 이런 양상은 개인적으로 친밀한 사이보다 업무상 대인관계 속에서 더 빈번히 나타난다. 하지만 결혼한 부부 사이에서까지 사람들은 이 비율을 따지며, 자기 위주로 생각하는 편향성이 강하기 때문에 대체로 어떤 일 혹은 모든 일에서 자신이 '공정한 양' 이상의 일을 하고 있다고 생각할 때가 많다.[12] 이 투입 노력 대비 결과물의 비율이 누구나 다 똑같다고 인식할 때 사람들은 일이 공평하게 돌아가고 있다고 여기며, 사람들 사이의 화합도 훨씬 잘 이루어진다. 하지만 어떤 사람의 비율만 지나치게 높다고 믿게 되면, 사람들은 십중팔구 그를 원망하게 된다. 그 사람이 한 일에 비해 너무 과한 보상을 받는다고 생각하는 것이다. 그렇게 되면 불공정을 시정하지 않고 놔두는 상사나 회사는 물론, 체제에까지 원망을 품을 수 있다. 사람들은 무조건 욕심만 부리는 것이 아니다. 공정성 이론을 검증한 초창기의 한 연구 결과에 따르면, 사람들은 자신이 하는 일에 비해 '과한 임금'을 받고 있다는 인식에 이르면 봉급의 값어치를 하기 위해, 즉 노력 투입량 대 결과물 비율을 맞추기 위해 더 열심히 일하는 것으로 나타났다.[13]

과정의 정의

직관적 정의에서는 사람들이 각자 '얼마큼'을 받는가만 중요하게 여기지 않는다. 분배를 두고(아울러 여타 사안을 두고) 결정이 내려질 때 어떤 '과정'을 거쳤는가도 중요시한다. 사회심리학자 톰 타일러는 이 같은 '과정의 정의procedural justice' 연구의 선구자로 손꼽히는 인물이다.[14] 그가 밝혀낸 핵심적인 사실에 따르면, 사람들은 어떤 결정이나 행동이 공정한 과정을 거쳐 이루어졌다고 인식되면 심지어 스스로에게 불리하게 작용하는 행동이나 결정조차도 훨씬 선선히 받아들이려 한다.

사람들이 과정의 정의를 판단할 때 따져보는 것은 기본적으로 두 가지이다. 첫째는 '그러한 결정이 어떤 방식을 통해 이루어졌는가' 하는 점이다. 이를테면, 의사결정자들이 객관성과 중립을 지키고자 최선을 다했으므로 그들을 신뢰할 수 있는지, 아니면 상충하는 이해관계나 편견 따위에 휘말려 특정인이나 특정 결과만을 편드는 편향적인 태도를 보였는지를 살피는 것이다. 여기에는 투명성도 포함된다. 해당 과정이 어떻게 진행되었는지 모든 이가 명확히 알 수 있어야 한다는 뜻이다. 과정의 정의를 판단할 때 사람들이 기본적으로 따지는 두 번째 사항은, 해당 과정이 진행되는 동안 '당사자가 어떤 대우를 받았는가' 하는 것인데, 다음과 같은 점을 일차적으로 가장 많이 살핀다. 일이 이루어지는 동안 사람들의 인격이 분명히 존중을 받았고, 그들이 자기 목소리를 충분히 낼 수 있었는지, 즉 자신의 상황을 하나부터 열까지 다 설명할 수 있었는지, 이런 진술들을 상대방이 진지하게 받아들였는지를 따진다.

이 같은 타일러의 연구 결과는 사람들이 경찰에게 왜 때에 따라 다른 반응을 보이는지 이해하고자 할 때 특히 의미심장하게 다가온다. 사람들은 경찰이 자신을 비롯해 자신과 비슷한 사람들을 공평한 절차에 따라 인격적으로 대우했다고 여겨지면, 경찰을 얼마든 돕겠다는 의향을 훨씬 강하게 내비친다. 범죄자와 맞붙어 싸우는 경찰을 돕거나, 혹은 이따금 경찰이 불러 세워 몸수색을 하더라도 훨씬 협조적인데, 이는 경찰이 자기 주변의 안전을 지키기 위해 무던 애를 쓴다고 생각해서다. 하지만 경찰들이 몸수색 대상을 선별하면서 인종을 차별하는 편향적인 태도를 보이거나, 혹은 자신을 비롯한 비슷한 무리의 사람들을 부당하게 무시하거나 적대시하거나, 최악의 경우 폭력까지 행사한다고 생각될 때는, 당연한 얘기지만 발끈 화를 내며 경찰을 적으로 몰아세울 것이다. 타일러와 심리학자 웬훠가 2002년 펴낸 책에 따르면, 이들의 연구 결과 캘리포니아주의 두 도시에서 백인과 비백인 주민들은 과정의 정의를 이루는 데 필요한 것이 무엇인가에 대해서는 대체로 생각이 비슷했지만, 각자 다른 경험을 가진 까닭에 경찰이 사람들을 어떻게 다루는가에 대한 인식은 사뭇 달랐다. 경찰을 대한 태도가 인종별로 달라지는 까닭도 이런 인식 차이에서 비롯되는 것으로 연구에서는 설명했다.[15]

위에서 말한 두 가지 형태의 정의를 결합시켜 우리는 이렇게 말할 수 있을 것이다. 직관적 정의를 이루기 위해서는 (공정성 이론에서 이야기하는) 분배정의와 '함께' 과정의 정의도 필요하다고. 정의를 기치로 내걸고 사람들 마음을 움직여 새로운 정책을 지지하게 하거나 혹은 어떤 운동에 동참하게 하고 싶다면, 당연히 받아야 할 것을 누군가가 받지 못했거나(분배의 부정의) 혹은 공평치 못한 처사에 누군가가 억울하게 희생당했다는(과정의 부정의) 인식이나 직관을 사람들 뇌리에 확실히 심어주어야 한다. 그 감정들 중 최소한 하나를 이끌어내지 못한다면, 사람들은 그저 현 상태에 태평하게 안주하려 할 가능성이 훨씬 크다. 그대로 가서는 결국 몇몇 사람이나 집단이 남들보다 더 많은 자원이나 지위를 차지해버리는 데도 말이다.[16]

비례의 원칙에 입각하여

간혹 보수주의자와 자유주의자 중에 '사회정의social justice'를 쓸데없는 용어라고 주장하는 이들이 있다. 실질적으로 존재하는 것은 '정의'뿐이기에 그 앞에 '사회'라는 말을 붙여봐야 더해지는 것은 하나도 없다는 것이다.[17] 하지만 필자들의 생각은 다르다. 서구 세계에서 전개되는 현대 정치 논쟁 가운데 두 종류의 사회정의를 식별해낼 수 있으며, 그중 하나는 직관적 정의에 들어가지만 다른 하나는 그렇지가 않다고 생각한다.

사회정의 중 직관적 정의 개념에 잘 부합하는 정의定義를 하나 소개하면, 미국사회복지사전국협회에서는 다음과 같이 규정한다. "사회정의란 모든 사람이 동등한 경제적, 정치적, 사회적 권리 및 기회를 누릴 가치가 있다고 보는 것을 말한다. 모든 이들, 그중에서도 특히 가장 빈궁한 처지의 사람들에게 접근과 기회의 문을 열어주는 것이 사회복지사들이 지향하는 목표이다."[18] 모든 사람이 동등한 '권리'와 '기회'를 가져야 하고, 아울러 모든 사람에게 '그 문이 열려야 한다'는 데에는 대부분 미국인들이 동의할 것이다.[19] 다만 불공평한 환경에서 태어난 아이들에게 '정부'가 과연 어느 선까지 기회의 균등을 보장해야 하는가 하는 문제로(아울러 그러한 평등을 책임지는 주체가 연방정부, 주정부, 지방정부 중 누가 되어야 하는 문제로) 사회복지 정책을 둘러싼 좌파와 우파의 입장이 크게 갈리곤 한다.

사회정의의 이 의미를 활용해, 우리는 '비례의 원칙에 입각한 과정의 사회정의'를 '빈곤가정에서 태어났거나 사회적으로 불리한 범주에 속한다는 이유로 분배나 과정의 정의를 누리지 못하는 사례를 찾아 잘못을 시정하려는 노력'으로 정의하려 한다. 이러한 사례 중에는 극단적으로 명백한 것들도 있다. 예를 들어, 1965년 이전에 미국 남부에서 시행된 짐크로법은 과정의 정의를 충격적이라 할 만큼 명백하게 무시한 사례였다. 인종차별주의적인 경찰, 법관, 입법자들이 영합해 미국 흑인들의 존엄성을 처참하게 무시하고, 그들의 권리를 잔혹하게 짓밟았다. 이렇게 무시된 과정의 정의는 삶의 거의 모든 영역에서 분배의 정의마저 극심하게 침해하는 결과로 곧장 이어졌으니, 인종을 분리시켜 교육을 시킨 대체로 불평등한 분위기의 학교들에 공적자금 지출이 무척 편중되게 이루어진 것만 해도 그랬다.

민권운동은 비례원칙에 입각한 과정의 사회정의를 이루기 위해 오랜 시간 이어진 끈질긴 투쟁이었다. 모든 이들이 사회의 부정의에 일찌감치 눈 뜬 것은 아니었고, 더구나 많은 백인들은 그런 부정의를 눈여겨보지 않게끔 동기부여를 받기도 했다.[20] 바로 이 점 때문에 보편적 인간성 정체성 정치(사람들을 두루 아우르는 보편적 인간성을 강조하며 존엄성과 인권을 무시당하는 사람들을 돌아보자고 외친다)가 당시 사람들 사이에서 결국은 큰 힘을 발휘할 수 있었다. 보편적 인간성 정체성 정치에서는 백인 미국인들에게 '새롭게 세워진' 정의의 개념을 받아들여야 한다는 식의 요구를 하지 않았다. 대신 그들의 나라가 제 손으로 세운 (미국의 건국시조들이 그토록 고귀한 이상으로 표현해놓았으나 정작 실현은 너무나 요원하기만 했던) 정의의 개념을 스스로 저버리고 있다는 점을 백인들에게 인식시켜주고자 애썼다.

우리의 설명대로라면, 비례의 원칙에 입각한 사회정의는 직관적 정의의 틀에 충분히 들어가고도 남는다. 그렇다면 '사회정의'라는 말은 굳이 필요 없지 않은가 할 수 있는데 그렇지는 않다. 누가 봐도 명명백백하게, 인종과 젠더 또는 그 밖의 다른 요인(그리고 그것들이 서로 겹치는 지점)을 근거로 부정의를 행하는 사례도 있지만, 사람들이 직접 경험하지 않고는 피부로 와 닿지 않는 미묘한 부정의의 사례도 있기 때문이다(앞서 킴벌레이 크렌쇼도 이 점을 지적했었다).[21] 따라서 이런 하위범주 부정의를 중점적으로 다루는 전문가가 정의의 연구 영역 내에 있는 것이 유익하다. 게다가 그런 부정의한 일들이 도마 위에 오를 때마다, 주류 집단의 구성원들에게는 그런 일들을 무시하고 넘어가거나 부정하는 편이 좋다는 분위기가 형성되곤 한다.[22] 사람들과 집단에게 무엇이 정의인지 새롭게 규정할 수 있는 길을 열어주는 것은 민주주의 사회가 갖추어야 할 가장 중대한 요건 중 하나다. 열려 있는 민주주의 사회는, 무엇이 새로운 정의의 개념이 될 수 있을지 함께 숙고하고 토론하며, 그러고 난 뒤에는 설득력 있고 정치적 압박까지 효과적으로 할 수 있는 주장을 실행에 옮긴다. 그 결과, 1960년대의 민권 투쟁 당시 이뤄진 것처럼 사람들이 폭넓게 공감하는 새로운 규범들을 기반으로 새로운 법령들이 만들어지면, 그것이야말로 민주주의 사회가 명실상부하게 윤리적, 사회적 진보를 이루었다고 할 만한 일 아니겠는가.

미묘한 부정의의 사례를 한 가지만 함께 살펴보도록 하자. 여기 전체 학생의 80퍼센트가 백인이고 나머지 20퍼센트는 흑인으로 구성된 고등학교가 있다고 치자. 어느 날 이 학교의 학생회가 상급생들의 졸업파티 계획을 짜던 중 행사 때 무슨 노래를 틀지 결정해야 하는 문제에 봉착했다. 참고로 이 학교에서는 음악 취향이 인종별로 갈리는 경향이 있다. 학생회는 행사를 어떤 식으로 진행할지 표결에 부쳤다. 그렇게 해서 최종 선택된 안은 학생들에게 수많은 노래를 후보로 올리게 한 다음, 그 노래 하나하나에 대해 학생 전체가 투표를 하게 하자는 것이었다. 민주주의의 핵심은 결국 투표가 아닌가? 거기다 그 과정도 충분히 민주적으로 이루어졌으니, 과정의 공평성도 다 지켜진 것 아닌가?

하버드대의 법학자 라니 기니어는 1994년 《다수의 횡포》라는 책을 써내 이런 사례들을 면밀히 다룬 바 있다.[23] 이 책에서 기니어는 겉으로 얼핏 보기에는 공평한 절차가 간혹 막바지에 가서 소수의 목소리는 완전히 차단해버리는 집단을 만들기도 한다는 점을 지적한다. 위에서 예로 든 고등학교의 경우, 결국 행사 때 틀기로 결정된 노래들은 100퍼센트 백인 학생들이 후보로 올린 곡들일 가능성이 무척 높다. 이런 일이 뭐 그리 대수냐 싶다면, 노래가 아닌 국회의원을 뽑는 상황이라고 한번 상상해보면 어떨까. 이와 관련해 기니어는 공동체가 선거를 치르고 선거구를 나눌 수 있는 몇 가지 대안적인 방법들, 즉 소수를 완전히 배제하거나 혹은 소수에게 불리하게 돌아가지 않을 방법들을 제시했다.

기니어가 이런 아이디어들을 내놓자 우파 쪽의 일부 정치인들은 발끈했는데, 특히 '1인 1표'라는 미국 선거의 기본 체제를 뒤바꿀 수 있는 제안을 내놓았을 때 격분하는 모습이었다. 《월스트리트저널》에서는 한때 기니어를 "할당제의 여왕"이라 부르기도 했다.[24] 기니어는 빌 클린턴 행정부 시절 법무부 민권 담당 차관보로 지명되었으나 이런 구상들이 구설수에 오르면서 결국 낙마했다.[25] 기니어가 선호했던 방식들이 논쟁의 여지가 많다고는 해도, 그녀가 내세운 '원칙'들만큼 확실히 건실한 데가 있다. 생각해보면 미국의 헌법이 제정되고 나서 부리나케 제1차 수정헌법(미합중국 헌법 권리장전Bill of Rights)이 덧붙여진 것도 바로 이 원칙, 즉 민주주의 사회는 소수의 권리를 보호해주어야 한다는 원칙을 지키기 위해서가 아니었던가. (민주주의 사회에는 다수의 인권을 보호하기 위한 권리장전은 따로 필요치 않다. 투표제가 이미 다수를 보호하는 역할을 해주기 때문이다.)

사회정의의 주된 목표가 (특히 어떤 사람이 특정한 사회적 정체성 집단에 속한다는 이유만으로 인권이나 시민권 침해를 당하는 경우에) 인권과 시민권 침해 사례를 찾아 그런 일들을 근절하는 것이라면, 이는 곧 거치적거리는 숱한 장애물을 치워내고 사람들 사이에 기회의 평등을 이루는 것이라고 할 수 있다. 사회복지사들이 "모든 이들, 그중에서도 특히 가장 빈궁한 처지의 사람들에게 접근과 기회의 문을 열어주기 위해" 추구하는 것이라고 사회정의를 정의했을 때, 그들이 소리 높여 요구한 것도 바로 그런 것이라 하겠다. 비례원칙에 입각한 과정의 사회정의는 분명 '정의'이고, 정의라고 해서 절대 진실과 대척점에 있는 게 아니다. 정의를 이루는 데는 진실과 정직성이 '요구되며', 그런 만큼 정의는 대학의 목표와 다양한 가치, 그리고 학내의 일상생활과 전적으로 양립 가능하다. 그런데 사회정의 활동가들이 자신이 염원하는 최종 상태만을 안중에 두고, 분배의 정의나 과정의 정의를 '침해하는' 식으로 자신들이 목적하는 바를 달성하려고 한다면 과연 어떤 일이 벌어질까?

동등한 결과물을 지향하다

버지니아대 교수로 재직할 때, 필자 조너선은 이따금 버지니아대 남자 조정 팀 선수들을 고용해 정원 일을 맡기곤 했었다. 매해 봄과 가을이면 조정 팀에서 활동하는 젊은 남자 선수들이 "조정선수 대여"를 알리는 전단지를 만들어 교수 전용 우편함에 꽂아두곤 했다. 그 광고지를 봤을 때만 해도 조너선은 자신이 일을 맡기는 학생들이 버지니아대의 조정 팀 선수들이려니 했다. 하지만 실제 조정선수들을 만나 이야기를 나눠보니, 버지니아대에 남자 조정 팀 같은 것은 존재하지 않았다. 버지니아조정협회라는 단체만 하나 있을 뿐이었다. 이 협회의 이름을 달고 조정을 타는 남학생들은 전부 버지니아대 학생들이었지만, 학교 측에서는 이들이 하는 스포츠 활동에 그 어떤 지원도 해주지 않았다. 학생들이 사비를 털어 매년 각자 천 달러 이상씩을 협회에 내고 있었고, 조정선수 대여 프로그램에 참가해야만 보트 값, 코칭스태프 급료, 경기 참가 여행경비 등을 비롯한 각종 경비를 댈 수 있었다. 이 남학생들은 리밴너 저수지에 보트 창고를 두고 버지니아대 여자 조정 팀과 함께 쓰고 있었는데, 남학생들과 달리 이들 여학생들에게는 여행비와 코칭스태프 급료는 물론 보트 창고에서 먹을 간식비까지도 모두 학교에서 지급해주고 있었다.

똑같이 조정을 좋아하는 버지니아대 학생들이 젠더를 기준으로 이렇게나 다른 대접을 받게 된 이유는 무엇일까? 다름 아니라, 수정교육법 제9장의 실행방침이 최근 몇 년 새에 다소 바뀌었기 때문이다. 애초에만 해도 이 법은 교육 기회를 남녀가 동등하게 '접하게 하자'는 것이 목표였으나, 최근에는 어떠한 노력을 투입하는지 상관없이 대학들에 무조건 동등한 '결과물'을 내도록 강요하는 것으로 바뀌었다.

수정교육법 제9장은 표면적으로는 더없이 공평하고 합리적이다. 이 법은 연방정부의 지원금을 받는 대학들이 "교육의 기회"와 관련해 여성들을 차별하지 못하도록 금하고 있다. 1979년 카터 행정부가 이 법령을 대학 스포츠 활동에 적용할 때에는, 학생들에게 동등한 기회를 주어야 한다는 식으로 법령의 의미를 해석했다. 즉 장학금을 "학교의 체육 프로그램에 참여하는 남녀 학생들 수에 대체로 비례해 지원받을 수 있게" 했다. 게다가 "해당 운동에 남학생과 여학생이 얼마나 흥미나 능력을 갖고 있는지도 동등하게 실질적인 면에서 고려되어야 한다는 것이 이 방면에서 법령의 시행 원칙이다"라고 덧붙였다.[26] 결과물(장학금이나 팀 선수 선발 등)은 반드시 투입 노력(해당 활동 참여에 대한 흥미)에 비례해야 한다는 점을 분명히 한 것이다. 아울러 스포츠 관련 장학금을 받거나 팀 선수로 선발되기 쉬워야 한다는 원칙이 남녀 모두에게 똑같이 적용되었다.

그러나 1996년 클린턴 행정부에 들어서면서부터 대학들에 동등한 '결과물'을 내야 한다는 압박이 작용하기 시작했다.[27] 미 교육부 민권담당국Office for Civil rights이 이른바 "공립학교들에 보내는 편지Dear Colleague letter"(수정교육법 제9장과 관련한 포괄적인 지시를 담고 있었다)를 연방정부의 지원을 받는 모든 학교에 발송해,[28] 수정교육법 제9장의 관련 의무들을 학교에서 어떤 식으로 준수하면 되는지 그 방법을 구체적으로 밝힌 것이다.[29] 학교가 택할 수 있는 방법 중 하나는 스포츠 프로그램의 남녀 비율(전부 다 합쳤을 때)과 전체 학생의 남녀 비율을 가급적 엇비슷하게 맞추는 것이었다. 이 서한에서는 수정교육법을 준수할 수 있는 방법을 두 가지 더 제시했지만[30] 실제로는 이 방법들을 택하면 법령을 애매하게 준수하는 꼴이 되어 민권담당국의 감시는 물론 향후 조사까지 받을 가능성이 있었으므로, 이를 택한 학교가 거의 없었다. 더욱이 언론과 다양한 조직에서도 남녀평등 문제를 가지고 늘 예의주시할 테고, 어쨌든 그런 전체 숫자들로 학교를 판단하게 될 것이었다.[31] 그래서 이때부터 미국 학교들은 동등한 '결과물'을 내기 위해 전력을 다하기 시작했다. 일부 학교들에서는 성별 비율 균형을 맞추겠다며 남학생 스포츠 팀을 감축하기도 했는데, 수정교육법 제9장을 감축 구실로 내세우는 때가 더러 있었다.[32] 하지만 남학생 팀을 줄이기보다는 여학생 팀을 늘리는 것이 더 흔한 방법이었다. 물론 이는 수정교육법 제9장의 본래 취지에 잘 부합하지만, 그렇게 되자 남학생과 여학생을 불평등하게 대우하는 일이 생겨났다. 앞서 말한 버지니아대의 사례가 바로 여기 해당한다. 1994년 이전만 해도 버지니아대에서는 남학생과 여학생 모두 동아리 활동 차원에서 조정을 했었다. 대학 대표팀 프로그램은 따로 없었다는 이야기다. 버지니아대는 수정교육법 제9장을 준수하려는 노력의 일환으로 여학생 조정을 학교 대표팀 스포츠로 만들었으나, 남자 조정 팀에 대해서는 그 같은 조치를 취하지 않았다.

물론 스포츠 참가에 남학생과 여학생이 똑같은 수준의 '관심'을 가지고 있다면, 과정의 정의와 분배의 정의를 함께 이루어가며 동등한 결과물이라는 이상을 향해 나아가는 것이 가능할지 모른다. 모든 학생에게 스포츠를 '접할' 기회만 똑같이 주면, 각종 스포츠 팀들은 전체 학생의 남녀 비율을 반영해 만들어질 것이다. 이 경우 "동일한 결과물"이 반드시 50:50을 의미하지는 않는다는 점을 주목하기 바란다. 이는 전체 학생 중의 남녀 비율을 대표해야 한다는 뜻인데, 요즈음 학교에서는 보통 여학생들이 다수를 차지하고 있다. 그러니까 "동일한 결과물"이란 곧 스포츠에 참가하는 모든 학생의 여학생 대 남학생 비율이 전체 학생의 여학생 대 남학생 비율과 같아야 한다는 뜻이다. 보다 일반적인 차원에서 말하자면, 동일한 결과물을 지향하는 사회정의 활동가들은 모든 사회기관과 직종이 미국의 전체 인구구성 비율을 그대로 반영해야 한다는 믿음을 갖고 있는 듯하다. 어디서건 여성 50퍼센트, 아프리카계 미국인 대략 15퍼센트, 라틴계 15퍼센트, 나머지 몇 퍼센트 하는 식으로 말이다. 조금이라도 이 수치들을 벗어나면 그 집단은 인구구성 비율을 "덜 반영했다"는 것을 뜻하며, 그 같은 비율 미달은 체제 차원에서 편향적인 태도나 부정의가 벌어지고 있다는 직접적 증거로 간주될 때가 많다.

하지만 스포츠도 그렇고 남녀는 많은 것들에서 관심 차이를 보이게 마련이다. 미시간주 그랜드밸리주립대학교의 심리학자인 로버트 디너의 주도로 이 분야 연구물을 검토한 바에 따르면, 어떤 스포츠를 직접 하거나 관람하는 것에 남자아이들과 성인 남성이 여자아이들과 성인 여성보다 더 지대한 관심을 보이는 것으로 나타났다. 또 이는 어느 문화, 시대, 연령대를 보더라도 마찬가지였으며, 인터뷰 방식을 이용하든 혹은 놀이 행태를 관찰하든 연구 결과는 매한가지였다.[33] 물론 이런 차이가 단지 다양한 문화를 넘나들며 만연한 경향, 즉 여자아이들을 얌전히 앉아 놀게 하면서 스포츠를 할 기회를 박탈해버리는 경향을 반영하는 것이라고 볼 수도 있다. 하지만 만에 하나 그렇다 쳐도, 여자아이들 자신은 원하지만 주변의 만류로 스포츠를 하지 못하는 것이라면, 아이들이 학교에서 놀 때와 비교했을 때, 공원에서 놀 때와 같이 틀이 정해져 있지 않은 자유로운 상황에서는 스포츠를 즐기는 데 있어 남녀 차이가 줄어들어야 할 것이다. 하지만 실제로는 그와 정반대이다. 학교에서는 스포츠 활동을 하는 남녀의 비율 차이가 상대적으로 적은 데 반해(고등학교 스포츠 팀의 경우, 여학생이 전체 운동선수의 42퍼센트를 차지하고 있다), 공원에서 뛰노는 청소년들을 관찰하거나 이들에게 여가 시간 활용에 대한 설문조사를 해보면 스포츠를 하는 남녀 사이의 격차가 훨씬 벌어지는 것으로 나타난다.[34] 현재 나와 있는 연구물에 따르면 체육 수업 수강과 관련해서는 여자아이나 성인 여성도 남자아이나 성인 남성에 못지않게 스포츠에 관심을 갖는 경우가 많지만, 자신이 직접 스포츠 팀에 끼어 뛰는 것에 있어서는 그렇지가 않다.[35]

만일 이런 연구 결과가 사실이라면, 즉 평균적으로 남자아이들과 성인 남성이 팀 스포츠를 하는 데 더 관심이 많다면, 대학들로서는 단순히 동등한 기회를 제공하는 것만으로는 동등한 결과물이라는 목적을 달성할 수 없다. 여학생들의 경우엔 그들을 스포츠 활동에 끌어들이기 위해 더 필사적으로 노력해야 하고, 아마도 남학생들에게는 스포츠 활동을 자제하기를 권해야만 하는 형편인 것이다. 아닌 게 아니라, 실제로 동일한 결과물이라는 목표를 맞추기 위해 통칭 "선수 명단 관리"로 알려진, 윤리적으로 다소 문제가 따르는 수단에 목을 매는 대학들이 많다(때로 사기를 방불케 하기도 한다). 2011년《뉴욕 타임스》에 실린 폭로기사에 따르면,[36] 대학에서 여학생 스포츠 팀을 만들어놓고 실제 연습에는 코빼기도 안 비치거나 더러는 자신이 가입된 사실조차 모르는 여학생들의 이름으로 팀 명단을 채우는 일이 비일비재하다고 한다. 일부 학교에서는 남학생들을 불러 여학생과 함께 훈련을 시켜놓고는 그 남학생들을 여학생 팀 명단에 올리기도 한다. 이 폭로기사만 봐서는 미국 대학들이 마치 교활하고 정직하지 못한 기관인 것처럼 비치지만, 앞서 제10장에서도 함께 살펴봤듯 이는 관료주의하에서 충분히 나옴직한 반응이다. 투입 노력이 동등하지 않은 상황인데도 연방정부가 동등한 결과물을 내놓으라고 대학들에 압력을 가하면, 관리자들은 대학을 지키기 위해 할 수 있는 선에서 나름의 조치를 취하는 것이다. 그러다 보면 부득이하게 과정의 정의, 분배의 정의 그리고 정직성을 무시하는 상황이 생겨날 수도 있다.

이런 상황을 도표 11.2에서처럼 공정성 이론 방정식에 넣어보면 기본적인 문제점이 한눈에 들어온다. 버지니아대의 경우, 조정을 하고 싶은 남학생들은 같은 학교의 여학생들에 비해 훨씬 더 많은 노력을 들여야만 한다(매해 1,000달러 이상을 협회 가입비로 내야 하는 것은 물론, 스스로 품을 팔아 몸으로 뛰는 일도 해야 한다). 하지만 그렇게까지 하고도 남학생들이 받은 결과물은 여학생들보다 적었다(여학생들이 훨씬 대규모의 예산을 책정받았기 때문이다). 이런 상황에서는 남학생과 여학생 사이에 공정성 비율의 차가 크게 벌어진다.

물론 버지니아대의 스포츠를 한데 모아놓고 보면, 또 다른 그림이 눈에 들어온다. 남학생의 미식축구 프로그램은 규모가 어마어마하게 크고 비용도 무척 많이 들어가는 데 반해 여학생 미식축구 팀은 아예 창설되지도 않았다. 버지니아대 전체로 생각하면 학교에서는 여전히 여학생보다 남학생의 스포츠에 훨씬 많은 돈을 쏟아붓고 있다는 이야기다. 따라서 동등한 결과물을 지향하는 사회정의를 추구하는 입장에서는 다른 종목의 남자 운동선수에게 돌아가는 돈을 상쇄하기 위해서는 남자 조정선수들이 필히 불평등한 대우를 받을 수밖에 없다는 말이 나올 수 있다.

하지만 대학 캠퍼스를 벗어난 데서는 이런 주장에 많은 사람들

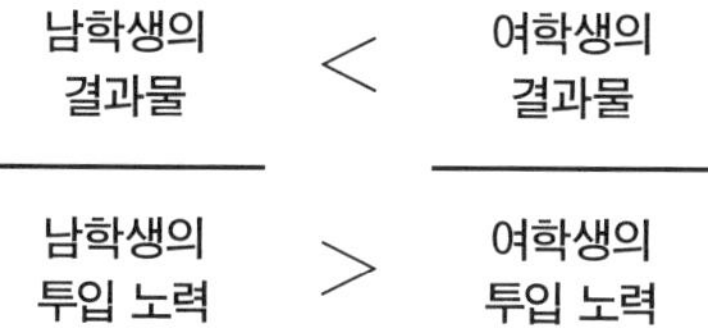

도표 11.2. 남자 조정선수들은 사비까지 털어야만 했는데도, 투입 노력에 대한 결과물의 비율이 여자 조정선수들보다 낮다. (여학생들은 대학으로부터 각종 지원을 받는다.)

이 수긍하지 않을 것이다. 그런 논리를 공정성 이론이나 과정의 공평성과 연결시켜서 사람들이 직관적으로 받아들일 수 있도록 만들기가 무척 어렵기 때문이다. 사람들은 대부분 '개인 하나하나가'가 온당하게 대접받기를 바라며, 집단 차원의 평등을 이루겠다고 한 개인을 불공평하게 대하는 일이 일어났다간 흠칫 놀랄 것이다. 일괄적인 할당제가 사람들로부터 그토록 강한 반발을 사는 것도 바로 이런 이유에서다. 할당제를 시행하려다 보면, 동일한 결과물이라는 구체적인 최종 이상을 이루기 위해 과정의 정의를 어기고(인종, 성별, 혹은 그 외 이러저러한 요인을 기준으로 사람들에 대한 대우가 달라지고), 분배의 정의를 침해하는(투입 노력에 비례하는 보상이 주어지지 않는) 일들이 생긴다.

한 가지 분명히 짚고 넘어가야 할 게 있다. 평등의 원리에서 이탈한 곳에서 일종의 편향태도나 부정의가 작동하는 경우는 '분명히' 있다. 우리 사회만 해도 집단 하나를 찍어두고 거기 속한 성원들은 가뜩이나 어려운 출세를 더 어렵게 해놓은 기관이나 회사들이 더러 있다. 최근 숱한 책과 신문기사를 통해 적나라하게 드러난 실리콘밸리의 그 유독한 "브로 문화bro culture"가 바로 그런 경우로,[37] 여성의 존엄성과 권리가 무시되는 것(과정의 정의)은 물론, 여성들이 애써 훌륭히 해낸 업무에 바탕하여 응당 받아야 할 지위, 승진, 급여를 받지 못하는 일(분배의 정의)이 실리콘밸리에는 허다하다고 한다. 이렇듯 특정 집단이 무시되고 있는 상황을 목격한다면, 그곳에 어떤 장애물이나 적대적인 분위기가 조성돼 있는지, 혹은 그 집단의 성원들에게만 따로 영향을 미치는 어떤 체계적인 요인들이 존재하는지 면밀히 조사해봐야 할 것이다. 하지만 불공평한 결과물이 정말 정의의 위반 사례로 드러나는지를 우리는 어떻게 알 수 있을까?

상관관계는 인과관계를 뜻하지 않는다

상관관계가 인간관계를 뜻하지 않는다는 것은 사회학자라면 누구나 아는 사실이다. A와 B가 서로 관련이 있는 것처럼 보일 때, 즉, 두 인자가 시간 경과에 맞추어 함께 변화한다거나, 어떤 개체군 안에서 두 인자가 함께 나타나는 빈도가 우연치고는 너무 잦다고 여겨질 때, A가 B의 원인이라고 생각하는 것은 분명 가능하다. 하지만 반대로 B가 A의 원인일 수도 있고(역의 인과관계), 아니면 C라는 제3의 변수가 A와 B 둘 다를 일으킨 원인이고 A와 B 사이에는 직접적인 관계가 존재하지 않을 수도 있다. (또 제7장에서 설명한 것처럼, 둘 사이에 그저 '허위 상관관계'가 성립한 것일 수도 있다. A와 B는 사실 전혀 상관이 없는데, 우연의 일치로 둘 사이에 마치 상관이 있는 것처럼 보였을 수 있다는 이야기다.)

일례로, 독일의 7,500가구를 대상으로 진행된 한 연구에서, 일주일에 4회 이상 섹스를 하는 사람들이 일주일에 단 한 번 섹스를 하는 사람들보다 소득이 3.2퍼센트 많은 것으로 나타났다. (약간이긴 하지만) 섹스 횟수와 봉급 사이에 상관관계가 존재한다는 얘기인데, 과연 무엇이 이유일까? 이 상관관계에서 인과관계의 화살표는 어느 쪽을 향해야 할까? 거커닷컴Gawker.com에 실린 한 기사는 이 연구를 다루며 다음과 같이 표제를 뽑았다. "밤일과 더 많은 돈다발: 섹스를 더 많이 하는 사람들이 돈을 제일 많이 번다".[38] 이 기사 제목대로라면 A(섹스)가 B(돈)의 원인이라는 이야기인데, 사람들을 낚아 기사를 클릭하게 하는 데는 이 방향으로 인과를 설정하는 것보다 더 좋은 방법은 없다. 하지만 사회학자라면 누구든 이렇게 상관관계를 설정해놓고도 곧장 그 역도 성립하지 않을까 의구심을 품을 것이다('혹시 가진 돈이 더 많은 게 섹스를 더 많이 하는 원인이 아닐까?' 하며 말이다). 여기서 한 발 더 나아가 제3의 변수를 더해 인과를 설정할 수도 있는데, 위의 경우에는 아마도 이게 정답처럼 보인다.[39] 거커닷컴의 기사에도 실린 얘기지만, 더 외향적인 성격을 가진 사람이 섹스도 더 많이 하고 돈도 더 많이 버는 경향이 있다. 이 경우엔 C라는 제3의 변수(외향성 또는 고도의 사회성)가 A(더 많은 섹스)와 B(더 많은 돈)의 원인일 수 있다.

사회학자들은 틈만 나면 이런 유의 인과관계를 찾아 분석하곤 한다(주변의 가족과 친구들이 무척 성가셔 하지만). 대화가 오갈 때면 자신이 심판이라도 되는 양, 누구든 상관관계를 인과관계로 해석하는 사람이 있으면 가차 없이 경고성의 노란 깃발을 내던진다. 그런데 최근 몇 년 동안 대학 캠퍼스에서는 우스운 광경이 연출되고 있다. 오늘날, 누군가가 결과의 차이를 문제 삼으면서 그런 차이가 곧 체계적으로 부정의가 행해지고 있다는 '증거'라고 (은연중에 또는 명시적으로) 주장할 때, 사회학자들은 종종 그 방에 있는 다른 모든 이와 마찬가지로 고개를 끄덕이기만 한다.

결과의 차이는 일종의 상관관계로 볼 수 있는 문제다. 그런데 연구물을 인용하든 혹은 자기주장을 내세우든, 어떤 직종에서 한 집단이 유달리 대우받거나 혹은 임금에 차이가 난다고 하는 것은, 단지 그 집단에 속했다는 '이유만으로' 그들이 고용이나 급여 등에서 혜택을 받는 것처럼 보인다는 뜻일 때가 많다. 그 집단에 속했다는 사실 외에는 결과의 차이를 설명할 다른 이유가 전혀 없다면, 이는 분명 부조리하고 불법적인 차별의 증거일 것이다. 예를 들어, 미국의 일류 첨단기술 회사들에서 일하는 컴퓨터 프로그래머들이 대체로 남자라는 사실을 누군가 지적했다고 치자. 그 사람은 십중팔구 그 직원들이 남자라는 '이유로' 회사에 고용되고 또 승진했을 거라는 취지로 말하는 것이리라. 남녀 컴퓨터 프로그래머 사이에서 성별을 제하고 그 어떤 차이도 발견할 수 없다면, 이는 분명히 부당한 처사이다.

하지만 그 외에 또 다른 차이점이 있다면? 다른 식으로 설정 가능한 인과관계가 있지 않을까? 하지만 당신이 그 차이에 대해 뭔가 다른 방식으로 설명하려 했다간, 애초에 그 화두를 꺼내든 사람만큼 사안을 심각하게 생각하는 게 맞느냐는 핀잔을 들을 수 있다. 더욱이 같은 공간에 있는 누군가가 그런 제안에 심기가 상했다면, 미세공격(구체적으로 말하면 미세 주장무효공격micro-invalidation)[40]을 가했다며 당신을 몰아세울 수도 있다. 당신이 대안적인 가설을 내세우면서 거기에 어떤 심층적인 요인, 이를테면 결과물과 관련이 있는 어떤 투입 노력에 차이가 존재한다는(예를 들면, 스포츠나 컴퓨터 프로그래밍을 즐기는 데에 있어 성별 차이가 있다는) 식의 견해를 피력할 경우,[41] 당신은 아마도 중대한 금기를 어기고 있는 것이다.

사회심리학자 필립 테틀록은 "생각해선 안 되는 것의 심리학The Psychology of Unthinkable"이라는 제목의 기사에서 이런 것이 바로 "금지된 기준 비율forbidden base rates"을 사용하는 사례라고 일컫는다.[42] 그런데 이런 식의 생각이 금기시되어 버리고 게다가 정치적으로 선호되는 이론들에 대해 사회학자들이 열심히 반론을 펼칠 수 없게 되면, 이른바 "제도화된 부당성 증명"의 과정, 즉 갖가지 사상들을 반박하고 검증하는 과정 자체가 허물어지고 만다. 교수들과 학생들이 결과의 차이를 두고 다른 대안적 설명을 내놓길 주저하면, 결국 그에 대한 기존 이론들이 정설로 굳어지는 상황이 오고야 말 것이다. 그 이론들은 그것이 진실을 담고 있어서가 아니라, 단지 정치적 지배 세력들이 선호하는 취지나 해법들을 세상에 더 널리 퍼뜨리기 위해 그 이론들이 진실이기를 '원하기' 때문에 세상에 받아들여질 수 있다.[43] 상황이 여기까지 오면, 이제는 운동권 학생들의 열정과 확신까지 등에 업고, 오류가 있는 학계 이론이 학계의 울타리를 벗어나 고등학교나 기업, 그리고 여타 기관에까지 두루 적용되기에 이를 것이다. 안타까운 얘기지만, 사회개혁가들이 현실과 동떨어진 어설픈 인과관계를 밑바탕에 깐 이런 허술한 이론들을 손에 들고 복잡한 기관들의 일에 관여하려고 했다간, 무언가를 개혁하려는 그들의 노력은 아무런 열매를 맺지 못할 것이며, 심지어는 일을 더 그르칠 수도 있다.

~

오늘날 대학생들은 확실히 평탄치 못한 시절을 살고 있고, 많은 학생들이 사회정의에 각별한 열정을 쏟아붓고 있다. 그동안 각종 저작이나 연구에서 숱하게 논의되고도 너무도 오랜 세월 온전히 해결되지 못한 숱한 부정의를 학생들은 도처에서 찾아내 시종 걸고 넘어지고 있다. 1960년대에 학생들이 대학가에서 투쟁을 벌일 때 그들이 내건 대의는 오늘날 관점에서 봐도 분명 고상한 것들이었다. 학생들은 베트남 전쟁을 종식시켜야 한다고, 아프리카계 미국인을 비롯한 여타 사람들에게도 시민권을 확대해야 한다고, 자연 환경을 보호해야 한다고 목소리를 높였다. 물론 오늘날 학생들이 싸움을 벌이며 내거는 수많은 대의들도 기성세대인 우리가 보기에 충분히 고귀한 것들이다. 이들은 법 제도 안이나 경찰과의 대면 속에서 특정 인종이 겪는 부당한 일들이 없어져야 하고, 출생 환경과는 상관없이 모든 사람에게 교육 기회를 비롯한 여타 기회들이 동등하게 돌아가야 하며, 성희롱이나 젠더 불평등을 부추기거나 혹은 가능케 하는 갖가지 문화적 습관들이 완전히 근절되어야 한다고 목소리를 높이고 있다. 이런 것들을 비롯한 다른 수많은 이슈와 관련해서 우리는 운동권 학생들이 "역사의 올바른 편"에 서 있다고 여기며, 그들이 지향하는 목표를 지지한다. 하지만 운동권 학생들이 동등한 결과물의 사회정의 형태만 끌어안으려 하면, 즉 통상적인 인구 규준에서 벗어난 모든 편차를 체제가 편향적이라는 '증거'로 해석해버리면, 언제 끝날지 모를 비생산적인 싸움에 휘말려 들어가는 꼴이다. 그러다 보면 이 책에서 우리가 시종일관 이야기한 나쁜 정신 습관을 더 강화할 뿐이고 말이다.

그러는 대신 인구 규준에서 이탈한 사례를 보다 심층적인 조사나 연구를 진행할 계기로 삼아보라고 우리는 학생들에게 강력히 권하는 바다. 해당 직종에서의 입사 및 승진 프로세스나 지원자 풀에서 인구 규준을 이탈한 흔적이 역력한가? 만일 그렇다면, 문제시되는 프로세스의 말단보다는 일이 발생한 시작점을 눈여겨보면서 다양한 젠더와 다양한 문화에 속한 사람들이 저마다 다양한 선호를 가질 수 있다는 사실을 십분 고려해보기를 바란다. 분배의 정의에 초점을 맞추는 만큼 과정의 정의에도 초점을 맞추어보라. 어떤 조직 안에서 각 정체성 집단에 속한 이들은 다들 동등하게 인격적 존중을 받고 있는가? 이 질문에 대한 답은 통계수치상으로 평등을 이룬 곳에서는 '아니다'일 수 있고, 일부 집단이 덜 대접받는 것처럼 보이는 곳에서는 오히려 '그렇다'일 수 있다. 원하는 최종적인 이상이 무엇이고 그것이 왜 중요한지 늘 똑똑히 새겨야 한다. 그와 함께 사람들 모두의 뇌리에 박혀 있는 직관적 정의의 두 요소, 즉 분배의 정의와 과정의 정의를 늘 염두에 두어야만, 운동권 학생들이 애써 들이는 노력들이 가장 알찬 결실을 맺을 가능성이 커지며, 그 과정에서 사람들로부터 더 광범위한 지지도 얻을 수 있을 것이다.

2012년에서 2018년까지 미국에서는 1960년대 말을 방불케 할 만큼 강력한 정서적 파장을 일으킨 정치적 사건들이 숱하게 일어났다. 이러한 사건들에 대해 오늘날 대학생들과 운동권 학생들은 전력을 다해 사회정의 운동에 매달리는 식으로 대응하고 있다. 이것이 우리가 제시하는 여섯 번째이자 마지막 설명의 실마리다.

사람들이 생각하는 일상적이고 평범한 직관적 정의의 종류는 크게 두 가지다. 분배의 정의(사람들은 마땅히 받아야 할 것을 받아야 한다는 인식)와 과정의 정의(재화가 분배되는 방식과 그 과정에서의 원칙들이 공정하고 신뢰성이 있어야 한다는 인식)다.

사람들이 분배의 정의를 생각하는 가장 흔한 방법을 담아낸 것이 공정성 이론이다. 공정성 이론에서는 투입 노력에 대한 결과물의 비율이 참가자 전원에게 동일할 때에만 일처리가 공평하게 이루어지고 있다는 인식이 생겨난다고 이야기한다.

과정의 정의는 갖가지 의사결정이 어떤 식으로 이루어지는가, 그리고 해당 절차가 진행되는 동안 사람들이 어떤 식으로 대우받는가 하는 점을 중요시한다.

사회정의는 오늘날 대학 생활에서 매우 중요하게 여겨지는 핵심개념으로 갖가지 다양한 형태를 띤다. 사회정의를 이루려는 노력들이 분배의 정의와 과정의 정의 모두와 완전히 합치할 때, 이를 '비례의 원칙에 입각한 과정의 사회정의'라 이른다. 이런 노력들이 일반적으로 목표로 삼는 것은 기회의 평등을 막는 각종 장애물을 제거하고, 또한 모든 사람이 인간적인 존중을 받을 수 있도록 하자는 것이다. 하지만 사회정의가 집단별로 동일한 '결과물'을 이루자는 데에 목표를 두면, 나아가 그러한 노력을 기울이는 도중 사회정의 운동가들이 일부 개인들의 분배의 정의나 과정의 정의를 위배하려 한다면, 정의를 위한 이러한 노력은 수많은 이들의 직관적 정의를 위배하는 셈이 된다. 이를 '동일한 결과물을 지향하는 사회정의'라 일컫는다.

상관관계는 인과관계를 의미하지 않는다. 하지만 요즘 대학들에서 이뤄지는 수많은 논의에서는, 인구통계학적 특성과 결과의 차이, 혹은 정체성 집단과 결과의 차이가 갖는 상관관계를 증거로 삼아 (구조적이든 혹은 개인적 차원이든) 차별이 그런 결과의 차이를 '일으켰다'고 간주하곤 한다. 그런 경우도 있고 아닌 경우도 있지만, 부정적 결과가 초래될 것을 우려해 충분히 가능한 대안적인 인과관계를 제시하지 못한다면 공동체로서는 그 문제를 정확히 이해할 길이 막혀버리는 꼴이다. 그리고 문제의 진상을 이해하지 못하면, 그것을 해결할 기회는 거의 없다.

이것으로 제3부의 내용을 마치고자 한다. 우리는 제1부에서 논의한 안전주의라는 새로운 문화와 제2부에서 이야기한 대학가의 극적인 사태들이 최근의 여러 추세와 여섯 가지 설명의 실마리들이 한데 맞물려 등장한 결과임을 여섯 개 장에 걸쳐 보여주었다. 이 실마리들은 우리의 역사, 미국의 아동기 문화, 그리고 미국이라는 나라의 정치 문제에까지 시공간을 넘나들며 맞닿아 있다. 이로써 우리가 어쩌다 이 지경까지 왔는지 설명이 되었으니, 이제는 우리가 나아가야 할 방향에 대해 이야기할 차례다.

제4부

지혜로워지기

제12장

아이들이 보다 지혜로워지려면

미국의 십대 청소년들이 지금 단단히 잘못되어가는 중이라는 사실은 십대 청소년의 우울증, 불안증, 자살에 관한 통계수치만 봐도 뚜렷이 드러난다. 뭔가 크게 잘못되어가고 있기는 미국의 대학 캠퍼스들도 마찬가지인데, 가해자 지목 문화가 득세하고, 초청 연사의 강연을 취소시키거나 도중에 중단시키는 일이 비일비재해졌으며, 또 발언을 안전과 위험의 틀에서 생각하는 최근의 경향을 비롯해 말에 대한 기본적인 규범이 뒤바뀌고 있는 것에서[1] 그러한 조짐이 엿보인다. 이 같은 새로운 안전주의 문화와 극성스러운 보호주의는 학생들에게도 대학들에게도 나쁘기만 하다. 그렇다면 우리가 길을 틀기 위해 할 수 있는 일에는 무엇이 있을까?

대학을 개선할 방법에 대해서는 이어지는 제13장에 가서 논의하게 될 텐데, 그에 앞서 우리는 아동기부터 눈여겨봐야 한다. 제8

장과 제9장에서 살펴봤듯, 최근 미국에서는 특히 중간계층과 더 부유한 가정들을 위주로 시간과 노력을 집중 투자하며 아이들을 과잉보호하는 식으로 양육방식이 바뀌었으며, 이렇게 된 데는 자녀가 유괴를 당할지 모른다는 비현실적인 우려와, 명문대학 입학이라는 보다 현실적인 걱정이 각각 한 몫을 한 것으로 보인다. 아울러 우리는 자유 놀이를 줄이면 아이들이 더 유약해질 수 있다는 사실도 보여주었다. 이번 장에서는 앞서 이루어진 논의들을 토대로 어떻게 하면 아이들을 더 지혜롭고, 더 강하고, 더 단단한 사람으로 키울 수 있을지 조언해보려고 한다. 대학에 가서도, 졸업해 사회에 나가서도, 아이들이 더 독립적인 사람이 되어 힘차게 인생을 살아나갈 수 있게 하려면 우리는 어떻게 해야 할까.

아이들이 아동기에 어떤 여정을 밟아 커나가는지는 나라별이나 시기별, 그리고 사회 계층과 다른 요인들에 따라 제각기 달라진다는 사실은 우리도 충분히 알고 있다. 여기 내놓은 제안들은 제8장에서 이야기한, 이른바 '재능계발중점 양육' 방식으로 아이들을 키우는 미국 부모들에게 맞춘 것들이다. 이러한 양육방식은 사회학자 아네트 라루의 연구에 따르면 중간계층 부모들이 인종을 막론하고 두루 사용하는 것으로, 정치학자인 로버트 퍼트넘도 1990년대에 중상층 가정의 표준 규범으로 자리 잡았다고 이야기한 바 있다. 시간과 노동력을 집중 투자하는 이 양육전략을 따르다 보면 부모들은 치열한 경쟁사회에서 자녀에게 남다른 입지를 확보해주기 위해 아이들을 과보호하고, 과도한 일정을 짜주며, 과잉양육하는 태도를 보이게 마련이다. 그런 사회 속에서 놀이의 중요성이나 어른의 감시가 없는 경험의 소중함은 까맣게 잊은 채 지내왔고 말이다.

여기 내놓는 조언들은 미국의 현 추세를 분석한 끝에 나온 것들이지만, 이 중에는 다른 나라 부모와 교육자들에게도 분명 의미 깊게 다가갈 것들이 많으리라 여겨진다. 일례로 대한민국은 부모들이 대학 입시 걱정에 치여 아이들의 자유 놀이 시간을 죄다 줄이는 대신 비싸고 힘에 부치는 학원 수업에 아이들을 보내는 행태가 세계 그 어디보다 심각하다.[2] 또 다른 예를 들면, 상식보다 안전을 우선시하는 데 있어서는 영국의 학교들도 절대 미국인들에 뒤지지 않는다. 마침 우리가 이 책의 집필을 거의 끝마칠 즈음, 영국 이스트 런던의 한 초등학교에서 교장이 학교 안에 갓 내린 눈을 학생들이 '만지면' 안 된다는 교칙을 발표한 일이 있었다. 눈을 만졌다가 아이들끼리 자칫 '눈싸움'을 벌일 수도 있다는 것이 금지 이유였다. "한 학생이 무심코 뭉쳐 던진 한 덩이의 눈, 그 안의 돌멩이 하나가, 혹은 모래 한 알이 어쩌다 눈에 들어가기라도 하면 다른 학생이 다칠 수 있기에, 우리는 눈에 대한 관점을 달리하게 되었습니다"라고 그 교장은 설명했다.[3] 그야말로 안전주의 문화의 전형적인 사례다. 아이 '하나'가 다치는 것을 막을 수 있다면, 약간의 위험을 감수하며 놀 기회를 아이들 '모두'로부터 완전히 박탈해야 한다는 이야기이니 말이다.

이와 함께 제1장에서도 말했지만, 우리는 아이들이 "복잡한 적응 체계"라는 사실도 충분히 유념하고 있다. 아이들은 단순한 기계가 아니다. 지금까지 이 책에는 애초에 선한 의도에서 시작한 개선들이 오히려 역효과를 불러일으킨 사례가 숱하게 등장했고, 그 첫 사례로 꼽은 것이 부모들이 땅콩 알레르기에서 아이들을 보호하겠다고 땅콩을 전면 금지한 일이었다. 따라서 우리는 아이들을 어떻게 키우면 좋을지 여러 제언들을 내놓으면서, 독자 여러분이 다음과 같은 경고를 함께 가슴에 새겼으면 한다. 무엇이든 아이들 삶에서 어느 하나를 바꾸려 하면, 그것이 다른 부분에 예기치 않은 영향을 줄 수 있다는 사실을 말이다. 앞으로 더 많은 연구가 필요하지만, 여기 내놓는 제안들은 분명 유익하리라 여겨진다. 아울러 우리는 부모, 교육자, 연구자들과도 지속적으로 대화를 나누고자 하며, 그 자리에서 나온 이야기들을 우리의 웹사이트 TheCoddling.com에 꾸준히 올릴 생각이다.

우리가 양육에 관한 조언을 제시하며 세운 커다란 원칙은 총 여섯 가지다. 그중 처음 세 가지는 대단한 비진실과 정반대되는 내용을 담고 있다.

첫째, 자기 힘으로 할 수 있게 준비시킨다

우리가 제시하는 양육 지침의 핵심은 이 책의 서두를 열면서 내놓은 세 가지 경구 가운데 맨 첫 번째 것에 가장 단적으로 압축돼 있다. 바로 '아이들을 위해 길을 내줄 게 아니라, 길을 갈 수 있도록 아이들을 준비시켜라'는 것이다. 그야말로 만고의 진리로 통할 이 훌륭한 조언은, 인터넷이 등장해 아이들이 가끔 가상의 길까지 함께 걸어야 하는 오늘날 그 의미가 훨씬 커졌다. 인터넷이 등장하기 전에는 자식을 위해 길 위의 장애물들을 치워줄 수 있다고 생각하는 게 팔불출로 여겨지는 정도였지만, 지금 그런 생각은 망상이다. 땅콩 알레르기의 사례로 돌아가 다시 생각해보자. 아이들은 매일 일상에서 성가시거나 언짢은 일을 수없이 만날 텐데, 거기 잘 대응하려면 알레르기 반응보다는 반드시 정상적인 면역 반응을 키울 필요가 있다. 그 점은 인터넷 속에서의 삶도 마찬가지다.

단단함이 어떤 것인지 직접 가르칠 방법은 없지만, 그 대신 우리는 아이들에게 경험이라는 선물을 줄 수 있다. 아이들이 회복탄력성을 지닌 자율적인 어른으로 자라나는 데 필요한 경험은 이루 헤아릴 수 없이 많다. 그 선물은 우리가 어른의 감시도, 정해진 어떤 틀도 없는 아이들만의 시간이 반드시 필요하다는 사실을 인정하는 데서부터 시작된다. 그래야 아이들 스스로 리스크를 판단하는 법을 배울 수 있고, 나아가 좌절감, 지루함, 대인 갈등 따위의 문제들을 스스로 풀어가는 연습을 할 수 있다. 아이들이 그런 시간을 보낼 때 제일 중요한 것은 집 밖에서 다른 아이들과 뒤섞여 마음껏 뛰노는 것이다. 물론 상황에 따라서는 아이들의 신변 안전을 생각해 어른이 곁에 머물러야 할 때도 있겠지만, 그런다 해도 어른들이 아이들 사이의 말싸움이나 토론에 끼어드는 일은 대체로 없어야 한다.[4]

이러한 취지를 살려, 부모들과 선생님들을 비롯한 아이들을 돌보는 모든 이들에게 다음과 같이 몇 가지 구체적인 제안을 내놓는다.

A. **자녀가 한 달 새 지난달보다 더 많은 것을 할 수 있게 되었다고 생각하라** 달이 바뀔 때마다 아이들에게 어떤 일이나 도전을 혼자 힘으로 해낼 수 있겠는지 물어보자. 이를테면 몇 블록 떨어진 가게까지 아이 혼자 걸어간다거나, 아침 식사를 스스로 만들어 먹는다거나, 개 산책시키는 일을 시작하게 하는 것이다. 아

이들이 이런 일을 하면서 진땀을 흘리며 끙끙대거나 혹은 방법을 완전히 헛짚은 것처럼 보여도 도중에 뛰어들어 도와주고 싶은 마음은 꾹 눌러야 한다. 시행착오를 겪어보는 것은 이래라 저래라 말로 가르치는 것보다 더디지만 보통 더 훌륭한 선생님이 돼준다.

B. **자녀가 작은 리스크들을 더 많이 겪을 수 있게 하라** 때로는 혹도 나고 멍도 들면서 아이가 뭔가 배울 수 있도록 하자. 앞서 피터 그레이도 지적했듯, 아이들에게는 리스크를 "만끽할" 기회가 필요하다. 조너선의 아이들은 뉴욕시 거버너스섬에 자리한 "고물상 운동장"[5]에 가는 걸 좋아한다. 이곳에서는 아이들이 자투리 목재, 망치, 못 따위의 건설 자재를 가지고 놀 수 있다(그러려면 부모가 먼저 장문의 면책 각서에 서명부터 해야 한다). 이곳을 처음 찾은 날, 놀이터 울타리 밖에서 조너선은 열 살짜리 소년 둘이 목재에 못을 박는 것을 보았다. 그중 한 명이 어쩌다 망치로 자기 엄지를 내리쳤다. 소년은 움찔하며 손까지 내저었지만 곧바로 다시 못질에 달려들었다. 이런 일이 두 번이나 있었지만 소년의 기세는 꺾이지 않았다. 소년은 망치질로 못 박는 법을 깨쳤다.

C. **리노어 스커네이지의 아이들 놓아기르기 운동에 대해 알아보고, 그녀에게서 얻은 교훈을 여러분의 가정생활에 한번 가미해보자** 1979년도의 취학아동 체크리스트에는 만6세 자녀가 "(4~8블록 정도 떨어진) 주변의 가게, 학교, 운동장, 혹은 친구 집에 혼자 갈

수 있습니까?"라는 질문이 들어 있었다는 사실을 기억하자. 아이가 그럴 능력이 된다고 생각되는 그 순간, 아이 혼자서 돌아다니거나 바깥에서 놀게 하기 시작하라. 아이들을 형제자매나 또래 친구들과 함께 밖에 내보내자. 낯선 사람을 만나 얘기하는 것도, 필요할 때 도움이나 지시를 요청하는 것도 다 괜찮지만 절대 낯선 사람을 따라가는 일만은 없도록 아이에게 일러두자. 기억하자. 범죄율은 지금 1960년대 초반 수준으로 뚝 떨어졌다.

D. **렛그로우 웹사이트(Letgrow.org)를 방문해보자** 이 웹사이트는 스커네이지가 조너선, 피터 그레이, 그리고 투자자이자 자선사업가인 대니얼 슈크먼과 공동 설립한 기관에서 만든 것이다.[6] 이 사이트에 계속 드나들면 아이들을 회복탄력성을 지닌 사람으로 성장시켜줄 최신 연구, 뉴스, 아이디어들을 꾸준히 접할 수 있을 것이다. 우리 아이디어 중 제일 간단한 것 하나만 소개하면 이렇다. 다음과 같이 "렛그로우 면허증"을 한 장 출력해,[7] 아이들 손에 쥐어준 뒤 집밖으로 내보내 인근을 돌아다니게 하는 것이다. 그러면 참견하기 좋아하는 사람들이 911에 신고할지 모른다는 우려를 덜 수 있을 것이다.[8] 이 웹사이트에서 "주 법령state law"을 검색하면, 여러분이 사는 주의 관련 법령이 어떤 것인지 알 수 있다.

렛그로우 면허증–저는 '스스로 자라는' 아이예요!

안녕하세요! 제 이름은 __________ 예요. 저는 길을 잃거나 부모가 방치한 아이가 아니에요. 길을 건너는 방법은 배워서 이미 알아요. 낯선 사람을 절대 따라가선 안 된다는 것도 잘 알아요. (…) 하지만 저는 낯선 사람과 이야기는 할 수 있어요. (아저씨[아주머니]도 지금 저랑 이렇게 얘기하시잖아요!) 우리 주에서는 아이가 이런저런 일들을 어느 정도 나이에 할지 결정할 권리를 부모에게 주고 있어요. 제 부모님은 제가 이렇게 인근을 탐험하고 다니는 것이 안전하고 건강하고 재밌는 일이라고 생각하세요. 제 말을 못 믿으시겠다면 아래 적힌 전화번호로 한번 전화하시거나 문자를 보내보세요. 그래도 저 혼자 이렇게 돌아다니는 게 여전히 부적절하거나 불법이라고 여겨지신다면, 부디

1) 《허클베리 핀의 모험》이라는 책을 한번 읽어보시길 바랄게요.
2) 아저씨(아주머니)의 어린 시절이 어땠는지 기억해보세요! 그때도 어른들이 아이들에게서 잠시잠깐도 눈을 떼지 않고 감시했나요? 오늘날 범죄율은 1963년 수준이기 때문에, 오히려 아저씨(아주머니)의 유년시절보다 지금이 밖에서 놀기 더 안전해요.
3) LetGrow.org 사이트에 한번 가보세요.

부모님 이름 ______________________________
부모님 서명 ______________________________
부모님 전화 ______________________________
비상시 연락처 ______________________________

E. **자녀가 최대한 어린 나이일 때부터 걷거나 자전거를 타고 등하교할 수 있게 하라** 물론 그러려면 거리, 교통, 범죄 같은 요소가 자녀의 통학 여건과 잘 맞아야 할 것이다. 학교에 아이들의 등하교를 확인할 수 있는 방법을 마련해달라고 요청하라. 그러면 부모들이 스마트폰으로 아이들이 어디인지 직접 추적하지 않고도, 혼자 힘으로 학교에 다니는 아이들의 노정을 파악할 수 있다.

F. **아이들이 주변에서 또래 공동체를 찾을 수 있게 도와주자** 과잉

보호는 피한다는 여러분의 철칙을 공유하는 가정의 아이들을 찾아보는 것이다. 이 아이들을 근처 공원이나 누군가의 집 마당에서 함께 모여 놀게 할 방법을 찾아보자. 그러려면 다른 부모들과 상의를 통해 놀이의 경계선 및 가이드라인을 정해서, 몸을 다칠 우려가 큰 놀이는 하지 말고, 모두가 함께 뭉쳐 서로 도울 것이며, 누군가 다쳤을 때 어떻게 해야 하는지를 아이들에게 확실히 알려줘야 한다. 아이들은 어른이 감시하기 마련인 놀이 약속이나 어른들이 주도하는 활동보다 이렇게 자기들끼리 무리 지어 노는 활동 속에서 성숙함과 회복탄력성을 더 많이 발달시키게 마련이다.

G. **숲에서 야영하는 여름 캠프에 아이들을 몇 주 보내자** 장비 없이 맨몸으로 가는 캠프가 좋다. "아이들 각자의 흥미를 계발하는 면에 있어서는 그런 구닥다리식 만능재주꾼 캠프의 효과가 가장 큽니다"라고 에리카 크리스태키스는 말한다. "거기선 뭘 할지, 혹은 뭘 안 할지를 아이들 스스로 선택할 수 있거든요."[9] 그런 캠프로는 YMCA의 프로그램이 제격일 때가 많지만, 다소 협소한 규모에 흥미 위주로 진행되는 여름 캠프도 충분히 효과가 있다. 거기다 이런 캠프 상당수는 장학금을 준다. 크리스태키스에 따르면, 여기서 핵심은 아이들이 어른의 '지도'나 기량을 쌓아야 한다는 걱정에서 자유롭다는 데 있다. 아이들이 관심 있기 때문에 그 놀이를 하고 어떤 활동을 하게 하라. 그러면서 1835년 토크빌이 강조한 '친교의 기술'을 연마하게 하자.

H. **아이들이 "생산적 의견 충돌"을 많이 벌일 수 있도록 독려하자**

심리학자 애덤 그랜트도 지적하듯이, 월등히 뛰어난 창의성을 지닌 사람들은 논쟁이 한시도 그치지 않는 집에서 자란 이들이다. 그런데도 오늘날 부모 중에는 생산적으로 논쟁하는 법을 가르치는 이들을 거의 찾아볼 수 없다. 대신 "형제자매끼리 말다툼을 하지 못하게 하며, 언쟁할 일이 있으면 문을 걸어 잠그고 당사자들끼리 해결한다." 하지만 상처받지 않고 비판을 주고받을 줄 아는 것이야말로 우리 삶에서 빼놓아서는 안 될 중요한 기술이다. 진지한 사상가들은 누군가에게 존경심이 든다 싶으면 그 사람을 어떻게든 정중히 논쟁에 끌어들이려 하지 않던가. 그랜트는 생산적인 의견 충돌을 벌일 때의 원칙으로 다음의 네 가지를 제시한다.[10]

- 갈등보다는 논쟁이 되도록 틀을 짜라.
- 주장을 펼칠 때는 내 생각이 옳다는 식으로 하되, 상대의 이야기를 들을 때는 내가 틀렸다는 마음가짐으로 하라(나아가 기꺼이 생각을 바꾸려 해라).
- 상대방 관점을 최대한 존중하면서 그 뜻을 해석하라.
- 내 의견에 비판적인 사람이라도 나와 어디서 의견이 일치하는지, 거기서 무엇을 배웠는지 인정하라.

둘째, 감정적 추론을 다루는 방법을 알려준다

아이들은 (어른과 마찬가지로) 감정적 추론에 휘말리기 쉽다. 감정적 추론을 가라앉히고 삶의 각종 도발에 보다 생산적으로 대응하도록 이끌어주는 인지 기술 및 사회성 기술을 아이들은 꼭 배워야 한다. 특히 지금과 같은 인터넷 시대에는 삶의 모든 길목에서 쓰레기 같은 일들에 대처해야 할 수밖에 없을 텐데, 그런 면에서 아이들이 자신의 감정적인 반응을 알아차리고 관리하도록, 그리고 어떤 반응을 보일지 선택하도록 배우는 것은 무엇보다 긴요한 일이다.

이 책의 서두를 장식한 두 번째 경구는 부처의 말씀이다. "제아무리 악랄한 적이라도 네가 무방비 상태로 품는 생각만큼 너를 심하게 해치지는 못한다. 하지만 그 생각들을 완전히 제압하고 나면 삶에 그만큼 큰 도움이 되는 것도 없을지니, 심지어 네 부모도 비할 바가 아니리라." 이 통찰력을 밑바탕으로 우리가 내놓는 조언은 이런 것이다.

A. **아이들에게 인지행동치료의 기본을 가르치자** 원래 인지행동치료cognitive behavioral therapy의 줄임말인 CBT는 여러 모로 보아 그냥 "인지행동기술cognitive behavioral techniques"이라 불러도 무방한데, 인지행동치료에서 가르치는 지적 습관이 사람들 누구에게나 효용이 있기 때문이다. 인지행동치료의 기본은 부모들이 연령대에 상관없이 아이에게 가르칠 수 있는데, 부모들 각자가 지닌 과장된 생각을 서로 지적하고 그 모습을 아이가 지켜보도록 습관을 들이는 것처럼 간단한 방법으로 훈련을 시작

할 수 있다. 그레그의 경우, 불안하고 종말론으로 치닫는 생각들이 머릿속에 자동적으로 펼쳐질 때마다 엘머 퍼드나 대피 덕(만화 〈루니툰〉에 등장하는 캐릭터—옮긴이) 같은 우스운 목소리를 그 생각들에 입히는 연습을 한 것이 주효했다. 별 싱거운 방법도 다 있다 싶겠지만, 그렇게 하면 불안하거나 언짢은 순간을 대번에 우스꽝스러운 상황으로 만들 수 있다. 그레그와 그의 아내 미셸은 스트레스에 시달릴 때면 두 살짜리 아기와 함께 이런 식으로 마음을 달랜다.

미국인지치료연구소 소장인 로버트 레이히 박사[11]는 아이들이 심기가 뒤틀리거나 곧 인지왜곡을 일으킬 것 같은 순간에는, 부모들이 다음과 같이 단계를 밟아 아이들에게 인지행동치료 훈련을 시켜보라고 제안한다.

> 지금 네가 하는 생각을 갖고 몇 가지 질문을 해볼까? 그럴 때가 있지. 누군가에 대해 어떤 생각이 떠올랐는데 그 생각이 틀림없다는 확신이 드는 때가. 그런데 그런 식으로 생각하니까 기분이 언짢아지면서 막 화가 나거나, 혹은 슬퍼지는 거지. 그런데 생각이란 게 항상 맞는 건 아니야. 가령 나는 밖에 비가 온다고 생각했는데, 막상 밖에 나가보니 비가 안 올 때도 있잖아. 뭐가 사실인지는 직접 확인해보는 수밖에 도리가 없어, 그렇지 않니? 우리는 때로 칙칙한 렌즈를 낀 것처럼 주변 세상이 어둡게 바라보일 때가 있어. 다른 색깔 안경으로 한번 바꿔 껴보는 건 어떨까.[12]

인지행동치료에 대해 알고 싶은 부모들은 레이히 박사가 저술한 《걱정 활용법》이라는 책을 읽어보면 그 윤곽이 한결 수월하게 잡힐 것이다. 또 타마르 챈스키[13]의 《내 아이가 불안해 할 때》라는 책도 벡 연구소[14]에서 추천하는데, 이 책 역시 인지행동치료가 무엇인지 알기 위한 아주 훌륭한 자료다. 이외에도 인지행동치료를 연습할 수 있는 책, 블로그,[15] 커리큘럼, 휴대전화 앱도 상당히 많다. 미국 불안증 및 우울증 협회에서 적극 권장하는 앱으로는 CPT 코치CPT Coach(치료사와 적극적으로 심리치료를 받는 사람들을 위한 앱)[16]와 불안증 코치Anxiety Coach[17]의 두 가지를 꼽는다.

B. **아이들에게 마음챙김 명상을 가르치자** 메사추세츠대학교 의과대학 명예교수 존 카밧-진에 따르면, "마음챙김"이란 "특정 방식에 따라 주의력을 집중시키는 것으로써, 의식적으로 지금 이 순간에 몰두하되 어떤 판단도 내리지 않는 것"을 말한다.[18] 연구 결과, 마음챙김 수행이 몸에 밴 사람들은 불안증이 줄어들고, 스트레스 반응은 감소하는 한편, 위기 극복 능력은 향상되고, 집중력이 강해지며, 자비심이 늘고(스스로에 대한 애정도 함께), 감정 통제력도 더 강화된다고 한다. 연구자들은 아이들이 교내 행동, 시험 불안증, 관점 수용성, 사회성 기술, 배려심, 심지어 성적까지 더 나아지는 걸 볼 수 있었다.[19] 마음챙김 연습을 하는 아이들이나 십대들은 스스로의 마음을 진정시키는 데 더 능하고 현재의 "순간순간에" 더 몰두한다.[20] 이와 관련해 더 많은 정보가 궁금하거나 부모와 아이들을 위한 손쉬운 마음챙김 연습

에 대해 알고 싶다면, 《뉴욕 타임스》에 실린 데이비드 겔스[21]의 〈아이들을 위한 마음챙김〉 기사를 찾아보거나, 에모리대-티베트 합작사업으로 만들어진[22] 인지능력 기반 자비심 훈련에 대해 알아보면 좋을 것이다.

셋째, '우리 대 그들'을 넘어 사고하도록 가르친다

이 책 서두에 실은 세 번째 경구의 출처는 《수용소 군도》라는 책인데, 옛 소련 시절 반체제 인사로 활동한 알렉산드르 솔제니친의 회고록이다. 솔제니친이 친구에게 편지를 띄워 이오시프 스탈린을 비난한 것은 1945년의 일이었다. 솔제니친은 체포당해 징역형을 받고 시베리아 전역의 굴라크(수용소)들을 돌며 고된 노역에 시달리게 되는데, 수용소에서 재소자들은 동상에 걸리거나 배를 곯거나 매질을 당해 죽는 일이 다반사였다. 솔제니친은 끝내 석방돼 타국으로 망명했지만 말이다. 당국에 체포당하고 불과 얼마 뒤의 심정을 묘사한 한 감동적인 단락에서, 솔제니친은 다른 재소자들 몇몇과 함께 며칠 동안 행군에 끌려 다니고 있었다. 그저 선의를 갖고 조국을 위해 "자신까지 버려가며 헌신했을 뿐인데" 왜 이런 처지가 되었나 하고 생각하다, 한때는 그도 소련 정부의 정보기관 NKVD(KGB의 전신이다)에 들어가 일할 뻔했었다는 사실이 퍼뜩 떠오른다. 징역형을 받고 언제 어디서 형 집행을 당할지 모른 채 이리저리 끌려 다니는 신세가 아니라, 어쩌면 그 자신이 수감자들의 목숨을 앗는 형 집행인이 될 수도 있었던 것이다. 그 사실을 깨닫자 솔제니친은 부디

'우리 대 그들'을 가르는 비진실을 조심하라며 독자들에게 이렇게 당부한다.

> 세상일이 그렇게 간단하다면 얼마나 좋을까! 쥐도 새도 모르게 악행을 일삼는 사악한 자들이 어딘가에 존재하고, 그들을 우리에게서 떼어내 말살해버려도 된다면 얼마나 좋을까. 하지만 선과 악을 가르는 경계는 모든 인간의 마음에 생채기를 남긴다.[23]

'우리 대 그들'을 가르는 비진실과 거기서 양산되는 독선적인 가해자 지목 문화에 희생양이 되지 않을 더 현명한 아이들을 기르려면, 우리는 과연 어떻게 해야 할까? 나아가 십대 청소년과 대학생들이 보편적 인간성의 사고방식을 스스로 만들어내고 그것을 더욱 키워나갈 수 있으려면 어떻게 해야 할까?

A. **사람들에게 일단 믿음의 원칙을 적용하자** '자비의 원칙'을 활용하자는 것이다. 이는 상대방이 어떤 진술을 했을 때 악랄한 저의나 최대한 공격적인 형태로 그 말을 한 게 아니라, 누구보다 선한 의도를 갖고 합리적인 차원에서 말했다고 해석하자는 철학 및 수사학의 원칙을 말한다. 가족들 간에 토론이나 논쟁이 벌어졌을 때 부모들은 이 자비의 원칙을 사용함으로써 아이들에게 본보기가 될 수 있다.

B. **'지적 겸손함'의 덕을 기르자** 지적 겸손함이란 우리가 하는 추론은 결함투성이에다 편향적이 되기도 너무 쉬우므로, 자신이

옳다는 확신을 갖기가 무리라는 사실을 인정하는 것을 말한다. 중학교나 고등학교에 다니는 학생들이면 "틀린다는 것에 대하여On Being Wrong"라는 TED 강연을 한번 찾아보길 바란다.[24] 연사 캐스린 슐츠는 "여러분은 자신이 틀렸을 때 어떤 기분이 드나요?"라는 질문으로 강연을 시작한다. 청중들로부터 받은 답변은 "끔찍하다" "거부당한 느낌이다" "황당하다" 같은 것들이다. 그런 뒤 캐스린은 청중들에게 사실 방금 한 말들은 자신이 틀렸다는 것을 '깨달은' 순간의 느낌이라는 점을 지적한다. 그 전까지는 자신이 '틀렸을' 때의 느낌이나 '맞았을' 때의 느낌은 별 차이가 없다. 일상의 매순간 우리는 많은 것을 완전히 헛짚지만, 그 사실을 깨닫기 전까지는 자신의 생각이 옳다고 꽤 강하게 확신하곤 한다. 툭하면 내 의견에 토를 달려는 사람을 곁에 두는 것은 우리에게 주어진 선물이다. 그러니 내가 틀렸다는 것을 깨달았을 때는 그 사실을 순순히 인정하고, 그것을 깨닫게 도와준 비판가에게 고마워하자.[25]

C. **우리 학교가 정체성 정치를 어떤 식으로 다루고 있는지 면밀히 살펴보자** 보아하니 우리 학교는 제3장에서 이야기한 보편적 인간성 정체성 정치를 더 표방하는 것 같은가? 아니면 공공의 적 정체성 정치를 더 표방해, 아이들에게 서로를 개개인이 아니라, 일부는 선하고 일부는 악한 이러저런 집단들의 한 전형으로 보도록 부추기는 것 같은가? 만일 우리 학교가 외부 단체에서 만든 커리큘럼을 활용하고 있다면, 그 단체가 어디인지 알아내 웹사이트를 잘 살펴보자. 그러면 그곳이 보편적 인간성 접근법

을 취하는지 아니면 공공의 적 접근법을 취하는지 파악될 것이다. 만일 학교에서 '우리 대 그들'의 비진실을 끌어안도록 학생들을 이끌고 있다는 우려가 들고, 당신이 자녀를 둔 부모라면 그러한 우려를 교장에게 확실히 표명하도록 하자. 당신이 고등학생이라면 또래 친구들 중 그런 우려를 가진 학생들이 또 있는지 찾아보도록 하자. 서로 머리를 맞대고 우리 학교에 보편적 인간성의 관점을 도입할 수 있는 방법이 뭐가 있을지 함께 고민해보자.

넷째, 학교가 변화할 수 있도록 도와준다

대단한 비진실을 퇴치하겠다는 학부모의 바람에 학교도 한뜻으로 의기투합한다면 학부모의 노력이 결실을 맺을 가능성도 더 커지겠지만, 반대로 학교에서 대단한 비진실을 고수하고 나설 경우 학부모의 노력은 밑 빠진 독에 물 붓는 격이 될 것이다. 만일 당신이 학교 방침에 얼마간 영향력을 행사할 수 있는 위치에 있는 사람이라면, 즉 선생님이든 관리자든 학부모든, 당신도 엄청난 변화를 일으킬 수 있다. 아래의 몇 가지 제안을 실천해본다면, 우리의 교육 환경을 바꾸어 이 책에서 다룬 여러 가지 문제들을 해결해나가는 데 도움이 될 것이다. 초등학교에서 시행할 수 있는 아이디어부터 소개하면 다음과 같다.

A. 저학년의 숙제는 최소로 줄여야 한다 부모와 함께 읽든 자기 혼

자 읽든 저학년에게 독서는 분명 무조건 좋지만, 그 이상의 숙제가 놀이 시간이나 가족과의 시간을 방해해서는 안 된다. 책을 읽도록 권하는 것을 빼면, 유치원과 초등학교 1학년에서는 모든 숙제를 최소한으로 줄이거나 아예 없애야 한다. 초등학교에서는 나중에 고학년에 이르러서도 숙제가 간단하고 짧아야 한다. 듀크대 심리학자이자 숙제 전문가인 해리스 쿠퍼는 이렇게 말한다.

> 초등학교에서는 숙제가 '짧고 간단해야' 간단한 기술을 단단히 다지는 데 도움이 된다. 뿐만 아니라 짧고 간단한 숙제라야 저학년 학생들이 숙제를 통해 시간 관리, 계획 짜기 기술, 책임감을 익히기 시작할 수 있으며, 학부모들도 자녀의 학업 성취도를 지속적으로 체크할 수 있다. 하지만 초등학생에게 분량이 많은 숙제를 내주고서 학업 성취도를 확 끌어올리기를 기대하는 것은 무리이다.[26]

B. **감시는 줄이고 쉬는 시간을 더 늘리자** 학교 내에서 보내는 쉬는 시간은 대체로 자유 놀이에 안성맞춤이고, 아이들이 몸을 다칠 염려도 없는 안전한 환경을 갖추고 있다. 하지만 앞에서도 지적했듯, 어른들이 늘 대기하고 있다가 아이들의 말싸움을 중간에서 해결하거나 아이들이 사소한 리스크에도 뛰어들지 못하도록 막으면, 자칫 도덕적 의존성이 생겨날 우려가 있다. 아이들을 쉬는 시간에 훨씬 더 많은 자율성을 누리며 놀게 했을 때 생길 수 있는 긍정적 효과의 사례가 궁금하다면, 인터넷에서 "규

칙이 없는 학교No Rules School"[27]라는 동영상을 한번 검색해 보도록 하자. 뉴질랜드의 한 초등학교 교장이 아이들의 쉬는 시간에 서서히 어른의 감시를 없애 아이들이 "갖가지 위험한 놀이를 아무 관리 없이" 할 수 있게 한 이야기다. 이곳에서 아이들은 나무를 오르는가 하면, 자기들 스스로 게임을 만들고, 판자, 목재 조각, '쓰레기' 같은 잡동사니를 갖고 논다. 그렇게 놀면서 리스크를 계산하는 법, 기회를 잡는 법, 현실세계의 냉엄한 이치 등을 자연스레 깨우친다. 물론, (의도한 것이긴 하지만) 이런 환경 속에는 리스크도 분명 존재한다. 따라서 학교에서 이런 방침을 시행하려면 신체적인 안전 보장에 신경 써야 할 뿐 아니라, 아이들 사이에 집단 따돌림이 일어나지 않도록 많은 대책을 마련해야 한다. 하지만 위에서 말한 동영상을 스크린에 띄워놓고 쉬는 시간에 대한 논의에 들어가본다면, 어떤 식이든 아이들의 단단함을 더 키워주자는 쪽으로 의견이 모일 공산이 크다. (실제로 뉴질랜드의 그 초등학교 교장도 규칙 없는 쉬는 시간 제도를 만들어 시행한 후 아이들 사이에 집단 따돌림이 '줄었다'고 전한다.) 방과 후 놀이 동아리를 만드는 것은 아이들에게 신체적으로 안전한 환경에서 감시받지 않고 놀 시간을 줄 수 있는 간단한 방법 중 하나다. 학교가 파한 뒤 학교 운동장(혹은 체육관)을 매일 몇 시간씩 개방해놓는 것이다.[28] 다양한 연령대의 아이들이 뒤섞여 놀게 되는 이런 자유 놀이는 꽉 짜인 수많은 방과 후 활동보다 아이들에게 훨씬 좋을 것이다. (학교가 끝나고 집에 와서 가만히 앉아 스크린만 쳐다보는 것보다 더 좋다는 건 말할 나위도 없다.)

C. **물리적인 안전 이외의 것에 대해서는 되도록 "안전"이라는 말을 쓰지 말자** 최근 조너선의 친구 하나가 3학년 선생님이 학부모에게 보낸 것이라며, 쉬는 시간과 아이들이 "동아리"를 만드는 활동과 관련해 쓴 이메일을 한 통 전달해주었다. (쉬는 시간에 함께 노는 아이들이 "멤버가 아닌" 아이들은 그 안에 끼워주지 않는다는 내용이었다.) 합리적으로 따지면 쉬는 시간에 노는 아이들에게까지 굳이 착하게 다 같이 놀라고 강제해야 하나 싶었지만, 이메일의 맨 마지막 문장에서 조너선은 크게 놀랐다. "어떻게 하면 모두가 쉬는 시간에 소속감과 '안전함을 느낄 수 있을지' 저희는 함께 고민하는 중입니다." 안전주의 문화는 바로 이런 데서부터 싹튼다. 배제된다고 느끼는 것은 당사자에게 괴로운 일이고, 선생님이 친구를 따돌리는 사례를 들며 다 같이 어울려 노는 게 왜 좋은 일인지 아이들과 이야기하는 것도 분명 좋은 일이다. 하지만 아이가 이따금 따돌림을 당한다고 해서 그 아이가 '안전하지 않은' 것은 아니다. 만일 우리가 어떤 것을 하든 무조건 다 같이 노는 것을 의무로 규정하고, 누군가를 따돌리는 것이 그 애를 '위험'에 빠뜨리는 일이라고 가르치게 되면, 즉 따돌림을 당하고서 으레 자신이 '안전하지 못하다'라고 생각하게 되면, 아이들이 향후 겪을지 모를 따돌림의 경험을 우리는 더욱 고통스러운 것으로 만드는 셈이 되며, 따돌림을 당한 아이는 힘 있는 사람을 불러 그것을 막아달라고 하는 것을 당연시하게 된다.

D. **학교에 '기기 안 들고 다니기' 방침을 마련하자** 일부 학부모들은 아이들이 등굣길에 어른을 끼지 않고 혼자 집을 나설 때, 아이

의 동선을 파악하기 위해 스마트폰을 쥐어주고 싶어 할 것이다. 스마트폰이 있으면 하교 후에 아이를 데려오거나 방과 후 활동을 하러 다니는 복잡한 일과를 수행하는 데도 도움이 된다. 학교에서는 아이들이 학교의 일과 시간에 손쉽게 전화기를 만지작거리지 못하도록 반드시 기기를 사물함같이 멀리 떨어진 데 두도록 방침을 마련해야 한다.[29]

E. **중학교의 쉬는 시간을 사수하거나 혹은 더 늘리자** 요즘 중학교들도 점점 더 공부에 더 초점을 맞추는 형편이라, 간혹 쉬는 시간을 아예 없애버리는 학교들이 있다. 그러나 2013년 미국소아과학회가 발표한 바에 따르면, "인지 차원의 정보처리 과정과 학업 성적은 교실에서 집중적으로 수업을 듣는 중간중간 주기적으로 얼마나 휴식을 잘 취하는지에 달려 있다. 이 원칙은 사춘기 청소년은 물론 더 나이 어린 아동에게도 똑같이 적용된다."[30]

F. **지적 덕목들을 기르자** 지적 덕목이란, 비판적인 사상가나 배움에 능한 사람이 되기 위해 필요한 훌륭한 자질들을 말한다. 호기심, 개방성, 지적 겸손함이 그런 자질들에 속한다. 지적 덕목을 계발하는 과정은 반드시 학생들이 대학 캠퍼스에 발을 들이기 훨씬 전부터 시작되어야 한다. 캘리포니아주 롱비치의 차터스쿨charter school(대안학교와 비슷한 미국의 교육 시스템—옮긴이)인 인텔렉추얼 버추스 아카데미는 바로 이런 취지에서 2013년 설립된 중학교다.[31] 이 학교가 디딤돌로 삼은 세 가지 핵심 운

영 원칙은 감정적 추론의 비진실과는 전혀 상반되는 내용을 담고 있다. 그 세 가지란 생각하는 문화(질문을 던지고 이해를 구하며 훌륭한 사고 습관을 기르자), 자기이해(늘 자기반성과 자기인식을 잊지 않는다), 개방성과 존중하는 마음(협동심, 주체성을 가지되 타인의 생각을 열린 자세로 존중하는 강한 공동체 의식을 가지도록 부단히 노력한다. 이는 '우리 대 그들'의 비진실을 허무는 해독제이기도 하다)을 말한다. 어떻게 하면 지적 덕목들을 함양하고 학교에서 그런 덕목들을 발휘할 수 있을지 더 많은 것을 알고 싶다면, intelletualvirtues.org에 방문하거나 로욜라메리마운트대학교의 교수이자 인텔렉추얼 버추스 아카데미의 창립자 중 한 명인 제이슨 바에르의 글을 일독해보기를 권한다.[32]

G. **학생들에게 토론을 가르치고, 토론 동아리를 만들게 하자** 학생들에게 한 시민으로서 각자의 의견을 내는 기술을 가르칠 아주 훌륭한 방법이 있다면, 바로 체계적이고 공식적인 토론에 학생들을 참여시키는 것이다. 특히 자기와 관점이 정반대인 사람을 상대로 자기주장을 내세우는 연습을 해보는 것이 중요하다. 토론 기술을 익히고 공식적인 토론에 참여해보는 것은 모든 학생들에게 여러 모로 쓸모가 있다. 근거가 충분한 논변을 성립시키는 법을 알게 된다는 확실한 이점 외에도, 학생들이 토론을 통해 생각을 비판하는 것과 인신공격을 가하는 것이 어떻게 다른지도 구분하도록 돕는다. 토론 동아리를 만드는 방법과 관련해서는 국제토론교육협회에서 내놓은 여러 제안을 참고하면 좋을 것이다.[33] 아울러 학생이라면 (학부모나 교사들도 그렇겠지만)

인텔리전스 스퀘어드 토론 행사를 방청하면 실제 현장에서 사람들이 노련하게 토론을 벌이는 모습을 지켜볼 수 있다.[34]

H. **합리적인 논의를 활성화할 읽을거리와 학습과제를 내주자** 학교 전반에서 토론에 열심인 분위기를 조성하는 데는 각종 읽을거리와 학습과제들로 학생들에게 훌륭한 사고 습관을 가르쳐 그런 토론문화를 뒷받침해주어야 한다. 우리는 학교에서 이른바 언론 문해력 수업media literacy class을 마련할 것을 제안한다. 그런 수업에서 증거와 의견 사이에 과연 어떤 차이가 있고, 출처의 정당성을 따질 때는 어떤 방법을 쓰는지 학생들에게 가르치는 것이다. 아울러 헤테로독스 아카데미(관점의 다양성을 확산시키기 위해 조너선이 공동 창립한 교수 협회)에서는 존 스튜어트 밀의 고전인 《자유론》[35] 제2장을 삽화가 들어간 무료 PDF 파일로 만들어놓았다. 밀의 《자유론》은 왜 나와는 다른 식으로 세상을 바라보는 사람들과 상호 소통해야만 진리를 찾을 수 있다고 하는지를 아마도 가장 설득력 있게 논파한 책일 것이다. 헤테로독스 아카데미에서는 오픈마인드OpenMind라는 무료 쌍방 소통식 프로그램도 만들었는데, 이를 활용하면 사회 및 도덕 심리학의 기본을 단시간에 학습할 수 있으며, 이를 첫 단추로 삼아 사람들 사이의 간극을 넘는 데 필요한 대화의 기술들을 하나하나 익혀나갈 수 있다.[36] 2018년에 출간된 애니 듀크의 《결정: 흔들리지 않고 마음먹은 대로》라는 책도 일독해보길 권한다. 성공한 프로 포커 선수이자 의사결정전략 컨설턴트로 활동하는 듀크는 자신의 경험을 통해 깨달은 바를 이 책에 담았

다. 책에 자세히 설명된 갖가지 실전 연습을 접해보면, 학생들은 왜 훌륭한 사고 습관을 기르기 위해서 감정적 추론의 비진실을 거부해야만 하는지 그 이유를 알 수 있을 것이다. 듀크는 이른바 "쏠림tilt(게임판의 누군가가 감정에 휩쓸려 훌륭한 의사결정을 내리지 못할 때 포커 선수들이 쓰는 은어)"을 자세히 설명하면서, 우리가 느낌을 항상 신뢰할 수 없다는 점을 보다 분명히 한다. (TheCoddling.com에서 활용해볼 만한 여타 자료들을 더 찾아보기 바란다.)

다섯째, 전자기기 사용을 제한한다

전자기기를 쥐어주고 혼자 내버려둔다면, 많은 아이들은 마냥 화면만 들여다보며 시간을 보내기 일쑤일 것이다. 비영리 단체인 커먼센스미디어Common Sense Media의 조사에 따르면, 십대 청소년이 화면에 할애하는 시간은 평균 하루 9시간 정도이며, 8~12세 사이 아동은 하루에 약 6시간을 화면에 할애한다고 한다. 여기에 아이들이 학교에서 화면을 들여다보는 시간까지 더하면 그 시간은 더욱 늘어난다.[37] 이 같은 과도한 화면 시청이 아이들의 사회성 및 정신건강 악화와 연관이 있다는 주장을 담은 연구 결과물이 최근 점점 늘어나는 추세다. 이 주제는 너무 복잡한 문제인 데다 아직까지는 추천할 만한 연구 기반도 소규모인 실정이어서, 여기서는 대부분의 학부모와 수많은 십대 청소년에게 충분히 일리 있을 만한 일반적인 제안 세 가지를 하고 넘어가려고 한다. (더 많은 연구가 나오는 대로,

우리 웹사이트에서 더 많은 이야기를 하도록 하겠다.)

A. **기기 사용에 명확한 제한을 두자** 합리적으로 따졌을 때, 기기 사용의 최대치는 하루 2시간가량이 적당해 보이는데 그 정도 시간에서는 기기 사용이 정신건강에 부정적인 결과를 가져왔다는 증거가 나타나지 않기 때문이다. 저학년 아이들의 경우에는 주중 학교에 나가 공부하는 동안에는 기기 사용을 일절 금하는 것이 좋다. 그래야 아이들의 반복적인 하루 일과 사이에 기기 사용이 끼어드는 시기를 최대한 늦출 수 있다.

B. **아이들이 기기를 사용하는 시간뿐만 아니라, 기기로 무엇을 하는지에도 충분히 관심을 기울이자** 제7장에서 우리는 어떤 소셜네트워크 사이트나 앱의 가치는 청소년들이 돈독한 대인관계를 유지하고 다지는 데 그것이 도움이 되는지 혹은 방해가 되는지 여부로 판단해야 한다는 원칙을 제시했었다.[38] 당신의 자녀와 또래 친구들이 사용하는 앱이 어떤 것이고, 그것을 어떤 식으로 활용하고 있는지 이야기를 나눠보자. 아이들의 직접적인 의사소통에 없어서는 안 될 필수 앱은 어떤 것인가? 반면 아이들이 들락거릴수록 '고립공포감'을 느끼거나 다른 아이와 자기를 비교할 것 같은 앱, 혹은 비현실적으로 밝기만 한 다른 아이들의 일상만을 게시하는 앱은 어떤 것인가? 트웬지의 책 《i세대》를 (가능하면 가족들이 다 같이) 읽어보고, 어떻게 하면 과도한 기기 사용으로 인한 잠재적인 위험을 최소화할 수 있을지 십대 청소년인 자녀와 함께 토론해보자. 이런 기기들과 앱은 호소력이

나 중독성이 지극히 강하기 때문에, 아이들로서는 자기가 알아서 기기 사용을 통제하는 게 버거울 수 있다. 어쩌면 아이들의 기기에 학부모용 기기 사용 제한 앱[39]을 깔거나 환경 설정을 통해 기기 활용을 관리하고 감시해야 할 수 있다.[40] 아울러 '당신 자신'은 각종 기기들로 어떤 일을 하는지 신경 쓰자. 혹시 당신의 기기 사용이 아이들과 함께 보내는 시간의 질을 떨어뜨리고 있지는 않은가?[41]

C. **아이들의 수면 시간을 사수하자** 충분히 잠을 잘 때 아이들이 얻을 혜택은, 학교생활을 성공적으로 영위하고, 갖가지 사고를 피하고, 우울증을 떨쳐내기 수월해지는 등 그야말로 한두 가지가 아니다.[42] 하지만 오늘날 미국의 십대 청소년 대부분은 충분한 수면을 취하지 못하고 있다. 화면을 뚫어져라 응시하며 밤늦게까지 깨어 있는 것도 그 원인 중 하나다. 그것도 화면 속에서 다른 아이와 나를 비교하며 괴로워하고, 불빛 때문에 수면 각성 사이클에 방해를 받으면서까지 말이다.[43] 그러니 잠자리에 들기 최소 30분에서 60분 전에는 아이들이 전자기기에 손대는 일이 없도록 해야 한다. 시간이 됐다 싶으면 아이들에게서 전자기기는 모두 거둬들여 주방의 박스나 서랍 안에 두도록 하자. (다른 데도 괜찮지만 어디든 아이들의 침실과 어느 정도 떨어진 곳이어야 한다.)

여섯째, 전국 차원의 새로운 규범을 마련한다

제7장에서도 이야기했지만, 요즘 아이들은 옛날에 비해 더 천천히 자란다.[44] 이런 추세, 즉 성인의 이정표에 다다르기까지 더 많은 시간이 걸리는 것은 벌써 수십 년 전부터 있어왔던 일이지만,[45] i세대가 등장하면서 특히 더 눈에 띄게 되었다. 물론 성인기가 늦춰진 사실 자체에 문제가 있다고는 할 수 없지만, 날이 갈수록 성인기가 미뤄지고 있다면 아이들이 대학에 들어가는 시기도 함께 늦추는 것을 고려해봐야 하지 않을까? 오늘날 대학생들은 불안증이나 우울증에 시달리는 비율이 밀레니얼 세대를 비롯한 여타 세대들에 비해 훨씬 높다. 자해를 하거나 스스로 목숨을 끊는 아이들의 수도 날이 갈수록 늘어나고 있다. 안전주의 문화에 매달리거나, 밀레니얼 세대에겐 거의 아무 문제도 안 되었던 책이나 사상들에 반감을 품는 학생들도 많아졌다. 이래서는 학생들을 도우려고 우리가 아무리 애를 써도 소용없다.

그래서 우리는 미국이 전국적 차원의 새로운 규범을 채택해봤으면 좋겠다는 의견이다. 2016년에 말리아 오바마가 그랬던 것처럼, 고등학교를 졸업하고 1년은 잠시 공부에서 손을 떼고 일명 "갭 이어gap year"를 갖는 것이다. 고등학교의 상담사, 사춘기 청소년 발달 연구 전문가, 대학 입학 관리자들 사이에서도 이러한 구상을 지지하는 쪽으로 의견이 모이는 추세다.[46] 고등학교 졸업생들이 일 년 동안 부모 품을 떠나 공부 대신 일을 하며 뭔가 배울 수 있게 하자는 것인데, 이는 아이들에게 자신의 관심사가 무엇인지 탐색하고 대인 관계 기술을 쌓는 등, 대학 캠퍼스에 발을 들이기 전에 전반적으로 스스로를 보다 성숙시킬 수 있는 시간이 될 것이다. 고등학교를 졸업한 직후 1년은 학생들이 나라를 위해 봉사하며 미국 시민이 되는 통과의례를 치르기에 더없이 좋은 시기이기도 하다.[47] 퇴역장성인 스탠리 매크리스털은 서비스이어 얼라이언스Service Year Alliance라는 단체의 회장직을 맡아 운영하며, 미국의 공동체들에 도움을 주는 각종 프로젝트에 고등학교나 대학을 갓 졸업한 학생들을 참가시켜 1년 동안 정규직으로 일하며 돈을 벌 기회를 주선해주고 있다.[48] 최근 미국에서는 모든 미국인이 18세에서 28세 사이의 1년은 어떤 식이든 봉사활동에 할애하게 하자는 인식이 싹트고 있는데, 매크리스털은 그런 분위기 조성에 앞장서고 있다. "그런 봉사활동을 통해 소득수준, 인종, 민족, 정치적 입장, 종교적 믿음이 달라도 얼마든 합심해 무언가 이룰 수 있다는 사실을 우리의 미국 젊은이들은 배울 수 있을 것입니다"라고 그는 말한다.[49] 우리의 의견도 마찬가지이다. 아울러 봉사활동이든 정식 근무든, 갓 어른이 된 청년들이 자신이 자란 곳과는 사뭇 다른 지역에서 일할 시간을 갖는다면, 양극화로 분열된 미국 민주주의의 상처를 치유하는 데도 좋으리라고 우리는 믿는다.[50]

시카고대 총장 로버트 짐머는 지적 탁월성 및 열린 탐구와 관련해 시카고대가 어떻게 그렇게 탁월한 역량을 갖출 수 있었는지를 주제로 2018년에 인터뷰를 진행한 적이 있다. 이때 그가 지적한 것이 요즘 학생들은 자유로운 발언 문화를 받아들일 채비도 없이 캠

퍼스에 발 들이는 경우가 많다는 것이었다.

> 지금의 고등학생들은 고등수학 문제를 더 풀거나, 역사 보고서를 줄줄 써낼 준비는 얼마든 돼 있다. (…) [하지만] 학생들이 대학에 가서 열린 담론에 뛰어들고, 자유로운 논증을 할 수 있게 하기 위해 미국 고등학교들은 학생들을 어떻게 준비시키고 있는가?[51]

부모와 교사들이 단단함을 지닌 아이들을 길러낼 수 있다면, 아울러 중학교와 고등학교들에서 갖가지 지적 덕목들을 아이들에게 키워줄 수 있다면, 나아가 열아홉 살 혹은 그 이후라도 대학에 들어가기에 앞서 아이들이 일 년간 집을 떠나 봉사활동이나 얼마간 급여를 받는 정식 근무를 해볼 기회가 있다면 어떨까? 장담컨대, 그렇게 자라난 아이들은 대부분 무슨 일이 닥쳐도 꿋꿋이 헤쳐 나갈 각오가 돼 있을 것이다.

제13장

대학들이 보다 지혜로워지려면

아리스토텔레스는 무언가의 가치를 평할 때 그것이 지닌 '텔로스telos'(그것의 최종 목적이나 목표)를 자주 기준으로 삼았다. 일례로 칼刀의 텔로스는 무언가를 자르는 것이다. 물건을 잘 자르지 못하는 칼은 좋은 칼이 아니다. 의사의 텔로스는 건강 혹은 치료다. 사람을 제대로 치료하지 못하는 의사는 좋은 의사가 아니다. 그렇다면 대학의 텔로스는 무엇이라고 해야 할까?

이 질문에는 '진리'라는 답이 단박에 나올 게 분명하다, 대학들이 내건 문장紋章만 해도 그 안에 이 말이 들어간 경우가 숱하게 많다. 예를 들어, 하버드대의 문장에는 '베리타스Veritas(진리)'가 들어가 있고, 예일대의 문장에서도 '룩스 에트 베리타스Lux et Veritas(빛과 진리)'라는 문구를 찾아볼 수 있다. '지식'을 진리의 사촌쯤으로 여겨도 된다면, "지식이 더욱더 많이 자라나게 하라, 그리하여 인간의 삶이 더 풍요로워지도록"이라는 뜻의 라틴어를 교훈校訓으로 삼은 시카고대처럼, 진리를 모토로 내건 학교는 그야말로 수두룩하게 많아진다. (심지어 영화 〈동물농장〉의 무대인 가상의 대학 페이버칼리지에서도 "지식은 선한 것이노라"를 모토로 삼고 있다.)[1]

물론 지금 대학들은 수많은 학과와 센터, 주주의 이해관계, 각종 기능이 복잡하게 뒤얽힌 이른바 멀티버시티가 돼 있는 실정이다. 진리 추구 외에도 총장실이 밀고나가야 할 목표는 한두 가지가 아니며, 그러기는 체육학과도 학생건강증진센터도 마찬가지다. 학생들도 교수진도 그런 면에서 다를 바가 없다. 그런데 왜 대학의 이 모든 사람들과 직원들은 하나같이 맨 윗자리에 놓이는 것일까? 왜 사람들은, 적어도 최근까지는, 대학을 중요한 기관, 즉 수십억 달러의 공적 자금을 지원받아 마땅한 신뢰성 있는 기관이라고 생각할까?[2] 그 까닭은, 진리를 발견하고 전달하는 일이 무척 고귀한 목적인 동시에 공공의 선을 위한 것이라는 인식이 대중 사이에 널리 퍼져 있기 때문이다.

만일 진리를 대학의 텔로스라고 하면, 날이 갈수록 방대해지는 인류의 지식을 더 늘리지 못하거나 혹은 학생들에게 최선의 지식을 전달하지 못하는 대학은 좋은 대학이라고 할 수 없다. 학자들이 자기의 연구 분야 안에서 지식의 지평을 더 넓히지 못하거나 혹은 다른 목표를 충족시키기 위해(예를 들면 재산을 모은다거나 어떤 이념을 밀고나가기 위해) 진리를 저버린다면, 그는 좋은 학자라고 할 수 없을 것이다. 교수들이 자신들 분야의 새로운 연구 성과에 발맞추어 학생들에게 진리에 대한 더 풍성한 이해를 전해주지 못하면, 나아가 학생들이 대학을 졸업한 후에도 진리를 더 잘 찾아낼 수 있도록 필요한 기술이나 습관을 길러주지 못한다면, 그는 좋은 교수라고 할 수 없다.

진리 말고도 대학의 텔로스로 제안할 만한 대안 후보가 몇 가지 있다. 진리의 대안으로 가장 흔히 손꼽히는 것은 아마도 진보, 변화, 혹은 더 나은 세상을 만드는 것이리라. 한때 마르크스는 교육기관을 싸잡아 이런 말로 비난했다. "철학자들은 이 세상을 이런저런 방식으로 해석만 할 뿐이다. 정작 중요한 것은 이 세상을 바꾸는 일인데도."[3] 오늘날에도 일부 학생들과 교수들은 사회 변화야말로 공부의 목적이라고, 나아가 그러한 변화를 보다 효과적으로 일으킬 수 있게 학생들을 훈련시키는 것이야말로 교육의 목적이라고 생각하는 눈치다.[4]

우리는 그렇지 않다고 본다. 진리는 힘이 무척 강하지만, 진리에 도달하는 과정 자체는 그것을 추구하는 사람들의 욕망이나 공동체의 사회적 역학 따위에 밀려 부패에 물들기 쉽다. 가령 어떤 대학이 변화 혹은 사회적 진보라는 텔로스를 기치로 내걸고 똘똘 뭉쳤다고 하자. 그런 상황에서는 학자들이 아무래도 그 비전에 부합하는 결론에 이르려는 동기를 갖지 않을 수 없을 테고, 그와는 다른 결론에 이르는 경우에는, 아니면 제4장과 제5장에서도 봤듯 그저 질문만 잘못하더라도, 공동체는 그런 사람들에게 사회적 비용을 부담시키려 들 것이다. 어떤 정치적 의제와 관련해서든 불편한 사실들은 늘 존재하기 마련이고 그렇게 다른 목소리를 내는 이들을 대학, 혹은 학계가 어떻게 다루는지만 봐도 그곳이 어떤 곳인지를 판단할 수 있다.

전 노스웨스턴대 교수 앨리스 드레거는 운동권 학생들과 교수들에게 "자료 자체를 즐겨라Carpe datum"라고 적극 권하는데, 우리도 그 생각에 동의한다.[5] 그녀는《갈릴레오의 가운뎃손가락》이라는 자신의 책에서, 훌륭한 학문 연구는 "진리를 찾는 것을 제일의 목적으로, 사회정의 추구를 두 번째 목적으로 삼는다"라고 주장한다. 그녀 자신의 설명을 들어보면 이렇다.

> 증거라는 것은 확실히 윤리적 문제다. 현대 민주주의 사회에서는 어쩌면 가장 중대한 윤리적 문제라고 하겠다. 여러분이 정의를 이루고 싶다면, 진리를 찾는 일을 해야 한다. 그리고 진정 진리를 찾고 싶다면, 정의가 이루어지길 바랄 때보다는 조금 더 많이 노력해야만 한다.[6]

드레거가 상상하는 그런 대학, 즉 진리를 텔로스로 삼는 대학에 몸담고 싶은 학생, 교수, 관리자들을 위해 앞서 이 책에서 다룬 사상들과 연구를 기반으로 우리는 몇 가지 제안을 해본다. 우리는 분노와 양극화가 횡행하는 오늘날의 시대에서조차 대학의 번영을 도울 수 있는 네 가지 기본 원칙에 따라 이들 제안을 내놓는 바다. 고등학생들이라면 대학에 지원할 때 이들 원칙을 잘 고려해야 할 것이며, 대학 입시 상담사들도 입시를 코앞에 둔 수험생들이나 학부모들에게 학교를 추천할 때 이들 원칙을 고려해야 할 것이다. 우리는 대학의 재학생, 교수, 졸업생, 그리고 이사회 임원들이 학교 경영진 및 행정처와 함께 이들 원칙들을 가지고 논의를 벌였으면 하는 바람이다.

첫째, 나의 정체성과 탐구의 자유를 하나로 엮는다

A. **시카고 성명을 지지하자** 대부분의 미국 대학들은, 국립이든 사립이든, 표현의 자유, 학문의 자유, 탐구의 자유를 화려한 미사여구를 곁들여 약속하는 선언문을 갖고 있다.[7] 하지만 전력을 다해 표현의 자유를 지킬 것을 약속한 이 기존의 선언문들은(상당수가 20세기 초에 작성되었다) 그간 숱한 교수들과 학생들이 자신이 한 발언을 빌미로 징계를 당하는 것을 막아주지 못했다. 바로 이런 이유로 우리는 모든 대학들이 표현의 자유 선언문을 새롭게 고치기를 권하며, 2015년 시카고대가 승인한 성명을 그 본보기로 제안한다. 법학자 제프리 스톤을 의장으로 삼아 구성된 위원회에서 작성한 이 성명은, 연사 초청 취소와 강연 훼방, 학내 언어규범 제정 같은 일이 비일비재한 오늘날의 현실을 고려해 새롭게 매만진 표현의 자유와 학문의 자유에 관한 선언문이다. 애머스트대, 컬럼비아대, 존스홉킨스대, 프린스턴대, 밴더빌트대를 비롯해, 이제까지 총 40개에 이르는 미국 대학의 관리자들 및 교수진이 이 성명을 채택해 활용하고 있다.[8]

FIRE는 시카고대의 이 성명을 다시 매만져 다른 학교들이 성명으로 삼을 수 있게 본보기로 만들어놓았다(부록 2 참조). 그중 핵심 단락을 뽑아 소개하면 다음과 같다.

> ㅇㅇ[기관명]은 원칙을 지키는 데 전념할 것이니, 그 원칙이란, 누군가가 내놓은 아이디어에 대해 ㅇㅇ의 일부 혹은 대부분 성원이 그것을 공격적이거나 어리석거나 그릇되었다고 여기

더라도 그에 대한 논쟁이나 숙의가 억압당하는 일은 없게 한다는 것이다. 아울러 그런 판단을 하는 것은 기관으로서의 ○○이 아닌, ○○에 속한 개개인 스스로가 되어야 할 것이며, 그러한 판단을 실행에 옮길 때에는 발언을 억누르는 식이 아니라 자신들이 반대하는 생각들을 주제로 공개석상에서 치열하게 다퉈보는 식이어야 할 것이다.

아울러 대학들은 자신들이 정한 학내 방침들이 미국 수정헌법 제1조에 부합하는지 검토해봐야 할 것이다. 국립대학의 경우 캠퍼스 안에서 학생들과 교수들의 표현할 권리를 보호해야 하는 것은 법적 의무인 바, 대학의 각종 방침들이 자유로운 발언을 침해하지 않도록 하는 것은 학생들을 위해서일 뿐만 아니라, 대학이 수정헌법 제1조를 근거로 소송에 휘말려도 패소를 피할 수 있는 길이기도 하다. 사립대학의 경우 표현의 자유, 학문의 자유, 자유로운 탐구를 약속했다면 학내의 언어규범을 수정함으로써(혹은 아예 폐지함으로써) 학교가 이 원칙을 성실히 준수하고 있음을 몸소 보여줄 수 있을 것이다. 수험생들은 어느 대학에 지원할지를 결정할 때 대학들의 언어규범들도 면밀히 따져야 할 것이며, 대학생들도 자신들 학교에 어떤 방침이 마련돼 있는지 분명히 인식하고 있어야 할 것이다.[9]

B. **대중의 격분에 반응하지 않는 관례를 확립하자** 학교 안에 자유로운 발언과 학문의 자유를 보장하는 강하고 명확한 방침들이 마련돼 있다 한들, 정작 학교 안에서든 밖에서든, 사태가 험악

하게 돌아가거나 혹은 학교 운영진이 시위대의 압박 작전에 휘말렸을 때 학교의 고위직 인사들이 굳건히 자리를 지키지 못하면 그런 원칙들도 종잇조각에 불과해지고 만다. 대학에서 이런 원칙을 한결 쉽게 고수하도록 하기 위해서는, 그러한 분쟁들이 터지기에 앞서 총장이 매해 신년 초마다 공식석상에서 발언의 자유를 지키는 데 전념할 것을 약속하면 된다. 물론, 어떤 학생 혹은 교수가 온라인에서든, 교실 안이든 혹은 캠퍼스 안의 다른 어떤 환경에서든 정말로 위협적이거나, 남을 괴롭히거나, 당장 법적 소송까지 당해도 이상하지 않을 어떤 발언이나 행동 혹은 수정헌법 제1조가 보호하지 않는 어떤 발언을 했을 때는 대학도 가만히 있어서는 안 될 것이다. 그러나 이런 상황에서도 총장들이 성급하게 행동에 나서서는 안 된다. 다시 말해 명문화된 학교의 방침과 징계 절차를 따라야 한다는 이야기인데, 고발당한 교수나 혹은 학생들도 그 과정에서 공평한 의사 발언 기회를 가져야 한다. 대중이 격분해 제멋대로 감사나 징계를 요구하는 것에 대학들이 쉽사리 반응하면 할수록, 대중은 더 격분해 더 제멋대로 요구하고 나설 것이다. 요새 사람들은 쉽게 격분하지만 그만큼 격분이 반감하는 시간도 짧아진 만큼, 불미스런 사태가 일어나면 대학들은 사람들의 격분이 제풀에 가라앉을 때까지 기다려야 할 것이다. 이는 조교수나 부교수의 보호와 관련해 특히 중요한 일인데, 이들은 종신 재직권이 있는 교수진에 비해 해고될 가능성이 훨씬 더 높기 때문이다.

C. **'방해꾼의 거부권'을 인정하지 말자** 동료 학우가 어떤 강연에

참석하거나 수업을 듣지 못하게 막을 권리는 그 누구에게도 없다는 점을 대학 총장들은 명확히 못 박아야 한다. 다른 이의 표현할 자유를 방해하지 않는 시위는 보호받는 발언행위이고, 생산적인 의견 충돌의 적법한 사례다. 심지어 다른 청중의 들을 권리를 '잠깐' 방해하는 다소 소란스러운 시위조차도 어느 정도 허용된다. 하지만 시위대의 행동 때문에 청중이 수업을 듣지 못하거나 연사가 말을 할 수 없을 만큼 현저한 피해가 발생했을 때에는, 그런 소란을 일으킨 장본인들이 반드시 어떤 식으로든 처벌을 받아야만 한다. 방해꾼이 행사에서 소란을 일으켰는데도 그 어떤 처벌도 받지 않는 학교가 있다면, 수험생들은 그런 학교에 들어가는 것은 피해야 한다.[10]

둘째, 다양한 사람들로 최상의 조합을 만든다

A. **나이가 많고 독립적으로 살아갈 역량을 증명해 보일 수 있는 사람들을 대학에 더 많이 입학시키자** 앞서 제12장에서도 말했지만, 요즘은 성인기가 날이 갈수록 뒤로 미뤄지고 있으며, 이런 추세가 나타난 지는 벌써 수십 년째다.[11] 대학에 들어가기 전에 한 해 갭이어를 갖거나, 혹은 나라를 위해 일 년간 봉사활동을 하거나, 혹은 군대에 들어가 몇 년 복무하는 것이 전국 차원의 새로운 규범으로 떠오르면, 학생들은 물론 대학들과 미국이라는 나라까지도 함께 많은 혜택을 입으리라고 우리는 믿는다. 독립성을 키우는 준비를 하느라 이래저래 시간을 보낸 학생에게 명

문대학들이 특례를 주겠다고 공식 발표한다면, 이 새로운 규범을 확산시키는 데 엄청난 힘을 발휘할 수 있다. 어린 시절에 시험공부와 스펙 쌓기에 매달린 학생들은 더 이상 너무 많이 입학시키지 말고, 자신이 얼마나 자율적인 사람인지를 스스로 보여주는 학생들을 더 받아들이기 시작한다면 캠퍼스의 분위기는 극적으로 나아질 소지가 크다.

B. **'지적 덕목'들을 가르치는 학교에 다닌 학생들을 더 많이 입학시키자** 우리가 제12장에서 이야기한 지적 덕목들을 강조한 학교, 아울러 학생들에게 토론 훈련을 시키는 학교들의 인재를 명문대학들이 대거 끌어온다면, 미국의 초·중등 교육기관 중에도 그런 교육법을 택하는 곳이 더 늘어날 것이다. 그렇게 된다면 차세대 대학생들은 도전적인 사상에 맞붙어 씨름하거나 다양한 학우들과 한데 뒤엉켜 생활할 준비가 더 잘 된 이들일 것이다.

C. **다양성 정책에 관점의 다양성도 포함시키자** 다양성은 공동체에 여러 혜택을 주는데, 다양성을 인정하면 서로 다른 관점에서 문제에 접근했던 사람들이 하나로 뭉치게 되기 때문이다. 제5장에서도 지적했듯, 최근 수십 년 새에 대학의 교수진 및 학생구성은 인종, 젠더를 비롯한 여타 특성 면에서 더 다양성을 보이게 됐지만, 정치적 관점에서는 외려 다양성이 줄어들었다. 이런 맥락에서 우리는 대학들이 학내의 다양성 성명이나 전략들에 "관점의 다양성"도 포함시켰으면 한다. 그렇다고 교수진과 학생

수에 똑같이 비례해 정치적 관점의 비율을 정해야 한다는 뜻은 아니며, 모든 관점이 다 전면에 드러나야 한다는 것도 아니다. 다만, 관점의 다양성을 포함시키는 방법을 통해 부디 대학들이 정치적 획일성이나 교조주의에 빠지는 일은 없었으면 한다.[12]

셋째, 생산적인 의견 충돌을 지향한다

A. **'죽지 않을 만큼 고된 일은 우리를 더 약해지게 한다'라는 유약함의 비진실을 단호히 거부하자** 진리 추구에 매진하는 대학이라면, 학생들이 갈등, 분쟁, 논쟁을 겪도록 준비시켜야만 한다. 많은 학생들은 대학에 들어가면 그간 가장 소중하게 품어온 믿음들에 도전을 받게 될 텐데, 그것이 자신을 괴롭히거나 개인적으로 공격하는 게 아니라는 사실을 반드시 알아야 한다. 오히려 서로 치고받으며 각자가 가진 확증편향을 없애준다는 면에서 서로에게 호의를 베푸는 과정이라고 봐야 할 것이다. 학생들은 또한 충분히 합리적인 주장을 하되, 그 사람의 생각이 아닌 사람 자체를 비판하는 인신공격은 가급적 삼가는 법도 배워야 한다. 학생들의 여름 독서 목록과 신입생 오리엔테이션 내용에는 브라운대의 전임 총장이자 미국 아이비리그 대학의 첫 흑인 총장인 루스 시몬스의 다음과 같은 메시지가 분명히 담겨 있어야 한다. "한 사람의 목소리가 한층 강하게 자라나는 것은 상반되는 견해를 만났을 때입니다. (…) 의견과 이념의 충돌이야말로 학문이라는 영역이 지닌 고유 DNA입니다. 충돌을 피하는 첨단

기술 같은 것은 이곳엔 전혀 필요치 않습니다."[13] 강의실을 비롯해 학내에서 열리는 대중 강연이 지적 '안전지대'가 아니라는 사실을 학생들에게 설명하도록 하자. (물론 학생들도 결사의 자유가 있는 만큼, 각자 개인 시간을 보낼 때는 얼마든 교내 여기저기에 그런 공간을 마련해 시간을 보낼 자유가 있다.[14]) "안전하지 못한"이라는 말이 은밀히 확장돼 "편안하지 않은"이라는 뜻까지 포함하지 않도록 경계하자. 아울러 제4장에서 이야기했던 짤막한 동영상 편집본을 보여주어, 반 존스가 감정적 "안전함"에 대한 기대는 버리고 대학을 "체육관"으로 여기라고 한 이야기를 학생들에게 들려주자.[15]

B. **'늘 너의 느낌을 믿어라'라는 감정적 추론의 비진실을 단호히 거부하자** 대학들은 신입생을 맞는 오리엔테이션에서 확증편향이란 것이 얼마나 힘이 강한지, 인지왜곡이 우리 주변에서 얼마나 흔하게 일어나는지를 분명히 강조해야 한다. 사고를 잘 전개한다는 것은 녹록치 않은 일이다. 우리 자신이 느낌이나 집단 충성심에 휩쓸려 애먼 길로 가기 쉽기 때문이다. 소셜미디어, 사이버 트롤, 가짜 뉴스가 막강한 힘을 떨치는 이 시대에 자신의 느낌만 곧이곧대로 믿고 상대 적수에 대한 수상쩍은 이야기를 그대로 받아들이기만 한다면, 결국 국가적 위기, 나아가 세계적 위기까지 닥칠 수 있다. 구성원들이 자신의 주장을 입증하고자 증거를 사용하는 것에 대해 서로 책임을 묻는 공동체야말로, 분노가 극으로 치닫는 이 시대에 사람들이 합심해 진리를 찾아나갈 수 있는 공동체다. 학생들에게는 비판적 사고가 중요함을 강조

하는 동시에, 더 나은 비판적 사고를 전개할 수 있는 수단을 마련해주어야 한다. 그런 수단 중 하나가 인지행동치료다. 학생들에게 인지행동치료를 직접 가르치는 일은 비교적 어렵지 않으며, 웹사이트나 앱을 이용해 인지행동치료를 자유롭게 접해보라고 권할 수도 있다(부록 1을 참조하라). 인지행동치료 외에도 오픈마인드라는 프로그램을 학생들이 잘 활용하면, 골치 아픈 대화를 잘 끌어나갈 수 있는 여러 기술들을 손에 넣을 수 있다(OpenMindPlatform.org를 참조하라).

C. **'삶은 선한 사람들과 악한 사람들 사이의 투쟁이다'라는 '우리 대 그들'의 비진실을 단호히 거부하자** 대학에 갓 입학한 1학년생들에게(특히 여름 독서 목록 및 오리엔테이션 내용에서) 정체성 정치가 어떤 식으로 소개되는지 면밀히 살펴봐야 한다. 사회적인 문제들을 이해하면서 비윤리적인 방법이나 체제 차원에서만 접근하는 내용들은 골라내야 한다. 새로 들어오는 신입생들은 세계 각국에서 오는 학생들을 포함하여 다양성을 갖춘 집단인 만큼, 특히 첨단 기술이 넘쳐나는 이 시대에 무엇이 서로를 무심코 공격하거나 배제하는 방식이 될 수 있는지 이야기를 나눠보면 좋을 것이다. 서로 예의를 지키고 배려하도록 하되, 문제가 불거질 때는 그것을 미세 '공격'의 틀로 바라보지 않게 하자. 그 대신, 한 가족끼리는 서로에게 일단 믿음의 원칙을 적용하듯 보다 자비로운 틀을 학생들에게 이용하게 하자. 가족들은 어떤 문제가 터지면 되도록 남에게 알리지 않고 조용히 해결하려 한다.

넷째, 더 커다란 공동체의 원을 그린다

우리가 이제껏 이 책의 논의를 끌어오며 강조한 사회심리학의 기본 원칙은, 사람들을 갈가리 갈라놓고 그들 사이의 차이점을 더 부각시키면, 사람들 사이의 분열은 더 심해지고 서로에 대한 신뢰도 엷어진다는 것이다.[16] 반대로 사람들 사이에 공동의 목표나 이익, 하나된 운명, 보편적 인간성을 더 강조할수록, 사람들은 서로를 자신과 같은 인간으로 바라보게 되고, 더 배려하게 되며, 공동체를 위해 다들 서로 애쓰고 있다는 사실에 진심어린 감사를 느끼게 된다. 파울리 머리는 "내 형제들이 날 따돌리려 자신들만 들어가는 원을 그리면, 나는 더 커다란 원을 그려 그들을 감싸 안을 것이다"라며 이런 원칙이 가진 힘을 표현했다.[17] 그 원을 더 크게 넓히는 데 있어서 학생, 교수, 그리고 관리자 모두가 막중한 역할을 할 수 있다.

A. **애교심을 키우자** 대학교 중에는 매 학년이 시작될 때마다 몇 주간 학생들 사이에 이른바 '애교심'을 키워주고 공동의 정체성을 다져주기 위해 무던히 애쓰는 곳들이 더러 있다. 애교심쯤이야 하며 하찮게 여길 수도 있지만, 나중에 학교가 험난한 일들에 부딪혔을 때 내적으로 더욱 단단한 신뢰성을 갖춘 공동체를 만들어줄 수 있는 것이 애교심이다.

B. **신변의 안전을 지키자** 이 책에서 우리는 감정적인 편안함을 신변의 안전과 혼동해선 안 된다고 줄곧 주장해왔다. 하지만 제6장에서 드러났듯, 지금 우리가 사는 세상에서는 극단주의자들

이 인터넷과 소셜미디어를 활용해 학생들과 교수들, 그중에서도 특히 역사에서 소외받아온 사람들을 위협하고 괴롭히기 일쑤다. 그러한 위협들은 때로 인터넷을 벗어나 대학 교정에까지 직접 미치기도 한다. 따라서 대학들은 비용을 들여서라도 반드시 신변 안전에 만전을 기해야 하며, 캠퍼스 경찰대, 해당 지역의 경찰서, FBI 등 여타 보안 당국과 긴밀히 연계하고 적극적으로 공조하여 위협이나 폭력 행위에 대한 조사와 징계를 해야 한다. 그리고 그런 조치들을 취할 때는 반드시 일관성을 지켜야 한다. 유색인종 학생들이 캠퍼스 경찰대나 지역 경찰로부터 어떤 대우를 받았는지가 심심찮게 신문 지면에 오르는 상황을 볼 때, 경찰로서는 그들을 마치 잠재적 범죄자처럼 대우하는 일이 없도록 각별히 유의해야 한다. 어떤 배경을 가졌건 모든 학생은 신체 공격을 당하는 일이 없도록 안전을 보장받아야 하며, 대학 캠퍼스 경찰대는 그들을 지켜주기 위해 존재한다는 사실을 알아야만 한다.

C. **학생들을 위해 당파를 뛰어넘는 행사를 개최하자** 캠퍼스 내의 어떤 집단이 강연을 기획하며 자신들의 아이디어를 발전시키기보다는 사람들에게 충격과 공격을 가하고 과민반응이 일어나게 도발하려는 것을 염두에 두고 있다면, 그런 행사는 제6장에서 이야기한 상호비방을 더욱 악화일로로 치닫게 할 뿐이다. 흥미롭고도 이념적으로 다양한 화두를 다루는 연사들을 중간에서 주선해주는 단체들은 얼마든지 많으며, 그런 연사들의 강연을 통해 우리는 정치적 다양성에 노출되는 것이 얼마나 중요

지혜로운 대학 찾아내기

다음은 졸업생, 학부모, 대학 입시 상담사, 수험생들이 대학에 던져봐야 할 다섯 가지 질문이다.

1. 1학년 수업을 수강하기 전, 신입생이 학문의 자유와 자유로운 탐구를 배우도록 하기 위해 당신 학교에서 밟는 단계로는 (만일 있다면) 어떤 것들이 있나요?
2. 어떤 교수가 기사나 인터뷰에서 의견 표명을 했는데, 그것이 다른 사람에게 매우 공격적으로 들렸다는 이유로 그 교수를 해고하라는 요구가 나온다면 이 문제를 당신은 어떻게 해결할 건가요?
3. 학교에 논쟁적 인물의 강연 일정이 잡히고, 그에 뒤따라 폭력 사태도 불사할 대규모 시위 일정이 함께 잡힌다면 당신 학교에서는 어떻게 할 것 같은가요?
4. 불안증과 우울증으로 힘들어하는 학생들이 날이 갈수록 늘어나는 데 대해 당신 학교에서는 어떻게 대응하고 있나요?
5. 당신의 학교에서는 학생들 간에 공통된 정체성을 키워주기 위해 어떤 일들을 하나요?

여러분은 갖가지 대답 중에서도 우리 학교는 활발한 의견 충돌은 무척 너그럽게 받아들이지만, 폭력이나 협박은 용인하지 않는다는 식의 답을 찾아야 한다. 또 학생들은 단단한 존재라는 인식을 밑바탕에 깔고 있으면서도, 요즘 학생들은 감정적인 면의 성장을 위해 뒷받침이 필요한 경우가 많다는 사실도 인정한다는 식의 답변을 찾아야 한다. 아울러 우리 학교는 공동체의 구성원들을 두루 아우르는 원을 그리고, 그 안에서 각자의 차이를 보다 생산적으로 탐구하고자 한다는 식의 답을 찾자.

한 일인지를 실감할 수 있다. 대학에 다니는 학생이라면 학내의 공화당 및 민주당 당사를 찾아가 그런 행사를 공동주최하자고 요청해보자. 그런 노력이 성사되든 안 되든 간에, 브리지USA 활동을 새로 시작해보는 것을 고려해보는 것도 좋다. 학생들이 주축이 되어 단체를 운영하며 건설적인 정치 토론 행사를 주최해보는 것이다.[18]

요즘 수많은 미국 대학들이 갖가지 곤경에 처해 있는 것은 맞지만, 이 책에서 다룬 그 문제들은 충분히 해결 가능하다고 우리는 믿는다. 이번 장에서 말한 변화들과 앞서 제12장에서 말한 변화들이 한데 맞물린다면, 대학은 진리라는 텔로스를 추구해나가는 자신의 능력을 한층 강화시켜나갈 수 있다. 탐구의 자유를 정체성의 본연으로 삼는 학교라면 진리를 찾아나서는 데에 남다른 전망을 가진 학생들을 선발해, 그들이 생산적인 의견 충돌을 벌일 수 있게 잘 이끌고 준비시켜야 하며, 나아가 공동체 전체를 아우르는 보다 커다란 원을 그려야 한다. 모든 학생들이 여기라면 자기 신변이 안전하게 지켜지고 바로 여기가 내가 속한 곳이라는 인식을 가질 수 있는 그런 공동체를 만들어서 말이다. 이런 학교야말로 학생들이 진정으로 들어가기를 열망하고, 다니면서도 기쁨을 느낄 수 있는, 사회에 축복을 가져다주는 대학이지 않겠는가.

나오는 글

사회가 보다 지혜로워지려면

이 책에서는 지혜와 그 지혜에 정반대되는 내용들을 함께 다루었다. 아울러 세 가지 심리학의 원칙을 이야기하고, 부모와 교육자가 더없이 훌륭한 선의를 갖고도 이런 원칙에 어긋나는 방침을 실행했을 때 젊은이들에게 어떤 일이 일어나게 되는지도 보여주었다. 이 책의 서두를 장식한 경구 셋과 대단한 비진실 셋을 나란히 놓고 대조해보면, 이 책의 전체 내용은 다음과 같이 간단히 요약된다.

제1부에서는 세 가지 심리학의 원칙을 설명하고, 최근 수많은 대학에서 시행되고 있는 일부 관례와 방침들이 지혜보다 어리석음을 끌어안도록 학생들을 어떤 식으로 부추기고 있는지 보여주었다. 제2부에서는 학생들이 세 가지 비진실 모두를 끌어안을 때, 더구나 관점의 다양성이 잘 존중되지 않고 운영진의 리더십이 약하고 대학 내 성원들이 위협받고 있다는 위기감이 강한 곳에서(실제로 정치적

심리학의 원칙	지혜	대단한 비진실
젊은이들은 단단한 존재다.	아이들을 위해 길을 내줄 게 아니라, 길을 갈 수 있게 아이들을 준비시켜라.	죽지 않을 만큼 고된 일은 우리를 더 약해지게 한다.
사람들은 누구나 감정적 추론과 확증편향에 빠지기 쉽다.	제아무리 악랄한 적도 네가 무방비 상태로 품는 생각만큼 너를 심하게 해치지는 못한다. 하지만 그 생각들을 완전히 제압하고 나면 삶에 그만큼 큰 도움이 되는 것도 없을지니, 심지어 네 부모도 비할 바가 아니리라.	늘 너의 느낌을 믿어라.
사람들은 누구나 이분법과 부족주의에 빠지기 쉽다	선과 악을 가르는 경계는 모든 인간의 마음에 생채기를 남긴다.	삶은 선한 사람들과 악한 사람들 사이의 투쟁이다.

양극화와 캠퍼스 밖에서의 도발이 심해진 것이 이런 위기감을 부추긴 일부 원인이 됐다) 그러할 때 어떤 사태가 일어나는지 보여주었다. 제3부에서는 지금의 사태를 한마디로 간단하게 설명할 수 없다는 사실을 보여주었다. 오늘날 미국에서 벌어지고 있는 일들을 이해하기 위해서는 얽히고설킨 여섯 가닥의 설명의 실마리를 잘 들여다봐야만 한다. 그 여섯 가지 실마리로는 날로 늘어가는 사춘기 청소년의 불안증 및 우울증, 중간계층과 유복한 가정의 부모들이 더 전전긍긍하며 아이들을 과잉보호하고 양육에 시간과 노력을 집중 투자하는 식으로 양육방식이 바뀐 것, 사회 전반에 걸쳐 i세대가 놀이 및

리스크 감수 기회를 빼앗긴 것, 대학 내에 관료주의가 확산돼 학생들에게 갈수록 과잉보호의 태도를 취하게 된 것, 최근 부쩍 늘어난 정의 구현에 대한 열망이 모든 분야에서 "동등한 결과물"이 나와야 한다는 열의와 맞물린 것을 꼽았다. 제4부에서는 세 가지 심리학의 원칙에 근거해 자녀 양육, 초·중등교육, 그리고 대학들을 위해 몇 가지 제안들을 내놓았다.

우리는 이 책에서 우려를 떨치기 힘든 몇 가지 추세에 대해서도 함께 이야기를 나누었다. 미국의 정치 양극화가 과도해지고 있다는 사실과 사춘기 청소년들의 우울증과 불안증, 자살이 날이 갈수록 늘고 있다는 사실은 특히 더 걱정스럽다. 둘 다 심각하게 여겨지는 문제지만, 앞으로 십 년을 두고 봐도 두 추세는 좀처럼 뒤바뀔 것 같지 않은 모양새다. 그래도 인지심리학자 스티븐 핑커의 말을 들으면 어느 정도 납득이 되며 가슴을 쓸어내릴 수 있는데, 《우리 시대의 계몽》에서 그는 말하길 장기적 관점으로 바라보면 오늘날 세상사는 전 지구적으로 급속히 나아지고 있다는 것이다. 그러면서 오늘날 사람들이 (비단 오늘날뿐만 아니라 종래부터 줄곧) 미래에 대해 쉽게 최악의 생각으로 치닫는 데에는 여러 가지 심리적 이유가 있다고 그는 지적한다. 예를 들어 우리가 이 책에서 이야기한 문제들 중에는 서론에서 언급한 이른바 "진보의 폐해"인 것들도 있다. 안전, 편의, 포용 같은 문제들의 여건이 나아질수록 우리의 기대치는 그만큼 높아지게 마련이다. 실제로 진보가 이뤄져도 우리가 이미 개선된 현실에 적응하면서 그 사실을 눈치 채지 못하고 마는 것이다.

우리는 재앙화의 늪에 빠져 허우적대고 싶은 생각이 추호도 없으며, 그렇다면 오늘날 상황을 제대로 평가할 갖가지 반증 사례들과 반증 방식들을 찾아내야 할 것이다. 일례로 비관주의를 물리쳐 줄 강력한 해독제로 다음과 같은 글을 소개한다. 이 인용문이 우리의 눈길을 처음 잡아 끈 것은 과학 작가 매트 리들리가 2010년에 펴낸《이성적 낙관주의자》라는 책에서였다.

> 사회는 이미 반환점을 돌아섰고 우리의 최고 호시절은 이미 다 지났다고 말하는 사람들에게 그들이 틀렸다는 사실을 절대적으로 증명할 방법이 우리에게는 없다. (…) 하지만 그렇게 말한 사람들은 우리가 나기 전에도 이미 있었고, 그들 나름의 이유가 명확했다. (…) 그렇다면 나아질 것은 더 이상 없고, 우리가 기대할 것은 그저 나빠지는 것뿐이라고 할 때 그 말은 도대체 어떤 원리에 근거하는 것인가?[1]

이는 영국의 역사가이자 국회의원이었던 토머스 배빙턴 매콜리가 1830년에 쓴 글이다. 1830년이면 확실히 영국이 최고 호시절을 앞둔 때였다.

핑커와 리들리의 낙관론은 간단한 관찰에 일부 근거를 두고 있다. 어떤 문제가 날로 심각해질수록, 사람들, 회사, 정부로 하여금 혁신적인 해법들을 찾아내게 유도하는 요인들도 더 많아진다는 것이다. 그 동력이 개인의 열정, 시장의 힘, 정치적 압박 등 뭐가 됐든 말이다.

세상은 과연 어떤 식으로 바뀔 수 있을까? 우리 주변에서 벌써 눈에 띄기 시작한 '희망의 조짐'들을 통해 뒤바뀔 세상의 한 모습에 대해 밑그림을 그려보도록 하자. 다음에 소개하는 내용은 이 책이 인쇄에 들어간 2018년 5월에 '이미 한 줄기 흐름을 형성한' 반대 추세들이다.

1. **소셜미디어** 정신건강이 악화되는 비율이 점차 늘고 정치 양극화가 심해지는 상황에서 소셜미디어는 두 문제 모두의 주범으로 여겨진다. 하지만 2년간 소셜미디어가 각종 추문을 일으키며 대중의 공분을 사고 정부 차원의 규제에 대한 목소리마저 높아지자, 마침내 대형 소셜미디어 회사들이 반응을 보이기 시작했다. 적어도 알고리즘을 수정하고, 어느 정도의 신원 확인 과정을 마련하고, 미디어 내의 괴롭힘을 줄이기 위한 조치를 단계적으로 밟아나가고 있는 것이다. 케임브리지 애널리티카(영국의 데이터분석 회사로, 페이스북을 통해 수집한 5,000만 명에 달하는 개인정보를 유출해 큰 파문을 불러일으켰다—옮긴이) 사태까지 불거진 마당이라, 앞으로 정부 쪽에서 훨씬 더 강도 높은 규제를 들고 나올 가능성이 있다. 예전에 정크푸드와 담배 천지였던 생활에 사람들이 (불완전하게나마) 나름 적응했듯이, 소셜미디어와 관련해서도 학부모, 학교, 학생들은 점차 더 나은 습관들을 찾아 적응해나가는 식으로 반응할 것이다.

- **희망의 조짐** 페이스북[2]과 트위터 모두 어떻게 하면 자사의 플랫폼을 "집단의 건강과 개방성, 그리고 공개적 대화에서의 예의를 더 증진시키는" 방향으로 변화시킬 수 있을지 방법을 찾기 위해 사회심리학자들을 고용하고 연구 성과가 나오기를 기다리고 있다.[3] 이런 노력을 통해, 소셜미디어가 지닌 (양극화를 부추

기고, 우울증을 유발하고, 괴롭힘의 온상이 되는 등의) 부정적 효과들이 차후 몇 년 안에 줄어드는 확연한 변화가 일어나기를 바란다. 커먼센스미디어와 인본주의 첨단기술센터(페이스북과 구글의 초창기 직원들이 뜻을 모아 설립한 단체)는 서로 제휴를 맺어 첨단기술 업계와 손을 잡고 특히 아동들에게서 기기 사용의 부정적인 효과를 줄이기 위해 노력을 기울이고 있다. 이들은 '첨단기술의 진실The Truth About Tech'이라는 캠페인을 벌여 학생, 학부모, 교사들에게 다양한 첨단기술이 건강에 미치는 영향에 대해 알리는 한편, 첨단기술 상품들이 사용자를 더 건강하게 만들 수 있도록 업계를 개혁하겠다는 목표를 세워두고 있다.[4]

2. **자유 놀이와 자유** 세간에서도 마침내 사춘기 청소년의 정신건강에 위기가 닥쳤다는 사실에 주목하고 있다. 과잉보호가 아이들에게 외려 해롭다는 인식이 부모와 교육자들 사이에 늘어나고, 1970년대와 1980년대를 휩쓸었던 범죄의 물결이 저만치 뒤로 더 물러나면, 자녀가 어른의 감시 없이 또래 친구들끼리 바깥에서 뛰어놀게 하려는 부모도 더 늘어날 것이다.

- **희망의 조짐** 2018년 3월, 유타주에서 미국 최초로 '놓아기르기 양육' 법안이 양당으로부터 만장일치의 지지를 받아 통과되었다.[5] 제8장에서 지적했듯이 현재 미국의 몇몇 지역에서는 아이들을 어른의 감시 없이 밖에서 놀도록 내버려두는 부모는 체포의 위협까지도 무릅써야 한다. 유타주는 해당 법령을 통해 아이들에게 얼마간 감시받지 않는 시간을 보낼 권리를 주는 한편,

부모가 그렇게 했을 때 체포당하지 않을 권리도 주고 있다. 이런 법령들을 통과시키는 주가 늘어날수록, 학부모와 학교들도 더 많은 자율성과 책임을 아이들에게 부여하는 방침이나 관례를 만들어 시행하려 노력하게 될 것이다.

3. **보다 바람직한 정체성 정치** 2016년부터 미국에 대안 우파와 백인 민족주의가 부쩍 득세한 이래, 점점 더 많은 학자들이 다인종 사회에서 인종 정체성을 강조하는 것은 도리어 안 좋은 결과를 불러올 수 있다는 취지의 글을 써내고 있다. 현재 좌우 양편의 극단주의 집단 모두가 상대편의 극악무도한 행동을 이용해, 공공의 적을 기치로 내걸고 자신들 집단을 더 결집시키는 양상이 더욱 뚜렷해지고 있다. 이런 일이 유독 미국에서만 일어나는 건 아니라는 사실을 우리는 줄리아 에브너의 책《분노: 이슬람주의자와 극우파의 악순환 고리》를 통해 확인할 수 있다. 런던에 있는 전술적 대화 연구소에서 일하는 오스트리아인 연구자인 에브너는 현장을 발로 뛰며 지독히 험난한 작업을 진행해본 적이 있는데, 바로 ISIS(극단적인 이슬람 테러조직—옮긴이) 회원들과 잉글랜드 수호연맹 같은 극우 단체 회원들 사이에 친목을 도모한 것이다. 한 인터뷰에서 그녀는 당시 자신이 도달했던 결론을 이렇게 간추렸다.

> 극우 쪽에서는 마치 이슬람 극단주의자들이 무슬림 공동체 전체를 대표하는 것인 양 말하고, 또 이슬람 극단주의자들은 마치 극우 단체들이 서방 세계 전체의 대표인 양 말한다는 것을

우리는 알 수 있었습니다. 양쪽 극단이 정치적 중앙에서 더 많은 사람들을 끌어들이면 이런 생각들이 곧 주류로 자리 잡고, 그 결과 문명의 충돌이라는 내러티브가 자기실현적 예언이 되고 마는 사태가 벌어집니다.[6]

• **희망의 조짐** 다양한 배경을 가진 작가들 사이에서 정체성 정치를 다시 생각하자며 목소리를 높이는 이들이 늘어나고 있다. 극우와 극좌에서 내세우는 공공의 적 정체성 정치가 어떻게 서로에 대한 적의를 걷잡을 수 없이 키우는지 경각심을 일깨우는 작가로는 (많은 이들이 있지만) 터키계 미국인 정치학자 티머 쿠란,[7] 중국계 미국인 법학과 교수 에이미 추아,[8] 게이 작가이자 동성애 권익 운동가인 조너선 라우치[9]를 꼽을 수 있다. 이들 세 작가 모두 어떻게 하면 이를 중단시키고 보편적 인간성 관점으로 전환할 수 있을지 그 방법을 모색하고 있다. 그 길에서 대체로 도달하는 곳은 바로 우리가 이 책에서 다룬 기본적인 사회심리학의 원칙과 비슷한 것들이다. 라우치는 추아의 《정치적 부족: 무리 본능과 국가의 운명》이라는 책을 논평하며 그 가치를 높이 산 글에서 이렇게 말한다.

팀워크를 이용하면 부족주의를 격파하고 극복할 수 있다는 사실이 심리학 연구 결과 드러나고 있다. 개개인이 동등한 발판을 딛고 서서 하나의 공통된 과업에 참여하게 하는 프로젝트들을 통해서다. 이런 식의 과업의 하나만 이뤄져도 부족주의는 줄어드는 것으로 나타났다. 다시 말해 인간은 의식적 노력을

> 통해 얼마든 부족주의의 소용돌이에서 헤어날 수 있다는 이야기이며, 실제로도 많은 이들이 그러기 위해 노력 중이다. 추아는 책에 이렇게 썼다. "케이블 뉴스나 소셜미디어를 봐서는 절대 알 수 없겠지만, 지금 이 나라에는 서로의 경계를 뛰어넘고 자신들의 정치적 부족성을 타파하려는 사람들의 움직임이 도처에서 감지되고 있다."[10]

달라이 라마는 오래전부터 사람들이 이런 접근법을 취해야 한다고 목소리를 높여왔으며, 그 역시 똑같은 사회심리학을 밑바탕으로 삼고 있다. 2018년 5월, 그는 트위터에 이렇게 올렸다.

> 저는 티베트인이고, 불자이고, 달라이 라마입니다. 그런데 제가 만일 이런 차이점들을 더 부각시켰다면, 혼자 뚝 떨어져 사람들과의 사이에 담장을 쌓아올리는 꼴이었겠지요. 지금 우리가 해야 하는 일은, 다른 사람들과 우리가 어떤 면에서 똑같은지를 더 염두에 두는 것입니다.[11]

4. **과정으로서의 진실에 헌신하는 대학** 시카고대는 학생들이 치열에게 공부에 매달리는 특유의 분위기 때문에 대학 사이에서 별종으로 취급되어온 지 오래다. (시카고대는 "재미가 왔다 죽어버리는 곳"이라는 비공식 모토를 자랑처럼 끌어안고 있는 곳이다.[12]) 미국의 수위권에 드는 여타 대학들이 안전주의 문화에 여지없이 강타당할 때에도, 시카고대만은 그렇게 큰 탈을 겪지 않았다. 최근 표현의 자유를 주장하는 최고의 성명 초안이 시카고대에서

마련된 것도 결코 우연의 일치가 아니다(부록 2 참조).

- **희망의 조짐** 현재 수많은 대학들이 시카고 선언문을 채택하고 있으며, 은밀히 확산되는 안전주의를 다시 밀어내기 시작하고 있다. 이런 입장이 해당 대학들에 좋은 효과를 내게 되면, 아울러 이들 학교가 다양한 순위 및 목록에서 위로 올라가면, 그들의 전례를 따르는 대학도 더 많아질 것이다.

이제까지의 내용을 종합해보면 이렇다. 예측컨대 세상은 점점 더 나아질 것이며, 차후 몇 년 사이의 어느 한 시점에 아주 갑자기 그런 변화가 일어날 수도 있다. 사석에서 개인적으로 이야기를 나눠본 결과, 우리는 대학 총장들 대부분이 안전주의 문화를 거부한다는 것을 알 수 있었다. 다만 막상 공개적으로 그런 입장을 표명할 경우 정치적으로 곤란해지는 면이 있다고 그들은 생각했다. 또 학생들과 대화를 나눠본 결과, 대부분의 고등학생 및 대학생들은 가해자 지목 문화를 경멸하고 있었으며, 자신들이 다니는 학교는 되도록 그런 문화가 없는 곳이기를 바랐다. 학생들은 유약한 존재가 아니었고, 금방 바스라질 것 같은 "눈송이"도 아니었으며, 다양한 생각들에 두려움을 품고 있지도 않았다. 따라서 몇 안 되는 대학이라도 다른 식의 학교 문화를 키울 수 있다면, 즉 오늘날 너무 많은 대학에서 역효과를 일으키는 듯한 편가르기 식의 방법을 굳이 사용하지 않고도 모든 정체성 집단의 학생들이 다 같이 환영받는다고 느낄 수 있는 그런 학교 문화를 조성할 수 있다면, 나머지는 시장의 힘이 저절로 해결해줄 것이라고 우리는 믿는다. 이런 학교에 지원하고 등록하는 학생들이 급격히 늘어나고 졸업생들의 기부도 덩달아 늘어날 것이다. 그러면 이런 학교들에 들어가려는 경쟁이 치열해져 더 많은 고등학교에서 그에 대비해 학생들을 준비시킬 테고, 학부모들도 자녀를 이런 학교에 입학시키기 위해 준비하게 될 것이다. 그렇다는 것은 곧 시험공부와 과잉보호가 줄고, 자유 놀이와 독립성은 더 늘어나게 될 것이란 이야기다. 곳곳의 시市와 학군들도 놓아기르기 양육을 더 가능케 하고 독려하는 식으로 해당 지역의 틀을 짜게 될 것이다. 이런 노력들을 하면서 우리는 무엇보다도 학생들을 대학에 보내려는 이유에서가 아니라, 오늘날 아이들 사이에 유행병처럼 퍼져 그들을 힘들게 하는 우울증, 불안증, 자해, 자살을 어떻게든 퇴치하려는 목적에서 그런 일들을 한다는 것을 염두에 둘 것이다. 안전주의는 되레 위험하며, 그것이 우리 아이들의 발달을 저해하고 있다는 인식이 나라 전역에 싹터 자라나게 될 것이다.

영국의 식민지 시절 미국에 세워진 초창기 대학들은 주로 성직자 양성을 목적으로 설립되었다. 하지만 실용성을 중시하는 미국 특유의 문화가 발달하면서, 젊은이들을 훈련시켜 시민 사회를 스스로 운영하는 데 반드시 필요한 기술과 덕목을 갖추게 하겠다는 것을 목표로 세워지는 학교가 점점 늘어났다. 1750년 펜실베이니아 대의 전신이 된 학교를 세우며 벤저민 프랭클린은 새뮤얼 존슨에게 이런 편지를 썼다.

> 다 같이 행복하게 사는 데 있어 젊은이들이 지혜와 덕을 갖추게끔 격을 다지고 훈련시키는 것만큼 더 중요한 일은 없습니다. 사견이

> 지만 저는 지혜롭고 덕을 갖춘 이들이 바로 나라가 지닌 힘이라고 생각합니다. 재물이나 무기보다도 훨씬 더 막강한 힘입니다. 왜냐하면 무지하고 악독한 사람들이 재물과 무기를 굴리면, 사람들을 안전하게 만들기보다는 무참한 파괴를 불러오는 경우가 많기 때문입니다.[13]

이 책에서 다룬 화두는 결국 교육과 지혜라고 하겠다. 우리가 다음 세대를 잘 교육시켜 더 지혜롭게 만들 수 있다면, 우리 아이들은 더 강하고 더 풍요롭고 더 고결해질 것이며, 심지어 더 안전해질 것이다.

부록 1

인지행동치료 활용법

인지행동치료를 실습해보고 싶은 사람들 중엔 치료사를 찾아가 진단도 받고 왜곡된 사고 패턴을 고치기를 바라는 이들이 있을 수 있다. 그런 경우가 아니라면, 인지행동치료 실습법을 다룬 책을 읽어보는 것도 한 방법이다. 미국의 정신건강 전문가들이 우울증 치료용으로 곧잘 추천하는 책으로 데이비드 번즈의 《필링 굿》을 들 수 있다. 다수의 연구 결과, 책을 읽는 것도(믿기지 않겠지만 정말 책을 읽는 것만으로도) 우울증을 치료하는 효과적인 방법이라고 한다.[1] 우리 두 사람이 추천하는 책은 로버트 레이히 박사의 명저《걱정 활용법》인데, 불안증에 더 초점을 맞추고 있으며 가장 최근 개발된 인지행동치료 기법들이 함께 실려 있다는 게 특징이다.

인지행동치료의 아름다움은 배우기 정말 쉽다는 데 있다. 펜과 종이만 있으면(아니면 노트북 컴퓨터나 앱이 깔린 기기 등 뭐든지 메모

할 도구만 있으면 된다) 누구든 배울 수 있다. 인지행동치료를 실습하는 구체적인 방법은 책과 치료사마다 세부사항에 차이가 있지만, 기본적인 과정은 대체로 아래와 같은 식으로 진행된다.

1. 불안하거나 우울한 생각, 혹은 그 외의 다른 힘든 생각들이 들 때 잠시 짬을 내어 자신에게 드는 생각을 적어본다.
2. 힘든 생각의 강도를 적는다. (예를 들면 1에서 100사이의 숫자로 점수를 매겨볼 수 있을 것이다.)
3. 나에게 어떤 일이 있었는지, 불안함이나 절망감이 나를 덮쳤을 때 내 머릿속에 어떤 생각들이 자동적으로 펼쳐졌는지 적어보자. (예를 들면 이렇다. 내가 관심 있어 하는 사람이 나와의 데이트 약속을 취소했다. 나는 나도 모르게 이렇게 중얼거렸다. '늘 이런 식이지. 누가 나 같은 애랑 데이트를 하고 싶어 하겠어. 뭐 하나 되는 게 없어, 나는.')
4. 아래에 적힌 왜곡된 자동사고 유형들을 보고 스스로에게 물어보자. '이런 생각이 인지왜곡은 아닐까?' 내 생각 안에 들어 있던 인지왜곡을 찾아 적어본다. (예를 들어, 3번 문항의 경우에는 "자책, 과도한 일반화, 딱지 붙이기, 재앙화"라고 적을 수 있을 것이다.)
5. 내 생각을 뒷받침하는 증거와 그에 반하는 증거를 찾아본다.
6. 나와 생각이 다른 사람이 있다면 그가 뭐라고 할지 한번 생각해보자. 그 사람의 의견에 일리가 있는가?
7. 내게 일어난 일을 다시 생각해보고, 이번에는 인지왜곡을 범하지 말고 해당 상황을 평가해보자.

8. 새로 떠오르는 생각들과 느낌들을 적어본다. (예를 들면, "내가 기대했던 데이트가 취소되어 슬프고 실망스럽다.")
9. 아까와 똑같은 점수표를 가지고 내가 얼마나 불안하고 우울하고, 혹은 힘든지 다시 점수를 매겨보자. 아까보다는 점수가 낮게 나올 것이고, 아마도 훨씬 더 낮을 것이다.

인지행동치료를 하기 위해서는 자기통제력, 노력, 열성이 필수다. 수많은 치료사들이 이런 종류의 사고 연습을 하루에 최소 1~2회 이상 해보는 것이 좋다고 권한다. 시간이 쌓이고 연습이 쌓이면, 어느덧 내가 왜곡된 부정적인 생각들에 전만큼 억눌리지 않는구나 생각하게 될 것이다. (한 가지 주의할 것은 애초의 자동사고가 왜곡된 사고가 아닐 가능성도 있다는 사실이다. 더러는 그것들이 전적으로 합리적인 생각으로 밝혀지기도 한다.)

이 책에서 우리도 줄곧 주장했지만, 인지행동치료 실습 및 인지행동치료의 기본 원칙들은 우울증이나 불안증을 겪지 않는 사람들에게도 매우 쓸모가 있다. 따라서 우리는 이 책의 독자들 모두가 인지행동치료에 대해 좀 더 배웠으면 한다. 치료사들과 일하는 데에 관심이 있다면 행동및인지치료협회Association for Behavioral and Cognitive Therapies(http://www.findcbt.org)와 인지치료아카데미Academy of Cognitive Therapy(http://www.academyofct.org) 사이트를 찾아가보자. 당신이 사는 곳 근처에서 일하는 박사들의 목록을 찾을 수 있을 것이다. 물론 중증의 심리적 고통으로 고생하는 사람들은 반드시 전문가를 찾아 도움을 받아야 할 것이다.

다음은 인지왜곡의 종류를 한데 모아 정리한 것으로, 로버트 레이히, 스티븐 홀랜드, 라타 맥긴 공저, 《우울증과 불안장애 개선을 위한 치료계획 및 개입》 제2판에서 발췌한 내용이다(허가를 얻어 게재한다).

왜곡된 자동사고의 유형

1. **마음 읽기** 충분한 증거도 없으면서 다른 사람들이 어떤 생각을 품고 있는지 안다고 가정하는 것. "그 사람은 날 패배자라고 생각해."

2. **미래 점치기** 부정적으로 미래를 예상하는 것. 앞으로 상황이 더 나빠질 거라거나, 장차 위험이 닥칠 거라고 생각하는 것. "이번 시험도 망할 거야" 혹은 "이번에도 취직이 안 될 거야."

3. **재앙화** 방금 일어난 일, 혹은 앞으로 일어날 일이 너무도 끔찍하고 지독하기 때문에 자신이 견뎌내지 못할 거라고 믿는 것. "내가 실패하면 그야말로 끔찍할 거야."

4. **딱지 붙이기** 자신이나 혹은 타인에게 (종종 이분법적 사고를 동원해) 전반적으로 부정적 특성을 부여하는 것. "나 같은 애는 누구도 좋아하지 않아"라거나 "그 자식은 형편없는 놈이야."

5. **긍정적인 면 깎아내리기** 자신이나 타인이 하는 긍정적인 일들

을 별것 아닌 것으로 치부하는 것. "그건 그냥 아내의 도리일 뿐이야. 그러니 그녀가 내게 잘해주는 건 별 의미 없어"라거나 "그 정도 성공은 식은 죽 먹기야. 그러니까 그다지 의미는 없어."

6. **부정적 필터링** 부정적 사실들에만 거의 전적으로 초점을 맞추고, 웬만해선 긍정적 면을 보지 않으려는 것. "저 사람들을 좀 봐. 모두 나를 마음에 안 들어 하잖아."

7. **과도한 일반화** 단 한 번 일어났을 뿐인데도 그 일을 근거로 전반적 패턴을 부정적 사실들로 인식하는 것. "난 툭하면 이런 일을 당하지. 아마 숱한 일들에서도 번번이 실패할 거야."

8. **이분법적 사고** 세상사나 사람들을 '모 아니면 도' 식으로 바라보는 것. "나는 모든 사람에게 거절당하는 애야" 혹은 "그건 완전 시간 낭비일 뿐이야."

9. **당위적 사고** 있는 그대로의 현실에 초점을 맞추기보다는, 만사가 마땅히 이러저러해야 한다는 식으로 생각하는 것. "나는 당연히 잘해야 해. 안 그랬다간 망하는 거야."

10. **자책** 자신에게 일어난 나쁜 일들에 대해 필요 이상으로 스스로를 탓하고, 다른 사람들 때문에 일어나는 일도 있다는 사실을 인식하지 못하는 것. "내 결혼이 파국을 맞은 건 다 내가 모자라서야."

11. **남 탓하기** 자신에게 부정적인 느낌이 드는 '원인'으로 다른 사람을 지목하고 자기 자신에 대해 책임을 지고 변화시키지 않으려 하는 것. "내가 지금 이런 기분인 건 다 그녀 탓이야" 혹은 "내가 이렇게 힘들어진 건 다 부모님 때문이야."

12. **불공평한 비교** 비현실적인 기준을 토대로 사태를 해석하는 것. 예를 들면, 나보다 뭔가 더 잘하는 사람에게 주로 초점을 맞추어 남과 나를 비교하면서 스스로를 비하하는 것. "나보다 걔가 더 잘나가잖아." "나보다 시험을 더 잘 친 사람들이 있는 걸."

13. **후회 지향** 현재에 더 잘할 수 있는 일에 집중하기보다는 과거에 더 잘했으면 좋았을 걸 하는 생각에 얽매이는 것. "그때 노력을 했다면, 더 좋은 일자리를 구할 수 있었을 텐데" 혹은 "그런 말은 하지 말았어야 하는데."

14. **상황 가정** 지금 일어나는 일에 "만일 ~하면 어쩌죠?" 하는 질문을 계속 던지면서, 그 어떤 대답에도 만족하지 못하는 것. "네, 알겠어요, 하지만 그래도 불안하면 어쩌죠?" 혹은 "만일 숨 고르기가 안 되면 어쩌죠?"

15. **감정적 추론** 감정이 현실 해석을 이끌도록 내맡기는 것. "나는 기분이 우울해. 그건 내 결혼생활이 순탄치 못하다는 뜻이야."

16. **부당성 증명을 못 받아들임** 내 부정적인 생각과 모순되는 증

거나 주장은 전혀 받아들이지 못하는 것. 예를 들면 "나는 사랑받지 못하는 사람이야"라고 생각할 경우, 사람들이 나를 좋아하는 증거는 무엇이든 의미 없다며 무시해버리는 것을 말한다. 따라서 그 생각이 논박되는 일도 없다. "정말 중요한 문제는 그게 아니야. 문제는 더 깊은 데 있어. 그것 말고 다른 요인들이 있다고."

17. **판단 위주 사고** 자기 자신이나 다른 사람, 그리고 여하한 사건들을 그저 있는 그대로 보고 받아들이고 이해하는 게 아니라, 좋고 나쁨, 우월함과 열등함의 도식으로 평가하는 것. 임의적인 기준으로 자신과 남을 계속 재단하면서, 나와 다른 사람들은 어딘가 모자란 사람들이라고 여기는 것을 말한다. 이런 사고에서는 자신만이 아니라 남을 생각할 때도 이런저런 식의 판단이 주를 이룬다. "난 대학 다닐 때 성적이 별로였어" 혹은 "테니스를 배워도 나는 잘 하지 못할 거야." "재 좀 봐, 정말 잘한다. 난 못하는데."

부록 2

표현의 자유 원칙에 대한 시카고대 선언문

The Chicago Statement on Principles of Free Expression

표현의 자유 원칙에 대한 시카고대 선언문(일명 '시카고 성명')은 2015년 1월, 에드워드 H. 레비 훈장을 수여한 법학과 교수 제프리 스톤이 주축이 된 위원회에서 만들었다. 이 위원회에게 맡겨진 중책은 "대학 공동체의 모든 성원들이 아무런 제약 없이 자유롭고 활기차게 토론을 벌이고 의견표명을 할 수 있도록, 대학이 다방면에서 전심을 다해 노력할 것을 명확히 다짐하는" 성명서를 기초하는 것이었다.[1] 아래 내용은 대학들이 각 학교의 실정에 맞게 시카고 성명을 채택할 수 있도록 FIRE에서 그 기본 개념을 매만진 것을 우리가 다시 군데군데 발췌하고 요약한 것이다. 2018년 초에 이르렀을 때, 이 같은 성명을 채택한 대학만 40군데가 넘었다. 어떤 식으로든 여러분이 연고를 맺고 있는 학교가 있다면, 그 학교의 실정에 맞게 이 성명을 채택하도록 촉구하는 것도 미국 대학가의 상황을 개선시키기 위해 할 수 있는 가장 손쉬운 일 중 하나일 것이다.

ㅇㅇ[기관명]은 모든 문제에 있어 자유롭고 공개적인 탐구가 이루어지는 것을 열성적으로 지지하므로, ㅇㅇ 공동체의 모든 성원이 말하고, 쓰고, 듣고, 설전을 벌이고, 배울 수 있는 여지를 가급적 폭넓게 보장하는 바다. ㅇㅇ의 원활한 기능을 위해 자유를 부득이하게 제한해야 하는 경우를 제외하고는, ㅇㅇ에서는 ㅇㅇ 공동체의 모든 성원들이 "공동체 안에서 드러나는 일체의 문제를 토론할" 자유를 완전히 존중하고 지지한다.

물론 ㅇㅇ 공동체에서는 종종 다양한 성원 사이에서 아이디어들이 부딪칠 것이며, 그것은 지극히 자연스러운 일이다. 하지만 그런 상황에서 ㅇㅇ이 나서서, 못마땅하거나 서로 상충되는 생각, 심지어는 심히 공격적인 생각들로부터 개개인을 보호하려 하는 것은 적절한 일이 아니다. ㅇㅇ이 예의를 무척 소중하고 여기고, ㅇㅇ 공동체의 모든 성원들이 상호 존중을 유지해야 책임을 다 같이 느끼더라도, 예의와 상호존중을 위한다는 명목으로 생각들을 두고 토론을 벌이는 일이 차단당하는 일은 절대 일어나서는 안 된다. 그 생각들이 설령 공동체 내의 일부 성원들에게 아무리 공격적이고 이해 못할 것으로 느껴지더라도.

물론 경합하는 생각들이 각기 가진 장점을 자유롭게 토론하고 논의한다는 것은, 개개인이 원하는 바나 지향하는 바를 마음껏 다 말해도 된다는 의미는 아니다. ㅇㅇ에서는 법에 엄연히 위배되는 표현, 즉 그릇된 사실을 근거로 특정 개인의 명예를 훼손하는 표현이나, 상대를 진정으로 위협하고 괴롭힐 뜻을 가진 표현, 그 어떤 정당한 근거도 없이 누군가의 사생활이나 기밀유지 목적을 침해하는 표현, 혹은 ○○의 원활한 기능 수행과 직접적으로 대치되는 표현은 일체 제한할 것이다. 아울러 ○○은 여기서 일상적으로 행해지는 행위들이 방해받지 않도록 하기 위해, 간혹 의사표현의 시간, 장소, 방식에 상당 부분 제한을 가할 수 있을 것이다. 하지만 일반적인 표현의 자유 원칙에 비하면 이들 예외가 차지하는 비중은 협소하며, 이런 예외도 생각을 완전히 자유롭고 공개적으로 토론하기 위해 노력하겠다는 ○○의 다짐에 어긋나게 사용되는 일은 절대 없어야 할 것이다.

한마디로, ○○은 원칙을 지키는 데 전념할 것이니, 그 원칙이란, 누군가가 내놓은 아이디어에 ○○의 일부 혹은 그 대부분 성원이 그것을 공격적이거나 어리석거나 그릇되었다고 여겨도 그에 대한 논쟁이나 숙의가 억압당하는 일은 없게 한다는 것이다. 아울러 그런 판단을 하는 것은 기관으로서의 힘을 가지는 ○○이 아닌, ○○에 속한 개개인 스스로가 되어야 할 것이며, 그러한 판단을 실행에 옮길 때에는 발언을 억누르는 식이 아니라 자신들이 반대하는 생각들을 주제로 공개석상에서 치열하게 다퉈보는 식이어야 할 것이다. ○○ 공동체 구성원들이 그러한 토론과 숙의에 효과적이고 책임감 있는 방식으로 뛰어들 수 있게 그 능력을 키워주는 것이야말로 ○○이 짊어진 교육적 사명이다.

○○이 자유로운 표현을 보호하고 증진하기 위해 최선의 노력을 다하는 만큼, ○○ 공동체의 구성원들도 반드시 자유로운 표현 원칙에 입각해 행동을 하는 것이 마땅한 일일 것이다. ○○ 공동체의 성원들은 캠퍼스 안에서 표현되는 관점을 비판하고 그것과 다툴 자유가 있으며, 캠퍼스에 와서 의견을 표명하게 된 연사를 비판하고 그들과 다툴 자유도 있으나, 누군가가 거부하거나 심지어 혐오한다고 해서 다른 이들이 그런 관점을 표현할 자유를 방해하거나 그 외 어떤 식으로든 장애를 줘서는 안 될 것이다. 이를 위해 ○○에서는 두려움 없이 활발히 토론하고 숙의할 자유를 증진시켜야 할 뿐 아니라, 이런 자유를 다른 누군가가 제한하려 들 때 그것을 보호해야 할 엄중한 책임도 함께 진다.

이 결의는 시카고대 표현의 자유 위원회가 펴낸 2015년 보고서에서 일부 내용을 발췌해 각색한 것이다.

감사의 말

말하진 않았지만 이 책에는 기본 전제가 하나 깔려 있었다. 사고thinking가 사람들 사이에서 이루어지는 사회적인 활동이라는 점이다. 외톨이 개개인으로서 우리 각자는 그렇게 기막히게 똑똑한 사람들은 못 된다. 인간 자체가 누구나 인지왜곡과 확증편향으로 기울기 쉬운 존재이기 때문이다. 하지만 적절한 집단과 네트워크를 꾸리고, 그 안에서 사람들끼리 생각을 나누고 비판하고 더 낫게 발전시켜나갈 수 있으면, 더 훌륭하고 더 진실한 뭔가가 모습을 드러내기 마련이다. 그런 의미에서 이 책이 더 훌륭하고 더 진실한 뭔가가 되게끔 힘써준 우리 집단과 네트워크 안의 수많은 사람들에게 고마운 마음을 전하고 싶다.

가장 먼저 챙겨야 할 사람은 패멀라 패러스키Pamela Paresky다. 그레그가 FIRE에서 최고 연구개발 책임자로 재직하며 이 프로젝트를 구상하던 초창기부터 그녀는 우리와 함께했다. 독보적인 기량을 가진 데다, 시카고대 인간발달학 위원회로부터 학제간 박사 학위를 받기도 한 패멀라는 이 프로젝트에 참여할 때 이미 이 책에서 다룬 것과 유사한 주제들에 대해 책을 쓰고, 가르치고, 강연한 경험이 있었다. 《사이콜로지 투데이》 사이트에 정기적으로 글을 기고하는 패멀라는 연구의 수많은 분야의 주제 선정에 있어 전문성을 보여주었고, 그녀가 책 전반의 내용을 폭넓게 편집해준 덕에 우리 두 사람의 글 쓰는 스타일이 하나로 잘 융합될 수 있었다. 깊이 있는 그녀의 지식과 전문성에 무엇보다 마음 깊이 감사한다. 패멀라는 악마의 변호인 역할도 떠맡아, 우리가 논변을 더 날카롭게 다듬도록 압박해주는가 하면, "안전주의"라는 말을 고안하는 등 이 책의 주요 개념들이 자리 잡는 데에도 힘을 보태주었다.

그레그의 경우 패멀라 외에도 FIRE에서 일하는 사람들 중에 고마워할 이들이 많다. 우선 FIRE 이사진의 배려 덕분에 그레그는 이 프로젝트에 착수할 수 있었다. 그래도 그레그가 제일 감사해야 할 사람은 FIRE의 현 회장 대니얼 슈크먼이다. 그는 이 책의 여러 초고들을 모두 읽었고, 진행 과정 전반에 걸쳐 조언을 잊지 않았다. 시종일관 성심껏 보좌해준 비서 엘리 펠드먼Eli Feldman, 비범한 능력을 가진 전임 보조연구원 헤일리 허들러Haley Hudler에게도 고마운 마음을 전한다. 엘리는 2016년 당시 심리학 학위를 소지한 예일대 학생이었는데, 이 책이 처음 개요가 잡히고 최종 완성돼 나오기까지 심리학을 비롯해 그녀 자신이 속한 i세대라는 주제에 대해 날카로운 통찰력을 보여주며 끊임없이 도움을 주었다. 헤일리는 《애틀랜틱》지에 실린 애초 기사와 이 책의 기획안이 만들어질 때 우리와 함께

했으며, FIRE를 떠나 조지아법학대학교에 들어가기 전 몇 개월 동안 책을 위해 연구를 진행해주었다. 또한 FIRE의 변호사인 애덤 골드스타인Adam Goldstein에게도 감사를 전하고 싶다. 편집이 진행되는 최종 몇 개월 동안 그의 신속하고 치밀한 연구, 그리고 FIRE의 직원으로서 전반적인 활동은 우리에게 큰 도움이 되었다. 회사의 중역 로버트 시블리Robert Shibley(그의 아내 아라즈 시블리Araz Shibley도 몇 건의 사례를 연구할 수 있게 도와주었다)부터 선임 직원 대부분을 비롯해, 우리의 신입 학생 "협력자들"(알리사 베넷Alyssa Bennet, 켈리 쿠슈너Kelli Kushner, 매슈 윌리엄스Matthew Williams)도 이 책이 나오기까지 시종일관 도움을 주었다. 도움의 손길을 내밀어준 FIRE의 모든 이들을 이 지면에 다 열거할 수는 없겠지만, 오늘날 캠퍼스 분위기에 예리한 피드백과 통찰력을 제공해준 세라 매클로플린Sarah McLaughlin과 린 와이스Ryne Weiss에게는 감사를 표하지 않으면 안 될 것 같다. 윌 크릴리Will Creeley는 전문가적 글솜씨를 통해 우리의 초고를 세련되게 다듬어주었다. 이에 덧붙여, 로라 벨츠Laura Beltz와 신시아 메이어스버그Cynthia Meyersburg가 해준 연구 지원에도 진심으로 감사하며, 피터 보닐라Peter Bonilla, 니코 페리노Nico Perrino, 보니 스나이더Bonnie Snyder와 FIRE의 변호사이자 (FIRE의 비공식 수석 교열 담당자인) 서맨사 해리스Samantha Harris에게도 감사 인사를 전한다. 책이 나오는 막바지 단계에서 그녀가 보여준 예리한 눈과 타의 추종을 불허하는 집중력은 우리에게 이루 말할 수 없는 큰 도움이 되었다.

조너선은 캐럴라인 멜Caroline Mehl에게 맨 먼저 감사인사를 전하고자 한다. 캐럴라인은 이 프로젝트가 시작되기 훨씬 전부터 조너선이 고용한 보조연구원으로, 근래에 예일대와 옥스퍼드대에서 대학원생으로 공부했다. 이 책의 수많은 아이디어는 물론이고, 이 책의 그래프 대부분에 캐럴라인의 노력이 들어갔다. 그와 함께 그녀는 우리가 다양한 관점을 취하도록 옆에서 압박을 넣는 한편(존 스튜어트 밀이 이런 그녀를 봤다면 칭찬해 마지않았을 것이다), 요즘의 캠퍼스 사태를 우리와는 전혀 다른 시각에서 바라본 독자 다섯 명을 찾아주는 수고를 해주었다. 건설적이고 정중한 비판의 달인들이었던 이 독자들, 트래비스 기다도Travis Gidado, 매들린 하이Madeline High, 이타이 오르Ittai Orr, 대니엘 톰슨Danielle Tomson 그리고 익명으로 남길 원한 나머지 한 사람의 독자에게 감사의 마음을 전한다. 초고들을 전부 다 읽어보고 좌파의 관점에서 비판하면서 세세하고 매우 귀중한 논평을 해준 독자들인 헬렌 크레이머Helen Kramer, 슐리 패소우Shuli Passow, 칼릴 스미스Khalil Smith에게도 감사인사를 전해야 하겠다. 우파의 견지에서 책을 비판해준 스티브 메신저Steve Messenger와 윌리엄 모달William Modahl, 그리고 어떤 입장에도 서지 않은 객관적 견지에서 책을 비판해준 래리 앰설Larry Amsel, 헤더 헤잉Heather Heying, 대니얼 슈크먼에게도 더불어 감사인사를 전한다.

이 자리를 빌려 조너선은 발레리 퍼디-그리너웨이Valerie Purdie-Greenaway에게 특별히 감사를 전하는 바다. 그가 이 책의 초고를 심도 있게 비판해준 것이 프로젝트가 일대 전환을 맞는 계기가 됐다. 헤테로독스 아카데미의 팀원들에게도 고맙다는 인사를 전한다. 특히 래피 그린버그Raffi Grinberg, 닉 필립스Nick Phillips, 제러미 윌링거Jeremy Willinger는 다들 원고 전체를 읽어보는 수고를 감내해주었다. 션 스티븐스Sean Stevens는 연구에 도움을 주었고, 뎁 마셰크Deb Mashek는 최근 새로 합류해 대학을 보다 지혜로운 곳으로 만들자는 새로운 방향에 맞추어 조직을 이끌고 있다.

이 책의 핵심 주장들을 뒷받침하는 연구를 진행한 학자와 전문가 몇몇은 이 책이 나오기까지 수시로 우리를 만나 도움을 주었다. 에리카 크리스태키스, 피터 그레이, 스티븐 홀랜드, 로버트 레이히, 줄리 리스콧-하임스, 진 트웬지에게 감사인사를 전한다.

아울러 우리의 수많은 친구, 동료, 지인들에게도 진심으로 감사한 마음이다. 그들은 적어도 이 책의 한 장章 이상을 읽어보고 소중한 조언을 해주고, 데이터 분석을 돕고, 혹은 우리를 위해 자신의 전문 능력을 발휘해주었다. 제이슨 바에르Jason Baehr, 앤드루 베커Andrew Becker, 캘럽 버나드Caleb Bernard, 폴 블룸Paul Bloom, 서맨사 보드먼Samantha Boardman, 브래들리 캠벨Bradley Campbell, 데니스 돌턴Dennis Dalton, 클라크 프레시먼Clark Freshman, 브라이언 갤러거Brian Gallagher, 앤드루 게이츠Andrew Gates, 크리스토퍼 게이츠Christopher Gates, 벤저민 긴스버그Benjamin Ginsberg, 제시 그레이엄Jesse Graham, 댄 그리스월드Dan Griswold, 벤저민 하이트Benjamin Haidt, 리베카 하이트Rebbeca Haidt, 테리 하틀Terry Hartle, 래비 이어Ravi Iyer, 롭 존스Robb Jones, 크리스티나 킹Christina King, 수전 크레스니카Susan Kresnicka, 캘빈 라이Calvin Lai, 마셀라 라슨Marcella Larsen, 해리 루이스Harry Lewis, 버네사 로뷰Vanessa Lobue, 브라이언 라우Brian Lowe, 제이슨 매닝Jason Manning, 이언 맥크레디-플로라Ian McCready-Flora, 존 맥호터John McWhorter, 존 팰프리John Palfrey, 마이크 패로스Mike Paros, 낸도 펠루시Nando Pelusi, 스티븐 핑커Steven Pinker, 앤 래스머슨Anne Rasmussen, 브래들리 리드Bradley Reed, 파비오 로자스Fabio Rojas, 캐슬린 샌토라Kathleen Santora, 샐리 새틀Sally Satel, 스티브 슐츠Steve Schultz, 마

크 슐먼Mark Shulman, 네이이딘 스트로슨Nadine Strossen, 조슈아 설리번Joshua Sullivan, 매리앤 톨달라기Marianne Toldalagi, 존 토마시John Tomasi, 트레이시 토마소Tracy Tomasso, 리베카 투벨Rebecca Tuvel, 리 타이너Lee Tyner, 스티브 베이시Steve Vaisey, 로버트 본 홀버그Robert von Hallberg, 재크 우드Zach Wood, 재러드 저커Jared Zuker 모두 고마운 이들이다. 자청해서 우리의 웹사이트 TheCoddling.com을 만들어 준 오마르 마무드Omar Mahmood에게도 감사인사를 전한다.

《애틀랜틱》지의 편집자 돈 펙도 빼놓을 수 없다. 그는 애초 2014년에 이 프로젝트의 잠재력을 알아보고 추진하도록 도와주었을 뿐 아니라, 2015년에는 프로젝트를 전혀 다른 모습으로 탈바꿈시켜주었다. 우리의 에어전트 존 브록만John Brockman과 브록만사Brockman, Inc.에서 일하는 그의 팀원들에게도 감사인사를 전한다. 그들이 아니었다면 우리가 펭귄출판사, 그리고 번뜩이는 재능을 가진 편집자인 버지니아 "지니" 스미스Virginia "Ginny" Smith를 만나는 일도 없었을 테니까. 지니는 우리가 마감을 놓치면 더 열심히 달려들어 우리의 아이디어와 투박한 글을 세련되게 다듬어주곤 했다.

마지막으로 우리 가족들에게 감사인사를 전할 차례다. 그레그는 누구보다 아내 미셸 라블랑Michelle LaBlanc에게 고마운 마음이다. 미셸은 그레그가 이 지난한 작업을 해내는 동안 한결같은 인내심과 융통성을 보이며 끝까지 지원을 아끼지 않았고, 그 와중에 맥스웰Maxwell까지 낳았으며(2017년 11월), 아빠가 진창에 빠진 듯 헤맬 때 어디로 튈지 모르는 세 살배기 아들 벤저민Benjamin의 엄마 노릇도 나무랄 데 없이 해냈다.

조너선은 아내 제인 류Jayne Riew에게 무척 고마운 마음이다. 그녀는 조너선이 쓴 모든 글을 더 나아지게 손봐주고, 글에서든 삶에서든 그가 놓치는 많은 것들을 꼼꼼히 챙길 뿐 아니라, 지면에서는 다 말 못할 맥스Max와 프란체스카Francesca를 기르는 모험을 함께 해나가고 있다. 조너선이 마지막으로 진정 감사한 마음을 전하고 싶은 분은, 이 책을 집필하던 2017년 5월 세상을 떠난 어머니 일레인 하이트Elaine Hadit다. 어머니는 1960년대에 심리학자 하임 기너트Haim Ginott의 육아 강의를 들었는데, 그때 배운 "무언가를 해주려 하지 말고 멈춰라, 그냥 거기 서서 지켜보라"라는 원칙을 가슴에 새기고 사셨다. 조너선과 그의 누이들인 리베카와 서맨사는 참으로 축복받은 아이들이었다. 뭘 해야 하고, 뭘 하지 말아야 할지 잘 알았던 그런 어머니 밑에서 자랄 수 있었으니.

| 주 |

각종 서적 및 학술 저널 기사들에 대한 완전한 정보는 이 책 말미에 실린 참고문헌 목록을 확인하면 된다(여기서는 저자의 성姓과 출간 날짜만 밝혔다). 독자들이 각종 온라인 자료들을 쉽게 찾아볼 수 있도록 TheCoddling.com에도 같은 내용을 올려두었다.

경구

1. Byrom (1993), 제3장, 40~43행. Mascaro (1973), 제3장, 42~43행에도 다음과 같은 보다 직역에 가까운 번역이 실려 있으나 같은 뜻이라도 이 책에 실린 번역보다는 품격이 떨어진다. "적이 적을 해칠 수 있고, 미워하는 마음을 품은 사람이 다른 이를 해칠 수도 있으나, 잘못 먹은 마음은 훨씬 큰 해를 입힐 수 있다. 아버지나 어머니 혹은 일가친척은 사람에게 확실히 이익이 될 수 있으나, 올바로 마음먹는 것이 훨씬 큰 이익을 줄 수 있다."
2. Solzhenitsyn (1975), p. 168.

들어가는 글 | 지혜를 찾는 여정

1. Nietzsche(1889/1997) 격언 번호 8.
2. 포노스는 고역, 고통, 고생을 주관하는 그리스의 하급신이었다. "미소Miso"는 ("여성혐오misogyny"와 같은 말에서 볼 수 있듯) "혐오"를 뜻한다. 따라서 그리스어로 '미소포노스'라고 하면, 고된 일과 고생을 혐오하는 사람이라는 뜻이 되겠다. 우리가 이런 이름을 지을 수 있게끔 이끌어준 이언 맥크레디-플로라 교수(버지니아대의 고대 그리스 철학 전문가다)에게 감사를 전한다. 우리는 미소포노스에게 코알레모스의 신탁사제 역할을 맡겼다. 코알레모스는 아리스토파네스의 희곡 〈새들Birds〉에 어리석음의 신으로 잠시 등장한다.
3. 미국 이외의 나라 독자들을 위해 여기서 몇 가지 용어들 및 미국 특유의 관례들에 대해 명확히 해두고자 한다. 앞으로 이 책에서는 "college"와 "university"라는 말을 혼용해서 쓸 텐데 둘 다 오늘날 영국과 캐나다에서 말하는 "university"의 의미이다. "campus"는 대학의 부지, 환경, 문화 등을 가리킬 때가 많을 것이다. "고등학교high school"는 9학년에서 12학년을 가리키며, 학생들 나이로는 대체로 열네 살에서 열여덟 살에 해당한다. 아울러 좌파를 가리킬 때는 "liberal"이라는 말은 되도록 피하고(미국에서는 그런 표현을 쓰는 경우가 흔하다), 대신 좌파와 우파, 진보와 보수 같은 말을 쓰려고 한다.
4. http://www.theFIRE.org에 가면 더 많은 정보를 찾아볼 수 있다.
5. Jarvie, J. (2014. 3. 3). Trigger happy. *The New Republic*. https://newrepublic.com/

article/116842/trigger-warnings-have-spread-blogs-college-classes-thats-bad에서 검색.

6. Medina, J. (2014. 5. 17). Warning: The Literary Canon Could Make Students Squirm. *The New York Times*. https://www.nytimes.com/2014/05/18/us/warning-the-literary-canon-could-make-students-squirm.html에서 검색.
7. Columbia College. (n.d.). The Core curriculum: Literature Humanities. https://www.college.columbia.edu/core/lithum에서 검색.
8. Johnson, K., Lynch, T., Monroe, E., & Wang, T. (2015. 4. 30). Our identities matter in Core classrooms. *Columbia Daily Spectator*. http://spc.columbiaspectator.com/opinion/2015/04/30/our-identities-matter-core-classrooms에서 검색.
9. 앨런 블룸Allan Bloom의 *The Closing of the American Mind* (1987) 출간 후 폭발한 이른바 "고전 전쟁"은 대체로 교수들이 주축이 되어 싸움을 벌였지만, 여성과 유색인종 작가의 작품도 더 포함되어야 한다고 생각한 학생들도 종종 교수들과 한 편이 되어 싸움을 벌이곤 했다. 예를 들어 1987년 스탠퍼드대에서 있었던 한 집회에서는 그러한 다양화를 촉구하며 학생들이 다음과 같은 구호를 외치기도 했다. "헤이 헤이, 호 호, 서양문화는 물러가라Hey hey, ho ho, Western culture's got to go." 참조: Bernstein, R. (1988. 1. 19). In dispute on bias, Stanford is likely to alter Western culture program. *The New York Times*. http://www.nytimes.com/1988/01/19/us/in-dispute-on-bias-stanford-is-likely-to-alter-western-culture-program.html에서 검색.
10. Pinker (2016), p. 110.
11. Haidt (2006).
12. Nelson, L. (2015. 9. 14). Obama on liberal college students who want to be "coddled" : "That's not the way we learn." *Vox*. https://www.vox.com/2015/9/14/9326965/obama-political-correctness에서 검색.
13. 영국에서는 일찍이 2014년부터 이런 조짐이 나타났다. Free speech is so last century. Today's students want the "right to be comfortable." *Spectator*. https://www.spectator.co.uk/2014/11/free-speech-is-so-last-century-todays-students-want-the-right-to-be-comfortable에서 검색. 하지만 "안전 공간"과 관련 현상에 대한 뉴스 기사는 2015년 가을에 미국에서 그런 일들이 주목받은 이후에 증가하기 시작한 듯했다. 예를 들면 다음을 참조. Gosden, E. (2016. 4. 3). Student accused of violating university "safe space" by raising her hand. *The Telegraph*. http://www.telegraph.co.uk/news/2016/04/03/student-accused-of-violating-university-safe-space-by-raising-he에서 검색.
14. http://heterodoxacademy.org/international에서 각국의 연구 내용 및 뉴스 기사 요약을 참조하라.
15. 이런 사례는 수십 건에 이르는데, 그중에서도 에릭 가너Eric Garner, 마이크 브라운Mike Brown, 타미르 라이스Tamir Rice, 프레디 그레이Freddie Gray를 대표적으로 꼽는다. 미셸 쿠소Michelle Cusseaux, 타니샤 앤더슨Tanisha Anderson, 오라 로서Aura Rosser, 미건 호커데이

Meagan Hockaday 등 경찰의 폭력에 희생당한 흑인 여성들도 여럿이지만, 이들에 대한 이야기는 잘 알려져 있지 않다. 경찰의 총격에 관해 더 많은 것을 알고 싶다면, 다음을 참조. Kelly 외 공저. (2016. 12. 30). Fatal shootings by police remain relatively unchanged after two years. *The Washington Post*. https://www.washingtonpost.com/investigations/fatal-shootings-by-police-remain-relatively-unchanged-after-two-years/2016/12/30/fc807596-c3ca-11e6-9578-0054287507db_story.html에서 검색.

16. Dorell, O. (2016. 6. 29). 2016 already marred by nearly daily terror attacks. *USA today*. https://www.usatoday.com/story/news/world/2016/06/29/major-terrorist-attacks-year/86492692에서 검색.
17. Parvini, S., Branson-Potts, H., & Esquivel, P. (2017. 2. 1). For victims of San Bernardino terrorist attack, conflicting views about Trump policy in their name. *Los Angeles Times*. http://www.latimes.com/local/lanow/la-me-san-bernardino-trump-20170131-story.html에서 검색.
18. Ellis, R., Fantz, A., Karimi, F., & McLaughlin, E. (2016. 6. 13). Orlando shooting: 49 killed, shooter pledged ISIS allegiance. *CNN*. https://www.cnn.com/2016/06/12/us/orlando-nightclub-shooting /index.html에서 검색.
19. Branch, J., Kovaleski, S, & Tavernise, S. (2017. 10. 4). Stephen Paddock chased gambling's payouts and perks. *The New York Times*. https://www.nytimes.com/2017/10/04/us/stephen-paddock-gambling.html에서 검색. 함께 참조: AP. (2018. 1. 19). The latest: Timeline offers look at Vegas shooter's moves. *U.S. News & World Report*. https://www.usnews.com/news/us/articles/2018-01-19/the-latest-no-motive-uncovered-for-las-vegas-mass-shooting에서 검색.
20. Coddle[Def. 2]. (n.d.). *Merriam-Webster Dictionary*(11th ed.). https://www. merriam-webster.com/dictionary/coddling에서 검색.
21. humanprogress.org에 가면 이들 추세에 대해 보다 알기 쉽고 포괄적인 자료를 찾아볼 수 있다.

제1장 | **유약함의 비진실**

1. *The Book of Mencius*, Chan (1963), p. 78.
2. Hendrick, B. (2010. 5. 14). Peanut allergies in kids on the rise. *WebMD*. http://www.webmd.com/allergies/news/20100514/peanut-allergies-in-kids-on-the-rise에서 검색.
3. Du Toit, Katz 외 공저 (2008).
4. Christakis (2008).
5. Du Toit, Roberts 외 공저 (2015).
6. LEAP Study Results. (2015). http://www.leapstudy.com/leap-study-results에서 검색.
7. LEAP Study Results. (2015); 주 6번 참조.
8. Chan, S. (2001). Complex adaptive systems. http://web.mit.edu/esd.83/www/note

book/Complex%20Adaptive%20Systems.pdf에서 검색. 함께 참조: Holland (1992).

9. Okada, Kuhn, Feillet, & Bach (2010).
10. Gopnik, A. (2016. 8. 31). Should we let toddlers play with saws and knives? *The Wall Street Journal*. http://www.wsj.com/articles/should-we-let-toddlers-play-with-saws-and-knives-1472654945에서 검색.
11. Taleb (2012), p. 5.
12. Taleb (2012), p. 3.
13. Child Trends Databank. (2016. 11.). Infant, child, and teen mortality. https://www.childtrends.org/indicators/infant-child-and-teen-mortality에서 검색.
14. Gopnik (2016); 주 10번 참조.
15. Office of Equity Concerns. (2014). Support resources for faculty. *Oberlin College & Conservatory* [via Wayback Machine internet Archive]. http://web.archive.org/web/20131222174936에서 검색.
16. Haslam (2016).
17. American Psychiatric Association. (n.d.). DSM history. https://www.psychiatry.org/psychiatrists/practice/dsm/history-of-the-dsm에서 검색.
18. Friedman, M. J. (2007. 1. 31). PTSD: National Center for PTSD. *U.S. Department of Veterans Affairs*. https://www.ptsd.va.gov/professional/ptsd-overview/ptsd-overview.asp에서 검색. 함께 참조: Haslam (2016), p. 6.
19. Bonanno, Westphal, & Mancini (2011).
20. "트라우마를 이겨낸 사람들은 대체로 회복탄력성이 매우 강하고, 사회적 지원을 활용하는 등 적절한 위기 극복 전략을 마련해 트라우마의 후유증과 결과에 잘 대응해나간다. 대부분 사람들은 시간이 지나면 자연스레 회복되어 최소한의 고통스러운 모습만을 보이며 삶의 주된 영역과 발달 단계 전반에서 원활히 제기능을 수행한다." Center for Substance Abuse Treatment(U.S.). (2014) *Trauma-informed care in behavioral health services*, chapter 3, Understanding the impact of trauma. Rockville, MD: Substance Abuse and Mental Health Services Administration(U.S.) https://www.ncbi.nlm.nih.gov/books/NBK207191에서 검색.
21. Trauma. (n.d.). *SAMHSA-HRSA Center for Integrated Health Solutions*. https://www.integration.samhsa.gov/clinical-practice/trauma에서 검색. 주: "트라우마"에 대한 이 동어반복적 정의는 "경험"에 대한 반응을 트라우마가 일어났는가 여부를 가늠하는 정의로 활용하고 있다.
22. 이는 특히나 골치 아픈 문제다. 왜냐하면 이런 결과가 "트라우마"의 정의에 포함될 경우, 어떤 사람이 차후 "외상 후 성장post-traumatic growth"이 되는 것을 경험할 때 그 경험이 아무리 정상적인 범위에서 벗어나 있어도 더 이상 트라우마로 정의되지 않을 것이기 때문이다. 그렇게 되면 사람들은 결국 외상 후 성장을 경험할 능력을 잃게 되는 셈인데, 단순히 고통을 주지 않는다는 이유로 애초에 겪었던 사건들이 "트라우마"로 정의되지 않을 것이기 때문이다. Collier (2016) 참조.

23. Shulevitz, J. (2015. 3. 21). In college and hiding from scary ideas. *The New York Times*. https://www.nytimes.com/2015/03/22/opinion/sunday/judith-shulevitz-hiding-from-scary-ideas.html에서 검색.
24. Rape culture. (n.d.). *Oxford Living Dictionaries*. https://en.oxforddictionaries.com/definition/rape_culture에서 검색.
25. McElroy, W. (2015. 9. 7). Debate with Jessica Valenti on "rape culture." https://wendymcelroy.liberty.me/debate-with-jessica-valenti-on-rape-culture에서 검색.
26. Shulevitz (2015); 주 23번 참조.
27. 거의 이때 즈음 브라운대의 한 학생은 서로 정중한 대화를 나눠보자며 페이스북에 비밀 자유토론방을 만들었다. 참조: Morey, A. (2015. 12. 28). FIRE Q&A: Reason@Brown's Christopher Robotham. *FIRE*. https://www.thefire.org/fire-qa-reason browns-christopher-robotham에서 검색. 함께 참조: Nordlinger, J. (2015. 11. 30). Underground at Brown. *National Review*. http://www.nationalreview.com/article/427713/underground-brown-jay-nordlinger에서 검색.
28. 예일대 교수 윌리엄 데레저위츠는 미국의 명문 문과대학들은 지금 하나의 합치된 정설을 이끌어내는 교조적인 대화를 더 선호하고, 설전을 벌여야 하는 복잡한 대화는 피하려 한다고 비판했는데, 바로 이런 일을 두고 한 말이다. 참조: Deresiewicz, W. (2017. 3. 6). On political correctness. *The American Scholar*. https://theamericanscholar.org/on-political-correctness에서 검색.
29. Shulevitz (2015); 주 23번 참조.
30. 이와 관련된 연구의 요약은 다음 책에서 찾아볼 수 있다. Haidt (2006), 제7장. Lawrence Calhoun & Richard Tedeschi가 진행한 연구도 함께 참조. Posttraumatic Growth Research Group, UNC Charlotte. (n.d.). https://ptgi.uncc.edu에서 검색.
31. Foa & Kozak (1986).
32. McNally, R. (2016. 9. 13). If you need a trigger warning, you need PTSD. treatment. *The New York Times*. https://www.nytimes.com/roomfordebate/2016/09/13/do-trigger-warnings-work/if-you-need-a-trigger-warning-you-need-ptsd-treatment에서 검색.
33. R. Leahy(사적인 연락. 2017. 12. 29). 함께 참조: McNally (2016); 주 32번 참조.
34. 아리스토텔레스가 《니코마코스 윤리학*Nicomachean Ethics*》에서 한 말이다. 이 원칙이 적용되지 않는 유일한 예외는 지혜일 것이다.
35. Twenge (2017), p. 3.
36. Twenge (2017), p. 154.
37. 대학 캠퍼스 안에서의 발언 및 검열과 관련해, 이 문제를 둘러싼 역학이 변화하고 있다는 논의와 증거에 관해서는 Stevens, S., & Haidt, J. (2018. 4. 11) 참조. The skeptics are wrong part 2: Speech culture on campus is changing. https://heterodoxacademy.org/the-skeptics-are-wrong-part-2에서 검색.

제2장 | **감정적 추론의 비진실**

1. From the *Enchiridion*. Epictetus & Lebell(1st – 2nd century/1995), p. 7.
2. Mascaro (1995), chapter 1, verse 1.
3. Shakespeare, W. *Hamlet*. II.ii, ll. 268 – 270.
4. Milton (1667/2017), bk. I, ll. 241 – 255.
5. Boethius(ca. 524CE/2011). 정신분석가 빅터 프랭클Victor Frankl은 자신이 강제수용소에 갇혀 있던 시절을 떠올리며 똑같은 결론에 도달했다. "인간에게서 모든 것을 앗아갈 수 있어도 단 하나 앗아갈 수 없는 게 있으니, 바로 인간의 자유이다. 어떤 상황에 처하더라도 자신만의 방식에 따라 자신의 태도를 선택할 수 있는 자유 말이다." Frankl, (1959/2006) Part I. p.66 참조.
6. 노벨상 수상 심리학자인 대니얼 카너먼Daniel Kahneman은 그의 베스트셀러인 *Thinking Fast and Slow*에서 자동 사고과정을 시스템 1(속도가 빠르다)이라 부르고, 통제된 사고과정을 시스템 2(속도가 느리다)라고 부른다.
7. 인지행동치료가 우울증 및 불안장애 치료에 효과적임을 면밀히 탐구한 연구는 현재 수천 건에 이르며, 그에 대한 메타 분석도 수백 건이 나와 있다. 이 분야의 접하기 쉬운 최근 연구 성과에 대해 알고 싶다면 Holland & DuRubeis(출간 예정)를 참조하기 바란다. 이와 관련한 상식적인 관점은 영국의 왕립정신과대학교Royal College of Psychiatrists의 웹사이트에 올라온 다음 문장으로 요약할 수 있다. 인지행동치료는 "불안증이나 우울증을 주로 겪는 경우 가장 큰 효과를 내는 치료책 중 하나이다. (…) [그것은] 경증 및 중증 우울증에 그 무엇보다 효과적이며, [아울러] 수많은 종류의 우울증에도 항우울제만큼이나 큰 효과를 낸다." Blenkiron, P. (2013. 7.) Cognitive behavioural therapy. *Royal College of Psychiatrists*. https://www.rcpsych.ac.uk/mentalhealthinformation/therapies/cognitivebehaviouraltherapy.aspx에서 검색.
8. "인지치료는 항우울제 처방만큼이나 효과가 클 수 있다. (…) 인지행동치료의 장점은 약을 처방하는 경우와 달리 치료가 끝난 뒤에도 그 효과가 지속된다는 점이다. (…) 인지치료는 최소한 [일반적인 불안장애에 접근하는] 다른 대안적인 방법들만큼 효과적이며, 지속효과는 더 오래 갈 가능성이 매우 높다." Hollan & DeRubeis(출간 예정)
9. Blenkiron (2013); 주 7번 참조. 함께 참조: CBT outcome studies. (2016. 11. 25). *Academy of Cognitive Therapy*. http://www.academyofct.org/page/OutcomeStudies에서 검색.
10. 우리는 인지행동치료가 모든 심리적 장애에 더 효과가 좋다고 주장하려는 것은 절대 아니다. 다만 인지행동치료는 활용이 무척 손쉽고 심리치료법 중 가장 연구가 많이 이루어졌기 때문에, 약물을 포함한 다른 치료법들의 가치를 평가하는 심리치료의 시금석으로 여겨질 때가 많다. 참조: Butler, Chapman, Forman, & Beck (2006).
11. Robert L. Leahy, Stephen J. F. Holland, & Lata K. McGinn 공저, Treatment Plan and Interventions for Depression and Anxiety Disorders, 2판(New York, NY: Guilford Press, 2012)의 리스트에서 흔한 아홉 가지 인지왜곡을 추린 것.
12. "비판적 사고"의 다양한 정의에 관해서는 다음을 참조: Defining critical thinking.

(n.d.). *The Foundation for Critical Thinking*. https://www.criticalthinking.org/pages/defining-critical-thinking/766에서 검색.

13. Sue 외 공저 (2007). 이 정의는 p.271에 인용돼 있다. 이 용어를 처음 고안해 논의한 책은 Pierce (1970)이다.
14. 무의식적이고 함축적인 연관은 현실에서 무척 쉽게 일어난다. 물론 그런 식의 연관이 차별 행위와 어떤 관계를 갖는가는 매우 복잡한 문제로, 현재 사회심리학자들 사이에서 논의되는 화두이기도 하다. Rubinstein, Jussim, & Stevens (2018) 참조. 차별 행위에서 함축적 편향이 하는 역할을 방어하는 입장에 대해서는 Greenwald, Banaji, & Nosek (2015)를 참조.
15. 심지어 편협한 사람과 상호작용을 할 때에도, 인지행동치료는 당사자가 받는 고통의 양이나 고통 받을 확률을 줄이는 데 도움이 될 수 있다.
16. Hamid, S. (2018. 2. 17). Bari Weiss, outrage mobs, and identity politics. *The Atlantic*. https://www.theatlantic.com/politics/archive/2018/02/bari-weiss-immigrants/553550에서 검색.
17. Miller, G. (2017. 7 18). The neurodiversity case for free speech. *Quillette*. http://quillette.com/2017/07/18/neurodiversity-case-free-speech에서 검색.
18. FIRE. (2017). Bias Response Team Report. [Blog post]. https://www.thefire.org/first-amendment-library/special-collections/fire-guides/report-on-bias-reporting-systems-2017에서 검색.
19. 미세공격에 대한 연구의 논평 및 비판에 대해서는 Lilienfeld (2017)를 참조하라.
20. 예를 들면 Heider (1958) 같은 책이 그렇다. 오로지 아주 어린 아이들만이 이 원칙에서 제외될 수 있겠는데, 꼬마들은 어떤 행동이 우연찮게 피해를 입힐 경우 선의에서 나온 행동도 잘못이라고 판단하는 경우가 많다.
21. Utt, J. (2013. 7. 30). Intent vs. impact: Why your intentions don't really matter. *Everyday Feminism*. https://everydayfeminism.com/2013/07/intentions-dont-really-matter에서 검색.
22. 포스터는 C.A.R.E 모델Conscious Empathy, Active Listening, Responsible Reaction, and Environmental Awareness을 만든 장본인으로, 자신이 주최하는 워크숍이나 프리젠테이션을 통해 이 내용을 가르치고 있다.
23. K. Foster(사적인 연락, 2018. 2. 17).
24. Zimmerman, J. (2016. 6. 16). Two kinds of PC. *Inside Higher Ed*. https://www.inside-highered.com/views/2016/06/16/examination-two-kinds-political-correctness-essay에서 검색.
25. Rotter (1966).
26. 이들 연구를 검토한 내용으로는 Cobb-Clark (2015)를 참조.
27. Buddelmeyer & Powdthavee (2015).
28. 예를 들어, 나중에 제4장에 가서 논의하게 되겠지만 미들버리대에서는 찰스 머리가, 클레어몬트매케나대에서는 헤더 맥도널드가 학생들의 소란으로 강연을 도중에 중단한 일

이 있었다. 강연 취소 사례에 대해서는 FIRE에서 데이터베이스를 구축해 관리하고 있다. Disinvitation Database. (n.d.). https://www.thefire.org/resources/disinvitation-database에서 검색.
29. Bauer-Wolf, J. (2017. 10. 6). Free speech advocate silenced. *Inside Higher Ed*. https://www.insidehighered.com/news/2017/10/06/william-mary-students-who-shut-down-aclu-event-broke-conduct-code에서 검색.
30. 우파에서 압박이 가해지는 경우 그 3분의 1은 캠퍼스 바깥이 애초 진원지이며, 그중 절반에 종교 단체가 동원되어 낙태 및 피임과 관련해 발언하려는 사람에게 반대하는 시위가 벌어지곤 한다. 좌파에서 초청 취소를 하는 경우 애초 진원지가 캠퍼스 바깥인 경우는 5퍼센트 미만이다. 이 자료를 직접 살펴보고 싶다면, https://www.thefire.org/resources/disinvitation-database를 방문해보기 바란다.
31. Yiannopoulos, M. (2016. 8. 20). Trolls will save the world. *Breitbart*. http://www.breitbart.com/milo/2016/08/20/trolls-will-save-world에서 검색.
32. Stevens, S. (2017. 2. 7). Campus speaker disinvitations: Recent trends (Part 2 of 2) [Blog post]. https://heterodoxacademy.org/2017/02/07/campus-speaker-disinvitations-recent-trends-part-2-of-2에서 검색.
33. 이들 추세에 대한 분석을 더 접하고 싶다면(아울러 설문조사는 캠퍼스 안에서의 발언에 대한 최근의 태도 변화를 전혀 반영하지 못한다고 주장하는 비판가들에 대한 반응도 함께 살펴볼 수 있다), Stevens, S., & Haidt, J. (2018. 4. 11)를 참고하기 바란다. The skeptics are worng part 2: Speech culture is changing. https://heterodoxacademy.org/the-skeptics-are-wrong-part-2
34. Naughton, K. (2017. 10.). Speaking freely—What students think about expression at American colleges. *FIRE*. https://www.thefire.org/publications/student-attitudes-free-speech-survey에서 검색.
35. 종국에는 소크라테스의 동료 시민이 그를 불경죄와 아테네의 청년들을 타락시킨다는 죄목으로 고발했다. 소크라테스는 판관들에게서 유죄를 선고받고 독배를 마셔야 했다. 오늘날 우리는 "불경죄"를 한결 더 잘 눈감아줄 수 있다고 여기고 싶다.
36. Venker, S. (2015. 10. 20). Williams College's "Uncomfortable Learning" speaker series dropped me. Why? *FIRE*. http://www.foxnews.com/opinion/2015/10/20/williams-college-dropped-me-from-its-uncomfortable-learning-speaker-series-why.html에서 검색.
37. Paris, F. (2015. 10. 21). Organizers cancel Venker lecture. *The Williams Record*. http://williamsrecord.com/2015/10/21/organizers-cancel-venker-lecture에서 검색.
38. Wood, Z. (2015. 10. 18). Breaking through a ring of motivated ignorance. *Williams Alternative*. http://williamsalternative.com/2015/10/breaking-through-a-ring-of-motivated-ignorance-zach-wood에서 검색. 우드의 2018년 TED 강연도 함께 참조: Why it's worth listening to people you disagree with. http://www.ted.com/talks/

zachary_r_wood_why_it_s_worth_listening_to_people_we_disagree_with에서 검색.

39. Wood (2015); 주 38번 참조.
40. Gray, (2012), p. 86.
41. Falk, A. (2016. 2. 18). John Derbyshire's scheduled appearance at Williams. *Williams College Office of the President*. https://president.williams.edu/letters-from-the-president/john-derbyshires-scheduled-appearance-at-williams에서 검색.

제3장 | **'우리 대 그들'의 비진실**

1. Sacks (2015), p. 51.
2. 사생활 보호를 위해 학생의 이름을 바꿨다.
3. 다음에 실린 정의를 각색한 것: Cisnormativity. (2017). *The Queer Dictionary*. http://queerdictionary.blogspot.com/2014/09/definition-of-cisnormativity.html에서 검색.
4. 학생의 이름을 바꾼 것 외에도, 편지에 "DOS"라고 돼 있던 애초 표기도 "[dean of students(학생처장실)]"로 바꾸었다.
5. 동영상의 48분 지점에서 그녀의 설명을 볼 수 있다. The CMC Forum(Producer). (2015. 11. 11). CMCers of color lead protest of lack of support from administration[Video file]. https://youtu.be/OlB7Vy-IZZ8?t=48mls에서 검색.
6. Miller, S. (2015. 11. 18). VIDEO: CMCers of color lead protest of dean of students, administration. The Forum. http://cmcforum.com/news/11112015-video-cmcers-of-color-protest-dean-of-students-administration에서 검색.
7. Tidmarsh, K. (2015. 11. 11). CMC students of color protest for institutional support, call for dean of students to resign. *The Student Life*. http://tsl.news/news/5265에서 검색.
8. 동영상 전체를 보고 싶으면 다음을 찾아가보기 바란다. CMCers of color lead protest of lack of support from administration[Video file]. https://youtu.be/OlB7Vy-IZZ8?t=3s
9. Tidmarsh, K. (2015. 11. 11); 주 7번 참조.
10. 주 5번에 링크된 동영상의 41분 33초 지점에서 해당 순간을 확인할 수 있다.
11. 당시 우리는 어떤 식의 공개적인 지지성명도 찾을 수 없었고, 우리가 스펠먼에게 이메일을 보내 그러한 성명을 아는 게 있냐고 물었을 때 그녀도 없다고 했다. Spellman, M.(사적인 연락, 2018. 2. 8).
12. Watanabe, T., & Rivera, C. (2015. 11. 13). Amid racial bias protests, Claremont McKenna dean resigns. *Los Angeles Times*. http://www.latimes.com/local/lanow/la-me-ln-claremont-marches-20151112-story.html에서 검색.
13. FIRE (2015. 10. 30). Email from Erika Christakis: "Dressing yourselves," email to Silliman College(Yale) students on Halloween costumes[Blog post]. https://www.thefire.org/email-from-erika-christakis-dressing-yourselves-email-to-silliman-college-yale-students-on-halloween-costumes에서 검색.
14. FIRE. (2015. 10. 27). Email from the Intercultural Affairs Committee[Blog post].

https://www.thefire.org/email-from-intercultural-affairs에서 검색. 이문화 문제 위원회Intercultural Affairs는 학생처장실 소속임을 밝힌다.

15. Christakis, E. (2016. 10. 28). My Halloween email led to a campus firestorm—and a troubling lesson about self-censorship. *The Washington Post*. https://www.washingtonpost.com/opinions/my-halloween-email-led-to-a-campus-firestorm--and-a-troubling-lesson-about-self-censorship/2016/10/28/70e55732-9b97-11e6-a0ed-ab0774c1eaa5_story.html에서 검색. 에리카 크리스태키스가 보내온 이메일은 주 13번 참조.
16. Wilson, R. (2015. 10. 31). Open letter to Associate Master Christakis. *Down Magazine*. http://downatyale.com/post.php?id=430에서 검색.
17. 희한한 우연의 일치로, 마침 이날 그레그는 예일대 캠퍼스에서 당시의 대치 상황을 지켜볼 수 있었다. 그레그가 찍은 동영상을 보려면 다음을 참조. Shibley, R. (2015. 9. 13). New video of last year's Yale halloween costume confrontation emerges[Blog post]. https://www.thefire.org/new-video-of-last-years-yale-halloween-costume -confrontation-emerges
18. Kirchick, J. (2016. 9. 12). New videos show how Yale betrayed itself by favoring cry-bullies. *Tablet Magazine*. http://www.tabletmag.com/jewish-news-and-politics/213212/yale-favoring-cry-bullies에서 검색.
19. FIRE(Producer). (2015. 11. 7). Yale University students protest Halloween costume email (VIDEO 3). https://youtu.be/9IEFD_JVYd0?t=1m17s에서 검색.
20. 사감이 지적인 공간을 만들어야 하는지 아니면 집과 같은 공간을 만들어야 하는지 문제에 대해서는, 얼마쯤은 집처럼 편안한 공간을 만들고 반半 부모 노릇을 해야 하는 한편, 얼마쯤은 지적인 공간도 조성해야 하는 역할을 동시에 맡고 있다고 하겠다. 1985년에 예일대를 졸업한 조너선의 경우, 재학 시절 데번포트 칼리지Davenport College의 사감 집에서 열리는 학회 및 강연을 자주 찾아가곤 했다.
21. President and Yale College dean underscore commitment to a "better Yale." (2015. 11. 6). *YaleNews*. https://news.yale.edu/2015/11/06/president-and-yale-college-dean-underscore-commitment-better-yale에서 검색.
22. Stanley-Becker, I. (2015. 11. 13). Minority students at Yale give list of demands to university president. *The Washington Post*. https://www.washingtonpost.com/news/grade-point/wp/2015/11/13/minority-students-at-yale-give-list-of-demands-to-university-president에서 검색. 함께 참조: Next Yale. (2015. 11. 18). Next Yale demands for the Administration. https://www.thefire.org/next-yale-demands-for-the-administration에서 검색.
23. Schick, F. (2015. 12. 7). Erika Christakis leaves teaching role. *Yale Daily News*. https://yaledailynews.com/blog/2015/12/07/erika-christakis-to-end-teaching에서 검색.
24. 물리학과 교수 더글러스 스톤Douglas Stone의 진두지휘로 크리스태키스 부부를 옹

호하는 공개서한이 작성되었다. 몇 주에 걸쳐 총 90명의 교수들이 서명했는데 대부분 과학대 및 의대 교수들이었다. 다음도 함께 참조할 것: My Halloween email lead to a campus firestorm—and a troubling lesson about self-censorship. *The Washington Post*. https://www.washingtonpost.com/opinions/my-halloween-email-led-to-a-campus-firestorm--and-a-troubling-lesson-about-self-censorship/2016/10/28/70e55732-9b97-11e6-a0ed-ab0774c1eaa5_story.html에서 검색.

25. 클레어몬트매케나대 사태에 대해서는 Watanabe, T., & Rivera, C. (2015. 11. 13)를 참조. Amid racial protest, Claremont McKenna dean resigns. *Los Angeles Times*. http://www.latimes.com/local/lanow/la-me-ln-claremont-marches-20151112-story.html에서 검색. 예일대 사태에 대해서는 Stanley-Becker, I. (2015, 11. 5) 참조. A confrontation over race at Yale: Hundreds of students demand answers from the school's first black dean. *The Washington Post*. http://www.washingtonpost.com/news/grade-point/wp/2015/11/05/a-confrontation-over-race-at-yale-hundred-of-students-demand-answers-from-the-schools-first-black-dean에서 검색.
26. Tajfel (1970).
27. Berreby (2005)의 전반적 검토를 참조하라. 사회적 정체성 이론 검토에 대해서는 Hogg (2016)을 참조. 이 분야의 신경과학 연구 검토에 대해서는 Cikara & Van Bavel (2014)를 참조하라.
28. Vaughn, Savjani, Cohen, & Eagleman(초고 검토 중). 이 연구에 대해 더 알고 싶다면 다음을 참조하라; iqsquared(Producer). (2012. 6. 22). David Eagleman: What makes us empathietic? IQ2 Talks[Video file]. https://youtu.be/TDjWryXdVd0?t=7m42s에서 검색.
29. 이 분야의 보고를 더 접하고 싶다면("집단 선택"이 인류의 이야기에 일정 부분 역할을 했는지 여부, 아울러 개별선택에 대해서도 더 알고 싶다면) Haidt (2012), 제9장을 참조. 반대 관점에 대해서는 다음을 참조하라: Pinker, S. (2012. 6. 18). The false allure of group selection. *Edge*. https://www.edge.org/conversation/steven_pinker-the-false-allure-of-group-selection에서 검색.
30. 《바른 마음*Righteous Mind*》(Haidt, 2012) 제10장에 "군집 스위치hive switch"에 대한 설명이 있다. 이는 자신의 이익은 뒷전이 되고 집단의 이익을 최우선으로 삼게 되는 심리적 반사를 말한다. 즉, 사람들은 집단 안에서 자기를 잃는 경향이 있다. 군집 스위치가 활성화되지 않은 상황에서도 사람들은 부족주의 성향을 띠기도 한다. 군집 반응은 부족주의가 강하게 활성화되었을 때 일어나는 것으로, 다양한 감각을 자극하는 의례에 적극적으로 가담하는 활동을 통해 특히 강하게 일어난다.
31. 조너선의 책《바른 마음》에 등장하는 세 가지 기본 원칙 중 세 번째 원칙이다.
32. 우리는 "부족주의"라는 말을 쓰면서 실제 부족생활을 하는 이들의 폐쇄성이나 갈등 정도를 과장하는 면이 있다. 실제 부족들이 서로의 관습을 택하고 동맹을 맺어 갈등을 줄

여나가는 모습에 대한 설명을 찾아보고 싶다면 Rosen, L. (2018. 1. 16)을 참조. A liberal defense of tribalism. *Foreign Policy*. https://foreignpolicy.com/2018/01/16/a-liberal-defense-of-tribalism-american-politics에서 검색.

33. 이 책에서 설명한 대학가의 추세가 현대의 고등학교들에 어떤 영향을 미치고 있는지 알고 싶다면, 아울러 더 개방적이고 지적으로 다양한 대학 문화를 접하길 원하는 고등학생들이 자료를 찾고 싶다면 heterodoxacademy.org/highschool을 필히 방문해보기를 바란다.
34. Rauch, J. (2017. 11. 9). Speaking as a…. *The New York Review of Books*. http://www.nybooks.com/articles/2017/11/09/mark-lilla-liberal-speaking에서 검색.
35. King (1963/1981), p. 52.
36. King (1963/1981), p. 51.
37. Mascaro (1995), p. 2.
38. Bellah (1967).
39. King, M. L. (1963, August 28). "I have a dream…" https://www.archives.gov/files/press/exhibits/dream-speech.pdf에서 검색.
40. King (1963); 주 38번 참조. 이곳에 가면 강연의 육성 녹음을 들을 수 있다: http://www.americanrhetoric.com/speeches/mlkihaveadream.htm
41. 당시만 해도 대부분 미국인들의 생각은 이렇지 않았다. 해리스 여론조사에 따르면, 1963년의 *I Have a Dream* 연설로 인기가 꽤 올랐음에도 불구하고 암살당하기 몇 개월 전만 해도 마틴 루서 킹 목사에 대해 반감을 표한 미국인이 거의 75퍼센트에 이르렀으나 지금은 선호도가 90퍼센트 이상에 이르며 대중 사이에서 폭넓은 인기를 누리고 있다. 비록 시간은 걸렸지만, 1963년 당시 연설에 담긴 생각들이 미국을 바꿔놓은 것만은 분명하다. Cobb, J. C. (2018. 4. 4) 참조. When Martin Luther King Jr. was killed, he was less popular than Donald Trump is today. *USA today*. https://www.usatoday.com/story/opinion/2018/04/04/martin-luther-king-jr-50-years-assassination-donald-trump-disapproval-column/482242002에서 검색.
42. Pauli Murray College. (n.d.). About Pauli Murray. https://paulimurray.yalecollege.yale.edu/subpage-2에서 검색.
43. Murray (1945), p. 24.
44. MainersUnited(Producer). (2012, 11. 2). Yes on 1: Mainers United for Marriage—Will & Arlene Brewster[Video File]. https://www.youtube.com/watch?v=rizfhtN6UVc에서 검색.
45. 《바른 마음》, 제2~4장을 보면 이 주장을 뒷받침하는 문헌조사를 접할 수 있다.
46. Haji (2011), p.185에 실린 버전을 인용했다.
47. 이 에세이는 삭제됐지만, 다음을 찾아가면 해당 글을 찍은 스크린샷을 볼 수 있다: Coyne, J. (n.d.). Texas college newspaper publishes op-ed calling white DNA an "abomination"[Blog post]. https://whyevolutionistrue.wordpress.com/2017/11/30/texas-college-newspaper-publishes-op-ed-calling-white-dna-an-abomination에서

검색. (이 에세이의 맨 첫 줄은 사실《바가바드 기타》에 들어 있는 다음 문장을 변형한 것이다. "Now I am become white, destroyer of worlds.")

48. Cohn, A. (2017. 12. 13). Students, faculty, and administrators launch attack on Texas State University newspaper. *FIRE*. https://www.thefire.org/students-faculty-and-administrators-launch-attack-on-texas-state-university-newspaper에서 검색.
49. Defund the racist University Star. (2017. 11. 30). https://www.change.org/p/bobcat-liberty-council-defund-the-racist-star에서 검색.
50. Cervantes, D. (2017. 11. 28). Editor's note. *The University Star*. https://star.txstate.edu/2017/11/28/letter-from-the-editor-3에서 검색.
51. Cohn (2017)에서 보다 세부적인 내용을 접할 수 있다; 주 48번 참조. 다음도 함께 참조: Trauth, D. (2017. 11. 28). Message from the president regarding University Star column. *Texas State University-Office of Media Relations*. http://www.txstate.edu/news/news_releases/news_archive/2017/November-2017/Statement112917.html에서 검색.
52. 1968년에 덧붙인 이 에세이의 후기에서 마르쿠제는 이렇게 설명했다. "좌파는 절대 똑같은 목소리를 내지 못하고, 대중매체나 공공시설들에도 절대 똑같이 접근할 수 없다. 이는 어떤 음모가 좌파를 배제하기 때문만이 아니라, 옛날 자본주의 양식으로 말해 좌파는 필수 요건인 구매력을 갖고 있지 못하기 때문이기도 하다." Wolff, Moore, & Marcuse (1965/1969), p. 119.
53. 마르쿠제 자신의 표현을 빌리면 이렇다. "공식적인 관용은 좌파만이 아니라 우파에게도, 평화적인 운동만이 아니라 공격적인 운동에도, 인류애의 파당만이 아닌 혐오의 파당에도 함께 주어진다." Wolff, Moore, & Marcuse (1965/1969), p. 85.
54. Wolff, Moore, & Marcuse (1965/1969), p. 109.
55. Wolff, Moore, & Marcuse (1965/1969), pp. 100~101.
56. Wolff, Moore, & Marcuse (1965/1969), p. 110.
57. Columbia Law School. (2011. 10. 12). Center for Intersectionality and Social Policy Studies established. http://www.law.columbia.edu/media_inquiries/news_events/2011/october2011/Intersectionality에서 검색.
58. Crenshaw (1989).
59. Degraffenreid v. General Motors Assembly Division, 413 F. Supp. 142(E.D. Mo. 1976).
60. Collins & Bilge (2016), p. 7.
61. TED(Producer). (2016. 10.). The urgency of intersectionality[Video file]. https://www.ted.com/talks/kimberle_crenshaw_the_urgency_of_intersectionality에서 검색.
62. Morgan (1996), p. 107.
63. Morgan (1996), p. 106.
64. Morgan (1996), p. 106.
65. 당시 상황을 찍은 동영상은 "Silence U"라는 다큐멘터리 안에 들어 있으며, 아래 정보

를 이용해 다큐멘터리를 시청할 수 있다(해당 장면은 7분 53초 지점에서 시작된다). We the Internet (Producer). (2016. 7. 14). Silence U: Is the university killing free speech and open debate? We the Internet Documentary[Video file]. http://youtu.be/x5uaVFfX3AQ?t=7m55s에서 검색.

66. TED (2016); 주 61번 참조.

67. 예를 들어, 크레이턴대학교에서는 "특권과 불리한 조건이라는 생각과 관련해 집단에서 특정 결론에 이를 수 있도록 고안된" 연습을 학교 웹사이트에 올려두었다. 이 연습이란 다양한 질문들을 근거로 사람들을 한 발 앞으로 나오게 하거나 뒤로 물러나게 하는 식으로 진행된다. 시작은 이렇다. "미국 역사에서 백인이 유색인종을 죽였다는 이유로 유죄를 선고받고 사형당한 일은 거의 전례가 없다. 모든 백인은 앞으로 한 발 나온다." 그런 다음 "라틴계, 북미 원주민, 아프리카계 미국인의 고등학교 중퇴 비율은 55퍼센트가 넘는다. 라틴계, 아프리카계 미국인, 북미 원주민은 뒤로 한 발 물러선다." 결국 이 연습의 마지막에 가서 방의 맨 앞에 서 있는 사람은 가장 큰 "특권"을 누리는 사람이고, 맨 뒤에 서 있는 사람은 특권을 제일 못 가진 사람이 된다. 그런 다음 강사는 이렇게 말한다. "어떤 사람들이 앞에 있고 어떤 사람들이 뒤에 있는지 똑똑히 보세요." Privilege exercise(race focus) (n.d.) 참조. https://people.creighton.edu/~idc24708/Genes/Diversity/Privilege%20Exercise.htm에서 검색.

68. 교차성과 관련된 생각들이 CMC의 오리엔테이션 과정에 포함됐었는지 여부는 지금으로서는 알 수 없다. 이들 생각들은 애초 학생들이 수강한 강좌나 혹은 다른 학생들로부터 나왔을 것이다. 하지만 스펠먼과의 대치상황을 기록한 동영상 안에서도 교차성 이론의 언어가 흔하게 등장한다. CMC Forum(Producer) (2015. 11. 11). CMCers of color lead protest of lack of support from administration[Video file] https://youtube.com/watch?v=OIB7Vy-IZZ8에서 검색.

69. Friedersdorf, C. (2017. 5. 8). The destructiveness of call-out culture on campus. *The Atlantic*. https://www.theatlantic.com/politics/archive/2017/05/call-out-culture-is-stressing-out-college-students/524679에서 검색.

70. Barrett, K. (2016. 9. 22). Walking on eggshells—How political correctness is changing the campus dynamic. *The Sophian*. http://www.thesmithsophian.com/walking-on-eggshells-how-political-correctness-is-changing-the-campus-dynamic에서 검색.

71. 최근 몇 년 새 발언과 관련한 캠퍼스의 역학이 뒤바뀌었음을 보여주는 설문 자료는 다음 책에 광범위한 분석이 담겨 있으니 참조하기 바란다. Stevens, S., & Haidt, J. (2018. 4. 11), The skeptics are wrong part 2: Speech culture on campus is changing. https://heterodoxacademy.org/the-skeptics-are-wrong-part-2에서 검색.

72. Friedersdorf (2017); 주 69번 참조.

73. Zimbardo (2007).

74. Eady, T. (2014. 11. 24). "Everything is problematic": My journey into the centre of a dark political world, and how I escaped. *The McGill Daily*. https://www.mcgill

daily.com/2014/11/everything-problematic에서 검색.

75. 정치적 활동은 일반적으로 진리를 찾는 학자의 능력에 방해가 된다고 주장하는 보다 광범한 주장에 대해서는 Van der Vossen (2014) 참조.

76. Alexander (2010).

77. Balko (2013).

78. Silverglate (2009).

79. Right on Crime. (n.d.). The conservative case for reform. http://rightoncrime.com/the-conservative-case-for-reform에서 검색.

80. Hirsh, M. (2015. 3./4.). Charles Koch, liberal crusader? *Politico*. https://www.politico.com/magazine/story/2015/03/charles-koch-overcriminalization-115512에서 검색.

81. Lilla (2017), p. 9.

82. 이 만남을 담은 편집본은 다음의 아주 놀라운 동영상 속에 들어 있다: Now This Politics(Producer). (2017. 9. 8). This unexpected moment happened when Black Lives Matter activists were invited on stage at a pro-Trump rally[Video file]. https://www.facebook.com/NowThisNews/videos/1709220972442719에서 검색.

83. Hains, T. (2017. 9. 20). "Black Lives Matter" leader wins over Trump supporters: "If we really want America great, we do it together." *Real Clear Politics*. https://www.realclearpolitics.com/video/2017/09/20/black_lives_matter_leader_wins_over_trump_supporters_if_we_really_want_america_great_we_do_it_together.html에서 검색.

제4장 | **협박과 폭력**

1. Mandela (2003), p. 545.

2. Warzel, C. (2016. 7 19). Twitter permanently suspends Conservative writer Milo Yiannopoulos. *Buzz-Feed*. https://www.buzzfeed.com/charliewarzel/twitter-just-permanently-suspended-conservative-writer-milo에서 검색.

3. 밀로 야노풀로스 자신의 표현은 이렇다. "트롤링은 매우 중요한 일이다…. 나는 스스로를 덕망 있는 트롤이라고 생각하고 싶다. 나는 하느님의 일을 하고 있는 것이니까." Moran, T., Taguchi, E., & Pedersen, C. (2016. 9. 1). Leslie Jones' Twitter Troll Has No Regrets Over Attacking the 'Ghostnusters' Actress. *ABC News*. https://abcnews.go.com/Entertainment/leslie-jones-twitter-troll-regrets-attacking-ghostbusters-actress/story?id=41808886에서 검색. 다음과 같은 야노풀로스의 발언도 함께 참조. "물론 진정한 트롤이 목표로 삼는 것은 도발이다. 저강도의 분노를 유발하는 것이 그들의 목적이다. 사람들에게 농을 걸고, 들들 볶고, 약 올리는 것이 트롤들의 목적이다. (…) 내 오늘 트롤들에게 전하려는 메시지는 이것이다. 이번 선거만 끝나면 노트북은 덮고, 다니던 학교나 열심히 다니라는 것이다." Yiannopoulos, M., (2016. 8. 20). Trolls will save the world. *Breitbart*. http://www.breitbart.com/milo/2016/08/20/trolls-will-save-world에서 검색.

4. 안티파의 전임 시위기획자인 스콧 크로우Scott Crow는 이렇게 설명한다. "안티파의 생각은 그들[우파]이 가는 곳이면 어디든 가겠다는 것이다. 혐오 발언은 자유 발언이 아니다. 당신이 하는 말과 그 뒤에 깔린 행동들이 사람들을 위험에 처하게 한다면, 당신은 그것을 행할 권리가 없다. 그래서 우리는 그들이 있는 곳에 가 갈등을 일으켜서라도 강연을 중단시키려 하는 것이다." Suerth J. (2017. 8. 17) What is Antifa? *CNN*. https://www.cnn.com/2017/08/14/us/what-is-antifa-trnd/index.html에서 검색.
5. Kell, G. (2017. 2. 2). Campus investigates, assesses damage from Feb. 1 violence. *Berkeley News*. http://news.berkeley.edu/2017/02/02/campus-investigates-assesses-damage-from-feb-1-violence에서 검색.
6. Lochner, T. (2017. 2. 1). UC Berkeley: Protesters shut down Milo Yiannopoulos event, clash with police. *East Bay Times*. http://www.eastbaytimes.com/2017/02/01/uc-berkeley-cancels-breitbart-provocateur-milo-yiannopoulos-event에서 검색.
7. Park, M., & Lah, K. (2017. 2. 2). Berkeley protests of Yiannopoulos caused $100,000 in damage. *CNN*. http://www.cnn.com/2017/02/01/us/milo-yiannopoulos-berkeley/index.html에서 검색.
8. Riot forces cancellation of Yiannopoulos talk at UC Berkeley. (2017. 2. 1). *CBS SF Bay Area*. http://sanfrancisco.cbslocal.com/2017/02/01/berkeley-braces-for-protests-at-yiannopoulos-talk에서 검색.
9. Park & Lah (2017); 주 7번 참조.
10. Arnold, C. (2017. 2. 1). Violence and chaos erupt at UC-Berkeley in protest against Milo Yiannopoulos. *USA Today College*. http://college.usatoday.com/2017/02/01/violence-and-chaos-erupt-at-uc-berkeley-in-protest-against-milo-yiannopoulos에서 검색.
11. Riot forces cancellation (2017); 주 8번 참조.
12. Rioters break windows, set fire to force cancellation of Breitbart editor's UC-Berkeley talk. (2017. 2. 1). *Fox News*. http://www.foxnews.com/us/2017/02/01/rioters-break-windows-set-fire-to-force-cancellation-breitbart-editors-uc-berkeley-talk.html에서 검색.
13. RTQuestionsMore(Producer). (2017. 2. 1). Kiara Robles talks to RT International[Video File]. https://www.youtube.com/watch?v=SUQdlc8Gc-g&feature=youtu.be에서 검색.
14. Park & Lah (2017); 주 7번 참조.
15. CNBC with Reuters and AP. (2017. 2. 1). Trump threatens UC Berkeley with funds cut after Breitbart editor's speech is canceled following riot. *CNBC*. https://www.cnbc.com/2017/02/01/uc-berkeley-on-lockdown-amid-protest-over-milo-yiannopoulos.html에서 검색.
16. "대학 측에 따르면 당시 시위대는 학교 내에서 10만 달러가량의 피해를 입혔을 뿐 아니

라, 다운타운 버클리 협회Downtown Berkeley Association의 CEO인 존 케이너John Caner에 따르면 그 밖의 다른 곳에도 40만에서 50만 달러에 이르는 추가 피해를 입혔다고 한다." Kutner, M. (2017. 2. 1). Inside the black bloc protest strategy that shut down Berkeley. *Newsweek*. http://www.newsweek.com/2017/02/42/berkeley-protest-milo-yiannopolous-black-bloc-556264.html에서 검색.

17. Freedman, W. (2017. 2. 1). VIDEO: Trump supporter pepper sprayed at Milo protest. *ABC 7 News*. http://abc7news.com/news/video-trump-supporter-pepper-sprayed-at-milo-protest/1733004에서 검색.
18. Mackey, R. (2017. 2. 4). Amid the chaos in Berkeley, a grinning face, covered in blood. *The Intercept*. https://theintercept.com/2017/02/04/amid-chaos-berkeley-grinning-face-covered-blood에서 검색.
19. Freedman (2017); 주 17번 참조.
20. K. Redelsheimer & J. Jennings(사적인 연락, 2017. 3. 1). 다음도 함께 참조. Fabian, P. (Producer). (2017. 2. 2). Protestors beating people at Milo Yiannopoulos evet @U.C. Berkeley[Video file]. https://www.youtube.com/watch?v=GSMKGRyWKas에서 검색.
21. K. Redelsheimer(사적인 연락, 2017. 3. 1).
22. Gale, J. (2017. 2). EXCLUSIVE FOOTAGE: Anarchists smash windows and riot at UC Berkeley after Milo Yiannopoulos's talk is canceled. *The Tab*. http://thetab.com/us/uc-berkeley/2017/02/02/exclusive-footage-anarchist-group-smashes-windows-sets-fire-sproul-riots-uc-berkeley-milo-yiannopouloss-talk-cancelled-3244에서 검색.
23. P. Jandhyala(사적인 연락, 2017. 7. 11).
24. UC Berkeley Campus Police tweeted: @UCBerkeley Milo event cancelled. Shelter in place if on campus. All campus buildings on lockdown. #miloatcal. https://twitter.com/ucpd_cal/status/826978649341440000?lang=en에서 검색.
25. Riot forces cancellation (2017); 주 8번 참조.
26. Zoppo, A., Proença Santos, A., & Hudgins, J. (2017. 2. 14). Here's the full list of Donald Trump's executive orders. *NBC News*. https://www.nbcnews.com/politics/white-house/here-s-full-list-donald-trump-s-executive-orders-n720796에서 검색.
27. Helsel, P. (2017. 2. 2). Protests, violence prompt UC Berkeley to cancel Milo Yiannopoulos event. *NBC News*. https://www.nbcnews.com/news/us-news/protests-violence-prompts-uc-berkeley-cancel-milo-yiannopoulos-event-n715711에서 검색.
28. Lawrence, N. (2017. 2. 7). Black bloc did what campus should have. *The Daily Californian*. http://www.dailycal.org/2017/02/07/black-bloc-campus. 비슷한 주장을 다음에서도 참조하라: Meagley, D. (2017. 2. 7). Condemning protesters same as con-

doning hate speech. *The Daily Californian*. http://www.dailycal.org/2017/02/07/condemning-protesters-condoning-hate-speech에서 검색.

29. 우리는 UC버클리의 대외홍보부에 연락을 취했는데, 당시 시위와 관련해 대학이 징계한 학생이 있었는가 하는 질문에 연방정부의 사생활 보호법을 운운하며 정보 공개를 거부했다. 나중에 2월에 가서야 당시 학생 두 명이 체포당했다는 사실만 밝혀졌다. 한 명은 손괴행위 중 체포당했고, 한 명은 해산에 실패해 붙잡혔다. 우리가 파악한 바로는 당시 학생 중에 대학 측으로부터 징계를 당한 사람은 없었고, 따라서 향후 폭력시위를 제지할 만한 그 어떤 징계도 없었던 셈이다.
30. Bodley, M. (2017. 2. 2). At Berkeley Yiannopoulos protest, $100,000 in damage, 1 arrest. *SFGate*. http://www.sfgate.com/crime/article/At-Berkeley-Yiannopoulos-protest-100-000-in-10905217.php에서 검색. 함께 참조: Berkeley free speech protests: Arrests, injuries, damages since February. (2017. 4. 25). *Fox News*. http://www.foxnews.com/politics/2017/04/25/berkeley-free-speech-protests-arrests-injuries-damages-since-february.html에서 검색.
31. 2016년, 로스앤젤레스의 캘리포니아주립대학교 총장이 다양성을 주제로 보수인사 벤 셔피로가 열기로 한 강연을 취소하고, 대신 그에게 "다양성에 관해 다양한 관점을 지닌 연사들과 집단 강연을 해야 한다"고 요구했다. (그즈음 초청받았던 다른 연사들에게는 이런 요구를 한 적이 없었다.) 종국에는 총장이 한 발 물러나 강연을 허락했지만, 해당 행사에서 학생들이 스크럼을 짜고 사람들이 강의실에 들어가지 못하게 막았다. 강의실에 들어가려다 시위대에 밀려 바닥에 나동그라진 사람도 있었다. 2017년 2월 UC버클리가 캠퍼스에서의 폭력 사태를 막는 데 실패한 후, 그해 후반에 셔피로의 강연이 잡혔는데, 그가 나타나면 폭력을 불사하겠다는 위협 때문에 경비에만 대략 60만 달러가 소요되었다. 결국 강연 중 최소 9명 이상이 체포당했고, 그중 3명은 "금지된 무기"(허용된 크기 이상의 판지 팻말 등)를 소지했던 것으로 알려졌지만, 셔피로의 강연은 별 사고 없이 끝났다(2016년 강연에서는 대규모 시위까지 일어나진 않았었다). 다음을 참조: Logue, J. (2016. 2. 24). Another Speaker Blocked. *Inside Higher Ed*. https://www.insidehighered.com/news/2016/02/24/cal-state-los-angeles-cancels-conservative-speakers-appearance. 다음도 함께 참조: Steinbaugh, A. (2016. 2. 26). CSU Los Angeles President Fails to Prevent Shapiro Talk, But Protesters Try Their Hardest Anyway. *FIRE*. https://www.thefire.org./csu-los-angeles-president-fails-to-prevent-shapiro-talk-but-protesters-try-their-hardest-anyway. 다음도 함께 참조: Gomez, M. (2017. 9. 15). Nine people arrested at Ben Shapiro event at UC Berkeley. *The Mercury News*. https://www.mercurynew.com/2017/09/15/nine-people-arrested-at-ben-shapiro-event-at-uc-berkeley. 다음도 함께 참조: Alliance Defending Freedom. (2017. 2. 28). Cal State L.A. agrees to drop discriminatory speech policies, settles lawsuit. https://adflegal.org/detailspages/press-release-details/cal-state-l.a.-agrees-to-drop-discriminatory-speech-policies-settles-lawsuit에서 검색. 다음도 함께 참조: UC Berkeley decalres itself unsafe for Ann Coulter. (2017. 4. 20).

The Atlantic. https://www.theatlantic.com/politics/archive/2017/04/uc-berkeley-declares-itself-unsafe-for-ann-coulter/523668에서 검색. 다음도 함께 참조. Fehley, D. (2017. 4. 11). Conservative writer David Horowitz's talk at UC Berkeley cancelled. *CBS SF Bay Area*. http://sanfrancisco.cbslocal.com/2017/04/11/uc-berkeley-presses-campus-repulicans-to-cancel-another-conservative-speaker에서 검색. 다음도 함께 참조: McPhate, M. (2017. 9. 15). California Today: Price tag to protect speech at Berkeley: $600,000. *The New York Times*. https://www.nytimes.com/2017/09/15/us/california-today-tag-to-protect-speech-at-berkeley-600000.html에서 검색.

32. Cohen, R. (2017. 2. 7). What might Mario Savio have said about the Milo protest at Berkeley? *The Nation*. https://www.thenation.com/article/what-might-mario-savio-have-said-about-the-milo-protest-at-berkeley에서 검색.
33. Ashenmiller, J. (2013). Mario Savio. *Encyclopaedia Britannica Online*. https://www.britannica.com/biography/Mario-Savio에서 검색.
34. Senju, H. (2017. 2. 7). Violence as self-defense. *The Daily Californian*. http://www.dailycal.org/2017/02/07/violence-self-defense에서 검색.
35. Meagley, D. (2017. 2. 7). Condemning protesters same as condoning hate speech. *The Daily Californian*. http://www.dailycal.org/2017/02/07/condemning-protesters-condoning-hate-speech에서 검색.
36. Dang, N. (2017. 2. 7). Check your privilege when speaking of protests. *The Daily Californian*. http://www.dailycal.org/2017/02/07/check-privilege-speaking-protests에서 검색.
37. Overpass Light Brigade. (2016. 12. 14). Hate's insidious face: UW-Milwaukee and the "alt-right." http://overpasslightbrigade.org/hates-insidious-face-uw-milwaukee-and-the-alt-right에서 검색.
38. Lawrence (2017); 주 28번 참조.
39. Villasenor, J. (2017. 9. 18). Views among college students regarding the First Amendment: Results from a new survey. https://www.brookings.edu/blog/fixgov/2017/09/18/views-among-college-students-regarding-the-first-amendment-results-from-a-new-survey에서 검색. 비판으로는 다음을 참조: Beckett, L. (2017. 9. 22). "Junk science": Experts cast doubt on widely cited college free speech survey. *The Guardian*. https://www.theguardian.com/us-news/2017/sep/22/college-free-speech-violence-survey-junk-science에서 검색. 비야세뇨르의 대응에 대해서는 다음을 참조: Volokh, E. (2017. 10. 23). Freedom of expression on campus: An overview of some recent surveys. *The Washington Post*. https://www.washingtonpost.com/news/volokh-conspiracy/wp/2017/10/23/freedom-of-expression-on-campus-an-overview-of-some-recent-surveys에서 검색.
40. McLaughlin, J., & Schmidt, R. (2017. 9. 28). National Undergraduate Study.

McLaughlin & Associates. http://c8.nrostatic.com/sites/default/files/NATL%20Undergrad%209-27-17%20Presentation%20%281%29.pdf에서 검색.

41. McWhorter, J. (2017. 6. 30). A Columbia professor's critique of campus politics. *The Atlantic*. https://www.theatlantic.com/politics/archive/2017/06/a-columbia-professors-critique-of-campus-politics/532335에서 검색.

42. "그러니까 이런 생각이었다. 만일 당신이 정설로 굳어진 어떤 의견에 반대한다면, 그것은 단순히 당신이 반대한다는 뜻이 아니라 백인들이 여전히 주도권을 쥐길 바란다는 뜻이며, 유색인종은 그저 가만히 앉아 입을 닫고 있기를 바라는 것이라고." 다음을 참조하라: MCWhorter, J. (2016. 11. 29). The difference between racial bias and white supremacy. *Time*. http://time.com/4584161/white-supremacy에서 검색.

43. Stack, L. (2017. 1. 21). Attack on alt-right leader has internet asking: Is it O.K. to punch a Nazi? *The New York Times*. https://www.nytimes.com/2017/01/21/us/politics/richard-spencer-punched-attack.html에서 검색.

44. 2017년, 이 책을 한창 집필 중인 지금도 우리는 충분히 예상할 수 있다. 이 책에 부정적인 서평과 반응을 쏟아내는 사람들이 언젠가 우리 인종과 성별을 들먹이며 우리가 가진 특권을 지키기에 여념이 없는 인종차별주의자에 성차별주의자라는 의견을 직접적으로, 아니면 다소 불분명하게 내비칠 것이라는 사실을 말이다. 그렇게 된다면 우리는, 정체성 정치 비판자로《더 나은 진보를 상상하라*The Once and Future Liberal*》라는 책을 써낸 마크 릴라Mark Lilla의 정신을 살려 반응하려고 한다. 민주당이 선거에서 어서 이기길 바라며 이 책을 썼다고 공언한 진보파 인사인 그는 상대방이 계속 욕설을 하고 나오면 이런 식으로 대응한다. "그건 비방이지 주장이 아닙니다. 주장을 하세요. 그럼 저도 그에 대해 답하겠습니다." 예를 들어 다음을 참조. Goldstein, E. R. (2016. 12. 15). Campus identity politics is dooming liberal causes, a professor charges. *Chronicle of Higher Education*. https://www.chronicle.com/article/Campus-Identity-Politics-Is/238694에서 검색.

45. 예를 들면 다소 비슷한 지평을 다룬 J. D. Vance의 *Hillbilly Elegy* (2016)와 Arlie Russell Hchschild의 *Strangers in Their Own Land* (2016)도 유례없는 성공을 거두었다.

46. Goodnow, N., & Pethokoukis, J. (2014. 10. 16). "The Bell Curve" 20 years later: A Q&A with Charles Murray. *American Enterprise Institute*. http://www.aei.org/publication/bell-curve-20-years-later-qa-charles-murray에서 검색.

47. Stanger, A. (2017. 3. 13). Understanding the angry mob at Middlebury that gave me a concussion. *The New York Times*. https://www.nytimes.com/2017/03/13/opinion/understanding-the-angry-mob-that-gave-me-a-concussion.html에서 검색.

48. Independent, A. (2017. 3. 6). Middlebury College professor injured by protesters as she escorted controversial speaker. *Addison County Independent*. http://www.addisonindependent.com/201703middlebury-college-professor-injured-protesters-she-escorted-controversial-speaker에서 검색.

49. Seelye, K. (2017. 3. 3). Protesters disrupt speech by "Bell Curve" author at Vermont

College. *The New York Times*. https://www.nytimes.com/2017/03/03/us/middlebury-college-charles-murray-bell-curve-protest.html에서 검색.

50. Independent (2017); 주 48번 참조.
51. Murray, C. (2017. 3. 5). Reflections on the revolution in Middlebury. *American Enterprise Institute*. http://www.aei.org/publication/reflections-on-the-revolution-in-middlebury에서 검색.
52. A. Stanger(사적인 연락, 2018. 1. 5). 여기서 주목해야 할 사실은, 미들버리대 사태를 일으킨 군중들은 주로 미들버리대 학생들이었던 것으로 보인다는 점이다. 이때 징계를 당한 학생은 총 74명이었다. 그중 48명은 강의 도중 사건을 일으킨 데 대해 징계를 받았고, 26명은 주된 강의 방해가 있은 이후의 행사에 참여했다는 이유로 일종의 처벌을 받았다. 다음을 참조: Middlebury College completes sanctioning process for March 2 distruptions. (2017. 5. 23) http://www.middlebury.edu/newsroom/archive/2017-news/node/547896에서 검색.
53. Stanger (2017); 주 47번 참조.
54. Blume, H. (2017. 4. 9). Protesters disrupt talk by pro-police author, sparking free-speech debate at Claremont McKenna College. *Los Angeles Times*. http://www.latimes.com/local/lanow/la-me-ln-macdonald-claremont-speech-disrupted-20170408-story.html에서 검색.
55. Wootson, C. R., Jr. (2017. 4. 10). She wanted to criticize Black Lives Matter in a college speech. A protest shuts her down. *The Washington Post*. https://www.washingtonpost.com/news/grade-point/wp/2017/04/10/she-wanted-to-criticize-black-lives-matter-in-a-college-speech-a-protest-shut-her-down에서 검색.
56. Gross, N. (2016. 9. 30). Is there a "Ferguson Effect"? *The New York Times*. https://www.nytimes.com/2016/10/02/opinion/sunday/is-there-a-ferguson-effect.html에서 검색.
57. ShutDown Anti-Black Fascists. (2017. 4.). SHUT DOWN anti-black fascist Heather Mac Donald [on Facebook] [via archive.is webpage capture]. http://archive.fo/qpbtW에서 검색.
58. 1년 후 조너선이 클레어몬트매케나대를 찾아 똑같은 강의실에서 강연을 했을 때 이 대학의 경우 시위대 대부분은 학생들이 아니었다는 이야기를 교수진으로부터 들을 수 있었다. 시위대는 대부분 포모나대, 피처대, 스크립스대 학생들이었다. 이들 대학은 5개 대학이 연합한 컨소시엄에 속해 있기 때문에 재학생들이 각 학교의 수업과 행사에 모두 자유롭게 참여할 수 있다.
59. We, Few of the Black Students Here at Pomona College and the Claremont Colleges. (n.d.). Response to Pomona College president David Oxtoby's "Academic freedom and free speech" email of April 7, 2017. Archive of Pomona Student Petition [Online document]. https://docs.google.com/document/d/1_y6NmxoIBLcZJxYkN9V1YfaPYzVSMKCA17PgBzz10wk/edit에서 검색.

60. Harris, S. (2017. 11. 17). The spurious move to stifle speech on campus because it is "dehumanizing." *Reason*. http://reason.com/archives/2017/11/17/the-move-to-stifle-speech-on-campus-beca에서 검색.

61. 언어학자 존 맥호터는 이런 용어들은 "단순히 사전적 용어들이 아니라, 상처를 입히는 수단"이라고 이야기한다. McWhorter, J. (2016. 11. 29) The difference between racial bias and white supremacy. *Time*. http://time.com/4584161/white-supremacy에서 검색.

62. Levenson, E., & Watts, A. (2017. 10. 13). Man beaten by white supremacists in Charlottesville is arrested. *CNN*. http://www.cnn.com/2017/10/12/us/charlottesville-deandre-harris-arrest/index.html에서 검색.

63. Jackman, T. (2017. 8. 27). Three men charged in Charlottesville attacks on counter-protesters. *The Washington Post*. https://www.washingtonpost.com/local/public-safety/three-men-charged-in-charlottesville-attacks-on-counterprotesters/2017/08/27/f08930a4-8b5a-11e7-84c0-02cc069f2c37_story.html에서 검색.

64. Raymond, A. K. (2017. 12. 15). Man who rammed crowd at Charlottesville rally charged with first degree murder. *New York*. http://nymag.com/daily/intelligencer/2017/12/first-degree-murder-charge-for-man-who-killed-heather-heyer.html에서 검색.

65. Caron, C. (2017. 8. 13). Heather Heyer, Charlottesville victim, is recalled as "a strong woman." *The New York Times*. https://www.nytimes.com/2017/08/13/us/heather-heyer-charlottesville-victim.html에서 검색.

66. Buncombe, A. (2017. 12. 15). Heather Heyer was buried in secret grave to protect it from neo-Nazis after Charlottesville, reveals mother. *The Independent*. http://www.independent.co.uk/news/world/americas/heather-heyer-grave-secret-hide-nazis-charlottesville-attack-mother-reveals-a8113056.html에서 검색.

67. Nelson, L., & Swanson, K. (2017. 8. 15) 전문: Donald Trump's press conference defending the Charlottesville rally. *Vox*. https://www.vox.com/2017/8/15/16154028/trump-press-conference-transcript-charlottsville에서 검색.

68. 이들 사건을 신성모독이자 금기 위반으로 해석한 조너선의 내레이션을 참고하라: Haidt, J. (2017. 8.21). Trump breaks a taboo—and pays the price. *The Atlantic*. https://www.theatlantic.com/politics/archive/2017/08/what-happens-when-the-president-commits-sacrilege/537519에서 검색.

69. 예를 들면 Phillip, A. (2017. 8. 17)을 참조. Trump's isolation grow in the wake of Charlottesville. *The Washington Post*. https://www.washingtonpost.com/politics/trumps-isolation-grows-in-the-wake-of-charlottesville/2017/08/17/5bf83952-81ec-11e7-82a4-920da1aeb507_story.html에서 검색.

70. 일부 종교 단체에서 실제 이런 일을 했다. 샬러츠빌 가두시위가 있던 날을 시작으로, 종교계 지도자들이 대거 세를 규합해 거리로 나와 스크럼을 짜고 중무장한 인종차별주

의자를 제압하고 사랑의 노래를 불렀다. Jenkins, J. (2017. 8. 16). Meet the clergy who started down white supremmacists in Charlottesville. https://thinkprogress.org/clergy-in-charlottesville-e95752415c3e

71. Stevens, S. (2017. 2. 7). Campus speaker disinvitations: Recent trends (Part 2 of 2) [Blog post]. https://heterodoxacademy.org/2017/02/07/campus-speaker-disinvitations-recent-trends-part-2-of-2에서 검색.

72. Bauer-Wolf, J. (2017. 10. 5). ACLU speaker shouted down at William & Mary. *Inside Higher Ed.* https://www.insidehighered.com/quicktakes/2017/10/05/aclu-speaker-shouted-down-william-mary에서 검색.

73. Sullivan, S. (2017. 10. 19). Jane Doe wants an abortion but the government is hell bent on stopping her[Blog post]. https://www.aclu.org/blog/immigrants-rights/immigrants-rights-and-detention/jane-doe-wants-abortion-government-hell-bent에서 검색.

74. Stern, M. J. (2014. 9. 3). Translating terrorism: Is publishing radical Islamic texts on the internet a crime? *Slate.* http://www.slate.com/articles/technology/future_tense/2014/09/mehanna_at_the_supreme_court_is_translating_jihad_texts_a_crime.html에서 검색.

75. Glasser, I. (2017. 8. 22). Thinking constitutionally about Charlottesville. *HuffPost.* https://www.huffingtonpost.com/entry/aclu-charlottesville-free-speech_us_599c9bcae4b0d8dde9998c36에서 검색.

76. Truitt, F. (2017. 10. 2). Black Lives Matter protests American Civil Liberties Union. *The Flat Hat.* http://flathatnews.com/2017/10/02/black-lives-matter-protests-american-civil-liberties-union에서 검색.

77. Carey, E. (2017. 10. 6). President Schill speech suspended by protesting students. *Daily Emerald.* https://www.dailyemerald.com/2017/10/06/president-schill-speech-suspended-protesting-students에서 검색.

78. Schill, M. (2017. 10. 3). The misguided student crusade against "fascism." *The New York Times.* https://www.nytimes.com/2017/10/23/opinion/fascism-protest-university-oregon.html에서 검색.

79. Leou, R. (2017. 10. 17). Panelists discuss constitutional rights in first Free Speech 101 event. *Daily Bruin.* http://dailybruin.com/2017/10/17/panelists-discuss-constitutional-rights-in-first-free-speech-101-event에서 검색.

80. Kolman, J. (2017. 10. 13). Class struggle: How identity politics divided a campus. *Spiked.* http://www.spiked-online.com/newsite/article/how-identity-politics-divided-reed-college-black-lives-matter-free-speech/20417에서 검색.

81. Mendelsohn, D. (2015. 3. 16). Girl, interrupted: Who was Sappho? *The New Yorker.* https://www.newyorker.com/magazine/2015/03/16/girl-interrupted에서 검색.

82. Reedies Against Racism. (2016. 11. 2). An open letter to Lucia [on Facebook]. https://

www.facebook.com/reediesagainstr4cism/posts/1186608438084694에서 검색.
83. Martinez, Valdivia, L. (2017. 10. 27). Professors like me can't stay silent about this extremist moment on campuses. *The Washington Post.* https://www.washingtonpost.com/opinions/professors-like-me-cant-stay-silent-about-this-extremist-moment-on-campuses/2017/10/27/fd7aded2-b9b0-11e7-9e58-e6288544af98_story.html에서 검색. 리드대에서 일어난 협박에 대해 더 알고 싶다면 Soave, R., (2016. 12. 13). Reed College professor on social justice left: "I am a gay mixted-race woman. I am intimidated by these students"[Blog post] http://reason.com/blog/2016/12/13/reed-college-professor-on-social-justice에서 검색. 이와 함께 마르티네스 발디비아가 시위 초창기인 2016년 12월 8일에 한 다음과 같은 언급에도 주목해보자. "저는 리드대 강사입니다. 저는 이 학생들에게 협박당하고 있어요. 인종, 젠더, 성별 심지어는 어떤 식으로든 이런 이슈들을 제기하는 텍스트를 수업 중에 가르치기가 겁이 납니다. 저는 혼혈이고 동성애자 여성이에요. 이곳은 물론 다른 곳[문과 대학들]에도 심각한 문제가 있고, 이 문제를 어떻게 해결해야 할지 난감하기만 합니다. 이들 학생들 중에는 역사적 사실이나 객관적 사실은 믿지 않으려는 이가 많기 때문에 특히 더 힘듭니다(학생들은 역사적 사실이나 객관적 사실을 백인의 시스헤테로 가부장주의의 도구라면서 깎아내립니다)." Martinez Valdivia, L. [Blog comment, 2016. 12. 8.] Re: Halberstam, J. (2016. 12. 7). Hiding the tears in my eyes-BOYS DON'T CRY-A legacy.[Blog post]. https://bullybloggers.wordpress.com/2016/12/07/hiding-the-tears-in-my-eyes-boys-dont-cry-a-legacy-by-jack-halberstam/#comment-13710에서 검색.
84. Kerr, E. (2018. 2. 1). "White supremacists are targeting college campuses like never before." *The Chronicle of Higher Education.* https://www.chronicle.com/article/White-Supremacists-Are/242403에서 검색.
85. Naughton, K. (2017. 10.). Speaking freely-What students think about expression at American colleges. *FIRE.* https://www.thefire.org/publications/student-attitudes-free-speech-survey/student-attitudes-free-speech-survey-full-text/#executiveSummary에서 검색.
86. De Botton, A. (n.d.). Political correctness vs. politeness. *The School of Life.* http://www.thebookoflife.org/political-correctness-vs-politeness에서 검색.
87. Barrett, L. (2017. 7 14). When is speech violence? *The New York Times.* https://www.nytimes.com/2017/07/14/opinion/sunday/when-is-speech-violence.html에서 검색.
88. Haidt, J., & Lukianoff, G. (2017. 7 18). Why it's a bad idea to tell students words are violence. *The Atlantic.* https://www.theatlantic.com/education/archive/2017/07/why-its-a-bad-idea-to-tell-students-words-are-violence/533970에서 검색.
89. Aurelius. *Meditations,* IV:7.
90. Haidt, J. (2017. 3. 2). Van Jones' excellent metaphors about the dangers of ideological safety[Blog post]. *Heterodox Academy.* https://heterodoxacademy.org/2017/03

/02/van-jones-excellent-metaphors에서 검색.

제5장 | **마녀사냥**

1. Hoffer (1951/2010), p. 19.
2. Pavlac (2009).
3. Pavlac (2009).
4. Norton (2007), Introduction.
5. Norton (2007), Introduction.
6. Durkheim (1915/1965). 집단행동 및 집단 의례에 따르는 기쁨을 분석한 최근의 자료로는 다음을 함께 참조. Ehrenreich (2006).
7. Bergesen (1978).
8. 문화혁명을 개관한 내용으로는 다음을 참조하라: MacFarquhar & Sholenhals (2006). 열세 살의 나이에 홍위병에 가담했던 한 여성의 인터뷰도 함께 참조. Xiangzhen, Y. (2016. 5. 15). Confessions of a Red Guard, 50 years after China's Cultural Revolution. http://www.cnn.com/2016/05/15/asia/china-cultural-revolution-red-guard-confession/index.html에서 검색.
9. Song, Y. (2011, 8. 25). Chronology of mass killings during the Chinese Cultural Revolution (1966~1976). *SciencesPo.* http://www.sciencespo.fr/mass-violence-war-massacre-resistance/en/document/chronology-mass-killings-during-chinese-cultural-revolution-1966-1976에서 검색.
10. Bergesen (1978), p. 20.
11. Bergesen (1978), p. 20.
12. Bergesen (1978), p. 21.
13. 예를 들어 TheDemands.org를 참고. 이 사이트는 2015년 예일대 시위가 일어나고 몇 주 새 생겨난 것으로, 무려 80개 대학의 학생들이 각자 요구사항을 올려놓았다.
14. 제3장의 내용을 참조. 다음도 함께 참조: Friederdorf, C. (2016. 5. 26). The perils of writing a provocative email at Yale. *The Atlantic*. https://www.theatlantic.com/politics/archive/2016/05/the-peril-of-writing-a-provocative-email-at-yale/484418에서 검색.
15. 제3장의 내용을 참조. 다음도 함께 참조: True diversity requires generosity of spirit [Blog post] https://heterodoxacademy.org/2015/11/18/true-diversity-requires-generosity-of-spirit에서 검색.
16. DiGravio, W. (Publisher). (2017. 3. 2). Students protest lecture by Dr. Charles Murray at Middlebury College[Video file]. https://www.youtube.com/watch?v=a6EASuhefeI에서 검색.
17. Wiltermuth & Heath (2009). 함께 참조: Cohen, Ejsmond-Frey, Knight, & Dunbar (2009).
18. Woodard (2011) 참조. 안전주의 문화, 가장 격렬한 시위, 강연 훼방은 우다드가 밝힌 이

른바 11개 "나라들" 중 단 두 곳에서 대부분 일어나는 것처럼 보인다. 그 두 곳이란 양키덤(뉴잉글랜드에서 미국 중서부 위쪽에 이르기까지의 지역)과 레프트코스트(해안을 따라 띠처럼 늘어선 미국 서부 해안의 3개 주)를 말한다.

19. Tuvel (2017).
20. Johnson, K., Pérez-Peña, R., & Eligon, J. (2015. 6. 16). Rachel Dolezal, in center of storm, is defiant: "I identify as black." *The New York Times*. https://www.nytimes.com/2015/06/17/us/rachel-dolezal-nbc-today-show.html에서 검색.
21. https://www.rhodes.edu/bio/tuvelr 참조.
22. 《히파티아》에 보낸 공개서한. (n.d.) https://archive.is/lUeR4#selection-71.0-71.22
23. 2017년 5월 1일, 약 520번째 서명 뒤에 "이 성명은 이 기사가 초래한 많은 피해를 일일이 다 정리하지는 않았다"라는 문장과 함께 새로운 문단이 공개서한에 추가되었다. 참조: Open letter to Hypathia. (n.d.). https://docs.google.com/forms/d/1efp9C0MHch_6Kfgtlm0PZ76nirWtcEsqWHcvgidl2mU/viewform?ts=59066d20&edit_requested=true에서 검색.
24. 투벨은 해당 글에서 케이틀린 제너를 "케이틀린(과거 브루스) 제너"라고 표시했다. "죽은 이름 부르기deadnaming"라는 용어는 트랜스젠더에게 개명 전의 "죽은dead" 이름을 사용하는 관례를 조롱하기 위해 쓰는 말이다. 이 기사의 온라인 버전은 애초 기사가 실리고 난 이후인 2017년 5월 4일에 인터넷에 올라왔기 때문에, 다음과 같이 수정한 부분이 눈에 띈다. "저자의 요구에 따라 대괄호 안에 들어가 있던 제너의 본명은 삭제했다." Tuvel (2017) 참조. 하지만 심지어 케이틀린 제너 자신조차도 이렇게 주장했다는 사실은 여기에서 언급해두는 것이 좋겠다. "적절하다고 생각될 때는 개명 전의 브루스라는 이름을 쓰려고 한다." 참조: Oliver, K. (2017. 5. 8). If this is feminism… *The Philosophicl Salon*. http://thephilosophicalsalon.com/if-this-is-feminism-its-been-hijacked-by-the-thought-police에서 검색. 함께 참조: Berenstain, N. (2017. 4. 29). Nora Berenstain on Rebecca Tuvel and Hypathia. *GenderTrender*. https://gendertrender.wordpress.com/nora-berenstain-on-rebecca-tuvel-and-hypatia에서 검색.
25. Bergesen (1978), p. 21.
26. Singal, J. (2017. 5. 2). This is what a modern-day witch hunt looks like. *New York*. http://nymag.com/daily/intelligencer/2017/05/transracialism-article-controversy.html에서 검색.
27. 이 공개서한을 받은 편집자 샐리 숄츠Sally Scholz는 투벨의 글을 게재하는 것을 옹호하며 이런 강력한 성명을 내놨다. "편집자에게 그들이 이미 출간을 결정한 글을 (표절이나 데이터 조작과 같은 문제가 아닌 한) 철회하라고 하는 것은 전적으로 부적절한 일이라고 강하게 믿으며, 그런 제 믿음은 앞으로도 흔들리는 일이 없을 것입니다. 이런 관점에서 편집자들은 반드시 자신이 수락한 원고의 저자들 편에 서야만 합니다. 바로 그것이 제가 지금 이런 입장을 고수하는 이유입니다. 투벨 교수의 글은 학계 동료들의 검토 과정을 거쳤고, 저를 비롯한 여러 검토자들로부터 수락을 받았습니다." 참조: Weinberg, J. (2017. 5. 6). Hypatia's editor and its board president defend publication of Tuvel article.

Daily Nous. http://dailynous.com/2017/05/06/hypatias-editor-board-president-defend-publication-tuvel-article에서 검색.

28. Oliver (2017); 주 24번 참조.
29. 페미니스트 철학을 벗어난, 보다 광범한 철학 공동체에서는 수많은 교수들이 투벨을 지지하고 그녀의 글을 철회하려는 노력에 반대했다. 뒤르켐의 관점에서, 관련 공동체는 페미니스트 철학자들의 하위집단이었다.
30. 브루스 길리Bruce Gilley에게도 비난과 철회 요구를 담은 다른 공개서한이 날아들었다. 브루스는 오리건주의 포틀랜드주립대학교의 정치학자인데, 식민지배가 식민지 국가들에게 얼마간의 이득을 주었다는 주장을 담은 에세이를 썼다는 점이 문제가 되었다. 해당 글은 저널 편집자가 살해 협박까지 받은 끝에 결국 철회되었다. 참조: Patel, V. (2018. 3. 21). Last fall, this scholar defended colonialism. Now he's defending himself. *The Chronicle of Higher Education*. https://www.chronicle.com/article/Last-Fall-This-Scholar/242880에서 검색.
31. Wax, A., & Alexander, L. (2017. 8. 9). Paying the price for breakdown of the country's bourgeois culture. *The Inquirer*. http://www.philly.com/philly/opinion/commentary/paying-the-price-for-breakdown-of-the-countrys-bourgeois-culture-20170809.html에서 검색.
32. Shweder (1996).
33. 편지에서는 인종 우월성이라는 혐오스러운 생각에 반대하는 사람들이라면 누구나, 왁스의 생각 같은 것들을 "백인우월주의의 근간이 되는 생각"으로 다루면서 "백인우월주의와 결탁하고 그것을 공모하는 교수들에게 맹비난을 퍼부어야만 한다"라고 이야기했다. 참조: Guest column by 54 Penn students & alumni-Statement on Amy Wax and Charlottesville. (2017. 8. 21). *The Daily Pennsylvanian*. http://www.thedp.com/article/2017/08/guest-column-amy-wax-charlottesville에서 검색.
34. 조너선이 왁스 사건을 요약하고 그녀를 옹호하는 글을 쓴 것이 있다. 참조: Haidt, J. (2017. 9. 2). In defense of Amy Wax's defense of bourgeois values[Blog post]. *Heterodox academy*. https://heterodoxacademy.org/2017/09/02/in-defense-of-amy-waxs-defense-of-bourgeois-values에서 검색. 몇 주 후 비난서한을 쓴 교수들의 대표인 조나 겔바흐Jonah Gelbach가 장문의 에세이를 써서 왁스와 알렉산더의 글을 세세히 반박했다. 참조: Haidt, J. (2017. 9. 21). Johah Gelbach responds to Amy Wax & Jon Haidt [Blog post]. *Heterodoxacademy*. https://heterodoxacademy.org/2017/09/21/jonah-gelbach-responds-to-wax-and-haidt에서 검색.
35. Thucydides(431 BCE/1972). Book III, chapter 82, section 4.
36. 참조: Haidt (2012), chapter 2, chapter 4.
37. Eggertson (2010).
38. 조너선이 자신의 학자 이력에서 최고의 경험으로 꼽는 것은 빈곤 전문 연구가들로 구성된 초당파 연구 집단을 중재한 것이었다. 이들은 함께 힘을 합쳐 복잡한 연구 문헌에서 당파성을 벗겨내고 자신들이 진심으로 공을 들이고 있는 프로그램들의 의미를 찾

기 위해 하나로 힘을 합치는 모습을 보여주었다. 참조: American Enterprise Institute/Brookings Working Group on Poverty and Opportunity. (2015. 12. 3). Opportunity, Responsibility, and Security. http://www.aei.org/publication/opprtunity-responsibility-and-security에서 검색. 아동기 초기의 개입에 대한 평가는 제5장에 나온다.

39. Duarte 외 공저 (2015). 특히 다음을 참조: Abramowitz, Gomes, & Abramowitz (1975). 함께 참조: Crawford & Jussim (2018).
40. 성격과 관련해서는, 정치 성향 및 행동 성향이 개방성과 상호연관이 있다. 참조: McCrae (1996). 함께 참조: Carney, Jost, Gosling, & Potter (2008).
41. Gosling (2008).
42. McClintock, Spaulding, & Turner (1965).
43. HERI 여론조사에 대해 더 알고 싶다면 https://heri.ucla.edu를 방문해보라.
44. 2014년 이전에 나온 관련 연구 전체에 대한 분석은 Duarte 외 공저 (2015)에 실려 있으니 참조하기 바란다. 가장 최근의 데이터 값인 17 대 1에 대해서는 Langbert, Quain, & Klein (2016)을 참조.
45. Langbert 외 공저 (2016).
46. Langbert 외 공저 (2016)에 따른 것으로, 새뮤얼 에이브럼스Samuel Abrams가 과거 HERI 자료를 토대로 뉴잉글랜드에서 시행했던 연구가 옳았음을 확인시켜주었다. 참조: Abrams, S. J. (2016. 7. 1). There are conservative professors, just not in these states. *The New York Times*. https://www.nytimes.com/2016/07/03/opinion/sunday/there-are-conservative-professors-just-not-in-these-states.html
47. Duarte 외 공저 (2015).
48. 물론 진보 성향도 보수적인 사상을 비칠 수 있다. 하지만 존 스튜어트 밀이 쓴 다음과 같은 글을 되새겨보자. "같은 교수 밑에서 배운 반대자의 의견을, 그들이 말하는 그대로는 물론, 그들의 논박에 뒤따르는 내용까지 경청하는 것으로는 충분하지 않다. 그러한 생각들을 실제 진심으로 믿는 사람들로부터 의견을 들어볼 수 있어야만 한다. (…) 그런 사람들을 통해 가장 일리가 있고 가장 설득력이 있는 형태의 논변을 알 수 있어야만 한다." 참조: Mill(1859/2003), chapter 2, p. 72.
49. The Crimson Editorial Board. (2016. 11. 11). Elephant and man at Harvard. *The Harvard Crimson*. http://www.thecrimson.com/article/2016/11/11/ideological-diversity에서 검색.
50. Eagen, K., Stolzenberg, E. B., Zimmerman, H. B., Aragon, M. C., Sayson, H. W., & Rios-Aguilar, C. (2018. 2. 15). The American freshman: National norms fall 2016. *Higher Education Research Institute*. https://www.heri.ucla.edu/monographs/TheAmericanFreshman2016.pdf에서 검색.
51. 흥미로운 사실은, 2012년 이후의 이 같은 변화는 전적으로 여자들 사이의 변화에 기인했다는 점이다. 남자 대학생들 사이에서는 좌파로 급격히 이동하는 경향이 나타나지 않았다. 엄밀히 말해, 여자들이 남자들보다 더 좌경화되었다는 면에서의 젠더 차이는 2011년 대략 6포인트이던 것이 2016년에는 약 12포인트로 늘어났다. Rempel, C.

(2017. 5. 2). Political polarization among college freshmen is at a record high, as is the share identifying as "far left." *The Washington Post*. https://www.washingtonpost.com/news/rampage/wp/2017/05/02/political-polarization-among-college-freshmen-is-at-a-record-high-as-is-the-share-identifying-as-far-left에서 검색.

52. 2018년 3월, 자유 발언과 관련해 대학 캠퍼스 안에서 변한 것은 전혀 없다는 주장을 담은 에세이들이 봇물처럼 쏟아져 나왔다. 예를 들면 Yglesias, M. (2018. 3. 12). Everything we think about the political correctness debate is wrong. *Vox*. https://www.vox.com/policy-and-politics/2018/3/12/17100496/political-correctness-data에서 검색. 그러나 조너선과 헤테로 아카데미의 동료들이 이 자료를 면밀히 검토한 끝에, 논쟁적인 강연을 대하는 태도와 그런 강연을 막기 위해 진보주의liberal에 위배되는 방법을 사용하려는 경향이 더 강해진 것과 관련해 학생들의 태도에 평균적으로 많은 변화들이 있었다는 것이 드러났다. 참조: Stevens, S., & Haidt, J. (2018. 3. 19). The skeptics are wrong: Attidudes about free speech on campus are changing. *Heterodox Academy*. https://heterodoxacademy.org/skeptics-are-wrong-about-campus-speech에서 검색.

53. Bestcolleges.com. (n.d.). The 10 most liberal colleges in America. http://www.bestcolleges.com/features/most-liberal-colleges에서 검색.

54. Paros, M. (2018. 2. 22). The Evergreen Meltdown. *Quillette*. http://quillette.com/2018/02/22/the-evergreen-meltdown에서 검색. 에버그린대의 사명 선언문은 여기에서 참조하라. http://www.evergreen.edu/about/mission

55. Weiss, B. (2017. 6. 1). When the left turns on its own. *The New York Times*. https://www.nytimes.com/2017/06/01/opinion/when-the-left-turns-on-its-own.html에서 검색.

56. The Evergreen State College. (n.d.). Day of Absence & Day of Presence. https://evergreen.edu/multicultural/day-of-absence-day-of-presence에서 검색 (2018. 1. 24).

57. Ward (1994). 온라인 버전은 여기에서 찾아볼 수 있다: Ward, D. T. (1965) Day of absence-A satirical fantasy. *National Humanities Center*. http://nationalhumnitiescenter.org/pds/maai3/protest/text12/warddayofabsence.pdf에서 검색.

58. Weiss (2017); 주 55.

59. Jaschik, S. (2017. 5. 30). Who defines what is racist? *Inside Higher Ed*. https://www.insidehighered.com/news/2017/05/30/escalating-debate-race-evergreen-state-students-demand-firing-professor에서 검색.

60. Volokh, E. (2017. 5. 26). "Professor told he's not safe on campus after college protests" at Evergreen State College (Washington). *The Washington Post*. https://www.washingtonpost.com/news/volokh-conspiracy/wp/2017/05/26/professor-told-hes-not-safe-on-campus-after-college-protests-at-evergreen-state-university

-washington에서 검색.
61. Long, K. (2017. 6. 10). Long-simmering discord led to The Evergreen State College's viral moment. *The Seattle Times*. https://www.seattletimes.com/seattle-news/education/discord-at-evergreen-state-simmered-for-a-year-before-it-boiled-over에서 검색.
62. 전년도의 사건들을 우리에게 전해준 것은 패로스, M.이다(사적인 연락. 2018년 1월 10일). 상상의 카누에 승선하는 장면은 동영상에서 확인할 수 있는데, 다음 동영상의 1분 6초 지점에서 시작된다: The Evergreen State College Productions(Producer). (2016. 11. 18). Equity and inclusion council community report back[Video file]. https://youtube.com/watch?v-wPZT7CASvCs&feature-youtu.be&에서 검색.
63. Weinstein, B. (2017. 5. 30). The campus mob came for me—and you, professor, could be next. *The Wall Street Journal*. https://www.wsj.com/articles/the-campus-mob-came-for-me-and-you-professor-could-be-next-1496187482에서 검색.
64. Haidt, J. (2017. 5. 27). The blasphemy case against Bret Weinstein, and its four lessons for professors[Blog post]. https://heterodoxacademy.org/2017/05/27/this-weeks-witch-hunt에서 검색.
65. Caruso, J., & Gockowski, A. (2017. 5. 25). VIDEO: White prof harassed for questioning diversity event. *Campus Reform*. https://www.campusreform.org/?ID=9233에서 검색.
66. Kaufman, E. (2017. 5. 26). Another professor, another mob. *National Review*. http://www.nationalreview.com/article/448034/evergreen-state-pc-mob-accosts-liberal-professor에서 검색.
67. 전체주의적 안전주의와 '우리 대 그들'의 비진실이 맞물린 전형적인 사례 속에서, 시위대는 나중에 이를 "와인스타인과 이야기를 나누는 유색인종 학생들 주위에서 그들을 보호하기 위한 원"을 만든 것이라고 설명했다. Kozak-Gilroy, J. (2017. 5. 31). A year of events, a time line of protests. *Cooper Point Journal*. http://www.cooperpointjournal.com/2017/05/31/a-year-of-events-a-time-line-of-protests에서 검색. 대치가 끝나고 와인스타인과 시위대가 나눈 정중한 대화에 대해서는 Lavelle, C. (2017. 5. 23)를 참조. This is what a discussion looks like [on Facebook] https://www.facebook.com/celeste.lavelle/videos/10203256021397424에서 검색.
68. 익명(사적인 연락, 2017. 8. 23).
69. Andy Archive(Producer). (2017. 5. 28). Black Power activist students demand white professor resigns over "racism"[Video File]. https://youtu.be/ERd-2HvCOHI?t=4m2s에서 검색.
70. Boyce, B. (Producer). (2017. 6. 20). Is Evergreen a cult?[Video File]. https://youtu.be/VfVRaExw1lI?t=4m24s에서 검색. 함께 참조: Heying, H. (2017. 10. 2). First, they came for the biologists. *The Wall Street Journal*. https://www.wsj.com/articles/first-they-came-for-the-biologists-1506984033에서 검색.

71. 익명(사적인 연락, 2017. 8. 23).

72. Loury, G., & Weinstein, B. (Producer). (2017. 6. 30). Glenn Loury & Bret Weinstein—Bloggingheads.tv.[Video file]. https://bloggingheads.tv/videos/46681에서 검색.

73. "The protesters did let Bret leave, but they assigned 'handlers' to him and his students." Heying & Weinstein (2017. 12. 12). Bonfire of the academies: Two professors on how leftist intolerance is killing higher education. *Washington Examiner*. https://www.washingtonexaminer.com/bonfire-of-the-academies-two-professors-on-how-leftist-intolerance-is-killing-higher-education에서 검색.

74. li5up6(Producer). (2017. 5. 31). [MIRROR] Student takeover of Evergreen State College.[Video File]. https://www.youtube.com/watch?v=ynnNArPi8GM에서 검색.

75. VICE(Producer). (2017. 6. 16). Evergreen State College controversy (HBO)[Video File]. https://youtu.be/2cMYfxOFBBM?t=2m19s에서 검색.

76. Heying & Weinstein (2017. 12. 12); 주 78번 참조. 함께 참조: Boyce, B.A. (2017. 7. 29). Social Network Justice at Evergreen[Video File]. https://youtu.be/Jye2C5r-QA0?t=8m23s에서 검색.

77. Sexton, J. (Publisher). (2017. 7. 13). Evergreen student: "I've been told several times that I'm not allowed to speak because I'm white"[Video File]. https://www.youtube.com/watch?v=OQ8WQnsm14Y에서 검색.

78. best of evergreen (Publisher). (2017. 5. 27). Student takeover of Evergreen State College[Video File]. https://youtu.be/bO1agIlLlhg?t=6m14s에서 검색.

79. 그들에게 물었을 때는 "어떤 사람"을 찾는다고만 하고 누구라고 말하지는 않았다. 캠퍼스 경찰대에서는 그들이 브렛 와인스타인을 찾고 있었던 것이라고 결론 내렸다(사적인 연락, 2017. 8. 23).

80. Heying & Weinstein (2017. 12. 12); 주 73번 참조.

81. Kozak-Gilroy (2017); 주 67번 참조.

82. Kozak-Gilroy (2017); 주 67번 참조.

83. I Hypocrite Too(Producer). (2017. 5. 29). Ableist students demand no homework Evergreen College[Video File]. https://www.youtube.com/watch?v=nh1wGFFsIts에서 검색.

84. CampusReform(Producer). (2017. 6. 1). Student protesters at Evergreen hold administrators hostage over demands[Video file]. https://youtu.be/Msfsp5Ofz4g에서 검색.

85. 나중에 바이스 뉴스Vice News 다큐멘터리에서 인터뷰어 마이클 모이니한Michael Moynihan은 브리지스에게 이렇게 말한다. "한 학생이 제게 당신이 백인우월주의자라고 하던데요." 브리지스는 이렇게 대답한다. "제 생각엔 아닌 것 같은데요." 깜짝 놀란 모이니한이 묻는다. "아닌 것 '같다'라면 어쩌면 그럴지도 모른다고 인정하시는 건가요?" 브리지스가 대답한다. "아뇨…. 뭐, 당신이 백인우월주의자라는 말을 어떤 뜻으로 쓰느냐에 달려 있겠죠. 그게 무슨 뜻입니까? 제가 특권을 누리는 위치에 있는 백인이기는 하지요." VICE (2017); 주 75번 참조.

86. The Liberty Hound(Producer). (2017. 5. 26). "All white people leave campus OR ELSE!!" Tucker covers INSANE Evergreen State College story [Video File]. https://youtu.be/n3SdJhJ2lps?t=4m10s에서 검색. 당시 경찰서장은 와인스타인에게 이렇게 말했다. "그가 당장 캠퍼스를 떠나야 하고, 당분간은 자전거도 계속 타지 말아야 한다고 했다. 자전거를 타면 목표물이 되기 너무 쉬운데, 경찰은 물러서 있으라는 지시를 받았기 때문에 그를 보호해줄 수 없다." Heying & Weinstein (2017. 12. 12).

87. 익명(사적인 연락, 2017. 8. 23).

88. Loury & Weinstein (2017); 주 72번 참조. 함께 참조: Zimmerman, M. (2017. 7. 10). The Evergreen State College: Is speaking with Tucker Carlson a punishable offense? *HuffPost*. https://www.huffingtonpost.com/entry/the-evergreen-state-college-is-speaking-with-tucker_us_596318a5e4b0cf3c8e8d59fc에서 검색. 함께 참조: Heying & Weinstein (2017); 주 73번 참조. 함께 참조: Kanzenkankaku. (2017. 6. 1). Protesters lockdown Evergreen State College, situation spirals out of control[Online Forum Comment] http://forums.fstdt.net/index.php?topic=7607.0에서 검색. 함께 참조: Jaschik (2017); 주 58번 참조.

89. The Liberty Hound(Producer). (2017. 6. 12). "It's not safe to go back": Tucker follows up with Evergreen prof Bret Weinstein[Video File]. https://www.youtube.com/watch?v=SNdNF93H3OU에서 검색.

90. 명예교수들은 포함되지 않음.

91. Haidt, J. (2017. 6. 7). A second Evergreen professor speaks out[Blog post]. https://heterodoxacademy.org/2017/06/07/a-second-evergreen-professor-speaks-out에서 검색.

92. "교수진 중에 개인적으로 지지를 보내는 이들은 많았지만, 너무 겁을 먹어서 목소리를 내지 못했고, 심지어는 교수진 회의에서 자신의 양심에 따라 투표하지도 못했다." Weinstein, B.(사적인 연락, 2018. 2. 19).

93. The Liberty Hound(Producer). (2017. 5. 26). "All white people leave campus OR ELSE!!" Tucker covers INSANE Evergreen State College story[Video File]. https://www.youtube.com/watch?v=n3SdJhJ2lps에서 검색.

94. Jennings, R. (2017. 6. 6). N.J. man accused of threat to "execute" college students out of jail. *NJ.com*. http://www.nj.com/morris/index.ssf/2017/07/morris_man_accused_of_threatening_college_3000_mil.html에서 검색.

95. Svrluga, S., & Heim, J. (2017. 6. 1). Threat shuts down college embroiled in racial dispute. *The Washington Post*. https://www.washingtonpost.com/news/grade-point/wp/2017/06/01/threats-shut-down-college-embroiled-in-racial-dispute에서 검색. 함께 참조: Svrluga, S. (2017. 6. 5). Evergreen State College closes again after threat and protests over race. *The Washington Post*. https://www.washingtonpost.com/news/grade-point/wp/2017/06/05/college-closed-for-third-day-concerned-about-threat-after-protests-over-race에서 검색. 함께 참조: Jennings

(2017); 주 94번 참조.

96. 에버그린대 학생이 교수에게 이렇게 이메일을 보냈다. "제가 일전의 몇 주 동안 캠퍼스에서 일어났던 시위에 대해 좀 비판을 했는데, 그 때문에 캠퍼스 내 수많은 학생들의 표적이 되어 괴롭힘을 당하고 있습니다. 최근에는 야구방망이와 테이저건을 가지고 아래쪽 캠퍼스를 활보하는 학생들이 있는데, 자기들 주장으로는 캠퍼스를 더 안전하게 만들고 있는 거라고 하지만 실제로는 캠퍼스 안에 적개심만 더 키울 뿐입니다." Kabbany, J. (2017. 6. 5). Evergreen official asks student vigilantes to stop patrolling campus with bats, batons. *The College Fix*. https://www.thecollegefix.com/post/33027에서 검색.

97. The College Fix Staff. (2017. 6. 2). Evergreen State faculty demand punishment of white professor who refused to leave on anti-white day. *The College Fix*. https://www.thecollegefix.com/post/32946에서 검색. 함께 참조: The Liberty Hound (2017. 6. 12); 주 89번 참조.

98. Thomason, A. (2017. 9. 16). Evergreen State will pay $500,000 to settle with professor who criticized handling of protests. *The Chronicle of Higher Education*. http://www.chronicle.com/blogs/ticker/evergreen-state-will-pay-500000-to-settle-with-professor-who-criticized-handling-of-protests/120110에서 검색.

99. (2018. 3. 7). Former Evergreen chief of police alleges hostile work environment. *The Cooper Point Journal*. http://www.cooperpointjournal.com/2018/03/07/former-evergreen-chief-of-police-alleges-hostile-work-environment-stacy-brown-makes-moves-towards-a-legal-claim-of-discrimination-based-on-race-and-gender에서 검색.

100. Chasmar, J. (2016. 9. 2). Evergreen State College president slams Chicago's "tone deaf" approach to safe spaces. *The Washington Times*. http://www.washingtontimes.com/news/2016/sep/2/george-bridges-wash-college-president-slams-chicag에서 검색.

101. Jaschik (2017); 주 59번 참조.

102. Richardson, B. (2017. 5. 29). Evergreen State College president expresses "gratitude" for students who took over campus. *The Washington Times*. http://www.washingtontimes.com/news/2017/may/29/evergreen-state-college-president-expresses-gratit에서 검색.

103. Zimmerman, M. (2017. 7 25). A "Through the Looking Glass" perspective on The Evergreen State College. *HuffPost*. http://www.huffingtonpost.com/entry/a-through-the-looking-glass-perspective-on-the-evergreen_us_5971bd7ae4b06b511b02c271에서 검색.

104. Parke, C. (2017. 12. 14). Evergreen professor who made anti-white comments resigns, gets $240G settlement. *Fox News*. http://www.foxnews.com/us/2017/12/14/evergreen-professor-who-made-anti-white-comments-

resigns-gets-240g-settlement.html에서 검색.

105. best of evergreen(Publisher) (2017. 5. 27). Student takeover of Evergreen State College[Video File]. https://youtu.be/bO1agIlLlhg?t=53s에서 검색.

106. Badger Pundit(Producer). (2017. 7 12). Evergreen student: Campus unsafe for white students who want to focus on education[Video File]. *Fox News*. https://www.youtube.com/watch?v=pNwVWq8EjSs에서 검색.

제6장 | **양극화 사이클**

1. Reeves, R.V., & Joo, N. (2017. 10. 4). White, still: The American upper middle class. *Brookings*. https://www.brookings.edu/blog/social-mobility-memos/2017/10/04/white-still-the-american-upper-middle-class에서 검색.
2. 발언의 자유와 포용의 문제가 상충할 때 포용 쪽을 더 선호하는 추세로 급격히 뒤바뀐 증거에 대해서는 다음을 참조하라: Stevens, S., & Haidt, J (2018. 3. 19). The skeptics are wrong: Attitudes about free speech are changing on campus. *Heterodox Academy*. https://heterodoxacademy.org/skeptics-are-wrong-about-campus-speech에서 검색.
3. Stanger, A. (2017. 3. 13). Understanding the angry mob at Middlebury that gave me a concussion. *The New York Times*. https://www.nytimes.com/2017/03/13/opinion/understanding-the-angry-mob-that-gave-me-a-concussion.html에서 검색.
4. Pew Research Center. (2017. 10. 5). The partisan divide on political values grows even wider. http://www.people-press.org/2017/10/05/1-partisan-divides-over-political-values-widen에서 검색.
5. 2016년에 자기 당에 대한 공화당의 평가가 떨어진 것은 예외다.
6. http://www.electionstudies.org에 가면 자료를 직접 다운로드할 수 있다.
7. 과거, 특히 1960년대와 1970년대에는 문화적 충돌은 잦았으나, 의회에서의 정치 양극화는 낮았고, 초당파적 협력은 높은 수준을 보였다. Hare & Poole (2014).
8. 사회 자본에 대해서는 Putnam (2000)을 참조.
9. Greenblatt, A. (2016. 11. 18). Political segregation is growing and "We're living with the consequences." *Governing*. http://www.governing.com/topics/politics/gov-bill-bishop-interview.html에서 검색.
10. 예를 들어, 2017년 9월 설문조사에서 18세에서 34세 사이의 성인 중 공화당에 대해 매우 호의를 가졌거나 혹은 어느 정도 호의를 가진 아프리카계 미국인은 단 11퍼센트였고, 아시아계 미국인은 18퍼센트, 라틴계 미국인은 20퍼센트인 것으로 나타났다. 반면에 이들 집단은 민주당에는 각각 61, 68, 52퍼센트가 호의를 보이는 것으로 나타났다. 참조: NBC News & GenForward Survey: September 2017 Toplines, p.4 http://genforwardsurvey.com/assets/uploads/2017/09/NBC-GenForward-Toplines-September-2017-Final.pdf에서 검색.
11. Iyengar & Krupenkin (2018).

12. Pariser (2011). "필터 버블"이란, 웹사이트들에서 나의 읽기/조회 습관을 토대로 내 관심사를 예상하며 사용하는 알고리즘이 대안적인 관점들을 보여주기를 피하는 식으로 작동할 때 일어나는 일을 말한다. 참조: El-Bermawy, M. (2016. 11. 18) Your filter bubble is destroying democracy. *Wired*. https://www.wired.com/2016/11/filter-bubble-destroying-democracy에서 검색.
13. Mann & Ornstein (2012).
14. Levitsky, S., & Ziblatt, D. (2018. 1. 27). How wobbly is our democracy? *The New York Times*. https://www.nytimes.com/2018/01/27/opinion/sunday/democracy-polarization.html에서 검색.
15. 다른 데서는 교육 증가(교육받은 사람들이 더 당파적이 된 것), 이민과 다양성 증가, 운동에서 돈의 중요성 증가를 포함시키기도 한다. Haidt, J., & Abrams, S. (2015. 1. 7)의 리스트 참조. The top 10 reasons American politics are so broken. *The Washington Post*. https://www.washingtonpost.com/news/wonk/wp/2015/01/07/the-top-10-reasons-american-politics-are-worse-than-ever에서 검색.
16. Iyengar & Krupenkin (2018), p. 202.
17. Berry & Sobieraj (2014).
18. Cillizza, C. (2014. 5. 14). Just 7 percent of journalists are Republicans. That's far fewer than even a decade ago. *The Washington Post*. https://www.washingtonpost.com/news/the-fix/wp/2014/05/06/just-7-percent-of-journalists-are-republicans-thats-far-less-than-even-a-decade-ago에서 검색.
19. Littleton, J. (2017. 5. 29). The truth about the Evergreen protests. *Medium*. https://medium.com/@princessofthefaeries666/the-truth-about-the-evergreen-protests-444c86ee6307에서 검색.
20. Littleton, J. (2017. 6. 16). The media brought the alt-right to my campus. *The New York Times*. https://www.nytimes.com/2017/06/16/opinion/media-alt-right-evergreen-college.html?_r=0에서 검색. 함께 참조: Pemberton, L. (2017. 7. 13). Evergreen students, faculty, and alumni hold discussion after unrest. *The Chronicle*. http://www.chronline.com/news/evergreen-students-faculty-and-alumni-hold-discussion-after-unrest/article_c9d9f5f8-67ef-11e7-8b53-5ff0ef03700b.html에서 검색.
21. Long, K. (2017. 6. 5). Evergreen State College reopens; threat deemed not credible. *The Seattle Times*. https://www.seattletimes.com/seattle-news/education/no-imminent-threat-at-evergreen-state-college-after-classes-canceled-for-third-day에서 검색.
22. Atomwaffen division visits Evergreen State College. (n.d.). https://www.bitchute.com/video/bZMiTj2TC5bf에서 검색.
23. TheFIREorg [Producer]. (2018. 2. 8). Lisa Durden on her famous Fox News interview[Video File]. https://www.youtube.com/watch?time_continue=310&

v=PfmdlqdC3mE에서 검색.

24. L. Durden(사적인 연락, 2018. 3. 24).

25. 새로 임명된 대학 총장은 자신의 성명에서 이렇게 주장했다. "학생들, 교수진, 입시생 및 그들의 가족들로부터 대학의 직원이 표현한 관점들에 절망감, 걱정, 심지어는 두려움을 표현하는 피드백이 대학에 곧바로 쇄도했다." 그러면서 대학은 "그런 걱정과 관련해 조사를 진행할 책임"이 있다고 말했다. 총장은 대학이 "우리 교수진 및 직원의 자유로운 발언 및 독립적인 관점, 그리고 그러한 관점을 표현할 권리를 지지하고 찬성하며" 아울러 그의 "관리직 직원들은 관용의 강력한 본보기를 마련할 책임이 있다"라고 말했다. 에식스카운티대 총장 앤서니 E. 먼로Anthony E. Munroe의 성명. http://www.essex.edu/pr/2017/06/23/statement-from-essex-county-college-president-anthony-e-munroe-3에서 검색.

26. 그렇다면 대학에 "쇄도했다"는 피드백은 어떨까? 공적인 기록에 따르면 더든의 텔레비전 출연 이후 첫 13일 동안 대학 측에 연락해 더든에 대해 불만을 표시한 사람은 단 하나였다. 심지어 그 사람이 대학에 연락하기 전에도, 관리자들은 이미 그녀의 정직停職으로 이어진 과정에 착수했다. 방송 출연 2주 후에는 웹사이트 엔제이닷컴NJ.com에서 더든이 정직을 당했다고 발표했다. 그 직후에 관리자들에게 29통의 메일, 두 건의 페이스북 메시지가 도착했고, 횟수를 알 수 없는 전화가 걸려왔으며, 단 한 통의 음성메시지에 "자유로운 발언을 위장하고 혐오 발언을 쏟아내기를 원하는 강사"를 대학이 정직 처분한 것을 지지한다는 내용이 녹음돼 있었다. 전체 음성메시지는 다음에 가서 들을 수 있다. TheFIREorg[Producer]. (2017. 1. 21). Essex County College voicemail about Lisa Durden[Audio File]. https://youtu.be/pTYM30Q4NsE에서 검색. 참조: Steinbaugh, A. (2018. 1. 23). After FIRE lawsuit, Essex County College finally turns over documents about firing of Black Lives Matter advocate. *FIRE*. https://www.thefire.org/after-fire-lawsuit-essex-county-college-finally-turns-over-documents-about-firing-of-black-lives-matter-advocate에서 검색. 함께 참조: Carter, B. (2017. 6. 20). Going on Fox News cost me my job, professor claims. *NJ.com*. http://www.nj.com/essex/index.ssf/2017/06/essex_county_college_professor_suspended_after_fox.html에서 검색.

27. Flaherty, C. (2017. 6. 21). Suspended for standing up to Fox News? *Inside Higher Ed*. https://www.insidehighered.com/news/2017/06/21/college-allegedly-suspends-communications-adjunct-comments-about-race-fox-news에서 검색. 함께 참조: Adely, H. (2017. 10. 27). For speaking out, N.J. professors are punished. *North Jersey*. https://www.northjersey.com/story/news/2017/10/27/professors-punished-for-speaking-out/777819001에서 검색. 함께 참조: Steinbaugh, A. (2018. 1. 23). After FIRE lawsuit, Essex County College finally turns over documents about firing of Black Lives Matter advocate. *FIRE*. https://www.thefire.org/after-fire-lawsuit-essex-county-college-finally-turns-over-documents-about-firing-of-black-lives-matter-advocate에서 검색.

28. Steinbaugh, A. (2017. 10. 20). Russia-linked Twitter account helped Drexel professor's "White Genocide" tweet go viral, prompting university investigation. *FIRE*. https://www.thefire.org/russia-linked-twitter-account-helped-drexel-professors-white-genocide-tweet-go-viral-prompting-university-investigation에서 검색.
29. Saffron, I. (2017. 12. 27). How a Drexel prof's Christmas "wish" stirred a Twitter tempest. *Philly.com*. http://www.philly.com/philly/news/20161227_How_a_Drexel_prof_s_Christmas_wish_stirred_a_Twitter_tempest.html에서 검색.
30. McLaughlin, S. (2017. 12. 29). Drexel professor resigns after months-long investigation, exile from campus. *FIRE*. https://www.thefire.org/drexel-professor-resigns-after-months-long-investigation-exile-from-campus에서 검색.
31. Thomason, A. (2017. 12. 28). Drexel professor whose charged tweets drew fire from the right will leave the university. *The Chronicle of Higher Education*. https://www.chronicle.com/article/Drexel-Professor-Whose-Charged/242124에서 검색.
32. Cornwell, P. (2017. 6. 1). Princeton professor cancels Seattle talk after Fox News segment, death threats. *The Seattle Times*. (Updated: 2017. 6. 2). https://www.seattletimes.com/seattle-news/princeton-professor-cancels-seattle-talk-after-fox-news-segment-death-threats에서 검색. 함께 참조: Trump a "racist, sexist megalomaniac," Princeton prof says in commencement speech. (2017. 5. 28). *Fox News*. http://www.foxnews.com/us/2017/05/28/trump-racist-sexist-megalomaniac-princeton-prof-says-in-commencement-speech.html에서 검색.
33. Haymarket Books. (2017. 5. 31). A statement from Keeanga-Yamahtta Taylor[Facebook post]. https://www.facebook.com/haymarketbooks/posts/1494045207312386에서 검색.
34. Bond, S.E. (2017. 6. 7). Why we need to start seeing the classical world in color. *Hyperallergic*. https://hyperallergic.com/383776/why-we-need-to-start-seeing-the-classical-world-in-color에서 검색.
35. Gurewitsch, M. (2008. 7.). True colors: Archaeologist Vinzenz Brinkmann insists his eye-popping reproductions of ancient Greek sculptures are right on target. *Smithsonian Magazine*. https://www.smithsonianmag.com/arts-culture/true-colors-17888에서 검색.
36. 예를 들면, 미국의 백인우월주의자 단체인 아이덴티티 에브로파는 "당신의 유산을 보호하라"라는 캡션을 달아 대리석 조각 포스터를 트위터에 올렸다. @IdentityEvropa. (2016. 11. 3). Seattle has never looked better. #FashTheCity[Tweet] http://web.archive.org/web/20171115062648/https://twitter.com/IdentityEvropa/status/794368750346588160에서 검색. Bond (2017)에 인용; 주 34번 참조.
37. 물론 본드 자신은 이런 식의 말을 단 한 마디도 한 적이 없다. Hoft, J. (2017. 7. 18). University prof: Using white marble in sculptures is racist and creates "white suprem-

acy." *Gateway Pundit*. http://www.thegatewaypundit.com/2017/07/university-prof-using-white-marble-sculptures-racist-creates-white-supremacy에서 검색. 함께 참조: Jackson, D. (2017. 6. 8). Prof: "White marble" in artwork contributes to white supremacy. *Campus Reform*. https://www.campusreform.org/?ID=9285에서 검색. 함께 참조: Krayden, D. (2017. 6. 10). Professors equates white marble with white supremacy. *The Daily Caller*. http://dailycaller.com/2017/06/10/professor-equates-white-marble-statues-with-white-supremacy에서 검색.
38. Mikelionis, L. (2017. 6. 9). Iowa university professor says "white marble" actually influences "white supremacist" ideas. *Education News*. http://www.educationviews.org/iowa-university-professor-white-marble-influences-white-supremacist-ideas에서 검색.
39. Osgerby, P. (2017. 6. 19). UI professor receives death threats over article on classical art. *Little Village*. http://littlevillagemag.com/ui-professor-receives-death-threats-over-article-on-classical-art에서 검색.
40. Charis-Carlson, J. (2017. 6. 19). UI prof's post on ancient statues, white supremacists elicits death threats. *Iowa City Press-Citizen*. https://www.press-citizen.com/story/news/2017/06/16/ui-classics-professor-receives-threats-after-online-essay-statuary-race/403275001에서 검색. 함께 참조: Quintana, C. (2017. 6. 16). For one scholar, an online stoning tests the limits of public scholarship. *The Chronicle of Higher Education*. https://www.chronicle.com/article/For-One-Scholar-an-Online/240384에서 검색.
41. Allen, C. (2017. 6. 26). Liberal professors say bizarre things—and then blame the conservative media for reporting on them. *Independent Women's Forum*. http://iwf.org/blog/2804174/Liberal-Professors-Say-Bizarre-Things--and-Then-Blame-the-Conservative-Media-for-Reporting-on-Them에서 검색.
42. See Haidt. J. (2017. 6. 28). Professors must now fear intimidation from both sides. *Heterodox Academy*. https://heterodoxacademy.org/professors-must-now-fear-intimidation-from-both-sides에서 검색.
43. Schmidt, P. (2017. 6. 22). Professors' growing risk: Harassment for things they never really said. *The Chronicle of Higher Education*. https://www.chronicle.com/article/Professors-Growing-Risk-/240424?cid=rclink에서 검색.
44. Haidt, J. (2017. 4. 26). Intimidation is the new normal on campus. *The Chronicle of Higher Education*. https://www.chronicle.com/article/Intimidation-Is-the-New-Normal/239890에서 검색.
45. Flaherty, C. (2016. 11. 22). Being watched. *Inside Higher Ed*. https://www.insidehighered.com/news/2016/11/22/new-website-seeks-register-professors-accused-liberal-bias-and-anti-american-values에서 검색.
46. 헤테로독스 아카데미는 "교수 감시목록"을 비난했다. 참조: HxA Executive Team.

(2016. 11. 24). Heterodox Academy condemns Professor Watchlist. https://heterodoxacademy.org/heterodox-academy-condemns-professor-watchlist에서 검색.
47. Middlebrook, H. (2017. 11. 14). The fascinating, if unreliable, history of hate crime tracking in the US. *CNN*. https://www.cnn.com/2017/01/05/health/hate-crimes-tracking-history-fbi/index.html에서 검색. 역사적으로 혐오범죄가 덜 드러났다고 말한 미들브룩Middlebrook의 지적은 옳다. 하지만 2015년에 급격한 증가세를 보인 이후, 수년 동안 이어진 감소세는 계산 방법의 변화에서만 기인한 것은 아닐 것이다.
48. FBI: US hate crimes rise for second straight year. (2017. 11. 13). *BBC News*. http://www.bbc.com/news/world-us-canada-41975573에서 검색.
49. Farivar, M. (2017. 9. 19). Hate crimes rise in major US cities in 2017. *Voice of America*. https://www.voanews.com/a/hate-crimes-rising-in-us/4034719.html에서 검색.
50. Alfonseca, K. (2017, August 21). When hate meets hoax. *ProPublica*. https://www.propublica.org/article/when-hate-meets-hoax에서 검색. 함께 참조: Soave, R. (2018. 1. 19). Another hate crime at the University of Maryland turns out to be a hoax. *Reason*. http://reason.com/blog/2018/01/19/a-second-hate-crime-at-the-university-of에서 검색. 함께 참조: Gose, B. (1999. 1. 8). Hate-crime hoaxes unsettle campuses. *The Chronicle of Higher Education*. https://www.chronicle.com/article/Hate-Crime-Hoaxes-Unsettle/2836에서 검색.
51. Suspect in Mizzou threats identified as Lake St. Louis teen. (2015. 11. 11). *NBC12*. http://www.nbc12.com/story/30489913/um-police-arrest-suspect-who-made-racist-threats-on-social-media에서 검색.
52. Bui, L. (2017. 10. 17). U-Md. student to face hate-crime charge in fatal stabbing on campus. *The Washington Post*. https://www.washingtonpost.com/local/public-safety/u-md-student-to-face-hate-crime-charge-in-fatal-stabbing-on-campus/2017/10/17/a17bfa1c-b35c-11e7-be94-fabb0f1e9ffb_story.html에서 검색.
53. One charge was later reduced to accessory after the fact. 참조: Smithson, D. (2017. 11. 9). Cases continue in shooting after Spencer protest. *Ocala Star-Banner*. http://www.ocala.com/news/20171109/cases-continue-in-shooting-after-spencer-protest에서 검색. 함께 참조: Rozsa, L., & Svrluga, S. (2017. 10. 20). 3 men charged in shooting after white nationalist Richard Spencer's speech in Florida. *Chicago Tribune*. http://www.chicagotribune.com/news/nationworld/ct-shooting-richard-spencer-speech-20171020-story.html에서 검색.
54. Student in Trump shirt detained after brandishing knife, saying "Kill all illegals." (2018. 2. 16). *The Daily Beast*. https://www.thedailybeast.com/student-in-trump-shirt-who-brandished-knife-and-said-kill-all-illegals-detained에서 검색.
55. McWhorter, J. (2008. 12. 30). Racism in America is over. *Forbes*. https://www.forbes.com/2008/12/30/end-of-racism-oped-cx_jm_1230mcwhorter.html에서 검색.

56. On the sharp drop in Republican trust in universities since 2015, see Pew Research Center (2017. 7. 10). Sharp partisan divisions in views of national institutions. http://www.people-press.org/2017/07/10/sharp-partisan-divisions-in-views-of-national-institutions에서 검색.

제7장 | **불안증과 우울증**

1. Solomon (2014), p. 110.
2. Novotney (2014).
3. 2015년에 이르자, 정신건강 서비스를 찾는 대학생 비율이 22퍼센트에 달했다(이 비율이 10퍼센트에 그친 학교들도 있고, 50퍼센트까지 이른 학교도 있었다). 아울러 "전체 대학생 중에 압도적인 불안증을 느낀다고 보고한 학생들이 54퍼센트였는데, 2010년의 46.4퍼센트에서 증가한 수치다." Estroff Marano, H. (2015. 9. 1). Crisis U. *Psychology Today*. https://www.psychologytoday.com/articles/201509/crisis-u에서 검색.
4. Levinson-King, R. (2017. 3. 13). Teen suicide on the rise among Canadian girls. *BBC News*. http://www.bbc.com/news/world-us-canada-39210463에서 검색. 함께 참조: Canadian Institute for Health Information. (n.d.). Intentional self-harm among youth in Canada. https://www.cihi.ca/sites/default/files/info_child_harm_en.pdf에서 검색.
5. Sanghani, R. (2017. 3. 16). Why are so many of Britain's teen girls struggling with mental health problems? *The Telegraph*. http://www.telegraph.co.uk/health-fitness/body/why-are-so-many-of-britains-teen-girls-struggling-with-mental-he에서 검색. 이 기사에서 참조한 영국의 대규모 장기적 연구는 여기서 검색할 수 있다: https://www.gov.uk/government/uploads/system/uploads/attachment_data/file/599871/LSYPE2_w2-research_report.pdf. 함께 참조: Pells, R. (2017. 7. 9). Number of university students claiming special circumstances for mental health problems "soars." *The Independent*. http://www.independent.co.uk/news/education-news/number-of-university-students-mental-health-problems-illness-claiming-special-circumstances-a7831791.html에서 검색.
6. 2018년과 2019년에 수집된 영국과 캐나다의 추세에 대한 자료는 두 나라가 미국과 똑같은 문제들을 갖고 있는지 결정하는 데 매우 중대할 것이다.
7. Allen, M. (2017. 11. 9). Sean Parker unloads on Facebook: "God only knows what it's doing to our children's brains." *Axios*. https://www.axios.com/sean-parker-unloads-on-facebook-god-only-knows-what-its-doing-to-our-childrens-brains-1513306792-f855e7b4-4e99-4d60-8d51-2775559c2671.html에서 검색.
8. Twenge (2017), chapter 2.
9. Twenge (2017), p. 3
10. Twenge (2017), 부록 B, 도표 B1 및 B2 참조. 부록은 온라인에도 올라와 있다: http://www.jeantwenge.com/wp-content/uploads/2017/08/igen-appendix.pdf

11. Twenge (2017), chapter 4. 함께 참조: Twenge, Joiner, Rogers, & Martin (2017).
12. 1994년에 Nolen-Hoeksema & Girgus (1994)는 "사춘기 이전 아동들에게서는 우울증에서의 젠더 차이가 전혀 나타나지 않으나, 15세 이후로는 여자아이와 여성들이 남자아이 및 남성들보다 우울증에 걸릴 확률이 높은 것으로 나타났다"는 사실을 밝혀냈다. 2017년 논문인 Salk, Hyde, & Abramson (2017)에서는 젠더 차이가 12세부터 나타난다는 사실을 알아냈는데, 종전에 생각했던 것에 비해 빠른 시기였다.
13. 그 기준이란 그 사람에게서 2주의 기간 동안 거의 매일 아홉 가지 증상 중 최소 다섯 가지가 나타난다는 보고가 있어야 한다는 것을 말하는 것으로, Hunter & Tice (2016)에 들어 있는 설명이다. https://www.samhsa.gov/data/sites/default/files/NSDUH-MethodSummDefsHTML-2015/NSDUH—MethodSummDefsHTML-2015/NSDUH-MethodSummDefs-2015.htm#b4-8에서 검색.
14. Hacking (1991), Haslam (2016)에 실린 설명.
15. https://www.CDC.gov/injury/wisqars/fatal.html에서 해당 자료와 보고서를 다운로드할 수 있다.
16. Levinson-King, R. (2017. 3. 13). Teen suicide on the rise among Canadian girls. http://www.bbc.com/news/world-us-canada-39210463에서 검색.
17. Office for National Statistics(UK). (2017. 12. 18). Suicides in the UK: 2016 registrations (point 6: Suicides in the UK by age). https://www.ons.gov.uk/peoplepopulationandcommunity/birthsdeathsandmarriages/deaths/bulletins/suicidesintheunitedkingdom/2016registrations#suicides-in-the-uk-by-age에서 검색.
18. Mercado, Holland, Leemis, Stone, & Wang (2017).
19. Twenge, Joiner, Rogers, & Martin (2018).
20. Vigen, T. (n.d.). Spurious correlations. http://www.tylervigen.com/spurious-correlations에서 검색.
21. 아이들이 써야 할 글이 있거나 혹은 컴퓨터를 사용해야 하는 다른 숙제가 있을 때 그 시간은 우울증과는 상호 연관을 갖지 않는 것으로 나타난다.
22. Twenge (2017), pp. 82, 84. 보다 깊이 있는 분석을 보려면 Twenge 외 공저 (2018) 참조.
23. 트웬지는 역의 상관관계 문제(즉 우울증이 원인이 되어 십대들이 스크린에 더 많은 시간을 할애하는가)를 논하며, 그것이 연관성의 원인이 아닐 수 있다는 연구들을 관련시킨다. 그녀가 논의한 연구 중 하나는 임의 할당을 사용한 진실험이었다. 일주일간 페이스북을 사용하지 말라는 과제를 임의로 할당받은 사람들은 연구 말미에 자신이 우울증을 덜 느낀다고 보고했다. 참조: Twenge, J. (2017. 11. 14). With teen mental health deteriorating over five years, there's a likely culprit. https://theconversation.com/with-teen-mental-health-deteriorating-over-five-years-theres-a-likely-culprit-86996에서 검색.
24. Haidt (2012), 제9장의 '진사회성eusociality'과 '초사회성ultrasociality'을 참조하라.
25. Twenge, Joiner, Rogers, & Martin (2018), p. 4.
26. Twenge (2017).

27. Twenge (2017).
28. Maccoby (1998).
29. Wood Rudulph, H. (2017. 10. 11). How women talk: Heather Wood Rudolph interviews Deborah Tannen. *Los Angeles Review of Books*. https://lareviewofbooks.org/article/how-women-talk-heather-wood-rudulph-interviews-deborah-tannen에서 검색. 다음과 같은 트웬지의 말에서도 태넌의 우려가 들리는 듯하다. "여자아이들이 소셜미디어를 더 자주 이용하고, 그래서 자기 친구들이나 급우들이 자신을 빼놓고 함께 어울리는 것 볼 때 소외감과 외로움을 느낄 기회가 더 많다." Twenge (2017. 9). Have smartphones destroyed a generation? *The Atlantic*. https://www.theatlantic.com/magazine/archive/2017/09/has-the-smartphone-destroyed-a-generation/534198
30. Twenge (2017), 부록 F, 도표 F1. 온라인 부록은 다음에서 검색: http://www.jeantwenge.com/wp-content/uploads/2017/08/igen-appendix.pdf
31. Arata, E. (2016. 8. 1). The unexpected reason Snapchat's "pretty" filters hurt your self-esteem. *Elite Daily*. https://www.elitedaily.com/wellness/snapchat-filters-self-esteem/1570236에서 검색.
32. Jowett, V. (2017. 7. 10). Inside the Snapchat filter surgery boom. *Cosmopolitan*. http://www.cosmopolitan.com/uk/beauty-hair/a9617028/celebrity-cosmetic-surgery-snapchat-filter-boom에서 검색.
33. Crick & Grotpeter (1995).
34. 예를 들어 Thielking, M. (2017. 2. 8). Surging demand for mental health care jams college services. *Scientific American*. https://www.scientificamerican.com/article/surging-demand-for-mental-health-care-jams-college-services에서 검색. 함께 참조: Peterson, A. (2016. 10. 10). Students flood college mental-health centers. *The Wall Street Journal*. http://www.wsj.com/articles/students-flood-college-mental-health-centers-1476120902에서 검색. 함께 참조: Tugend, A. (2017. 6. 7). Colleges get proactive in addressing depression on campus. *The New York Times*. https://www.nytimes.com/2017/06/07/education/colleges-get-proactive-in-addressing-depression-on-campus.html에서 검색.
35. Center for Collegiate Mental Health, Pennsylvania State University. (2016). 2016 annual report. https://sites.psu.edu/ccmh/files/2017/01/2016-Annual-Report-FINAL_2016_01_09-1gc2hj6.pdf에서 검색.
36. Higher Education Institute(HERI). 이 질문은 2010년에야 추가되었고, 2년에 한 번씩 질문에 포함되고 있다. 설문지 안의 질문을 그대로 옮기면 다음과 같다. "당신은 다음의 장애나 혹은 질병을 갖고 있습니까?"(각 항목에 "예" 혹은 "아니오"로 표시하시오.) 설문에서는 이어서 "심리적 장애(우울증 등)"와 같은 일곱 가지 다양한 장애와 질환을 나열하고, 각 항목에 대해 "예" 혹은 "아니오"로 선택지를 달아놓았다. 다음을 찾아가보면 설문조사 도구 및 자료를 접할 수 있다: https://heri.ucla.edu/heri-data-archive

37. Reetz, D. R., Bershad, C., LeViness, P., & Whitlock, M. (2017). The Association for University and College Counseling Center Directors annual survey. https://www.aucccd.org/assets/documents/aucccd%202016%20monograph%20-%20public.pdf에서 검색. 요약과 그래프는 다음에서도 참조: Tate, E. (2017. 3. 29). Anxiety on the rise. *Inside Higher Ed*. https://www.insidehighered.com/news/2017/03/29/anxiety-and-depression-are-primary-concerns-students-seeking-counseling-services에서 검색.
38. 도시에 소재한 다양성을 지닌 한 대학의 연구에 따르면, 해당 연구에 참여한 학생 중 최소 한 번 이상 고의적으로 자해를 한 경험이 있다고 보고한 학생이 38퍼센트에 이르렀고, 최소 10회 이상 자해한 경험이 있다고 보고한 학생은 18퍼센트, 100회 이상 자해한 경험이 있다고 보고한 학생은 10퍼센트에 이르렀다. Gratz, Conrad, & Roeter (2002). Twenge (2017)의 온라인 부록에서 '부록 F'도 함께 참조. 여기서 트웬지는 미국대학건강협회조사American College Health Association Survey와 청년리스크행동감시시스템Youth Risk Behavior Surveillance System의 정신건강 결과도 제시하고 있다. 이들 부록은 http://jeantwenge.com/wp-content/uploads/2017/08/igen-appendix.pdf에서 검색할 수 있다.
39. Zhiguo & Fang (2014).
40. Shin & Liberzon (2010).
41. Gotlib & Joormann (2010).
42. Prociuk, Breen, & Lussier (1976). 함께 참조: Costello (1982).
43. Peterson, Maier, & Seligman (1993). 함께 참조: Seligman (1990).
44. Chen, Coccaro, & Jacobson (2012).
45. Clark, Algoe, & Green (2018).

제8장 | **편집증적 양육**

1. Denizet-Lewis, B. (2017. 10. 11). Why are more American teenagers than ever suffering from severe anxiety? *The New York Times*. https://www.nytimes.com/2017/10/11/magazine/why-are-more-american-teenagers-than-ever-suffering-from-severe-anxiety.html에서 검색.
2. Skenazy, L. (2008. 4. 1). Why I let my 9-year-old ride the subway alone. *The New York Sun*. http://www.nysun.com/opinion/why-i-let-my-9-year-old-ride-subway-alone/73976에서 검색.
3. Skenazy, L. (2015. 1. 16). I let my 9-year-old ride the subway alone. I got labeled the "World's Worst Mom." *The Washington Post*. https://www.washingtonpost.com/posteverything/wp/2015/01/16/i-let-my-9-year-old-ride-the-subway-alone-i-got-labeled-the-worlds-worst-mom/?utm_term=.7cbce60ca0e0에서 검색.
4. 해당 사건의 유력 용의자는 2017년이 돼서야 유죄를 선고받았다. 사건 개요는 다음을 참조: McKinley, J. C. (2017. 4. 18) Pedro Hernandez gets 25 years to life in murder of Etan Patz. *The New York Times*. https://www.nytimes.com/2017/04/18/nyregion/

pedro-hernandez-etan-patz-sentencing.html에서 검색.

5. Lafrance, A.(2017. 2. 14). When bad news was printed on milk cartons. *The Atlantic*. https://www.theatlantic.com/technology/archive/2017/02/when-bad-news-was-printed-on-milk-cartons/516675에서 검색.
6. National Crime Information Center. (n.d.) 2016 NCIC missing person and unidentified person statistics. https://www.fbi.gov/file-repository/2016-ncic-missing-person-and-unidentified-person-statistics.pdf/view에서 검색.
7. Polly Klaas Foundation. (n.d.). National child kidnapping facts. http://www.pollyklaas.org/about/national-child-kidnapping.html에서 검색.
8. ChildStats.gov. (n.d.). POP1 Child population: Number of children (in millions) ages 0-17 in the United States by age, 1950-2016 and projected 2017-2050. https://www.childstats.gov/americaschildren/tables/pop1.asp에서 검색.
9. Simpson, K. (2010. 11. 27). Dispelled kidnap myths do little to allay parents' fears. *The Denver Post*. http://www.denverpost.com/2010/11/27/dispelled-kidnap-myths-do-little-to-allay-parents-fears에서 검색.
10. 더 많은 유괴 추세에 대해 알고 싶다면 다음을 참조하라: U.S. Department of Justice. (2016. 6. 14). Number of child abductions by strangers unchanged over past decade and a half; Fewer end in homicide. http://www.unh.edu/ccrc/Presspacket/Stereotypical%20Kidnapping%20.pdf에서 검색. 세 가지 흥미로운 점: 1) 2011년 유괴된 아동 중 무사히 가족 품으로 돌아온 아이들이 92퍼센트에 이르렀는데, 1997년에는 57퍼센트에 불과했다(휴대전화 추적과 같은 첨단기술이 법 집행에 큰 도움이 됐다). 2) 2011년에 낯선 이에게 유괴된 아동 다섯 명 중 네 명은 (친부모든 수양부모든) 양兩부모 가정에서 살지 않았다. 3) 유괴당한 아동의 3분의 1은 실종신고가 되지 않았다. 그 어떤 어른도 아이들에 대해 책임지려 하지 않았다. 이런 아이들은 어른들의 관심 밖으로 밀려난 아이들이었다. 참조: Flores, J. R. (2002. 10.). Nonfamily abducted children: National estimates and characteristics. http://www.pollyklaas.org/media/pdf/NISMARTIInonfamily.pdf
11. FBI Criminal Justice Information Services Division. (n.d.). Preliminary semiannual uniform crime report, January-June, 2015. https://ucr.fbi.gov/crime-in-the-u.s/2015/preliminary-semiannual-uniform-crime-report-januaryjune-2015에서 검색.
12. Kurutz, S. (2004. 10. 24). The age of the mugger. *The New York Times*. http://www.nytimes.com/2004/10/24/nyregion/thecity/the-age-of-the-mugger.html에서 검색.
13. 이는 실종된 백인 아이들에게만 해당되는 이야기다. 1979년에서 1981년 사이 애틀랜타에서 25명 이상의 흑인 아이들이 잇달아 유괴당하는 끔찍한 사건이 벌어져 일명 애틀랜타 아동 살인Atlanta Child Murders으로 알려졌다. 이 단기 연쇄살인은 동일한 시기에 일어났지만 파츠나 월시 살인보다는 미 전역에서 관심을 받지 못했다.

14. 왜 미국 전역의 범죄가 급감했는가에 관해서는 범죄학자들 사이에 합치된 의견이 없다. 조너선은 1970년대 말과 1980년대 초에 납이 함유된 휘발유를 단계적으로 사용하지 않게 된 것이 주 요인이라고 믿고 있다. 참조: Drum, K. (2016. 2. 11). Lead: America's real criminal element. *Mother Jones*. http://www.motherjones.com/environment/2016/02/lead-exposure-gasoline-crime-increase-children-health에서 검색.
15. Infoplease. (n.d.) Homicide rate per 100,000, 1950–2015. https://www.infoplease.com/us/crime/homicide-rate-1950-2014에서 검색.
16. Stapleton, A. C. (2015, 2. 6). Police: 6-year-old boy "kidnapped" for being too nice to strangers. *CNN*. http://www.cnn.com/2015/02/05/us/missouri-fake-kidnapping/index.html에서 검색.
17. Berchelmann, K. (2017. 5. 4). When can my child use the public restroom alone? *HealthyChildren.org*. https://www.healthychildren.org/English/tips-tools/ask-the-pediatrician/Pages/When-can-my-child-use-the-public-restroom-alone.aspx에서 검색.
18. Lowbrow, Y. (2014. 6. 9). 8 reasons children of the 1970s should all be dead. https://flashbak.com/8-reasons-children-of-the-1970s-should-all-be-dead-323에서 검색.
19. YOURS News. (2012, 2. 20). Seatbelts—Saving thousands of lives around the world everyday…[Blog post]. http://www.youthforroadsafety.org/news-blog/news-blog-item/t/seatbelts_saving_thousands_of_lives_around_the_world_everyday에서 검색.
20. Ganti 외 공저 (2013).
21. DeNoon, D. J. (2003. 5. 13). Quit smoking so your kids won't start. *Web MD*. https://www.webmd.com/smoking-cessation/news/20030513/quit-smoking-so-your-kids-wont-start에서 검색.
22. National Institute for Occupational Safety and Health. (n.d.). LEAD: Information for workers-Health problems caused by lead. https://www.cdc.gov/niosh/topics/lead/health.html에서 검색.
23. Christakis (2016), p. 131.
24. Taleb (2007).
25. 이런 역효과들에 대해 더 알고 싶다면, 완벽한 제목을 지닌 그레그 입Greg Ip의 책 *Foolproof: What Safety Can Be Dangerous and How danger Makes us Safe*를 참조. Ip (2015).
26. Skenazy (2008); 주 2번 참조.
27. J. Lythcott-Haims(사적인 연락, 2017. 5. 26).
28. Estroff Marano, H. (2004. 11. 1). A nation of wimps. *Psychology Today*. https://www.psychologytoday.com/articles/200411/nation-wimps에서 검색.

29. J. Lythcott-Haims(사적인 연락, 2017. 5. 26).
30. 이를 인구 변천이라고 칭한다. 참조: Grove, D. (2014. 10. 13). What is the Demographic Transition Model? *PopEd Blog*. https://www.populationeducation.org/content/what-demographic-transition-model에서 검색.
31. Parker, K., & Wang, W. (2013. 3. 14). Modern parenthood: Roles of moms and dads converge as they balance work and family. *Pew Research Center*. http://www.pewsocialtrends.org/2013/03/14/modern-parenthood-roles-of-moms-and-dads-converge-as-they-balance-work-and-family에서 검색.
32. L. Skenazy(사적인 연락, 2017. 5. 4).
33. Skenazy, L. (2015. 6. 11). 11-year-old boy played in his yard. CPS took him, felony charge for parents. *Reason*. http://reason.com/blog/2015/06/11/11-year-old-boy-played-in-his-yard-cps-t에서 검색.
34. WFSB Staff. (2014. 7. 9). Bristol mother charged with leaving child unattended in car. *Eyewitness News 3*. http://wfsb.com/story/25982048/bristol-mother-charged-with-leaving-child-unattended-in-car에서 검색. (이와 비슷한 이야기들을 더 알고 싶다면 이곳을 방문하라. https://letgrow.org/blog)
35. Skenazy, L. (2016. 6. 17) "16 is the appropriate age to allow children to be outside by themselves"—New Albany, Ohio, police chief. *Free-Range Kids*. http://www.freerangekids.com/16-is-the-appropriate-age-to-allow-children-to-be-outside-by-themselves-new-albany-ohio-police-chief에서 검색.
36. Lareau (2011), p. 3.
37. Putnam (2015), p. 117.
38. Putnam (2015), p. 117.
39. DeLoache 외 공저 (2010).
40. 이 연구 프로젝트의 웹사이트를 관리하는 곳은 질병통제센터Centers for Disease Control이다. 주소는 http://www.cdc.gov/violenceprevention/acestudy
41. Putnam (2015), p. 112.
42. Chetty, Friedman, Saez, Turner, & Yagen (2017). 이 인포그래픽 안의 논문 개요는 다음을 참조. Some colleges have more students from the top 1 percent than the bottom 60. Find yours. (2017. 1. 18). *The New York Times*. https://www.nytimes.com/interactive/2017/01/18/upshot/some-colleges-have-more-students-from-the-top-1-percent-than-the-bottom-60.html에서 검색.
43. L. Skenazy(사적인 연락, 2017. 5. 4).

제9장 | **놀이의 쇠퇴**

1. LaFreniere (2011).
2. LaFreniere (2011), p. 479에서는 다음과 같이 주장한다. "서로 쫓고 쫓기는 게임에서, 아이들은 달아나는 입장을 더 선호하는 것처럼 보이는데(예를 들어, 잡기 놀이나 이를 모방해

만들어진 모든 게임에서 아이들은 쫓기는 쪽을 선호한다), 이는 그런 놀이가 사냥꾼보다는 먹잇감이었던 우리의 유산과 더 관계가 있다는 이야기일 수 있다."

3. LaFreniere (2011), p. 465. 함께 참조: Sandseter & Kennair (2011). 함께 참조: Gray, P. (2014. 4. 7). Risky play: Why children love it and need it. *Psychology Today*. https://www.psychologytoday.com/blog/freedom-learn/201404/risky-play-why-children-love-it-and-need-it에서 검색.
4. Einon, Morgan, & Kibbler (1978). 새끼 쥐를 이용한 또 다른 실험 연구에 관해서는 Hol, Berg, Ree, & Spruijt (1999)를 함께 참조. 마모셋을 이용한 상관관계 연구에 대해서는 Munstoe, Taylor, Birnie, Huffman, & French (2014)를 참조. Gray(출간 예정)에 실린 문헌 검토를 참조.
5. Black, Jones, Nelson, & Greenough (1998).
6. Johnson & Newport (1989). 야생아 "지니"의 유명한 사례를 검토한 글로는 Curtiss (1977)를 참조. 수화를 이용하는 청각장애아의 경우에도 동일한 방식의 경과가 나타난다. 본질적으로 중요한 것은 입으로 말을 하는 게 아니라 다른 이들과의 의사소통이다.
7. 최소한 바로 이 점이, Gray(출간 예정), LaFreniere (2011), Sandseter & Kennair (2011) 등 놀이를 연구하는 수많은 연구가들의 주장이다. 우리가 일러두고자 하는 점은, 이 같은 강력한 종류의 주장(아동기의 놀이 박탈이 성인기의 성격을 뒤바꿔놓을 것이다)을 뒷받침할 직접적인 실험 증거는 없다는 사실이다. 본문에서 이야기한 새끼 쥐를 이용한 통제 실험은 인간을 상대로는 절대 행해질 수 없다. 제9장의 나머지 부분에서 우리는 왜 이 주장이 일리 있고 진실일 가능성이 높은지 보여줄 것이다.
8. Gray (2011). 함께 참조: Gray(출간 예정).
9. Sandseter & Kennair (2011), p. 275.
10. Gray (2011), p. 444.
11. Singer, Singer, D'Agostino, & DeLong (2009), Gray (2011)에서 인용.
12. Hirsh-Pasek, Golinkoff, Berk, & Singer (2009).
13. Gray (2011), p. 456.
14. Hofferth & Sandberg (2001), Gray (2011)에서 인용.
15. Twenge 외 공저 (2018)의 매개 분석에서도 나타났듯, 연구 결과 모든 종류의 스크린 시청 시간은 부정적인 정신건강 결과와 연관이 있는 것으로 나타났다. 그러나 피터 그레이는 스크린을 매개로 한 사회적 상호작용에 보다 긍정적인 시각을 취한다. 그의 믿음에 따르면, 그것은 실질적인 사회적 상호작용이며, 다자간 비디오 게임은 일종의 놀이라는 것이다. 아울러 그는 온라인에서 사회적 상호작용은 보통 어른의 어떤 감시도 받지 않고 일어난다는 이점을 지적한다. 하지만 그도 온라인 상호작용은 격렬한 신체 놀이가 지닌 이점을 결여하고 있으며, 일부 형태의 온라인 상호작용은 정신건강에 해로운 것으로 드러날 수 있다는 점은 인정한다. P. Gray(사적인 연락, 2018. 2. 8).
16. Hofferth & Sandberg (2001).
17. Shumaker, H. (2016. 3. 5)의 검토를 참조. Homework is wrecking our kids: The research is clear, let's ban elementary homework. *Salon*. https://www.salon.

com/2016/03/05/homework_is_wrecking_our_kids_the_research_is_clear_lets_ban_elementary_homework에서 검색. 함께 참조: Marzano, R, & Pickering, D. (2007. 3.). Special Topic: The case for and agianst homework. *Educational Leadership, 64(6)*, 74-79. https://www.lincnet.org/cms/li605/MA01001239/Centricity/Domain/108/Homework.pdf에서 검색. 함께 참조: Cooper, Lindsay, Nye, & Greathouse (1998). 함께 참조: Cooper, Civey Robinson, & Patall (2006) 함께 참조: Cooper, Steenbergen-Hu, & Dent (2012).

18. "지난 20년 동안 숙제는 오로지 저학년 수준에서만 늘었으며, 이러한 증가는 학생들의 성취도에 중립적인 (때로는 부정적인) 효과와 관련을 보인다." National Education Association. (n.d.). Research spotlight on homework. http://www.nea.org/tools/16938.htm에서 검색.
19. L. Skenazy(사적인 연락, 2018. 1. 23).
20. Clements (2004), Gray (2011)에서 인용.
21. Whitley, C. (2011. 8. 1). Is your child ready for first grade: 1979 edition. *ChicagoNow*. http://www.chicagonow.com/little-kids-big-city/2011/08/is-your-child-ready-for-first-grade-1979-edition에서 검색. (이를 지적해준 에리카 크리스태키스에게 감사를 표한다.)
22. Whitley (2011); 주 21번 참조.
23. St. Theresa's Catholic School (Austin, TX). (2012. 1.). Expectations for incoming first graders. https://www.st-theresa.org/wp-content/uploads/2012/02/1st_Expectations.pdf에서 검색.
24. E. Christakis(사적인 연락, 2017. 10. 21).
25. Christakis (2016).
26. Gopnik, A. (2011. 3. 16). Why preschool shouldn't be like school: New research shows that teaching kids more and more, at ever-younger ages, may backfire. *Slate*. http://www.slate.com/articles/double_x/doublex/2011/03/why_preschool_shouldnt_be_like_school.html에서 검색. 함께 참조: Gray, P. (2015. 5. 5). Early academic training produces long-term harm. *Psychology Today*. https://www.psychologytoday.com/blog/freedom-learn/201505/early-academic-training-produces-long-term-harm에서 검색.
27. Bassok, Latham, & Rorem (2016).
28. Common Core State Standards Initiative. (n.d.). Introduction to Common Core. http://www.corestandards.org/Math/Content/introduction에서 검색.
29. Common Core State Standards Initiative. (n.d.). English language arts standards ≫ Reading: Foundational skills ≫ Kindergarten. http://www.corestandards.org/ELA-Literacy/RF/K에서 검색.
30. E. Christakis(사적인 연락, 2017. 6. 2).
31. "아이러니하게도, 학교 공부를 위해 취학 전 아동이 숙달해야 할 가장 중요한 기술을 꼽

으라고 하면 오늘날 유치원 및 초등학교 1학년 선생님들은 하나같이, 숫자나 글자를 알아보는 취학 전 공부 능력보다는 차례를 지킬 줄 아는 것이나 친구의 이야기를 잘 들어줄 줄 아는 것 등의 사회성 및 정서 기술을 가장 우선으로 꼽는다. 하지만 부모들은 상황을 전혀 다른 식으로 보는 경우가 많다." Christakis (2016), p. 7.

32. Pew Research Center. (2015. 12. 17). Parenting in America: Children's extracurricular activities. http://www.pewsocialtrends.org/2015/12/17/5-childrens-extracurricular-activities에서 검색.
33. Mose (2016).
34. Scholarship America. (2011. 8. 25). Make your extracurricular activities pay off. *U.S. News & World Report*. https://www.usnews.com/education/blogs/the-scholarship-coach/2011/08/25/make-your-extracurricular-activities-pay-off에서 검색.
35. *Princeton Review*. (n.d.). 14 summer activities to boost your college application. https://www.princetonreview.com/college-advice/summer-activities-for-college-applications에서 검색.
36. Yale University Office of Institutional Research. (2016. 11. 30). Summary of Yale College admissions class of 1986 to class of 2020. https://oir.yale.edu/sites/default/files/w033_fresh_admissions.pdf에서 검색.
37. Deresiewicz (2015), p. 39.
38. J. Lythcott-Haims(사적인 연락, 2017. 5. 26). 스커네이지의 말대로, 이들 부모들은 "자신의 아이들이 유괴당할 것 (…) 혹은 하버드에 들어가지 못할 것이라는 두 가지 두려움에 함께 시달린다." L. Skenazy(사적인 연락, 2018. 1. 23).
39. Morrison, P. (2015. 10. 28). How "helicopter parenting" is ruining America's children. *Los Angeles Times*. http://www.latimes.com/opinion/op-ed/la-oe-morrison-lythcott-haims-20151028-column.html에서 검색.
40. A. Duckworth(사적인 연락, 2018. 3. 19).
41. Bruni, F. (2016. 1. 19). Rethinking college admissions. *The New York Times*. https://www.nytimes.com/2016/01/20/opinion/rethinking-college-admissions.html에서 검색.
42. Rosin, H. (2015. 11. 20). The Silicon Valley suicides. *The Atlantic*. https://www.theatlantic.com/magazine/archive/2015/12/the-silicon-valley-suicides/413140에서 검색.
43. Spencer, K. (2017. 4. 5). It takes a suburb: A town struggles to ease student stress. *The New York Times*. https://www.nytimes.com/2017/04/05/education/edlife/overachievers-student-stress-in-high-school-.html?_r=0에서 검색.
44. Farrell, A., McDevitt, J., & Austin, R. (2015). Youth risk behavior survey Lexington High School—2015 results: Executive summary. https://lps.lexingtonma.org/cms/lib2/MA01001631/Centricity/Domain/547/YRBSLHSExecSummary08Mar16.pdf에서 검색. 함께 참조: Luthar & Latendresse (2005). 함께 참조: Chawla, I., & Njoo, L.

(2016. 7 21). CDC releases preliminary findings on Palo Alto suicide clusters. *The Stanford Daily*. https://www.stanforddaily.com/2016/07/21/cdc-releases-preliminary-findings-on-palo-alto-suicide-clusters에서 검색.

45. Chetty, Friedman, Saez, Turner, & Yagen (2017). 이 인포그래픽에 들어 있는 해당 논문의 요약을 참조하라: Some colleges have more students from the top 1 percent than the bottom 60. Find yours. (2017. 1. 18). *The New York Times*. https://www.nytimes.com/interactive/2017/01/18/upshot/some-colleges-have-more-students-from-the-top-1-percent-than-the-bottom-60.html에서 검색.
46. Brody, J.E. (2015. 1. 19)에 인용. Parenting advice from "America's worst mom." *The New York Times*. https://well.blogs.nytimes.com/2015/01/19/advice-from-americas-worst-mom에서 검색.
47. Horwitz (2015).
48. Ostrom, E. (1990).
49. Ostrom, V. (1997).
50. Horwitz (2015), p. 10.
51. Iyengar & Krupenkin (2018).
52. Ortiz-Ospina, E., & Roser, M. (2017). *Trust*. https://ourworldindata.org/trust에서 검색.
53. Horwitz (2015), p. 3.
54. 이 조언은 특권층에 속하지 않은 학생들에게는 그다지 필요하지 않다. 이들은 삶에서 불공평과 "불운"을 통상적으로 겪을 가능성이 보다 크기 때문이다.
55. Reilly, K. (2017. 7. 5). "I wish you bad luck." Read Supreme Court Justice John Roberts's unconventional speech to his son's graduating class. *Time*. http://time.com/4845150/chief-justice-john-roberts-commencement-speech-transcript에서 검색.

제10장 | **안전주의를 지향하는 관료제**

1. De Tocqueville (1839/2012), book 4, chapter 6.
2. 2016년 8월 25일에 FIRE가 노던미시간대에 보낸 서한. (2016. 9. 19). https://www.thefire.org/fire-letter-to-northern-michigan-university-august-25-2016에서 검색.
3. THE "I CARE PROJECT": Revise NMU Student Self-Destructive Behavior Policy. (n.d.). *Change.org*[Petition]. https://www.change.org/p/northern-michigan-university-the-i-care-project-revise-nmu-student-self-destructive-behavior-policy에서 검색.
4. Singal, J. (2016. 9. 22). A university threatened to punish students who discussed their suicidal thoughts with friends(Updated). *The Cut*. https://www.thecut.com/2016/09/a-school-is-threatening-to-punish-its-suicidal-students.html에서 검색. 이후 노던미시간대는 방침을 변경했다. 학교에서는 더 이상 그런 편지를 보내지 않

으며, 2016년 1월에 이르러서는 학생들이 동년배들과 자해에 대해 이야기하지 못하도록 한 조치도 중지했다. 참조: Northern Michigan University. (2016). Northern Michigan University practice concerning self-destructive students changed January 2016. http://www.nmu.edu/mc/current-mental-health-communication에서 검색.

5. National Center for Educational Statistics (1993), p. 64.
6. Fast Facts: Back to School Statistics. (n.d.). National Center for Education Statistics. https://nces.ed.gov/fastfacts/display.asp?id=372에서 검색.
7. Digest of Education Statistics. (2016). Tables 333.10 (Revenues of public institutions) and (333.40) (Revenues of private institutions). *National Center for Education Statistics*. https://nces.ed.gov/programs/digest/current_tables.asp에서 검색.
8. Gross Domestic Product 2016. (2017. 12. 15). World Bank Development Indicators Database. https://databank.worldbank.org/data/download/GDP.pdf에서 검색.
9. Digest of Education Statistics. (2016). Table 333.90 (Endowments). *National Center for Education Statistics*. https://nces.ed.gov/programs/digest/d16/tables/dt16_333.90.asp?current=yes에서 검색.
10. *Times Higher Education*이 작성한 상위 25개 대학 목록에서 외국인 학생들의 비율은 미시간대의 16퍼센트에서부터 카네기멜론대의 45퍼센트에 이르기까지 다양한 범위에 걸쳐 있다. World University Rankings 2018. *Times Higher Education*. https://www.timeshighereducation.com/world-university-rankings/2018/world-ranking#!/page/0/length/25/sort_by/rank/sort_order/asc/cols/stats에서 검색.
11. World University Rankings 2018. 10번 참조. 혹은 상위 25개 대학 중 19개 대학일 수도 있다. 함께 참조: Best Global Universities Rankings. (2018). *U.S. News & World Report*. https://www.usnews.com/education/best-global-universities/rankings에서 검색.
12. Kerr (1963).
13. "'대학들'의 중역, 행정 및 관리직 직원들은 경기 침체 기간 동안, 심지어는 예산이 삭감되고 등록금은 증가하는 동안 15퍼센트 증가했다." Marcuse, J. (2016. 10. 6). The reason behind colleges' ballooning. *The Atlantic*. https://www.theatlantic.com/education/archive/2016/10/ballooning-bureaucracies-shrinking-checkbooks/503066에서 검색.
14. 예를 들어, Catropa, D., & Andrews, M. (2013. 2. 8)을 참조. Bemoaning the corporatization of higher education. *Inside Higher Ed*. https://www.insidehighered.com/blogs/stratedgy/bemoaning-corporatization-higher-education에서 검색.
15. "미국대학교수협회American Association of University Professors의 2014년 보고서에 따르면, 1975년 이후 대학의 정규직 관리자는 369퍼센트 증가한 반면, 조교수직tenure-track 교수는 23퍼센트, 시간제 교수는 286퍼센트 늘었다." Braswell, S. (2016. 4. 24). The fightin' administrators: The birth of a college bureaucracy. *Point Taken*. http://www.pbs.org/webh/point-taken/blog/ozy-fightin-administrators-birth-college-bureau

cracy에서 검색. 함께 참조: Christensen, K. (2015. 10. 17). Is UC spending too little on teaching, too much on administration? *Los Angeles Times*. http://www.latimes.com/local/education/la-me-uc-spending-20151011-story.html에서 검색.

16. Campos, P. F. (2015. 4. 4). The real reason college tuition costs so much. *The New York Times*. https://www.nytimes.com/2015/04/05/opinion/sunday/the-real-reason-college-tuition-costs-so-much.html에서 검색.
17. Catropa & Andrews (2013); 주 15번 참조. 함께 참조: Lewis (2007), pp. 4~5. 함께 참조: McArdle, M. (2015, 8. 13). Sheltered students go to college, avoid education. *Bloomberg View*. https://www.bloomberg.com/view/articles/2015-08-13/sheltered-students-go-to-college-avoid-education에서 검색.
18. Ginsberg (2011). Chapter 1, section "Shared Governance?" paragraphs 2~6.
19. Ginsberg (2011). Chapter 1, section "Professors and Administrators?" paragraph 16.
20. 우리가 아는 매우 드문 예 중 하나로, 오벌린대학교 총장 마빈 크리슬로프Marvin Krislov는 "협상의 여지가 없는" 요구 목록을 받아들이기를 거부했다. Oberlin's president says no. *Inside Higher Ed*. https://www.insidehighered.com/news/2016/01/21/oberlins-president-refuses-negotiate-student-list-demands에서 검색.
21. Adler, E. (2018. 3. 15). Students think they can suppress speech because colleges treat them like customers. *The Washington Post*. http://wapo.st/2phMwCB?tid=ss_tw&utm_term=.75b5e44fa1d0에서 검색.
22. Desrochers, D. M., & Hurlburt, S. (2016. 1.) 11쪽 도표 5를 참조. Trends in college spending: 2003-2013. American Institutes for Research. *Delta Cost Project*. https://www.deltacostproject.org/sites/default/files/products/15-4626%20Final01%20Delta%20Cost%20Project%20College%20Spending%2011131.406.P0.02.001%20….pdf에서 검색.
23. Carlson, S. (2013. 1. 28). What's the payoff for the "country club" college? *The Chronicle of Higher Education*. https://www.chronicle.com/blogs/buildings/whats-the-payoff-for-the-country-club-college/32477에서 검색. 함께 참조: College Ranker. (n.d.). Colleges as country clubs: Today's pampered college students. http://www.collegeranker.com/features/colleges-as-country-clubs에서 검색. 함께 참조: Jacob, B, McCall, B. & Stange, K. M. (2013. 1.). College as country club: Do college cater to students' preferences for consumption? *National Bureau of Economic Research*. http://www.nber.org/papers/w18745.pdf에서 검색. *Forbes*에서는 대학과 컨트리클럽을 최소한의 경비시설을 갖춘 교도소인 "클럽 페드Club Fed"에 비유하며 이 관례를 조롱한 바 있다. Pierce, K. (2014. 7. 29). College, country club or prison? *Forbes*. https://www.forbes.com/special-report/2014/country-college-prison.html에서 검색.
24. A 2013 survey by NIRSA(과거 National Intramural-Recreational Sports Association)에 따르면, 총 92개 대학에서 계류 중인 레크리에이션 센터 프로젝트에 들어가는 돈

만 총 17억 달러에 이른다고 한다. Rubin, C. (2014. 9. 19)에 인용된 내용. Making a splash: College recreation now includes pool parties and river rides. *The New York Times*. https://www.nytimes.com/2014/09/21/fashion/college-recreation-now-includes-pool-parties-and-river-rides.html에서 검색. 함께 참조: Koch, J. V. (2018. 1. 9). Opinion: No college kid needs a water park to study. *The New York Times*. https://www.nytimes.com/2018/01/09/opinion/trustees-tuition-lazy-rivers.html에서 검색.

25. Stripling, J. (2017. 10. 15). The lure of the lazy river. *The Chronicle of Higher Education*. https://www.chronicle.com/article/The-Lure-of-the-Lazy-River/241434에서 검색.
26. Papish v. Bd. of Curators of the Univ. of Missouri 외 공저 410 U.S. 667 (1973) (reinstating a student expelled for distributing an underground student newspaper with an offensive cartoon and headline); Texas v. Johnson, 491 U.S. 397 (1989) (flag burning).
27. 간략한 논의를 위해, 우리는 "관리자administrator"라는 말에 대학을 운영하는 사람들을 비롯해, 학생들의 학교생활에 관계된 모든 일을 담당하는 학장 및 교직원들도 포함시키고자 한다. 여기에는 교수를 제외한 대학 캠퍼스 내의 전문직 상담수가(전부는 아니지만) 즉 '학생'들이 학교 "관리"에 대해 말할 때 일반적으로 지칭하는 사람들이 포함된다.
28. 2001년경부터 2012년 사이 캠퍼스의 일들을 다룬 그레그의 첫 번째 책 *Unlearning Liberty*(Lukianoff 2014)에는 관리자들의 과잉반응 사례가 수십 건 나와 있다.
29. 학교 측은 해당 교수에게 휴가를 주고 강제로 정신 감정을 받게 한 뒤, 종국에 가서는 징계를 철회했다. 참조: Victory: College backtracks after punishing professor for "Game of Thrones" picture. (2014. 10. 28). *FIRE*. https://www.thefire.org/victory-college-backtrakcs-punishing-professor-game-thrones-picture에서 검색.
30. College declares Haymarket Riot reference a violent threat to college president. (2015. 6. 8). *FIRE*. https://www.thefire.org/college-declares-haymarket-riot-reference-a-violent-threat-to-college-president에서 검색. FIRE에서 옥턴에 두 통의 서신을 보냈지만, 이 경우에는 추가로 어떤 일이 더 발생하지는 않았다. 학교에서는 해당 행동 중지 편지를 철회하지 않았지만, 이 교수에 대해 그 어떠한 공식 조치도 취하지 않았다.
31. Harris, S. (2016. 9. 1). Speech code of the month: Drexel University. *FIRE*. https://www.thefire.org/speech-code-of-the-month-drexel-university에서 검색.
32. FIRE에서는 대학의 언어규범을 "빨간불" "노란불" "초록불"로 등급을 매기고 있다. (https://www.thefire.org/spotlight/using-the-spotlight-database에 가면, FIRE의 언어규범 등급에 대한 온전한 설명을 볼 수 있다.) 거친 문자메시지나 모욕을 금지하는 내용을 포함한 웨스트앨러배마대의 "빨간불" 방침은 지금도 여전히 시행 중이다. 잭슨빌주립대의 언어규범은 몇 년이 흐르는 동안 변화를 겪었으며, 가장 최근의 변화는 2017년도에 있었다. 현재 잭슨빌주립대는 전반적으로 노란불 등급을 유지하고 있다. https://www.thefire.org/spotlight에 가면, 어느 대학이 빨간불, 노란불, 초록불 등급을 받았는지 확인할 수

있다. 함께 참조: (n.d.). Spotlight: Jacksonville State University. https://www.thefire.org/schools/jacksonville-state-university에서 검색. 함께 참조: Spotlight: University of West Alabama. https://www.thefire.org/schools/university-of-west-alabama에서 검색.

33. Harris, S. (2009. 5. 29). McNeese State revises "public forum" policy but still prohibits "derogatory" speech. *FIRE*. https://www.thefire.org/mcneese-state-revises-public-forum-policy-but-still-prohibits-derogatory-speech에서 검색.

34. Univ. of Cincinnati Chapter of Young Americans for Liberty v. Williams, 2012 U.S. Dist. LEXIS 80967(S.D. Ohio 2012. 6. 12).

35. 다음에서 광범한 종류의 대학 규범을 확인할 수 있다: Spotlight Database and Activism Portal. (2018). *FIRE*. https://www.thefire.org/spotlight에서 검색.

36. 2001년 9월 12일에서 2016년 12월 31일의 15년의 기간 동안 미국에서 일어난 "폭력적인 극단주의자" 공격은 총 85건으로, 평균적으로 보면 1년에 6건에 채 못 미친다. Valverde, M. (2017. 8. 16). A look at the data on domestic terrorism and who's behind it. *PolitiFact*. http://www.politifact.com/truth-o-meter/article/2017/aug/16/look-data-domestic-terrorism-and-whos-behind-it에서 검색.

37. 그 게시물에 적혀 있는 웹페이지에는 이렇게 설명돼 있다. "뉴욕대의 편향태도 신고전화에서는 우리 공동체 안에서 일어날 수 있는 편향, 차별, 괴롭힘 행위와 관련한 경험이나 걱정을 우리 공동체 성원들이 공유하고 신고할 수 있는 방법을 마련해놓고 있습니다." NYU Bias Response Line. (n.d.). http://www.nyu.edu/about/policies-guidelines-compliance/equal-opportunity/bias-response.html에서 검색.

38. FIRE. (2017). 2017 Report on Bias Reporting Systems[Blog post]. https://www.thefire.org/first-amendment-library/special-collections/fire-guides/report-on-bias-reporting-systems-2017에서 검색.

39. Haidt (2006), chapter 2에서 그런 편향에 대해 검토한 내용을 참조.

40. Pappano, L. (2017. 10. 31). In a volatile climate on campus, professors teach on tenterhooks. *The New York Times*. https://www.nytimes.com/2017/10/31/education/edlife/liberal-teaching-amid-partisan-divide.html에서 검색. 함께 참조: Belkin, D. (2017, February 27). College faculty's new focus: Don't offend. *The Wall Street Journal*. https://www.wsj.com/articles/college-facultys-new-focus-dont-offend-1488200404에서 검색.

41. Suk Gersen, J. (2014. 12. 15). The trouble with teaching rape law. *The New Yorker*. https://www.newyorker.com/news/news-desk/trouble-teaching-rape-law에서 검색.

42. Steinbaugh, A. (2016. 7. 7). University of Northern Colorado defends, modifies "Bias Response Team" as criticism mounts and recording emerges. https://www.thefire.org/university-of-northern-colorado-bias-response-team-recording-emerges에서 검색.

43. Melchior, J.K. (2016. 7. 5). Exclusive: Transcript of bias response team conversation with censored professor. *Heat Street(via Archive.org)*. https://web.archive.org/web/20160805130848/https://heatst.com/culture-wars/exclusive-transcript-of-bias-response-team-conversation-with-censored-professor에서 검색.

44. 이는 캐나다의 윌프리드로리에대학교Wilfrid Laurier University의 린지 셰퍼드Linsay Shepherd의 사례와 매우 유사하다는 점을 일러두고자 한다. 셰퍼드는 짤막한 TV 토론 동영상을 한 편 보여주었고, 그러면서 사전에 토론을 벌이는 어느 한쪽을 비난하지 않았다. 학생 중 누구라도 한쪽이 옳다고 강하게 느낄 경우, 강의실 안에서 토론을 벌이는 것은 위험할 수 있다. 참조: Grinberg, R. (2017. 11. 23). Lindsay Shepherd and the potential for heterodoxy at Wilfrid Laurier University. *Heterodox Academy*. https://heterodoxacademy.org/lindsay-shepherd-and-the-potential-for-heterodoxy-at-wilfrid-laurier-university에서 검색.

45. FIRE의 애덤 스테인바우Adam Steinbaugh가 지적하듯, "정중하게 냉각된 학문의 자유도 여전히 냉각된 학문의 자유다." 참조: Steinbaugh, A. (2016. 7. 7). 주 2번 참조.

46. 때로 선의가 아닐 때도 있다. 많은 대학들의 정치 역학을 고려해볼 때, 우리가 제4장과 제5장에서도 설명했듯, 편향태도 신고 도구는 악의적으로 이용되기 쉽다. 이 체제가 마련된 초창기인 2009년에는 캘리포니아 폴리테크닉주립대학교Polytechnic State University의 편향태도 신고팀에서 일하던 학생 하나가 인터뷰에서 이 시스템에서는 "정치적으로 올바르지 않거나 행동이나 말로 상처를 주는 교수들"이 목표물이 될 수 있다고 인정했다. 존캐롤대학교John Carroll University의 경우, 몇몇 학생들이 학교의 편향태도 신고체계를 이용해 한 학생을 목표로 삼고 장난으로 보이는 일을 벌여 그를 골탕 먹이기도 했다. 참조: CalPoly suspends reporting on "politically incorrect" faculty and students. (2009. 6. 1). *FIRE*, https://www.thefire.org/cal-poly-suspends-reporting-on-politically-incorrect-faculty-and-students-2에서 검색. 함께 참조: John Carroll University. (2015. 12). Bias reports 2014-2015. http://webmedia.jcu.edu/diversity/files/2015/12/2014-2015-Bias-Report-web-version.pdf에서 검색.

47. 20 U.S.C. §1681 이하 참조 (1972).

48. Davis v. Monroe County Board of Education, 526 U.S. 629, 633 (1999); Bryant v. Indep. Sch. Dist. No. I-38, 334 F.3d 928, 934(10th Cir. 2003).

49. Civil Rights Act of 1964 §7, 42 U.S.C. §2000e-2 (a) (1) & (2) (1964)("인종, 피부색, 종교, 성별, 출신국가"를 근거로 채용 시 혹은 직장에서의 차별을 금함); Education Amendments of 1972 §9, 20 U.S.C. §1681(a) (1972)("성별을 근거로" 교육에서의 차별을 금함).

50. Student wins Facebook.com case at University of Central Florida. (2006. 3. 6). *FIRE*. https://www.thefire.org/student-wins-facebookcom-case-at-university-of-central-florida에서 검색.

51. 여기서 주목해야 할 사실은, 누구든 괴롭힘을 당한다고 '느끼는' 사람들에게 학교가 지원이나 상담 서비스를 제공할 수 있는 문턱은 매우 낮을 수 있고, 낮아야 한다는 점이다. 괴롭힘에 해당하는 어떤 말을 한 혐의를 가진 '화자를 징계하는' 기준은 더 높아져야 한

다. 예를 들어, 수정교육법 제9장에서는 피해자로 보고된 사람이, 가해자의 범법 여부를 결정하기 이전에(심지어는 그런 결정이 없어도) 개선 단계에 들어갈 자격을 부여한다. 그런데 우리가 보기에 실수는, 한 사람이 일회성 발화 행위에 공격당했다고 '느낄' 경우, 그 상대방이 통상 괴롭힘을 가한 혐의로 기소당하게끔 두 조항을 합쳐놓은 것이다. 그런 식으로 두 조항을 합하는 학교는 감정적 추론이라는 비진실을 가르치고, 도덕적 의존성을 키우는 것이다.

52. 경비원/학생인 키스 존 샘슨Keith John Sampson이 받은 서신에는, 그가 "역사적으로나 인종적으로 혐오스러운 주제와 관련된 책을 공개적으로 읽은 것"으로 인해 인종차별 괴롭힘의 죄를 지었다는 내용이 들어 있었다. Lukianoff, G. (2008. 5. 2) Judging a book by its cover-literally. https://www.thefire.org/juding-a-book-by-its-cover-literally-3에서 검색.

53. 예를 들어, Gluckman, N., Read B., Mangan, K. & Qulantan, B. (2017. 11. 3). Sexual harassment and assault in higher ed: What's happened since Weinstein. *The Chronicle of Higher Education*. https://www.chronicle.com/article/Sexual-HarassmentAssault/241757에서 검색; Anderson, M.D. (2017. 10. 19). How campus racism could affect black students' college enrollment. *The Atlantic*. https://www.theatlantic.com/education/archive/2017/10/how-racism-could-affect-black-students-college-enrollment/543360/에서 검색; Berteaux, A. (2016. 9. 15). In the safe spaces on campus, no Jews allowed. *The Washington Post*. https://www.washingtonpost.com/news/acts-of-faith/wp/2016/09/15/in-the-safe-spaces-on-campus-no-jews-allowed/?utm_term=.2bb76389a248에서 검색.

54. Silverglate, H. A. (1999. 1. 26). Memorandum to free speech advocates, University of Wisconsin. https://www.thefire.org/memorandum-to-free-speech-advocates-university-of-wisconsin에서 검색.

55. Doe v. University of Michigan, 721 F.Supp. 852, 865 (E.D. Mich. 1989).

56. Corry v. Leland Stanford Junior University, No. 740309 (Cal. Super. Ct. Feb. 27, 1995) (slip op.).

57. Bhargava, A., & Jackson, G. (2013. 5. 9). Letter to President Royce Engstrom and University Counsel Lucy France, Esq., University of Montana. U.S. Department of Justice, Civil Rights Division, & U.S. Department of Education, Office for Civil Rights. https://www.justice.gov/sites/default/files/opa/legacy/2013/05/09/um-ltr-findings.pdf에서 검색.

58. Kipnis, L. (2015. 2. 27). Sexual paranoia strikes academe. *The Chronicle of Higher Education*. https://www.chronicle.com/article/Sexual-Paranoia-Strikes/190351에서 검색.

59. 조사가 진행되는 동안, 킵니스는 변호사를 참여시킬 수 없다는 이야기를 들었다. 그녀는 조사관과의 미팅도 녹음할 수 없었다. 또한 애초에는 어떤 내용으로 고발을 당했는지조차 알려주지 않다가, 미팅에 참석하고 나서야 사실을 말해주었다. Cooke, R. (2017.

4. 2). Sexual paranoia on campus—and the professor at the eye of the storm. *The Guardian*. https://www.theguardian.com/world/2017/apr/02/unwanted-advances-on-campus-us-university-professor-laura-kipnis-interview에서 검색.

60. Title IX Coordinating Committee response to online petition and ASG resolution. (2014. 3. 4). *Northwestern Now*. https://news.northwestern.edu/stories/2014/03/title-ix-coordinating-committee-response-to-online-petition-and-asg-resolution에서 검색.
61. Suk Gersen, J. (2017. 9. 20). Laura Kipnis's endless trial by Title IX. *The New Yorker*. https://www.newyorker.com/news/news-desk/laura-kipniss-endless-trial-by-title-ix에서 검색.
62. A defamation suit filed against Kipnis by a student continues. Meisel, H. (2018. 3. 7). HarperCollins can't escape suit over prof's assault book. *Law360*. https://www.law360.com/articles/1019571/harpercollins-can-t-escape-suit-over-prof-s-assault-book에서 검색.
63. FIRE(Producer). (2016. 4. 6). In her own words: Laura Kipnis's "Title IX inquisition" at Northwestern[Video file]. https://youtu.be/vVGOp0IffOQ?t=8m58s에서 검색.
64. Campbell & Manning (2014). Campbell & Manning (2018)에 실린 이 논의를 확대한 내용도 함께 참조하라.
65. Campbell & Manning (2014), p. 695.
66. Campbell & Manning (2014), p. 697.
67. 여기에서 에리카 크리스태키스의 이메일을 읽어보라: FIRE (2015. 10. 30). Email from Erika Christakis: "Dressing Yourselves," email to Silliman College (Yale) students on Halloween costumes. *FIRE*. https://www.thefire.org/email-from-erika-christakis-dressing-yourselves-email-to-silliman-college-yale-students-on-halloween-costumes에서 검색.

제11장 | **너무 정의로운 사람들**

1. Rawls (1971), p. 3. 롤스는 20세기의 대표적인 정치철학자로, 우리가 사회 안에서 어떤 역할을 점해야 하는지와 관련해 "무지의 베일" 뒤에 서 있을 경우, 과연 어떤 종류의 사회를 설계할 수 있을지 물은 것으로 유명하다.
2. Cox, A. (2014. 7. 7)에서 Ghitza & Gelman (2014)의 자료를 쌍방향 소통식으로 만들어 놓았다. How birth year influences political views. *The New York Times*. https://www.nytimes.com/interactive/2014/07/08/upshot/how-the-year-you-were-born-influences-your-politics.html?_r=0에서 검색.
3. 1965년은 선거권법이 통과되고, 왓츠 폭동Watts Riot이 일어나고, 셀마Selma 행진이 벌어지고, 미국의 참전 정도가 강해지면서 베트남 전쟁에 대한 항의시위가 늘어난 해였다. 1972년에는 리처드 닉슨이 이른바 "평화 후보"인 조지 맥거번George McGovern을 압도적인 차이로 누르고 승리했다. 대항문화 안의 수많은 사람들에게는 치명적 타격이었다. 1954년

에 태어난 미국인 대부분이 이 선거에 투표할 수 있었으나, 1955년생에게는 투표 자격이 없었다.

4. Ghitza & Gelman (2014). 이 논문에서는 매해 일어나는 정치적 사건 대신 대통령에 대한 지지율을 손쉽게 접할 수 있는 자료로 활용하고 있다. 만일 내가 십대 후반에(그리고 백인일 경우) 대통령이 국민 사이에서 폭넓게 인기를 누린다면, 나는 나머지 삶에서 그 당에 투표를 할 확률이 더 높다. 하지만 갖가지 "정치적 충격"(예를 들면, 암살, 폭동 등)이 영향을 미칠 가능성도 있음을 저자들도 인정한다. 이 모델은 흑인이나 히스패닉 유권자보다는 백인 유권자들의 경우를 더 잘 설명해준다.
5. Pyramid Film Producers(Producer). (1969). The World of '68[Video File]. https://archive.org/details/worldof68에서 검색.
6. Sloane, Baillargeon, and Premack (2012)에서는 21개월의 영아들이 실제로 일을 한 사람만 보상을 받은 장면보다, 비례의 원칙을 어긴 장면들을 더 오래 쳐다본다는 사실을 밝혀냈다. 공평성 개념의 초창기 출현과 관련한 문헌을 검토한 내용으로는 Bloom (2014)를 참조하라.
7. Damon (1979); Kanngiesser & Warneken (2012).
8. Almas, Cappelen, Sorensen, & Tungodden (2010).
9. Starmans, Sheskin, & Bloom (2017).
10. See Adams (1963); Adams (1965); Huseman, Hatfield & Miles (1987); Walster, Walster, & Berscheid (1978).
11. Walster, Walster, & Berscheid (1978).
12. Ross & Sicoly (1979). 평등과 비례의 원칙에 대한 관심이 다양한 관계와 문맥 안에서 어떻게 달라지는지 논의한 것으로는 Fiske (1992)를 참조하라.
13. Adams & Rosenbaum (1962).
14. Lind & Tyler (1988). 함께 참조: Tyler & Blader (2014). 함께 참조: Thibaut and Walker (1975)의 이전 연구.
15. Tyler & Huo (2002).
16. 인과관계가 다른 방향으로 작동한다고 주장하는 일련의 연구도 있다. 많은 사람들은 현 상태를 정당화하기 바라고, 이런 바람이 기존 부정의를 합리화하는 동기를 부여한다는 것이다. 이 이용하기 쉬운 최신 개관에 대해서는 다음을 참조: Jost, J. T. (2017) A Theory of system justification. *American Psychological Association*. http://www.apa.org/science/about/psa/2017/06/system-justification.aspx에서 검색.
17. Hayek (1976); Nozick (1974).
18. 이 정의는 더 이상 미국사회복지사전국협회 웹사이트에서 찾아볼 수 없지만, 최소한 2017년 8월 11일까지는 사용되었다. 그 내용은 다음에서 확인할 수 있다. NASW. (2017. 8.11). Social justice [web.archive.org를 통해]. https://web.archive.org/web/20170811231830/https://www.socialworkers.org/pressroom/features/issue/peace.asp에서 검색.
19. Putnam (2015). pp. 31~32에서 지적하길, "반드시 선택을 해야 하는 상황이라면, 모든

소득 수준의 미국인 중 거의 셋 중 하나는 '미국에 존재하는 불평등을 줄이는 것보다 경제적 입지를 개선할 공평한 기회를 모두에게 보장해주는 것이 (…) 이 나라를 위해 더 중요한 일'이라고 말할 것이다." 그가 인용한 설문용 질문들은 2011년 퓨이코노믹모빌리티 프로젝트Pew Economic Mobility Project에서 시행한 설문조사에 나온 것이다.

20. 체제 정당화 이론System Justification Theory에 대한 연구, 예를 들면, Jost, Banaji, & Nosek (2004)을 참조하라.

21. 제3장의 논의와 크렌쇼의 TED 강연을 참조하라: TED(Producer). (2016. 10). Kimberlé Crenshaw at TEDWomen 2016—The urgency of intersectionlity[Video file]. https://www.ted.com/talks/kimberle_crenshaw_the_urgency_of_intersectionlity에서 검색.

22. 때로는 소수 집단의 구성원들도 이러한 부정의를 부정하도록 동기부여가 된다. 체제 정당화 이론에 대한 연구, 예를 들면, Jost, Banaji, & Nosek (2004)을 참조.

23. Guinier (1994).

24. Bolick, C. (1993. 4. 30). Clinton's quota queens. *The Wall Street Journal*.

25. Lewis, N. A. (1993. 6. 4). Clinton abandons his nominee for rights post amid opposition. *The New York Times*. http://www.nytimes.com/1993/06/04/us/clinton-abandons-his-nominee-for-rights-post-amid-opposition.html에서 검색.

26. U.S. Dept. of Education, Office for Civil Rights. (1979. 12. 11). A policy interpretation: Title IX and intercollegiate athletics 참조. https://www2.ed.gov/about/offices/list/ocr/docs/t9interp.html에서 검색.

27. 1993년에 이뤄진 연방대법원의 코헨 대 브라운대Cohen v. Brown Univ. 항소심 결정에 3년 뒤 미 교육부의 공식 입장이 되는 내용이 암시돼 있다. 코헨 사건은 여자 체조 및 배구부 팀원들이 이른바 재정상의 이유로 자신들의 팀이 없어지자 브라운대에 소송을 걸었던 일이다. 법원에서는 브라운대가 수정교육법 제9장을 위반했다고 판결했는데, 여자들에 대한 대표팀 기회 비율이 여학생 입학 비율보다 낮다는 것이 이유였다. 또 스포츠를 하고 싶어 하는 여성들이 자신의 관심사를 상당히 만족시키지 못하고 있으며, 따라서 수정교육법 제9장을 준수하려면 브라운대는 낮게 표시된 성별의 비율을 맞추거나 혹은 입학생 비율과 동일한 기회를 제공해야만 한다고 했다. 991 F.2d 888, 899(1st Cir. 1993) 참조. 다시 말해, 낮게 표시된 성별의 관심사를 온전히 맞춰주지 못할 경우 대학에서는 높게 표시되는 성별의 기회를 줄여 그 비율을 맞춰야만 했다.

28. 미국의 다섯 대학을 제외한 거의 모든 대학. "공립학교들에 보내는 편지Dear Colleague"의 내용을 더 확인하고 싶다면 다음을 참조하라: Admin. (2013. 5. 28). Frequently asked questions regarding the federal "blueprint" for sexual harassment policies on campus. *FIRE*. https://www.thefire.org/frequently-asked-questions-regarding-the-federal-blueprint-for-sexual-harassment-policies-on-campus/#whatisdcl에서 검색.

29. Cantú, N. V. (1996. 1. 16). Clarification of intercollegiate athletics policy guidance: The three-part test [Dear Colleague letters]. U.S. Department of Education. https://

www2.ed.gov/about/offices/list/ocr/docs/clarific.html에서 검색.

30. 법을 이행하는 두 번째 방법은 학교가 첫 번째 기준에 이르는 방향으로 "진전을 이루었음"을 보여주는 것이었다. 세 번째 방법은 낮게 표시된 젠더의 관심사가 "온전하고 효과적으로 수용되었음"을 보여주는 것이었다. 실질적으로는 경기에 팀을 내보낼 정도로 스포츠를 하고 싶어 하는 여자들이 충분히 남아 있지 않다는 사실을 보여주는 것이었다. 이 두 가지 선택지는 동등한 결과물을 내야 하는 곤경에서 학교를 벗어나게 하는 것처럼 보이지만, 현실적으로 이들 기준을 충족시킬 유일한 길은 민권담당국의 철저한 감시를 피할 수 없었고, 법 이행 전문가들의 최상위 목표 중 하나는 가급적 정부 당국의 조사를 피하는 것이다. 조사를 확실히 피하는 유일한 길은 첫 번째 증명 방법을 충족시키는 것이고, 따라서 이것이 거의 모든 학교들이 선택한 방법이다.

31. 학교들이 가장 높은 기준에 집착하고 있다는 증거에 대해서는 Thomas, K. (2011. 4. 25)를 참조. College Teams, relying on deception, undermine gender equity. *The New York Times*. http://www.nytimes.com/2011/04/26/sports/26titleix.html에서 검색.

32. Thomas, K. (2011. 5. 1). Colleges cut men's programs to satisfy Title IX. *The New York Times*. http://www.nytimes.com/2011/05/02/sports/02gender.html에서 검색.

33. Deaner, Balish & Lombardo (2016). 이들은 여아의 태아기 테스토스테론 노출이 이후 스포츠(특히 남성다운 특징이 더 강한 스포츠)에 대한 관심과 상관관계가 있다는 다양한 증거도 함께 보고한다.

34. Deaner 외 공저 (2012).

35. 물론 회의론자라면 이러한 차이가 아동기 초기의 사회화 차이에서 비롯된다고 주장할 수도 있다. 예를 들면 장난감 가게에서 여자아이용 스포츠 용품은 훨씬 적게 마련돼 있는 등 여자아이용과 남자아이용 장난감 진열대가 크게 차이 난다는 사실이 그렇다. 그럴 수도 있겠으나 젠더 중립적이거나 혹은 젠더와 반대되는 방식으로 아이들을 대함으로써 젠더에 따르는 아이들의 놀이 행동을 바꾸려는 시도는 성공한 역사를 찾기 힘들다. 예를 들어 Burkeman, O., & Younge, G. (2004. 5. 12)에 실린 데이비드 라이머David Reimer의 슬픈 경우를 참조. Being Brenda. *The Guardian*. https://www.theguardian.com/books/2004/may/12/scienceandnature.gender에서 검색. 장난감 가게들은 젠더에 따른 선호를 일으키기보다는, 젠더에 따른 선호를 반영해 운영하고 있는 것처럼 보인다. 그리고 젠더에 따른 스포츠 선호가 설령 태내 호르몬보다는 전적으로 초기 사회화에서 비롯됐다고 해도, 그것이 대학들이 동등한 결과물을 고집해야만 하는 정당화의 구실은 되지 못할 것이다(초등학교에는 얼마간 함의를 가질 수 있겠지만).

36. Thomas (2011. 4. 25); 주 31번 참조.

37. Chang (2018).

38. Rivlin-Nadler, M. (2013. 8. 17). More buck for your bang: People who have more sex make the most money. *Gawker*. http://gawker.com/more-bang-for-your-buck-people-who-have-more-sex-make-1159315115에서 검색.

39. 실제 연구에는 이렇게 표현돼 있다. "성행위가 건강, 삶의 질, 웰빙 및 행복의 척도로 간주되고," 아울러 "건강, 인지 및 비인지 기술 및 성격은 임금 수준에 영향을 미치는 주

요 요인이기 때문에", "이 상관관계가 인과관계를 나타내는지는 불분명하다." Drydakis, N. (2013) The effect of sexual activity on wages. *IZA Discussion Paper No. 7529*. http://ftp.iza.org/dp7529.pdf에서 검색.

40. Sue 외 공저. (2017), p. 274에서는 미세 주장무효공격을 "유색인종의 심리적 사고, 느낌 혹은 경험적 실재를 배제하고, 부정하고, 무효화하는 의사소통"이라고 정의한다.
41. 인지능력에서의 젠더 차이는 일반적으로 작거나 존재하지 않는다. 사람들이 흥미롭거나 즐겁다고 생각하는 것에서의 젠더 차이는 종종 크고 여러 문화에 걸쳐 일관되며, 태내 호르몬 노출과 연관이 있다. 직업 선택과 관련한 젠더 차이의 연구 요약에 대해서는 Stevens, S,. & Haidt, J. (2017)을 참조. The Google memo: What does the research say about gender differences? *Heterodox Academy*. https://heterodoxacademy.org/the-google-memo-what-does-the-research-say-about-gender-differences에서 검색.
42. Tetlock, Kristel, Elson, Green, & Lerner (2000).
43. Nordhaus, T., & Shellenberger, M. (2013. Winter). Wicked polarization: How prosperity, democracy, and experts divided America. *The Breakthrough Institute*. https://thebreakthrough.org/index.php/journal/past-issues/issue-3/wicked-polarization에서 검색.

제12장 | 아이들이 보다 지혜로워지려면

1. Stevens, S., & Haidt, J. (2018. 3. 19). The skeptics are wrong: Attitudes about free speech are changing on campus. *Heterodox Academy*. https://heterodoxacademy.org/skeptics-are-wrong-about-campus-speech에서 검색.
2. Diamond, A. (2016. 11. 17). South Korea's testing fixation. *The Atlantic*. https://www.theatlantic.com/education/archive/2016/11/south-korean-seniors-have-been-preparing-for-today-since-kindergarten/508031에서 검색.
3. Diebelius, G. (2018. 2. 27). Head teacher bans children from touching snow for "health and safety" reasons. *Metro News*. http://metro.co.uk/2018/02/27/head-teacher-bans-children-touching-snow-health-safety-reasons-7345840에서 검색.
4. 일부 아이들이 실제 겁박의 대상이 되기 때문에, 어른들이 겁박의 정의에 해당하는 행동을 무시하거나 최소화해서는 안 된다는 사실은 우리도 인정한다. "광의의 겁박에는 다음의 세 가지 기준이 수반된다. 1) 반복성: 아이가 공격적 행동 패턴의 목표물이 되거나, 아이가 다른 사람에 대한 공격적 행동 패턴에 휘말리는 경우. 2) 연루된 아이들 사이에 힘의 불균형이 존재한다(더 막강한 힘을 가진 아이가 힘을 덜 가진 아이에 대해 공격적으로 대한다). 3) 공격적인 아이가 다른 아이 혹은 아이들에게 의도를 가지고 해를 끼치려 한다." Paresky, P. (2016). We're giving bullying a bad name. *Psychology Today*. https://www.psychologytoday.com/blog/happiness-and-the-pursuit-leadership/201604/we-re-giving-bullying-bad-name에서 검색.
5. Play:groundNYC: built for children, by children. (n.d.). https://play-ground.nyc에

서 검색. 모험 운동장의 간략한 역사에 대해 알고 싶다면 https://play-ground.nyc/history를 방문해보라. 이런 종류의 운동장에 관한 동영상을 보려면 https://www.youtube.com/watch?time_continue=1&v=74vOpkEin_A를 방문해보라.

6. 대니얼 슈크먼은 FIRE 이사회 회장이기도 하다.
7. "Let Grow License." www.LetGrow.org/LetGrowLicense에서 이용 가능하다.
8. 물론 "권위의 남용"의 본성은 법적으로 허용된 것을 넘는 것이다. 따라서 우리는 누군가가 당신의 아이를 붙잡아 가두지 않으리라고 보장하지는 못한다. 뜻이 같은 부모들이 옹호 단체를 만들고, 분쟁이 있기 전에 지역 경찰과 접촉해 사람들을 교육시키는 것도 갈등을 피하는 방법이 될 수 있다. 덧붙여 말하지만 이는 법적 조언이 아니라 양육과 관련된 조언이다. 법적 조언과 관련해서는 당신이 사는 지역의 정식 변호사와 상담해야 한다.
9. E. Christakis(사적인 연락, 2018. 2. 18).
10. Grant, A. (2017. 11. 4). Kids, would you please start fighting? *The New York Times*. https://www.nytimes.com/2017/11/04/opinion/sunday/kids-would-you-please-start-fighting.html에서 검색.
11. The American Institute for Cognitive Therapy: https://www.cognitivetherapynyc.com
12. R. Leahy(사적인 연락. 2017. 1. 23).
13. Chansky (2004).
14. Beck Institute: https://beckinstitute.org. 다른 자료로는 데이비드 번스David Burns의 고전 *Feeling Good: The New Mood Therapy* (1980)와 *The Feeling Good Handbook* (1999)이 있다.
15. Leahy, R. (n.d.). Anxiety files. *Psychology Today*. https://www.psychologytoday.com/blog/anxiety-files에서 검색.
16. PTSD: National Center for PTSD. (n.d.). U.S. Department of Veterans Affairs. https://www.ptsd.va.gov/public/materials/apps/cpt_mobileapp_public.asp에서 검색.
17. AnxietyCoach. (n.d.). *Mayo Clinic*. https://itunes.apple.com/us/app/anxietycoach/id565943257?mt=8에서 검색. 인지행동치료 앱과 관련해 더 많은 정보를 알고 싶다면, https://adaa.org/finding-help/mobile-apps에서 ADAA가 검토한 정신건강 앱을 참조하라.
18. Mindful Staff (2017. 1. 11). Jon Kabat-Zinn: Defining mindfulness. *Mindful*. https://www.mindful.org/jon-kabat-zinn-defining-mindfulness에서 검색.
19. Mindful Schools. (n.d.). Research on mindfulness. https://www.mindfulschools.org/about-mindfulness/research에서 검색. School-based mindfulness programs are also beneficial. 다음도 참조: Ohio Mental Health Network, Project Aware Information Brief. (n.d.). School-based mindfulness interventions. http://resources.oberlinkconsulting.com/uploads/infobriefs/Final_Mindfulness_Brief_No_3.pdf에서 검색.

20. Rempel, K. (2012).
21. Gelles, D. (n.d.). Mindfulness for children. *The New York Times*. https://www.nytimes.com/guides/well/mindfulness-for-children에서 검색.
22. Emory-Tibet Partnership (n.d.). CBCT. https://tibet.emory.edu/cognitively-based-compassion-training에서 검색. 인지행동치료를 마음챙김과 결합시킨 매사추세츠대 의대University of Massachusetts Medical School의 프로그램에 관해서는 다음을 참조. Center for Mindfulness. (n.d.). A mindful way through depression. MBCT: Mindfulness-based cognitive therapy. https://umassmed.edu/cfm/mindfulness-based-programs/mbct-courses에서 검색.
23. Solzhenitsyn (1975).
24. TED(Producer). (2011. 4. 26). On being wrong—Kathryn Schulz[Video File]. https://www.youtube.com/watch?v=QleRgTBMX88에서 인용.
25. 이 책에서 우리가 뭔가 잘못 생각한 것이 있으리라 예상하므로 우리는 TheCoddling.com에 수정 페이지를 만들어 관리하려고 한다. 비판자들이 우리의 실수를 지적해주는 것에 우리는 감사할 것이다.
26. H. Cooper(사적인 연락, 2018. 2. 27). 함께 참조: Cooper, Civey Robinson, & Patall (2006).
27. SBS Dateline(Producer). (2014. 10. 21). No rules school[Video File]. https://www.youtube.com/watch?v=r1Y0cuufVGI에서 검색.
28. 이는 아침에 학교가 시작하기 전에도 시행할 수 있다. 더 많은 정보에 대해서는 Let Grow (2017. 3. 4)를 참조. Let Grow Play Club Final[Video File]. https//youtu.be/JX2ZG0b9I-U에서 검색. 뉴욕주 롱아일랜드의 패초그-메드퍼드Pachogue-Medford 학군의 일곱 개 학교가 렛그로우플레이클럽Let Grow Play Club을 시범운영하고 있으며, 이곳에서는 어른들의 개입이 거의 전혀 없다. 해당 학군의 트레몬트초등학교Tremont Elementary School의 교장인 로리 코어너Lori Koerner는 이렇게 말한다. "이번 일은 아이들을 교육시킨 저의 28년 인생에서 가장 놀라운 경험이 될지도 모른다." 그녀는 덧붙여 "어떤 겁박도 없었고 (…) 아이들은 거의 다투지 않는 것 같아 보인다. 중간에 끼어들거나 그들을 도와서 문제를 해결할 사람이 아무도 없고, 그래서 자기들끼리 잘 어울려 지내야만 한다는 것을 알기 때문이다." News Desk. (2018. 1. 25). Pat-Med debuts before school play program. *Patchogue Patch* 참조. https://patch.com/new-york/patchogue/pat-med-debuts-school-play-program에서 검색.
29. 아이들에게 휴대전화를 지퍼가 달린 가방에 넣어두게 하는 것도 한 가지 선택지이다. 희극인 데이브 샤펠Dave Chappelle 같은 공연예술가들은 공연을 할 때 관객들에게 그렇게 하도록 요구하기 시작하고 있다. 휴대전화 가방을 입구에서 나눠주고, 그 안에 휴대전화를 넣고 가방을 잠그게 하면, 모든 사람들이 자기 휴대전화를 가지고 있으면서도 가방에서 꺼내 잠금 버튼을 풀기 전까지는 사용할 수 없게 된다. 예를 들어, Yondr. (n.d.) 참조. How it works. https://www.overyondr.com/howitworks에서 검색.
30. American Academy of Pediatrics Policy Statement. (2013). The crucial role of

recess in school. http://pediatrics.aappublications.org/content/pediatrics/early/2012/12/25/peds.2012-2993.full.pdf에서 검색.

31. *Intellectual Virtues Academy*: http://www.ivalongbeach.org
32. 바에르 교수의 웹사이트에서 그의 책과 관련한 서평, 기사 및 일부 장章들의 내용을 읽을 수 있다: https://jasonbaehr.wordpress.com/research. 이와 함께 다음을 찾아가면 *Educating for Intellectual Virtues: An Introductory Guide for College and University Instructors*라는 글도 다운로드할 수 있다: https://jasonbaehr.files.wordpress.com/2013/12/e4iv_baehr.pdf
33. International Debate Education Association: https://idebate.org/start-debate-club
34. 인텔리전스 스퀘어드 토론은 다음에서 찾아볼 수 있다: https://www.intelligencesquaredus.org/debates
35. Reeves, Haidt, & Cicirelli (2018). 이 책의 제목은 *All Minus One: John Stuart Mill's Ideas on Free Speech Illustrated*이다. 이 책의 전자책은 HeterodoxAcademy.org/mill에서 무료로 이용할 수 있다.
36. OpenMindPlatform.org에서 이용할 수 있다.
37. 커먼센스미디어의 연구는 https://www.commonsensemedia.org/research에서 이용할 수 있다.
38. Clark, Algoe, & Green (2018).
39. 비영리 단체인 커먼센스미디어와 인본주의 첨단기술 센터는 첨단기술이 마음에 영향을 미치는 방식을 바꾸기 위해 함께 노력하고 있다. 다음 사이트에서 스마트폰 사용의 부정적 효과를 줄이는 법에 대한 제안을 찾아볼 수 있다: http://humanetech.com/take-control
40. 일반적으로 우리는 아이들에 대한 과잉관리와 과잉감시에 반대하는 입장이다. 하지만 소셜미디어 회사들이 사용자들을 조종하는 정교한 기술들을 갖고 있고, 십대들이 스스로 기기 사용 중독 수준이 높다고 보고한 것과 우울증 및 자살 사이에 연관이 있을 가능성이 있는 만큼, 이 경우에는 외적인 규제와 부모의 감시가 적절하다고 생각한다.
41. 사람들은 휴대기기가 있는 상황에서는 대화 상대에 대한 공감이 낮아진다고 보고한다. 참조: Misra, Cheng, Genevie, & Yuan, M. (2014). 함께 참조: Nauert, R. (2017. 5. 25). Parent's digital distractions linked to kids' behavioral issues. *Psych Central*. https://psychcentral.com/news/2017/05/25/parents-digital-distractions-linked-to-kids-behavioral-issues/121061.html에서 검색.
42. "정기적으로 권장 수면 시간보다 적게 자는 것은 집중력, 행동, 학습 측면의 문제들과 연관이 있다. 부족한 수면은 또한 사고, 부상, 고혈압, 비만, 당뇨병, 우울증의 위험도 증가시킨다. 십대의 경우 부족한 수면은 자해, 자살 생각, 자살 시도의 위험 증가와 연관이 있다." Paruthi, S., 외 공저. (2016) Recommended amount of sleep for pediatric populations: A consensus statement of the American Academy of Sleep Medicine. *Journal of Clinical Sleep Medicine, 12(6)*: 785-786. https://aasm.org/resources/pdf/pediatricsleepdurationconsensus.pdf에서 검색.

43. Stanford Medicine News Center. (2015. 10. 8). Among teens, sleep deprivation an epidemic. https://med.stanford.edu/news/all-news/2015/10/among-teens-sleep-deprivation-an-epidemic.html에서 검색. 함께 참조: Twenge (2017), chapter 4.
44. Twenge (2017). MIT 교수 셰리 터클Sherry Tuckle이 지은 *Reclaiming Conversation* (2015)에서도 터클은 한 중학교 교장이 자신에게 이렇게 말했다고 전한다. "열두 살짜리 아이들이 꼭 여덟 살짜리 아이들처럼 운동장에서 놀아요."(p.3). 터클은 아이들이 다른 사람의 감정을 읽는 능력에 있어 속도가 더디고, 친구들과의 우정은 피상적이며, 대학생들 사이에서 공감이 전반적으로 줄어드는 추세에 있다는 점에 주목한다. 함께 참조: Turkle, S. (2015. 9. 26). Stop Googling. Let's talk. *The New York Times*. https://www.nytimes.com/2015/09/27/opinion/sunday/stop-googling-lets-talk.html에서 검색.
45. Arnett (2004)에서는 결혼해 부모가 되는 시기가 전후의 몇 십 년간 계속 뒤로 밀리기 시작하면서 십대 후반과 십대 초반에 나타난 새로운 삶의 국면인 "신흥 성인기emerging adulthood"에 대해 논하고 있다.
46. Dunn, L. (2017. 4. 24). Why your brain would love it if you took a gap year. *Forbes*. https://www.forbes.com/sites/noodleeducation/2017/04/24/why-your-brain-would-love-it-if-you-took-a-gap-year/#7d59496e41e2에서 검색. 함께 참조: Southwick, N. (2014. 12. 2). What do college admissions really think of your gap year? https://www.gooverseas.com/blog/what-do-college-admissions-really-think-of-your-gap-year에서 검색.
47. Aspen Ideas. (n.d.). A civic rite of passage: The case for national service. https://www.aspenideas.org/session/civic-rite-passage-case-national-service에서 검색.
48. Service Year Alliance. (n.d.). What we do. http://about.serviceyear.org/what_we_do에서 검색.
49. McChrystal, S. (2014. 11. 14). How a national service year can repair America. *The Washington Post*. https://www.washingtonpost.com/opinions/mcchrystal-americans-face-a-gap-of-shared-experience-and-common-purpose/2014/11/14/a51ad4fa-6b6a-11e4-a31c-77759fc1eacc_story.html에서 검색.
50. 다음 웹사이트에 가보면 갭이어에 대해 더 많은 것을 알 수 있다. https://www.GapYearAssociation.org
51. Varadarajan, T. (2018. 2. 16). The free-speech university. *The Wall Street Journal*. https://www.wsj.com/articles/the-free-speech-university-1518824261에서 검색.

제13장 | **대학들이 보다 지혜로워지려면**

1. 다른 예를 몇 가지만 더 나열하면 다음과 같다. 브렌다이스대: "진리, 그 가장 깊숙한 곳까지Truth, even unto its innermost parts" 캘리포니아공대 및 존스홉킨스대: "진리가 너희를 자유롭게 하리라The truth shall make you free"; 콜게이트대: "하느님과 진리를 위하여For God and Truth"; 하워드대: "진리와 봉사Truth and Service"; 노스웨스턴대: "진실한 그 모든 것Whatso-

ever things are true"; 미시간대: "예술, 과학, 진리Art, Science, Truth"

2. Pew Research Center. (2017. 7 10). Sharp partisan divisions in views of national institutions: Republicans increasingly say colleges have negative impact on U.S. *U.S. Politics and Policy*. http://www.people-press.org/2017/07/10/sharp-partisan-divisions-in-views-of-national-institutions에서 검색.
3. 마르크스가 이 구절을 쓴 것은 1845년 Engels(1888/1976)의 부록으로 출간된 *Theses on Feuerbach*에서였다. 인용된 구절이 65쪽에 들어 있다. 이 문구는 런던에 있는 그의 무덤에 영어 묘비명으로도 새겨져 있다.
4. 제5장에서도 보여주었지만, 2011년 에버그린대는 학교의 사명 선언문을 바꿔 "에버그린은 지역 및 전 지구적 차원의 노력에 지지를 보내며 그 결실의 혜택을 누린다"라는 내용을 포함시켰다. 다음의 다큐멘터리를 보면 브라운대도 비슷한 조치를 고려했음을 알 수 있다. Montz. R. (2016). Silence U: Is the university killing free speech and open debate? We the internet documentary. https://www.youtube.com/watch?v=x5uaVFfX3AQ에서 검색. 총장이 브라운대의 "사회정의 및 평등을 향한 굳건한 헌신"에 대해 이야기한 후, 일단의 교수진은 "우리는 사회정의라는 대학의 현안을 중심으로 결집하자는 총장과 학장의 발표에 희망찬 마음으로 박수갈채를 보냅니다." Brown Faculty Members (2015. 11. 13). Brown facluty members: Supporting students of color in changing Brown. *The Brown Daily Herald*. http://www.browndailyherald.com/2015/11/13/brown-faculty-members-supporting-students-of-color-in-changing-brown에서 검색.
5. Dreger (2015), p. 262.
6. Dreger (2015), p. 262.
7. 이러한 선언문의 상당수는 캠퍼스에서의 학문의 자유를 위해 투쟁하기 위해 창설된 미국대학교수협회AAUP에서 나온 것이다. 1915년에서 1940년까지 AAUP의 성명들은 심사숙고 끝에 나온 것들로 학문의 자유와 자유로운 탐구에 진취적으로 헌신하겠다는 내용을 담고 있으며, 학생의 발언과 "외부" 발언(교수가 캠퍼스 밖에서 발언을 하는 경우)에 대해 AAUP에서 작성한 후속 성명들 역시 훌륭한 내용을 담고 있다. AAUP. (1940). Statement of principles on academic freedom and tenure. https://www.aaup.org/report/1940-statement-principles-academic-freedom-and-tenure에서 검색. 다음도 함께 참조: AAUP. (1915). Declaration of principles on academic freedom and tenure. https://www.aaup.org/NR/rdonlyres/A6520A9D-0A9A-47B3-B550-C006B5B224E7/0/1915Declaration.pdf에서 검색.
8. FIRE. (n.d.). Adopting the Chicago Statement. https://www.thefire.org/student-network/take-action/adopting-the-chicago-statement에서 검색.
9. www.thefire.org에 가면 450개 이상 칼리지와 대학들의 방침을 찾을 수 있다. FIRE로부터 학교 방침에 대해 "초록불" 등급을 받는 칼리지들이 늘어나는 추세에 대학들도 동참할 수 있으며, 그럴 경우 대학들에게는 보통 긍정적 평판이 생겨난다. 어떤 칼리지들이 빨간불, 노란불, 초록불 등급을 받았는지는 https://www.thefire.org/spotlight/using-the-

spotlight-database에서 확인할 수 있다.

10. Heterodox Academy Guide to College를 참조하면, 최근의 강연 훼방 사태에 대한 대응을 비롯해, 각 학교가 관점의 다양성에 얼마나 개방적인지 얼마간의 정보를 얻을 수 있다. http://heterodoxacademy.org/guide-to-colleges에서 이용 가능.
11. Arnett, J. J. (2004).
12. 총장 및 학장들은 캠퍼스에서의 발언 분위기를 측정하는 데 헤테로독스 아카데미가 만든 무료 툴인 캠퍼스 익스프레션 서베이Campus Expression Survey를 이용할 수 있다. http://heterodoxacademy.org/campus-expression-survey에서 이용 가능.
13. Simmons, R. J. (2014. 5. 18). Commencement address, Smith College. https://www.smith.edu/about-smith/smith-history/commencement-speakers/2014에서 검색. 전임 IMF 총재인 크리스틴 라가르드가 학생들의 시위에 밀려 연사 자리에서 물러나면서 시몬스가 대체 연사로 선택되었다.
14. 이 같은 구분은 학생처장인 제이 엘리슨Jay Ellison이 2016년 시카고대 신입생들에게 보낸 편지에 더 명확히 드러나 있었던 것 같다. 편지에는 이런 대목이 있었다. "우리는 개인이 자신의 것과 상충되는 생각과 관점에서 물러날 수 있는 지적으로 '안전한 공간'을 만드는 것을 용납하지 않습니다." 다음에 가면 학장의 편지 전문을 읽을 수 있다: https://news.uchicago.edu/sites/default/files/attachments/Dear_Class_of_2020_Students.pdf
15. Haidt, J. (2017. 3. 2). Van Jones' excellent metaphors about the dangers of ideological safety[Blog post]. *Heterodox Academy*. https://heterodoxacademy.org/2017/03/02/van-jones-excellent-metaphors에서 검색.
16. 예를 들면, Sidanius, Van Laar, Levin, & Sinclair (2004)를 참조. 이 책에서는 대학의 "인종별 전용 거주지ethinic enclave"에 들어가는 것의 다양한 부정적 영향들(공통된 정체성의 감소 및 인종 피해의식의 증가 등)을 밝혀냈다.
17. Murray, P. (1945). An American Credo. *CommonGround*, 5 no.2 (1945): 24. http://www.unz2.com/print/CommonGround-1945q4-00022에서 검색.
18. BridgeUSA.org를 참조. 아울러 다음에서 이 집단의 프로파일을 참조하라: Khadaroo, S. T. (2017. 10. 26). The anti-Washington: College group offers a model for debating politely. *The Christian Science Monitor*. https://www.csmonitor.com/EqualEd/2017/1026/The-anti-Washington-College-group-offers-a-model-for-debating-politely에서 검색.

나오는 글 | **사회가 보다 지혜로워지려면**

1. Thomas Babington Macauley. 1830년 1월 《에든버러 리뷰*Edinburgh Review*》에 실린 Southey's Colloquies on Society에 대한 서평에서 발췌. http://www.econlib.org/library/Essays/macS1.html에서 검색.
2. 페이스북은 현재 자사가 더 "의미 있는 상호작용"을 일으키기 위해 노력하는 중이라고 말한다. Vogelstein, F. (2018. 1. 11) 참조. Facebook Tweaks Newsfeed to Favor Content

From Friends, Family. *Wired*. https://www.wired.com/story/facebook-tweaks-newsfeed-to-favor-content-from-friends-family에서 검색.

3. Tsukayama, H. (2018. 3. 1). Twitter's asking for help on how to be less toxic. *The Washington Post*. https://www.washingtonpost.com/news/the-switch/wp/2018/03/01/twitters-asking-for-help-on-how-to-be-less-toxic/?utm_term=.4b28ef8a631b. 특히 트위터와 함께 일하는 연구자들이 쓴 이 게시글을 참조. Measuring the health of our public conversations. (2018. 3. 1). *Cortico*. https://www.cortico.ai/blog/2018/2/29/public-sphere-health-indicators에서 검색.
4. Common Sense Media. (2018. 2. 5). Common Sense partners with the Center for Humane Technology; Announces "Truth About Tech" Campaign in response to escalating concerns about digital addiction. https://www.commonsensemedia.org/about-us/news/press-releases/common-sense-partners-with-the-center-for-humane-technology-announces에서 검색.
5. De la Cruz, D. (2018. 3. 29). Utah passes " free-range" parenting law. *The New York Times*. https://www.nytimes.com/2018/03/29/well/family/utah-passes-free-range-parenting-law.html에서 검색.
6. Illing, S. (2017. 12. 19). Reciprocal rage: Why Islamist extremists and the far right. *Vox* 참조. https://www.vox.com/world/2017/12/19/16764046/islam-terrorism-far-right-extremism-isis에서 검색.
7. Illing, S. (2017. 10. 13). 20 of America's top political scientists gathered to discuss our democracy 참조. They're scared. https://www.vox.com/2017/10/13/16431502/america-democracy-decline-liberalism에서 검색.
8. Chua (2018) 참조.
9. Rauch, J. (2017. 11. 9) 참조. Speaking as a…. *The New York Review of Books*. http://www.nybooks.com/articles/2017/11/09/mark-lilla-liberal-speaking에서 검색.
10. Rauch, J. (2018. 2. 16). Have our tribes become more important than our country? *The Washington Post*. https://www.washingtonpost.com/outlook/have-our-tribes-become-more-important-than-our-country/2018/02/16/2f8ef9b2-083a-11e8-b48c-b07fea957bd5_story.html에서 검색.
11. @DalaiLama. (2018. 5. 21). [Tweet]. https://twitter.com/DalaiLama/status/998497410199437312에서 인용.
12. Klein, A. (2010. 4. 26). Not cool: The U of C tops HuffPo's anti-party list. *The Chicago Maroon*. https://www.chicagomaroon.com/2010/04/26/not-cool-the-u-of-c-tops-huffpo-s-anti-party-list에서 인용.
13. Franklin, B. (1750). https://founders.archives.gov/documents/Franklin/01-04-02-0009에서 이용 가능.

부록 1 | **인지행동치료 활용법**

1. 우울증에 좋은 자기계발서 검토에 대해서는 Anderson 외 (2005)를 참조.

부록 2 | **표현의 자유 원칙에 대한 시카고대 선언문**

1. 위원회의 보고서를 이곳에서 읽을 수 있다. https://freeexpression.uchicago.edu/sites/freeexpression.uchicago.edu/files/FOECommitteeReport.pdf

| 참고문헌 |

Abramowitz, S. I., Gomes, B., & Abramowitz, C. V. (1975). Publish or politic: Referee bias in manuscript review. *Journal of Applied Social Psychology, 5*(3), 187–200.

Adams, J. S. (1963). Towards an understanding of inequity. *The Journal of Abnormal and Social Psychology, 67*(5), 422–436.

Adams, J. S. (1965). Inequity in social exchange. In L. Berkowitz (Ed.), *Advances in experimental social psychology*(Vol. 2, pp. 267–299). New York, NY: Academic Press.

Adams, J. S., & Rosenbaum, W. B. (1962). The relationship of worker productivity to cognitive dissonance about wage inequities. *Journal of Applied Psychology, 69*, 161–164.

Alexander, M. (2010). *The new Jim Crow: Mass incarceration in the age of colorblindness.* New York, NY: The New Press.

Almas, I., Cappelen, A. W., Sorensen, E. O., & Tungodden, B. (2010). Fairness and the development of inequality acceptance. *Science, 328*, 1176–1178.

Anderson, L., Lewis, G., Araya, R., Elgie, R., Harrison, G., Proudfoot, J., ··· Williams, C. (2005). Self-help books for depression: How can practitioners and patients make the right choice? *British Journal of General Practice, 55*(514), 387–392.

Aristotle. (1941). *Nichomachean ethics* (W. D. Ross, Trans.). New York, NY: Random House.

Arnett, J. J. (2004). *Emerging adulthood: The winding road from the late teens through the twenties.* New York, NY: Oxford University Press.

Aurelius, M. (2nd century CE/1964). *Meditations* (M. Staniforth, Trans.). London: Penguin Books.

Balko, R. (2013). *Rise of the warrior cop: The militarization of America's police forces.* New York, NY: Public Affairs.

Bassok, D., Latham, S., & Rorem, A. (2016). Is kindergarten the new first grade? *AERA Open, 1*(4), 1–31.

Bellah, R. N. (1967). Civil religion in America. *Journal of the American Academy of Arts and Sciences, 96*(1), 1–21.

Bergesen, A. J. (1978). A Durkheimian theory of " witch-hunts" with the Chinese Cultural Revolution of 1966–1969 as an example. *Journal for the Scientific Study of Religion, 17*(1), 19.

Berreby, D. (2005). Us and them: *Understanding your tribal mind.* New York, NY: Little, Brown.

Berry, J. M., & Sobieraj, S. (2014). *The outrage industry: Public opinion media and the new incivility.* New York, NY: Oxford University Press.

Bishop, B. (2008). *The big sort: Why the clustering of like-minded America is tearing us apart.* Boston, MA: Houghton Mifflin Harcourt.

Black, J. E., Jones, T. A., Nelson, C. A., & Greenough, W. T. (1998). Neuronal plasticity and the developing brain.In N. E. Alessi, J. T. Coyle, S. I. Harrison, & S. Eth (Eds.), *Handbook of child and adolescent psychiatry* (Vol. 6, pp. 31–53). New York, NY: John Wiley & Sons.

Bloom, P. (2014). *Just babies: The origins of good and evil.* New York, NY: Penguin Random House.

Boethius. (ca. 524 CE/2011). *The consolation of philosophy* (R. H. Green, Trans.). Mansfield Centre, CT: Martino.

Bonanno, G. A., Westphal, M., & Mancini, A. D. (2011). Resilience to loss and potential trauma. *Annual Review of Clinical Psychology, 7*, 511–535.

Buddelmeyer, H., & Powdthavee, N. (2015). Can having internal locus of control insure against negative shocks? Psychological evidence from panel data. *Journal of Economic Behavior and Organization, 122*, 88–109.

Burns, D. D. (1980). *Feeling good: The new mood therapy.* New York, NY: Avon Books.

Burns, D. D. (1999). *The feeling good handbook.* New York, NY: Plume.

Butler, A. C., Chapman, J. E., Forman, E. M., & Beck, A. T. (2006). The empirical status of cognitive-behavioral therapy: A review of meta-analyses. *Clinical Psychology Review, 26*(1), 17–31.

Byrom, T. (Ed. and Trans.). (1993). *Dhammapada: The sayings of the Buddha.* Boston, MA: Shambhala.

Campbell, B., & Manning, J. (2014). Microaggression and moral cultures. *Comparative sociology, 13*, 692–726.

Campbell, B., & Manning, J. (2018). *The rise of victimhood culture: Microaggressions, safe spaces, and the new culture wars.* [No city]: Palgrave Macmillan.

Carney, D. R., Jost, J. T., Gosling, S. D., & Potter, J. (2008). The secret lives of liberals and conservatives: Personality profiles, interaction styles, and the things they leave behind. *Political Psychology, 29*(6), 807–840.

Chan, W. T. (Ed. and Trans.). (1963). *A source book in Chinese philosophy.* Princeton, NJ: Princeton University Press.

Chang, E. (2018). *Brotopia: Breaking up the boys' club of Silicon Valley.* New York, NY: Portfolio/Penguin.

Chansky T. (2004). *Freeing your child from anxiety: Powerful, practical solutions to overcome your child's fears, worries, and phobias.* New York, NY: Random House.

Chen, P., Coccaro, E. F., & Jacobson, K. C. (2012). Hostile attributional bias, negative emotional responding, and aggression in adults: Moderating effects of gender and impulsivity. *Aggressive Behavior, 38*(1), 47–63.

Chetty, R., Friedman, J. N., Saez, E., Turner, N., & Yagen, D. (2017). Mobility report cards: The role of colleges in intergenerational mobility. Unpublished manuscript, retrieved from: http://www.equality-of-opportu nity.org/papers/coll_ mrc_ paper.pdf

Christakis, E. (2016). *The importance of being little: What young children really need from grownups.* New York, NY: Viking.

Christakis, N. A. (2008, December 10). This allergies hysteria is just nuts. BMJ, 337.

Chua, A. (2018). *Political tribes: Group instinct and the fate of nations.* New York, NY: Penguin Press.

Cikara, M., & Van Bavel, J. J. (2014). The neuroscience of intergroup relations: An integrative review. *Perspectives on Psychological Science, 9*(245).

Clark, J. L., Algoe, S. B., & Green, M. C. (2018). Social network sites and well-being: The role of social connection. *Current Directions in Psychological Science, 27*(1), 32–37.

Clements, R. (2004). An investigation of the status of outdoor play. *Contemporary Issues in Early Childhood, 5*(1), 68–80.

Cohen, E. E., Ejsmond-Frey, R., Knight, N., & Dunbar, R. I. (2009). Rowers high: Behavioural synchrony is correlated with elevated pain thresholds. *Biology Letters, 6*(1), 106–108.

Collier, L. (2016). Growth after trauma. *APA Monitor, 47,* 48.

Collins, P. H., & Bilge, S. (2016). *Intersectionality.* Cambridge, UK: Polity Press.

Cooper, H., Civey Robinson, J., & Patall, E. (2006). Does homework improve academic achievement? A synthesis of research, 1987–2003. *Review of Educational Research, Spring 2006, 76*(1), 1–62.

Cooper, H., Lindsay, J. J., Nye, B., & Greathouse, S. (1998). Relationships among attitudes about homework, amount of homework assigned and completed, and student achievement. *Journal of Educational Psychology, 90*(1), 70–83.

Cooper, H., Steenbergen-Hu, S., & Dent, A. (2012). Homework. In K. R. Harris, S. Graham, T. Urdan, A. G. Bus, S. Major, & H. L. Swanson (Eds.), *APA educational psychology handbook, Vol. 3. Application to learning and teaching* (pp. 475–495). Washington, DC: American Psychological Association.

Costello, E. J. (1982). Locus of control and depression in students and psychiatric outpatients. *Journal of Clinical Psychology 38*(2), 340–343.

Crawford, J. T., & Jussim, L. J. (2018). *The politics of social psychology.* New York, NY: Routledge.

Crenshaw, K. M. (1989). Demarginalizing the intersection of race and sex: A black feminist critique of antidiscrimination doctrine, feminist theory and antiracist politics. *University of Chicago Legal Forum, 1989*(1).

Crick, N. R., & Grotpeter, J. K. (1995). Relational aggression, gender, and social-psychological adjustment. *Child Development, 66*(3), 710–722.

Curtiss, S. (1977). *Genie: A psycholinguistic study of a modern-day "wild child."* Boston, MA: Academic Press.

Damon, W. (1979). *The social world of the child.* San Francisco, CA: Jossey-Bass.

de Tocqueville, A. (1839/2012). *Democracy in America* (E. Nolla, Ed.; J. T. Schleifer, Trans.) Indianapolis: Liberty Fund.

Deaner, R. O., Balish, S. M., & Lombardo, M. P. (2016). Sex differences in sports interest and motivation: An evolutionary perspective. *Evolutionary Behavioral Sciences, 10*(2), 73–97.

Deaner, R. O., Geary, D. C., Puts, D. A., Ham, S. A., Kruger, J., Fles, E., … Grandis, T. (2012). A sex difference in the predisposition for physical competition: Males play sports much more than females even in the contemporary U.S. *PLoS ONE, 7,* e49168.

DeLoache, J. S., Chiong, C., Sherman, K., Islam, N., Vanderborght, M., Troseth, G. L., Strouse, G. A., & O'Doherty, K. (2010). Do babies learn from baby media? *Psychological Science, 21*(11), 1570–1574.

Deresiewicz, W. (2015). *Excellent sheep: The miseducation of the American elite and the way to a meaningful life.* New York, NY: Free Press.

Dreger, A. (2015). *Galileo's middle finger: Heretics, activists, and one scholar's search for justice.* New York, NY: Penguin Books.

Duarte, J. L., Crawford, J. T., Stern, C., Haidt, J., Jussim, L., & Tetlock, P. E. (2015). Political diversity will improve social psychological science. *Behavioral and Brain Sciences, 38,* 1–13.

Durkheim, E. (1915/1965). *The elementary forms of the religious life* (J. W. Swain,

Trans.). New York, NY: Free Press.

Du Toit, G. D., Katz, Y., Sasieni, P., Mesher, D., Maleki, S. J., Fisher, H. R., ... Lack, G. (2008). Early consumption of peanuts in infancy is associated with a low prevalence of peanut allergy. *Journal of Allergy and Clinical Immunology, 122*(5), 984–991.

Du Toit, G. D., Roberts, G., Sayre, P. H., Bahnson, H. T., Radulovic, S., Santos, A. F., ... Lack, G. (2015). Randomized trial of peanut consumption in infants at risk for peanut allergy. *New England Journal of Medicine, 372*(9), 803–813.

Ebner, J. (2017). *The rage: The vicious circle of Islamist and far right extremism.* New York, NY: Tauris.

Eggertson, L. (2010, March 9). Lancet retracts 12-year-old article linking autism to MMR vaccines. *CMAJ: Canadian Medical Association Journal, 182*(4), E199–E200. http://doi.org/10.1503/cmaj. 109-3179

Ehrenreich, B. (2006). *Dancing in the streets: A history of collective joy.* New York, NY: Metropolitan Books.

Einon, D., Morgan, M. J., & Kibbler, C. C. (1978). Brief periods of socialization and later behavior in the rat. *Developmental Psychobiology, 11,* 213–225.

Engels, F. (1888/1976). *Ludwig Feuerbach and the end of classical German philosophy.* Peking: Foreign Languages Press.

Epictetus & Lebell, S. (1st–2nd century/1995). *Art of living: The classical manual on virtue, happiness, and effectiveness.* New York, NY: HarperOne.

Fiske, A. P. (1992). The four elementary forms of sociality: Framework for a unified theory of social relations. *Psychological Review, 99*(4), 689–723.

Foa, E. B., & Kozak, M. J. (1986). Emotional processing of fear: Exposure to corrective information. *Psychological Bulletin, 99,* 20–35.

Frankl, E. (1959/2006). *Man's search for meaning.* Boston, MA: Beacon Press.

Ganti, L., Bodhit, A. N., Daneshvar, Y., Patel, P. S., Pulvino, C., Hatchitt, K., ... Tyndall, J. A. (2013). Impact of helmet use in traumatic brain injuries associated with recreational vehicles. *Advances in Preventive Medicine, 2013,* 1–6.

Ghitza, Y., & Gelman, A. (2014, July 7). The Great Society, Reagan's revolution, and generations of presidential voting. Working paper. Retrieved from https://static01.nyt.com/newsgraphics/2014/07/06/generations2/assets/cohort_voting_20140707.pdf

Ginsberg, B. (2011). *The fall of the faculty: The rise of the all-administrative university and why it matters.* New York, NY: Oxford University Press.

Gosling, S. (2008). *Snoop: What your stuff says about you.* New York, NY: Basic Books.

Gotlib, I. H., & Joormann, J. (2010). Cognition and depression: Current status and future directions. *Annual Review of Clinical Psychology, 6*, 285–312.

Gratz, K. L., Conrad, S. D., & Roemer, L. (2002). Risk factors for deliberate self-harm among college students. *American Journal of Orthopsychiatry 1*, 128–140.

Gray, H. H. (2012). *Searching for utopia: Universities and their histories.* Berkeley: University of California Press.

Gray, P. (2011). The decline of play and the rise of psychopathology in children and adolescents. *American Journal of Play, 3*(4), 443–463.

Gray, P. (In press). Evolutionary functions of play: Practice, resilience, innovation, and cooperation. In P. Smith & J. Roopnarine (Eds.), *The Cambridge handbook of play: Developmental and disciplinary perspectives.* New York, NY: Cambridge University Press.

Greenwald, A. G., Banaji, M. R., & Nosek, B. A. (2015). Statistically small effects of the Implicit Association Test can have societally large effects. *Journal of Personality and Social Psychology, 108*(4), 553–561.

Guinier, L. (1994). *The tyranny of the majority: Fundamental fairness in representative democracy.* New York, NY: Free Press.

Hacking, I. (1991). The making and molding of child abuse. *Critical Inquiry, 17*, 253–288.

Haidt, J. (2006). *The happiness hypothesis: Finding modern truth in ancient wisdom.* New York, NY: Basic Books.

Haidt, J. (2012). *The righteous mind: Why good people are divided by politics and religion.* New York, NY: Pantheon Books.

Haji, N. (2011). *The sweetness of tears.* New York, NY: William Morrow.

Hare, C., & Poole, K. T. (2014). The polarization of contemporary American politics. *Polity, 46*, 411–429.

Haslam, N. (2016). Concept creep: Psychology's expanding concepts of harm and pathology. *Psychological Inquiry, 27*(1), 1–17.

Hayek, F. A. (1976). *The mirage of social justice*, Vol. 2 of *Law, legislation, and liberty.* Chicago, IL: University of Chicago Press.

Heider, F. (1958). *The psychology of interpersonal relationships.* New York, NY: John Wiley & Sons.

Hirsh-Pasek, K. Golinkoff, R. M., Berk, L. E., & Singer. D. G. (2009). *A mandate for playful learning in preschool: Presenting the evidence.* New York, NY: Oxford University Press.

Hoffer, E. (1951/2010). *The true believer: Thoughts on the nature of mass movements.* New York, NY: Harper Perennial Modern Classics.

Hofferth, S. L., & Sandberg, J. F. (2001). Changes in American children's time, 1981–1997. In S. L. Hofferth & T. J. Owens (Eds.), *Children at the millennium: Where have we come from? Where are we going?* (pp. 193–229). Amsterdam: Elsevier.

Hogg, M. A. (2016). Social identity theory. *Encyclopedia of Identity*, 3–17.

Hol, T., Berg, C. V., Ree, J. V., & Spruijt, B. (1999). Isolation during the play period in infancy decreases adult social interactions in rats. *Behavioural Brain Research, 100*(1–2), 91–97.

Holland, J. H. (1992). Complex adaptive systems. *Daedalus, 121*, 17–30.

Hollon, S. D., & DeRubeis, R. J. (In press). Outcome studies in cognitive therapy. In R. L. Leahy (Ed.), *Contemporary cognitive therapy: Theory, research, and practice* (2nd ed.). New York, NY: Guilford Press.

Horwitz, S. (2015). Cooperation over coercion: The importance of unsupervised childhood play for democracy and liberalism. *Cosmos+ Taxis*, 3–16.

Hunter, D., & Tice, P. (2016, September). 2015 national survey on drug use and health: Methodological summary and definitions: B.4.8 Major depressive episode (depression). Rockville, MD: Substance Abuse and Mental Health Services Administration.

Huseman, R. C., Hatfield, J. D., & Miles, E. W. (1987). A new perspective on equity theory: The equity sensitivity construct. *Academy of Management Review, 12*, 222–234.

Ip, G. (2015). *Foolproof: Why safety can be dangerous and how danger makes us safe.* New York, NY: Little, Brown.

Iyengar, S., & Krupenkin, M. (2018). The strengthening of partisan affect. *Advances in Political Psychology, 39*, Suppl. 1, 2018, 201–218.

Johnson, J. S., & Newport, E. L. (1989). Critical period effects in second language learning: The influence of maturational state on the acquisition of English as a second language. *Cognitive Psychology, 21*(1), 60–99.

Jost, J. T., Banaji, M. R., & Nosek, B. A. (2004). A decade of system justification theory: Accumulated evidence of conscious and unconscious bolstering of the status quo. *Political Psychology, 25*(6), 881–919.

Kahneman, D. (2011). *Thinking fast and slow.* New York, NY: Farrar, Straus and Giroux.

Kanngiesser, P., & Warneken, F. (2012). Young children consider merit when sharing resources with others. *PLOS ONE 7*, e43979. https://doi.org/10.1371/journal.pone.0043979

Kerr, C. (1963). *The uses of the university.* Cambridge, MA: Harvard University Press.

King, M. L. (1963/1981). *Strength to love.* Philadelphia, PA: Fortress Press.

LaFreniere, P. (2011). Evolutionary functions of social play: Life histories, sex differences, and emotion regulation. *American Journal of Play, 3*(4), 464–488.

Langbert, M., Quain, A. J., & Klein, D. B. (2016). Faculty voter registration in economics, history, journalism, law, and psychology. *Econ Journal Watch, 13*(3), 422–451.

Lareau, A. (2011). *Unequal childhoods: Class, race, and family life.* 2nd edition. Berkeley: University of California Press.

Leahy, R. L., Holland, S. F. J., & McGuinn, L. K. (2011). *Treatment plans and interventions for depression and anxiety disorders.* 2nd edition. New York, NY: Guilford Press.

Lewis, H. R. (2007). *Excellence without a soul: Does liberal education have a future?* New York, NY: PublicAffairs.

Lilienfeld, S. O. (2017). Microaggressions. *Perspectives on Psychological Science, 12*(1), 138–169.

Lilla, M. (2017). *The once and future liberal: After identity politics.* New York, NY: Harper.

Lind, E. A., & Tyler, T. R. (1988). *The social psychology of procedural justice.* New York, NY: Plenum Press.

Lukianoff, G. (2014). *Unlearning liberty: Campus censorship and the end of American debate.* New York, NY: Encounter Books.

Luthar, S., & Latendresse, S. (2005). Children of the affluent: Challenges to well-being. *Current Directions in Psychological Science, 14*, 49–53.

Maccoby, E. E. (1998). *The two sexes: Growing up apart, coming together.* Cambridge, MA: Harvard University Press.

MacFarquhar, R., & Schoenhals, M. (2006). *Mao's last revolution.* Cambridge, MA: Harvard University Press.

Mandela, N. (2003). *In his own words.* New York, NY: Little, Brown.

Mann, T. E., & Ornstein, N. J. (2012). *It's even worse than it looks: How the American constitutional system collided with the new politics of extremism.* New York, NY: Basic Books.

Marano, H. E. (2008). *A nation of wimps.* New York, NY: Crown Archetype.

Mascaro, J. (Ed. and Trans.). (1995). *Buddha's teachings.* New York, NY: Penguin Classics.

McClintock, C. G., Spaulding, C. B., & Turner, H. A. (1965). Political orientations of academically affiliated psychologists. *American Psychologist, 20*(3), 211–221.

McCrae, R. R. (1996). Social consequences of experiential openness. *Psychological Bulletin, 120*(3), 323–337.

Mercado, M. C., Holland, K., Leemis, R. W., Stone, D. M., & Wang, J. (2017). Trends in emergency department visits for nonfatal self-inflicted injuries among youth aged 10 to 24 years in the United States, 2001–2015. *JAMA, 318*(19), 1931.

Mill, J. S. (1859/2003). *On liberty.* New Haven, CT: Yale University Press.

Milton, J., & Blake, W. (2017). *Paradise lost.* London: Sirius Publishing.

Misra, S., Cheng, L., Genevie, J., & Yuan, M. (2014). The iPhone effect: The quality of in-person social interactions in the presence of mobile devices. *Environment and Behavior, 48*(2), 275–298.

Morgan, K. P. (1996). Describing the emperor's new clothes: Three myths of educational (in-)equity. In A. Diller 외 공저 *The gender question in education: Theory, pedagogy, and politics* (pp. 105–122). Boulder, CO: Westview Press.

Mose, T. R. (2016). *The playdate: Parents, children, and the new expectations of play.* New York, NY: New York University Press.

Murray, P. (1945). An American credo. *Common Ground, 1945*(4), 22–24.

Mustoe, A. C., Taylor, J. H., Birnie, A. K., Huffman, M. C., & French, J. A. (2014). Gestational cortisol and social play shapes development of marmosets' HPA functioning and behavioral responses to stressors. *Developmental Psychobiology, 56*, 1229–1243.

National Center for Education Statistics. (1993, January). 120 years of American education: A statistical portrait. Retrieved from https://nces.ed.gov/pubs93/93442.pdf

Nietzsche, F. W. (1889/1997). *Twilight of the idols* (R. Polt, Trans.). Indianapolis, IN: Hackett Publishing.

Nolen-Hoeksema, S., & Girgus, J. S. (1994, May). The emergence of gender differences in depression during adolescence. *Psychological Bulletin, 115*(3), 424–443.

Norton, M. B. (2007). *In the devil's snare: The Salem witchcraft crisis of 1693.* New York, NY: Random House.

Novotney, A. (2014). Students under pressure: College and university counseling centers are examining how best to serve the growing number of students seeking their services. *Monitor on Psychology, 45*, 36.

Nozick, R. (1974). *Anarchy, state, and utopia.* New York, NY: Basic Books.

Okada, H., Kuhn, C., Feillet, H., & Bach, J. (2010). The "hygiene hypothesis" for autoimmune and allergic diseases: An update. *Clinical & Experimental Immunology, 160*, 1–9.

Ostrom, E. (1990). *Governing the commons: The evolution of institutions for collective action.* New York, NY: Cambridge University Press.

Ostrom, V. (1997). *The meaning of democracy and the vulnerability of democracies.* Ann Arbor: University of Michigan Press.

Pariser, E. (2011). *The filter bubble: How the new personalized web is changing what we read and how we think.* New York, NY: Penguin Press.

Pavlac, B. A. (2009). *Witch hunts in the Western world: Persecution and punishment from the Inquisition through the Salem trials.* Westport, CT: Greenwood Press.

Peterson, C., Maier, S. F., & Seligman, M. E. P. (1993). *Learned helplessness: A theory for the age of personal control.* New York, NY: Oxford University Press.

Piaget, J. (1932/1965). *The moral judgement of the child* (M. Gabain, Trans.). New York, NY: Macmillan.

Pierce, C. M. (1970). Offensive mechanisms. In F. B. Barbour (Ed.), *The black seventies* (pp. 265–282). Boston, MA: Porter Sargent.

Pinker, S. (2016). *The blank slate: The modern denial of human nature.* New York, NY: Penguin Books.

Pinker, S. (2017). *Enlightenment now: The case for reason, science, humanism,* and progress. New York, NY: Viking.

Prociuk, T. J., Breen, L. J., & Lussier, R. J. (1976). Hopelessness, internal-external locus of control, and depression. *Journal of Clinical Psychology 32*(2), 299–300.

Putnam, R. D. (2000). *Bowling alone: The collapse and revival of American community.* New York, NY: Simon & Schuster.

Putnam, R. D. (2015). *Our kids: The American dream in crisis.* New York, NY: Simon & Schuster.

Rawls, J. (1971). *A theory of justice.* Cambridge, MA: Harvard University Press.

Reeves, R. V., Haidt, J., & Cicirelli, D. (2018). *All minus one: John Stuart Mill's ideas on free speech illustrated.* New York, NY: Heterodox Academy.

Rempel K. (2012). Mindfulness for children and youth: A review of the literature with an argument for schoolbased implementation. *Canadian Journal of Counselling and Psychotherapy, 46*(3), 201–220.

Ridley, M. (2010). *The rational optimist: How prosperity evolves.* New York, NY: Harper.

Ross, M., & Sicoly, F. (1979). Egocentric biases in availability and attribution. *Journal of Personality & Social Psychology, 37,* 322–336.

Rubinstein, R., Jussim, L., Stevens, S. (2018). Reliance on individuating information and stereotypes in implicit and explicit person perception. *Journal of Experimental Social Psychology, 75*, 54–70.

Sacks, J. (2015). *Not in God's name.* New York, NY: Random House.

Salk, R., Hyde, J., Abramson, L. (2017). Gender differences in depression in representative national samples: Meta-analyses of diagnoses and symptoms. *Psychological Bulletin, 143*(8), r783–822.

Sandseter, E., & Kennair, L. (2011). Children's risky play from an evolutionary perspective: The anti-phobic effects of thrilling experiences. *Evolutionary Psychology, 9*, 257–284.

Seligman, M. (1990). *Learned optimism: How to change your mind and your life.* New York, NY: Vintage Books.

Shakespeare, W. (ca. 1600/2008). *Hamlet* (G. R. Hibbard, Ed.). Oxford, UK: Oxford University Press.

Shin, L. M., & Liberzon, I. (2010). The neurocircuitry of fear, stress, and anxiety disorders. *Neuropsychopharmacology, 35*(1), 169–191.

Shweder, R. A. (1996). True ethnography: The lore, the law, and the lure. In R. Jessor, A. Colby, & R. A. Shweder (Eds.), *Ethnography and human development* (pp. 15–52). Chicago, IL: University of Chicago Press. Sidanius, J., Van Laar, C., Levin, S., & Sinclair, S. (2004). Ethnic enclaves and the dynamics of social identity on the college campus: The good, the bad, and the ugly. *Journal of Personality and Social Psychology, 87*, 96–110.

Silverglate, H. A. (2009). *Three felonies a day: How the Feds target the innocent.* New York, NY: Encounter Books.

Singer, D. G., Singer, J. L., D'Agostino, H., & DeLong, R. (2009). Children's pastimes and play in sixteen nations: Is free-play declining? *American Journal of Play, 1*(3), 283–312.

Sloane, S., Baillargeon, R., & Premack, D. (2012). Do infants have a sense of fairness? *Psychological Science, 23*(2), 196–204.

Solomon, A. (2014). *The noonday demon: An atlas of depression.* New York, NY: Scribner Classics.

Solzhenitsyn, A. I. (1975). *The Gulag Archipelago, 1918–1956: An experiment in literary investigation* (Vol. 2) (T. P. Whitney, Trans.) New York, NY: Harper Perennial.

Starmans, C., Sheskin, M., & Bloom, P. (2017). Why people prefer unequal societies. *Nature Human Behaviour, 1*(4), 0082.

Sue, D. W., Capodilupo, C. M., Torino, G. C., Bucceri, J. M., Holder, A. M., Nadal, K. L., & Esquilin, M. (2007). Racial microaggressions in everyday life: Implications for clinical practice. *American Psychologist, 62*(4), 271–286.

Tajfel, H. (1970). Experiments in intergroup discrimination. *Scientific American, 223*(5), 96–102.

Taleb, N. N. (2007). *The black swan: The impact of the highly improbable.* New York, NY: Random House.

Taleb, N. N. (2012). *Antifragile: Things that gain from disorder.* New York, NY: Random House.

Tetlock, P. E., Kristel, O. V., Elson, B., Green, M., & Lerner, J. (2000). The psychology of the unthinkable: Taboo trade-offs, forbidden base rates, and heretical counterfactuals. *Journal of Personality and Social Psychology, 78,* 853–870.

Thibaut, J. W., & Walker, L. (1975). *Procedural justice: A psychological analysis.* Hillsdale, NJ: L. Erlbaum Associates.

Thucydides (1972). *History of the Peloponnesian War.* (R. Warner, Trans.). London: Penguin Classics.

Tuvel, R. (2017). In defense of transracialism. *Hypatia, 32*(2), 263–278.

Twenge, J. M. (2017). *iGen: Why today's super-connected kids are growing up less rebellious, more tolerant, less happy— and completely unprepared for adulthood— and what that means for the rest of us.* New York, NY: Atria Books.

Twenge, J. M., Joiner, T. E., Rogers, M. L., & Martin, G. N. (2018). Increases in depressive symptoms, suiciderelated outcomes, and suicide rates among U.S. adolescents after 2010 and links to increased new media screen time. *Clinical Psychological Science, 6*(1), 3–17.

Tyler, T. R., & Blader, S. L. (2014). *Cooperation in groups: Procedural justice, social identity, and behavioral engagement.* New York, NY: Psychology Press.

Tyler, T. R., & Huo, Y. J. (2002). *Trust in the law: Encouraging public cooperation with the police and courts.* New York, NY: Russell Sage Foundation. van der Vossen, B. (2014). In defense of the ivory tower: Why philosophers should stay out of politics. *Philosophical Psychology, 28*(7), 1045–1063. doi: 10.1080/09515089.2014.972353

Vaughn, D., Savjani, R. R., Cohen, M., & Eagleman, D. M. (under review). Empathy is modulated by religious affiliation of the other.

Walster, E. H., Walster, G. W., & Berscheid, E. (1978). *Equity: Theory and research.* Boston, MA: Allyn & Bacon.

Ward, D. T. (1994). *Happy ending and day of absence: Two plays.* New York, NY: Dramatists Play Service.

Wiltermuth, S. S., & Heath, C. (2009). Synchrony and cooperation. *Psychological*

Science, 20(1), 1–5.

Wolff, R. P., Moore, B., & Marcuse, H. (1965/1969). *A critique of pure tolerance.* Boston, MA: Beacon Press.

Woodard, C. (2011). *American nations: A history of the eleven rival regional cultures of North America.* New York, NY: Viking.

Zhiguo, W., & Fang, Y. (2014). Comorbidity of depressive and anxiety disorders: Challenges in diagnosis and assessment. *Shanghai Archives of Psychiatry, 26*(4), 227–231.

Zimbardo, P. G. (2007). *The Lucifer effect: Understanding how good people turn evil.* New York, NY: Random House.

| 찾아보기 |

ㅅ

나쁜 교육

1판 1쇄 펴냄 2019년 12월 2일
1판 9쇄 펴냄 2024년 11월 1일

지은이 조너선 하이트, 그레그 루키아노프
옮긴이 왕수민
편집 안민재
디자인 JUN
제작 세걸음

펴낸곳 프시케의숲
펴낸이 성기승
출판등록 2017년 4월 5일 제406-2017-000043호
주소 (우)10885, 경기도 파주시 책향기로 371, 상가 204호
전화 070-7574-3736
팩스 0303-3444-3736
이메일 pfbooks@pfbooks.co.kr
SNS @PsycheForest

ISBN 979-11-89336-18-9 03180

책값은 뒤표지에 있습니다.

이 도서의 국립중앙도서관 출판시도서목록CIP는
서지정보유통지원시스템 홈페이지 http://seoji.nl.go.kr와
국가자료공동목록시스템 http://www.nl.go.kr/kolisnet에서 이용하실 수 있습니다.
CIP제어번호: 2019043953